Arbeitsgemeinschaft Avifauna Hagen
Andreas Welzel
Stephan Sallermann

Die Brutvögel Hagens
1997 bis 2008

Biologische Station Umweltzentrum Hagen e.V.

Arbeitsgemeinschaft Avifauna Hagen

Die Brutvögel Hagens – 1997 bis 2008

Bearbeitung:	Andreas Welzel/ Stephan Sallermann
Herausgeber:	Biologische Station Umweltzentrum Hagen e.V. Haus Busch 2 58099 Hagen Tel.: 0 23 31 - 8 48 88
Redaktion:	Andreas Welzel
Fotodokumentation:	Stephan Sallermann
Bildbearbeitung:	Stefan Welzel
Kartengrundlage und Punktstoppkarten:	Martin Schlüpmann
Statistik der Kartierungen:	Andreas Welzel
Diagramme:	Andreas Welzel
Druckvorbereitung:	Wolfgang Holtmann, Schalksmühle
Layout:	Frau Ludwig, Schalksmühle
Druck:	Seltmann GmbH Druckereibetrieb, Lüdenscheid www.seltmann.de
Titelfoto:	Uhu, Hagener Steinbruch, 2. 8. 2005, Foto M. HENNING
Foto Seite 53:	Turmfalke, Foto K. SANDMANN
Foto Seite 273:	Wasserralle, Foto M. THOMA
Webseite:	Torsten Mühlhoff www.Brutvoegel-Hagens.de

Zitiervorschlag:
ARBEITSGEMEINSCHAFT AVIFAUNA HAGEN (2009):
Die Brutvögel Hagens. 1997-2008. – Hagen
(Biologische Station Umweltzentrum Hagen e. V.)

Einzelbeiträge:
RAUER, B. & SCHLÜPMANN, M. (2009):
Rabenkrähe (*Corvus c. corone*). – S. 148-151 in:
ARBEITSGEMEINSCHAFT AVIFAUNA HAGEN:
Die Brutvögel Hagens. 1997-2008. – Hagen
(Biologische Station Umweltzentrum Hagen e. V.)

© 2009 Andreas Welzel/Stephan Sallermann
ISBN 978-3-00-026037-7

Autoren der Artbeschreibungen

Boy, Detlef	Hohltaube, Schleiereule, Steinkauz, Uhu, Waldohreule, Waldkauz
Drane, Timothy	Dohle, Girlitz, Haussperling, Mauersegler, Straßentaube, Türkentaube
Henning, Dr. Meinolf	Bachstelze, Eisvogel, Gebirgsstelze, Wasseramsel
Janzing, Erich	Blässhuhn, Graugans, Haubentaucher, Höckerschwan, Kiebitz, Nilgans, Schwarzschwan, Stockente, Teichhuhn
Oriwall, Matthias	Kleiber, Star
Rauer, Bernd	Eichelhäher, Elster, Fasan, Gartenrotschwanz, Haselhuhn, Kolkrabe, Rabenkrähe, Trauerschnäpper, Waldschnepfe
Röttler, Günter	Fichtenkreuzschnabel
Sallermann, Stephan	Baumpieper, Dorngrasmücke, Feldschwirl, Gartenbaumläufer, Gartengrasmücke, Gelbspötter, Grauschnäpper, Haselhuhn, Haubenmeise, Hausrotschwanz, Klappergrasmücke, Mauersegler, Mehlschwalbe, Mönchsgrasmücke, Nachtigall, Neuntöter, Rauchschwalbe, Rotkehlchen, Schwarzkehlchen, Sumpfrohrsänger, Tannenmeise, Uferschwalbe, Wachtelkönig, Waldbaumläufer, Zwergtaucher
Schlüpmann, Martin	Kanadagans, Rabenkrähe, Ringeltaube, Zwergkanadagans
Schönberger, Dr. Christoph	Buntspecht, Schwarzspecht
Schmidt, Ute	Nilgans
Stoldt, Hans	Fitis, Gimpel, Heckenbraunelle, Kohlmeise, Zilpzalp
Vehling, Adolf	Amsel, Misteldrossel, Singdrossel, Wacholderdrossel
Welzel, Andreas	Blaumeise, Bluthänfling, Buchfink, Buntspecht, Elster, Erlenzeisig, Feldlerche, Feldsperling, Flussregenpfeifer, Goldammer, Graureiher, Grauspecht, Grünfink, Grünspecht, Haselhuhn, Kernbeißer, Kleiber, Kleinspecht, Kuckuck, Reiherente, Rohrammer, Wiesenschafstelze, Schleiereule, Schwanzmeise, Schwarzspecht, Sommergoldhähnchen, Star, Stieglitz, Sumpfmeise, Waldlaubsänger, Waldschnepfe, Wasserralle, Weidenmeise, Wintergoldhähnchen, Zaunkönig
Wünsch, Michael	Baumfalke, Habicht, Mäusebussard, Rotmilan, Sperber, Turmfalke, Wanderfalke, Wespenbussard

Revierkartierungen

Stephan Sallermann, Ute Schmidt, Andreas Welzel

Punktstoppkartierungen

Johannes Kamp, Tobias Kohlmann, Johannes Lindemann, Anja Markus, Matthias Oriwall, Bernd Rauer, Stephan Sallermann, Dr. Christoph Schönberger, Andreas Welzel, Michael Wünsch

Inhaltsverzeichnis

Geleitwort	8
Vorbemerkung	9
Geschichte der Vogelkunde und des Vogelschutzes in Hagen und Umgebung	11
Methoden und Ergebnisse	15
Erfassung des Artenbestandes	15
Revierkartierungen	16
Punktstoppkartierung	16

Landschaft und Vogelwelt 21

- Der Naturraum 24
- Die Avifauna der Naturräume 28
- Der kulturlandschaftliche Wandel 30
- Die Avifauna unter dem Einfluss des landschaftlichen Wandels 34
- Von der Kultur- zur Stadtlandschaft 41
- Die Avifauna der Stadt 42
- Charakterarten der Flächennutzungen 46
- Lebensraumzerstörung und –veränderung gefährden die Vogelfauna 46
- Eutrophierung verändert die Lebensgemeinschaften 48
- Weitere Einflüsse des Menschen auf die Avifauna 49
- Der Mensch greift fördernd in die Vogelwelt ein 50
- Das Dilemma des Naturschutzes 50

Artdarstellungen 53

- Brutvogelarten 53
- Schwarzschwan (*Cygnus atratus*) 54
- Höckerschwan (*Cygnus olor*) 55
- Kanadagans (*Branta canadensis*) 57
- Zwergkanadagans (*Branta hutchinsii*) 60
- Graugans (*Anser anser*) 61
- Nilgans (*Alopochen aegyptiaca*) 62
- Stockente (*Anas platyrhynchos*) 63
- Reiherente (*Aythya fuligula*) 65
- Jagdfasan (*Phasianus colchicus*) 67
- Zwergtaucher (*Tachybaptus ruficollis*) 69
- Haubentaucher (*Podiceps cristatus*) 71
- Graureiher (*Ardea cinerea*) 72
- Wespenbussard (*Pernis apivorus*) 74
- Habicht (*Accipiter gentilis*) 76
- Sperber (*Accipiter nisus*) 79
- Rotmilan (*Milvus milvus*) 82
- Mäusebussard (*Buteo buteo*) 84
- Baumfalke (*Falco subbuteo*) 86
- Wanderfalke (*Falco peregrinus*) 88
- Turmfalke (*Falco tinnunculus*) 92
- Teichhuhn (*Gallinula chloropus*) 94
- Blässhuhn (*Fulica atra*) 96
- Kiebitz (*Vanellus vanellus*) 97
- Flussregenpfeifer (*Charadrius dubius*) 98
- Waldschnepfe (*Scolopax rusticola*) 101
- Straßentaube (*Columba livia f. domestica*) 103
- Hohltaube (*Columba oenas*) 105
- Ringeltaube (*Columba palumbus*) 107
- Türkentaube (*Streptopelia decaocto*) 111
- Kuckuck (*Cuculus canorus*) 113
- Schleiereule (*Tyto alba*) 115
- Steinkauz (*Athene noctua*) 117
- Waldohreule (*Asio otus*) 118
- Uhu (*Bubo bubo*) 120
- Waldkauz (*Strix aluco*) 122
- Mauersegler (*Apus apus*) 124
- Eisvogel (*Alcedo atthis*) 126
- Grauspecht (*Picus canus*) 128
- Grünspecht (*Picus viridis*) 131
- Schwarzspecht (*Dryocopus martius*) 133
- Buntspecht (*Dendrocopos major*) 136
- Kleinspecht (*Dryobates minor*) 138
- Neuntöter (*Lanius collurio*) 140
- Elster (*Pica pica*) 142
- Eichelhäher (*Garrulus glandarius*) 145
- Dohle (*Coloeus monedula*) 147
- Rabenkrähe (*Corvus corone*) 148
- Kolkrabe (*Corvus corax*) 152

ARBEITSGEMEINSCHAFT AVIFAUNA HAGEN/ANDREAS WELZEL/STEPHAN SALLERMANN

Blaumeise (*Parus caeruleus*) 154
Kohlmeise (*Parus major*) 156
Haubenmeise (*Parus cristatus*) 158
Tannenmeise (*Parus ater*) 159
Sumpfmeise (*Parus palustris*) 161
Weidenmeise (*Parus montanus*) 163
Feldlerche (*Alauda arvensis*) 165
Uferschwalbe (*Riparia riparia*) 168
Rauchschwalbe (*Hirundo rustica*) 170
Mehlschwalbe (*Delichon urbicum*) 172
Schwanzmeise (*Aegithalos caudatus*) 174
Waldlaubsänger (*Phylloscopus sibilatrix*) 177
Fitis (*Phylloscopus trochilus*) 179
Zilpzalp (*Phylloscopus collybita*) 181
Feldschwirl (*Locustella naevia*) 183
Sumpfrohrsänger (*Acrocephalus palustris*) ...185
Gelbspötter (*Hippolais icterina*) 187
Mönchsgrasmücke (*Sylvia atricapilla*) 188
Gartengrasmücke (*Sylvia borin*) 190
Klappergrasmücke (*Sylvia curruca*) 192
Dorngrasmücke (*Sylvia communis*) 194
Wintergoldhähnchen (*Regulus regulus*) 196
Sommergoldhähnchen (*Regulus ignicapilla*) .198
Kleiber (*Sitta europaea*) 200
Waldbaumläufer (*Certhia familiaris*) 202
Gartenbaumläufer (*Certhia brachydactyla*) ..204
Zaunkönig (*Troglodytes troglodytes*) 206
Star (*Sturnus vulgaris*) 208
Wasseramsel (*Cinclus cinclus*) 211
Misteldrossel (*Turdus viscivorus*) 213
Amsel (*Turdus merula*) 215
Wacholderdrossel (*Turdus pilaris*) 217
Singdrossel (*Turdus philomelos*) 219
Grauschnäpper (*Muscicapa striata*) 221
Trauerschnäpper (*Ficedula hypoleuca*) 223
Schwarzkehlchen (*Saxicola rubicola*) 226
Rotkehlchen (*Erithacus rubecula*) 228
Nachtigall (*Luscinia megarhynchos*) 230
Hausrotschwanz (*Phoenicurus ochruros*) 232

Gartenrotschwanz (*Phoenicurus phoenicurus*) 234
Heckenbraunelle (*Prunella modularis*) 236
Haussperling (*Passer domesticus*) 238
Feldsperling (*Passer montanus*) 240
Baumpieper (*Anthus trivialis*) 242
Gebirgsstelze (*Motacilla cinerea*) 244
Wiesenschafstelze (*Motacilla flava*) 246
Bachstelze (*Motacilla alba*) 248
Buchfink (*Fringilla coelebs*) 250
Kernbeißer (*Coccothraustes coccothraustes*) 252
Gimpel (*Pyrrhula pyrrhula*) 254
Girlitz (*Serinus serinus*) 256
Fichtenkreuzschnabel (*Loxia curvirostra*) 258
Grünfink (*Carduelis chloris*) 260
Stieglitz (*Carduelis carduelis*) 262
Bluthänfling (*Carduelis cannabina*) 264
Birkenzeisig (*Carduelis flammea*) 266
Goldammer (*Emberiza citrinella*) 268
Rohrammer (*Emberiza schoeniclus*) 270

Vogelarten mit Brutverdacht 273

Haselhuhn (*Tetrastes bonasia*) 274
Wasserralle (*Rallus aquaticus*) 276
Wachtelkönig (*Crex crex*) 278
Erlenzeisig (*Carduelis spinus*) 279

Ehemalige Hagener Brutvogelarten 281

Literaturverzeichnis 286

Mitarbeiter, Fotografen 305

Förderer und Sponsoren 306

Danksagung 306

Anhang - Handhabung der Artbeschreibungen 307

Zum Geleit

Eine zusammenfassende Darstellung über den Zustand der Hagener Vogelwelt ist bislang noch nicht erschienen. Lediglich wurden in zahlreichen Veröffentlichungen Teilbereiche zu diesem Thema bearbeitet. Umso dankbarer sind wir, die Biologische Station Umweltzentrum Hagen als Herausgeber, allen Naturfreunden, die an dem Gelingen dieses für den regionalen Naturschutz so wichtigen Werkes mitgearbeitet haben. Elf Jahre war eine Gruppe ehrenamtlich tätig, um dieses für die Region einmalige Nachschlagewerk entstehen zu lassen. Die Mitwirkenden sind im Wesentlichen in den drei Naturschutzverbänden organisiert, die sich neben dem allgemeinen Naturschutz auch intensiv um die Hagener Vogelwelt verdient gemacht haben. Hier sind zu nennen: der Verein für Vogelschutz und Vogelkunde Hagen-Herdecke e.V., der BUND e.V. und der NABU-Stadtverband Hagen e.V. Diese gründliche Bestandsaufnahme der Hagener Vogelwelt ermöglicht es nun, die Entwicklung der Bestände häufiger und seltener Vogelarten zu verfolgen. Durch diese Informationen sind die Folgen von Eingriffen und Veränderungen am Naturhaushalt in unserer Stadt besser einschätzbar. Denn nur wenn man weiß, wie sich die Artenzusammensetzung unserer heimischen Vögel über die Jahre entwickelt, besteht die Möglichkeit, die Arten und deren Lebensräume zu schützen.

„Die Brutvögel Hagens" wird als Nachschlagewerk Grundlage für alle diejenigen sein, die sich für die Hagener Vogelwelt interessieren und denen der Arten- und Lebensraumschutz am Herzen liegt. Das Buch ist so konzipiert, dass es für fachlich interessierte Ornithologen genau so wertvoll ist wie für den an der Vogelwelt interessierten Hagener Bürger.

Für nachfolgende Generationen wird es ein wertvoller Nachweis darüber sein, wie die Vogelwelt um die Jahrtausendwende in Hagen ausgesehen hat. Für eine lange Zeit wird es das ornithologische Nachschlagewerk schlechthin sein, ähnlich der vor Jahren erschienenen „Flora von Hagen" für die Botanik.

Obwohl die Herstellungskosten für das aufwändige Buch recht hoch waren, konnte der Verkaufspreis durch Sponsorenzuwendungen günstig gestaltet werden. Allen, die sich hier eingebracht haben, sei an dieser Stelle herzlich gedankt. Die Herausgabe dieses Werkes erfolgt nicht gewinnorientiert. Wir hoffen, dass es gelingt, viele Hagener Bürger für die Hagener Vogelwelt und ihren Lebensraum zu sensibilisieren.

Prof. Dr. Christian Ullrich
Vorsitzender des Trägervereines Biologische Station Umweltzentrum Hagen e.V.

Vorbemerkungen

Seit vielen Jahren sind in Hagen Einzelpersonen, vogelkundliche Verbände und Vereine aktiv. Sie interessieren und engagieren sich in einer langen Tradition für Vogelkunde und Vogelschutz. Es erstaunt deshalb umso mehr, dass bis zum heutigen Tag keine umfassende Darstellung über Situation und Status der Vogelwelt (Avifauna) des Hagener Stadtgebietes veröffentlicht worden ist. Bislang wurden lediglich saisonale Meldungen in Form von ornithologischen Sammelberichten (OSB) sowie Darstellungen über Vorkommen und Bestand einzelner Brutvogelarten in Hagen oder Beiträge zu speziellen Beobachtungen und Themen veröffentlicht. Bestenfalls existierten auch Untersuchungen des Vogelarteninventars für vergleichsweise kleinräumige Bereiche, etwa für Naturschutzgebiete oder Betreuungsgebiete, deren Ergebnisse aber der Allgemeinheit nicht zugänglich waren. Es gab viele offene Fragen sowohl allgemeiner als auch spezieller Art: Welche Vogelarten sind eigentlich in Hagen die Wirtsvögel des Kuckucks? Welche und wie viele Vogelarten brüten eigentlich auf dem Hagener Stadtgebiet? Wie viele Brutpaare sind es bei den einzelnen Arten? Welche Arten sind in den letzten Jahrzehnten ausgestorben, welche neu hinzugekommen? Wie stellt sich die Bestandsentwicklung der einzelnen Brutvogelarten dar? Gibt es Arten, deren Bestand bedrohlich schwindet und die ganz zu verschwinden drohen? Und: Was kann für die einzelnen Vogelarten getan werden, um ihnen in Hagen Lebensraum zu bieten?

Diese Wissenslücke zu schließen war Anlass zur Gründung einer „Arbeitsgemeinschaft Avifauna Hagen". Aufgrund einer Initiative von Dr. Christoph Schönberger trafen sich erstmals 1996 Hagener Vogelkundler aus den drei Hagener Naturschutzverbänden Bund für Vogelschutz und Vogelkunde Herdecke und Hagen e. V., NABU-Hagen und BUND-Kreisgruppe Hagen, um in den folgenden Jahren erstmalig eine Gesamtdarstellung der aktuellen Brutvogelarten und deren Bestand für das gesamte Hagener Stadtgebiet (eine Avifauna Hagen) und für einen begrenzten Zeitraum zu erstellen. Diese „Arbeitsgemeinschaft Avifauna" bestand aus den Kartierern, die Bestandserfassungen im Stadtgebiet vornahmen, den Autoren, die einzelne Vogelarten zu bearbeiten und zu beschreiben hatten und einigen wenigen weiteren Interessierten. Bei den monatlichen Treffen plante diese Gruppe unter Leitung von Dr. Christoph Schönberger die Arbeitsweise und die grundlegenden Untersuchungen, um den Hagener Bürgern im Jahr 2000 eine „Avifauna 2000" vorlegen zu können.

Nach einer schweren Erkrankung Dr. Christoph Schönbergers kam das Projekt erstmals ins Stocken und wurde fortgesetzt, als im Jahr 2001 Andreas Welzel diese Aufgabe übernahm. Das hochgesteckte Ziel, ein Buch zu erstellen, wurde zunächst zugunsten einer Internet-Präsentation zurückgestellt. Doch mit Dr. Christoph Schönberger fehlte die treibende Kraft, das Projekt kam nicht recht vorwärts und bereits 2004 schien es am Ende zu sein. Nach Abmeldung der wenig gelungenen Internet-Plattform im Jahr 2006 glaubte kaum noch einer daran, dass das Vorhaben einer Veröffentlichung verwirklicht werden konnte. Erst im Sommer 2007 traf sich die Arbeitsgruppe nach langer Zeit erstmals wieder, es sollte ein letzter Versuch sein, die bereits investierte Arbeit doch noch zu einem Abschluss zu bringen und die Ergebnisse in einem Buch zu veröffentlichen. Die Arbeiten zur Drucklegung des Buches übernahm Andreas Welzel, unterstützt vor allem durch Stephan Sallermann.

Zu Beginn des Jahres 1996 lautete das Projekt sehr optimistisch „Avifauna 2000", nun sind mehr als zehn Jahre daraus geworden. Wohl alle Mitglieder dieser Gruppe hatten sowohl den Arbeitsumfang zur Erstellung des Buches als auch die Unabwägbarkeiten des Lebens unterschätzt, die das Projekt nicht nur ein Mal dem Scheitern nahe brachten.

Vogelkunde in Hagen

Ornithologie in Hagen ist im Kontext der Vogelschutzbewegung in NRW und Deutschland zu sehen, denn sie ist aus dieser Bewegung entstanden und mit ihr verbunden. Als wichtige Daten seien hier die Gründung des „Deutschen Vereins zum Schutz der Vögel" im Jahr 1875 und die des Bundes für Vogelschutz (BfV) im Jahr 1899 genannt. 1938

wurden alle Vereine im Rahmen der nationalsozialistischen „Gleichschaltung" aufgelöst bzw. dem Bund für Vogelschutz (BfV) gleichgeschaltet.

Bis zur vergleichsweise späten Gründung des ersten Hagener Vogelschutzvereines gab es nur wenige engagierte Einzelpersonen, die allenfalls in den o. g. überregionalen Verbänden organisiert waren. Zu nennen sind hier A. Schäfer, A. Schücking, G. Röttler, E. Janzing, K.-L. Ensuleit, G. Bremicker und H.-J. Hoffmann. Mit dem Bund für Vogelschutz und Vogelkunde Herdecke und Hagen und seiner Zeitschrift „Cinclus" entstand 1973 der erste und noch heute tätige Verein, der sich ausschließlich der Vogelkunde widmete. Der Geschichte der Avifaunistik und des Vogelschutzes in Hagen ist ein eigenes Kapitel gewidmet.

In den 80er Jahren hatte die Naturschutzbewegung in Hagen eine gute Zeit: im Heimatverein Hohenlimburg war eine Arbeitsgemeinschaft Naturschutz aktiv, in Hagen wurde 1981 eine Kreisgruppe des Bundes für Umwelt- und Naturschutz Deutschlands (BUND) mit einer Arbeitsgruppe Vogelschutz und 1982 der Hagener Stadtverband des Deutschen Bundes für Vogelschutz DBV (jetzt NABU) gegründet. Vogelschützerische Aktionen dieser Naturschutzverbände waren und sind Artenschutzmaßnahmen wie die Einrichtung und Betreuung von Nistkastenrevieren für Kleinvögel, die Montage von Falken- und Eulennistkästen, die Einrichtung von Uferschwalbennistwänden und die Schaffung von Eisvogelsteilwänden. Biotopschutzmaßnahmen durch Sicherung, Optimierung und Pflege von Betreuungsgebieten werden per Vertrag, Pacht oder Ankauf ermöglicht, das betrifft z. B. die Gebiete Eichelnbleck/Hackescheid, das NSG Lenneaue Berchum und das NSG Ruhraue Syburg. Hinzu kommt Öffentlichkeitsarbeit durch Beiträge in Tageszeitungen, dem „Cinclus" und in den Informationsheften „NABU-Info", in denen u. a. Vogelbeobachtungen in entsprechenden ornithologischen Sammelberichten (OSB) veröffentlicht werden. Letztendlich haben diese Vereine eine – wenn auch leider nur geringe – politische Einflussnahme in beratenden politischen Gremien.

Ziele der Avifauna Hagen

Diese Avifauna ist von ehrenamtlich arbeitenden Hagener Ornithologen erstellt worden, die sich in ihrer Freizeit für den Vogelschutz engagiert haben und in diesem Rahmen Vogelbeobachtungen zufällig oder auch systematisch betrieben haben. Alle Mitarbeiter dieses Buches sind z. T. schon seit vielen Jahrzehnten vogelkundlich in Hagen tätig, sie beobachten und kennen wie kaum jemand anderes die Situation der Vogelwelt in dieser Stadt. Ihre Absicht ist es, mit dieser „Avifauna" allen Interessierten in Bürgerschaft und Behörden Informationen über Vorkommen, Bestand und die Gefährdung derjenigen Vogelarten zu geben, die von 1997 bis 2008 in Hagen gebrütet haben. Dazu bleiben auch Beobachtungen aus angrenzenden Gemeinden nicht unberücksichtigt. In diesem Zusammenhang werden sensible und wertvolle Brutvogelgebiete sowie notwendige Maßnahmen zur Erhaltung dieser Vogelarten genannt, um so eine effektivere Naturschutzarbeit der Behörden und Vereine hinsichtlich Artenschutz und Lebensraumschutz zu fördern. Dabei wird der Stand der Brutvogelarten des Stadtgebietes Hagens sowohl in qualitativer als auch in quantitativer Hinsicht beschrieben: Welche Arten haben im Zeitraum von 1997 bis 2008 gebrütet, wie groß ist ihr Bestand? Damit soll die Situation der Hagener Brutvögel für einen bestimmten Zeitraum beschrieben und festgehalten werden, um eine allgemeine Basis für die weitere ornithologische Arbeit in Hagen zu schaffen und eine Beurteilung von Entwicklungen und Situationen zu einem späteren Zeitpunkt zu ermöglichen.

Neben einer Sensibilisierung von fortgeschrittenen Vogelbeobachtern, an offenen Fragen zu arbeiten, gezielt zu beobachten und zur Lösung von Fragestellungen beizutragen, erhoffen sich die Autoren auch eine Motivation der Bürger zur Beobachtung ihrer Vogelwelt und zur Weitergabe ihrer Beobachtungen in Hagen an die Naturschutzverbände BUND-Hagen, NABU oder des Vereins für Vogelschutz Herdecke und Hagen e.V.

Diese Avifauna soll die Vogelwelt unserer Stadt darstellen und der Öffentlichkeit nahe bringen. Was dieses Buch nicht leisten will: Es soll kein Bestimmungsbuch sein. Für diesen Zweck gibt es genügend geeignete und sehr gute Produkte auf dem Büchermarkt.

Geschichte der Vogelkunde und des Vogelschutzes in Hagen und Umgebung

18. und 19. Jahrhundert

Aus dem 18. Jahrhundert (und früher) sind Veröffentlichungen mit avifaunistischen Inhalten und mit räumlicher Relevanz zu Hagen nahezu unbekannt. Allerdings veröffentlichte der Elseyer Pfarrer Johann Friedrich Möller [1750-1807] im Westfälischen Magazin von 1798 und im Westfälischen Anzeiger 1800 zwei Aufsätze über Tierfang und Jagd, in der auch eine Reihe Vogelarten Erwähnung finden. Zeitgleich veröffentlichte Christian Friedrich Meyer (1798/99) den „Versuch einiger Naturbeobachtungen des gebirgigten Süderlandes der Grafschaft Mark Westfalens".

Ein aus Hagen stammender, sehr bedeutender Zoologe und Ornithologe des 19. Jahrhunderts war der am 11.1.1794 in Wehringhausen geborene Eduard Friederich Eversmann (vgl. Drane 1998, Bischoff 2001, Tobias 2008), der allerdings wissenschaftlich in Russland tätig war.

Bekannt sind die Arbeiten von Eduard Suffrian (1846) zum Regierungsbezirk Arnsberg (vgl. auch Feldmann 1968) und Westfalens dreibändiges Tierleben (Hrsg. Hermann Landois), dessen 2. Band „Die Vogelwelt Westfalens", von Emil Rade und H. Landois bearbeitet, 1886 erschien (siehe hierzu auch Feldmann 1983). Gewährsleute aus Hagen (oder heutigen Stadtteilen von Hagen) werden hier nicht genannt, aber für das Sauerland werden aus der Nachbarstadt Witten Apotheker Baedeker, für die Gegend der Ruhr und der unteren Lenne Pfarrer Westhoff aus Ergste (heute Stadtteil von Schwerte) und Lehrer Schröder aus Kalthoff bei Iserlohn genannt.

Friedrich Wilhelm Justus Baedeker (1788-1865) war ein bekannter Ornithologe und Illustrator (Baege 1969), hat aber meines Wissens keine regionalen Publikationen zur Avifauna geschrieben. Dabei dürfte er die Avifauna unseres Gebietes bestens gekannt haben. Er wurde in Dahl (heute Stadtteil von Hagen) geboren, besuchte später eine Lehranstalt in Vörde, trat 1804 eine Apothekerlehre in Mülheim an der Ruhr an, war von 1808-1810 in Iserlohn tätig, dann nochmals in Mülheim, um später nach seinen Examina die einzige Apotheke in Witten zu übernehmen. Seine vier Söhne waren ebenfalls ornithologisch interessiert. Einer von ihnen (Franz Gotthilf Heinrich Jakob) übernahm 1850 die Apotheke in Witten. Vermutlich beziehen sich E. Rade und H. Landois auf diesen Mann.

Erste Hälfte des 20. Jahrhunderts

Für die erste Hälfte des 20. Jahrhunderts liegen kaum Quellen vor. Erwähnenswert aus dieser Zeit ist, dass 1909 der Deutsche Verein zum Schutze der Vogelwelt am 22. Oktober in Hagen eine Versammlung mit Teilnehmern aus ganz Deutschland abhielt (Hagener Zeitung vom 25.10.1909; vgl. Schücking 1980a). Aus dem Nachbarort Westhofen (heute Stadtteil von Schwerte) trug damals Sanitätsrat Dr. Klug seine „Gedanken zum Vogelschutz" vor und berücksichtigte besonders die westfälischen Verhältnisse. Rechtsanwalt Dieckertmann (nach Schücking aus Hagen) plädierte für mehr Unterholz in den Forstkulturen, den Abschluss einer Konvention mit Italien und die Bekämpfung der Spatzenplage. In der Diskussion versicherte Rektor Ungerath aus Hagen die Aufmerksamkeit der Lehrerschaft der hiesigen Gegend gegenüber den Bestrebungen des Vogelschutzes. K. L. Ensuleit (1988 u. a.) berichtet von Vogel- und Naturschutzbemühungen aus den 20er Jahren. Der bekannte Heimatkundler Hermann Esser berichtet 1928 über die Geschichte der Limburger Jagd. Über diese Zeit (ab 1914 bis ca. 1960) berichtet auch ein erst 1996 posthum veröffentlichter Aufsatz von Günter Becker, der bereits 1979 verstarb und Zeitzeuge der Verstädterung verschiedener Vogelarten in Hagen wurde. Über Natur- und Vogelschutzbemühungen des Siedlungsverbandes Ruhrkohlenbezirk (heute Regionalverband Ruhr) seit 1927 berichtet Ensuleit (1975).

In angrenzenden Gebieten Hagens waren in der ersten Hälfte des 20. Jahrhunderts neben den bereits erwähnten Personen mit Dr. Carl Demandt (Lüdenscheid), Ernst Schröder (Lüdenscheid) und Dr. Ernst Müller (Gevelsberg) auch sehr versierte Vogelkundler tätig, die aber z. T. auch noch lange nach dem Krieg wichtige Arbeiten veröffentlichten.

Vogelkundliches dieser Zeit aus dem benachbarten Gevelsberg und seiner Umgebung wissen auch Otto Remmert (1928) und der Konrektor Franz Overkott (1956) zu berichten. Letzterer erwähnt auch Dr. E(mil) Böhmer, der Anfang der 1930er Jahre in Schwelm Vögel beringt hat. Weitere avifaunistisch tätige Personen für den westlich angrenzenden Ennepe-Ruhr-Kreis werden bei Müller (1986) genannt. Generell ist anzumerken, dass in früheren Jahrzehnten das Wissen um die Flora und Fauna auch in Kreisen der Lehrer und Heimatkundler weit verbreitet war – was heute bedauerlicherweise die Ausnahme ist. Zu erwähnen ist zum Beispiel Lehrer ALEXANDER SCHRÖDER aus Hagen-Holthausen. Heimatkundler wie FRIEDRICH EXTERNBRINK (Iserlohn) oder GUSTAV ROSENDAHL (Nachrodt-Wiblingwerde, siehe PETRASCH 1984) waren oft auch avifaunistisch und manchmal auch schon früh für den Naturschutz tätig.

1948-1973

Der vielseitig interessierte Heimat-, Vorgeschichts- und Naturkundler ALBERT SCHÄFER, am 12.1.1902 in Barterode in Süd-Niedersachsen geboren, war bereits 1929-31 in Hagen tätig und zog 1933 endgültig nach Hagen, wo er am 12.5.1970 auch verstarb. Er lieferte als erster 1948 eine Übersicht über die Avifauna Hagens und 1950 für Hohenlimburg. In den 50er Jahren berücksichtigte er die Avifauna in seinen landeskundlichen Schriften (zur Person siehe auch BLEICHER 1970, HOLZ 1970). Es verwundert doch, dass dieser wichtige Heimat- und Naturkundler in der Avifauna von Westfalen (PEITZMEIER, Hrsg. 1969) ebenso wenig berücksichtigt wurde wie die ARBEITSGEMEINSCHAFT VOGELSCHUTZ, deren Übersichten zum Hagener Raum der Jahre 1964 zur Vogelfauna der Stadt und 1966 zur Vogelwelt am Harkortsee fast zeitgleich mit der von A. SCHÜCKING erschienen. Die Arbeitsgemeinschaft Vogelschutz wurde in der Volkssternwarte Anfang der 1960er Jahre von ERICH JANZING, GÜNTER RÖTTLER und ALBERT SCHÄFER gegründet.
In diese Zeit (1963-1969) fielen auch die ersten Vogelschutzbemühungen in Herdecke (ENSULEIT 1971, 1988), die 1973 zur Gründung des Bundes für Vogelschutz und Vogelkunde Herdecke-Hagen führten. Zu erwähnen ist, dass in der benachbarten Stadt Ennepetal ein Ortsverband des Deutschen Bundes für Vogelschutz (DBV; heute NABU) sogar bereits 1947 gegründet wurde (SPRENGER & MÜLLER 2004).
Zu nennen sind noch H.-J. HOFFMANN, der in den 1960er und 1970er Jahren am Schlossberg und am Steltenberg in Hohenlimburg ein Programm für Höhlenbrüter durchführte und Vögel beringte, sowie GERHARD BREMICKER, der gleichfalls vor allem im Ruhrtal zwischen Westhofen und Volmarstein als Beringer für die Vogelwarte Helgoland tätig war.

Anton Schücking

Der bekannteste Vogelkundler und Vogelschützer unserer Stadt war ANTON SCHÜCKING, der am 15.7.1999 nach langer schwerer Krankheit im Alter von 83 Jahren verstarb. Bereits in seiner Heimat im westlichen Münsterland war er vogelkundlich tätig. 1956 wurde er als Bediensteter der Deutschen Bundesbahn aus dem heimischen Münster nach Hagen versetzt, wo er seine neue Heimat fand. Mit Abstand die meisten Veröffentlichungen zur Vogelwelt stammen aus seiner Feder. Seit 1959 schrieb er regelmäßig Aufsätze zur Hagener Vogelwelt (Übersicht bei SCHULTZ 2000). 1964 veröffentlichte er eine kurze Übersicht zur Vogelfauna von Hagen. Als einer der wenigen Avifaunisten publizierte er regelmäßig auch in überregionalen fach- und landeskundlichen Zeitschriften und hatte bereits an der von PEITZMEIER (1969) herausgegebenen Avifauna und später dem westfälischen Brutvogelatlas mitgewirkt (NORDRHEIN-WESTFÄLISCHE ORNITHOLOGEN GESELLSCHAFT 2002).
Er war Mitglied in den wichtigsten Ornithologen-Gesellschaften, besuchte regelmäßig als Hörer oder Referent deren Tagungen. Zeitweilig engagierte er sich auch im Vorstand der Westfälischen Ornithologen-Gesellschaft. Er war 1973 Mitbegründer des Bundes für Vogelschutz und Vogelkunde Herdecke – Hagen e. V. und 1982 des Hagener Stadtverbandes im Deutschen Bund für Vogelschutz (DBV; heute NABU). A. SCHÜCKING erhielt für seine aktive Naturschutzarbeit 1984 das Bundesverdienstkreuz. Es verwundert daher nicht, dass eine Reihe von Würdigungen seiner Person veröffentlicht wurden (BUND FÜR VOGELSCHUTZ 1984, 1986, FELLENBERG 1984, SCHULTZ 1996, KLISCH 1999). Dem Verfasser ist sein Engagement für den Arten- und Biotopschutz noch in guter Erinnerung.

Bund für Vogelschutz und Vogelkunde e. V. Herdecke und Hagen

Gleich mehrere Vereine bemühen sich heute um die Vogelwelt und ihren Schutz. An erster Stelle ist hier der Bund für Vogelschutz Herdecke und Hagen zu nennen, der am 18.1.1973 als Bund für Vogelschutz gegründet wurde, später Bund für Vogelschutz und Vogelkunde e. V. Herdecke-Hagen hieß und 1988 nochmal umbenannt wurde: statt „Herdecke-Hagen" „Herdecke und Hagen". Zugleich ist der Verein Mitglied in der Landesgemeinschaft Naturschutz und Umwelt (vgl. auch ANONYMUS 1990, LNU 1993). Sitz des Vereins ist Herdecke, doch zeigt schon der Name den räumlichen Bezug. Der Verein hatte stets auch aktive Mitglieder in Hagen und war hier mit Exkursionen und Vogelschutzmaßnahmen aktiv. Treffpunkt und Archiv war über viele Jahre das Haus am Fels (ENSULEIT 1980 u. a., KLOSINSKY 1976, KLISCH 1998). Von Anfang an wurde eine eigene kleine Zeitschrift, der Cinclus, verlegt. Erster Vorsitzender wurde der rührige

Heimatkundler und Vogelschützer KARL-LUDWIG ENSULEIT (†, Vorsitzender 1973-81, anschließend Ehrenvorsitzender; vgl. BUND FÜR VOGELSCHUTZ 1988, ANONYMUS 2002). Weitere Vorsitzende waren ANTON SCHÜCKING (1981-87), G. JÄGER (1987-95) und TIMOTHY C. E. DRANE (seit 1995, vgl. ANONYMUS 1995). Verschiedene Einzelheiten zum Verein und seiner Vorgeschichte können den Arbeiten von ENSULEIT (1971, 1973, 1974, 1975, 1980, 1988), SCHÜCKING (1982a), DRANE (1998) und ANONYMUS (1998) entnommen werden.

DBV/NABU

Am 18. Dezember 1982 kam es zur Abspaltung des Deutschen Bundes für Vogelschutz Ortsgruppe Hagen-Herdecke. H. - J. THIEL und A. SCHÜCKING waren die Initiatoren. 27 Mitglieder traten der Ortgruppe bei, weitere 24 Personen waren bereits Mitglieder im bundesweiten DBV. Als eigenständiger Verein wurde die Ortgruppe 1984 ins Vereinsregister eingetragen (vgl. THIEL 2002) und seit 1986 erscheinen die Infoblätter als Heft im Format DIN A5. Der DBV – bereits 1899 gegründet – wurde 1990 in Naturschutzbund Deutschland (NABU) umbenannt. In Hagen heißt der Verein daher seit März 1991 NABU Stadtverband Hagen. Die Vorsitzende waren ANTON SCHÜCKING (bis 1995), HANS-JÜRGEN THIEL (1995-1999; vgl. auch SALLERMANN 2002), Dr. CHRISTOPH SCHÖNBERGER (1999-2000), STEPHAN SALLERMANN (2000-2007) und seit 2007 wieder HANS-JÜRGEN THIEL. Neben Verbands- und Gremienarbeit spielt der praktische Naturschutz im NABU eine wesentliche Rolle. H.-J. THIEL ist seit 1970 vor allem in der praktischen Naturschutzarbeit in Hagen tätig, zunächst noch beim Bund für Vogelschutz und Vogelkunde, seit 1982 beim DBV bzw. NABU. Viele Maßnahmen hat er gemeinsam mit seinen Helfern zum Erfolg geführt. Dabei hat er stets neue innovative Ideen zur Hilfe der bedrohten Vogelarten in Hagen entwickelt. Er arbeitet seit vielen Jahren als Landschaftswächter und in politischen Gremien. Auch er erhielt für seine Naturschutzarbeit das Bundesverdienstkreuz.

AG Naturschutz und BUND

Neben diesen beiden zumindest ursprünglich mehr oder weniger ausschließlich der Vogelkunde und dem Vogelschutz zugewandten Vereinen gab es noch weitere Naturschutzgruppen, die sich zumindest teilweise mit dem Vogelschutz befassten (die Arbeitsgemeinschaft Vogelschutz der Volkssternwarte wurde bereits oben erwähnt): 1979 gründeten RALF BLAUSCHECK und der Verfasser die Arbeitsgemeinschaft Naturschutz im Verein für Orts- und Heimatkunde Hohenlimburg (vgl. BLAUSCHECK 1983, 1989). Bereits bei einigen der ersten Aktivitäten arbeiteten wir damals mit ANTON SCHÜCKING zusammen. Als Vogelkundler kam kurzzeitig der fachlich versierte HANS-JOACHIM HAGE dazu, der aber nach sehr kurzer Zeit nach Bayern weiterzog und dort immer noch im Naturschutz und der Faunistik aktiv ist. ANDREAS WELZEL wurde unser Vogelkundler (vgl. WELZEL 1983, 1986). Viele Aktivitäten verlagerten sich nach 1982 zunehmend zur 1981 neu gegründeten Kreisgruppe Hagen des Bund für Natur- und Umweltschutz (BNU, 1975 in Bayern gegründet), der später in den Bund für Umwelt und Naturschutz Deutschland umbenannt wurde. Eines der Gründungsmitglieder der BUND-Kreisgruppe Hagen war der seit seiner Jugend ornithologisch interessierte GERHARD BREMICKER (s. o.), der sich auch entscheidend für die Unterschutzstellung der Ruhraue Syburg an der Stadtgrenze zu Dortmund, heute eines der wertvollsten Naturschutzgebiete Hagens, engagiert hat. Ansprechpartner im BUND für den Vogelschutz war ANDREAS WELZEL.

Veröffentlichungen

mit vogelkundlichen Inhalten

Wenn man die Entwicklung der avifaunistischen Erforschung ergründen will, sind einschlägige Fachzeitschriften sowie landeskundliche Schriften die besten Quellen. Im Falle der Stadt Hagen hat es bislang noch keine Bücher zum Thema gegeben, so dass solche Schriften nahezu die einzige Quelle darstellen. Folgende Zeitschriften enthalten mehr oder weniger regelmäßig Beiträge oder Fundmitteilungen zur Avifauna des Hagener Raumes:
- Cinclus: Hrsg. Bund für Vogelschutz und Vogelkunde Herdecke – Hagen e. V. (seit 1973). Schriftleiter der ersten 15 Jahrgänge war ANTON SCHÜCKING
- Informationsblatt über Natur-, Umwelt- und Vogelschutzangelegenheiten für Hagen und Umgebung, Hagen (seit 1983 Jahrgang 1-3 als lose Blätter DIN A4; seit 1986, 4. Jahrgang, in gebundener Form), bis heute ohne ISSN und von daher nur begrenzt recherchierbar. Hrsg. Deutscher Bund für Vogelschutz (DBV), zunächst Ortsverband Hagen und Herdecke e. V., seit 1987 Stadtverband Hagen, seit 1991 Naturschutzbund Deutschland (NABU) Stadtverband Hagen e. V. (auch NABU-Info genannt)

- Hagener Heimatkalender, Hagen (seit 1959); seit 1980 Heimatbuch Hagen + Mark. Hrsg. Hagener Heimatbund e. V.

- Heimatblätter für Hohenlimburg und Umgebung (seit 1926), später Hohenlimburger Heimatblätter für den Raum Hagen und Iserlohn, Hrsg. Verein für Orts- und Heimatkunde Hohenlimburg e. V., später Hohenlimburger Heimatblätter e. V. im Auftrag des Vereins für Orts- und Heimatkunde Hohenlimburg e. V. (die Zeitschrift erschien zeitweilig auch unter den Titeln „Kreis Iserlohn. Beiträge zur Landeskunde"; „Raum Hagen und Iserlohn. Beiträge zur Landeskunde"

- Natur und Heimat, Münster (seit 1934); Hrsg. Landesmuseum für Naturkunde zu Münster in Westfalen (seit Erscheinen des Charadrius enthält die Zeitschrift nur noch selten avifaunistische Beiträge)

- Anthus (Bd. 1: 1961, 2: 1962, 3-10: 1966-1973): Bd. 1-7: Ornithologische Sammelberichte aus Westfalen, Roxel; Bd. 8-10: Ornithologische Beiträge aus Westfalen, Organ der Westfälischen Ornithologen-Gesellschaft e. V., Münster (Kilda-Verlag)

- Alcedo. Ornithologische Beiträge aus Westfalen (1974-1979). Hrsg. Westfälische Ornithologen-Gesellschaft (WOG)

- Charadrius (Beiträge aus Westfalen nach Einstellung des Alcedo seit Jahrgang 15, 1979). Hrsg. Gesellschaft Rheinischer Ornithologen e. V. (GRO) und Westfälische Ornithologen-Gesellschaft e. V. (WOG), seit 1998 Nordrhein-Westfälische Ornithologen-Gesellschaft e. V. (NWO)

- Ornithologische Mitteilungen (seit 1948)

Als regelmäßige wichtige Autoren seit 1973 sind in alphabetischer Reihenfolge TIMOTHY C. E. DRANE, KARL LUDWIG ENSULEIT (†), ERICH JANZING, WALTER KLISCH, HANS-JÜRGEN REICHLING (†), GÜNTER RÖTTLER, STEPHAN SALLERMANN, ANTON SCHÜCKING (†), HANS STOLDT, CHRISTOPH SCHÖNBERGER, HANS-JÜRGEN THIEL, ANDREAS WELZEL, MICHAEL WÜNSCH und HANS-WALTER ZIMMERMANN (†) zu nennen. Die Aufsätze auch der vielen hier nicht genannten Autoren in den regionalen Periodika umfassen fachlich fundierte Beiträge bis hin zu einfachen Erzählungen, in jedem Fall sind sie auch Quelle der avifaunistischen Landeskunde.
Die Beiträge sind überwiegend in den vereinseigenen Zeitschriften (Cinclus, NABU-Info-Blätter) zu finden. Wenige – abgesehen von A. SCHÜCKING – haben auch in heimat- und landeskundlichen Schriften (ENSULEIT, JANZING, REICHLING, RÖTTLER, WELZEL) oder selten auch in überregionalen ornithologischen Zeitschriften (JANZING, WELZEL) veröffentlicht. Mehr belletristische Aufsätze stammen aus der Feder von RICHARD ALTHAUS (†), der als Heimatschriftsteller bekannt wurde.

Bei einem Rückblick in die Geschichte der vogelkundlichen Erforschung unseres Stadtgebietes sind auch die Eingemeindungen der Stadt Haspe, der Landgemeinden Boele, Fley, Halden, Herbeck, Holthausen und Vorhalle sowie die Auflösung der Ämter Boele und Vorhalle als Teile des ehemaligen Landkreises Hagen im Jahr 1929, sowie die Eingemeindungen der Stadt Hohenlimburg und der Gemeinden Berchum und Garenfeld (ehedem Kreis Iserlohn), Dahl und anderer kleinerer Ortschaften im Zuge der Gebietsreform 1975 zu beachten. Publikationen vor 1975 aus dem damaligen Kreis Iserlohn nehmen wenigstens teilweise auch Bezug auf heutige Stadtteile Hagens (z. B. die Aufsätze von FRIEDRICH EXTERNBRINK 1950, 1951). Arbeiten von CARL DEMANDT (†) und ERNST SCHRÖDER (†) (beide Lüdenscheid) berücksichtigen teilweise auch das Volmetal bei Dahl und die angrenzenden Höhen. C. DEMANDT befasste sich insbesondere mit Greifvögeln. Er dokumentierte das Aussterben der Wanderfalken auch in Hagen. SCHRÖDER (1957) verfasste eine wegweisende landschaftsökologische Arbeit zur Landschaft und ihrer Vogelwelt im westlichen Sauerland. Erwähnt werden soll an dieser Stelle, dass der an unser Stadtgebiet grenzende südliche Ennepe-Ruhr-Kreis durch den Mediziner Dr. ERNST MÜLLER einer hervorragende avifaunistische Bearbeitung erfahren hat (insbesondere MÜLLER 1972, 1986). In jüngerer Zeit sind zusammenfassende Bearbeitungen zur Avifauna Dortmunds und des Kreises Unna erschienen.

Das Avifauna-Projekt

Nach den ersten, oben genannten Übersichten zur Vogelwelt Hagens bzw. Hohenlimburgs (1948, 1950, 1964 s. o.) veröffentlichte erst 1998 der Mediziner Dr. CHRISTOPH SCHÖNBERGER wieder eine kommentierte Liste der Brutvögel Hagens. Sie bot auch eine gute Grundlage für das von ihm damals begonnene und von ANDREAS WELZEL fortgeführte und hier veröffentlichte Projekt (hierzu mehr im Abschnitt: Vorbemerkungen).

Methoden und Ergebnisse – Untersuchung der Brutvögel Hagens

Um die Brutvögel des gesamten Hagener Stadtgebietes sowohl in ihrem Artbestand (qualitativ) als auch in ihrer Dichte bzw. Häufigkeit (quantitativ) darzustellen, wurden verschiedene Methoden angewandt. Die Aussagen zum aktuellen Brutvogelbestand sollten sich auf den begrenzten Zeitraum von 1997 bis 2008 beziehen.

Ermittlung des aktuellen Artenbestandes der Brutvögel

Methode

Die Angaben zu seltenen und mittelhäufigen Arten stützen sich auf die Angaben der Literatur, aber vor allem auf die Kenntnisse der Mitarbeiter, denen die einzelnen Brutplätze und Brutpaarzahlen oft genau bekannt sind. Wesentliche Grundlage der Aussagen zur Einstufung von Arten als Brutvogelart, zu deren Vorkommen, Phänologie und zu außergewöhnlichen Beobachtungen war der z. T. über Jahrzehnte hinweg erworbene vogelkundliche Erfahrungsschatz der Mitarbeiter. Zudem wurden die saisonalen ornithologischen Sammelberichte (OSB) im Cinclus (Bund für Vogelschutz und Vogelkunde e.V. Herdecke und Hagen) und des NABU-Info (Naturschutzbund Stadtverband Hagen) ausgewertet. Der Bewertung wurden ebenso die Ergebnisse der Revierkartierungen des Jahres 2002 bis 2005 (s. *Tab. 1* und *2*) und der Punktstoppkartierungen 1997 bis 1999 (s. u.) zugrunde gelegt.

Ergänzt werden die Datensammlungen durch den Einbezug von Revierkartierungen früherer Jahre und durch Bestandsaufnahmen der sehr gut dokumentierten Naturschutzgebiete „Lenneaue Berchum" und „Ruhraue Syburg", deren Sommer- und Winterbestand nahezu lückenlos über Jahrzehnte hinweg mit insgesamt weit mehr als 500 Begehungen kartiert und untersucht wurde.

Ergebnis

Als Brutvogelarten werden nachfolgend diejenigen Arten aufgelistet und in den Artkapiteln beschrieben, die im Zeitraum ab 1997 mindestens einmal auf Hagener Stadtgebiet gebrütet haben. Dazu werden auch diejenigen Arten gezählt, für die kein gesicherter Brutnachweis, aber für ein bzw. mehrere Jahre starker Brutverdacht besteht wie Haselhuhn, Wasserralle, Wachtelkönig und Erlenzeisig. Im diesem Zeitraum können demnach 110 Arten als Brutvogelarten bezeichnet werden, davon besteht für vier Arten nur Brutverdacht (BV).

Amsel
Bachstelze
Baumfalke
Baumpieper
Birkenzeisig
Blässhuhn
Blaumeise
Bluthänfling
Buchfink
Buntspecht
Dohle
Dorngrasmücke
Eichelhäher
Eisvogel
Elster
Erlenzeisig (BV)
Fasan
Feldlerche
Feldschwirl
Feldsperling
Fichtenkreuzschnabel
Fitis
Flussregenpfeifer
Gartenbaumläufer
Gartengrasmücke
Gartenrotschwanz
Gebirgsstelze
Gelbspötter
Gimpel
Girlitz
Goldammer
Graugans
Graureiher
Grauschnäpper
Grauspecht
Grünfink
Grünspecht
Habicht
Haselhuhn (BV)
Haubenmeise
Haubentaucher
Hausrotschwanz
Haussperling
Heckenbraunelle
Höckerschwan
Hohltaube
Kanadagans
Kernbeißer
Kiebitz
Klappergrasmücke
Kleiber
Kleinspecht
Kohlmeise
Kolkrabe
Kuckuck
Mauersegler
Mäusebussard
Mehlschwalbe
Misteldrossel
Mönchsgrasmücke
Nachtigall
Neuntöter
Nilgans
Rabenkrähe
Rauchschwalbe
Reiherente
Ringeltaube
Rohrammer
Rotkehlchen
Rotmilan
Schleiereule
Schwanzmeise
Schwarzkehlchen
Schwarzschwan
Schwarzspecht
Singdrossel
Sommergoldhähnchen
Sperber
Star
Steinkauz
Stieglitz
Stockente
Straßentaube
Sumpfmeise
Sumpfrohrsänger
Tannenmeise
Teichhuhn
Trauerschnäpper
Türkentaube
Turmfalke
Uferschwalbe
Uhu
Wacholderdrossel
Wachtelkönig (BV)
Waldbaumläufer
Waldkauz
Waldlaubsänger
Waldohreule
Waldschnepfe
Wanderfalke
Wasseramsel
Wasserralle (BV)

Weidenmeise
Wespenbussard
Wiesenschafstelze
Wintergoldhähnchen

Zaunkönig
Zilpzalp
Zwergkanadagans
Zwergtaucher

Revierkartierungen

Methode

Die Ermittlung der Bestandsdichte häufiger Brutvogelarten stützt sich auf die Ergebnisse von Revierkartierungen. Grundlage dieser Methode ist das Verhalten eines Vogelpaares, das eine Brut durchführt und zur Brutzeit ein Gebiet („Revier") verteidigt, um die zur Aufzucht der Jungen benötigten Nahrungsressourcen zu sichern. Verhaltensweisen, die auf eine Brut bzw. auf ein Revier hinweisen, sind z. B. Gesang, Revierkampf, futtertragende Altvögel und natürlich Nestfunde mit Gelege oder fütternde Altvögel. Bei dieser Arbeitsweise wird an fünf Begehungstagen von März bis Juni das Verhalten der Vögel punktgenau in eine Karte eingetragen. Als Ergebnis können per Zusammenschau in einer „Artkarte" neben der Lage der Reviere auch ihre Anzahl erkannt werden.

Im Jahr 2002 wurden gezielt für dieses Projekt drei Flächen mit jeweils überwiegend gleichartigem Lebensraum (Wald, Siedlung, landwirtschaftliche Fläche) in Form von Revierkartierungen nach BERTHOLD et al. (1980) untersucht (s. *Tab. 1*). Sie bildeten mit vier weiteren großflächigen Revierkartierungen aus dem Zeitraum von 2003 bis 2005 (s. *Tab. 2*) die Grundlage der Berechnung zu den Bestandsdichten. Zur Unterstützung und Absicherung der Größenordnungen wurden weitere elf großflächige Kartierungen aus früheren Jahren herangezogen (s. *Tab. 2*). Um zuverlässige Aussagen über den Bestand seltener und mittelhäufiger Brutvogelarten treffen zu können, wurden von der „Arbeitsgemeinschaft Avifauna" zusätzlich seit 1997 gezielt Beobachtungen ausgewählter Vogelarten (wie z. B. Girlitz, Klappergrasmücke oder Goldammer) durchgeführt und Daten gesammelt sowie die Ergebnisse der Revier- und Punktstoppkartierungen (s. u.) hinzugezogen.

Ergebnis

Die Fläche der Stadt Hagen beträgt 160,4 km^2, davon entfallen etwa 67 km^2 auf Wald, etwa 33 km^2 auf landwirtschaftliche Flächen, 33 km^2 auf Siedlungs- bzw. Freiflächen und die restlichen 27 km^2 auf Friedhöfe, Parks, Halden, Wasser-, Erholungs- und Verkehrsflächen. Die Revierzahlen der häufigen Vogelarten wurden nach den Lebensraumanteilen der untersuchten Gebiete auf die entsprechenden Lebensraumanteile des Hagener Stadtgebietes bezogen (*Tab. 3*). Hierzu wurden die Anteile der Flächennutzungen hochgerechnet. Die Anzahl der Brutreviere bzw. Brutpaare einer Art findet sich in den einzelnen Artbeschreibungen. Bei seltenen bis mittelhäufigen Arten wurden statistische Fehler durch die konkrete Kenntnis der Mitarbeiter korrigiert.

Punktstoppkartierung

Methode

Für diese Kartierung wurde das gesamte Hagener Stadtgebiet in zehn Teilbereiche aufgeteilt, die an den Quadranten eines Messtischblattes (amtliche Topographische Karten 1:25.000; Zählung der Quadranten 1-4 in Leserichtung) orientiert sind. In der Regel teilen sie jeden Quadranten in gleichgroße Abschnitte. Jeder Teilbereich wurde von einem Kartierer bearbeitet, der in seinem Gebiet 10 bis 20 Zählpunkte („Punktstopps") so festgelegte, dass sie anteilig die Struktur und Landschaft dieses Teilbereiches repräsentierten. Insgesamt waren es 138 Punktstopps im Hagener Stadtgebiet,

Tab. 1: Revierkartierungen des Jahres 2002

Untersuchungsgebiet	Landschaftstyp	Fläche	Bearbeiter
Boele	Siedlungsbereich, Stadt	50 ha	U. Schmidt
Berchum/Tiefendorf	Weiden, Wiesen, Äcker	80 ha	S. Sallermann
Holthauser Bachtal	Wald	80 ha	A. Welzel

Tab. 2: Revierkartierungen

Untersuchungsgebiet	Jahr	Fläche	Bearbeiter
Fley/Untere Lennetal	1989, 1990, 1991	100 ha	A. Welzel
Berchum/Untere Lennetal	1989, 1990, 1991	100 ha	A. Welzel
Raffenberg	1989	100 ha	B. Rauer
Weißenstein	1989	100 ha	B. Rauer
Mastberg/Drei Buchen	1989	100 ha	B. Rauer
Hasselbachtal/Bemberg	1989	100 ha	A. Welzel
Saure Egge/Piepenbrink	1993	100 ha	A. Welzel
Nimmertal	2003	124 ha	A. Welzel
Nimmertal	2004	89 ha	A. Welzel
Stadtwald Hagen	2004	100 ha	A. Welzel
Lennesteilhang Garenfeld	2005	45 ha	A. Welzel

Tab. 3: Hochrechnung zu Brutrevieren häufiger Brutvogelarten auf die Stadtfläche Hagens (160,4 km²) unter Berücksichtigung der Lebensräume und Flächennutzungen

Brutvogelart	Brutreviere	Brutvogelart	Brutreviere
Amsel	2962	Kohlmeise	2981
Bachstelze	329	Mauersegler	757
Blaumeise	2303	Misteldrossel	240
Bluthänfling	133	Mönchsgrasmücke	2201
Buchfink	5641	Rabenkrähe	252
Buntspecht	506	Rauchschwalbe	741
Eichelhäher	486	Ringeltaube	1498
Elster	377	Rotkehlchen	3490
Feldsperling	395	Schwanzmeise	280
Fitis	674	Singdrossel	1089
Gartenbaumläufer	696	Sommergoldhähnchen	1473
Gartengrasmücke	542	Star	709
Gebirgstelze	111	Stieglitz	159
Gimpel	300	Stockente	304
Goldammer	653	Sumpfmeise	430
Grünfink	487	Tannenmeise	1982
Haubenmeise	460	Türkentaube	237
Hausrotschwanz	343	Waldbaumläufer	230
Haussperling	3043	Weidenmeise	229
Heckenbraunelle	1350	Wintergoldhähnchen	1216
Kernbeißer	134	Zaunkönig	3210
Kleiber	863	Zilpzalp	2528

an denen nun fünfmal jährlich im Zeitraum 1997 bis 1999 – einmal im März, einmal im April, zweimal im Mai und einmal im Juni – jeweils für fünf Minuten alle Vögel gezählt wurden.

Sowohl Lage als auch Anzahl der Punktstopps in einem Teilbereich waren über die drei Jahre hinweg identisch, jedoch unterschied sich ihre Anzahl von der anderer Teilbereiche (s. *Tab. 4*).

Ergebnis

Insgesamt wurden bei den Untersuchungen in diesen drei Jahren an 345 Zählpunkten 29.555 Vögel erfasst, davon 15.247 mit revieranzeigendem Verhalten (Hinweis auf eine Brut). Von den insgesamt 110 Vogelarten, die in Hagen im Zeitraum von 1997 bis 2007 als Brutvogel bzw. mit Verdacht auf Brut festgestellt wurden, konnten 92 Arten auch bei der Punktstoppkartierung von 1997 bis 1999 festgestellt werden. Bei 84 dieser Arten konnte zusätzlich ein Verhalten erfasst werden, das auf die Besetzung und Verteidigung eines Brutrevieres hinweist („revieranzeigendes Verhalten"), dazu zählen Verhaltensweisen wie Gesang, Kampf mit einem Rivalen, Balz, Nestbau, futtertragende Altvögel und Nestfunde mit Gelege oder Jungvögeln.

Folgende nachtaktive, sehr seltene oder erst nach der Untersuchung als Brutvogel auftretende Arten wurden bei dieser Punktstoppkartierung nicht erfasst:

Erlenzeisig, Fichtenkreuzschnabel, Kanadagans, Kolkrabe, Nilgans, Wiesenschafstelze, Schwarzkehlchen, Schwarzschwan, Wachtelkönig, Waldschnepfe, Wanderfalke, Zwergkanadagans, Zwergtaucher.

Die Ergebnisse der Punktstoppkartierungen sind die Grundlage für die Erstellung von zwei Ranglisten und einer Karte der Antreffhäufigkeit:

- einer Rangliste aufgrund der gezählten Vögel einer Art insgesamt („Hitliste")
- einer Rangliste aufgrund der Beobachtungshäufigkeit

Tab. 4: Anzahl der Punktstopps in den Untersuchungsgebieten

Kartierer	Messtischblatt-Sechszehntel	Anzahl Punktstopps
Michael Wünsch	4510/4/3+4	10
Johannes Lindemann	4610/2/1+2	14
Johannes Kamp/Tobias Kohlmann	4611/1/1+2	15
Anja Markus	4610/2/3+4	13
Stephan Sallermann	4611/1/3+4	17
Bernd Rauer	4610/4/1+2	13
Dr. Christoph Schönberger	4611/3/1+3	10
Andreas Welzel	4611/3/2+4	20
Matthias Oriwall	4610/4/3+4	15
Dr. Christoph Schönberger	4711/1/1+2	10

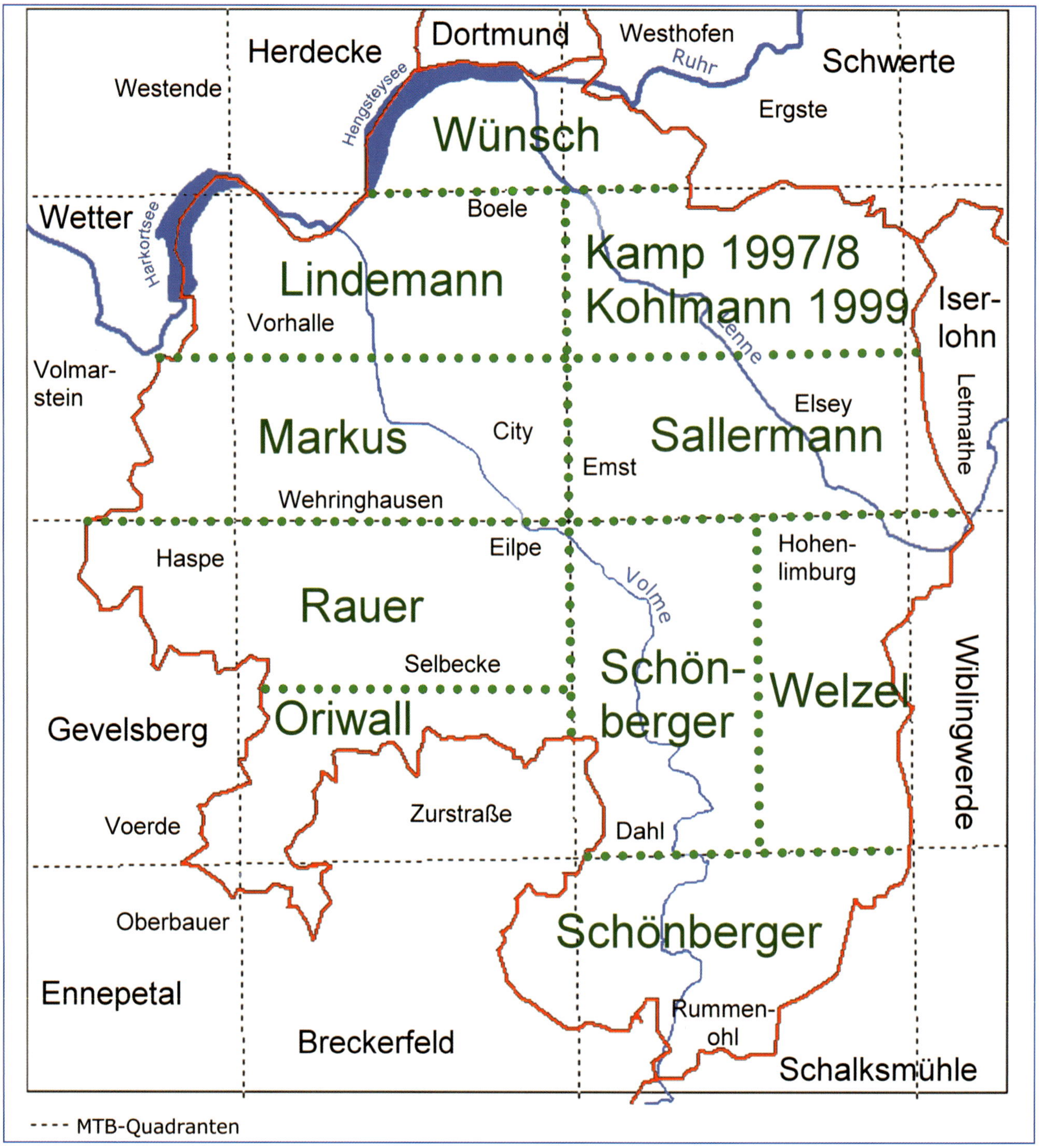

Abb. 1: Punktstoppkartierung von 1997 bis 1999 – Bearbeiter und Lage der Teilbereiche (je ein Achtel eines Messtischblatts)

des revieranzeigenden Verhaltens von Vögeln einer Art (Hinweis auf Brutaktivität)
- einer Karte zur Antreffhäufigkeit einer Vogelart an den Punktstopps in einem der zehn Teilbereiche des Stadtgebietes Hagen. Da die Anzahl der Punktstopps in einem Teilbereich zwar über drei Jahre hinweg gleich war, sich aber von der in anderen Teilbereichen unterschied (s. Tab. 4), wurden zur Vergleichbarkeit bei der Erstellung der Karte alle Ergebnisse auf zehn Punktstopps berechnet.

Die monatliche Erfassung und Auswertung der Anzahl der Vogelarten in den Jahren 1997 bis 1999 zeigt für alle drei Jahre ein Ansteigen der Artenzahl von etwa 60 Vogelarten im März bis auf knapp 80 Arten in der ersten Maihälfte (*Abb. 2*). Dies

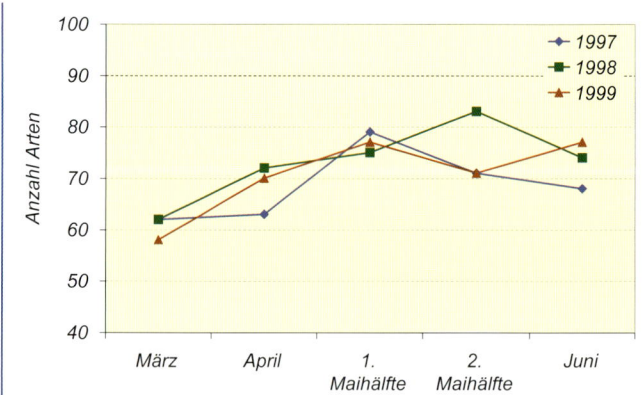

Abb. 2: Während der Punktstoppkartierung 1997 bis 1999 monatlich festgestellte Anzahl der Vogelarten im Stadtgebiet Hagen

spiegelt die Heimkehr der bei uns brütenden Zugvogelarten wider. Das Schwanken bzw. Abfallen der Anzahl beobachteter Vogelarten in der zweiten Maihälfte und im Juni lässt sich möglicherweise durch ein Erfassungsdefizit erklären: die Frühbrüter haben ihre Bruten bereits abgeschlossen und ihr Revier möglicherweise schon verlassen und verhalten sich unauffälliger. Auch bei den Spätbrütern ist die Phase der Revierbesetzung und Paarbildung mit auffallendem Verhalten (Gesang, Revierkampf, Balz) vorüber, sie brüten oder sind ganz mit der Jungenaufzucht beschäftigt.

Tab. 5: „Hitliste" – Rangliste der 1997-1999 gezählten Individuen einer Brutvogelart

Rang	Art	Summe	1997	1998	1999	Rang	Art	Summe	1997	1998	1999
1	Buchfink	2560	823	874	863	51	Stieglitz	82	19	19	44
2	Mauersegler	2481	1388	797	296	51	Waldbaumläufer	82	24	26	32
3	Amsel	2000	701	701	598	53	Haubentaucher	55	16	15	24
4	Kohlmeise	1478	541	559	378	54	Baumpieper	53	6	20	27
5	Star	1432	677	427	328	54	Sumpfrohrsänger	53	16	20	17
6	Zilpzalp	1417	498	576	343	56	Turmfalke	52	14	21	17
7	Ringeltaube	1358	487	442	429	57	Weidenmeise	50	24	11	15
8	Rabenkrähe	1305	373	370	562	58	Hohltaube	45	7	29	9
9	Haussperling	1221	455	416	350	59	Dorngrasmücke	44	17	8	19
10	Rotkehlchen	1064	266	368	430	60	Blässhuhn	36	1	16	19
11	Mönchsgrasmücke	989	316	336	337	61	Grauschnäpper	32	4	14	14
12	Blaumeise	924	376	291	257	62	Grünspecht	31	8	11	12
13	Zaunkönig	788	165	315	308	63	Trauerschnäpper	29	10	16	3
14	Elster	593	201	200	192	64	Wasseramsel	28	6	13	9
15	Singdrossel	587	173	200	214	65	Kuckuck	27	6	10	11
16	Goldammer	554	172	228	154	66	Höckerschwan	26	11	7	8
17	Rauchschwalbe	487	202	192	93	67	Klappergrasmücke	23	1	9	13
18	Fitis	463	136	153	174	68	Fasan	20	8	6	6
19	Straßentaube	461	199	174	88	69	Flussregenpfeifer	20	7	13	0
20	Graureiher	451	117	136	198	69	Schwarzspecht	20	4	10	6
21	Heckenbraunelle	442	139	173	130	69	Dohle	15	7	7	1
22	Grünfink	411	142	152	117	72	Girlitz	15	2	8	5
23	Wintergoldhähnchen	350	97	127	126	72	Neuntöter	14	3	6	5
24	Stockente	346	91	103	152	74	Rotmilan	14	3	6	5
25	Bachstelze	298	132	77	89	74	Sperber	14	4	6	4
26	Eichelhäher	282	88	105	89	74	Birkenzeisig	13	4	7	2
27	Mehlschwalbe	271	58	160	53	77	Gartenrotschwanz	13	4	3	6
28	Tannenmeise	263	94	96	73	77	Uferschwalbe	13	1	12	0
29	Feldsperling	260	86	70	104	77	Graugans	10	5	0	5
30	Buntspecht	257	80	85	92	80	Eisvogel	9	0	7	2
31	Sommergoldhähnchen	246	53	80	113	81	Habicht	9	4	3	2
32	Kleiber	236	84	81	71	81	Teichhuhn	9	1	3	5
33	Mäusebussard	233	86	80	67	81	Feldschwirl	7	0	4	3
34	Gartengrasmücke	176	62	71	43	84	Nachtigall	6	1	1	4
35	Gartenbaumläufer	166	47	51	68	85	Baumfalke	5	1	0	4
36	Hausrotschwanz	165	52	68	45	86	Gelbspötter	4	2	1	1
37	Kernbeißer	144	32	54	58	87	Rohrammer	4	1	3	0
38	Bluthänfling	143	41	36	66	87	Kleinspecht	3	0	2	1
39	Misteldrossel	117	22	59	36	89	Waldkauz	3	1	2	0
39	Waldlaubsänger	117	22	31	64	89	Grauspecht	2	0	2	0
41	Sumpfmeise	109	41	35	33	91	Waldohreule	2	0	1	1
42	Haubenmeise	107	32	40	35	91	Wespenbussard	2	0	2	0
43	Schwanzmeise	105	27	54	24						
44	Gimpel	104	26	38	40			29555	10326	10322	8907
45	Reiherente	101	37	41	23						
46	Wacholderdrossel	98	10	43	45						
47	Feldlerche	92	32	31	29						
48	Gebirgsstelze	89	25	33	31						
49	Kiebitz	87	31	37	19						
49	Türkentaube	87	30	44	13						

Tab. 6: „Hitliste revieranzeigenden Verhaltens" – Rangliste der 1997-1999 gezählten Individuen mit Brutverhalten

Platz	Art	Summe	1997	1998	1999	Platz	Art	Summe	1997	1998	1999
1	Buchfink	1869	541	634	694	50	Kuckuck	26	5	10	11
2	Amsel	1405	453	519	433	51	Klappergrasmücke	23	1	9	13
3	Zilpzalp	1333	450	553	330	52	Trauerschnäpper	22	8	11	3
4	Kohlmeise	994	343	378	273	53	Grünspecht	19	4	8	7
5	Rotkehlchen	973	220	336	417	54	Grauschnäpper	17	2	7	8
6	Mönchsgrasmücke	933	287	318	328	54	Stockente	17	7	7	3
7	Zaunkönig	717	139	287	291	56	Haustaube	16	4	9	3
8	Blaumeise	580	223	188	169	57	Stieglitz	14	6	6	2
9	Singdrossel	498	127	172	199	58	Wacholderdrossel	12	1	1	10
10	Ringeltaube	474	111	162	201	59	Gartenrotschwanz	11	3	2	6
11	Fitis	447	121	153	173	59	Girlitz	11	2	6	3
12	Haussperling	439	108	104	227	59	Kiebitz	11	0	3	8
13	Goldammer	423	112	181	130	59	Wasseramsel	11	3	5	3
14	Heckenbraunelle	388	111	153	124	63	Haubentaucher	9	3	0	6
15	Grünfink	304	101	116	87	63	Hohltaube	9	1	2	6
16	Wintergoldhähnchen	303	77	107	119	65	Fasan	7	3	1	3
17	Tannenmeise	226	72	88	66	65	Feldschwirl	7	0	4	3
18	Sommergoldhähnchen	225	49	76	100	67	Nachtigall	6	1	1	4
19	Gartengrasmücke	174	61	70	43	67	Teichhuhn	6	1	2	3
20	Rabenkrähe	160	48	56	56	67	Turmfalke	6	2	4	0
21	Kleiber	155	49	58	48	70	Birkenzeisig	5	2	2	1
22	Graureiher	148	56	84	8	70	Neuntöter	5	2	1	2
23	Gartenbaumläufer	146	35	47	64	70	Reiherente	5	1	2	2
24	Hausrotschwanz	126	41	53	32	70	Schwarzspecht	5	1	1	3
25	Star	124	52	33	39	74	Gelbspötter	4	2	1	1
26	Waldlaubsänger	112	19	31	62	74	Habicht	4	2	1	1
27	Buntspecht	105	21	43	41	76	Blässhuhn	3	0	0	3
28	Elster	86	28	19	39	76	Rohrammer	3	1	2	0
29	Sumpfmeise	85	32	25	28	78	Baumfalke	2	0	0	2
30	Waldbaumläufer	74	17	26	31	78	Flussregenpfeifer	2	0	2	0
31	Haubenmeise	71	15	33	23	78	Rotmilan	2	1	0	1
32	Misteldrossel	64	11	32	21	78	Sperber	2	0	2	0
33	Feldlerche	63	19	24	20	78	Waldkauz	2	1	1	0
34	Bachstelze	56	22	18	16	83	Grauspecht	1	0	1	0
34	Türkentaube	56	14	32	10	83	Kleinspecht	1	0	0	1
36	Gimpel	55	3	19	33	85	Dohle	0	0	0	0
37	Baumpieper	51	6	20	25	85	Eisvogel	0	0	0	0
37	Sumpfrohrsänger	51	14	20	17	85	Graugans	0	0	0	0
39	Gebirgsstelze	49	13	23	13	85	Höckerschwan	0	0	0	0
40	Kernbeißer	48	16	14	18	85	Mehlschwalbe	0	0	0	0
41	Bluthänfling	47	11	15	21	85	Schleiereule	0	0	0	0
42	Eichelhäher	44	17	12	15	85	Steinkauz	0	0	0	0
42	Mauersegler	44	24	12	8	85	Uferschwalbe	0	0	0	0
44	Dorngrasmücke	40	15	6	19	85	Uhu	0	0	0	0
45	Feldsperling	39	8	10	21	85	Waldohreule	0	0	0	0
45	Mäusebussard	39	10	18	11	85	Wespenbussard	0	0	0	0
45	Weidenmeise	39	14	11	14						
48	Schwanzmeise	32	8	16	8			15247	4425	5524	5598
49	Rauchschwalbe	27	11	5	11						

MARTIN SCHLÜPMANN

Landschaft und Vogelwelt

Die naturräumlichen Grundlagen bestimmen maßgeblich die ökologischen Bedingungen einer Landschaft. So sind Vegetation und Fauna ohne die naturräumlichen Grundlagen kaum zu verstehen. Die Wirkungen auf den Naturhaushalt sind dabei vielfältig, und sie beeinflussen sowohl die abiotischen Bedingungen einzelner Biotoptypen als auch deren Lebensgemeinschaften. Land- und Forstwirtschaft, Wassernutzung, aber auch Siedlungs- und Industriegebiete orientieren sich bis heute an den morphologischen, klimatischen, geologischen, hydrographischen und bodenkundlichen Bedingungen. Auch der Kulturraum ist demnach nicht ohne seine natürlichen Grundlagen zu verstehen, auf die er andererseits unmittelbar oder mittelbar zurückwirkt. So sind die naturräumlichen Grundlagen heute in vielen Bereichen nicht mehr alleine maßgebend für die ökologischen Bedingungen einer Landschaft. Vielfach ist die Tätigkeit des Menschen in weitaus größerem Maße landschaftsökologisch wirksam. Im Folgenden werden diese Beziehungen zwischen Natur- und Kulturraum und der Avifauna sowie ihrer Dynamik am Beispiel der Hagener Avifauna aufgezeigt. Der Mensch und sein Wirken nehmen seit historischer Zeit erheblichen Einfluss auf die Landschaft und ihre Avifauna.

22 Landschaft und Vogelwelt

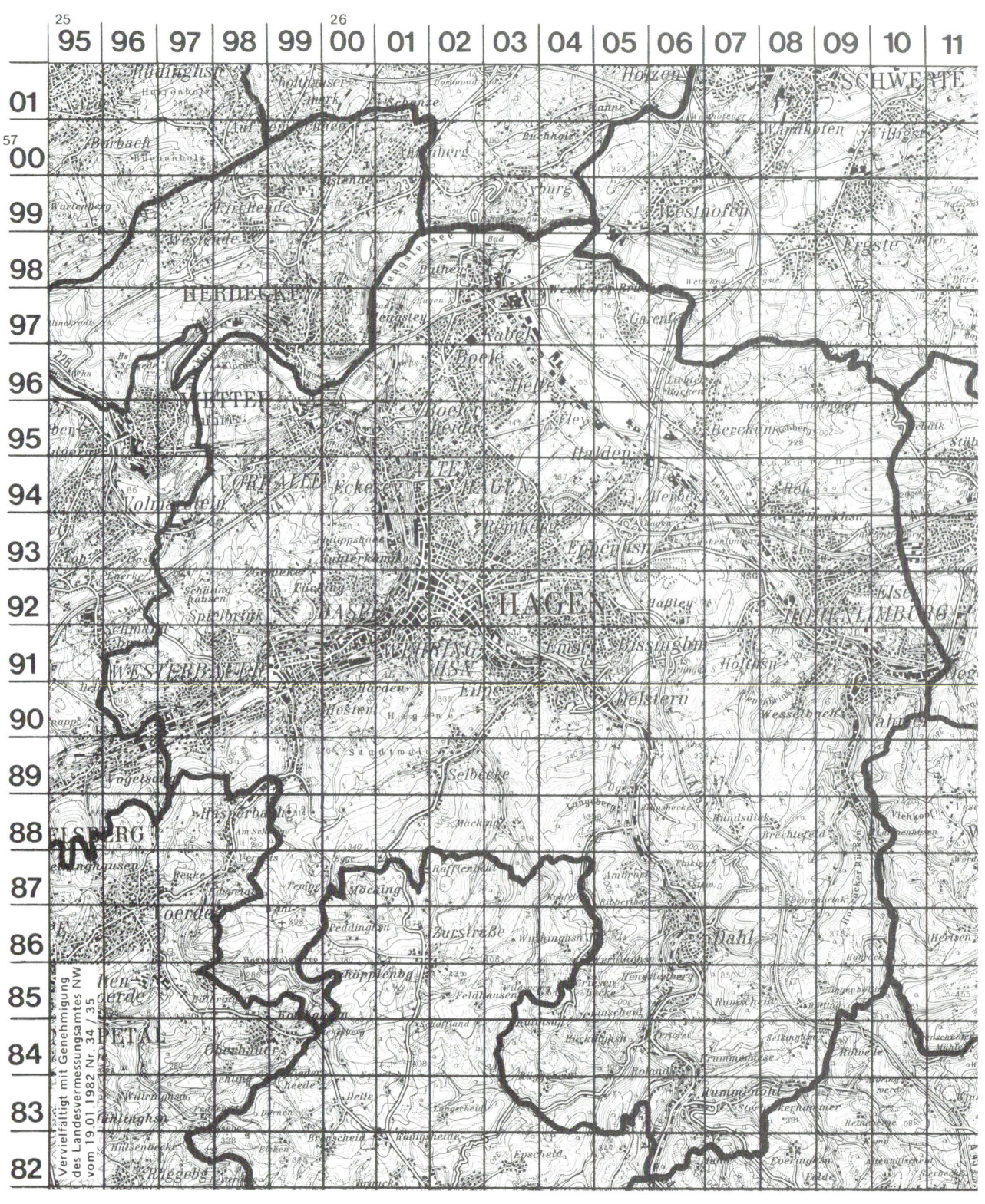

Abb. 1: Die Stadt Hagen und ihre Umgebung mit einem 1x1km-Raster.

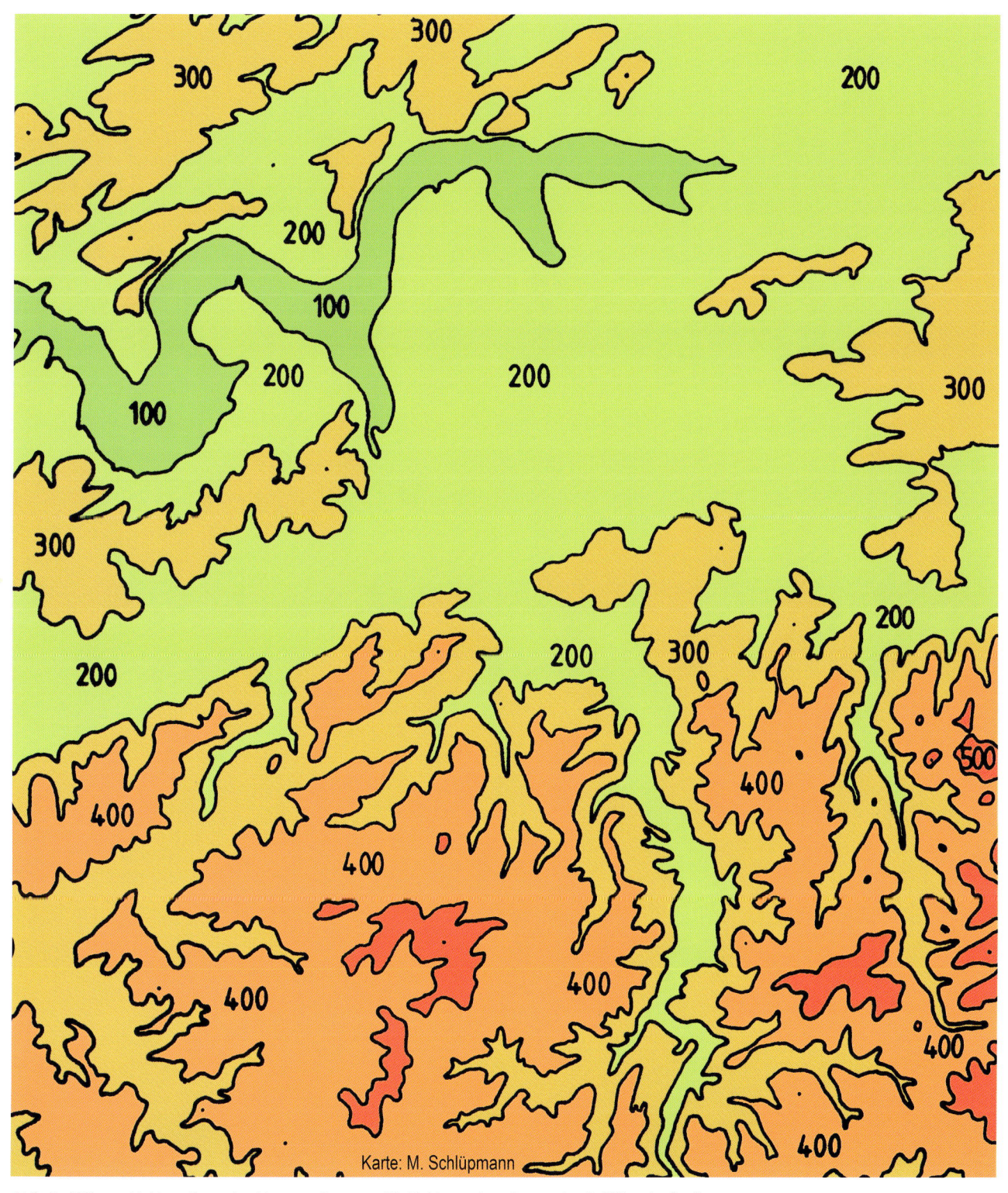

Abb. 2: Höhenschichten-Karte des Hagener Raumes. Die Zahlen geben die maximale Höhe der Stufen an.

Landschaft und Vogelwelt

Der Naturraum

Der Raum Hagen liegt an der südwestfälischen Mittelgebirgsschwelle. Diese Lage hat große Bedeutung für die Biogeographie des Raumes, wie sich auch in der Vogelwelt zeigt.

Die deutlichsten Unterschiede ergeben sich zwischen dem Ober- und dem Unterland sowohl hinsichtlich der Morphographie und Geologie als auch hinsichtlich des Klimas. Die Höhenlage des Untersuchungsgebietes reicht von 86 m NN im Ruhrtal bei Vorhalle bis auf fast 438 m NN östlich Bölling (*Abb. 1, 2*). Die Angaben zur Geologie und zur Pedologie (Bodenkunde) fußen im Besonderen auf folgenden Veröffentlichungen, die im Weiteren nicht mehr gesondert zitiert werden: Geologie: Geologisches Landesamt Nordrhein-Westfalen (1981), Janssen (1976), Kamp (1972), Märkischer Kreis (1987), Meinecke (1962); Böden: Maas & Mückenhausen (1971).

Die wichtigsten Klimadaten liefert seit nunmehr 52 Jahren (1956) die Hagener Volkssternwarte aus dem Hagener Stadtwald (unteres Oberland 282 m NN). Lage und Höhe der Station lassen die Daten als für Hagen besonders repräsentativ erscheinen. Janzing (1990) fasste erstmals Daten bis 1988 zusammen, neuere Daten sind von G. Röttler (Kersberg et al. 2004) für einen Zeitraum von 46 Jahren (1956-2002) zusammengestellt worden und hier in Form eines Diagramms (*Abb. 3*) wiedergegeben.

Klimakarten von Nordrhein-Westfalen, wie sie von Müller-Wille (1966), Schirmer (1976) und vom Deutschen Wetterdienst (1960, 1989) veröffentlicht wurden, ermöglichen den Vergleich und die Einordnung der klimatischen Bedingungen im großräumigen Zusammenhang. Auch räumliche Unterschiede innerhalb des Hagener Raumes werden erkennbar, selbst wenn dem nur wenige empirische Daten zugrunde liegen und die Karten durch Interpolation unter Berücksichtigung der Höhenlage erarbeitet wurden.

Insbesondere sind die Unterschiede zwischen Ober- und Unterland evident, was mit der Höhenlage und dem Relief zu erklären ist. In der Tabelle 1 sind mit Hilfe verschiedener Quellen einige der wichtigsten Klimadaten von Ober- und Unterland zusammengestellt. Die meisten Veröffentlichungen berücksichtigen aber nur weit zurückliegende Datenreihen. Um die Unterschiede zwischen Unter- und Oberland zu verdeutlichen, sind sie dennoch berücksichtigt.

Im Oberland liegen die Durchschnittstemperaturen 1-2 °C niedriger, es sind 3-7 weniger Sommertage, 15-18 mehr Frosttage, 9-13 Tage mehr Eistage zu erwarten. Schneefall tritt an doppelt so vielen Tagen auf, die Schneedecke hält im Schnitt 15 Tage länger. Die Vegetationsperiode ist um 20-25 Tage kürzer. Die Niederschläge sind im Oberland 300-450 mm höher, wobei Regen mit mehr als 10 mm hier an etwa 10 Tagen häufiger auftritt.

Ursächlich verantwortlich für die Klimaunterschiede sind insbesondere die besonderen Reliefverhältnisse. Das Westsauerland gehört nach Müller-Wille (1951) noch zum Luv des Bergischen Landes. Die Niederschläge sind demnach hoch und können örtlich bis 1300 mm/Jahr erreichen. Der Tälerkessel von Volme, Ruhr und Lenne bedingt eine klimatische Schutzlage (Bornemann 1966), die sich in geringen Jahresniederschlägen und relativ hohen Temperaturen widerspiegelt.

Die naturräumliche Gliederung (*Abb. 5, Tab. 2*) folgt der Arbeit von Bürgener (1969), gliedert aber einige Untereinheiten zusätzlich aus und fasst die maßstabsbedingt groben Abgrenzungen von Bürgener für unseren Raum etwas genauer.

Das Unterland im Norden nimmt im Untersuchungsgebiet Höhen zwischen ca. 85 m NN und 290 m NN ein und ist geprägt durch Tallagen, Terrassenlandschaften, Hügelland und Massenkalkzone. Seine Gliederung ist wesentlich komplizierter als die des Oberlandes.

Die Täler von Ruhr, unterer Lenne und Volme sowie Ennepe bilden einen ausgesprochenen Tälerkessel, der von den südlichen Höhen deutlich auszumachen ist. Er öffnet sich über das Ruhrtal nach Westen (Ardeypforte) und Osten.

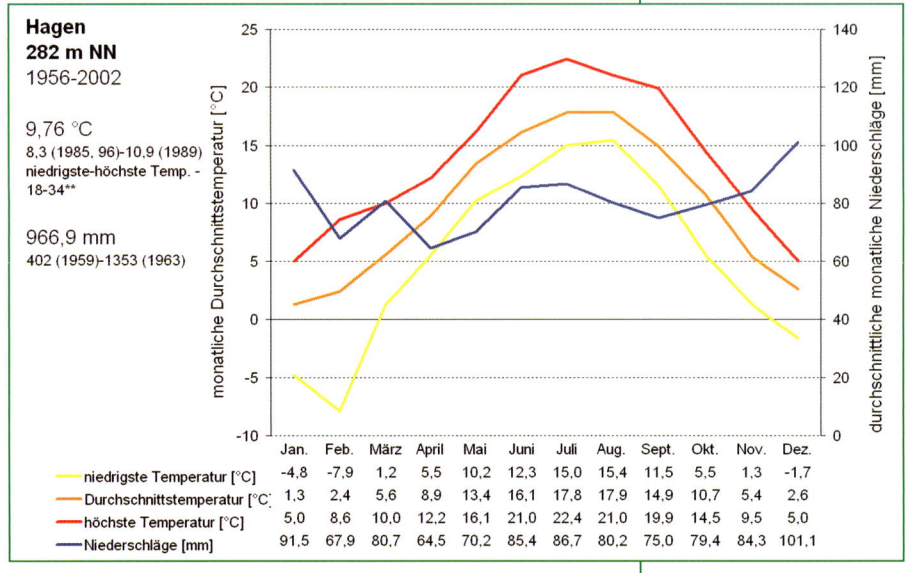

Abb. 3: Durchschnittliche Monatstemperaturen und Niederschläge der Jahre 1956-2002 gemessen im Stadtwald an der Wetterstation der Hagener Volkssternwarte (282 m NN; 7°27'21,26" östl. Länge, 51°20'49,50" nördl. Breite) (nach G. Röttger in Kersberg et al. 2004).

Wichtig aus biologischer Sicht sind auch die Anzahl der Frosttage (Minimum unter 0°C an 12), der Eistage (Maximum unter 0°C an 32) und auf der anderen Seite der Sommertage (Max. über 25°C an 20 Tagen), die von Janzing (1990) genannt werden. Die Hauptwindrichtung wurde mit SW bis W ermittelt.

Tab. 1: Unterschiede der Klimadaten zwischen Unter- und Oberland im Hagener Raum. Quellen: DEUTSCHER WETTERDIENST (1989), MÜLLER-WILLE (1966), SCHIRMER (1976), ROCHOLL (1983); weiterhin: *BORNEMANN (1966): Hohenlimburg (120 m NN; 1956-65), FUNKE (1974, 1975, 1977): Hohenlimburg Niederschläge 1919-76, Temperaturen 1958-74, kursiv = SPECHT o. J.: Lüdenscheid (400 m NN) 1925-49. In Klammern: niedrigste und höchste Temperatur.

Messort Naturraum Höhenlage	Im Norden Unterland <200 m NN	Im Süden Oberland >300 m NN
Temperatur		
Jahresmitteltemp. [°C]	9,0-9,7	8,0
	(8,2-10,3: 1966*/1959, 63, 64)	*(6,5-9,3: 1940, 1941/1945)*
Tagesmittel > 5°C Vegetationsperiode [Tage]	220-245	200-220
Tagesmittel > 10°C [Tage]	160-170	150-160
Eistage: Max. < 0°C [Tage]	13	*22, 26,4*
Frostage: Min. < 0°C [Tage]	75	*90, 92,6*
Sommertage: Max. > 25°C [Tage]	25	*18, 22,3*
Bewölkung		
Bewölkung [Zehntel]	6,7	
Niederschläge		
Jahresniederschläge [mm]	800	1100, *1297*
Trockenjahr 1976 [mm]	600-800	800-1000
Nassjahr 1966 [mm]	1100-1400	1400-1800
Niederschläge ø 1 mm [Tage]	130-150	140-150, *157,1*
Niederschläge ø 10 mm [Tage]	20-35	30-45
stärkster Niederschlag [Monat]	7	12
Nebenmaximum [Monat]	12	7
niedrigster Niederschlag [Monate]	3-4	3-5
Schneefall [Tage]	20	40
Schneedecke [Tage]	30	45, *46*
Schneedecke ø 10 cm [Tage]	10-20	15-30

Der Hagener Tälerkessel wird von den Talauen (Ruhr, Volme, Lenne), den Flussterrassen, der sanft nach Süden ansteigenden Hagener Heide (Boele, Halden) und der plateauartigen Verebnungsfläche der Massenkalkzone eingenommen. Während die Terrassenflächen selten über 150 m NN hinausgehen, erreicht das Massenkalkplateau hier eine Höhe von 247 m NN (Mastberg). Der überwiegende Teil des Hagener Tälerkessels liegt im flözleeren Oberkarbon. Nur der Nordrand am Kaisberg und am Böhfeld reicht noch in den Bereich flözführenden Oberkarbons. Gerade Talauen und Flussterrassen sind aber pleistozän (in den Eiszeiten) stark überformt (z. B. HAMACHER 1930, MEINECKE 1953). Neben Flusssedimenten spielen hier, wie auch auf der Verebnungsfläche des Massenkalkes, Lößablagerungen eine wichtige Rolle. Die Terrassenlandschaften sind im Hagener Raum wie an kaum einer anderen Stelle des nördlichen Sauerlandes ein bedeutender Naturraum (vergl. KERSBERG 1982).

Eine der geologisch und biologisch interessantesten Naturräume unserer Heimat ist zweifelsohne die Massenkalkzone. Sie erstreckt sich im Hagener Osten von der Volme bei Delstern über Emst (hiernach als Emsterfeld bezeichnet), Hassley und Holthausen bis zur Lenne und muldenförmig als Iserlohner Kalksenke zwischen Letmather Vorhöhen (Humpfert-Turm bei Letmathe) und Oberland quer durch Hohenlimburg bis in den angrenzenden Märkischen Kreis. Neben anderen Karsterscheinungen ist auch das weitgehende Fehlen von Oberflächengewässern auch aus biologischer Sicht erwähnenswert, was mit den karsthydrographischen Bedingungen zusammenhängt.

Die Bodenverhältnisse des Tälerkessels und der Massenkalkzone sind entsprechend der wechselhaften Geologie differenziert. Über fluviatilen Talsedimenten finden wir teilweise vergleyte Aueböden, auf den

Abb. 4: Barmer Feld, Terrassenlandschaft des Lennetales. Dieses Bild vom 1. Februar 2002 ist bereits Historie. Industrieansiedlung und Straßenbau zerstören derzeit die wertvolle Kulturlandschaft. Foto: M. SCHLÜPMANN

Lößablagerungen der Flussterrassen vor allem tiefgründige, gut bis mittelbasenhaltige Parabraunerden. In der Hagener Heide sind die Böden stellenweise auch basenärmer. Gut basenhaltige Parabraunerden und Braunerden haben sich auch auf den Lößablagerungen und Gehängelehmen über dem Kalk- und Dolomitgestein der Massenkalkzone gebildet. Bei dünnen Lößauflagen sind es überwiegend gut basenhaltige Braunerden und als Rohboden auf Kalkgestein stellenweise auch Rendzinen.

Die Ausläufer des Bergisch-Märkischen Hügellandes mit dem Vorhaller Rücken, der Kaisberghöhe und dem Ardey reichen von Nordwesten bis weit in das Untersuchungsgebiet. Sie sind von harten oberkarbonischen Grauwackegesteinen eingenommen, während sich nach Norden hin die weicheren oberkarbonischen Tonschiefer (siehe ehemalige Ziegeleien bei Vorhalle: Vorhaller Steinbruch) anschließen, die teilweise pleistozän abgetragen und im Bereich der Ruhrterrassen mit Kiesen, Sanden und Lehmen überlagert sind. Die Ardeyhöhen mit flözführenden konglomeratischen Ruhrsandsteinen grenzen den Tälerkessel mit schroffen, sehr steil zum Ruhrtal

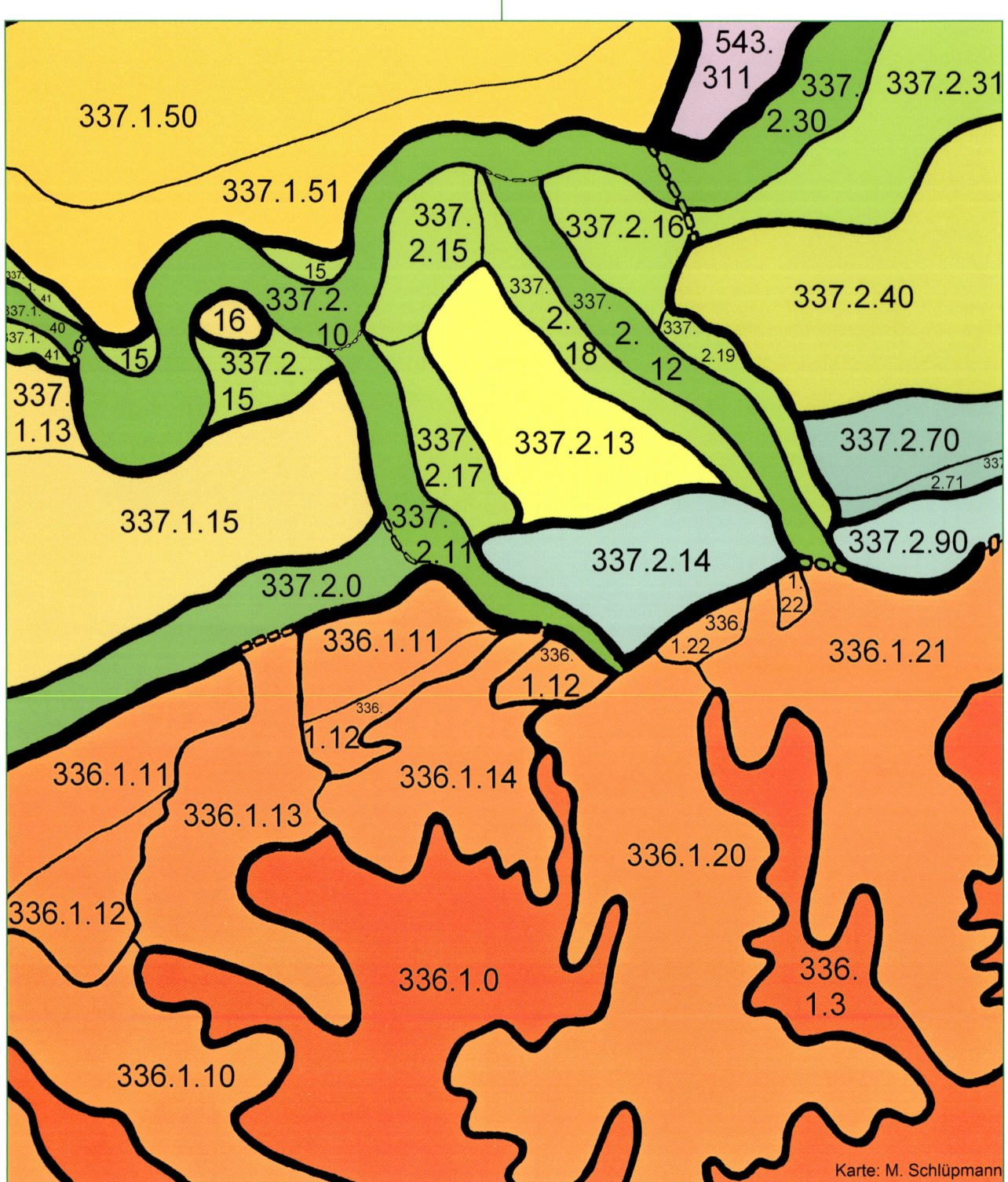

Abb. 5: *Naturräumliche Gliederung des Hagener Raumes (in Anlehnung an* Bürgener *1969 aus* Schlüpmann *1989). Schlüsselzahlen vergleiche Tab. 2.*

hin abfallenden Südardeywänden nach Norden hin ab. Die Höhen des Ardeykammes laufen nach Osten hin aus, so dass das Ruhrtal in Schwerte und Holzwickede die Grenze des

Tab. 2: Übersicht über die naturräumlichen Einheiten (in Anlehnung an Bürgener *1969 aus* Schlüpmann *1989); vergleiche* **Abb. 5.**

336. Westsauerländer Oberland	
336.1	**Märkisches Oberland**
336.1.0	**Breckerfelder Hochfläche**
336.1.1	**Hagener Randhöhen**
336.1.10	Ennepetaler Schluchten
336.1.11	Hesterthardt
336.1.12	Vörde-Selbecker-Furche
336.1.13	Hasper Bachtalschluchten
336.1.14	Selbecker Schluchten
336.1.2	**Märkische Talschluchten**
336.1.20	Dahler Volmeschlucht
336.1.21	Nahmerschlucht
336.1.22	Holthauser Randhöhen
336.1.3	**Hülscheider Hochflächen**
337 Bergisch-Sauerländisches Unterland	
337.1 Niederbergisch-Märkisches Hügelland	
337.1.1	**Bergisch-Märkisches Hügelland**
337.1.13	Märkisches Schichtrippenland
337.1.15	Vorhaller Rücken
337.1.4	**Ardeypforte**
337.1.40	Wetter-Wittener Ruhrtal
337.1.41	Wetter-Wittener Ruhrterrassen
337.1.5	**Ardey**
337.1.50	Ardeyhöhe
337.1.51	Südardeywände
337.2 Niedersauerland	
337.2.0	**Unteres Ennepetal**
337.2.1	**Hagener Tälerkessel**
337.2.10	Hagener Ruhrtal
337.2.11	Hagener Volmetal
337.2.12	Haldener Lennetal
337.2.13	Hagener Heide
337.2.14	Emsterfeld
337.2.15	Hagener Ruhrterrassen
337.2.16	Garenfelder Terrassenplatte
337.2.17	Hagener Volmeterrassen
337.2.18	Haldener Lenneterrassen
337.2.19	Reher Lenneterrassen
337.2.3	**Mittelruhrsenke**
337.2.30	Schwerter Ruhrtal
337.2.31	Ergster Terrassenplatte
337.2.4	**Niedersauerländer Heiden**
337.2.40	Reher und Schälker Heide
337.2.7	**Letmather Vorhöhen**
337.2.70	Bemberghöhen
337.2.71	Humpfertrandhöhe
337.2.9	**Iserlohner Kalksenken**
337.2.90	Hohenlimburg-Letmather Kalksenke

Süderberglandes zu den Hellwegbörden des Münsterlandes bildet. Das gesamte Bergisch-Märkische Hügelland weist, ähnlich wie das Oberland, nur schwach basenhaltige Braunerden und Ranker auf. Das untere Ennepetal trennt muldenförmig das Hügelland von den Randhöhen des Oberlandes.

Im Osten liegen die Berchumer, Reher und Schälker Heide, ein Naturraum, der im Untersuchungsgebiet bis auf 275 m NN ansteigt. Die oberkarbonischen Grauwackegesteine sind hier mit basenarmen Braunerden bedeckt, die auf großen Flächen pseudovergleyt sind. Abgesehen von den Talauen sind auf diesen staunassen, tonigen Böden die meisten stehenden von Bach- und Quellwasser unabhängigen Kleingewässer zu finden (Schlüpmann 2003 a, b). Auch in den südlich anschließenden Vorhöhen, bei denen von Norden nach Süden unterkarbonische Kieselschiefer (Kulm) und oberdevonische Schiefer einander abwechseln, sind die Böden stärker basengesättigt und die Wälder demgemäss deutlich artenreicher. Mit einer maximalen Höhe von 292 m NN wird die colline Stufe hier nicht überschritten.

Das Oberland ist eine aus mitteldevonischen Grauwacken, Sandsteinen und Tonschiefern bestehende Rumpffläche, die bis auf wenige Plateaureste mit Höhen zwischen 400 und 500 m NN um Breckerfeld im Westen und Wiblingwerde im Osten von tiefen Fluss- und Bachtalschluchten (Ennepetaler Schluchten, Hasper Schluchten, Selbecker Schluchten, Dahler Volmeschlucht, Nahmer Schluchten) zergliedert ist. Dies bedingt eine große Reliefenergie besonders im Übergang zum Hagener Tälerkessel (s. o.). Die Böden sind überwiegend schwach basenhaltige Braunerden, die in den Plateaulagen pseudovergleyt, in den Randhöhen podsolig sein können. In den steilen Talschluchten und den zum Unterland hin abfallenden Randhöhen sind stellenweise auch entsprechend basenarme Ranker (Rohböden) charakteristisch. Die vereinzelten Kalklinsen im Oberland spielen flächenmäßig keine Rolle.

Die naturräumlichen Verhältnisse, im Besonderen die Höhenlage und die Bodenverhältnisse, sind auch in der Vegetation erkennbar. Die Vegetation der naturnahen Laubwälder entspricht dabei weitgehend der potenziellen natürlichen Vegetation (Trautmann 1972) und verdient daher eine besondere Erwähnung. Entsprechend der geologischen und bodenkundlichen Verhältnisse ist auf den nur schwach basenhaltigen Braunerden und Rankern als potenzielle natürliche und z. T. reale Vegetation im Oberland und gesamten Bergisch-Märkischen Hügelland vor allem der artenarme Hainsimsen-Buchenwald kartiert. Die bodensauren Wälder der Hagener Heide und der Reher und Schälker Heide, aber auch z. T. des Bergisch-Märkischen Hügellandes weisen aufgrund der pseudovergleyten, tonigen Lehmböden von Natur aus eine teilweise deutlich abweichende Artenzusammensetzung auf, bei der Stieleichen (*Quercus robur*) eine größere Rolle spielen. Auf den basenreichen Böden der Massenkalkzone findet sich dagegen ein artenreicher Kalk-Buchenwald, zu dem verschiedene Pflanzengesellschaften zählen.

Die abweichenden Standortbedingungen der Täler bedingen auch eine abweichende potenzielle natürliche Vegetation, wobei die naturnahen Wälder aufgrund der anthropogenen Beanspruchung der Tallagen bei uns kaum noch zu finden sind. Im Bereich der Talauen überwiegt bei uns von Natur aus ein artenreicher Stieleichen-Hainbuchenwald und auf den Terrassen ein Flattergras-Buchenwald. Der Stieleichen-Hainbuchenwald zeigt im Gegensatz zu den vorgenannten Buchenwäldern eine artenreiche Gehölzmischung mit Stieleichen (*Quercus robur*), Hainbuchen (*Carpinus betulus*), Eschen (*Fraxinus excelsior*), Vogelkirschen (*Prunus avium*), Rotbuchen (*Fagus sylvatica*), in der Strauchschicht Pfaffenhütchen (*Euonymus europaeus*), Hasel (*Corylus avellana*) und Weißdorn (*Crataegus* sp.). Auf der Sohle der Siepen und kleinerer Täler begleitet der Bach-Erlen-Eschenwald den Lauf der Bäche. Reste dieses Waldes sind allenthalben noch zu finden. An nordwärts gerichteten, steilen Hängen mit strahlungsarmen, kühlen und frischen bis feuchten Standortbedingungen kann man stellenweise noch Schluchtwälder finden. Einer der bemerkenswertesten Schluchtwälder ist am Nordosthang des Weißensteins zu studieren.

Gänzlich andere Standorte sind die klimatisch begünstigten, südexponierten, sehr steilen Silikatgesteinshänge der Südardeyhänge unterhalb der Hohensyburg (vgl. bereits SCHROEDER & STEINHOFF 1952). Die hier zu findenden natürlichen Traubeneichenwäldern (Betulo-Quercetum petraeae; nach STRATMANN 1988: Luzulo-Quercetum leucobryetosum) zählen nach STRATMANN (1988) zu den letzten und bedeutendsten im gesamten Süderbergland. Insbesondere thermophile Arten charakterisieren den Unterwuchs dieser seltenen Vegetationseinheit.

Auch in der Naturlandschaft sind Wälder keine statische Erscheinung. Nach Aufbau- und Optimalphasen folgen stets auch Zerfallsphasen. Solche Zyklen treten mosaikartig in der Landschaft verteilt auf (Mosaik-Zyklus-Theorie, vergl. z. B. REMMERT 1985, 1987). Waldlichtungen und Schlagfluren zählen daher zur realen und natürlichen Vegetation. Hier lassen sich deutliche Vegetationsunterschiede ausmachen: eine typische Schlaggesellschaft der Kalkgebiete ist die Tollkirschen-Schlaggesellschaft, während auf Waldlichtungen und Kahlschlägen anderer Standortverhältnisse die Fingerhut-Schlaggesellschaft, die Waldweidenröschen-Schlaggesellschaft und Fuchskreuzkraut-Traubenholunder-Gesellschaft auftritt.

Die Avifauna der Naturräume

Die feine Gliederung der Naturräume lässt sich mit den Vögeln nicht abbilden. Dennoch bedingen Höhenlage, Klima und naturräumliche Ausstattung eine Reihe von Unterschieden in der Avifauna zumindest der höheren naturräumlichen Einheiten.

Einige Arten erreichen im Hagener Raum ihre Höhenverbreitungsgrenze. Rebhuhn (*Perdix perdix*), Fasan (*Phasianus colchicus*), Schleiereule (*Tyto alba*), Steinkauz (*Athene noctua*), Grünspecht (*Picus viridis*), Wiesenschafstelze (*Motacila flava*), Nachtigall (*Luscinia megarhynchos*), und Gelbspötter (*Hippolais icternia*) fehlen in den Hochlagen des Sauerlandes entweder völlig oder sind dort sehr selten. Mit Einschränkungen zählen auch Hohltaube (*Columba oenas*) und Rohrammer (*Emberiza schoeniclus*) zu dieser Gruppe.

Umgekehrt sind Grauspecht (*Picus canus*), Wasseramsel (*Cinclus cinclus*) und Waldbaumläufer (*Certhia familiaris*) Arten, die primär in den Mittelgebirgen anzutreffen sind und von daher in den tiefen Lagen weitgehend fehlen. Das gilt auch für den Tannenhäher (*Nucifraga caryocatactes*) und Erlenzeisig (*Carduelis spinus*), die das Stadtgebiet von Hagen offenbar nicht mehr erreichen, aber unweit der Stadtgrenzen in den Lagen von über 400 m üNN des Märkischen Kreises als Brutvogel anzutreffen sind.

SCHÜCKING (1991 a) listet für das untere Lennetal (2500 ha) für die Jahre 1961-65 nicht weniger als 121 Vogelarten, darunter 89 Brutvögel, 17 Durchzügler und 15 Wintergäste auf. 21 Arten waren allerdings 1991 bereits verschwunden oder traten nicht mehr als Durchzügler und Gäste auf. Eine Reihe von Arten sind (fast) ausschließlich in den Talauen anzutreffen, was i. d. R. mit dem naturräumlichen Lebensraumangebot (Altwässer, Feuchtgebiete) zu erklären ist. In besonderem Maße gilt das für Wasservögel wie Teichhuhn (*Gallinula chloropus*), Wasserralle (*Rallus aquaticus*), die aber nur sporadisch zu beobachten (bzw. zu hören) ist und noch nicht sicher als Brutvogel nachzuweisen war, aber auch für die Uferschwalbe (*Riparia riparia*) und Rohrammer (*Emberiza schoeniclus*). Die Uferschwalbe kam noch bis in die 70er Jahre mit wenigen Brutpaaren im unteren Lennetal an natürlichen Standorten vor (SCHÜCKING 1978c, d), war danach nur noch an einigen künstlich geschaffenen Nistplätzen zu finden (z. B. SCHÜCKING 1980, 1992b; THIEL 1988 vgl. *Abb. 28*), wo sie sich aber nicht dauerhaft halten konnte. Sie brütete (2004) offensichtlich erstmals wieder in wenigen Paaren an einem natürlichen Platz im Unteren Lennetal (U. SCHMIDT u. W. KOHL).

Eine Charakterart der Flussauen mit ihren Geschiebebänken aus Schotter ist der Flussregenpfeifer (*Charadrius dubius*), der ehedem auch an den hiesigen Flüssen natürliche Brutplätze vorfand, so bis in die 60er Jahre hinein auf den Schotterbänken der Ruhr bei Wetter (ARBEITSGEMEINSCHAFT VOGELSCHUTZ 1964). Auch der Flussuferläufer soll damals noch Brutvogel an der Lenne bei Fley und der Ruhr bei Wetter gewesen sein. Insbesondere das Ruhrtal ist auch Rastgebiet für eine Reihe von Durchzüglern und Wintergästen, darunter in entsprechenden, heute extrem seltenen Habitaten (z. B. in der Ruhraue bei Syburg) Limikolen, wie dem Waldwasserläufer (*Tringa ochropus*), dem Grünschenkel (*Tringa nebularia*) und der Bekassine (*Gallinago gallinago*). In den letzten Jahren trat gehäuft vor allem im Winterhalbjahr auch der Kormoran (*Phalacrocorax carbo*) an Ruhr und Lenne auf, der die eisfreien Gebirgsflüsse als Nahrungshabitat nutzt. Als Brutvogel an den Gewässern des Ruhr- und stellenweise des Lennetales ist an vielen Stellen mittlerweile die Reiherente (*Aythya fuligula*) eingebürgert. Sie trat hier erstmals 1965 auf (FELDMANN 1982) und ist

Tab. 3: Unterschiede der Avifauna (Brutvögel) des Unter- und Oberlandes, sowie der Fluss-Talauen im Raum Hagen. Genannt sind die Arten, die jeweils im anderen Naturraum fehlen. Wenn die Art außerhalb des Hagener Raumes im jeweiligen Naturraum vorkommt oder die Aussage nur in der Tendenz zutrifft, ist der Name in Klammern gesetzt

Unterland	Talauen der Flüsse	Oberland
Nichtsingvögel		
(Baumfalke)	Zwergtaucher	Uhu
(Rebhuhn)	(Haubentaucher)	Grauspecht
(Schleiereule)	(Wasserralle BV)	
(Steinkauz)		
(Grünspecht)		
Singvögel		
(Wiesenschafstelze)	Uferschwalbe	Wasseramsel
Nachtigall		(Waldbaumläufer)
(Teichrohrsänger)		(Fichtenkreuzschnabel)
(Gelbspötter)		
(Pirol)		
(Dohle)		

seit 1985 auch im Hagener Ruhr- und Lennetal Brutvogel. Brutvorkommen des Teichrohrsängers (*Acrocephalus scirpaceus*) sind dagegen erloschen (SCHÖNBERGER 1998). Der Zwergtaucher (*Tachypabtus ruficollis*), der gleichfalls als ausgestorben galt, wurde erfreulicherweise 2001 mit zwei Bruten festgestellt.

Zu den Charaktervögeln des Ruhr- und Lennetales (einschließlich des Wannebachtales) und ehemals auch anderer Täler (z. B. des Volmetales) zählen aber nicht nur Wasser- und Watvögel. Auch die Nachtigall (*Luscinia megarhynchos*) ist ein sehr charakteristischer Vogel der Tallagen (FELDMANN 1982). Nach GILLER (1969) sind regelmäßige Vorkommen im Sauerland nur unter 130 m NN anzutreffen (vgl. auch HESSE & SELL 1976), was mit den Beobachtungen im Hagener Raum übereinstimmt. Ehedem war sie etwas häufiger und strahlte auch in die angrenzenden Täler, Terrassen- und Hügellandschaften aus, häufig war die Art dort allerdings nie (SCHÄFER 1953, SCHRÖDER 1957). SCHRÖDER (1957) erwähnt, dass H. KERSBERG in Delstern 5 Paare beobachten konnte. Im alten Stadtgebiet waren 4-5 Stellen mit Nachtigallvorkommen bekannt (SCHÜCKING 1964), weitere kamen in den später eingemeindeten Bezirken hinzu. SCHÜCKING (1979d) nennt beispielsweise das Hasselbachtal als Lebensraum. Noch vor wenigen Jahren trat sie mit wenigen Brutvorkommen im Hagener Raum auf (SCHÖNBERGER 1998). An ihrem letzten Vorkommensgebiet am Hengsteysee ist sie aber seit 1997 verschwunden (A. WELZEL). Seitdem wurde sie dort nur noch vereinzelt beobachtet (Durchzug oder Brutverdacht). Ein Brutverdacht bestand in 2001 auch am Kaisberg in Werdringen (M. ORIWALL & A. WELZEL). Charakterart der Weichholzauen im Ruhr- und Lennetal ist auch der Kleinspecht (*Dryobates minor*), der nach SCHÖNBERGER (1998) mit 12-15 Brutpaaren in Hagen einen stabilen Bestand zeigt. Zu den typischen Arten der Talauen des Unterlandes und der angrenzenden Tallagen (z. B. Hasselbachtal nach SCHÜCKING 1979d; Volme- und mittleres Lennetal: SCHRÖDER 1957) zählt auch der Gelbspötter (*Hippolais icterina*), der aber auch hier bereits sehr selten ist. Die Brutvorkommen weiterer, allerdings bei uns wohl nie sehr häufiger Charakterarten im Hagener Ruhr- und Lennetal sind erloschen (vgl. SCHÄFER 1948, SCHÜCKING 1964, SCHÖNBERGER 1998): Turteltaube (*Streptopelia turtur*) und Pirol (*Oriolus oriolus*). Letzterer wird von

der ARBEITSGEMEINSCHAFT VOGELSCHUTZ (1964) als Brutvogel des Lennetales bei Halden sowie von SCHÜCKING erwähnt, während er nach GILLER (1969) im gesamten Süderbergland fehlen soll, was im Falle des ehemaligen Vorkommens im unteren Lennetal aber nicht als Widerspruch gelten muss. Auch die Schafstelze (*Motacilla flava*) ist fast vollkommen verschwunden.

Zu erwähnen ist, dass der Eisvogel (*Alcedo atthis*), der aufgrund seiner Lebensweise als Charakterart der Talauen gelten kann, eine sehr deutliche Abhängigkeit von Klimafaktoren zeigt. Harte Winter, bei denen die Gewässer über längere Zeit zufrieren, drängen die Bestände immer wieder sehr stark zurück (z. B. HARTMANN 1969, BAUER & BERTHOLD 1996), eine Beobachtung, die auch nach dem strengen Winter 1962/63 in Hagen gemacht wurde, wo der gesamte Brutbestand zusammenbrach (SCHÜCKING 1964). Die Lebensbedingungen sind daher in den Tieflagen Hagens deutlich besser. Nachdem die Gewässer sauberer geworden sind und ein Umdenken im Wasserbau längst Realität ist (vgl. z. B. RADEMACHER + PARTNER INGENIEURBERATUNG GmbH 1997), kann man aber annehmen, dass er regelmäßiger Brutvogel im Hagener Raum bleiben wird. Nahrungssuchend ist er auch nach der Brutzeit an vielen fließenden und stehenden Gewässern zu beobachten (z. B. SCHLÜPMANN 2001b).

Auch der im Ruhrtal und seinen Terrassenlandschaften in Hagen und Schwerte selten vorkommende Steinkauz (*Athene noctua*) meidet die Hochlagen des Sauerlandes aus klimatischen Gründen. Harte, schneereiche Winter überleben viele Tiere nicht. Immerhin sind ältere Vorkommen auch aus dem Lennetal bei Nachrodt und aus Gevelsberg bekannt (GILLER 1969, ZABEL 1969).

Aufgrund des auch natürlichen Angebotes an Felswänden (Weißenstein, Pater und Nonne im angrenzenden Letmathe) können einige Felsbewohner als Charakterarten der Massenkalkzone angesehen werden, darunter der Uhu (*Bubo bubo*), der nach Pfarrer MÖLLER um 1800 noch am Weißenstein brütete (vergl. SCHÄFER 1953) und durch Wiedereinbügerungsversuche der letzten Jahre bei uns wieder regelmäßig auftritt und auch wieder brütet. Die ersten Beobachtungen gelangen im Sommer 1982 (M. GRIESBACH: Iserlohn-Stenglingsen) und Mitte der 80er Jahre (M. SCHLÜPMANN & A. WELZEL: Letmather Raum). Dazu gehört im angrenzenden Letmather Raum die Dohle (*Coloeus monedula*), die in den 60er Jahren zunächst unmerklich aus unserer Heimat verschwand, in den 80er Jahren erfreulicherweise aber wieder recht häufig geworden ist. Charaktervogel des Oberlandes ist der Waldbaumläufer (*Certhia familiaris*), der nördlich der Ruhr beinahe fehlt. Auch der Grauspecht (*Picus canus*), der bevorzugt in Buchenwäldern zu finden ist, gilt als Charakterart des Berglandes, während der Grünspecht (*Picus viridis*) eher ein Tieflandbewohner ist (FELDMANN 1982). Der Waldlaubsänger (*Phylloscopus sibilatrix*) der in Hochwäldern (insbesondere Buchenwäldern) lebt, fehlt in den Tallagen. Das gilt auch für den seltenen Schwarzspecht (*Dryocopus martius*), der auf Altholzbestände angewiesen ist.

Wasseramsel (*Cinclus cinclus*) und Gebirgsstelze (*Motacilla cinerea*) sind insbesondere in den an Bachtälern reichen Hagener Randhöhen und Talschluchten des Oberlandes anzutreffen, wenn auch letztere die größeren Talauen nicht gänzlich meidet (vgl. z. B. HENNING 1993, SCHLÜPMANN 2001b) und dort im Winter sogar recht häufig sein kann.

Der kulturlandschaftliche Wandel

Der menschliche Einfluss übertrifft vielfach die Wirkung naturräumlicher Faktoren. Seit langem wird die heimische Natur durch den Menschen genutzt und überformt. Aus dem Raum Hagen, speziell den Tallagen und Terrassenlandschaften, liegen auch Funde aus der Steinzeit und der Bronzezeit vor, die die frühe Besiedlung unseres Raumes belegen. Die weitere Besiedlung und Nutzung unserer heimatlichen Landschaft und das sich wandelnde Bild der Landschaftsgeschichte seit dem Mittelalter ist hinreichend bekannt (BAUER et al. 1981). Entscheidend für die weitere Entwicklung der Landschaft waren die landwirtschaftliche Nutzung, die Nutzung der Bodenschätze und ihre weitere handwerkliche und industrielle Verarbeitung. Die historische Komponente des kulturlandschaftlichen Wandels kann an dieser Stelle nur angerissen werden (für den angrenzenden Raum Letmathe vergl. z. B. SCHLÜPMANN 1991/92).

Die historische **Waldnutzung** veränderte die natürlichen Wälder maßgebend (z. B. SCHLÜPMANN 1991/92). Waldweiden (*Huden*), Niederwälder und Mittelwälder breiteten sich aus. Nach MÜLLER-WILLE (1938) war die Plaggendüngung im Sauerland ehedem sehr verbreitet. Die Humusschicht der Wälder wurde teilweise zerstört und die Böden wurden im Laufe der Jahrhunderte deutlich verändert. Vielfach wurde der Wald übernutzt und wurde teilweise durch Heiden und Magerrasen ersetzt. Um 1860 nahmen die Heiden in Hagen und dem südöstlich angrenzenden Kreis Altena fast 90 % der Waldfläche ein (MÜLLER-WILLE 1938). Viele Dokumente und Bilder, aber auch Flurnamen (z. B. Hagener Heide, Boeler Heide, Berchumer Heide, Reher Heide, Schälker Heide, Königsheide) zeugen noch heute von dieser waldarmen Zeit. Erst im 19. Jahrhundert begann die moderne Forstwirtschaft mit systematischen Aufforstungen, wobei zunehmend wuchskräftige, fremdländische Bäume verwendet wurden. Am Ende setzte sich die Fichte durch, die heute fast 2/3 der Forstflächen einnimmt. Die Kahlschlagsbewirtschaftung hat Monokulturen einheitlicher Altersklassen bevorzugt. Die Forstwirtschaft hat dabei vielfach wertvolle Altholzbestände und die Zerfallsphase des natürlichen Waldzyklus völlig verdrängt.

Aufgrund der steilen Talschluchten und Randhöhen, die eine lohnende landwirtschaftliche Nutzung weitgehend ausschließen, ist der Forstflächenanteil in Hagen und seinen Nachbargemeinden und -städten Breckerfeld, Schalksmühle, Herdecke, Iserlohn und Nachrodt-Wiblingwerde sehr hoch

Abb. 6: Wälder und Forsten bestimmen immer noch einen guten Teil des Hagener Stadtgebietes. Hier ein Blick von der Reher Heide über das Lennetal nach Südwesten. 4.4.2002, Foto: M. SCHLÜPMANN

und liegt deutlich über dem Landesdurchschnitt von ca. 26 %. In Hagen lag er 2005 bei 44,8 % und war damit sogar gegenüber 1975 um 0,38 Prozentpunkte gestiegen. Ein großer Teil der Forstflächen ist mit Fichten bestockt (1975: 27,40 % Laub-, 21,15 % Misch- und 51,45 % Nadelwald). Zu erwähnen ist allerdings, dass der Anteil an Nadelwald in Hagen zwischen 1975 und 2005 um immerhin 6,11 Prozentpunkte gesunken ist (inklusive Mischwald 6,57 Prozentpunkte), während der von Laubwald um 6,95 Prozentpunkte angestiegen ist (LANDSAT-Satellitenbildklassifizierungen http://www.flaechennutzung.nrw.de: 25.02.2009), bezogen auf die Forstfläche sind das Veränderungen von 15,47 Prozentpunkte zugunsten von Laubwald (2005: 42,7 % Laub-, 19,94 % Misch- und 37,39 % Nadelwald).

Während Laubholzforste mit Buchen und Eichen i. d. R. der natürlichen Vegetation annähernd entsprechen, hinterlassen Fichtenforste einen gänzlich anderen Eindruck. Abgesehen von den anderen Lichtverhältnissen verändert sich insbesondere die Humusform des Bodens von leicht bis mäßig abbaubarem Humus (Mull über Kalk; Moder über Silikat) zu nur schwer und langsam abbaubarem Rohhumus. Hiermit einher geht eine Versauerung der Böden. Die Rohhumus-Auflage und die i. d. R. schlechten Lichtverhältnisse im Forst bedingen eine Veränderung und z. T. Verarmung von Flora und Fauna. Stichprobenartige Vegetationsaufnahmen in nordwestsauerländer Fichtenforsten durch den Verfasser haben allerdings gezeigt, dass, abgesehen von sehr dunklen Forsten, zumindest das Arteninventar der Flora in nicht wenigen Fällen dem angrenzender Laubwälder entspricht.

Abb. 7: Blick durch einen Fichtenforst auf das Nahmertal. Hier wird die natürliche Reliefenergie der Talschluchten, aber auch die starke anthropogene Überformung der Tallagen deutlich. 15.7.2002, Foto: M. Schlüpmann

Die **landwirtschaftliche Nutzung** war bis vor der Erfindung der künstlichen Düngemittel und Pestizide von den natürlichen Verhältnissen in hohem Maße abhängig. Die Landwirtschaft spiegelte daher stets die örtlichen klimatischen, topographischen und geologisch-pedologischen Bedingungen wieder. Im Prinzip gilt dies sogar noch bis heute, wenn auch andere Kriterien (z. B. die Größe der Anbauflächen) von weitaus größerer Bedeutung sind. So sind die Terrassenlandschaften an Ruhr und Lenne sowie die lößbedeckten Senkenlagen der Massenkalkzone bis heute bevorzugte Lagen der Landwirtschaft. Auch die reliefarmen Hochlagen um Breckerfeld weisen einen relativ hohen landwirtschaftlichen Nutzungsgrad auf. Je nach Bodenverhältnissen wurde bevorzugt, aber nie ausschließlich Ackerbau oder Weidewirtschaft betrieben. Die reichen Lößböden etwa konnten für Roggen-, Rüben- und Weizenanbau genutzt werden, während arme Tal- und Hanglagen des Oberlandes sich eher für Haferanbau oder Weidenutzung eigneten.

Bestimmend im gesamten Süderbergland war ehedem der Haferanbau. Vor 1800 aber wohl auch noch bis 1860 herrschte die Wechselwirtschaft vor, bei der nur einige Jahre Ackerbau (meist 3-4 Jahre) betrieben wurde. Danach wurden die Flächen 6-20 Jahre ohne weitere Pflege als Weideland (Hutweiden) genutzt (extensive Feldweidesysteme). Erst die Einführung von Klee, Roggen und Kartoffeln erlaubte nach Müller-Wille (1938, 1939) dauerhafte Haferfolgen, bei der die Felder höchstens ein Jahr brach lagen (40-50 % Hafer im Wechsel mit Roggen und Brache; ggf. auch Kartoffeln und Klee). Die traditionellen Bewirtschaftungsweisen ohne Einsatz von Düngemitteln, Pestiziden und Futtermitteln blieben aber stets Ausdruck des Naturraumes.

Da große Teile landwirtschaftlich gut geeigneter Böden im Hagener Raum überbaut sind und die Talschluchten vielfach zu steil und ihre Böden zu arm sind, ist die Landwirtschaft in weiten Bereichen heute eher unterrepräsentiert und wie überall im Sauerland im Rückgang begriffen. Im Stadtgebiet von Hagen nahmen Ackerflächen von 1975 bis 2005 um 1,74 und Wiesen- und Weidenflächen nahmen sogar um 8,55 Prozentpunkte ab (LANDSAT-Satellitenbildklassifizierungen http://www.flaechennutzung.nrw.de: 25.02.2009) – das sind die stärksten messbaren Veränderungen aller Flächennutzungen. Bedeutsam ist die Landwirtschaft noch auf der Terrassenlandschaft um Garenfeld, auf den Hochflächen des Oberlandes, den Plateauflächen des Vorhaller Rückens und der Schälker Heide, dem Emsterfeld und den nördlichen Terrassenflächen.

Mit der zunehmenden Industrialisierung der Landwirtschaft, die bereits im 19. Jahrhundert begann, seit den 50er Jahren enorm zugenommen hat, wurde sie dagegen zu einem entscheidenden Gefährdungsfaktor für Flora und Fauna (Flurbereinigung, Eutrophierung, Zerstörung von Klein- und Saumbiotopen, Grundwasserabsenkung u. a.; vgl. z. B. Verbücheln et al. 1995, Wolff-Straub et al. 1999, Schlüpmann & Geiger 1999).

Abb. 8: Obstwiese bei Hobräck. Reich gegliederte Agrarlandschaften sind heute nur noch wenige zu finden. 9.7.2002, Foto: M. Schlüpmann

Landschaft und Vogelwelt

Abb. 9: Blick von Süden auf den Steinbruch der Hohenlimburger Kalkwerke am Steltenberg. 12.10.2008, Foto: M. SCHLÜPMANN

Bereits früh wurden Bodenschätze in unserer Heimat abgebaut. Reste des Erzbergbaus sind in Form von Köhlerplätzen (zur Herstellung von Holzkohle), von alten Bergwerkstollen bzw. deren Resten und kleineren Brüchen noch allenthalben zu finden. Erwähnt sei der Eisenbergbau in der Selbecke, am Roland in Eilpe, im Nahmertal, im Volmetal bei Dahl, bei Haspe und Breckerfeld, Kupferbergbau im Mäckinger Bachtal, Alaun im Henkhauser Bachtal und bei Haspe, Zink bei Letmathe, Kohlebergbau am Kaisberg.

Zum landschaftlichen Wandel gehört auch die Bodennutzung in Form von Steinbrüchen. Noch bis vor 50 Jahren überwogen kleine Abgrabungen, wie auch ältere Ausgaben der Topographischen Karten deutlich zeigen. So waren speziell im Hagener Norden zahlreiche Ziegeleien zu finden. Soweit sie nicht verfüllt wurden (z. B. Ruhrsandsteinbrüche bei Westhofen, teilweise Tonschiefer-Steinbruch bei Vorhalle) bzw. gewerblich oder anderweitig genutzt sind (z. B. Kalksteinbrüche im Wasserlosen Tal, Ziegelei Nie in Letmathe, Grauwacke-Steinbruch im Volmetal bei Ambrock), hat die Sukzession sie mit Bäumen ganz oder teilweise zuwachsen lassen (z. B. im oberen Mäckinger Bachtal, NSG Ruhrsandsteinbruch Ebberg bei Schwerte-Westhofen). Die heute in Betrieb befindlichen Brüche sind von ungleich größerer Dimension. In der Massenkalkzone von Hagen liegen allein zwei solcher großflächigen Steinbrüche (Hohenlimburger Kalkwerke, Dolomitwerke). Grauwacke wird großflächig im Hamperbachtal bei Ambrock abgebaut.

Sich selbst überlassen sind die konfliktträchtigen Steinbrüche und Ziegeleigruben wichtige und wertvolle Sekundärlebensräume für eine Vielzahl von selten gewordenen Pflanzen und Tieren (FELDMANN 1987, SCHLÜPMANN et al. 1981), darunter vor allem in den frühen Sukzessionsstadien Arten, die in der Urlandschaft in den noch ungebändigten, dynamischen Flußauen vorkamen. Der Anteil der Abgrabungen an der Gesamtfläche ist nur gering, doch sind sie aus ökologischer Sicht in ihrer negativen wie positiven Wirkung ein nicht unerhebliches gesellschaftliches Konfliktpotenzial.

Fließgewässer sind seit dem Mittelalter immer mehr beeinflusst worden. Das Wasser der Flüsse und Bäche wurde ehedem über Gräben zur Bewässerung genutzt. „Kunstwiesen" waren im vergangenen Jahrhundert im Hagener Raum offenbar nicht selten, wie z. B. eine historische Beschreibung des Kreises Hagen aus dem Jahr 1861 zeigt (vgl. HEIDMANN 1996). Nennenswerte bauliche Veränderungen gingen mit

Abb. 10: Staustufe der Volme im Stadtgebiet von Hagen bei Eilpe. 8.10.1996, Foto: M. SCHLÜPMANN

Abb. 11: Auf der Sohle des ehemaligen Koenigsees im Nahmertal hat sich der Bach ohne Zutun des Menschen wieder renaturiert und bietet einer vielfältigen Pflanzen- und Tierwelt Platz. An Vögeln sind hier u. a. Wasseramseln, Gebirgsstelzen, Bachstelzen und Stockenten zu beobachten. 2.5.2002, Foto: M. Schlüpmann

Tab. 4: Flächennutzung im Stadtgebiet von Hagen im Jahr 2006 (nach Stadt Hagen 2007)

	Fläche in km²	Anteil an der Gesamtfläche
Bebaute Fläche	33,5	20,9 %
Erholungsfläche	4,1	2,5 %
Verkehrsfläche	15,4	9,6 %
Landwirtschaftliche Fläche	32,1	20,0 %
Waldfläche	67,3	42,0 %
Wasserfläche	3,6	2,2 %
Flächen anderer Nutzungen (Halden, Abgrabungen u. a.)	4,3	2,7 %
Gesamtfläche	160,3	100,0 %

der Wasserkraftnutzung für Mühlen, Hammerwerke u. a. seit dem Spätmittelalter bis in dieses Jahrhundert einher (z. B. Diekmann 1999). Hierzu wurden an zahlreichen Stellen Wehre errichtet und das Wasser über Obergräben den Wasserkraftanlagen der Handwerksbetriebe und Fabriken zugeleitet. Die Wasserkraftnutzung wurde staatlicherseits – z. B. durch Befreiung der Wehrpflicht – gefördert. Historische Karten und Bilder des 19. Jahrhunderts lassen Wehre, Obergräben und Gewerbebetriebe erkennen. Während um 1800 Hagen noch einen ländlichen Charakter aufwies, war gegen Ende des 19. Jahrhunderts die Industrialisierung in Teilen des Stadtgebietes bereits weit vorangeschritten. Damit einher gingen auch stärkere Uferbefestigungen, wie z. B. ein Bild von J. Biebel aus dem Jahr 1889 (Stadtmuseum Hagen) zeigt.

Noch heute zeugen allein an der Volme in Hagen 23 Querbauwerke von derartiger Nutzung, doch ist nur noch ein kleiner Teil davon tatsächlich in Betrieb. Die industrielle Umstrukturierung und der gestiegene Energiebedarf, aber auch die weitere technische Entwicklung führten in der Folge dazu, dass die Energiegewinnung über diese kleinen Wasserkraftanlagen immer mehr an Bedeutung verlor und nur noch die für die Wasserkraftnutzung geschaffenen Ober- und Untergräben für die Kühl- und Brauchwasserentnahme und -einleitung ebenso wie für die Ableitung der Abwässer von den Betrieben genutzt wurden. Für diese Zwecke wurden die teilweise mit beweglichen Aufsätzen ausgestatteten Stauanlagen nicht mehr gebraucht, und es wurden die wartungsbedürftigen Mechanismen zugunsten einer größeren Hochwassersicherheit abgebaut oder verrotteten. Übrig geblieben sind meist die festen Schwellen der Stauanlagen mit dem damit verbundenen Höhenunterschied zwischen Ober- und Unterwasserspiegel.

Erwähnt sei auch, dass sich besonders an Flussufern (z. B. Schlüpmann 2000) und gestörten Standorten (z. B. Straßenrändern, Bahnanlagen und in Steinbrüchen) nicht wenige Neophyten ausgebreitet haben.

Die Stauhaltung der Flüsse veränderte die ökologischen Bedingungen. Die Wasserspiegeldifferenzen zwischen Ober- und Unterwasser an diesen Wehranlagenresten liegen je nach Örtlichkeit zwischen 1 und 3 m und sind für die Aquafauna auf dem Wasserweg stromaufwärts praktisch unüberwindbar. Aufgrund der Verlängerung der Aufenthaltszeit des Wassers sind eine Reihe weiterer Wirkungen über die Änderungen der Umweltbedingungen zu erwarten, so die Verringerung der Fließgeschwindigkeit, die Fixierung der Sohle, Sedimentation und Schlammablagerung aufgrund der geringeren Schleppspannung, die Veränderung der Temperaturbedingungen hin zu stärkeren Schwankungen aufgrund des geringen Wasseraustausches und die Veränderung der Sauerstoffbedingungen. Hierdurch ändern sich die Lebensbedingungen der Organismen maßgeblich, und anstelle der natürlicherweise zu erwartenden Pflanzen und Tiere breiten sich z. T. ganz andere Lebensgemeinschaften aus, i. d. R. solche, die natürlicherweise erst weiter unterhalb zu erwarten gewesen wären. Dieses Phänomen wird als „Bachalterung" bezeichnet und tritt auch unterhalb größerer Fischteichanlagen auf.

Auch mehrere Seen sind im Untersuchungsgebiet angelegt worden. Im Hagener Oberland wurde die Hasper Talsperre errichtet und nicht weit entfernt liegen die Glörtalsperre und die Ennepetalsperre. Alle drei wurden bereits Anfang des Jahrhunderts zwischen 1901 und 1904 gebaut und dien(t)en der Trinkwasserversorgung, Wasserregulierung und/oder Energiegewinnung. Als kleiner Stausee konnte auch der Koenigsee im Nahmertal angesehen werden, der aber vor einigen Jahren abgelassen wurde. Zwei weitere Seen stauen die Ruhr am Nordrand der Stadt Hagen (Harkort- und Hengsteysee). Sie wurden in den 20er Jahren zur Klärung des Ruhrwassers angelegt.

Die Talsperren verringerten die Hochwässer und sorgten in niederschlagsarmen Zeiten für eine ausreichende Wasserführung. Zugleich nehmen sie Einfluss auf die physikalischen und chemischen Bedingungen im Gewässerverlauf unterhalb. Dies hat gleichfalls Bedeutung für die ökologischen Bedingungen. Die Einzugsgebiete der Talsperren umfassen aber nur einen kleinen Teil des gesamten Einzugsgebietes der Flüsse, wodurch diese thermisch-chemischen Wirkungen – abgesehen von der Aufhöhung des Niedrigwasserabflusses – eher zu vernachlässigen sind. Als Beispiel sei das Einzugsgebiet der Volme mit Glörtalsperre (7,2 km²), Jubachtalsperre (6,6 km²) und Ennepetalsperre (48 km²) genannt.

Auch die stehenden Kleingewässer (Tümpel, Kleinweiher und

Teiche) sind, abgesehen von wenigen Altwassern der Flüsse und kleineren Bachmäandern, überwiegend anthropogen entstanden und hatten ursprünglich zumeist eine spezifische Funktion (SCHLÜPMANN 2001a, 2003a, b).

Für die Stadt Hagen, dem Kern des berücksichtigten Gebietes, stellt sich die rezente Flächennutzung wie in *Tabelle 4* aufgeschlüsselt dar. Speziell die bebauten Flächen nehmen in Hagen und seinen Nachbarorten weiter zu. Allein in den letzten Jahren sind eine Reihe neuer Wohnbaugebiete erschlossen worden.

Zu betonen ist, dass speziell die landwirtschaftlich genutzten Flächen der fortschreitenden Bebauung der Stadt Hagen zum Opfer fallen (vgl. auch SCHLÜPMANN 2006b). Während der Waldanteil weitgehend konstant bleibt bzw. sogar leicht angestiegen ist (s. o.), nimmt der Anteil der Acker- und Grünlandflächen immer mehr ab. Während die Forsten des Stadtgebietes vergleichsweise selten beansprucht werden, sind für nahezu alle neuen Wohn- und Gewerbegebiete der Stadt Hagen Reste bäuerlicher Kulturlandschaft geopfert worden. Beispielhaft seien das untere Lennetal, die Gebiete um Herbeck und der Kronocken in Hohenlimburg erwähnt. Sollte sich diese Entwicklung fortsetzten, bleiben in Hagen in einigen Jahrzehnten weitgehend nur Forsten und städtische Flächen übrig.

Die Avifauna unter dem Einfluss des landschaftlichen Wandels

Der Einfluss des Menschen auf die Landschaft und die Pflanzen- und Tierwelt ist – wie teilweise bereits aufgezeigt werden konnte – nicht nur negativ. Viele heute als schützenswert erkannte Kulturlandschaften mit ihren „sekundären" Ökosystemen sind erst durch den Menschen geschaffen worden. Die Entwicklung der Kulturlandschaft schuf über Jahrtausende neue Lebensräume, die zur Ausbreitung zuvor seltener Arten oder Einwanderung neuer Arten führten (vgl. z. B. ELLENBERG 1996, FELDMANN 1978, für die Avifauna speziell: WALTER 1973). Die angepasste bäuerliche Landwirtschaft bereicherte unsere Landschaft noch bis in das vorletzte Jahrhundert um zahlreiche Lebensräume und Arten. Die weitreichendsten Einflüsse auf Flora und Fauna sind durch die Schaffung einer offenen Landschaft zurückzuführen, ohne die zahlreiche Arten nicht denkbar wären, darunter eine Reihe von Arten, die auf Wiesen und Weiden, in Halbtrockenrasen und auf Äckern leben. Viele dieser Arten waren in der Urlandschaft nicht oder nur an wenigen geeigneten Standorten verbreitet. Der Mensch hat in Mitteleuropa zur Ausbreitung dieser Arten beigetragen. Mindestens 7 von 16 auch im Untersuchungsgebiet vertretenen Pflanzenformationen (in Nordrhein-Westfalen 18 vgl. VERBÜCHELN et al. 1995) sind ausschließlich anthropogenen Ursprungs. Die übrigen sind durch Eingriffe

Abb. 12: *Buchenwälder entsprechen den natürlichen Wäldern unseres Raumes. Hier ein unterwuchsreicher Buchenwald am Mastberg bei Hagen-Holthausen. 30.4.2007, Foto: M. SCHLÜPMANN*

und Veränderungen mehr oder weniger stark verändert. Einige Arten sind als Charakterarten der naturnahen Wälder unserer Heimat anzusehen. Der Buntspecht (*Dendrocopus major*) ist noch in den meisten Laubwäldern anzutreffen. Der sehr seltene Grauspecht (*Picus canus*) ist bevorzugt in Buchenwäldern des Berglandes zu finden, allerdings fehlen in Hagen seit 1996 Brutnachweise und er war auch in früheren Jahren sehr selten (Schücking 1966). Auch der Waldlaubsänger (*Phylloscopus sibilatrix*) besiedelt Hochwälder, insbesondere Buchenwälder mit natürlicher Verjüngung bzw. entsprechend ausgeprägter Strauchschicht. Das gilt auch für den seltenen Schwarzspecht (*Dryocopus martius*), der auf Altholzbestände angewiesen ist. Solange Forsten den natürlichen Wäldern strukturell ähnlich sind, bleibt diesen Arten eine ausreichende Überlebensmöglichkeit erhalten.

Arten, die von der Hude und der Niederwaldwirtschaft sowie von den Heiden über Jahrhunderte profitiert hatten, sind mit dem Verschwinden dieser Habitate bereits vor längerer Zeit im Hagener Raum und seiner weiteren Umgebung ausgestorben. Dazu zählte das Birkhuhn (*Tetrao tetrix*), das in historischen Quellen erwähnt wird (vgl. z. B. Schulte 1937) und nach Demandt (o. J.) bzw. Hilker (vgl. Schönberger 1998) noch bis Kriegende an verschiedenen Stellen im Lüdenscheider und Hagener Raum vorgekommen ist. Eine Einzelbeobachtung gelang noch 1961 (Arbeitsgemeinschaft Vogelschutz 1961).

Das Haselhuhn (*Bonasa bonasia*) ist bis in die 50er und 60er Jahre bei uns regelmäßig beobachtet worden, sogar aus den 80er und 90er Jahren liegen Beobachtungen vor, doch ist der Brutstatus nach Schönberger (1998) nicht gesichert. Allerdings kann diese Einschätzung für den Hagener Raum nur für den Zeitraum nach 1964 gelten (vgl. Schücking 1964). Nach Müller (1986) ist das Haselhuhn im Ennepe-Ruhr-Kreis nach 1968 nicht mehr beobachtet worden. Bis in die 70er Jahre war die Art noch im Kreis Lüdenscheid verbreitet. J. Seeger (Osswald 1982) ermittelte im angrenzenden Märkischen Kreis eine Abnahme der Haselhuhnreviere von 110 im Jahre 1900 auf nur noch 16 im Jahre 1980. Ob die neuen Nachweise von Dauer sind bleibt abzuwarten.

Ehedem gehörte auch der Auerhahn (*Tetrao urogallus*) zum Arteninventar unserer Heimat. Belegt ist er seit dem Mittelalter (z. B. Schulte 1937) und zumindest für die Zeit vor 1800 (durch Pfarrer F.-W. Möller aus Bleicher 1979), doch kam der Auerhahn vermutlich noch bis Ende des vorletzten Jahrhunderts vor, denn Rade & Landois (1886, S. 252) erwähnen die Art noch als überall im Sauerland vorkommend. Im benachbarten Breckerfeld und in Waldbauer ist er noch in den 1880er Jahren vorgekommen (Müller 1986). Bei Lüdenscheid war er noch bis 1940 verbreitet (Demandt o. J.).

Einen deutlichen Einfluss auf die Vogelwelt hatte auch die Anpflanzung der Fichtenforste. Insgesamt ist die Artenvielfalt in den Fichtenforsten wesentlich geringer als in Laub- und Mischwäldern (Müller 1986 für den angrenzenden südlichen Ennepe-Ruhr-Kreis). Arten wie das Wintergoldhähnchen (*Regulus regulus*), die Haubenmeise (*Parus cristatus*), Tannenmeise (*Parus ater*) und der Fichtenkreuzschnabel (*Loxia curvirostra*), der bei uns nur unregelmäßig brütet, wären ohne sie selten oder würden sogar ganz fehlen. Bemerkenswert ist aber auch, dass die Buchfinken hier ihre höchsten Bestandsdichten erreichen, und selbst der Zaunkönig und das Rotkehlchen Fichtenforste in beachtlichen Dichten besiedeln. Auch die Waldohreule ist ein Charaktervogel der Fichtenforste (z. B. Müller 1986).

Die aktuelle Situation der Avifauna Hagener Wälder und Forsten wird im nachfolgenden Diagramm beleuchtet. Die mit Abstand häufigste Art ist der Buchfink, gefolgt von Rotkehlchen, Zaunkönig, Tannenmeise, Zilpzalp, Sommergoldhähnchen, Kohlmeise, Wintergoldhähnchen, Mönchsgrasmücke, Amsel und Ringeltaube. Spechte, Greifvögel sowie Arten spezieller Lebensräume (z. B. die Gebirgsstelze) treten naturgemäß in nur geringer Anzahl auf. Aber auch verschiedene charakteristische Waldsingvögel sind nur in geringer Zahl vertreten

In der Forstwirtschaft hat längst auch eine Industrialisierung der Nutzung eingesetzt (Baumartenwahl, Maschineneinsatz, Kälkung), deren Folgen noch nicht absehbar sind. Deutlich macht sich der mangelhafte oder fehlende Schutz der Altholzbestände bemerkbar. Selbst in Naturschutzgebieten wurden in den vergangenen Jahren noch wertvolle Altholzbestände eingeschlagen. Als Beispiel sei das

Abb. 13: Fichtenforste prägen weitgehend die Waldflächen von Hagen und seiner Umgebung. Hier der Blick auf einen Fichtenforst in der Reher Heide im Ostteil des Stadtgebietes. 24.4.2002, Foto: M. Schlüpmann

Abb. 14: Ausgeräumte Agrarlandschaft im Wannebachtal bei Tiefendorf. Hecken sind kaum noch vorhanden, Quellbereiche und Feuchtwiesen wurden drainiert. 16.5.2002, Foto: M. Schlüpmann

Landschaft und Vogelwelt

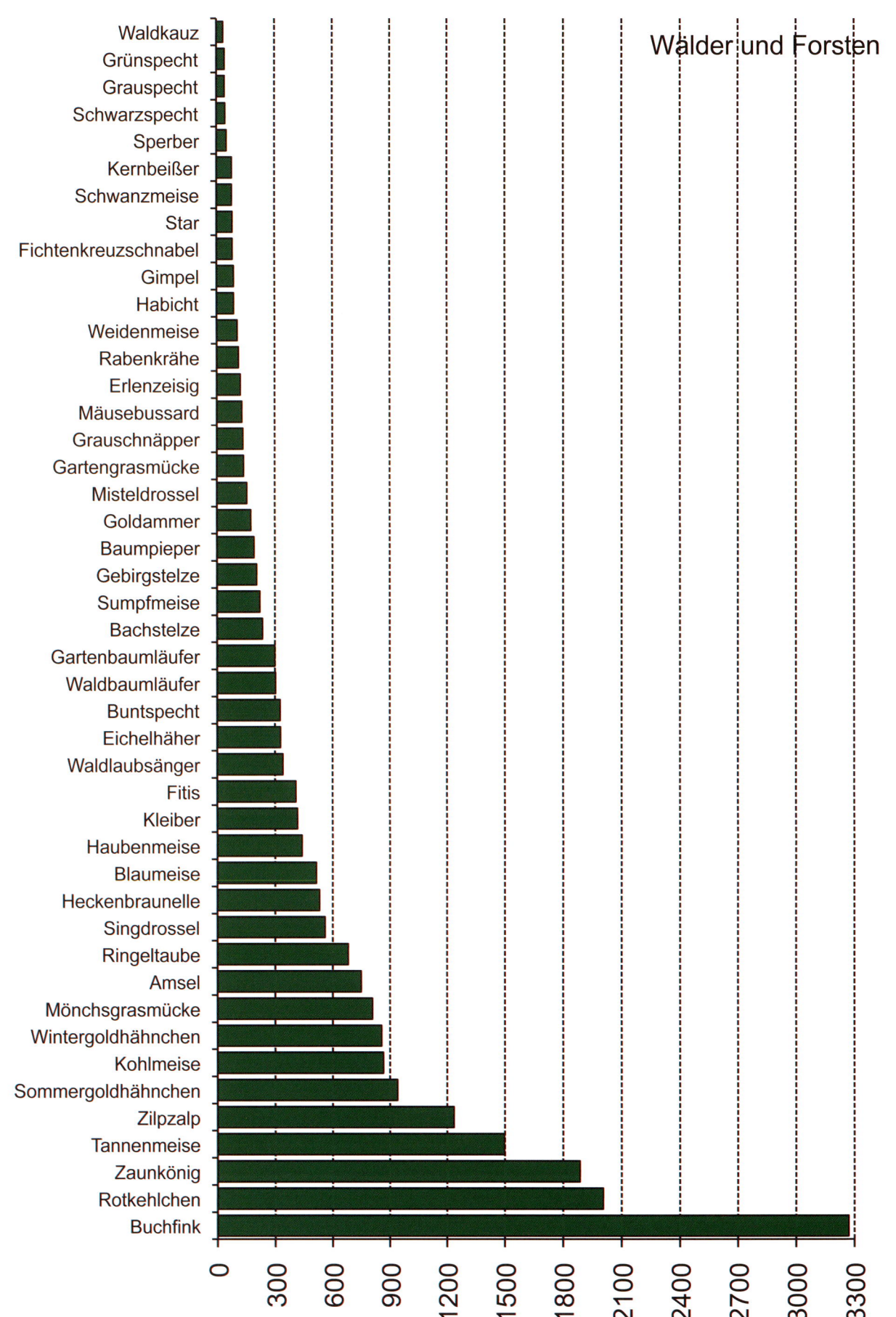

Abb. 15: Brutvogelbestand der Waldgebiete des Hagener Raumes errechnet auf der Grundlage verschiedener Siedlungsdichte-Untersuchungen von A. Welzel

Buchenaltholz zwischen Märchenwald und Raffenberg genannt. Ein Schutz von Waldflächen, der dem Forst keine Nutzungseinschränkungen auferlegt, macht keinen Sinn. Speziell einige Spechtarten insbesondere der Schwarzspecht (*Dryocopus martius*) aber auch andere Höhlenbrüter, sind davon betroffen. Nur verschiedene kleinere Singvögel erhalten durch das Angebot an Nistkästen einen Ausgleich und sind stellenweise vielleicht sogar häufiger als früher.

Ursprünglich hat die Landwirtschaft zahlreiche neue Lebensräume geschaffen und zur Ausbreitung vieler Arten offener Landschaften beigetragen (vgl. WALTER 1973 für das Rheinland). Verschiedene Vogelarten besiedeln ganz oder bevorzugt landwirtschaftliche Flächen. Mit der Industrialisierung der Landwirtschaft setzte weltweit ein erheblicher Gegentrend ein. Die ehedem stets unvermeidlich unkrautreichen Felder, Wiesen und Weiden, die Nahrungsbasis und Brutplatz auch vieler Vogelarten waren, sind aufgrund von Herbiziden, Insektiziden u. a. sowie Düngemitteln zu eutrophierten Kulturen geworden, die für die meisten Arten weder ausreichende Nahrung noch Nistmöglichkeiten bieten. Die Feldlerche (*Alauda arvensis*) ist der Charaktervogel der Agrarlandschaft Mitteleuropas (vgl. z. B. SCHÄFER 1955 für Westerbauer, BEZZEL 1982), zeigt aber landesweit und örtlich (SCHÖNBERGER 1998) aufgrund des agrarstrukturellen Wandels einen deutlichen Bestandsrückgang (siehe Artkapitel). Viele Felder sind heute bereits ohne jede Feldlerche! Kurzrasige Wiesen und Ackerflächen (Hackfrüchte) sind auch der Lebensraum der Wiesenschafstelze (*Motacilla flava*), die früher wohl etwas häufiger und verbreiteter war (SCHÄFER 1950, ARBEITGEMEINSCHAFT VOGELSCHUTZ 1964), heute aber nur noch in einzelnen Brutvorkommen im Ruhrtal und bei Garenfeld anzutreffen ist. Dass der Sumpfrohrsänger ehedem ein Charaktervogel der Getreidefelder war, erschließt sich nur noch aus seinem zweiten deutschen, heute ungebräuchlichen Namen Getreiderohrsänger und aus alter Literatur (RADE & LANDOIS 1886). Seit den 1960er Jahren dürften diese Habitate endgültig der Vergangenheit angehören (vgl. SCHÜCKING 1965).

Der Kiebitz (*Vanellus vanellus*), der ehedem auf Wiesen und Ackerflächen in den Talauen und Terrassenlandschaften des Hagener Nordens gar nicht so selten war (z. B. ARBEITGEMEINSCHAFT VOGELSCHUTZ 1964), ist fast schon wieder aus Hagen verschwunden und bei uns inzwischen sogar sehr stark gefährdet. Einige Arten, die bevorzugt auf extensiv genutzten Wiesen brüten und von der bäuerlichen Kulturlandschaft profitiert hatten, sind mittlerweile in Hagen als Brutvögel ganz oder fast ganz ausgestorben, darunter Wiesenschafstelze (*Motacilla flava*), Wiesenpieper (*Anthus pratensis*), Braun- (*Saxicola rubetra*) und Schwarzkehlchen (*Saxicola rubiola*). Nach SCHÜCKING (1987) wurde beispielsweise das Braunkehlchen zuletzt in den 70er Jahren in der Ruhr- und Lenneniederung als Brutvogel nachgewiesen. Von Ackerfluren und Weideflächen profitieren auch Vögel, die in anderen Habitaten brüten, solche Flächen aber gerne zur Nahrungssuche nutzen. Dazu zählen z. B. die Ringeltaube (*Columba palumbus*, vgl. SCHLÜPMANN 1986) oder die Rabenkrähe (*Corvus corone*).

Ein typischer Bewohner der bäuerlichen Kulturlandschaft ist auch die Rauchschwalbe (*Hirundo rustica*), die vom Rückgang und Umbau der Bauernhöfe betroffen ist. Die Verluste an geeigneten Vegetationsstrukturen (Hecken, Feldgehölze, Säume, Brachen, Unkrautfluren) im landwirtschaftlichen Bereich, die Drainage feuchter Wiesen und Weiden, die Verkippung von Siepen taten ein Übriges, eine ganze Reihe von Vögeln seltener werden zu lassen. Zu den Opfern dieser Entwicklung zählt beispielsweise das Rebhuhn (*Perdix perdix*), dessen letzter Brutplatz in Hagen wohl Mitte der 80er Jahre erloschen ist.

Durch den gesetzlichen Artenschutz sind sie heute besser vor Verfolgung, vor der Zerstörung durch Überbauung aber kaum geschützt (siehe zuletzt die Beanspruchung der Flächen um Herbeck und am Hamacher). Andererseits bleiben selbst die intensiv genutzten und biologisch stark verarmten Acker- und Weideflächen bis heute unverzichtbare Habitate für die Vogelwelt. Wenn schon viele Arten hier nicht mehr brüten, so bieten sie dennoch bis heute in vielen Fällen den Vögeln angrenzender Flächen Nahrung. Dazu zählen z. B. Rabenkrähen, Ringeltauben (vgl. SCHLÜPMANN 1986) und Turmfalke als auffällige und häufige Vogelarten, aber letztlich sind auch viele andere Arten davon abhängig. Der Neuntöter (*Lanius collurio*), der auf Dornenhecken in der Agrarlandschaft angewiesen ist, kommt in Hagen immerhin noch mit einigen Brutpaaren vor (THIEL nach SCHÖNBERGER 1998).

Die aktuellen Siedlungsdichte-Untersuchungen (vgl. *Abb. 17*) ergeben ein differenziertes Bild des Brutvogelbestandes der landwirtschaftlich geprägten Gebiete. Demnach überwiegen die an Gebäuden kumuliert brütenden Haussperlinge und Rauchschwalben. In den Gehölzstrukturen treten Kohlmeise (Nistkästen), Buchfink, Amsel, Blaumeise (Nistkästen), Mönchsgrasmücke, Zilpzalp, Rotkehlchen und Zaunkönig gehäuft auf. Feldsperling und Goldammer sind in den letzten Jahren wesentlich seltener geworden. Als weiterer Gebäudebrüter ist der Hausrotschwanz noch in beachtlicher Zahl vertreten. Charakterarten der eigentlichen Feldflur (Feldlerche, Rebhuhn) sind dagegen nur noch in geringer Zahl zu beobachten. SCHLÜPMANN (2005) zeigt die Situation der Brutvögel einer vielfältig strukturierten Agrarlandschaft aus einem Mosaik von Acker-, Grünland-, Gehölz-, Wald-, Ruderal- und Siedlungsflächen sowie zwei Teichen am Beispiel eines Untersuchungsgebietes in Herbeck.

Abb. 16: Äcker – hier bei Herbeck – bieten heute keine Brutplätze mehr für Vögel, dienen den Arten angrenzender Gehölzflächen aber in gewissen Umfang für den Nahrungserwerb.

Landschaft und Vogelwelt

Landwirtschaftlich genutzte Gebiete

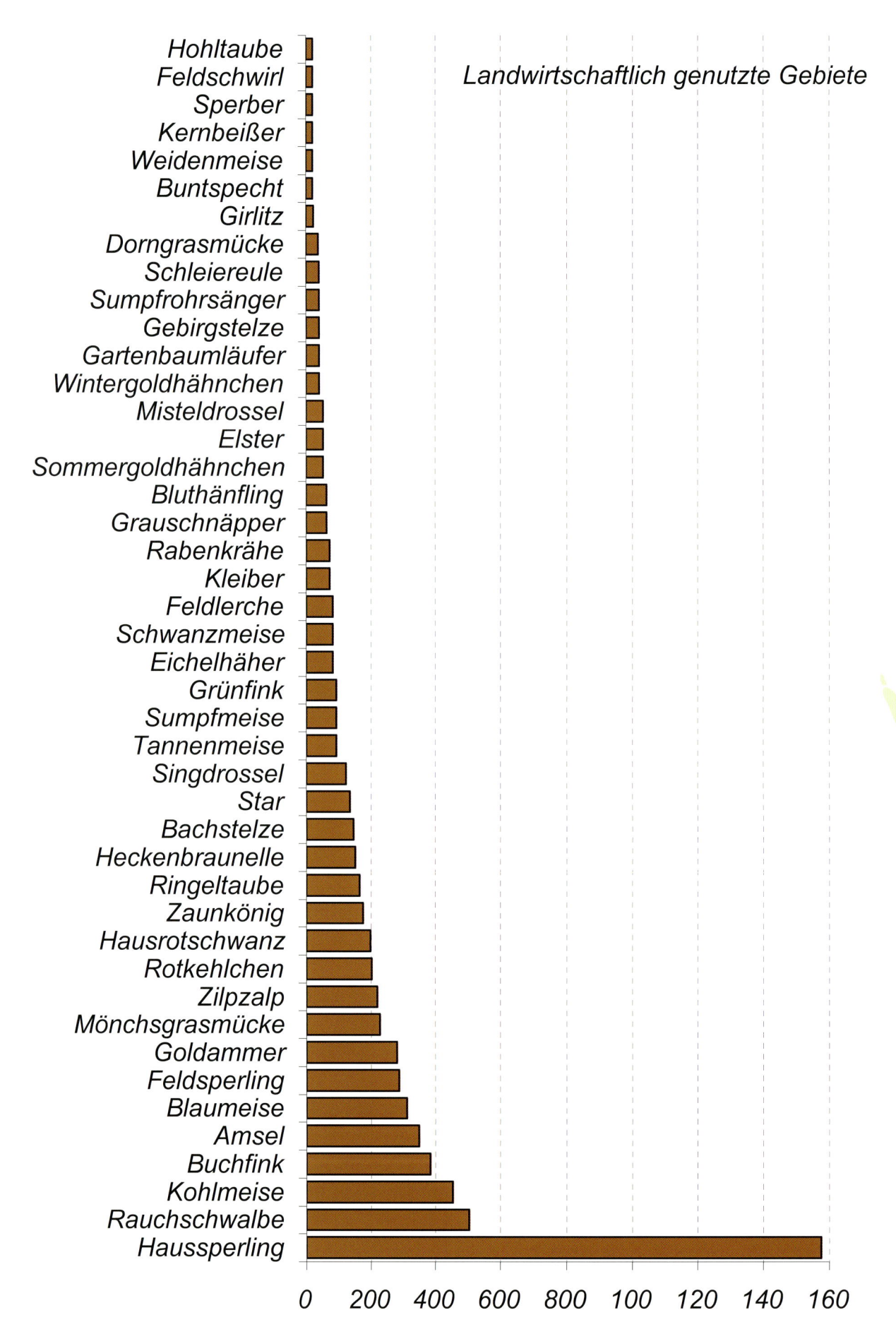

Hohltaube	
Feldschwirl	
Sperber	
Kernbeißer	
Weidenmeise	
Buntspecht	
Girlitz	
Dorngrasmücke	
Schleiereule	
Sumpfrohrsänger	
Gebirgstelze	
Gartenbaumläufer	
Wintergoldhähnchen	
Misteldrossel	
Elster	
Sommergoldhähnchen	
Bluthänfling	
Grauschnäpper	
Rabenkrähe	
Kleiber	
Feldlerche	
Schwanzmeise	
Eichelhäher	
Grünfink	
Sumpfmeise	
Tannenmeise	
Singdrossel	
Star	
Bachstelze	
Heckenbraunelle	
Ringeltaube	
Zaunkönig	
Hausrotschwanz	
Rotkehlchen	
Zilpzalp	
Mönchsgrasmücke	
Goldammer	
Feldsperling	
Blaumeise	
Amsel	
Buchfink	
Kohlmeise	
Rauchschwalbe	
Haussperling	

0 200 400 600 800 100 120 140 160

Abb. 17: *Brutvogelbestand der landwirtschaftlich geprägten Gebiete des Hagener Raumes errechnet auf der Grundlage verschiedener Siedlungsdichte-Untersuchungen von A.* Welzel

Andere Arten haben von ruderalen Lebensräumen profitiert. Auf Industriebrachen und in Steinbrüchen trifft man in Abhängigkeit von der Sukzession ein reiches Vogelleben (vgl. SCHLÜPMANN 1984, SCHLÜPMANN et al. 1981). Ganz junge, noch vegetationslose Flächen sind noch nahezu unbesiedelt, wie eine Untersuchung des Vorhaller Steinbruchs zeigt (M. SCHLÜPMANN in RADEMACHER + PARTNER INGENIEURBERATUNG GmbH 1992a). Zu den Erstbesiedlern auf offenen sehr vegetationsarmen Flächen zählt beispielsweise der Flussregenpfeifer (*Charadrius dubius*). Ehemals war er Brutvogel auf Kies- und abgetrockneten Schlammbänken ungebändigter Flüsse (s. o.), heute ist er bei uns fast nur noch auf vegetationslosen bzw. -armen Sekundär- und Tertiärhabitaten anzutreffen. In den 1970er und 80er Jahren hatte er von alten und teilweise stillgelegten Kläranlagen, den Baumaßnahmen und vegetationsfreien Flächen im unteren Lennetal und innerstädtischen Brachflächen sehr profitiert (SCHÜCKING 1964, 1976c, 1980), ist seitdem aber wieder seltener geworden. Nach SCHÜCKING (1993a) waren es 20-25 Brutpaare, nach SCHÖNBERGER (1998) waren es Ende der 90er Jahre nur noch 2-5. Typischer Bewohner von Geröllhalden ist der Steinschmätzer (*Oenanthe oenanthe*), der von SCHÄFER (1948, 1950) aufgeführt wird und beispielsweise im Helmke-Steinbruch in Letmathe nachgewiesen war (SCHLÜPMANN et al. 1981), dessen Brutvorkommen in Hagen aber vermutlich bereits Mitte der 1970er Jahre erloschen ist (SCHÖNBERGER 1998). In Steinbrüchen sind natürlich auch eine Reihe von Felsbrütern anzutreffen, die auch an natürlichen Felsabbrüchen vorkommen, darunter Mauersegler (*Apus apus*), Hausrotschwanz (*Phoenicurus ochruros*), Turmfalken (*Falco tinnunculus*), die bereits erwähnten Uhus und in Letmathe auch Dohlen (*Coloeus monodula*). In ruderalen Habitaten mit Gras-, Staudenfluren und Gebüschen (für Weg- und Straßensäume vgl. auch SCHÜCKING 1981b, 1984) tritt im Übrigen die Dorngrasmücke (*Sylvia communis*) regelmäßig auf. Arten wie Gartenrotschwanz (*Phoenicurus phoenicurus*) und Schwarzkehlchen (*Saxicola rubicola*) sind inzwischen sehr selten.

Die Flüsse und teilweise auch Bäche wurden schwerpunktmäßig in den letzten 150 Jahren systematisch begradigt und ausgebaut. Wassergebunde Arten wurden dadurch zunehmend seltener oder verschwanden ganz (SCHÜCKING 1976c, 1978d, 1979e). In den letzten 20 Jahren hat im Wasserbau aber ein deutliches Umdenken eingesetzt. Vielfach sucht man heute nach Möglichkeiten der Renaturierung und wo Sicherungsmaßnahmen erforderlich sind, nutzt man naturnahe Möglichkeiten (z. B. RADEMACHER + PARTNER INGENIEURBERATUNG GmbH 1997 für die Volme). Auch werden bestehende Wehranlagen zunehmend mit Fischtreppen und naturnahen Rampen aus Steinschüttungen und Blocksteinen versehen (z. B. RADEMACHER + PARTNER INGENIEURBERATUNG GmbH 1992b für die Ennepe), was auch der Wasseramsel zugute kommt. Verschiedene Gewässer im Stadtgebiet wurden wieder offengelegt (z. B. Abschnitte des Haldener Baches und des Wesselbaches). Zuvor hat bereits die Gewässergüte durch den Bau von Kläranlagen in den meisten Gewässerabschnitten sehr deutlich zugenommen. Ein wesentlicher Grund, warum die Wasseramsel bis in die 1970er Jahre hinein an den industrie- und siedlungsgeprägten Unterläufen vieler Bäche, aber auch der Ennepe und Volme fehlte, war die starke Wasserverschmutzung und das Fehlen nahezu jeglichen Wasserlebens (vgl. auch SCHÜCKING 1972). Immerhin fanden die Wasseramseln an den Oberläufen (z. B. der Nahmer und Nimmer: SCHÜCKING 1979c) und vielen anderen Bächen (vgl. z. B. HENNING 1988) noch ausreichende Rückzugsräume. Die Wiederausbreitung von wirbellosen Tierarten und Fischen war die erfreuliche Folge. Noch um 1975 war die Lenne im Hagener Raum vollständig fischfrei. Mittlerweile sind hier mehr als 20 Arten nachweisbar. Von der Ausbreitung der Kleintiere und Fische hat wiederum auch eine Reihe von Vögeln profitiert. An erster Stelle sind hier Wasseramsel und Eisvogel zu nennen.

Aber auch der Kormoran wäre ohne dieses reichhaltige Fischangebot nicht denkbar. Dass er den Äschenbestand der Lenne gefährdet, wie immer wieder behauptet wir, gehört ins Reich der Märchen. Eine Dezimierung mag man ihm zuschreiben, doch zeigen schon Elektrobefischungen, die verschiedentlich auch in Hagen durchgeführt wurden, einen reichen Äschenbestand und Fische aller Altersklassen.

Eine erhebliche Bereicherung der Hagener Vogelwelt bedeutete die Anlage der Ruhrstauseen (ZABEL 1964, RÖTTLER 1969a, b, 1993, STICHMANN 1969 u. a.). Durch sie konnten sich viele Wasservögel ausbreiten und einige sind erst durch sie aufgetreten. Unter den Brutvögeln sind dies der Höckerschwan (*Cygnus olor*), der erstmals 1938 auf dem Harkortsee brütete, und der Haubentaucher (*Podiceps cristatus*), der seit 1970 bei uns brütet (SCHÜCKING 1973, GÖBEL 1992, JANZING 1990). Vielleicht noch größer ist die Bedeutung der beiden Seen als Durchzugs- und Überwinterungsquartier für Stockente (*Anas platyrhynchos*), Blässhuhn (*Fulica atra*), Reiherente (*Aythya fuligula*), Tafelente (*Aythya ferina*), Gänsesäger (*Mergus merganser*), Zwergsäger (*Mergus albellus*), Schellente (*Bucephala clangula*), Zwergtaucher (*Tachybaptus ruficollis*), Haubentaucher (*Podiceps cristatus*), Krickente (*Anas crecca*), Silbermöwe (*Larus argentatus*), Sturmmöwe (*Larus canus*), Lachmöwe (*Larus ridibundus*), Kormoran (*Phalacrocorax carbo*) u. a. JANZING (1990) kann für einen Zeitraum von fast 40 Jahren nicht weniger als 57 Wasservogel-Arten aufzählen. Im Vergleich zu den Ruhrstauseen ist die Bedeutung der Talsperren im Oberland gering. Systematische Untersuchungen der

Abb. 18: Oberlauf der Nahmer in einem typischen sauerländischen Wald-Wiesental an der Grenze zu Nachrodt-Wiblingwerde. 27.6.2002
Foto: M. SCHLÜPMANN

40 Landschaft und Vogelwelt

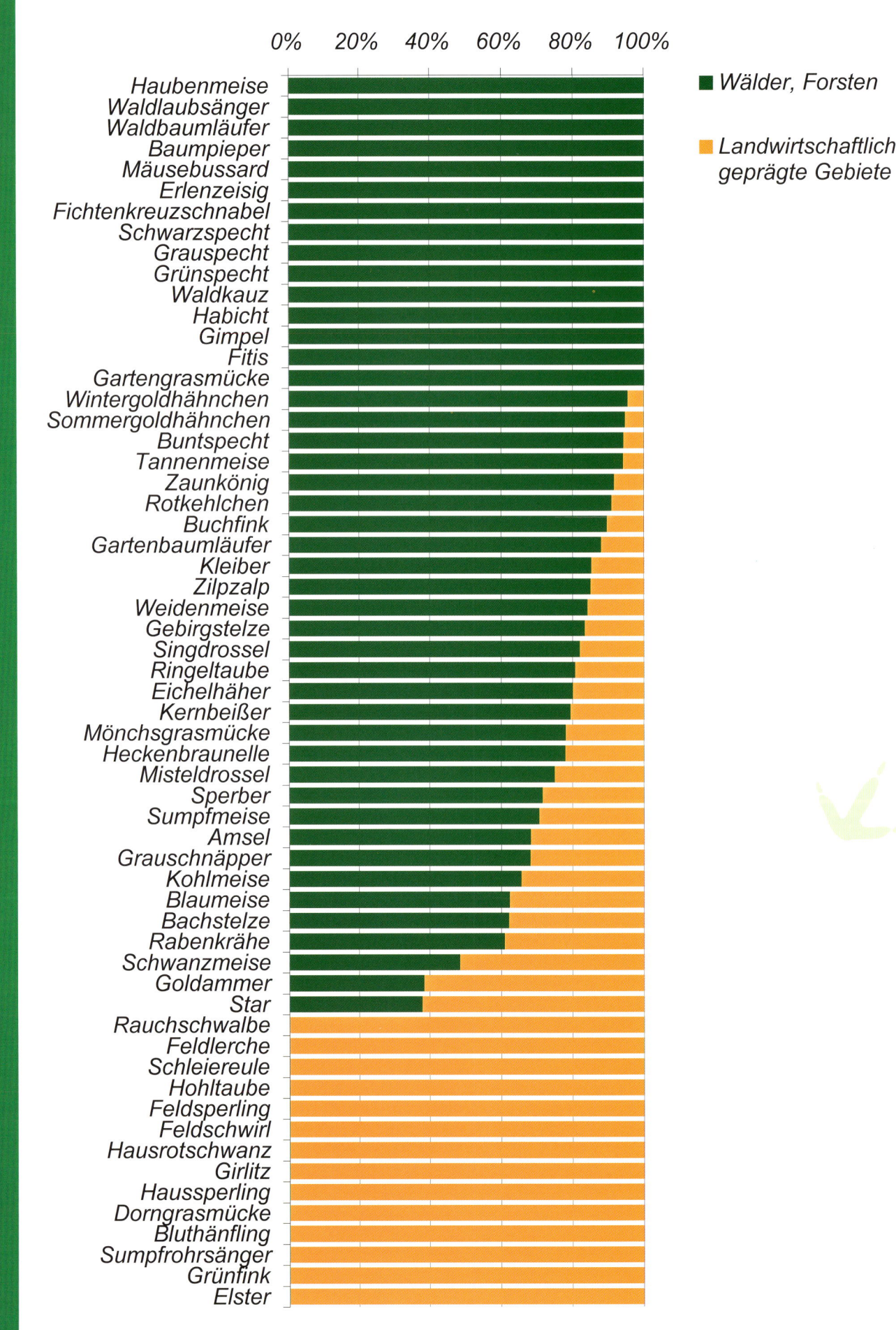

Abb. 19: Verteilung der festgestellten Brutvogelarten auf die die forstwirtschaftlich bzw. landwirtschaftlich genutzten Gebiete des Hagener Stadtgebietes (Anteil in %); nach Daten von A. Welzel

Legende: ■ Wälder, Forsten   ■ Landwirtschaftlich geprägte Gebiete

Art	Wälder, Forsten	Landwirtschaftlich geprägte Gebiete
Haubenmeise	100%	0%
Waldlaubsänger	100%	0%
Waldbaumläufer	100%	0%
Baumpieper	100%	0%
Mäusebussard	100%	0%
Erlenzeisig	100%	0%
Fichtenkreuzschnabel	100%	0%
Schwarzspecht	100%	0%
Grauspecht	100%	0%
Grünspecht	100%	0%
Waldkauz	100%	0%
Habicht	100%	0%
Gimpel	100%	0%
Fitis	100%	0%
Gartengrasmücke	100%	0%
Wintergoldhähnchen	~97%	~3%
Sommergoldhähnchen	~96%	~4%
Buntspecht	~95%	~5%
Tannenmeise	~94%	~6%
Zaunkönig	~92%	~8%
Rotkehlchen	~91%	~9%
Buchfink	~89%	~11%
Gartenbaumläufer	~87%	~13%
Kleiber	~85%	~15%
Zilpzalp	~85%	~15%
Weidenmeise	~84%	~16%
Gebirgstelze	~83%	~17%
Singdrossel	~82%	~18%
Ringeltaube	~80%	~20%
Eichelhäher	~80%	~20%
Kernbeißer	~78%	~22%
Mönchsgrasmücke	~77%	~23%
Heckenbraunelle	~76%	~24%
Misteldrossel	~73%	~27%
Sperber	~71%	~29%
Sumpfmeise	~70%	~30%
Amsel	~68%	~32%
Grauschnäpper	~67%	~33%
Kohlmeise	~64%	~36%
Blaumeise	~62%	~38%
Bachstelze	~61%	~39%
Rabenkrähe	~60%	~40%
Schwanzmeise	~48%	~52%
Goldammer	~40%	~60%
Star	~38%	~62%
Rauchschwalbe	0%	100%
Feldlerche	0%	100%
Schleiereule	0%	100%
Hohltaube	0%	100%
Feldsperling	0%	100%
Feldschwirl	0%	100%
Hausrotschwanz	0%	100%
Girlitz	0%	100%
Haussperling	0%	100%
Dorngrasmücke	0%	100%
Bluthänfling	0%	100%
Sumpfrohrsänger	0%	100%
Grünfink	0%	100%
Elster	0%	100%

Talsperren fehlen wohl auch aus diesem Grund. Die auch auf den Ruhrstauseen dominierende Stockente hat hier einen noch erheblich größeren Anteil. Die geringere Bedeutung lässt sich aus einer Reihe von Faktoren heraus erklären: 1. größere Höhenlage und damit geringere Temperaturen und größere Vereisungswahrscheinlichkeit, 2. wesentlich steilere und überwiegend vegetationslose Ufer, 3. erheblich größere Wassertiefe und damit schlechte Erreichbarkeit des Grundes, 4. nahezu fehlender Bewuchs mit Wasser- und Schwimmblattpflanzen, 5. geringe Trophie und damit geringeres Nahrungsaufkommen, 6. stark wechselnde Wasserstände, 7. fehlende Äsungsflächen in der waldreichen Umgebung.

Auch die angestauten Bereiche der Volme, Ennepe und Lenne oberhalb der Wehranlagen werden nicht selten von Stockenten, Teichrallen u. a. als Rast- und Nahrungshabitate und auch von Reiherenten, Tafelenten, Kormoranen, Eisvögeln u. a. genutzt. Kleinere stehende Gewässer, z. B. Schönungsteiche der Kläranlagen und Hochwasserrückhaltebecken im unteren Lennetal sind regelmäßig Lebensraum der Stockente (*Anas platyrhynchos*), nicht zu kleine Teiche und Weiher mit ausreichendem Uferbewuchs auch der Teichralle (*Gallinula chloropus*) und gelegentlich des Blässhuhns (*Fulica atra*). In den letzten Jahren sind Gewässer der Tallagen zunehmend von Reiherenten (*Aythya fuligula*) besiedelt worden, die entlang der Lenne heute weit in das Sauerland vorgedrungen sind. Seit wenigen Jahren breiten sich hier auch Kanadagänse (*Branta candensis*) aus, die hier mittlerweile an verschiedenen Stellen (z. B. dem Ölmühlenteich an den Dolomitwerken, den Fischteichen im unteren Wannebachtal) auch brüten.

Abb. 20: Herbecker Teich: Lebensraum für Blässhuhn, Stockente und Teichralle. 21.01.2002, Foto: M. Schlüpmann

Von der Kultur- zur Stadtlandschaft

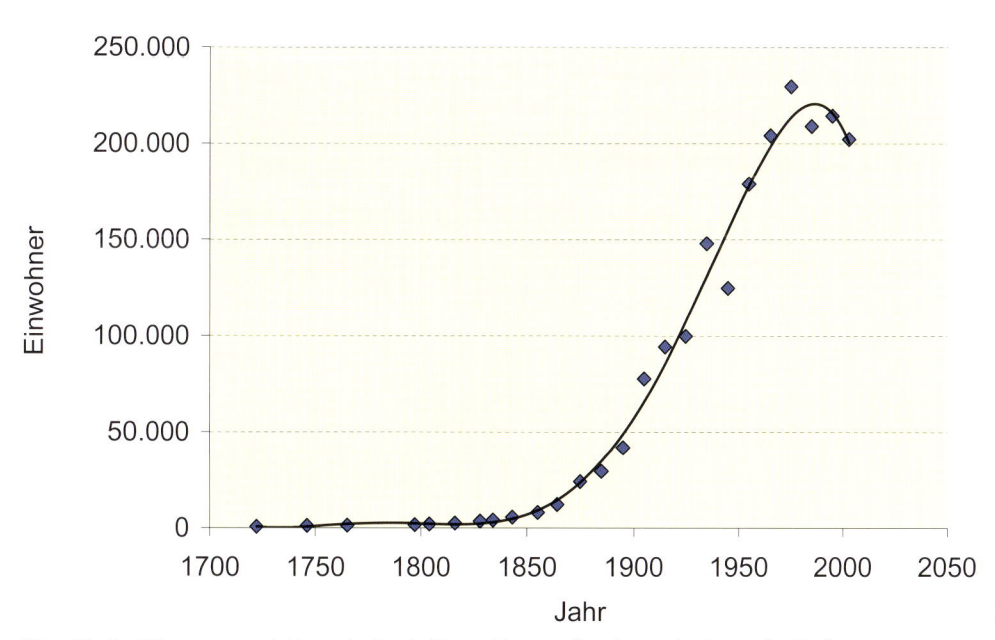

Abb. 21: Bevölkerungsentwicklung der Stadt Hagen bis 2003 (nach verschiedenen Quellen).

Bis Mitte des 19. Jahrhunderts hatte Hagen eher einen dörflichen Charakter. Die Entwicklung zu einer Großstadt im Übergangsbereich zwischen Ruhrgebiet und Sauerland hat erst nach 1850 eingesetzt und erst in den 30er Jahren des 20. Jahrhunderts wurde die Schwelle von 100.000 Einwohnern erreicht, 1964 dann die Marke von 200.000 erreicht (*Abb. 21*).

Mit 1260 Einwohnern je km^2 (Stand Febr. 2004) ist die Stadt Hagen überdurchschnittlich dicht besiedelt. Auch verschiedene im Untersuchungsgebiet gelegene Nachbarstädte wie Iserlohn oder Herdecke liegen deutlich über dem Landesdurchschnitt. Erst in den stärker land- und forstwirtschaftlich geprägten Nachbargemeinden Schalksmühle, Breckerfeld und Nachrodt-Wiblingwerde sind die Einwohnerdichten niedriger.

Landschaft und Vogelwelt

Abb. 22: Zwischen Industrieflächen und Bahnanlagen – hier bei Helfe – bieten ruderale Staudenfluren auch verschiedenen Vögeln Lebensraum. Eine charakteristische Art solcher Staudenfluren ist z B. der Sumpfrohrsänger. 7.2.2002, Foto: M. Schlüpmann

Demgemäss hat die Bebauung im Untersuchungsgebiet einen hohen Anteil. Die Bebauung orientiert sich im Hagener Raum vor allem an dem ausgeprägten Relief (vgl. **Abb. 2**).

Am dichtesten besiedelt sind der Hagener Tälerkessel und das untere Ennepetal, die die Hagener Innenstadt bis zu den Stadtrandbereichen und die größeren Industriegebiete umfassen. Das Volmetal mit seinen Terrassen ist hier fast geschlossen bebaut. Erst im Bereich des Ruhr- und Lennetales und ihrer Terrassen sowie in der Hagener Heide und der Massenkalkzone finden wir größere Freiflächen. In fast geschlossenen Bändern setzt sich die Bebauung im Volmetal und den größeren Bachtälern bis weit ins Oberland fort. Dies gilt auch für das Gebiet um Hohenlimburg, wo zudem ein großer Teil der Kalksenke und der Lenneterrassen verbaut sind. Flächen mit geringem bis hohem Versiegelungsgrad haben in nur 30 Jahren von 1975-2005 um 9,05 Prozentpunkte zugenommen (LANDSAT-Satellitenbildklassifizierungen http://www.flaechennutzung.nrw.de: 25.02.2009).

Aus dem Hagener Tälerkessel sind auch die typischen stadtklimatischen Erscheinungen bekannt. Dazu gehören die durchschnittliche Erhöhung der bodennahen Lufttemperaturen, die Abnahme der Strahlungswerte und der Sonnenscheindauer und die Zunahme der Niederschläge und der Nebelhäufigkeit. Zumindest exemplarisch an der Temperaturverteilung wurden solche Erscheinungen von Stock (1979) aufgezeigt.

Die Avifauna der Stadt

Der eigentliche Stadtkern wird von den meisten Arten eher gemieden. Über Flussufer, Bahndämme, Brachen, Grünanlagen und Gärten dringen aber eine Reihe von anpassungsfähigen Arten bis weit in die städtischen Zonen vor (vgl. z. B. John 1962 für Dortmund, Schlüpmann 2001b für Vögel der Volme). Auch gibt es eine Reihe von Tierarten, die die Stadt nicht gänzlich meiden und man muss durchaus betonen, dass Städte mit all ihren unterschiedlichen Strukturen und Habitaten (Gärten, Parks, Friedhöfen, Gebäuden, Industrieflächen, Bahnanlagen, Saum- und Ruderalflächen, Brachen, Gewässern) für viele Arten eine neue Heimat bieten (vgl. Reichholf 2007). Die Tierwelt ist hier oft arten- und individuenreicher als in den Agrarsteppen und auf den Holzäckern, die wir gemeinhin mit der Natur verwechseln. Reichholf (2007) nennt vor allem drei Ursachen für unerwartete Attraktivität der Städte für die Pflanzen- und Tierwelt: 1. Strukturreichtum, 2. nährstoffarme, trockene und warme Lebensräume (z. B. Bahn- und Industriebrachen) und 3. geschützter, sicherer Lebensraum (keine Jagd oder Verfolgung).

Abb. 23: Siedlungsrandbereich bei Boelerheide im Norden Hagens. 21.2.2002, Foto: M. Schlüpmann

Abb. 24: Rasenflächen und künstliche Gehölzpflanzungen prägen häufig die Freiflächen in den Siedlungsbereichen (hier in Helfe). Die Vogelwelt ist hier zumeist verarmt und aus wenigen Arten bestehend. Die Rasenflächen werden charakteristischerweise von Amseln, Staren, Elstern u. a. zur Nahrungssuche genutzt. 7.2.2002, Foto: M. Schlüpmann

MARTIN SCHLÜPMANN

Städtische Flächen einschließlich Parks, Erholungsflächen u. a.

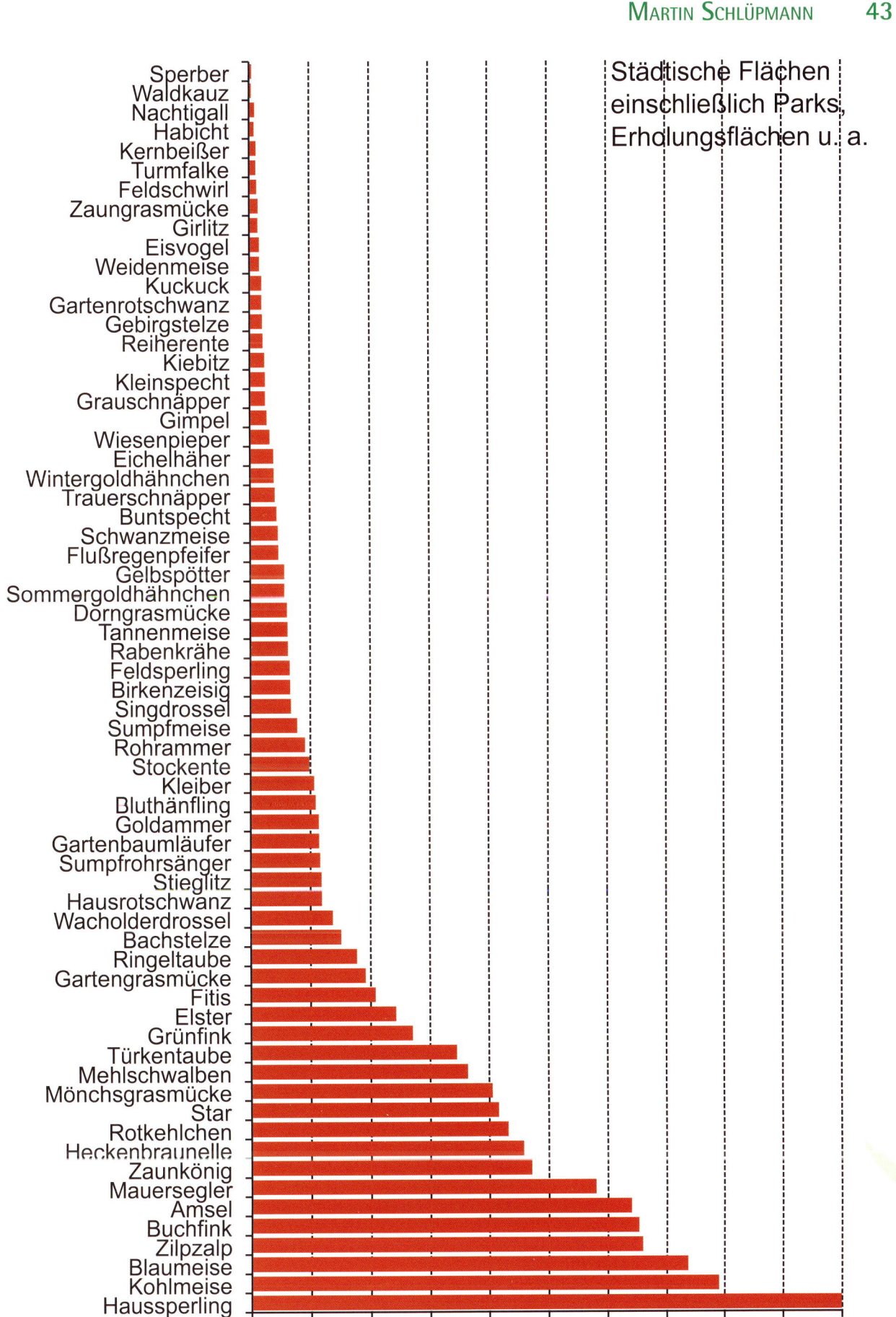

Abb. 25: Brutvogelbestand der städtischen Flächen des Hagener Raumes einschließlich Freiflächen (Parks, Erholungsflächen, Halden u. a.) errechnet auf der Grundlage verschiedener Siedlungsdichte-Untersuchungen von A. WELZEL

44 Landschaft und Vogelwelt

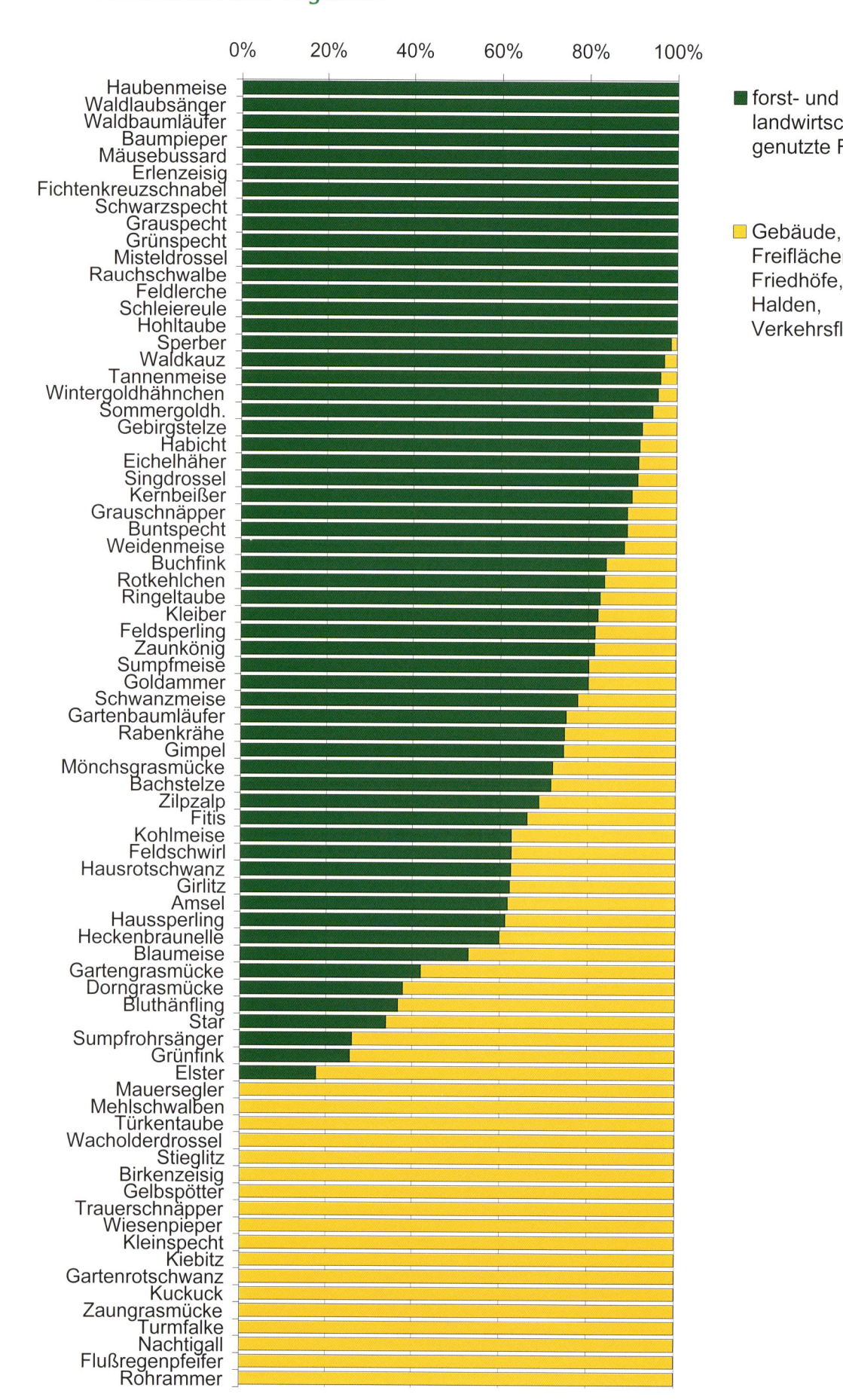

Abb. 26: Verteilung der festgestellten Brutvogelarten auf die die forst- und landwirtschaftlich bzw. die städtisch genutzten Flächen (einschließlich der Freiflächen: Parks, Friedhöfe, Freizeiteinrichtungen, Halden und andere Ruderalflächen) des Hagener Stadtgebietes (Anteil in %); nach Daten von A. WELZEL

Vielfach sind Verstädterungsprozesse der Arten erst in der jüngsten Zeit erfolgt, so bei der Amsel (*Turdus merula*) und der Ringeltaube (*Columba palumbus*), ursprünglichen Waldvögeln, oder bei der Elster (*Pica pica*), die früher in der Agrarlandschaft häufig war.

Die Elster (*Pica pica*) ist in ihren ursprünglichen Lebensräumen heute selten, dafür aber in den Stadtrandbezirken eine sehr häufige Erscheinung. Dies hat vielfach Anlass zu kontroverser Diskussion geboten. Dass die Elstern in der Stadt häufiger geworden sind ist unzweifelhaft (SCHÜCKING 1970, 1983, 1984a). Dennoch sind die Behauptungen, dass andere Singvögel dadurch gefährdet würden (SCHÜCKING 1983) wissenschaftlich vielfach widerlegt worden und entbehren jeder Grundlage (vgl. z. B. SCHLÜPMANN 1993).

Auch gibt es durchaus einige ausgesprochene Stadtvögel, die ohne umfangreiche Gebäudekomplexe fehlen würden, so der Mauersegler (*Apus apus*), die Mehlschwalbe (*Delichon urbicum*) und eingeschränkt auch der Haussperling (*Passer domesticus*), der in den 50er und 60er Jahren in der Stadt und den umliegenden Dörfern eine überaus häufige Erscheinung war, jedoch in den letzten Jahren deutlich seltener geworden ist. Bis in die 60er Jahre waren auch Dohlen (*Coloeus monedula*) in der Stadt als Brutvögel verbreitet (SCHRÖDER 1953, ARBEITSGEMEINSCHAFT VOGELSCHUTZ 1964, SCHÜCKING 1964). In diese Kategorie gehören letztlich auch die verwilderten, halbzahmen Stadttauben, Abkömmlinge der Felsentaube (*Columba livia*), die wegen der Verunreinigungen regelmäßig für Gesprächsstoff sorgen. Die Mehlschwalbe baut ihre Nester in Kolonien von heute nicht mehr als 10 Paaren an nicht zu niedrigen Wohngebäuden, Industriebauten, technischen Anlagen und Brücken. SCHÜCKING (1975) nennt dagegen für das Jahr 1974 1025 Nester in 24 Kolonien mit 11 bis zu 125 Nestern. Ein sehr typischer Vertreter der städtischen Avifauna ist auch der Hausrotschwanz (*Phoenicurus ochruros*), der als ursprünglicher Felsbewohner im 19. Jahrhundert begann, Einzelhöfe, Dörfer und schließlich auch die Häuserschluchten der Großstädte zu besiedeln (vgl. z. B. SCHÄFER 1955). Unter den Greifvögeln nutzt der Turmfalke (*Falco tinnunculus*) regelmäßig die Kunstfelsen der Kirchtürme, Werkshallen, Hochhäuser und Brücken, soweit sie Nischen und Einflugöffnungen bieten.

Das Diagramm (*Abb. 25*) zeigt die Häufigkeitsverteilung der Brutvögel der städtisch geprägten Flächen einschließlich der Freiflächen, Parks und Erholungsflächen. Hausperlinge sind demnach am häufigsten, allerdings kumuliert an bestimmte Höfe gebunden. Das sehr häufige Auftreten der Kohl- und Blaumeise ist sicher vom Nistkastenangebot abhängig. Zilpzalp, Buchfink, Amsel, Zaunkönig, Heckenbraunelle, Rotkehlchen, Mönchsgrasmücke, Türkentaube, Grünfink, Elster, Fitis, Gartengrasmücke und Ringeltaube folgen unter den Gehölzbrütern. Als Gebäudebrüter stehen Mauersegler und Mehlschwalbe an 7. und 13. Stelle. Der Star (11.) profitiert von den Nistmöglichkeiten an Gebäuden und von Nistkästen.

Die unauffällige Türkentaube (*Streptopelia decaocto*), die in den letzten Jahrzehnten eingewandert ist, zählt ebenfalls dazu. Nach SCHÜCKING (1960, 1964) trat sie 1956 erstmals als Brutvogel in Boele auf, war aber wenige Jahre später in allen Stadtteilen vertreten. Eine Art der Stadtrandzone, die erst in den 80er Jahren bei uns eingewandert ist, ist der Birkenzeisig (*Carduelis flammea*, vgl. FELLENBERG 1984, WELZEL 1986a). Allerdings ist er bis heute selten geblieben. Zu den charakteristischen Vögeln der Stadtrandzone zählen auch die Amseln (*Turdus merula*) und Grünfinken (*Carduelis chloris*). Die Verstädterung der Amsel, ehedem fast ausschließlich in Wäldern zu finden, ist ein gut bekanntes Beispiel. Heute ist sie aus den Gärten nicht mehr wegzudenken und hier längst häufiger als in den ursprünglichen Lebensräumen. Statt in der Falllaubstreu des Waldbodens sucht sie ihre Nahrung heute auf den kurzgeschorenen Rasenflächen und auf Beeten des gesamten Stadtgebietes.

Zu den regelmäßig in Gärten brütenden Vögeln zählen auch Rotkehlchen, Heckenbraunelle, Singdrossel, Mönchsgrasmücke und Zilpzalp, manchmal auch Girlitz, Bluthänfling, Zaunkönig, Grauschnäpper, Dompfaff, Distelfink, Buchfink u. a. In Parkanlagen gesellen sich Wacholderdrosseln, Ringeltauben u. a. hinzu. An vielen Stellen haben Nistkästen in Gärten, in Parks und auf Friedhöfen den Bestand der Kohl-, Blau- und Tannenmeisen, Kleiber und Stare stark gefördert.

Städtische Parkteiche sowie die städtischen Flussabschnitte von Ennepe, Volme und Lenne werden von zahlreichen zahmen und halbzahmen Stockenten (*Anas platyrhynchos*) und Entenbastarden, aber vereinzelt auch der Teichralle (*Gallinula chloropus*) besiedelt. Ein typische Erscheinung, wenn auch nur als Gastvogel, sind die Lachmöwen (*Larus ridibundus*), die insbesondere an der Volme in der Hagener Innenstadt, dem Eilper Zentrum und an der Lenne in Hohenlimburg zu beobachten sind (SCHLÜPMANN 2001b).

In den letzten Jahren ist der Grünspecht (*Picus viridis*) auch in Hagen zunehmend häufiger geworden (DRANE 2004), eine Beobachtung, die offenbar für das ganze Ruhrgebiet gilt (vgl. vor allem TOMEC & KILIMANN 1998). Er bevorzugt halboffene Kulturlandschaften, meidet dagegen dichte Waldgebiete. Da er aber den Menschen nicht scheut und anthropogene Lebensräume, darunter Parkanlagen, Gärten und Industriebrachen, die für den Nahrungsspezialisten (Ameisen) oft hervorragende Nahrungshabitate sind, hat er im anthropogen geprägten Hagener Norden erkennbar zugenommen.

Charakterarten der Flächennutzungen

Die nachfolgende Tabelle hebt nochmals die Unterschiede der Avifauna der unterschiedlich genutzten Gebiete der Stadt Hagen, wie sie bereits in den vorangehenden Abschnitten beschrieben wurden, auf der Grundlage der Siedlungsdichte-Untersuchungen hervor.

Demgemäss sind für alle Nutzungsflächen des Stadtgebietes Charakterarten festzustellen, die ausschließlich oder fast ausschließlich hier zu finden sind. Noch etwas differenzierter lässt sich dieses Bild unter Berücksichtigung der quantitativen Ergebnisse zeichnen.

Tab. 5: Unterschiede der Avifauna (Brutvögel; ohne Wasservögel) der forst-, landwirtschaftlich und der städtisch genutzten Flächen im Stadtgebiet von Hagen. Genannt sind die Arten, die in den jeweils anderen Flächen als Brutvogel (nicht unbedingt als Gastvogel) fehlen. Wenn die Aussage nur in der Tendenz zutrifft, ist der Name in Klammern gesetzt. *Freiflächen: Parks, Friedhöfe, Freizeiteinrichtungen, Halden und andere Ruderalflächen.

forstwirtschaftlich genutzte Flächen	landwirtschaftlich genutzte Flächen	städtisch genutzte Flächen	
		Siedlungsflächen	Freiflächen*
Haubenmeise	Rauchschwalbe	Mauersegler	Flussregenpfeifer
Waldlaubsänger	Feldlerche	Mehlschwalbe	Kiebitz
Waldbaumläufer	Schleiereule	Türkentaube	Wiesenpieper
Baumpieper	Hohltaube	Birkenzeisig	Wacholderdrossel
Mäusebussard	(Feldsperling)	Klappergrasmücke	Rohrammer
Fichtenkreuzschnabel			Stieglitz
Schwarzspecht			
Grauspecht		Turmfalke	
(Grünspecht)		Kuckuck	
(Waldkauz)		Gelbspötter	
(Habicht)		Gartenrotschwanz	
(Wintergoldhähnchen)		(Trauerschnäpper)	
(Tannenmeise)		(Elster)	
(Sommergoldhähnchen)			
(Buntspecht)			

Lebensraumzerstörung und -veränderung gefährden die Vogelfauna

Trotz der Anpassungsfähigkeit verschiedener Vogelarten bleibt festzustellen: die Gefährdung vieler Vogelarten hat insbesondere strukturelle Ursachen. Mehr als in forstwirtschaftlich geprägten Regionen des Sauerländischen Oberlandes bedeutet die Zerstörung von Lebensräumen im Ballungsraum Hagen den Verlust von Brut- und Nahrungshabitaten unserer Vögel und die zunehmende Isolierung der Flächen. Dabei sind vor allem störungsfreie und wenig beeinflusste Zonen kaum noch zu finden (vgl. SCHLÜPMANN & BLAUSCHECK 1991/92). Die letzten Reste offener Flächen in dem einst bedeutsamen Lennetal werden derzeit Gewerbebetrieben geopfert. Die in den 80er Jahren durch große ungenutzte Brachflächen hier teilweise sogar geförderte Avifauna (vgl. SCHLÜPMANN 1984) ist längst wieder gewichen. Bereits in den 70er Jahren verzeichneten die Avifaunisten im Hagener Raum bei vielen Arten deutliche Rückgänge. SCHÜCKING wies mehrfach auf die Zerstörung der Lebensräume im Hagener Raum, insbesondere im unteren Lennetal hin (SCHÜCKING 1976c, 1978d, 1979e, 1989, 1991a). Der Naturschutz ist im gesamten unteren Lennetal auf einzelne Alibiflächen zurückgedrängt worden. Die Flächeninanspruchnahme für Bebauung und Gewerbeansiedlung kennt auch in Hagen keine Grenzen und wird in den kommenden Jahren weitere Offenlandbewohner der Avifauna aus dem Stadtgebiet verdrängen. Verschiedene Arten, darunter Braun- und Schwarzkehlchen sowie Steinschmätzer, sind den Flächenverlusten im Lennetal und seinen angrenzenden Flächen bereits zum Opfer gefallen. Andere z. B. der Flussregenpfeifer haben massive Bestandseinbrüche erlebt.

Im Übrigen sind viele der Ursachen des Bestandsrückgangs der Arten auch in Hagen in der Landwirtschaft zu suchen (vgl. hierzu auch die folgende Tabelle und das Kapitel von WELZEL & SCHLÜPMANN über ausgestorbene Arten in diesem Buch, allgemein z. B. BEZZEL 1982, PLACHTER 1991). Die Intensivierung betrifft insbesondere die vielen in der Feldflur brütenden und nahrungssuchenden Arten. Einige der gefährdenden Faktoren sind dabei:
• die Entwässerung und Drainage der Wiesen,
• die intensive Düngung mit ihren Folgen (Verringerung

des Artenspektrums der Blütenpflanzen und Kleintiere, zu früher und zu schneller Aufwuchs),
- der Rückgang von Kräutern und Kleintieren durch den Pestizideinsatz,
- die Beseitigung von Hecken, Feldgehölzen, Bäumen, Randstreifen, Uferrändern, Kleingewässern,
- die Umwandlung der Wiesenflächen in Äcker, insbesondere Maisäcker,
- Umwandlung der Getreideäcker in Mais- und Wintergetreideäcker,
- die Silage der Wiesen mit frühen und häufigen Mahdterminen,
- das Fehlen der Winterbrachen u. a.

Wachtel, Rebhuhn, Schwarz- und Braunkehlchen als Arten der Feldflur sind in Hagen bereits ausgestorben. Weitere Arten der Feldflur, insbesondere Wachtelkönig, Wiesenschafstelze und Kiebitz, sind fast ausgestorben. Aber selbst ehemalige Allerweltsarten wie die Feldlerche zeigen massive Bestandseinbrüche.

Der Verlust an Heide- und Niedermoorflächen, von denen Reste noch bis ins 20. Jahrhundert bekannt waren, aber auch der Verlust an Niederwäldern hat verschiedene Arten bereits vor langer Zeit verdrängt. Sehr früh, vermutlich schon Anfang des Jahrhunderts, ist bereits das Auerhuhn, in den 50er Jahren nach dem Zweiten Weltkrieg dann auch das Birkhuhn, der Ziegenmelker und wenig später wahrscheinlich das Haselhuhn ausgestorben (inzwischen wieder Brutverdacht). Auch die Haubenlerche war auf diesen Flächen früher allgemein verbreitet (vgl auch MÜLLER 1986). Der Verlust strukturreicher Au- und Laubwälder – in Hagen sind Auwälder nur noch in kleinen Resten zu finden – hat in den 50er Jahren den Pirol, vor kurzem auch die Nachtigall verschwinden lassen. Die Verfichtung der Forsten über mehr als 150 Jahre bis in die 1980er Jahre und das Fehlen von Altholz in den Laubwäldern trägt seit langem zum Rückgang vieler Arten, z. B. der Spechte bei, worunter besonders der Schwarz- und der Grauspecht gelitten haben. Es ist nicht hinnehmbar, dass die Forstwirtschaft selbst in Naturschutzgebieten Altholz nach Belieben schlagen kann, wie dies z. B. vor wenigen Jahren in den fürstlichen Waldungen am Märchenwald geschehen ist. Auch die aktuellen Änderungen in der Forstwirtschaft (s. o.) tragen zum Rückgang vieler Arten bei. So hat die Waldkalkung im Zusammenhang mit der Eutrophierung fatale Wirkungen (siehe unten).

Zwar ist die Waldfläche in Hagen nicht rückläufig (im Gegensatz zur landwirtschaftlichen Fläche), doch ist der Verlust an besonders wertvollen Wäldern auch für die Avifauna von großer Bedeutung. Die Auwälder und Altwässer sind heute nur noch in kleinen Resten erhalten, regelmäßig überschwemmte Wälder (ein Merkmal der Auwälder) fehlen praktisch völlig. Typische Arten sind verschwunden (Pirol, Nachtigall) oder selten geworden (z. B. Gelbspötter). Anhaltend ist insbesondere der Verlust an wertvollen Buchenwäldern der Massenkalkzone durch die beiden Steinbruchbetriebe in Herbeck und Hohenlimburg. Von den Wäldern am Steltenberg und an der Donnerkuhle sind nur noch kleine Reste erhalten.

Auch die Veränderung der Feuchtgebiete hat, wenn ihnen keine Sekundärhabitate zur Verfügung standen, viele Arten aussterben oder selten werden lassen. So ist der Flussuferläufer Opfer der Begradigung und Regulierung der Flüsse geworden. Die Uferschwalbe hat bis heute noch ein sehr unregelmäßiges Vorkommen an natürlichen Abbrüchen der unteren Lenne. Vielfach hat auch die Entwässerung und Trockenlegung der Feuchtwiesen und Sümpfe die Arten verdrängt. Als Beispiele seien Wiesenpieper, Wiesenschafstelze und Feldschwirl genannt.

Tab. 6: Auswahl solcher Vogelarten, die durch Zerstörung oder Beeinträchtigung ihres Lebensraumes in Hagen einen erkennbar negativen Bestandstrend (Lebensraum und Gefährdungsursachen insbesondere nach BAUER & BERTHOLD (1996).

Art	Lebensraum	Ursachen (historische und rezente)
Schwarzkehlchen	besonntes Offenland mit höheren Warten, insbesondere Ruderalfluren, Wiesen, Heiden u. a.	Lebensraumverlust durch Intensivierung der Bewirtschaftung, Verlust von Brachflächen, Ruderalfluren
Grauspecht	benötigt auf der einen Seite Altholzbestände und strukturreiche Gehölzbestände, auf der anderen niedrigwüchsige Flächen zur Nahrungssuche; Feldgehölze, grenzlinienreiche Laubwälder, insbesondere Buchenwälder, auch Auwälder und alte Parkanlagen	Beseitigung struktur- und altholzreicher Laubwälder zugunsten von nadelholzreichen Altersklassenwäldern; Entnahme von Höhlenbäumen; Rückgang des Nahrungsangebotes (insbesondere Ameisen) durch Eutrophierung
Waldschnepfe	strukturreiche, meist feuchte Wälder, oft in Bruchwäldern mit Freiflächen für die Balzflüge	Entwässerung feuchter Wälder; Fehlen der alten Waldbewirtschaftungsformen (Nieder- und Mittelwald); Waldwegebau und Störungen; Bejagung
Uferschwalbe	Koloniebrüter; Bruthöhlen in Prallhängen von Fließgewässern; andernorts auch in Sand- und Kiesgruben; in Hagen auch in künstlichen Nistwänden	Die Instabilität der Brutplätze bedingt örtlich starke Fluktuationen; Flussausbau und Begradigung; Störungen an den Brutplätzen
Wachtelkönig	ursprünglich, halboffene Auen, schütter bewachsene Verlandungszonen, Riede; heute extensiv genutztes Kulturland mit deckungsreicher, 25-100 cm hoher Vegetation, vor allem feuchte Wiesen mit Seggen, Wasserschwaden und Iris	Lebensraumzerstörung durch Intensivierung der Landwirtschaft (Entwässerung, Grünlandumbruch, Überweidung, Silage-Einsatz, zu frühe und zu großflächige Mahd in zu kurzer Zeit)
Wiesenschafstelze	kurzrasige Streu- und Mähwiesen, Viehweiden, Riede, Ruderalflächen; optimal ist eine stellenweise lückige Vegetation (z. B. durch Viehtritt) bei gleichzeitigem Vorhandensein von Warten (Hochstauden, Zaunpfähle)	Verlust von Feuchtgrünland durch Umbruch oder Bebauung; Nutzungsaufgabe und folgende Sukzession; Nutzungsintensivierung durch Entwässerung oder Düngung; zu frühe Mahd

48 Landschaft und Vogelwelt

Tab. 6: Fortführung

Art	Lebensraum	Ursachen (historische und rezente)
Kiebitz	Brutvogel offener und wenig strukturierter Flächen mit kurzer und lückiger Vegetation; ursprünglich nur im Feuchtland, seit Jahren auch auf Ackerflächen	Zunächst die Lebensraumverluste durch Trockenlegung und Entwässerung; heute die Intensivierung der Landwirtschaft durch zunehmende Mechanisierung, Düngung (beschleunigtes Wachstum) und Vorverlegung der Mahd; Verlust der Nahrungsgrundlage durch Biozideinsatz und Zerstörung der Randstreifen; Störung durch Freizeitnutzung
Steinkauz	offenes Kulturland mit hohem Grünlandanteil; notwendig sind niedrigwüchsige Jagdgebiete, Sitzwarten, Tageseinstände (z. B. alte Gemäuer) und Höhlenbäume; insbesondere Wiesen und Weiden mit Kopfweiden, Obstbäumen, auch Ruderalfluren und Steinbrüche	Rodung von Streuobstwiesen, Kopfbäumen; Verlust von Grünland durch Umbruch, Nutzung oder Überbauung; Intensivierung der Landwirtschaft insbesondere durch Düngung; Verlust der Strukturvielfalt; Modernisierung alter Gehöfte; Verluste durch Verkehr, Freileitungen, Obstbaumnetze
Feldlerche	in niedriger Gras- und Strauchschicht der Feldflur; meidet Wälder und Gebäude	Intensivierung des Anbaus durch starke Düngung und Biozideinsatz und in der Folge zu frühes und schnelles Hochwachsen der Vegetation, Nutzung des Grünlandes als Silageflächen mit mehrfacher Mahd; Verlust der floristischen Vielfalt und in der Folge der Insekten als Nahrungsgrundlage; Nutzung der Flächen als Maisäcker und vermehrte Ansaat von Wintergetreide (keine Winterbrachen und keine Frühjahrseinsaat)
Flußregenpfeifer	ursprünglich auf Schotter- Kies- und Sandbänken der natürlichen Flüsse; seit langem auch auf künstlichen Offenflächen der Abgrabungen, Industriegelände, Bauland	zunächst Verlust der natürlichen Lebensräume und Begradigung und Uferbefestigung, heute Verlust der Sekundärhabitate durch Bebauung, Rekultivierung und zunehmende Eutrophierung mit der Folge des raschen Zuwachsens
Schwarzspecht	Bruthöhlen überwiegend an über 100jährigen Buchen und Nadelbäumen; sonst in großen Misch- und Nadelwäldern Nahrung suchend (mehrheitlich Ameisen und holzbewohnende Arthropoden)	früher Umtrieb der Wälder, Entfernung der Höhlenbäume
Kuckuck	überwiegend in halboffenen Landschaftsräumen; abhängig von den Wirtsvögeln (Rohrsänger, Pieper, Stelzen, Heckenbraunelle, Würger, Grasmücken und Rotschwänze); seine Nahrung besteht hauptsächlich aus Schmetterlingsraupen	der Rückgang vieler Wirtsvogelarten aufgrund des Verlustes ihrer Lebensräume ist mitverantwortlich, ebenso der Rückgang vieler Schmetterlinge
Feldschwirl	offenes Gelände mit dichter Krautschicht und höheren Warten; insbesondere extensiv genutzte Feuchtwiesen, Riede, Ruderalfluren, Schlagfluren u. a.	Lebensraumzerstörung durch Entwässerung, Zerstörung der Staudenfluren und Ufervegetation, Überbauung u. a.
Teichhuhn	Uferbereiche stehender und fließender Gewässer, Verlandungszonen	Gewässerausbau; Zerstörung von Altwässern; Verluste durch Bisamfallen; Mahd der Ufervegetation an Fließgewässern; Intensivierung der Fischerei; Störungen
Rauchschwalbe	brütet in Ställen und Industriebauten, unter Brücken u. a., dringt aber nicht in die Innenstädte vor	Verlust an Nistplätzen durch Wandel der alten Hof- und Dorfstrukturen; Verlust alter Industriebauten, Verlust an Nahrungsquellen durch Intensivierung der Landwirtschaft und Verlust der offenen Flächen durch Bebauung

9 Eutrophierung verändert die Lebensgemeinschaften

Ein aktuelles, zunehmendes Problem stellt die Nährstoffanreicherung (Eutrophierung) der Böden und des Wassers dar. Mit dem Einsatz von Kunstdünger in der Landwirtschaft hat massiver Eintrag insbesondere von Stickstoff in Boden und Grundwasser eingesetzt. Zunehmend sind davon auch Flächen weitab landwirtschaftlicher Nutzung durch Immissionen aus der Tierhaltung und durch Verbrennung fossiler Brennstoffe betroffen. Die Eutrophierung ist eine der Hauptursachen für die Gefährdung vieler Arten (z. B. PLACHTER 1991, SCHERZINGER 1996, MÜHLENBERG & SLOWIK 1997, SCHLÜPMANN & GEIGER 1999) und hat insbesondere durch die Veränderung der Vegetation auch erhebliche Einflüsse auf die Avifauna.

Nitrophile Staudengesellschaften der Säume und Ruderalfluren nehmen immer mehr zu. Dazu zählen z. B. die Brennessel-Girsch-Gesellschaft, die Knoblauchshederich-Saumgesellschaft und verwandte Gesellschaften. Konkurrenzschwache Gesellschaften nährstoffarmer Böden werden dagegen immer seltener. Flächen mit schütterer, an nährstoffarme Verhältnisse angepasster Vegetation sind kaum noch zu finden.

Auch Wälder werden durch den Eintrag von Luftschadstoffen

Abb. 27: Die Nährstoffanreicherung durch Stickstoffeinträge aus der Luft macht auch weitab landwirtschaftlicher Flächen vor den Wald- und Forstgebieten nicht halt. Die angeblich so nützliche „Kompensationskalkung" besorgt durch die Förderung nitrifizierender Prozesse ihr Übriges, in dem sie die Wirkung der Überdüngung noch verstärkt. Das Bild zeigt ein extremes Beispiel aus dem Nahmertal. Stickstoffliebende Staudenfluren (hier insbesondere Kletten-Labkraut und Brennnesseln) haben eine Waldlichtung vollkommen zugewuchert. Solche Pflanzengesellschaften waren auf Waldlichtungen früher gänzlich unbekannt. 4.7.2002, Foto: M. SCHLÜPMANN

von der Eutrophierung nicht verschont. Die sogenannten „Kompensationskalkungen" aktivieren die nitrifizierenden Prozesse im Boden und verstärken durch die Freisetzung organisch gebundenen Stickstoffs die Wirkung der Überdüngung. Dies hat in erheblichem Maße eine Ausbreitung nitrophiler Pflanzen zur Folge an Stellen wo sie früher nie auftraten. Selbst Waldwegböschungen und Waldlichtungen wachsen heute oft rasend schnell mit nitrophilen Stauden zu (siehe Foto), und vielen Arten der Flora und Fauna bleiben keine Überlebensmöglichkeit. Verschiedene Arten der Vogelfauna profitieren von dieser Entwicklung, speziell die Arten offener Pionierstandorte finden dagegen kaum noch ausreichende Lebensräume. Untersuchungen zu dieser Problematik fehlen überraschenderweise weitgehend. Avifaunistische Untersuchungen im Zusammenhang von immissionsbedingten Waldschäden (FLOUSEK et al. 1993) und den damit auftretenden Veränderungen auch der Bodenvegetation lassen aber erahnen, dass die Folgen für die Vogelwelt erheblich sind.

Weitere Einflüsse des Menschen auf die Avifauna

Die Bejagung und Verfolgung hat historisch gesehen verschiedene Arten ausgerottet oder doch zum Aussterben beigetragen. Die natürlichen Vorkommen des Uhus zählen dazu, die vermutlich bereits im 19. Jahrhundert erloschen sind. Greifvögel wurden im 19. Jahrhundert (SCHÄFER 1955, DEMANDT 1959), aber regelmäßig noch zu Beginn des 20. Jahrhunderts als Konkurrenten und angebliche Schädlinge verfolgt. Das zugrundeliegende Denken hat bis heute in der Jägerschaft und weiten Teilen der Bevölkerung Bestand, richtet sich aber eher auf andere Arten, insbesondere auf die offenbar weithin verhassten Rabenvögel, von denen die in Hagen vorkommenden Arten Eichelhäher, Elster und Rabenkrähe zum Glück nicht gefährdet sind. Durchaus nicht ohne Erfolg wird die Jagd von einschlägigen Lobbyistenverbänden in Gesellschaft und Politik immer noch als notwendige Regulation verkauft. Bei den meisten Arten, so auch bei den Rabenvögeln, kommt ihr diese Aufgabe aber nicht zu. Der Bestand der Rabenvögel reguliert sich ohne menschliches Zutun (vgl. SCHLÜPMANN 1993).

Verfolgung und Pestizidbelastung haben den Wanderfalken in Nordrhein-Westfalen vor mehr als 30 Jahren aussterben lassen (DEMANDT 1970). Taubenzüchter hatten in den 50er und 60er Jahren einen regelrechten Vernichtungsfeldzug gegen die verhassten Wanderfalken, Habichte und Sperber geführt. Auch der Wanderfalken-Brutplatz im Volmetal bei Ambrock war bald verwaist (DEMANDT 1970). 1971 waren sie in ganz Westfalen ausgerottet. Zwar sind die Wanderfalken dank intensiver Schutzbemühungen in unserem Land heute wieder heimisch und haben auch im Ballungsraum (vor allem der Kölner Bucht und dem westlichen Ruhrgebiet) zugelegt, doch sind sie bis heute immer noch selten. 1996 wurde ein Bestand von landesweit 18 Brutpaaren angegeben, in 2003 waren es bereits 57 (ARBEITSGEMEINSCHAFT WANDERFALKENSCHUTZ NORDRHEIN-WESTFALEN 2003). Bis heute müssen die Horste stellenweise bewacht werden. Doch sind die Vögel nicht nur an ihren Horsten gefährdet. Michael WÜNSCH hat noch vor wenigen Jahren fangbereite Habichtfangkörbe gefunden. Der Wanderfalke besiedelt aber in zunehmenden Maße auch hohe Industriebauten und Kamine, wo er vor direkten Zugriffen am Nest ziemlich sicher ist. Im Hagener Norden wurde bereits ein von Experten angebrachter Nistkasten von den Wanderfalken angenommen. So hat er das Gebiet der Stadt Hagen inzwischen wieder besiedelt, wenn auch nicht an der von einigen ignoranten Politikern gewünschten Stelle in der Innenstadt, wo man ihn in 2003 anzusiedeln versucht hat.

Ein Opfer der Verfolgung im 19. und 20. Jahrhundert wurde auch der Graureiher, der als Fischereischädling angesehen wird. Tatsächlich frisst er aber nicht nur Fische sondern auch Frösche, Mäuse u. a. Bereits Ende des 19. Jahrhunderts war er nicht mehr häufig. Erst die Einstellung der Jagd führte zu einer allmählichen Erholung der Bestände. In den letzten 20-30 Jahren wurde er zunächst wieder regelmäßiger und häufiger Gastvogel und gründete Ende der 80er Jahre in Hagen eine kleine Kolonie, eine weitere unmittelbar hinter der Stadtgrenze. Bei Gartenteich- und Fischteichbesitzern ist er nicht gerne gesehen. Eine Gefährdung anderer Tierarten, auch nicht der Bachforellen, wie gelegentlich von Anglern behauptet wird, geht von ihm aber nicht aus.

Der Mensch greift fördernd in die Vogelwelt ein

Neben den negativen Aspekten der Verfolgung und Bejagung greift der Mensch auch sehr gezielt fördernd in den Artenbestand ein. Vögel erfreuen sich anders als die meisten anderen Tiergruppen vieler Freunde. Der erste Naturschutzverein Hagens war der Bund für Vogelschutz und Vogelkunde Herdecke-Hagen e. V. Seit langem werden von den Naturschutzverbänden, aber auch anderen Organisationen sowie unzähligen Privatpersonen Nistkästen in Wäldern, Parks und Gärten aufgehangen, wovon Meisen, Kleiber, Stare und verschiedene andere Arten erheblich profitieren. Ohne diese gezielte Förderung wären viele der Arten deutlich seltener, da das Angebot an natürlichen Höhlen aufgrund des geringen Altholzbestandes oft gering ist. Daneben gibt es gezielte Nisthilfen der Naturschutzverbände für verschiedene andere Arten, von denen auch im einzelnen in den Artkapitel berichtet wird. So sind für die Wasseramsel unter zahlreichen Bachdurchlässen und Brücken Nisthilfen angebracht, die gut angenommen werden (z. B Schücking 1981a). Weitere Nisthilfen sind Steinkauzröhren (oft in Kopfbäumen im Hagener Norden), Schleiereulenkästen in Scheunen u. a. Spezifische Maßnahmen wurden mit künstlichen Steilwänden für die Uferschwalbe erprobt und waren von zeitweiligem Erfolg gekrönt (Schücking 1985, 1991a, Thiel 1991). Nisthilfen wurden für den Haubentaucher mit Erfolg auf dem Hengsteysee erprobt (Schücking 1976a b, 1977 u. a.). Neben solchen eher technischen Nisthilfen wurden aber auch viele gezielte Maßnahmen in den Lebensräumen der Arten durchgeführt. Als Beispiele seien nur die Schaffung von Brutplätzen für den Flussregenpfeifer (vgl. Schücking 1980b) oder die habitatpflegenden Maßnahmen für den Neuntöter (Schücking 1990) genannt.

Abb. 28: Für die Uferschwalbe als Charakterart der Flusstäler wurde mit zeitweiligem Erfolg künstliche Nisthilfen geschaffen. 11.3.2002, Foto: M. Schlüpmann

Das Dilemma des Naturschutzes

Eigentlich zielen heute die meisten passiven und aktiven Maßnahmen des Naturschutzes auf den Schutz, die Pflege oder ggf. auch die Neuanlage von Lebensräumen. Auch der gesetzlich verankerte Landschaftsplan der Stadt Hagen hat dieses Ziel, in dem er zum einen Flächen als Naturschutzgebiete oder „Geschützte Landschaftsbestandteile" ausgewiesen hat, zum anderen indem er Entwicklungsziele definiert und Maßnahmen zur Verbesserung der landschaftlichen Situation festgeschrieben hat (z. B. die Anlage von Hecken, die Renaturierung von Gewässern). Allerdings ist die Realisierung der Maßnahmen eine Sollbestimmung und hängt wesentlich von den zur Verfügung stehenden Geldern ab. Zunehmend werden die Maßnahmen nur noch im Zuge von Ausgleichs- und Ersatzmaßnahmen realisiert. Auch die beruhen auf gesetzlichen Regelungen des Naturschutzrechts und sollen dazu dienen, Eingriffe in Natur und Landschaft zu kompensieren (Schlüpmann & Kerkhoff 1992). Abgesehen von dem Problem, dass Lebensräume, die durch Baumaßnahmen verloren gehen, eigentlich weder ausgeglichen noch ersetzt werden können, wird durch diese Praxis, Maßnahmen des Landschaftsplanes als Kompensation für landschaftliche Eingriffe zu realisieren, die ursprüngliche Zielsetzung der Landschaftsplanung ad absurdum geführt, in dem sie zum Erfüllungsgehilfen der Politik und Wirtschaft bei der Realisierung ihrer Bauvorhaben degradiert wird.

Auch sonst erweist sich die Landschaftsplanung als wenig wirkungsvoll. Die Inanspruchnahme der Landschaft für Gewerbeansiedlungen und neue Wohnbauviertel schreitet ungehindert voran (s. o.). Jüngstes Beispiel ist die Zerstörung der Landschaft um Herbeck („Am Hamacher" und Sudfeld) durch Ausweisung von Industrieflächen und Ausbau der Sudfeldstraße (vgl. Schlüpmann 2006b). Auch die noch bedeutenden Wälder am Mastberg sollten nach den Planungen der Dolomitwerke (jetzt Rheinkalk) bis auf kleine Flächen der Abgrabung geopfert werden. Die Kalkbuchenwälder um Holthausen sind die wohl bedeutendsten Reste im ganzen westlichen Süderbergland. Nicht umsonst sind die Gebiete auch als europäisches Schutzgebiet (FFH) gemeldet. Ihre Opferung wäre ein unvergleichliches Verbrechen an der Natur und der schwerwiegendste Eingriff seit langem gewesen (Schlüpmann 2006a). Glücklicherweise werden diese nicht ersetzbaren Wälder wohl doch erhalten bleiben – nicht weil man den Argumenten des Naturschutzes gefolgt ist, sondern aufgrund wirtschaftlicher Erwägungen der Konzernführung.

Obwohl ihr Bemühen und ihre Verdienste nicht bezweifelt werden, so ist doch zu betonen, dass weder der amtliche, politisch weisungsgebundene Naturschutz in der Verwaltung noch Einrichtungen wie die finanziell abhängige Biologische Station (Umweltzentrum) für sich in der Lage sind, einen wirkungsvollen Arten- und Naturschutz durchzusetzen. Einmal mehr muss der ehrenamtliche Naturschutz erkennen, dass er eine unersetzbare politische Aufgabe wahrzunehmen hat und dies nur mit seiner finanziellen und parteipolitischen Unabhängigkeit gewährleisten kann.

Abb. 29: Naturschutzgebiet Lennesteilhang Garenfeld: Eichenwald mit dichtem Bestand an Gartenbaumläufer und Waldlaubsänger. 25.4.2005, Foto: A. Welzel

Abb. 30: Durch Begradigung der Lenne entstandenes Altwasser mit Auwaldresten im Naturschutzgebiet Lenneaue Berchum. Lebensraum für Kleinspecht, Grünspecht, Buntspecht und Grauschnäpper. 7.5.2006, Foto A. Welzel

Abb. 31: *Windwurffläche des Sturmes Kyrill auf den Höhen zwischen Holthauser Bachtal und Wesselbachtal (18./19.1.2007). Bei entsprechender Entwicklung (keine Aufforstung) könnten solche Flächen Lebensraum für Haselhuhn und Raubwürger sein. 23.9.2007, Foto M. Schlüpmann*

Brutvogelarten Hagens

Im folgenden Kapitel werden alle Vogelarten dargestellt und beschrieben, die seit einschließlich 1997 bis 2008 auf dem Hagener Stadtgebiet gebrütet haben. Dies wird von 106 Vogelarten erfüllt. Weitere vier Vogelarten mit Brutverdacht werden in einem gesonderten Kapitel anschließend behandelt.

Für die inhaltlich-fachlichen Angaben einer Artbeschreibung ist der über dem Artnamen genannte Autor verantwortlich.

Wenn nicht durch Zitat anders belegt, stammen alle Angaben und Beobachtungsdaten in der entsprechenden Artbeschreibung von ihm. Fotos ohne Orts- und Datumsangabe sind nicht in Hagen entstanden.

Zum Verständnis der Artbeschreibungen (Abkürzungen, Karte der Antreffhäufigkeit, Definitionen) siehe letztes Kapitel „Zur Handhabung der Artbeschreibungen".

Foto K. Sandmann

Schwarzschwan *(Cygnus atratus)*

Aufenthalt

J	F	M	A	M	J	J	A	S	O	N	D

Brutzeit

				M	J	J	A	S	O	N	

Brut: bis 1 Brutpaar, 1 Jahresbrut
Häufigkeit in Punktstoppkartierung: nicht registriert

Gefährdung:
RL Deutschland: keine
RL NRW: keine
Hagen: keine

Status: Jahresvogel

Abb. 1: auf dem Harkortsee, 2007, Foto U. Schmidt

Verbreitung und Bestand

Der Schwarzschwan wurde im frühen 19. Jahrhundert aus Australien eingebürgert. Bald hielten fast alle Zoologische Gärten Schwarzschwäne. Diese gelangten zunächst in städtische Parkanlagen, dann auch zu privaten Züchtern. Verwilderte Nachkommen der Schwarzschwäne breiten sich zunehmend an heimischen Gewässern aus (Neozoen). Sie kommen hier inzwischen ohne zusätzliche Fütterung aus.

Zu einer ersten „Freilandbrut" kam es in Westfalen wohl erst 1982 am Ümminger See in Bochum (NWO 2002), von hier aus scheint sich der Schwerpunkt der Vorkommen im östlichen Ruhrgebiet entwickelt zu haben.

Seit 1971 erscheinen im Ruhrtal und am Harkortsee mit steigender Häufigkeit Schwarzschwäne, aber erst im Sommer 2003 brütete ein Paar hier auf einer Schotterinsel dicht vor den Hagener Kläranlagen und brachte vier Küken zur Welt. Im folgenden Jahr brütete das Paar an gleicher Stelle, es schlüpfte aber nur ein Küken. Seither sieht man ständig Schwarzschwäne auf Harkort- und Hengsteysee oder auf der Ruhr bei Herdecke.

Lebensraum

Brutplätze befinden sich an flachen Ufern, auf Inseln und an Altwässern im Überschwemmungsgebiet.

Weitere Beobachtungen

Am 21. Januar 1990 gab es ein Paar mit einem Jungen am Ufer des Seilersees in Iserlohn (MK). Diese Winterbrut deutete darauf hin, dass die Schwarzschwäne erst jüngst importiert waren und sich noch nicht auf den heimischen Brutrhythmus umgestellt haben (Kolbe 1984).

Im Frühsommer 1999 übernahm ein Schwarzschwan die Betreuung einer Höckerschwanfamilie mit fünf Jungen, deren männlicher Partner beim Flug in einer Stromleitung der DB umkam. Wochenlang hielt er sich bei ihr auf und verhinderte Annäherungsversuche.

Schutzmaßnahmen

Im Sommer 2003 wurde ein Jungvogel bei Herdecke erschossen, weil er einen Angelhaken verschluckt hatte, der mit Schnur im Ufergebüsch hängen geblieben war. Freilaufende Hunde haben schon Küken am Ufer gerissen (Kretzschmar 2003, Leisten 2002).

Abb. 2: Das Bild zeigt den Durchstich des so genannten „Schwarzen Loches" zum Harkortsee. Diese Maßnahme wurde seinerzeit zum ökologischen Ausgleich für die gleichzeitig durchgeführte Entschlammung des Sees in den Jahren 2002-2003 durchgeführt. Weitere Bilder dazu bei der Höckerschwanmonografie.
Das ursprünglich vom See abgetrennte Gewässer liegt im Bereich der Kläranlage Baukey. Nun gehört er zum Lebensraum des Schwarzschwanes, der in diesem Bereich nun schon mehrfach erfolgreich gebrütet hat. Foto S. Sallermann

ERICH JANZING 55

Höckerschwan *(Cygnus olor)*

Aufenthalt

J	F	M	A	M	J	J	A	S	O	N	D
J	F	M	A	M	J	J	A	S	O	N	D

Brutzeit

			A	M	J	J	A	S	O		
			A	M	J	J	A	S	O		

Gefährdung:
RL Deutschland: keine
RL NRW: keine
Hagen: keine

Brut: bis 15 Brutpaare, 1 Jahresbrut
Häufigkeit in Punktstoppkartierung: *Rang 66, Revieranzeigende: nicht registriert*

Status: *Jahresvogel, Wintergast*

Abb. 1: Ruhrtal, 20.4.2008, Foto M. Henning

Verbreitung und Bestand

Noch zu Ende des 19. Jahrhunderts galt der Höckerschwan in Hagen und dem Sauerland als seltene Jagdtrophäe, da er nur in strengen Wintern als Gast aus dem kalten Norden hier auftauchte (Rade/Landois 1896). Im Frühjahr 1929 verweilten am Hengsteysee fünf wilde Schwäne. Sie wurden von Jägern beschossen und vertrieben. Um jedoch das schöne Bild der „Schwäne in der Landschaft" zu erhalten, kaufte der Ruhrverband beim Tierpark Hagenbeck ein Schwanenpaar und siedelte es hier an (Sierp 1930). Im März 1929 ließen sich drei Höckerschwäne auf der Ruhr bei Wetter füttern, waren also zahm (Hagener Zeitung vom 7. März 1929). Der erste Hinweis auf Bruten besteht für 1938, die Wetter'sche Zeitung berichtet in mehreren Berichten vom 14. Mai bis 21. Juni 1938 über je ein Brutpaar „An der Schlacht" bei Wetter und am Harkortsee, eines führte ein, das andere drei Junge. Der Bestand liegt in Hagen bei unter 15 Brutpaaren, die Entwicklung ist zunehmend.

Lebensraum

Der Höckerschwan kommt in Hagen als Brutvogel ständig an beiden Stauseen, unregelmäßig im Umfeld von Lenne, Ruhr und Volme sowie den Teichen im Mäckingerbachtal (Freilichtmuseum) und am Ischelandteich vor. Seit den 60er Jahren sind Bruten mitten in der Stadt (Stadtgartenteich) und in Halden bekannt.

Das meist offene Nest steht gewöhnlich direkt am Ufer, auf Inseln oder auch mitten in flachen Zuflüssen, z. B. Warmwasserkanal beim Cuno-Kraftwerk am Harkortsee.

Jahresrhythmus

Ortstreue der meist domestizierten Höckerschwäne bezeugt ein Schwan, der am 29. Januar 1954 bei Herdecke beringt und letztmalig am 1. November 1965 am Harkortsee gesehen wurde: er war also 12 Jahre hier. Junge Höckerschwäne wurden 1967 bei Gevelsberg beringt und 1968 und 1990 lange am Harkortsee, aber auch in Gelsenkirchen und Hattingen gesichtet (Janzing 1987).

In strengen Wintern erfolgt der Zuzug zahmer und auch wilder Höckerschwäne, der zu Massenansammlungen an beiden Seen führt, nachfolgend Zahlen für den Harkortsee.

Tab. 1: Winterbestände auf dem Harkortsee

Datum	Anzahl
7. 2. 1960	49
7. 2. 1963	57
8. 1. 1970	82
15. 10. 2001	82

Abb. 2: Pärchen auf einer künstlichen ufernahen Insel des Harkortsees. Siehe dazu auch die folgende Seite. 16.10 2005, Foto U. Schmidt

Höckerschwan

Wilde Höckerschwäne sondern sich gewöhnlich ab. Sie erscheinen nicht an Futterstellen, sondern suchen ihre Nahrung auf Getreide- und Rapsfeldern in der Nähe. Von fernem Zuzug zeugt ein Schwan, der am 29. Juli 1978 auf Lolland (Dänemark) beringt wurde und über Cumlosen (Elbe) zum Harkortsee flog, eine Zugstrecke von 458 km. Hier war er viermal zwischen dem 15. Januar und 24. Februar 1985 (JANZING 1987) zu beobachten.

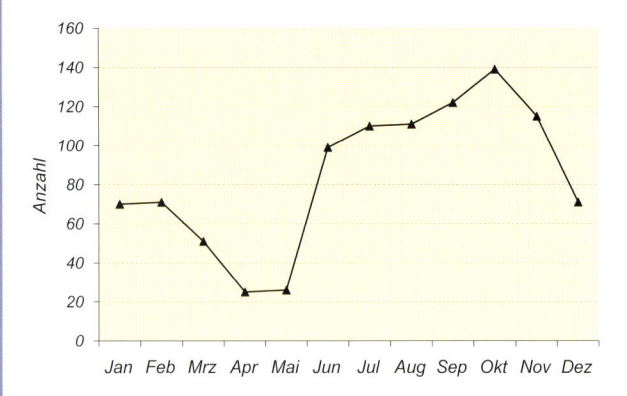

Abb. 3: Monatsbestände auf dem Harkortsee - Summe aus den Monaten der Jahre 1999 bis 2003

Weitere Beobachtungen

Im Frühjahr kommt es oft zu rücksichtslosen Revierkämpfen. Jüngere und schwächere Artgenossen werden brutal verdrängt, ziehen zu Gewässern mit unattraktiver Brutmöglichkeit und bilden „Sommerpopulationen": eine Art von Geburtenregelung (JÜRGENSEN 2001).
Als im Frühsommer 1999 ein Männchen in den Fahrdrähten der Bahn bei Wetter umkam, übernahm ein Schwarzschwan den Schutz der Familie, er hielt sich wochenlang bei dem Weibchen mit den fünf Jungen auf.
Im Nachbarort Haßlinghausen schmückt ein Höckerschwan als Wetterfahne die lutherische Kirche: in unserer Gegend recht ungewöhnlich. In der germanischen Mythologie gilt der Schwan als Vogel der Weissagung: bis heute schwant uns ja oft noch Böses oder Gutes. Seit Luther ist der Schwan ein Symbol des Lutherismus (JANZING 1996).

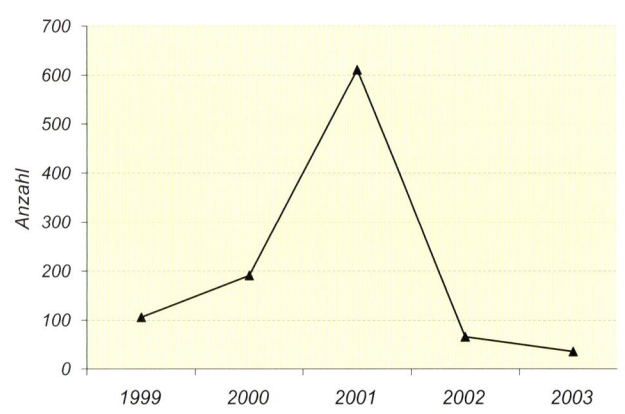

Abb. 4: Summe der Monatsbestände auf dem Harkortsee

Abb. 5: In den Jahren 2002-2003 wurden nah vor dem Südufer des Harkortsees als ökologische Ausgleichsmaßnahme für die gleichzeitig durchgeführte Ausspülung des Sees künstliche Inseln angelegt. Die Galerie der schmalen Kiesbänke befindet sich vor den Campingplätzen. Sie sind seinerzeit als Ersatzlebensraum für Wasservögel angelegt worden. Das eigentliche Seeufer ist auf Grund der intensiven Freizeitnutzung für die Wasservögel in diesem Bereich weitgehend nicht nutzbar. Die Inseln werden nun regelmäßig mindestens von einem Brutpaar des Höckerschwans angenommen. Foto S. SALLERMANN

Schutzmaßnahmen

Die Art ist nicht gefährdet, jedoch fordert Jahr für Jahr die „Verdrahtung" unserer Landschaft ihre Opfer.

Abb. 6: Das Ostbecken des Hengsteysees wurde Ende der 1980er Jahre zur Wiederherstellung des Stauvolumens aufwändig entschlammt. Große Mengen des angefallenen Abraumes sind in den Uferbereichen des so genannten Ostbeckens aufgespült worden. Die Fläche der ursprünglichen Bucht wurde so um etwa 25 % verkleinert. Seitdem sind diese Bereiche zum Schutz der Vogelwelt für die Freizeitnutzung gesperrt. Anfänglich waren die Spülfelder vegetationslose Kiesflächen. Im Zuge der Sukzession verbuschten diese recht intensiv und das Artenspektrum der Vogelwelt veränderte sich im Laufe der Jahre ständig. Der Höckerschwan brütet hier aber schon recht lange und regelmäßig. Das Bild zeigt die Buchten im Bereich der Halbinsel am 6.6.2005. Foto S. SALLERMANN.

Kanadagans *(Branta canadensis)*

Aufenthalt

J	F	M	A	M	J	J	A	S	O	N	D
J	F	M	A	M	J	J	A	S	O	N	D

Brutzeit

| | | M | A | M | J | J | | | | | |

Brut: ca. 8 Brutpaare (2004), 1 Jahresbrut
Häufigkeit in Punktstoppkartierung: *nicht registriert*

Gefährdung:
RL Deutschland: keine
RL NRW: keine
Hagen: Bestand zunehmend

Status: *Jahresvogel*

Abb.1: Ruhrtal bei Geiseke, 20.4.2008, Foto M. Henning

Abb. 2: Verbreitung. Kreise = Brutplätze in den Jahren 2001-2004; Kreis mit x = Brutplatz der Zwerg-Kanadagans 1998; grau hinterlegte Fläche = Bereiche, in denen sich Kanadagänse zur Rast und Nahrungssuche aufhalten.

Verbreitung und Bestand

Die ersten Beobachtungen aus dem Raum Hagen stammen aus den 1970er Jahren. Stets wurden nur einzelne Tiere oder Paare beobachtet. Das änderte sich bis 1996 kaum. Danach kam es zu einem rasanten Anstieg der Beobachtungen *(Abb. 3)* und der Anzahl gezählter Tiere (Schlüpmann 2007). Vor allem außerhalb der Brutzeit sind Trupps in einer Stärke von bis zu ca. 180 Tieren gezählt worden.
An der Zahl aller Gänsebeobachtungen in Hagen (seit 1975) ist die Kanadagans nach der Graugans mit mehr als einem Viertel vertreten: 27,6 % aller Beobachtungen und 34,5 % der Gesamtzahl gezählter Gänse, wobei der hohe Anteil nur auf den Beobachtungen der letzten 9 Jahre beruht.
Mittlerweile tritt die Kanadagans *Branta canadensis* im Süderbergland bereits relativ regelmäßig als Brutvogel auf (Schlüpmann et al. 2005). In einer ehemaligen Fischteichanlage Herdecke (Feuchtgebiet Kemnade) wurden im April 1990 balzende Tiere beobachtet (A. Mellinghaus OSB), ohne dass eine Brut bestätigt wurde. Am Geiseckesee im Ruhrtal bei Schwerte wurde erstmals 1995 ein Brutpaar registriert (R. Wohlgemuth OSB). In Iserlohn-Drüpplingsen zog ein Paar 1998 eine Brut erfolgreich auf (Kirchheiner 1998). Die erste Brut in Hagen wurde in einer Fischteichanlage im unteren Wannebachtal gemeldet. An dieser Stelle bestätigten unabhängig voneinander C. Schönberger, S. Sallermann (OSB'e, Schönberger 2002) und M. Schlüpmann ab März 2001 eine Brut von *Branta canadensis*. Im Jahr 2002 wurden weitere Brutplätze gefunden, darunter an der Lenne bei Hohenlimburg (Reichling 2003) und auf dem Ölmühlenteich bei Herbeck (M. Schlüpmann, Schlüpmann 2006). 2003 wurden Bruten am Hengsteysee, am Hengsteysee-Ostbecken (hier sogar zwei Bruten) und an der Volmemündung, 2004 auch am Harkortsee und im Feuchtgebiet Kemnade in Herdecke festgestellt. Damit sind aus Hagen und Herdecke 2004 acht Brutplätze mit neun Brutpaaren bekannt. Mit weiteren Vorkommen und einem Anwachsen der Brutpopulation ist zu rechnen. Offensichtlich verpaarte Tiere wurden immer wieder auch an anderen Stellen beobachtet.
Der überwiegende Teil aller Beobachtungen stammt aus dem Ruhrtal und dem unteren Lennetal (einschließlich dem unteren Wannebachtal), sowie den angrenzenden landwirtschaftlich genutzten Terrassenlandschaften. Das gilt für rastende Tiere und Trupps sowie brütende Tiere. Nur

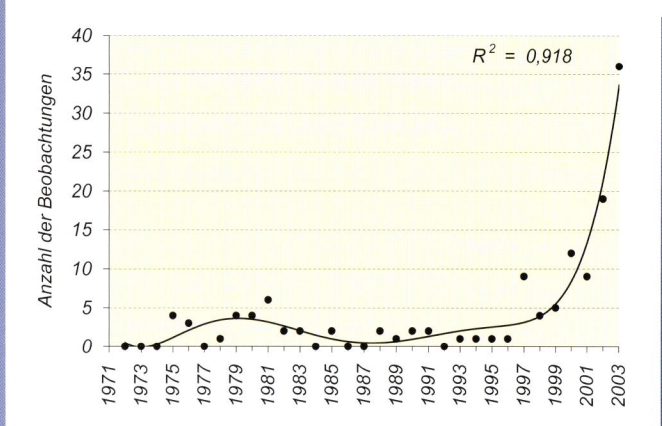

Abb. 3: Zunahme der Beobachtungen bis 2003 von Kanadagänsen im Raum Hagen (einschließlich einiger Daten aus Wetter, Herdecke und Schwerte.

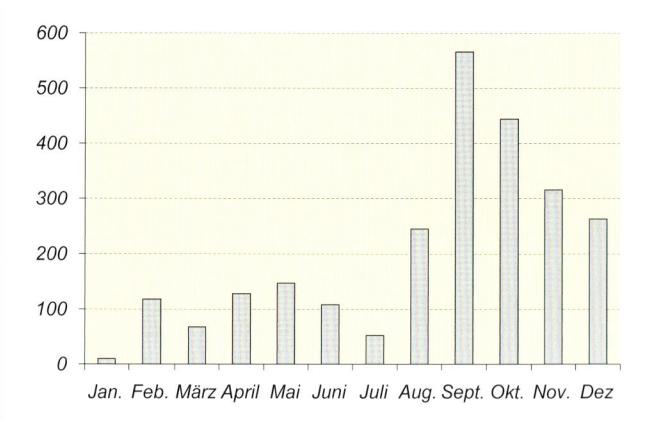

Abb. 4: Beobachtungen von Kanadagänsen und ihre Bestände anhand der Monatssummen im Jahresverlauf (Basis: Daten aus 1975-2005).

vergleichsweise wenige Beobachtungen wurden bislang außerhalb dieser Zone gemacht, dazu gehört die ehemalige Fischteichanlage Kemnade in Herdecke und inzwischen auch der Teich von Gut Kuhfeld im Volmetal, wo gleichfalls ein Paar beobachtet wurde, so dass sich die Brutverbreitung wohl zukünftig nach Süden ausdehnen wird.

Lebensraum

Generell wird die Kanadagans in Mitteleuropa an Binnenseen, Kiesgruben, Fischteichen und Kleingewässern mit Weidegründen nahe dem Brutplatz beobachtet. Dies trifft auch für den Hagener Raum zu. Die Brutplätze in Hagen liegen an den Ruhrstauseen (4x), an angestauten Flüssen (2x) und an Stauteichen (3x). Auch die nicht brütenden Tiere wurden vielfach auf diesen Gewässern beobachtet. Als Weidegründe sind in Hagen Viehweiden (z. B. Wannebachtal, Ruhraue Syburg, Kaisbergaue u. a.), Ackerflächen (z. B. Werdringen, Böhfeld, Garenfeld, Ruhrtal, sowie vor deren Bebauung auch das Sudfeld und das Lennetal an der Verbandstraße) festgestellt. Auf dem Ölmühlenteich brüten die Gänse auf einer Insel, auch das Nest im Bereich des Teiches im Wannebachtal war 2001 von Wasser umspült.

Jahresrhythmus

Beobachtungen der Kanadagans liegen inzwischen aus allen Monaten vor, wobei die Monate März bis Mai deutlich überwiegen (SCHLÜPMANN 2007). Alleine durch die Anwesenheit von brütenden und Junge führenden Tieren ist dies nicht zu erklären, da auch vor der Etablierung der Brutpopulation viele Beobachtungen weniger Tiere aus diesem Zeitraum vorliegen. Größere Trupps sind nur außerhalb der Brutsaison zu beobachten. Dann kann es auch bei uns durchaus zu Ansammlungen von bis zu 100 Tieren kommen, was erstmals 2003 beobachtet wurde. Von August bis Oktober 2004 wurden Trupps von 92 bis mehr als 100 Tieren mehrfach im Hagener Norden beobachtet. M. WÜNSCH (OSB) zählte im Oktober 2004 sogar 172 Gänse und A. ARNHOLD am 12. Dezember 2005 auf dem Harkortsee 185. Die größten Trupps sind in den Monaten August bis Dezember zu beobachten.

In diesen Monaten sind auch die größten Monatssummen (Abb. 4), die größten mittleren Zahlen und die größten maximalen Zahlen festzustellen (SCHLÜPMANN 2007). Im Januar nimmt die Zahl wieder ab, um erst im Februar und März langsam wieder anzusteigen. Der Einbruch in den eigentlichen Wintermonaten zeigt, dass die Tiere in dieser Zeit offenbar klimatisch günstigere Regionen (Niederrhein?) aufsuchen.

Die Herkunft der großen Trupps im Herbst ist vorläufig noch nicht geklärt, doch dürfte es sich primär um umherstreifende Tiere der Region handeln, sicher nicht um Tiere aus Skandinavien, wie in der WR vom 28. September 2005 behauptet wurde.

Brütende Tiere wurden vor allem im März und April beobachtet, Junge führende Paare von Ende April bis Juli. H.-J. REICHLING beobachtete in Hohenlimburg ein Paar am 20. Mai 2003 brütend, am 22. Mai führte es sieben Junge, sieben Wochen später am 15. Juli 2003 verließen die Tiere das Brutrevier.

Weitere Beobachtungen

Die Beobachtungen legen nahe, dass sich auch die nichtbrütenden Kanadagänse oft über einen längeren Zeitraum in einem begrenzten Gebiet aufhalten. Besonders wird das deutlich, wenn Trupps bestimmter Zahl über einen gewissen Zeitraum in begrenzten Gebieten beobachtet werden. So wurde erstmals am 15. November 2000 ein Trupp von 45 Tieren auf dem Harkortsee beobachtet, im Dezember und dann auch in 2001 noch mehrfach dort bestätigt. Ein Trupp von sechs Tieren hielt sich vom 15. bis 21. Februar 1979 im Bereich von Geisecke auf (2x bestätigt), ein Trupp von 11 Tieren vom 16. bis 23. Februar 1997 auf dem Geiseckesee.

Auffallend ist die geringe Fluchtdistanz der Kanadagänse auf und an vielen Gewässern. Nicht selten kann man sich bis auf wenige Meter nähern, bevor die Gänse allmählich davonziehen. An typischen Fütterungsstellen, z. B. an der Lenne in Hohenlimburg-Mitte, fressen sie teilweise sogar aus der Hand (REICHLING 2003). Zu der geringen Fluchtdistanz vieler Tiere trägt sicher auch die Herkunft vieler Tiere aus privater Haltung, Zoos und Parkanlagen bei. Andererseits

sollen auch Wildgänse aus Schweden mitunter sehr zutraulich sein (Bauer & Glutz von Blotzheim 1969), was angesichts deren ursprünglichen Herkunft aus Haltungen aber nicht verwundern muss.
Während der Brutzeit ist der Ganter gegenüber anwesenden Artgenossen deutlich aggressiver als gegenüber Gänsen anderer Art (Reichling 2003, auch Kirchheiner 1998). Reichling (1995) beobachtete, dass ein „verwitweter" Höckergans-Ganter (*Anser cygnoides* forma *domestica*) auch inmitten der Jungen geduldet wurde.
Auch sonst sind gemischte Gruppen und Trupps nicht selten. Schönberger (2002) beobachtete in Hohenlimburg, dass eine Weißwangengans (*Branta leucopsis*) möglicherweise mit einer Kanadagans liiert war. J. Grawe (OSB) sah eine Kanadagans am 19. Januar 2003 unter Graugänsen (*Anser anser*) und im September 2004 hielten sich sechs Graugänse in den Kanadagans-Trupps auf (U. Schmidt OSB).
Die Nahrung besteht insbesondere aus Gräsern, Klee, Saat, Sämereien sowie Pflanzen im seichten Wasser. Auf Ackerflächen können Trupps der Kanadagans vor allem außerhalb der Brutzeit in großer Zahl auftreten (vgl. WR vom 28. September 2005), wobei dies bei uns vor allem Strichvögel, keine Zugvögel aus Skandinavien sind.
Die Wasserpest-Bestände (*Elodea candensis*), die sich seit 2000 in den Ruhrstauseen stark entwickelt haben, werden von den Kanadagänsen intensiv beweidet (vgl. Janzing 2001a, b). 2001 nutzten im Harkortsee bis zu 45 Tiere, 2003 bis zu 41 Tiere diese Bestände. Im August 2004 konnten sogar 92 Gänse auf dem Harkortsee gezählt werden (OSB).
Die Anzahl der beobachteten Jungen je Paar reichte von zwei bis sieben (Schlüpmann 2007), wobei ein Paar sieben Jungtiere durchaus erfolgreich aufziehen kann (vgl. Reichling 2003).
Inwieweit in Hagen und Umgebung auch gezielt Kanadagänse ausgesetzt wurden, ist unbekannt. Janzing (1996) weist auf Annoncen hin, die z. B. auch in einer lokalen Wochenzeitung Gänse aller Art (auch „Canadagänse") zum Verkauf anboten. Das Internet bietet heute zahlreiche Seiten von Ziergeflügelzüchtern mit Informationen auch zu diversen Gänsearten, was zeigt, dass deren Haltung weiterhin sehr beliebt ist. Auffallend sind auch das Auftreten von Brutvorkommen in zwei genutzten Teichanlagen und die Nähe zu Fütterungen, sowie die geringe Scheu der Vögel. Ringablesungen aus dem Hagener Raum liegen nicht vor (Olaf Geiter E-Mail vom 30. Oktober 2005).

Schutzmaßnahmen

Da sich die Art derzeit massiv ausbreitet, sind besondere Schutzmaßnahmen nicht erforderlich. Die Folgen der Ausbreitung für die heimischen Biozönosen sind leider gänzlich unbekannt. Da in Kleingewässern auch in großem Umfang submerse Pflanzen gefressen werden, könnte man sich eine deutlich negative Wirkung auf die Vegetation solcher Gewässer und der davon abhängigen Tierwelt vorstellen. Doch liegen hierzu keine wirklich verwertbaren Erkenntnisse vor.
Eine Bejagung ist nach dem Landesjagdgesetz zwischen dem 1. November und dem 15. Januar möglich. Prinzipiell wird eine Bejagung der expansiven Art aus Gründen des Populationsmanagements auch vom Bundesamt für Naturschutz (2001) befürwortet. Mit dem Auftreten größerer Trupps außerhalb der Brutzeit auf Ackerflächen und den zu erwartenden Schäden an junger Saat wurden jüngst auch Forderungen der Landwirtschaft nach einem Abschuss zu anderen Zeiten laut. Eine Ausnahmegenehmigung wurde von der zuständigen Landwirtschaftskammer beim Ministerium beantragt (WR 28. September 2005).

Abb. 5: Ruhrtal bei Geiseke, 03.06.2005, Foto U. Schmidt

Zwergkanadagans *(Branta hutchinsii)*

Aufenthalt

| J | F | M | A | M | J | J | A | S | O | N | D |

Brutzeit

| | | | A | M | J | (J) | | | | | |

Brut: 1 Brutpaar (1998), 1 Jahresbrut
Häufigkeit in Punktstoppkartierung: *nicht registriert*

Gefährdung:
RL Deutschland: *keine*
RL NRW: *keine*
Hagen: *keine*

Status: *Jahresvogel*

Abb. 1: Foto E. Lietzow

Artzugehörigkeit

Die Kanadagänse sind eine sehr formenreiche Gruppe. Ehedem waren 12 Unterarten von *Branta canadensis* beschrieben (Bauer & Glutz von Blotzheim 1968, Kolbe 1981). Seit einiger Zeit (vgl. Bergmann et al. 2005) unterscheidet man aber zwei Arten mit insgesamt elf Unterarten. Die kleineren Formen werden unter der neuen Art Zwergkanadagans *B. hutchinsii* zusammengefasst, so dass derzeit sieben Unterarten von *B. canadensis* und vier von *B. hutchinsii* bekannt sind. Die allermeisten Beobachtungen im Raum Hagen stammen von den großen Kanadagänsen *Branta canadensis*. Daneben wurden vereinzelt auch deutlich kleinere Tiere gesichtet. E. Janzing (OSB 1999) spricht von Tieren, die kaum größer als Stockenten waren. Die Beobachter bezeichneten diese kleinen Kanadagänse als Unterart „minima" (OSB'e). Diese Unterart ist die kleinste Form der ohnehin deutlich kleineren Zwergkanadagans *B. hutchinsii*, so dass die Einstufung berechtigt erscheint (vgl. Kolbe 1981, Bergmann et al. 2005).

Der Brutnachweis in Hagen ist der erste in ganz Nordrhein-Westfalen (Schlüpmann 2007) und von der Seltenheitskommission anerkannt (E. Möller pers. Mitteilung).

Verbreitung und Bestand

Der Anteil der Zwergkanadagänse an den gezählten Gänsen im Raum Hagen ist minimal (zehn Tiere bei neun Beobachtungen: 0,68 %). Mit einer Ausnahme (18. Mai 2004) wurden alle zwischen dem 9. November 1997 und dem 10. Juni 1999 im Ruhrtal (Harkort-, Hengsteysee, Ruhr bei Herdecke) und Wannebachtal gesehen. Eine gewisse Dunkelziffer ist möglich, da die Beobachter vermutlich nicht immer differenziert haben. Das erste und bislang einzige Brutpaar 1998 im Wannebachtal war dieser Form zuzurechnen (J. Kamp OSB), drei Jahre vor den ersten Bruten von *Branta canadensis*. Allerdings fehlen Angaben zum Bruterfolg.

Lebensraum

Der Brutplatz in Hagen lag an einem Stauteich (Wannebachtal).

Jahresrhythmus

Die Beobachtungen legen nahe, dass sich auch die nichtbrütenden Gänse oft über einen längeren Zeitraum in einem begrenzten Gebiet aufhalten. 1997 wurde von verschiedenen Beobachtern an verschiedenen Stellen vermutlich jeweils dieselbe Zwergkanadagans über einen längeren Zeitraum beobachtet. Ob die 1998 und 1999 (letzte Beobachtung am 10. Juni) im Ruhrtal beobachtete Zwergkanadagans dasselbe Tier war, bleibt allerdings dahingestellt.

Weitere Beobachtungen

Von der Zwergkanadagans liegen abgesehen von dem Brutpaar nur Beobachtungen einzelner Tiere vor, in einem Fall (4. April 1999) vergesellschaftet mit *Branta canadensis*.

Schutzmaßnahmen

Die Art ist als unbeständiger Neozoen zu werten. Schutzmaßnahmen sind nicht erforderlich.

Graugans *(Anser anser)*

Aufenthalt

J	F	M	A	M	J	J	A	S	O	N	D

Brutzeit

		M	A	M	J	J	A				

Gefährdung:
RL Deutschland: keine
RL NRW: keine
Hagen: keine

Brut: 5 bis 10 Brutpaare, 1 Jahresbrut
Häufigkeit in Punktstoppkartierung: nicht registriert

Status: Jahresvogel, Durchzügler, Wintergast

Abb. 1: Foto A. Welzel

Verbreitung und Bestand

Nach Rade/Landois (1886) konnte die Graugans „auf ihren Durchzügen in unserem Gebiet ab und zu von glücklichen Jägern erlegt werden". Beckmeier (1979) führte die Art noch als „unregelmäßigen Durchzügler" auf. Im Raum Hagen war sie offensichtlich immer eine Ausnahmeerscheinung. Im Sommer 1989 gab es den ersten erfolgreichen Brutnachweis bei der Volmemündung. Seither nahmen Bruten und Bestand stetig zu.

Günstige Lebensraumbedingungen findet sie im weiten Ruhrtal, an den Ruhrstauseen und den Mündungsgebieten von Lenne und Volme. Hier hat sich seit den 80er Jahren eine Population mit den Schwerpunkten Garenfelder Felder, Ruhraue Syburg und Kaisbergaue etabliert. Bei Hohenlimburg wurde das Lennetal besiedelt.

Lebensraum

Die Graugans bevorzugt ein vielseitiges Gelände: zur Nahrungsaufnahme freie Wasserflächen, Acker- und Grünland, als Neststandort Gewässer mit Uferbewuchs oder kleine Inseln in Ufernähe, zur Mauser gute Deckung sowie als Schlafplatz Schotterbänke oder ruhige Wasserflächen. Schlafplätze liegen bevorzugt in stillen Bereichen des Harkortsees.

In den Jahren starker Wasserpestverkrautung von Harkort- und Hengsteysee sammeln sich in den Sommer- und Herbstmonaten kleinere Scharen von Graugänsen in dem üppigen Bewuchs, z. B. 120 Vögel zur Nahrungsaufnahme am 9. September 2004.

Jahresrhythmus

Die Art ist ganzjährig vertreten. Fast täglich kann man in den Frühlings- und Herbstmonaten morgens und abends Ab- und Anflug kleinerer Trupps von 10 bis 50 Graugänsen zu den Schlaf- und Nahrungsplätzen beobachten.

Weitere Beobachtungen

Oft sieht man in den Gänsegruppen in Hagen weißliche Mischlinge als Hybriden von Graugans und Hausgans, auch Bastarde mit Höckergänsen mischen sich darunter.

Schutzmaßnahmen

Jahrhundertelang war die Graugans der starken Verdrängung durch den Menschen ausgesetzt, was zum fast völligen Verschwinden in Westdeutschland führte. Inzwischen hat die Art wieder sehr stark zugenommen. Für die Art sind der Erhalt von flächigem Acker- und Grünland und die Entwicklung von Auwaldbereichen im weiten Ruhrtal wichtig. Außerdem müssen die Brut- und Schlafplätze geschützt werden. Das gilt vor allem für die stetig zunehmenden Freizeitaktivitäten in den Bereichen der Ruhrstauseen. Selbstverständlich muss eine Jagdruhe in den Brut- und Aufzuchtzeiten eingehalten werden.

Abb. 2: Das NSG Ruhraue Syburg, ein wichtiges Nahrungsbiotop der Art. 28.5.2002, Foto S. Sallermann

Nilgans *(Alopochen aegyptiaca)*

Aufenthalt

J	F	M	A	M	J	J	A	S	O	N	D
J	F	M	A	M	J	J	A	S	O	N	D

Brutzeit

		M	A	M							

Brut: 2 bis 5 Brutpaare, 1 Jahresbrut
Häufigkeit in Punktstoppkartierung: *nicht registriert*

Gefährdung:
RL Deutschland: *keine*
RL NRW: *keine*
Hagen: *Bestand zunehmend*

Status: *Jahresvogel*

Abb. 1: Foto A. Welzel

Verbreitung und Bestand

Die ursprüngliche Heimat der Nilgans liegt in Afrika, vornehmlich im Niltal des südlichen Ägyptens. Nach dem 17. Jahrhundert kam sie als Ziervogel zunächst nach England. Entwichene Vögel breiteten sich rasch aus.
Die Erstbeobachtung in Hagen war am 10. Mai 1974 auf dem Absetzteich der Dolomitwerke in Hagen/Halden (Janzing 2005). Seit 1997 wurden von Beobachtern in den Gebieten Vorhalle, Harkort- und Hengsteysee, Ruhr, Lenne und Garenfeld immer wieder Sichtungen von bis zu zehn Individuen gemeldet. Der erste Brutnachweis gelang am 19. August 2004 am Harkortsee mit einem Jungvogel, Ende Mai 2005 ein Brutpaar mit sechs Gösseln. Bei späterer Beobachtung im Oktober streifte die Vogelfamilie im Umfeld des NSG Alter Yachthafen in Hagen-Vorhalle durch die Felder.

Lebensraum

In Hagen trifft man die Art am Harkort- und Hengsteysee, den Flussauen von Ruhr und Lenne mit ihren Feuchtwiesen und Altgewässern. Zur Nahrungsaufnahme werden Wiesen, flache Seen und Tümpel und abgeerntete Maisfelder besucht.

Bei der Brutplatzwahl zeigt sich die Nilgans nicht wählerisch: sowohl Bodennester als auch verlassene Reiher- und Krähennester werden angenommen (J. Nowakowski mündl.).

Weitere Beobachtungen

Die Nilgans ist ein geschickter Flieger und hält sich gerne auf kleinen Inseln in unseren Gewässern auf, wobei sie auch in dem Geäst der Bäume oder auf dem Dach des Mäuseturms (Hengsteysee) einen Aufenthalt nicht verschmäht.
Die Art gehört zu den „Einwanderern". Wissenschaftlich werden sie als Neobiota bezeichnet. Zurzeit entbrennt eine sich verstärkende Diskussion über Auswirkungen auf die heimische Tier- und Pflanzenwelt und deren Tolerierung (LÖBF Mitteilungen 3/2005).

Abb. 2: Der Mäuseturm im Hengsteysee war vor dem Aufstau des Sees der Brückenkopf einer Fußgängerhängebrücke, die über die Ruhr führte. Die Insel steht unter Naturschutz und wird von je her zu jeder Jahreszeit von zahlreichen Wasservögeln besucht. Seit dem Vorkommen der Nilgans in Hagen ist die Art dort regelmäßig anzutreffen. Besonders gern hält sich ein Pärchen auf dem Dach des Turmes auf. 8.2.2009. Foto S. Sallermann

ERICH JANZING 63

Stockente *(Anas platyrhynchos)*

Aufenthalt

| J | F | M | A | M | J | J | A | S | O | N | D |

Brutzeit

| | | M | A | M | J | J | A | | | | |

Brut: ca. 400 Brutpaare, 1 Jahresbrut
Häufigkeit in Punktstoppkartierung: Rang 24, Bruthinweis: Rang 54

Gefährdung:
RL Deutschland: keine
RL NRW: keine
Hagen: keine

Status: Jahresvogel, Durchzügler, Wintergast

Abb.1: Erpel, Hengsteysee, 3.12.2006, Foto A. WELZEL

Abb. 2: Durchschnittliche Anzahl an 10 Zählpunkten in 10 Hagener Teilbereichen (Erläuterung s. Anhang)

Verbreitung und Bestand

Im Dezember 1879 wurde der Zuzug „wilder Enten" auf der Ruhr sehr lebhaft; die Entenjagd lief schwunghaft an. Auf den Märkten verkaufte man aber noch keine hier geschossenen Vögel (Ruhrthal-Zeitung 20. Dezember 1879). Am Hengsteysee kamen 1928 zwei Wildentenbruten aus: eine Ente im Juni mit zehn Jungen, eine weitere im August mit 13 Jungen. Im folgenden kalten Winter hielten sich 500 bis 600 Stockenten auf eisfreien Stellen des Sees auf (SIERP 1930). Scharen von Wildenten bevölkerten im Dezember und Januar 1937/38 den Harkortsee. Sie zeigten sich sehr scheu; in früheren Jahren sah man hier nur selten Stockenten (Wettersche Zeitung 2. März 1938).
Heute brütet die Stockente im gesamten Stadtgebiet mit Ausnahme der Bergwälder; aber schon kleine Lichtungen mit Teichen, Tümpeln und Bächen werden häufig zur Brut genutzt, allerdings mit geringem Bruterfolg.
Die Bestände der Stockente gehen insgesamt in Deutschland leicht zurück, in NRW sind sie mit starken Schwankungen stabil (SUDMANN mündl.), in Hagen dagegen scheinen sie zuzunehmen.
Die Stockente dominiert auf beiden Ruhrstauseen unter allen Entenarten; ihr Anteil betrug auf dem Harkortsee von 1997 bis 2002 im Mittel 80 %. ZABEL gibt für den Zeitraum von 1951/61 nur eine Dominanz von 50 bis 60 % an (1964).

Lebensraum

In Hagen regelmäßig an den drei Stauseen, im Umfeld von Ennepe, Lenne, Ruhr und Volme, sowie den Teichen im Freilichtmuseum und am Ischeland. Aber auch Gräben (z. B. Schloß Werdringen), Tümpel Sternwarte (289 m ü. NN mitten im Wald) und Teiche (Stadtgarten) werden immer wieder als Brutrevier genutzt. Das versteckte Nest steht meist auf dem Erdboden, etwa im „Stock"ausschlag (Name!) gefällter Bäume. Oft wird in der Presse von ungewöhnlichen Brutplätzen berichtet: z. B. im Blumenkasten auf einem Balkon in der Elberfelder Straße mitten in der Stadt („Wochenkurier" 8. Mai 2002)

64 Stockente   ERICH JANZING

Abb. 3: Stockente mit Jungen in der Hagener City. Der Erpel ist eine Hybridente (Stockente x Hausente). Hybriden sind allgemein sehr häufig anzutreffen. Die Erpel der Hybriden haben sehr häufig nur einen deutlichen weißen Fleck am Halsansatz. Der Kopf kann so wie hier sehr häufig blau befiedert sein. Dieses Weibchen und die Jungvögel zeigen hier keine direkten Merkmale von Hybriden. 11.6.2007, Foto U. SCHMIDT

Jahresrhythmus

Zu den hier brütenden und übersommernden Stockenten gesellen sich im Winterhalbjahr Zuflüge aus Nordwest-, Nord- und Osteuropa. *Tab. 1* zeigt die Entwicklung aus verschiedenen Zeitabschnitten der letzten 50 Jahre für den Harkortsee (Monatsmittelwerte).

Augenscheinlich fliegen die meisten Wintergäste in den Monaten November bis Februar zu, in den letzten zehn Jahren mit Maximum im Dezember/Januar. Im Zeitraum 1951/61 lagen die Maxima im November und Februar. Dies lässt auf verstärkten Durchzug und weniger Wintergäste in den damals härteren Wintern schließen.

Seit den Jahren 2000/01 bedecken Wasserpestwiesen den Harkortsee. Das große Nahrungsangebot lockt neben anderen Wasservögeln schon im Sommer Massen von Stockenten hierher und führt zu einer außergewöhnlichen Bestandszunahme während der Vegetationsperioden.

Ein interessantes Phänomen im Tagesrhythmus beobachtete ich in den 60er Jahren: bei Vereisung sammelten sich die Stockenten tagsüber auf der Eisdecke. Bei Einbruch der Dunkelheit hoben sie in Scharen ab und flogen ins Ruhrtal hinein (schneefreie Felder und Wiesen?). Erst im Laufe des Vormittags kehrten sie zum See zurück (JANZING 1966).

Weitere Beobachtungen

Unter unserem heimischen Stockentenbestand gibt es einen hohen Anteil an Bastarden (Hybriden). Allein bei der Stockente unterscheidet man sieben Unterarten mit mindestens 45 Hybridenarten (SCHERER/HILSBERG 1982). Da immer wieder Zucht- und Hausenten verwildern oder ausgesetzt werden, auch zur Zucht Wildenten eingekreuzt werden, sind Farb-, Körper- und Verhaltensvariationen kaum noch zu überschauen: nichtsdestoweniger gehören alle taxonomisch zur umfangreichen Art Anas platyrhynchos!

Abb. 4: Stockentenweibchen, Ruhr bei Hattingen, 21.4.2007, Foto M. HENNING

Tab. 1: Monatsmittelwerte des Winterhalbjahres aus drei Zeitabschnitten der letzten 50 Jahre für den Harkortsee

Zeitraum	Monat								Höchstzahl
	9	10	11	12	1	2	3	4	
2001/2002	805	770	855	640	605	550	425	335	1050 am 14.9.2001
1993/2000	383	353	434	512	498	452	353	291	860 am 23.11.2000
1951/1961			290	279	321	373			764 am 18.2.1956 (7)

Reiherente *(Aythya fuligula)*

Aufenthalt

J	F	M	A	M	J	J	A	S	O	N	D

Brutzeit

				M	J	J	A	(S)			

Brut: 10 bis 15 Brutpaare, 1 Jahresbrut
Häufigkeit in Punktstoppkartierung: Rang 45, Bruthinweis: Rang 70

Gefährdung:
RL Deutschland: *keine*
RL NRW: *keine*
Hagen: *keine*

Status: *Jahresvogel, Durchzügler, Überwinterer*

Abb. 1: Foto M. Henning

Abb. 2: Durchschnittliche Anzahl an 10 Zählpunkten in 10 Hagener Teilbereiche (Erläuterung s. Anhang)

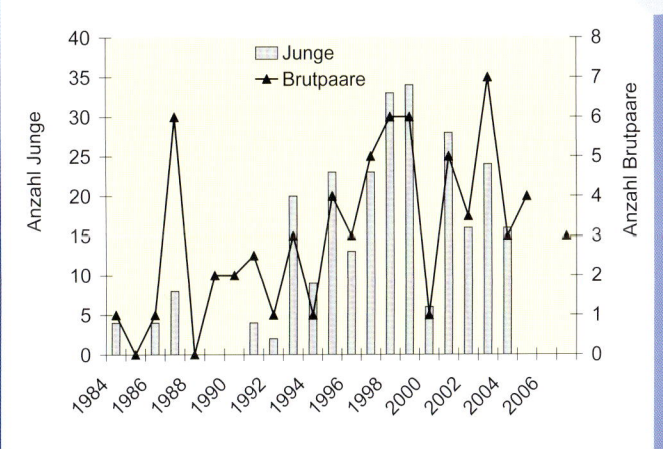

Abb. 3: Reproduktion einiger Brutpaare der Reiherente 1984 bis 2007

Verbreitung und Bestand

Während Müller die Art für den südwestlichen Ennepe-Ruhrkreis nicht erwähnt (1961), veröffentlichte A. Schücking in einer Hagener Tageszeitung vom 21. Februar 1959, dass sich „im Überwinterungsbestand der Enten am Hengsteysee" Reiherenten befinden. Nach Gries fanden die ersten Bruten in Westfalen 1963 statt (1979). Obwohl sie schon seit 1967 auf Dortmunder Stadtgebiet brütet (Kretzschmar 2003), wurde sie erst im Jahr 1984 für das Hagener Stadtgebiet durch einen Nestfund (zwei Eier, vier Junge) im jetzigen NSG Ruhraue Syburg als Brutvogel nachgewiesen (M. Schlüpmann). Seitdem wächst der Brutbestand zwar mit erheblichen Schwankungen und Einbrüchen wie im Jahr 1999, aber auf lange Sicht gesehen stabil mit steigender Tendenz.

Die Art fehlt im südlichen Stadtgebiet völlig, alle Bruten finden sich im Nordwesten Hagens im Bereich der Flussniederungen von Lenne und Ruhr. Am weitesten südlich liegt ein Brutplatz an den Fischteichen im Wannebachtal, ein Seitental der Lenne bei Berchum. Als weitere Brutplätze sind außerdem bekannt: Ruhraue Syburg, Harkortsee, Volmemündung Stiftsmühle, Buschmühlengraben, Lennestau Fley, Kläranlage Fley, Teich Gösselnhof bei Gut Herbeck, Schönungsbecken Dolomitwerke, Regenrückhaltebecken Unterberchum, Fischteiche Wannebachtal.

Entsprechend den wachsenden Brutpaarzahlen sind zu Beginn der 90er Jahre auch bei den Überwinterern auf Harkort- und Hengsteysee steigende Bestände zu verzeichnen.

Reiherente

ANDREAS WELZEL

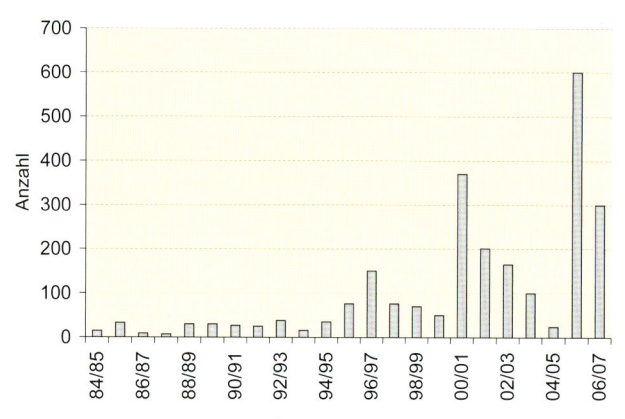

Abb. 4: Maxima Winter 1984/1985 bis Winter 2006/2007

Lebensraum

Die Reiherente brütet in Hagen an Stillgewässern und langsam fließenden Flüssen, in Kläranlagen, Fischteichen, Gräben und Regenrückhaltebecken. Alle Brutplätze weisen eine zumindest schwach ausgeprägte Röhrichtzone oder Ufervegetation auf.

Jahresrhythmus

ENGELHARDT und REICHLING bezeichnen die Reiherente als Jahresvogel (OSB CINCLUS 1996). Der Zuzug der Überwinterer beginnt Anfang November, sie halten sich bis Mitte März überwiegend auf den größeren offenen Wasserflächen von unterer Lenne und Ruhr sowie Harkort- und Hengsteysee auf. Die Hälfte der Jahresmaxima konnten im Februar festgestellt werden. Ein Durchzug der Art ist sehr wahrscheinlich, zahlenmäßig aber nicht erkennbar.

Die Jungen schlüpfen überwiegend im Juli, die durchschnittliche Erstbeobachtung von frisch geschlüpften Jungen an den Brutplätzen ist der 26. Juli. Das früheste jungeführende Weibchen konnte am 17. Juni 2000 von J. GRAWE am Lennestau Fley beobachtet werden, frisch geschlüpfte Dunenjunge kann man aber noch bis Mitte August sehen (ca. drei Tage alte Dunenjunge am 17. August 1987, Ruhraue Syburg). Die Jungen werden dann bis in den Spätsommer hinein geführt, eine sehr späte Beobachtung machte E. JANZING am 15. September 1998 am Harkortsee. Die Verluste bei flüggen Jungvögeln scheinen enorm hoch zu sein, so war z. B. am Harkortsee 1998 von sieben am 7. Juli

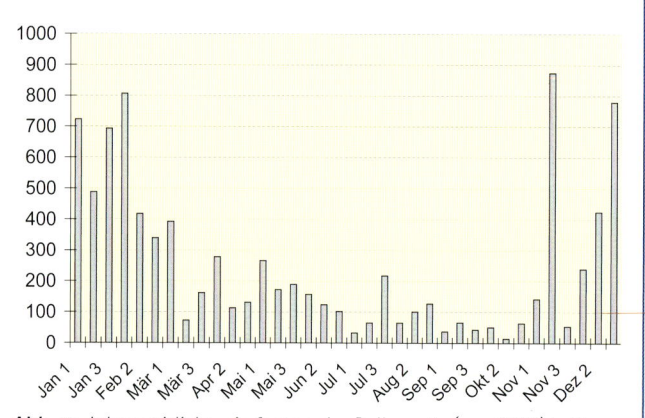

Abb. 5: Jahreszeitliches Auftreten der Reiherente (n = 8302) in Summen der Monatsdrittel von 1984 bis 2007

Abb. 6: Vorbecken der Hasper Talsperre. Abgeschiedene Gewässerteile sind ideale Lebensräume. Foto B. RAUER

beobachteten Gösseln drei Wochen später nur noch eines zu sehen (E. JANZING). Ähnliche Beobachtungen bestehen für den Hengsteysee z. B. im Jahr 2001 (C. SCHÖNBERGER, W. KOHL, U. SCHMIDT).

Eine ungewöhnliche Konzentration von Übersommerern wurde am 23. Juli 2001 von W. KOHL und U. SCHMIDT an der Volmemündung gezählt. Mausernde Männchen wurden am 18. September 1986 und am 8. Juni 1988 in der Ruhraue Syburg sowie am 7. Juni 1998 in der Kläranlage Fley beobachtet (J. KAMP).

Weitere Beobachtungen

Vom 23. bis 31. Mai 1997 wurde von J. KAMP erstmals am Hengsteysee-Ostbecken auf Hagener Stadtgebiet eine leucistische Reiherente festgestellt (weißes Gefieder aufgrund fehlender Farbpigmente). Seitdem gab es immer wieder einzelne Beobachtungen, wobei es sich jeweils um einen (denselben?) Erpel handelte (16. April 1998 Kläranlage Fley und 7. Juni 1998 Lennestau Fley durch J. KAMP, 1. Mai 2000 Fischteiche Wannebachtal durch M. WÜNSCH).

Nicht selten sieht man mehrere Weibchen gemeinsam mit vielen Jungen, so dass eine Zuordnung der Jungen zu den Weibchen und damit die Ermittlung von „Brutpaarzahlen" nicht möglich ist, vielleicht ein Grund für die schwankenden Bestandszahlen bzw. ein Hinweis auf die bei der Art häufigen Mischgelege.

Die ungewöhnliche Ausbreitung der Wasserpest (*Elodea canadensis*) ab etwa dem Jahr 2000 an Hengstey- und Harkortsee hat zur Zunahme der Reiherentenbruten geführt.

Schutzmaßnahmen

Eine aktuelle Gefährdung des Brutbestandes in Hagen ist z. Z. nicht zu erkennen. Trotzdem sind Faktoren zu nennen, die die Art beeinträchtigen. So dürfte sich eine früh einsetzende Jagd auf die bis in den September hinein Junge führenden Weibchen sicher negativ auswirken. Darüber hinaus ist eine Jagdruhe von Mitte Oktober bis Mitte Februar an unterer Lenne und Ruhr sowie an Harkort- und Hengsteysee notwendig, denn dieses Gebiet hat sich zu einem Mauser- und Überwinterungsplatz von überregionaler Bedeutung entwickelt. Aus denselben Gründen sind Freizeitaktivitäten in diesem Gebiet zu beschränken bzw. zu reglementieren.

Jagdfasan *(Phasianus colchicus)*

Aufenthalt

J	F	M	A	M	J	J	A	S	O	N	D

Brutzeit

		M	A	M	J	J					

Gefährdung:
RL Deutschland: keine
RL NRW: keine
Hagen: keine

Brut: 10 Brutpaare, 1 Jahresbrut
Häufigkeit in Punktstoppkartierung: Rang 68, Revieranzeigende: Rang 65
Status: Jahresvogel

Abb. 1: Foto M. Henning

Abb. 2: Durchschnittliche Anzahl an 10 Zählpunkten in 10 Hagener Teilbereichen (Erläuterung s. Anhang)

Verbreitung und Bestand

Der Fasan meidet in der Regel die Mittelgebirgslagen, erreicht in Hagen seine Höhenverbreitungsgrenze und damit den Südrand seines geschlossenen Verbreitungsgebietes in NRW. Deshalb trifft man ihn auf Hagener Stadtgebiet in erster Linie in den Flusstälern an. In den Nachkriegsjahren allerdings wurden Fasane in den riesigen Kahlflächen mit Waldbeständen im Anfangsstadium ausgesetzt, z. B. um die Hinnenwiese und den Deerth. Die Bestände konnten sich halten, weil die Art intensiv gehegt und gepflegt wurde, was konkret bedeutet, dass regelmäßig Jungvögel aus der Volierenzucht nachgesetzt wurden. Aus diesem Grund ist auch der Bestand schwer einzuschätzen, da er erheblich vom Maß der Aussetzungen abhängig ist.
Wildbruten wurden in den Naturschutzgebieten Ruhraue Syburg, Kaisbergaue, Uhlenbruch, Yachthafen und Brockhausen festgestellt.

Lebensraum

Der Lebensraum des Jagdfasans ist die deckungsreiche, offene Landschaft mit Wiesen, Feldern, Weiden, Brachen. Er meidet geschlossene Siedlungen und Wälder.

Jahresrhythmus

Die Revierabgrenzung findet im Frühjahr statt, Balzrufe werden ab März bis Juni gehört, zwei kämpfende Hähne wurden am 24. Mai 1988 in der Ruhraue Syburg beobachtet (A. Welzel). Junge sind schon im April zu beobachten, eine

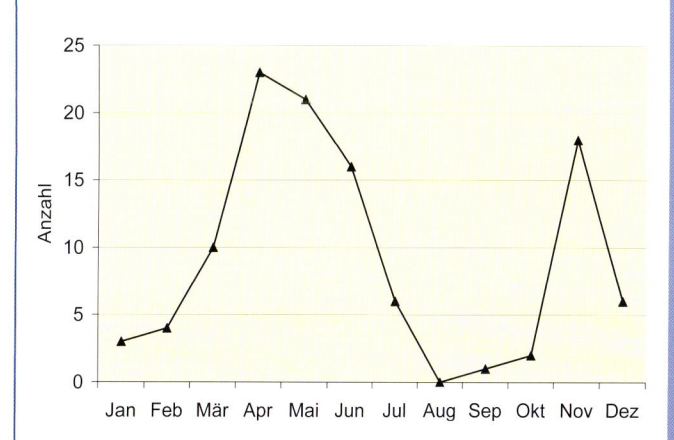

Abb. 3: Monatliche Verteilung von 71 Beobachtungen des Fasans der Jahre 1983 bis 2001 (n = 110)

Abb. 4: Auf abgeernteten Getreideanbauflächen um Werdringen findet der Fasan noch einige Körner, Foto B. Rauer

Henne führte am 21. April 1994 sieben Junge in der Ruhraue Syburg (A. Welzel). In diesem Bereich werden seit mindestens 1983 regelmäßig Jagdfasane angetroffen, sie werden hier z. B. durch Kirrungen in Form von Maisschüttungen, kontrollierte Futterplätze und intensive „Raubwild"bejagung gehegt.

Weitere Beobachtungen

Obwohl der Fasan in entsprechenden Lebensräumen regelmäßig anzutreffen ist, finden Beobachtungen äußerst selten Eingang in die Sammelberichte der Hagener Ornithologenverbände.

Schutzmaßnahmen

Der Bestand dieser Art sollte sich aus Wildbruten ergänzen und nicht weiter aus Volierenhaltung aufgefüllt und bzw. jagdlichen Gründen unnatürlich hoch gehalten werden.
Es ist nicht ausgeschlossen, dass Rebhuhnbestände unter der direkten Nachbarschaft von hohen Fasanbeständen negativ beeinflusst werden.

Abb. 5: Die noch großflächig ackerbaulich genutzten Tieflandbereiche um Schloss Werdringen und der Volmarsteiner Straße bieten der Art einen artgerechten Lebensraum. Hier die Werdringer Streuobstwiese mit angrenzendem Grünland. 21.4.2003, Foto S Sallermann

STEPHAN SALLERMANN 69

Zwergtaucher *(Tachybaptus ruficollis)*

Aufenthalt

| J | F | M | A | M | J | J | A | S | O | N | D |

Brutzeit

| | | | A | M | J | J | A | S | | | |

Brut: Unregelmäßiger Brutvogel, 1 Jahresbrut
Häufigkeit in Punktstoppkartierung: *nicht registriert*

Gefährdung:
RL Deutschland: *keine*
RL NRW: *keine*
Hagen: *vom Aussterben bedroht*

Status: *Jahresvogel, Durchzügler, Wintergast*

Abb. 1: Foto R. WISNIEWSKI

Verbreitung und Bestand

Der Zwergtaucher ist in Hagen an Lenne, Ruhr, dem Mündungsbereich der Volme und den Ruhrstauseen häufig zu finden und auch im alten Jachthafen und dem Schwarzen Loch am Harkortsee regelmäßig zu sehen. Zwei frühere Brutnachweise (1984 und 1987) stammen aus der Ruhraue Syburg (A. WELZEL). Im Jahr 2001 gab es zwei verspätete Bruten zum Ende des Sommers auf dem Harkortsee. Mindestens eine von diesen Bruten war mit drei Geschlüpften erfolgreich. Diese Bruten waren durch das seinerzeit sehr hohe Nahrungsangebot sicher eher eine Ausnahmeerscheinung.

Lebensraum

Der Brutlebensraum findet sich an den Unterläufen der Flüsse, den Ruhrstauseen und deren nahe gelegenen Gräben und Stillgewässern jeder Größe. Im Winter auch auf offenen Wasserflächen ohne Vegetation sowie sehr gern auf Fließgewässern, selbst wenn die Stillgewässer noch nicht zugefroren sind. Bevorzugt werden jedoch Bereiche mit dichten Unterwasserpflanzenbeständen. Hagener Bruten fanden sich ausschließlich in verkrauteten Seen und Teichen.

Jahresrhythmus

Der Zwergtaucher ist in Hagen ein regelmäßig anzutreffender Wintergast. Der Aufenthalt ist dann im Wesentlichen von September bis März, aus dem Monat Mai liegen vergleichsweise wenige Beobachtungen vor. Bei den nachgewiesenen Bruten wurden Nistmaterial tragende Altvögel am 14. März 1984 beobachtet, und von 1987 liegt eine Beobachtung von einem Paar mit einem Jungvogel vor (A. WELZEL). Zur Zugzeit halten sich im Hagener Raum regelmäßig ca. 50 Vögel auf. Besondere Beobachtungsdaten (alle aus dem Bereich Ruhr, Lenne und untere Volme): 2001 schon ab August regelmäßig anwesend, am 1. November 2001 mindestens 60 bis 70 Zwergtaucher allein am Harkortsee. 2003 bis 2006 waren Tageszahlen von rund 100 Vögeln sehr häufig. 2007 wurden nur noch bis zu 20 Zwergtaucher angetroffen, ein Tiefstand der Winterpopulationen. 2008 waren es dann allerdings wieder 50-60 Zwergtaucher.

Die im Sommer beobachteten Vögel waren im Brutkleid zu sehen. Da dann auch manchmal der typische Triller zu hören war, wurde immer wieder über mögliche Bruten spekuliert. Historische Brutnachweise sind noch aus der Ruhraue Syburg überliefert: so vom 28. September 1984 und vom 10. Juni 1987.

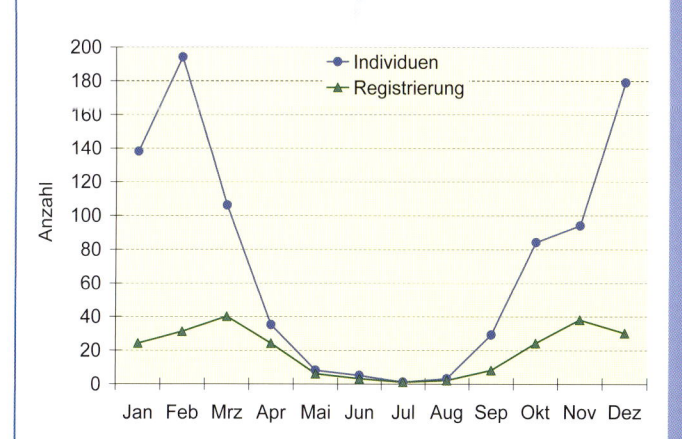

Abb. 2: Jahreszeitliche Auftreten 1983 bis 2002 (876 Zwergtaucher bei 231 Registrierungen, Daten S. SALLERMANN/A. WELZEL)

Abb. 3: Zwergtaucher als Wintergast im Winterkleid. Der Größenunterschied zu Reiher- und Stockente wird hier deutlich. Foto N Lemke

Abb. 4: Hengsteysee NSG Ostbecken, In den einsamen Buchten findet die Art ideale Rastbedingungen und gute Nahrungsplätze 6.6.2005, Foto S. Sallermann

Weitere Beobachtungen

Die sich schon seit mehreren Jahren in den Seen ausbreitende Wasserpest (*Elodea canadensis*) erreichte im Jahr 2001 einen vorläufigen Höhepunkt. Viele für Hagener Verhältnisse seltene Schwimmvogelarten wurden durch die verbesserten Nahrungsgründe angelockt. So waren auch Zwergtaucher in diesem Jahr schon ab August in ungewöhnlich starker Zahl anwesend. Zwei Paare wurden schließlich in diesem Monat noch in Brutstimmung beobachtet und brüteten. Die hohen Schwimmnester wurden nicht versteckt in höherer Vegetation errichtet, sondern befanden sich recht frei innerhalb von Teichrosen- und Wasserpestfeldern in nur ca. 20 m Entfernung vom Ufer. Es ist anzunehmen, dass die beiden Bruten im Jahr 2001 an diesem Ort durchaus ein einmaliges Ereignis für Hagen bleiben werden. Bis zum Jahr 2007 haben sich jedenfalls keine weiteren Bruten ergeben. Die massiven Bestände der Wasserpest sind in 2007 dann auch wieder verschwunden – genauso schnell wie sie seinerzeit auftraten.

Schutzmaßnahmen

Die potenziellen Bruthabitate in den unteren Flusstälern sind zu erhalten und vor störenden Einflüssen zu sichern. Dazu gehört auch eine verbesserte Abtrennung von Teilbereichen der Ruhrstauseen vor der ständig zunehmenden Freizeitnutzung. Eine Verbesserung der Ufervegetation kann das Brutplatzangebot vergrößern.

Abb. 5: Hengsteysee NSG Ostbecken, Am Durchstich zur Ruhr. In der kalten Jahreszeit ist die Art hier neben zahlreichen anderen Wintergästen sehr häufig zu beobachten 25.8.2002, Foto S. Sallermann

Abb. 6: Sind die Ruhrstauseen im Winter einmal zugefroren, finden sich im Bereich der Lennemündung in die Ruhr zahlreiche Zwergtaucher ein. 23.2.2003, Foto R. Blauscheck.

Abb. 7: Am Stiftsmühlenwehr fließt die Volme in die Lenne. Hier ist im Winterhalbjahr stets mit Zwergtauchern und anderen Wintervögeln zu rechnen. 25.1.2009, Foto S. Sallermann

Haubentaucher *(Podiceps cristatus)*

Aufenthalt

J	F	M	A	M	J	J	A	S	O	N	D
J	F	M	A	M	J	J	A	S	O	N	D

Brutzeit

		M	A	M	J	J	A	S	O		
		M	A	M	J	J	A	S	O		

Gefährdung:
RL Deutschland: keine
RL NRW: keine
Hagen: keine

Brut: ca. 25 Brutpaare, 1 bis 3 Jahresbruten
Häufigkeit in Punktstoppkartierung: Rang 53, Revieranzeigende: Rang 63

Status: *Durchzügler, Jahresvogel*

Abb. 1: auf dem Nest, Hengsteysee, Juli 2008, Foto U. Schmidt

Verbreitung und Bestand

Nach Rade & Landois kam der Haubentaucher „im Frühjahr, Spätherbst und Winter nicht so selten hier vor" (1896). Zabel ordnet die Art noch als unregelmäßig auftretende Wintergäste an Harkort- und Hengsteysee ein (1964). Stichmann beschreibt ihn noch als Durchzügler und Wintergast am häufigsten auf den „Stauseen im Ruhrtal" (1976).
Erste Bruten erfolgten hier 1970 am Harkortsee (Janzing zit. in Schücking 1970) und 1971 am Hengsteysee (G. Röttler, mündl.). Die Nester befanden sich unter im Wasser hängenden Ästen von Weidensträuchern oder im Wasser liegenden Bäumen. Bis 1974 erhöhte sich die Zahl der Brutpaare am Harkortsee auf neun und am Hengsteysee auf sieben (Schücking 1974). Zurzeit hat sich ein Brutbestand von je einem Dutzend auf diesen Seen eingependelt; auf den anderen Gewässern liegt er insgesamt etwa ebenso hoch.

Lebensraum

Lebensräume des Haubentauchers sind stehende oder langsam fließende Gewässer – Harkort- und Hengsteysee sowie Hasper Talsperre –, stille Buchten von Ruhr und Lenne besonders bei den Staustufen. Voraussetzungen sind Uferbewuchs, größere Flächen von Schwimmblattgewächsen wie Gelbe Teichrose und Wasserpest, aber auch freie Wasserflächen und ausreichendes Nahrungsangebot.

Jahresrhythmus

Durchziehende Vögel erreichen im Februar hier ihre Höchstzahlen; Zabel gibt sie für den Zeitraum 1951 bis 1961 beim Harkortsee mit sechs und beim Hengsteysee mit drei durchschnittlich gezählten Vögeln an (1964). Am 13. Februar 2006 waren am Harkortsee 70 Haubentaucher!
Der Nestbau beginnt oft schon im März. Diese frühen Nestbauversuche am Ufer oder in den noch spärlichen Teichrosen werden zumeist durch Wellengang auseinandergetrieben, verursacht bei Starkwinden, häufig aber auch von schnellen motorgetriebenen Trainerbooten der Ruderclubs, so dass die Gelege zu Boden sinken. Erfolgreicher sind erst spätere Bruten; erste Jungvögel sieht man daher kaum vor Juli. Andererseits hört man selbst noch im November die Bettelrufe nicht selbstständiger Jungvögel. Wen wunderts, dass immer wieder von Nachgelegen, Zweit- und Drittbruten berichtet wird (Schücking 1974).
Bei stärkerer Vereisung der Seen zieht ein Großteil der Haubentaucher zu noch offenen Gewässern ab, nur wenige verbleiben auf den noch offenen Flüssen der Region.

Weitere Beobachtungen

Im Frühjahr 1974 wurden auf dem Hengsteysee aus Brettern und Latten gefertigte „Nistflöße" ausgesetzt, um die Schwimmnester von spärlich wachsenden Teichrosen und wechselndem Wasserstand (Koepchenwerk) unabhängig zu machen (Schücking 1978a). Diese wurden zunächst gut angenommen; mit Zunahme der Blässhuhnpopulation wurden die Haubentaucher aber immer mehr von diesen vertrieben.

Schutzmaßnahmen

Bei der Ausbaggerung beider Stauseen wurden die ausgedehnten Teichrosenfelder zum Teil zerstört: die Zahl der Bruten ging merklich zurück! Angler und vor allem uneinsichtige Wassersportler beeinträchtigen ebenfalls die Bruten durch „Vergrämung", was zu Verlusten führt. Zudem müsste der Haubentaucher aus dem Jagdrecht herausgenommen und dem Naturschutz unterstellt werden. Dichter Uferbewuchs kann sich als Sichtschutz positiv auf den Bruterfolg auswirken.

Graureiher *(Ardea cinerea)*

Aufenthalt

| J | F | M | A | M | J | J | A | S | O | N | D |

Brutzeit

| | (F) | M | A | M | J | J | (A) | | | | |

Brut: ca. 30 Brutpaare, 1 Brut
Häufigkeit in Punktstoppkartierung: Rang 20, Revieranzeigende: Rang 22

Gefährdung:
RL Deutschland: keine
RL NRW: keine
Hagen: naturschutzabhängig

Status: Jahresvogel, Durchzügler, Wintergast

Abb. 1: Foto R. Wisniewski

Verbreitung und Bestand

Nachdem 1949 noch acht Paare an der Hasper Talsperre brüteten, führte der abnehmende Bestandstrend zu Müller's Feststellung „sehr selten geworden" (1961) und für Jahrzehnte zum völligen Verschwinden des Graureihers als Brutvogelart Hagens und Umgebung, selbst Beobachtungen waren dementsprechend selten.

1983 wurden im westlichen Sauerland erstmalig Bruten zunächst in Werdohl und später in Altena festgestellt (Pfennig 1994). Im Oeger Holz nahe der Stadtgrenze zu Letmathe wurde die erste Kolonie in unmittelbarer Umgebung Hagens gefunden, die nach den Aussagen der Anwohner etwa seit 1990 existiert. 1993 bestand sie aus 13 besetzten Horsten und hatte bereits 1994 ihren Höchstbestand mit 20 Brutpaaren erreicht.

Die erste und einzige Hagener Kolonie befindet sich in Ambrock in einem Fichtenbestand in ostexponierter Hanglage und ist seit 1994 bekannt. Sie war zu diesem Zeitpunkt bereits auf 17 besetzte Horste angewachsen und bestand sicher schon wenigstens zwei bis drei Jahre. In den seit 1997 regelmäßig durchgeführten Bestandskontrollen im Rahmen eines NRW-Monitorings wurde bis auf wenige Ausnahmen ein jährlicher Zuwachs bis hin zu 34 Brutpaaren in 2006 und 2007 verzeichnet.

Mehrfach konnte beobachtet werden, dass Graureiher zielgerichtet über die Höhenlagen zwischen Lenne- und Volmetal flogen. Dies lässt vermuten, dass eine Verbindung zwischen den Kolonien und hier vor allem mit der Brutkolonie Oeger Holz in Form von Austausch und Zuzug besteht, zumal die Letmather Kolonie in dem Maße schwand, in dem die Hagener Kolonie anwuchs. Eine Bestandsentwicklung und -bewertung der Hagener Graureiherkolonie ist deshalb mit den Brutbeständen der Umgebung zu sehen und kann nur in der Zusammenschau mit anderen Kolonien im weiteren Umkreis bzw. NRW erfolgen (Jöbges 1998). Die Graureiher der Kolonie Ambrock fliegen nahezu das gesamte Hagener Stadtgebiet zur Nahrungsbeschaffung an, dabei wird der Hagener Norden mit Lenne- und Ruhrtal deutlich bevorzugt aufgesucht, man findet aber auch regelmäßig einzeln jagende Graureiher in kleinsten Nebentälern des Hagener Südens wie etwa dem Nimmer- oder dem Wesselbachtal.

Im Jahr 2000 fand ein Brutversuch im NSG Lenneaue Berchum statt, wo sich bereits ein seit Jahren genutzter Schlafplatz der Graureiher befand. Hier hatte ein Graureiherpaar in einer alten Weide nur 5 m über dem Wasserspiegel des Altarmes ein Nest gebaut, am 13. April konnte ein brütender Altvogel auf wenigstens zwei Eiern beobachtet werden. Allerdings war das Nest am 10. Mai verlassen, so dass die Brut erfolglos blieb. Im Juni und Oktober des folgenden Jahres konnten wiederum Nestbauhandlungen beobachtet werden, dabei handelte es sich um junge, zweijährige Graureiher, eine Brut fand nicht statt, stattdessen wurde das Nest von einer Stockente zur Brut genutzt.

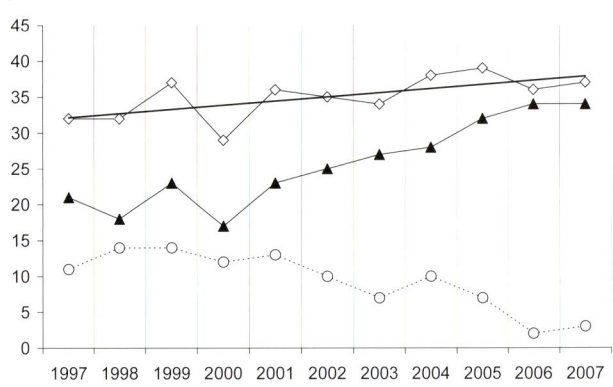

Abb. 2: Anzahl der Brutpaare in den Kolonien Oegerholz (Letmathe MK, Kreislinie) und Ambrock (HA, Dreiecklinie) sowie Summe beider Kolonien mit linearer Trendlinie

Lebensraum

Das Jagdgebiet des Graureihers deckt sich mit dem Lebensraum seiner Beute (überwiegend Mäuse, Amphibien und Fische), so dass man ihn sowohl auf Viehweiden und Äckern als auch

Graureiher

an Flussufern, Bächen, Teichen und Seen jagen sehen kann. Neuerdings werden auch Gartenteiche mitten im Wohngebiet systematisch auf Fischbesatz (meist Goldfische) abgesucht. Brutkolonien des Sauerlandes finden sich fast ausschließlich am Rand von Fichtenbeständen in der Nähe von Flussläufen oder Stauseen. Auch in Hagen befindet sich die Brutkolonie am Rand eines etwa 50-jährigen Fichtenbestandes nahe der Volme bei Ambrock.

Jahresrhythmus

Der Hauptteil der Population zieht im Oktober und November. Besonders auffallend war dies im Jahr 1984, als am 19. Oktober 58 und am 2. November 52 Graureiher in der Ruhraue Syburg rasteten. Im Winter 1962/63 war ein auffälliger Zuzug von Wintergästen aus dem Baltikum und dem Nordosten Deutschlands zu registrieren. Im Winter verlegen Graureiher ihr Aktionszentrum von der Kolonie zu den Flusstälern von Lenne und Ruhr, auf deren Wiesen und Weiden ein gutes Nahrungsangebot besteht.

In den letzten Jahrzehnten hat sich eine Veränderung des Wanderverhaltens vom Strich- zum Standvogel vollzogen (HUBATSCH 1991), so dass nun auch einheimische Brutvögel vermehrt im Stadtgebiet überwintern dürften. Die damit verbundene frühere Anwesenheit am Brutplatz kann den Brutbeginn frühzeitiger als üblich erfolgen lassen, so dass „Winterbruten" wie im benachbarten Werdohl nicht mehr so außergewöhnlich sind (PFENNIG 1994). In Hagen wurde das bisher – vielleicht aufgrund geringer Beobachtungsintensität – noch nicht nachgewiesen, ist aber nicht ausgeschlossen. Die Hauptbrutzeit liegt allerdings in den Monaten April bis Mai.

Weitere Beobachtungen

Die Art ist ein typischer Koloniebrüter. Während in den 60er Jahren die Eiche wichtigster Horstbaum war (PEITZMEIER 1979), sind die Nester der Hagener Kolonie allesamt in Fichten zu finden, wie auch die der anderen sauerländischen Kolonien. Die Nester stehen im oberen Drittel der Bäume nahe am Stamm. Während der Brutzeit schlafen Graureiher auf oder in der Nähe des Nestes, es sind aber auch Schlafplätze außerhalb der Kolonien bekannt, an denen Graureiher in Trupps vor allem im Winter übernachten:
- Hammacher östlich der Straße in einer Lärche
- NSG Ruhraue Syburg in den Jahren 1987 bis 1997 in einer abgestorbenen Weide auf einem Halbtrockenrasen
- NSG Lenneaue Berchum seit 1983 in alten Ulmen

Als Beutetiere des Graureihers wurden Fische, Mäuse und Ratten festgestellt, sicher nimmt er aber alle Tiere passender Größe zu sich wie Amphibien, bodenbrütende Vögel, Libellenlarven usw. M. SCHLÜPMANN nennt den Grasfrosch als häufige Beute, im Winter und Frühjahr konnte er regelmäßig Graureiher bei der Jagd nach Grasfröschen an seinem Gartenteich beobachten.

Mit der Verschonung durch die Jagd hat der früher als Fischreiher bezeichnete Graureiher seine Fluchtdistanz verändert, die früher bei z. T. über 150 m lag, mittlerweile kann man sich durchaus bis auf 50 m und weniger annähern.

Im NSG Ruhraue Syburg konnte in den Wintern der Jahre 1983 bis 1994 Trupps von bis zu 24 Tiere beim Sonnenbaden am südexponierten Bahndamm beobachtet werden, die sich nicht von vorbeifahrenden Zügen irritieren ließen.

Der Totfund eines beringten Graureihers vom 31. Oktober 2003 auf einer Ackerfläche bei Tiefendorf stammt womöglich vom Riss durch einen Habicht oder Uhu, denn er hatte Normalgewicht und es war keine Verletzung zu erkennen. Er wurde am 19. April 2003 als Nestling an seinem Brutplatz in Zonhoven/Limburg (Belgien) beringt, von dort aus war er 160 km nordöstlich bis nach Hagen abgewandert.

Tab. 1: Totfunde von Graureihern und vermutete Todesursachen

Todesursache	Datum	Ort	Anzahl
Bahnverkehr	12.02.1986	NSG Ruhraue Syburg	1
Bahnverkehr	09.03.1988	NSG Ruhraue Syburg	1
Riss	04.02.1986	NSG Ruhraue Syburg	1
Riss	12.02.1986	NSG Ruhraue Syburg	1
Riss	01.03.1987	NSG Ruhraue Syburg	1
Riss	04.03.1987	NSG Ruhraue Syburg	1
Winterverluste, verhungert	1962/1963	??	3
Winterverluste, verhungert	07.02.1987	NSG Ruhraue Syburg	1
unklar	28.02.1997	NSG Lenneaue Berchum	1
unklar	22.02.2003	NSG Ruhraue Syburg	1
unklar	31.10.2003	Tiefendorf	1

Schutzmaßnahmen

Der Graureiher ist zwar nicht mehr gefährdet, doch gilt dies erst seit der Einführung der Schonzeit im Jahr 1974, seitdem nahmen die Brutbestände wieder deutlich zu. Verfolgung und Abschuss von Graureihern waren der wesentliche Grund für die negative Bestandsentwicklung, die Art ist weiterhin von einer ganzjährigen Schonzeit und Naturschutzmaßnahmen abhängig (JÖBGES 1998). Doch die Forderung nach Bejagung ist aufgrund der Klagen einzelner Fischteichbesitzer vereinzelt immer noch zu hören. Untersuchungen zeigten, dass kein Zusammenhang zwischen dem Auftreten des Graureihers und der Dichte des Bachforellenbestands zu erkennen ist (KLINGER & LUBIENIECKI 1995). Obwohl auch harte Winter einen wichtigen bestandslimitierenden Faktor darstellen, spielt der Abschuss immer noch eine wesentliche Rolle bei der Bestandsentwicklung des Graureihers (KRIEDEMANN 1989).

Ebenso dringend erforderlich ist der Schutz des direkten Koloniebereiches mit den Horstbäumen inklusive des umgebenden Waldes. Im Jahr 2006 wurde der Waldbereich des Hagener Brutplatzes bis dicht an die Kolonie heran eingeschlagen, glücklicherweise ohne Auswirkungen auf den Brutbestand. Trotzdem wäre eine Beruhigung des umgebenden Koloniebereiches unbedingt wünschenswert.

Nicht unwesentlich für den Graureiherschutz ist die Bereitstellung geeigneter Nahrungsbereiche, die man durch den Schutz naturnaher Gewässer und die naturnahe Regeneration von bereits beeinträchtigten Gewässern erreichen kann.

Wespenbussard *(Pernis apivorus)*

MICHAEL WÜNSCH

Aufenthalt

				M	J	J	A	S	O		

Brutzeit

				M	J	J	A				

Brut: 0 bis 3 Brutpaare, 1 Jahresbrut
Häufigkeit in Punktstoppkartierung: Rang 91, Revieranzeigende: nicht registriert

Gefährdung:
RL Deutschland: Vorwarnliste
RL NRW: stark gefährdet
Hagen: stark gefährdet

Status: Sommervogel, Durchzügler

Abb. 1: Foto A. KLEIN

Abb. 2: Das Holthauser Bachtal vom Piepenbrink aus nach Westen betrachtet. In diesem Großraum wurde schon eine Brut nachgewiesen. Die Art ist in diesem recht stark bewaldetem Gebiet immer wieder zu beobachten. Der Sturm Kyrill hat im Januar 2007 hier großflächig einige Nadelwaldparzellen umgeworfen. 19.10.08, Foto S. SALLERMANN

Verbreitung und Bestand

Der Wespenbussard brütet in Hagen in allen Höhenlagen, an Laubwaldrändern oder in Laubwaldinseln. Als erste Brut seit Veröffentlichung der ornithologischen Sammelberichte im Jahr 1973 kann man folgende Meldung werten: ein Paar mit zwei Jungvögeln im Sommer 1980 in Hohenlimburg-Reh (A. SCHÜCKING/H.-J. THIEL/H. KOKTA/H. GOEBEL). Diese "Erstbrut" wird in einer Zeitungsmeldung (WR/HR) vom 9. März 1981 erwähnt. Nach Auswertung der Brutzeitbeobachtungen und Eingrenzung der Reviergrenzen kann man seit 1980 auf elf Revierpaare mit Brutverdacht schließen, die aber wohl nicht jedes Jahr gebrütet haben.

Ein gesichertes Brutrevier scheint auch in Hobräck-Bölling zu liegen. In den Jahren 2002 bis 2007 (außer 2004?) konnten jährlich Brutzeitbeobachtungen gemacht werden. Am 30. August 2005 konnte hier sogar ein Altvogel mit zwei Jungvögeln beobachtet werden. Am 9. Juli 2007 war ein Wespenbussard mit einem Turmfalken im Luftkampf (alle Beobachtungen H.-J. THIEL).

Die Schwierigkeit eines Brutnachweises liegt an der sehr späten Rückkehr des Wespenbussards aus Afrika. Dementsprechend werden die Wälder erst besetzt, wenn sie belaubt und schlecht einsehbar sind. Darüber hinaus lebt er sehr heimlich.

Tab. 1: gesicherte Brutnachweise

Jahr	Ort	Bruterfolg
1992	Uhlenbruch/Hengstey auf Zitterpappel/Espe	1 Jungvogel
1992	Rehberg/Wannebachtal auf Buche	1 Jungvogel
1993	Rehberg/Wannebachtal auf Buche	2 Jungvögel
1993 (M. FALKENBERG)	Holthausen	0 Jungvögel
1995 (C. SCHÖNBERGER)	Rehberg/ Wannebachtal	2 Jungvögel
1997/1998/1999/2000	Hallerkopp/Eckesey (jährlich im selben Horst)	?/1/2/0 Jungvögel
2002	Hallerkopp/Eckesey	0 Jungvögel

Wespenbussard

MICHAEL WÜNSCH

Abb. 3: Die Kalthauser Höhe ist ein guter Platz zur Beobachtung des jährlichen Vogelzuges. Wespenbussarde ziehen schon recht früh im Spätsommer wieder ab. 2006 Foto R. BLAUSCHECK

Lebensraum

Der Wespenbussard bewohnt in Hagen Landschaften, die aus freien Flächen wie Feldern und Wiesen zusammengesetzt sind und mit Hecken, Wäldern oder Waldinseln durchzogen sind. Hier findet er seine zumeist unterirdisch lebenden Beutetiere, die Wespenvölker, die er mit ihren Nestern ausgräbt. Laubwälder mit Feuchtgebieten (Tümpel, Quellen oder Bäche) müssen vorhanden sein, da er bei nicht erreichbarer Wespennahrung auf Ersatznahrung in Form von Amphibien ausweichen muss.

Jahresrhythmus

Ankunft und Durchzug im Mai, seit 1973 ist keine April-Beobachtung in der Hagener Literatur erwähnt. Früheste Beobachtungsdaten: je ein Wespenbussard am 9. Mai 1993 im Nahmertal (M. HENNING) und am 9. Mai 1998 in Haßley (C. SCHÖNBERGER). Es werden auch immer mal größere Trupps beobachtet, so z. B. je 50 ziehende Wespenbussarde am 22. Mai 1977 über dem Eugen-Richter-Turm (G. RÖTTLER) und am 15. Mai 1981 über Priorei (H.-J. PACKHEISER).

Weg- und Durchzug ist hauptsächlich Ende August bis Mitte September. Auch hier kann es zu größeren Truppstärken kommen. C. SCHÖNBERGER sah 39 Wespenbussarde am 5. Mai 1996 und 27 Exemplare am 30. August 2000 über dem Stadtgebiet.

Inwieweit zwei Märzbeobachtungen zu werten sind, muss offen bleiben. Märzbeobachtungen sind aus keiner anderen Avifauna bekannt. Bei beiden Beobachtern handelt es sich aber um versierte Vogelkenner.

Am 16. März 1991 fliegt ein Exemplar über die Feldstraße/Hohenlimburg (S. SALLERMANN) und am 26. März 2000 flog ein Exemplar in nur 20 m Höhe über Düinghausen/Priorei (C. SCHÖNBERGER).

Weitere Beobachtungen

1992 brüteten Wespenbussard (mit einem Jungvogel) und Rotmilan am Rehberg/Wannebachtal in nur circa 20 m Entfernung voneinander (siehe auch Rotmilan).

Schutzmaßnahmen

Erhaltung einer reich strukturierten Landschaft mit Waldrändern, Altholzwäldern, Altholzinseln, Hecken, Kleingewässern, nahrungsreichen Südhängen usw. Leider werden immer noch viele Wespenbussarde über südlichen Zuggebieten abgeschossen. Hier muss weiter politisch auf die Länder eingewirkt werden, um dies zu beenden. Ein Motto: Kein Urlaubsort, wo Vogelmord! Auch die seit 1986 jährlich stattfindenden italienisch-deutschen Artenschutzcamps an der Straße von Messina/Sizilien sollten weiter fortgeführt werden. Hier konnten schon große Erfolge gegen die Wilderei und den Abschuss von Greifvögeln erzielt werden.

Tab. 2: Durchzugsbeobachtungen von 1973 bis 2007 (Daten aus OSB Cinclus & OSB NABU-Hagen)

	Mai	August	September	Oktober	1. November 1980
Beobachtungen	20	43	28	9	1
Individuen	203	203	131	47	74

Habicht *(Accipiter gentilis)*

Aufenthalt

J	F	M	A	M	J	J	A	S	O	N	D

Brutzeit

			A	M	J	J	(A)				

Gefährdung:
RL Deutschland: keine
RL NRW: Vorwarnliste
Hagen: naturschutzabhängig

Brut: 5 bis 12 Brutpaare, 1 Jahresbrut
Häufigkeit in Punktstoppkartierung: Rang 81, Revieranzeigende: Rang 74
Status: Jahresvogel, Durchzügler

Abb. 1: Foto M. Henning

Verbreitung und Bestand

Der Habicht brütet in Hagen über das ganze Stadtgebiet verteilt und in allen Höhenlagen. Vor 1984 können folgende Meldungen als Brutnachweise gewertet werden:
- 17. Juni 1976 ein Brutpaar mit drei Jungvögeln, Kaisberg (A. Schücking)
- April/Mai 1977 Brutverdacht, Kaisberg (W. Bussmann)
- 1981 ein Brutpaar, Garenfeld (E. Langer/A. Schücking)
- 1981 ein Brutpaar mit drei Jungvögeln, Philippshöhe/Eckesey (H.-J. Thiel)
- 3. Juli 1982 ein Brutpaar mit Jungvögeln, Kuhlerkamp (G. Richter);
- März bis Juli 1983 erneut ständig Philippshöhe (C. Tunk)
- 17. Juni 1983 eine Brut, Holthausen (M. Falkenberg).

Von 1984 bis 2007 wurden von der AG Greifvögel (C. Tunk/ M. Wünsch) innerhalb der Stadtgrenzen 17 Brutreviere betreut. Davon waren fünf nur in einem Jahr besetzt. Fünf weitere Brutreviere befanden sich teilweise nur knapp außerhalb der Stadtgrenze und sind hier nicht berücksichtigt.

Die 17 Brutreviere sind (aus Artenschutzgründen wird nur die nächste Ortschaft genannt): Eckesey, Tiefendorf, Eppenhausen, Berchum, Kuhweide, Holthausen, Henkhausen, Brantenberg/Endte, Haspe, Nahmer, Vorhalle zweimal, Fley, Rummenohl zweimal, Ambrock, Hengstey.

Aus *Tab. 1* kann nicht auf die tatsächliche Brutpaarzahl pro Jahr geschlossen werden, da aus Zeitgründen nicht in jedem Jahr alle Reviere kontrolliert werden konnten. Von 2005 bis 2007 waren keine relevanten Bestandserfassungen mehr möglich. Außerdem ist bis heute noch nicht das gesamte Stadtgebiet untersucht, so dass es noch weitere unentdeckte Reviere geben kann. Nach Bezzel umfasst das Wohn- und Jagdgebiet pro Brutpaar 18 bis 80 km², also 1800 bis 8000 ha (1985). Nimmt man das Jahr 1996 mit neun Brutpaaren, so hätte man bei der Hagener Stadtfläche (162 km²) schon die untere Grenze der Wohn- und Jagdfläche eines Paares und damit eine sehr dichte Besiedlung erreicht. Würde man nur auf die Hagener Waldfläche umrechnen, erhielte man sogar noch kleinere Reviere und eine noch dichtere Besiedlung.

Lebensraum

Der Habicht bewohnt in Hagen größere zusammenhängende und geschlossene Laub- und Nadelwälder. Zur Jagd werden offene Landschaften mit einbezogen. Von 1984 bis 1990 gab es auch ein „innerstädtisches" Brutpaar im Dünningsbruch an der Berchumer Straße.

Jahresrhythmus

Habichte werden während des ganzen Jahres beobachtet. Es gibt aber keine eindeutigen Daten, aus denen man auf Zugbewegungen schließen kann.
Beobachtungen zur Brutbiologie:
- Horstbau und Horstausbau in den Wintermonaten
- Brutbeginn Anfang April: je ein Weibchen am 3. April 1985 und 5. April 1985 brütend angetroffen
- Schlupf der Jungvögel ab Mitte Mai, letzte Beobachtung Ende Juli

Tab. 1: Jährlich festgestellte Bruten (kein Ist-Bestand!), n = 125 Bruten

84	85	86	87	88	89	90	91	92	93	94	95	96	97	98	99	00	01	02	03	04	05	06	07
6	6	4	8	5	5	6	6	5	8	4	5	9	5	4	6	5	6	4	6	6	2	2	2

Tab. 2: Monatliche Verteilung der Beobachtungen (n = 138) und Anzahl der Vögel (n = 142) von 1973 bis 2007 (Daten aus OSB Cinclus & OSB NABU-Hagen)

	Jan.	Feb.	Mär.	Apr.	Mai	Jun.	Jul.	Aug.	Sep.	Okt.	Nov.	Dez.
Beobachtungen	18	15	17	10	8	4	7	8	10	15	10	16
Individuen	18	15	17	12	8	4	7	9	10	15	10	17

Eine Spätbrut (Nachgelege?) wurde am 16. Juli 2001 im Nimmertal registriert. Die Jungvögel befanden sich noch im Dunenkleid und flogen um den 6. August aus. 2002 konnte beim selben Brutpaar mit dem 14. Juni ein früher Ausflug der Jungen festgestellt werden.

Weitere Beobachtungen

Alle Bruthorste waren auf sechs Baumarten beschränkt (Reihenfolge nach Häufigkeit): Buche, Fichte, Lärche, Eiche, Schwarzkiefer, Zitterpappel (Espe).
In den Jahren 1984 bis 1987 wurde das Nahrungsspektrum der Habichtspaare von C. Tunk und M. Wünsch untersucht (n = 412 Beutetiere):

Anzahl der Nachweise

323x	Tauben spec. (Ringel-, Straßen-, Brieftaube)
16x	Eichelhäher
13x	Amsel
6x	Kohlmeise
5x	Singdrossel
4x	Elster, Star, Sperber
3x	Eichhörnchen, Kaninchen
2x	Türkentaube, Feldhase, Waldschnepfe, Blaumeise, Misteldrossel, Erlenzeisig, Buntspecht, Kernbeißer
1x	Lachmöwe, Habicht, Haushuhn, Stockente, Waldohreule, Rotdrossel, Waldkauz, Baumläufer spec., Wellensittich, Bachstelze, Silberfasan, Buchfink, Gimpel, Goldammer, Nymphensittich

Zur Jagd des Habichts auf erkannte Vogelarten gibt es folgende Beobachtungen:
- jagt Ringeltaube, Philippshöhe/Eckesey,
  31. Mai 1984 (C. Tunk)
- schlägt „Taube", Ruhrtal Garenfeld,
  15. September 1985 (H.-J. Thiel)
- schlägt „Taube", Lennetal Halden,
  16. Februar 1987 (H. Baranowsky)
- schlägt Haustaube, Siedlerstraße/Altenhagen,
  18. März 1992 (T. C. Drane)
- jagt Straßentaube, Eilpe, 22. April 2004 (A. Welzel)
- schlägt Amsel, Mäckingerbachtal,
  29. Dezember 1979 (H.-W. Zimmermann)
- schlägt Amsel, Ruhrtal Garenfeld,
  22. Februar 1986 (H.-J. Thiel)
- schlägt Amsel, Karl-Halle-Straße/Innenstadt,
  9. April 1994 (T. C. Drane)
- schlägt Elster, Lennetal Fley, 22. August 1981 (H.-J. Thiel)
- schlägt „Möwe", Hengsteysee, 29. Oktober 1983 (C. Tunk)
- jagt Lachmöwe, Hengsteysee, 4. November 1983 (C. Tunk)
- jagt Teichhuhn, Hallerkopf/Eckesey,
  31. Dezember 1984 (C. Tunk)
- Ansitz auf brütenden Haubentaucher, Ruhraue Syburg,
  10. Juli 1987 (A. Welzel), ein Tag später Rupfung eines Haubentauchers neben dem verlassenen Nest
- schlägt Turmfalken, Delstern,
  20. Mai 1991 (H. W. Zimmermann)
- schlägt Turmfalken, Brechtefeld,
  8. September 2001 (C. Schönberger)

Wahrscheinlich hat der Habicht den Uhu wieder als natürlichen Feind, denn im Umkreis der vier Uhureviere sind vier Habichtreviere verwaist (1x seit 1991, 1x seit 1994, 2x seit 1997). Verhalten anderer Vogelarten gegenüber dem Habicht:
- ein Habicht wird von einem Turmfalken gehasst, Fleyer Wald, 16. Dezember 1980 (W. Brose)
- ein diesjähriger „Rothabicht" wird intensiv von einem Graureiher gejagt, unteres Wannebachtal,
  14. September 2001 (C. Schönberger)

Verluste:
1984: Zwei Jungvögel tot unter Horst (Trichomoniasis?)
1984: Ein Jungvögel gerupft (Kannibalismus?)
1985: Horstabsturz mit drei Eiern
2002: Ein Jungvögel gerupft (Kannibalismus?)

Auch die ungestüme Jagdweise fordert Todesopfer an Hecken, Zäunen und Glasflächen:
- in Schwarzdornhecke verfangen, Altvogel, 1985
- in Stacheldraht verfangen, Altvogel, 1987
- Fensterscheibenanflug, Altvogel, 1988
- Fensterscheibenanflug: ein „Rothabicht" von 1994 flog am 18. Februar 1995 in der Johann-Gottlieb-Fichte-Straße in Vorhalle-Brockhausen gegen ein Küchenfenster und blieb sehr benommen liegen. Den Habicht konnte ich bereits am nächsten Tag genesen wieder freilassen.
- Fensterscheibenanflug: ein diesjähriger „Rothabicht" durchschlug am 15. August 2002 eine geschlossene Fensterscheibe im Wasserwerk Hengstey ohne Knochenbrüche zu erleiden. Den Habicht konnte ich am 23. August 2002 wieder genesen in die Freiheit entlassen.

2004 lag in Haspe ein Jungvogel tot unter dem Horst, ein weiterer Jungvogel war verschwunden. Ergänzend dazu: B. Rauer hatte einen in der Nähe ansässigen Taubenzüchter unverfänglich gefragt, ob er denn Taubenverluste durch Greifvögel zu beklagen hätte. Darauf hatte er zur Antwort bekommen, dass der Habicht regelmäßig bei ihm Tauben hole und wissend hinzugefügt: „Der macht uns dieses Jahr keinen Kummer mehr!" Man kann nur vermuten, dass er einen Habicht getötet hat und die Jungvögel nicht mehr ausreichend versorgt wurden.

Tab. 3: Anzahl der Jungvögel aus 125 Bruten der Jahre 1984 bis 2007

kein Junges	1 Junges	1 bis 2 Junge	2 Junge	2 bis 3 Junge	3 Junge	4 Junge	Anzahl Junge unbekannt
6 mal	12 mal	6 mal	24 mal	11 mal	31 mal	4 mal	31 mal

Schutzmaßnahmen

Erhaltung und Schutz von alten Buchen-, Eichen- oder Mischwäldern. Leider wird dem Habicht immer noch von den sogenannten „schwarzen Schafen" innerhalb einiger Interessengruppen (Brieftaubenzüchter, Geflügelhaltern und Jägerschaft) illegal nachgestellt. Zwei Fälle aus der Vergangenheit verdeutlichen dieses. Mitte der 80er Jahre konnten in der Sterbecke/Rummenohl und im Februar 1994 in Deipenbrink je ein Taubenzüchter zur Anzeige gebracht werden, die Habichtsfallen fangbereit aufgestellt hatten. Die Dunkelziffer der nicht entdeckten illegalen Aktionen dürfte hoch sein. Hier muss weiterhin Aufklärungsarbeit innerhalb der oben genannten Interessengruppen geleistet werden.

Abb. 4: Diesjähriges Habichtweibchen (auch Rothabicht genannt) Enger Bruch, 31.7.2008, Foto E. Lietzow

Abb. 2 und 5: Habichthorst in einer Buche des Fleyer Waldes in der Nähe des Haus Waldfrieden. 31.3.2008, Foto M. Wünsch

Abb. 3: Am Kaisberg bei Vorhalle ist der Habicht gut zu beobachten. Der Berg liegt wie eine Insel im Ruhrtal. Er ist nicht nur ornithologisch sehr interessant, sondern vor allem aus geologischer Sicht. Im Vordergrund das Stiftsmühlenwehr. 25.1.2009, Foto S. Sallermann

MICHAEL WÜNSCH

Sperber *(Accipiter nisus)*

Aufenthalt

| J | F | M | A | M | J | J | A | S | O | N | D |

Brutzeit

| | | | A | M | J | J | | | | | |

Brut: ca. 35 bis 40 Brutpaare, 1 Jahresbrut
Häufigkeit in Punktstoppkartierung: Rang 74, Revieranzeigende: Rang 78

Gefährdung:
RL Deutschland: keine
RL NRW: keine
Hagen: keine

Status: Jahresvogel, Durchzügler, Wintergast

Abb. 1: Emst 2007, Foto R. WISNIEWSKI

Abb. 2: Durchschnittliche Anzahl an 10 Zählpunkten in 10 Hagener Teilbereichen (Erläuterung s. Anhang)

Verbreitung und Bestand

Soll man den Sammelberichten des CINCLUS Glauben schenken, brütete vor 1978 lediglich ein Paar. Es finden sich nur pauschale Aussagen wie „ist Brutvogel" oder „Art fast ausgestorben". Dies ist aber wahrscheinlich auf ein Kartierungsdefizit zurückzuführen. Der Fleyer Wald ist wohl am längsten besiedelt. Erste Beobachtungen gab es hier 1979 (A. SCHÜCKING), und auch heute noch ist der Fleyer Wald mit ein bis zwei Brutpaaren besetzt. Im Jahr 1984 begann die „AG Greifvögel" mit der Kartierung der Hagener Sperberreviere.

Der Sperber brütet in Hagen über das gesamte Stadtgebiet und in allen Höhenlagen. Es wurde von 1984 (vier Brutpaare) bis 1991 (21 Brutpaare) kartiert. Weitere neun Brutpaare konnten, zum Teil nur knapp, außerhalb der Stadtgrenzen festgestellt werden und sind hier unberücksichtigt. Ab 1991 wurden aus Zeit- und Personalmangel nur noch bekannte Reviere sporadisch kontrolliert. Nach Hochrechnungen aus großflächigen Revierkartierungen (1 km²) könnte der Bestand inzwischen bei 38 Paaren liegen. Leider sind bis heute im Hagener Süden noch viele Gebiete unkartiert, nur eine intensive Erfassung könnte über den aktuellen Bestand Auskunft geben.

Lebensraum

Der Sperber bewohnt in Hagen überwiegend kleinere oder größere Fichten- oder Lärchenwaldungen. Zur Jagd wird offenes bis halboffenes Gelände genutzt, weshalb die Horstanlage auch nie weit vom Waldrand entfernt ist. Bei den Wäldern handelt es sich meist um 35 bis 45-jährige Bestände, die bereits einmal durchforstet wurden und Schneisen aufweisen. Diese Schneisen werden zum An- bzw. Abflug des Horstes benutzt. Innerhalb der Bestände und Schneisen sind Windwurfbäume und Baumstubben wichtige Strukturen, die gerne für die Kopulation und Rupfung der Beutetiere angenommen werden. Hier kann man auch meist die Mauserfedern finden. Mehrmals wurden besetzte Horste in unmittelbarer Nähe von teils stark begangenen Wanderwegen gefunden. Alle Brutreviere haben eines gemeinsam: sie befinden sich immer im dunkleren Teil des Waldes und sind düster bis schummrig. Es werden auch Mischwälder aus Laubbäumen mit eingestreuten Nadelbäumen angenommen. Der Horst befindet sich dann ausschließlich auf den Nadelbäumen, als Beispiel kann hier der Kaisberg/Vorhalle angeführt werden. Ein Sperberpaar

Sperber

Abb. 3: Foto J. Schneider

hat mehrere Jahre in so einem jungen Mischwald gebrütet. 1995 wurden alle Nadelbäume aus dem Bestand entnommen (durchforstet), und das Brutrevier wurde aufgegeben.

Jahresrhythmus

Am 14. April 1990 balzte ein Paar bei Schloss Werdringen (W. Bussmann). Die Horste werden im April in fünf bis acht Metern Höhe dicht am Stamm angelegt. Alle Horste im Jahre 1991 waren auf die Baumarten Fichte (13x), Lärche (5x) und Weymouthskiefer (3x) beschränkt. Eierzahl, Brutdauer, Schlupftag und Anzahl der Jungvögel wurden aus Artenschutzgründen nicht ermittelt. Durch die Funde der ersten Mauserfedern kann man den Brutbeginn auf Anfang Mai festlegen.

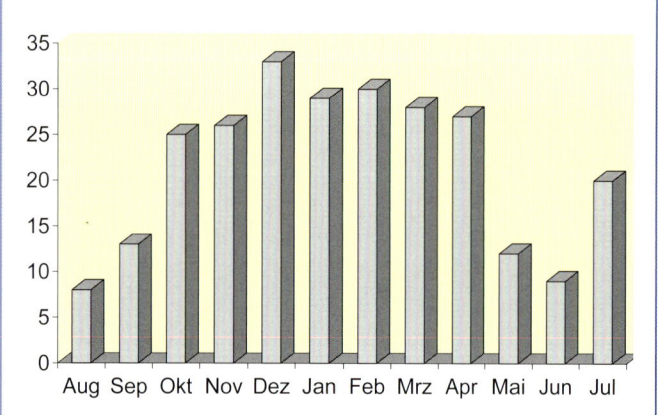

Abb. 4: Monatliche Verteilung von beobachteten Sperbern (n = 260) von 1973 bis 2008 (Daten A. Welzel)

Ziehende Sperber und Zuzug von Wintergästen aus Nordosteuropa sind wahrscheinlich sehr häufig, lassen sich aber aus den ornithologischen Aufzeichnungen nur selten herauslesen.

Beobachtungen zu ziehenden Sperbern:
- 26. Oktober 1996: in drei Stunden drei Exemplare über der Lennemündung (J. Kamp)
- 21. Oktober 2001: drei Sperber über dem Stadtgebiet Hagen (J. Kamp)
- 10. November 2001: vier Sperber über dem Stadtgebiet Hagen (J. Kamp)
- 10. Oktober 2002: ein Sperber über Eichelnbleck (A. Welzel)
- 22. Oktober 2004: ein Sperber über dem Raffenberg (A. Welzel)

Jagende Sperber (heimische?) sind insbesondere in den Wintermonaten sehr häufig in den Gärten der Stadtbebauung zu beobachten, da sie gerne die Winterfütterungen aufsuchen, um Singvögel zu schlagen. Beispiel: „Ab 25. Dezember 2000 jagt ein Sperbermännchen ständig am Futterhaus, indem er gezielt Vögel gegen eine Fensterscheibe treibt" (H. und C. Schönberger).

Weitere Beobachtungen

Der Sperber ist eine „undankbare" Art, dessen Bestand nur schwer zu erfassen ist. Die Gründe dafür sind: er baut jedes Jahr einen neuen Horst, er wechselt gerne die Fichtenbestände, und die Wälder sind durch liegengelassenes Schwachholz schwer begehbar.

Tab. 1: Monatliche Verteilung der Beobachtungen (n = 110) und Anzahl der Vögel (n = 124) von 1973 bis 2007 (Daten aus OSB Cinclus & OSB NABU-Hagen)

	Jan.	Feb.	Mär.	Apr.	Mai	Jun.	Jul.	Aug.	Sep.	Okt.	Nov.	Dez.
Beobachtungen	17	11	14	13	5	2	11	5	5	16	5	6
Individuen	20	11	14	14	8	2	11	5	6	21	5	7

1986 bis 1988 wurde das Nahrungsspektrum der insgesamt 26 Sperberpaare ermittelt. Die Rupfungen wurden an den Rupfungsplätzen im Horstbereich aufgesammelt. Unter 280 Beutetieren befanden sich 31 Vogelarten und eine Säugetierart (Kaninchen). Auch die Hagener Sperber kann man in „Dorfsperber" und „Waldsperber" einteilen. Ableitend aus der Beutetierliste (Sperlinge) kann man zu dem Schluss kommen, dass Hagen mehr „Dorfsperber" hat.

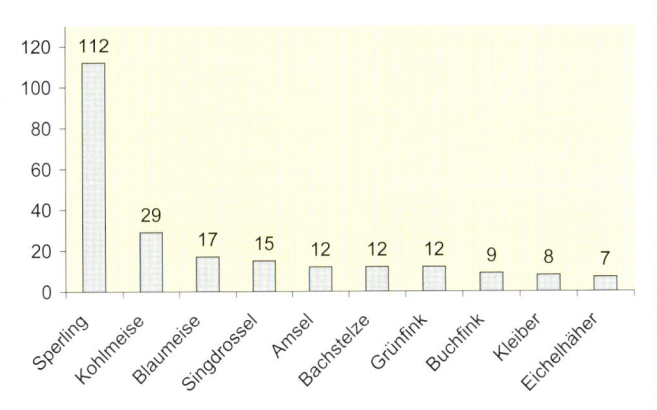

Abb. 5: Die zehn häufigsten Beutevögel im Beutespektrum an den Rupfungsplätzen von 26 Sperberpaaren 1986 bis 1988 (Daten C. TUNK/ M. WUNSCH)

Restliche Beutetiere im Zeitraum: 4x Taube species, 4x Mönchsgrasmücke, 4x Rotkehlchen, 4x Heckenbraunelle, 3x Kernbeißer, 3x Sperber, 3x Star, 2x Goldammer, 2x Buntspecht, 2x Hausrotschwanz, 2x Wacholderdrossel, 2x Gimpel und je 1x: Wiesenpieper, Wiesenschafstelze, Grauspecht, Girlitz, Mauersegler, Stieglitz, Weidenmeise, Gebirgsstelze, Kaninchen, Bluthänfling, Mehlschwalbe, Zilpzalp oder Fitis.

Zur Jagd des Sperbers auf erkannte Vogelarten gibt es folgende Beobachtungen:
- schlägt Amsel, Hagen, 2. April 1983 (C. TUNK)
- schlägt Amsel, Franz-/Sunderlohstraße/Eilpe, 24. Februar 1986 (G. RÖTTLER)
- schlägt Amsel, Siedlerstraße/Altenhagen, 13. Juli 1986 (T. C. DRANE)
- schlägt Amsel, Siedlerstraße/Altenhagen, 5. Januar 1991 (T. C. DRANE)
- schlägt Amsel, Siedlerstraße/Altenhagen, 9. April 1991 (T. C. DRANE)
- schlägt Amsel, Dorf Garenfeld, 19. Januar 1997 (G. und H. STEINBACH)
- schlägt Amsel, Dorf Garenfeld, 26. Januar 1997 (G. und H. STEINBACH)
- schlägt Amsel, Brockhausen/Vorhalle, 10. Oktober 1997 (P. ALTMAIER)
- verfolgt Haussperling dicht über Autoverkehr, Buscheystraße/Wehringhausen, 26. April 1988 (G. RÖTTLER)
- schlägt Haustaube, Siedlerstraße/Altenhagen, 14. Januar 1992 (T. C. DRANE)
- schlägt Amsel im Hof, Siemensstraße/Wehringhausen, 8. Januar 1993, Rupfung und Verzehr dauerten rund 80 Minuten, wobei er sich bei einem Abstand von 15 m nicht stören ließ (G. RÖTTLER)
- schlägt Haussperling im Hof Siemensstraße/ Wehringhausen, 17. April 1996, in nur zwei Metern Entfernung von einem Parterrefenster und ließ sich bei Rupfung und Verzehr nicht stören (G. RÖTTLER)
- schlägt Rauchschwalbe, Hegelstraße/Vorhalle, 13. Juli 2003 (A. ARNHOLD)

Offensichtlich wird in der Wohnbebauung die Amsel als häufigster Vogel geschlagen.

Bei den Verlustursachen sind es insbesondere Jungvögel, die häufig Opfer des Habichts werden (1984 bis 1987 fünf Mal), oder sie werden sogar Opfer der eigenen Art (Kannibalismus 1986 bis 1991 drei Mal). Sperber verunglücken außerdem oft wegen ihrer ungestümen Jagdweise an Glasflächen, in Zäunen, Hecken und im Verkehr.

Totfund jeweils eines Sperbers:
- 8. Oktober 1980: vor einer Fensterscheibe einer Schule (A. MELLINGHAUS/A. SCHÜCKING/W. KLISCH)
- 6. März 1996: vor einer Glaswand, Wetter (E. JANZING)
- 25. April 1985: Terzel am Güterbahnhof (C. TUNK)
- 7. April 2002: Lennebrücke Kabel (W. KOHL/U. SCHMIDT)
- 13. März 2003: Scheibenanflug eines Weibchens in Berchum, unter demselben Fenster lag gleichzeitig eine tote Singdrossel, vermutlich bei der Flucht vor dem Sperber ebenfalls an der Scheibe verunglückt (B. RAUER/A. WELZEL).

Weitere Verlustursachen:
- 1987 zwei tote Juvenile durch Horstabsturz
- 1996 zwei Juvenile gerissen (Marder?)

Schutzmaßnahmen

Wie alle Greifvögel ist auch der Sperber durch illegale Nachstellungen der „schwarzen Schafe" bestimmter Interessengruppen (Taubenzüchter, Jäger, aber auch Singvogelliebhaber) bedroht.

Abb. 6: Gevelsberg, hinter den Häusern der Schellmarkstrasse. Dieses adulte Sperberweibchen hat eine Elster geschlagen. 25.4.2006, Foto K. und K.-H. WAJS

Michael Wünsch

Rotmilan *(Milvus milvus)*

Aufenthalt

(J)	F	M	A	M	J	J	A	S	O	N	(D)

Brutzeit

			A	M	J	J	A				

Brut: 0 bis 3 Brutpaare, 1 Jahresbrut
Häufigkeit in Punktstoppkartierung: *Rang 74, Revieranzeigende: Rang 78*

Gefährdung:
RL Deutschland: *keine*
RL NRW: *gefährdet*
Hagen: *stark gefährdet*

Status: *Sommervogel, Durchzügler*

Abb. 1: Foto A. Klein

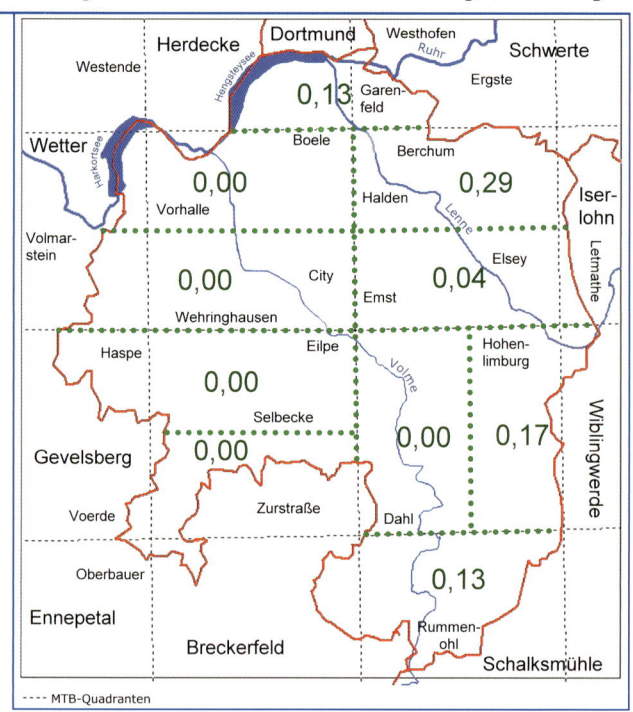

Abb. 2: *Durchschnittliche Anzahl an 10 Zählpunkten in 10 Hagener Teilbereichen (Erläuterung s. Anhang)*

Verbreitung und Bestand

Der erste Brutnachweis in Hagen stammt aus dem Jahre 1969. Die Brut fand am östlichen Lennesteilhang in Garenfeld statt, leider wurden die Jungvögel ausgehorstet (A. Schücking in der WP vom 24. Juni 1969).

Heute ist der Rotmilan in allen Höhenlagen anzutreffen. Ein Grund für die häufigen Beobachtungen im Hagener Norden wird das große Jagdrevier (10-12 km²) des Rotmilans sein, es handelt sich wahrscheinlich um Rotmilane aus dem Raum Schwerte mit zwei bis drei Brutpaaren.

Obwohl seit 1990 zur Brutzeit ständig Rotmilane im Hagener Norden und Süden beobachtet wurden, gelangen in den 90er Jahren nur zwei Brutnachweise. 2001 vermutete S. Sallermann eine Brut im Umkreis „Saure Egge" bei Tiefendorf. Im Hagener Süden werden wahrscheinlich außerdem oft Rotmilane aus den Räumen Wiblingwerde oder Schalksmühle beobachtet, beispielsweise konnte S. Sallermann am 5. August 1996 zwei Altvögel mit zwei Jungvögeln in Veserde beobachten.

Am 14. Januar 2002 konnten dann zwei weitere, vorjährige Bruthorste im Hagener Süden bei Linscheid-Brechtefeld gefunden werden, die wahrscheinlich mehrere Jahre zur Brut genutzt wurden und die die häufigen Sichtbeobachtungen im Süden erklären. Hier wird auch das Paar mit dem einen Jungvogel, das Familie Kalthaus 2001 beobachtet hat, gebrütet haben. Zur Brutzeit 2002 brütete dann hier erneut ein Paar erfolgreich. 2002 konnte noch ein weiteres Brutpaar in Holthausen festgestellt werden. Es gab leider keinen Bruterfolg, obwohl am 28. Mai noch ein Altvogel brütend angetroffen wurde.

2003 hat das Paar „Linscheid-Brechtefeld" des Jahres 2002 die Stadtgrenzen von Hagen verlassen und in Neuenhaus bei Wirminghausen, also 680 m außerhalb von Hagen, erfolgreich zwei Junge aufgezogen. In diesem Jahr bestand außerdem starker Brutverdacht für die Bereiche Flugplatz Wahl – C. Tunk und P. Uebelgünne konnten hier Altvögel mit einem oder zwei futterbettelnden Jungvögeln feststellen –, für den Umkreis Rölvede (A. Welzel, P. Uebelgünne), für Holthausen und wiederum für den Hagener Norden. P. Uebelgünne fand im Februar 2008 in Brechtefeld einen vorjährigen Horst, der die typischen Baumaterialien enthielt. Den Beobachtungen der letzten Jahre nach zu urteilen kann man davon ausgehen, dass dieses Brutrevier schon seit mindestens 2004 besetzt ist. Damit können eventuell die häufigen Beobachtungen in Hobräck erklärt werden. Bereits am 9. März 2008 flogen hier wieder zwei Rotmilane über den Horstbereich und man kann auch mit einer Brut in 2008 rechnen. Ein neues Rotmilanrevier befindet sich vermutlich

Rotmilan

Tab. 1: Brutnachweise

Jahr	Brutplatz	Horstbaum	Bruterfolg	Bemerkung
1991	Rehberg/Wannebachtal	Kiefer	1 Jungvogel	
1992	Rehberg/Wannebachtal	Buche	keine Jungvögel	
2001	Kalthausen	?	1 Jungvogel	Familie KALTHAUS
2002	Linscheid - Brechtefeld/bei Kalthausen, Hier wohl schon seit mehreren Jahren	Buche	1 Jungvogel	
2002	Raffenberg/Holthausen	Buche	keine Jungvögel	am 28. Mai noch brütend
2003	Neuenhaus bei Wirminghausen	Buche	2 Jungvögel	680 m außerhalb HA P. UEBELGÜNNE
2003	bei Wahl, wohl schon seit den 80er Jahren (1985,1986)	?	1 (2?) Jungvögel	C. TUNK/P. UEBELGÜNNE
2004	Neuenhaus bei Wirminghausen	Buche	1 Jungvogel	680 m außerhalb HA P. UEBELGÜNNE
2007	Brechtefeld, wahrscheinlich schon seit 2004	Buche	?	P. UEBELGÜNNE

südlich vom Wasserwerk Volmarstein Richtung Homberger Höhe. Hier konnten 2007 und auch am 30. März 2008 wieder Rotmilane beobachtet werden.

Lebensraum

Der Rotmilan bewohnt in Hagen Wälder, die sich mit offenen Landschaften (Felder, Wiesen, Seen, Flüssen) abwechseln. Bei den Wäldern handelt es sich vor allem um lichte Hochwälder (Buchenalthölzer) sowie um Hochwaldreste oder Überhälterinseln.

Jahresrhythmus

Ankunft und Durchzug findet ab Mitte Februar statt, aber überwiegend nach dem 20. Februar bis Anfang April (s. *Abb. 3*). Wegzug ist hauptsächlich ab Ende September über den Oktober hinweg bis in den November, es kommt aber auch zu Winterbeobachtungen.

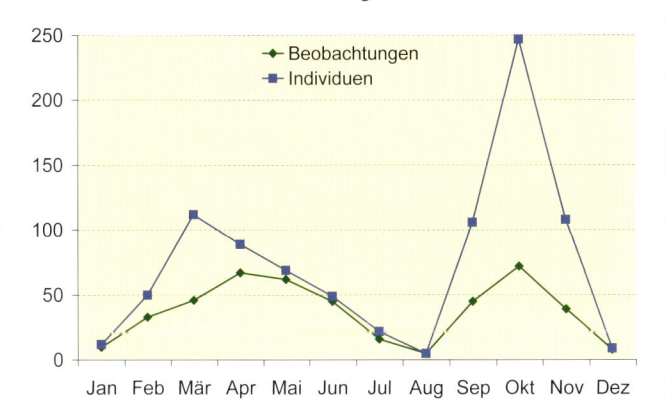

Abb. 3: Monatliche Verteilung von 448 Beobachtungen der Jahre 1974 bis 2007 und Anzahl der beobachteten Rotmilane (n = 878), Daten OSB Cinclus u. NABU

Weitere Beobachtungen

Arttypisch weisen auch Hagener Horste kuriose Nistbaustoffe auf: grüner und blanker Draht, Papier, Wolle, Seilstücke, lange Bänder (von Pferdekoppeln?).

Beobachtungen zur Brut von 1992 am Rehberg: am 17. April fliegt der Rotmilan vom Horst, am 3. Mai brütet er noch, am 5. Juni ist er ist verschwunden. Diese Brut wurde wahrscheinlich abgebrochen, weil in nur 20 Meter Entfernung der Wespenbussard brütete, der zwischen den letzten Beobachtungsterminen eingetroffen sein muss und das Revier übernommen hat.

Zur Nahrung: am 1. August 2003 fand P. UEBELGÜNNE unter dem Horst in Neuenhaus einen toten Frosch. Ein Rotmilan flog am 30. Juni 2002 mit einer Maus über den Rehberg Richtung Ost (B. RITZ).

Schutzmaßnahmen

Der Rotmilan ist naturschutzabhängig. Wichtig zu seinem Schutz sind:
- Erhaltung der Altholzwälder, insbesondere der Buchenalthölzer
- Bewahrung einer reichhaltig strukturierten Landschaft
- Verzicht auf Pestizide
- Erhaltung von Grünland
- Förderung einer extensiven landwirtschaftlichen Nutzung.

Unsere Greifvögel werden immer noch direkt vergiftet oder nehmen Gifte über ihre Nahrung auf. Dieses Los trifft auch insbesondere den Rotmilan.

Abb. 4: Im Hagener Süden rechtsseitig des Volmetales befindet sich ein Revier des Rotmilanes. In der reich strukturierten bäuerlichen Kulturlandschaft zwischen der Düinghauser Volmeterrasse und der Böllinger Höhe findet er seit Jahren sehr gute Lebensbedingungen vor. Sommer 2006, Foto R. BLAUSCHECK.

Mäusebussard *(Buteo buteo)*

MICHAEL WÜNSCH

Aufenthalt

J	F	M	A	M	J	J	A	S	O	N	D

Brutzeit

			A	M	J	J	A	S			

Gefährdung:
RL Deutschland: keine
RL NRW: keine
Hagen: keine

Brut: ca. 45 Brutpaare, 1 Jahresbrut
Häufigkeit in Punktstoppkartierung: *Rang 33, Revieranzeigende: Rang 45*   **Status:** *Jahresvogel*

Abb. 1: Foto J. SCHNEIDER

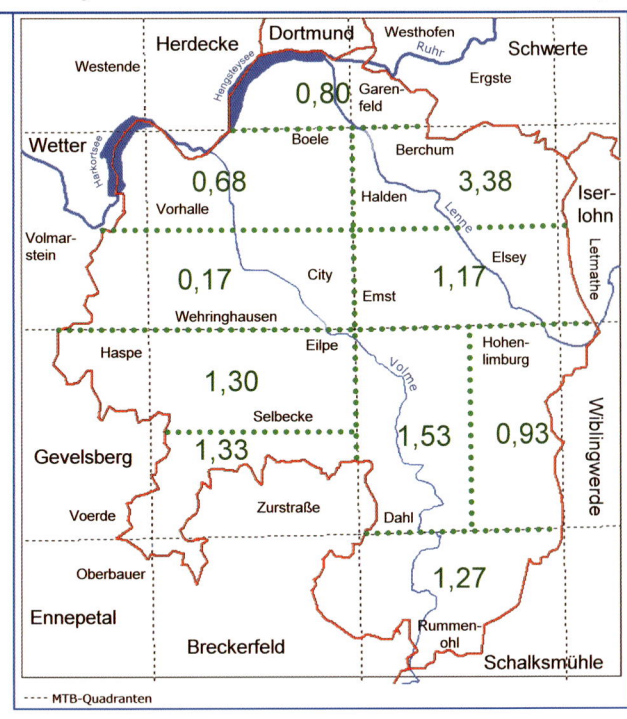

Abb. 2: *Durchschnittliche Anzahl an 10 Zählpunkten in 10 Hagener Teilbereichen (Erläuterung s. Anhang)*

Verbreitung und Bestand

Der Mäusebussard lebt in Hagen über das gesamte Stadtgebiet verteilt und kommt in allen Höhenlagen vor. Vor 1984 finden sich in den ornithologischen Aufzeichnungen nur wenige konkrete Hinweise und meist nur pauschale Aussagen zum Brutbestand mit Ausnahme des Jahres 1981 mit drei Brutpaaren mit je zwei bis drei Jungvögeln in Garenfeld (E. LANGER) und drei Brutpaaren mit je zwei Jungvögeln am Kaisberg/Vorhalle (W. BUSSMANN). 1982 fanden erfolgreiche Bruten in Garenfeld und Eilpe statt (A. SCHÜCKING). Als 1984 die AG Greifvögel ihre Arbeit aufnahm, waren schnell 19 Brutpaare kartiert, 1985 waren dann 25 Brutpaare und 1991 bereits 29 Brutpaare erfasst.

In den folgenden Jahren sind die Brutreviere leider nur noch sporadisch kontrolliert worden. Wie bei den anderen Greifvogelarten gibt es auch beim Mäusebussard für den Hagener Süden ein Kartierungsdefizit.

Lebensraum

Der Mäusebussard bewohnt in Hagen alle älteren Wälder, die an offene Landschaften mit Feldern und Wiesen grenzen und ihm die Jagd auf seine Hauptbeute, die Mäuse, ermöglichen. Oft genügen ihm inzwischen auch schon Feldgehölze (z. B. Uhlenbruch drei Jungvögel 2001) oder Baumreihen (z. B. Ruhrtal Garenfeld), um einen Horst anzulegen und eine Brut aufzuziehen, vielleicht eine Folge des Siedlungsdrucks?

Jahresrhythmus

Die Horstbäume befinden sich überwiegend in Waldrandnähe. Die Zentren größerer Waldgebiete werden gemieden. Reine Fichtenbestände werden bis auf Ausnahmen (z. B. Nimmertal) nicht besiedelt. Rand- oder Einzelfichten werden gerne zur Horstanlage genutzt. Die Waldungen, die zur Horstanlage genutzt werden, sind zu fast 100 % über 45 Jahre alt, eine Ausnahme stellte eine Brut auf einer ca. 25jährigen Birke dar. Die festgestellten Horstbäume bis 1991 (n = 48) befanden sich zu 69 % am Mittelhang, zu 21 % in einem Bachtal und zu je 5 % auf Kuppen oder in ebenem Gelände. Dies wird wohl mit der den An- und Abflug begünstigenden Hangthermik zu tun haben.

Die Reihenfolge der festgestellten Horstbaumarten bis 1991 (n = 48) waren: Buche (60 %), Fichte (15 %),

Mäusebussard

Lärche (13 %), Kiefer (8 %), andere Arten Birke, Schwarzpappel, Robinie (4 %).
Es wurde beobachtet, dass ausgebaute und meist mit Nadelbaumzweigen begrünte Horste im Umfang von ca. 75 % nicht als Bruthorst angenommen, sondern andere Wechselhorste neu begrünt und zur Brut genutzt wurden. Die Art ist sehr scheu und hat eine große Fluchtdistanz

Abb. 3: Männchen im NSG Lenneaue Berchum, 1.3.1984, Foto A. WELZEL

(75 bis 100 m), so dass fast nie ein Altvogel am Horst angetroffen werden kann. Lautloses Abfliegen sowie lautes, erregtes Umkreisen des Horstbereiches sind die Reaktionen der Altvögel.

Die Reviergröße lag meistens bei 200 bis 500 ha, und der kleinste Abstand zweier besetzter Horste konnte mit 185 m ermittelt werden. Ein Revier hat ein bis zwei Wechselhorste, neue Horste werden oft schon in den Wintermonaten gebaut. Inzwischen werden auch gerne die Horste in ungestörten Baumreihen angelegt, so konnten am 11. Februar 2006 mindestens vier Horste in Baumreihen der Ruhrtalstraße, Ehrenkampsweg und Spiksweg im Ruhrtal bei Garenfeld festgestellt werden. Die letzten beiden Wege liegen im Wasserschutzgebiet und sind damit ohne Störungen. Die Mäusebussarde flogen hier bereits paarweise.

Die Balz beginnt mit den ersten schönen Sonnentagen Mitte Februar und zieht sich bis Mitte März hin. In diese Zeit fällt auch der Heimzug der nordischen Mäusebussarde. Beispiele: neun Exemplare am 15. März 1999 über Eilpe, neun Exemplare am 16. Februar 2001 über Holthausen (A. WELZEL), 44 Exemplare am 15. März 2001 über Haspe (J. KAMP). Ende März sind die Horste ausgebaut (erhöht) und in der Regel mit Fichtenzweigen begrünt.

Der Brutbeginn und damit das Schlüpfen der Jungvögel sind sehr variabel. 1984 konnte bei neun Paaren der Schlupf der Jungvögel ermittelt werden: 1. Mai, 5. Mai, 12. Mai, 15. Mai, 20. Mai, 25. Mai und dreimal am 1. Juni. Bei einer durchschnittlichen Brutzeit von 33 Tagen muss beim frühesten Schlupftermin der 29. März als Brutbeginn angenommen werden, beim spätesten Schlupftermin der 29. April. Die spätesten Beobachtungen der Ästlinge (flügge Jungvögel, die den Horst bereits verlassen haben, aber noch in Horstumgebung auf Ästen sitzen) liegen vom 15. bis 18. Juli vor.

Der Hauptwegzug findet Mitte Oktober statt. Beispiele: 31 Exemplare am 16. Oktober 1983 über dem Ruhrtal (AOS, Arbeitsgemeinschaft Ornithologie Schwerte, jetzt AGON), 120 Exemplare am 25. Oktober 1987 über dem Ruhrtal Garenfeld (A. VEHLING), 13 Exemplare 17. Oktober 1997 über dem Stadtgebiet (C. SCHÖNBERGER).

Weitere Beobachtungen

2007 konnte im Uhlenbruch/Hengstey eine Mäusebussardbrut in nur 100 m Entfernung von einer Habichtbrut festgestellt werden. Leider haben es die zwei Jungvögel des Mäusebussards nicht überlebt. Einer verschwand, der andere lag tot am Waldboden im Horstbereich. Sehr wahrscheinlich hat der Habicht zugegriffen. Die Habichtbrut war mit zwei Jungvögeln erfolgreich.

In den Jahren 1984 und 1985 wurden als Jungenzahl am häufigsten zwei Jungvögel ermittelt.

Bruterfolg 1984: 7mal ein Junges, 10mal zwei Junge, einmal drei Junge, einmal ein totes Junges unter dem Horst.

Bruterfolg 1985: 7mal ein Junges, 4mal ein oder zwei Junge, 13mal zwei Junge, einmal zwei bis drei Junge.

Neben seiner Hauptbeute, den Mäusen, konnten wir noch folgende Beutetiere ermitteln: Ringeltaube, Straßentaube, Brieftaube, Kaninchen, Eichelhäher, Elster, Rabenkrähe, Singdrossel, Fasan, Waldohreule, Feldlerche, Buchfink, Star, Weidenmeise, Maulwurf, Eichhörnchen, Mauswiesel, Wanderratte, Blindschleiche, Igel, Fisch(gräte) und Frühlingsmistkäfer. M. SCHLÜPMANN beobachtete im Frühjahr, dass auch Grasfrösche zum Beutespektrum gehören. Bei den meisten Beutetieren handelte es sich um junge Tiere wie z. B. bei Fasan, Waldohreule und den Rabenvögeln. Inwieweit die Nahrung als Straßenopfer aufgesammelt wurde, ließ sich nicht feststellen, trifft aber beim Igel oder Kaninchen bestimmt zu.

Im anhaltenden und kalten Winter 1962/1963 war der Hengsteysee lange vereist. Mäusebussarde und Krähen ernährten sich von verendeten Wasservögeln (G. RÖTTLER).

Am 31. Oktober 1976 stieß ein hell gefärbter Mäusebussard nahe dem Volmarsteiner Wasserwerk so ungeschickt auf einen Fasan, dass dieser sich aus den Fängen befreien und fliehen konnte (G. RÖTTLER).

Zwei Vollalbinos konnten vom 15. August 1981 bis Anfang Dezember 1981 bei Brenscheid/EN beobachtet werden (H. LANGE/A. SCHÜCKING/H.-J. THIEL, SCHÜCKING 1981d, SCHÜCKING 1982b).

Schutzmaßnahmen

Im strengen Winter 1978/1979 wurden an 12 Futterstellen jeweils vier bis sechs Mäusebussarde beobachtet (OSB CINCLUS). 1979 wurden vom 15. bis 24. Januar fünf tote Exemplare in Hengstey und an der Autobahn A1 gefunden (W. DÜLLMANN).

Im Frühjahr des Winters 1987/1988 wurden auf den Gleisen in Halden drei tote Mäusebussarde gefunden (H.-J. THIEL/M. WÜNSCH), wahrscheinlich wurden sie beim Aufnehmen von Aas vom Zug erfasst. Leider sterben viel zu viele Vögel durch unseren Straßen- und Bahnverkehr. Sie können oftmals die Geschwindigkeit der Fahrzeuge nicht einschätzen und kommen beim Aufprall ums Leben.

Auch werden sie immer noch direkt vergiftet oder nehmen Gifte über ihre Nahrung auf. Dieses Los trifft auch insbesondere den Rotmilan. Jäger, Brieftauben- und Ziergeflügelzüchter machen immer noch mit allen möglichen Methoden illegal Jagd auf den Mäusebussard. Diesen Zeitgenossen muss das Handwerk gelegt werden.

Baumfalke *(Falco subbuteo)*

MICHAEL WÜNSCH

Aufenthalt

			(A)	M	J	J	A	S	(O)		

Brutzeit

				M	J	J	A				

Gefährdung:
RL Deutschland: *gefährdet*
RL NRW: *gefährdet*
Hagen: *stark gefährdet*

Brut: 0 bis 2 Brutpaare, 1 Jahresbrut
Häufigkeit in Punktstoppkartierung: *Rang 85, Revieranzeigende: Rang 78*
Status: *Sommervogel, Durchzügler*

Abb. 1: Foto C.-O. MANCY

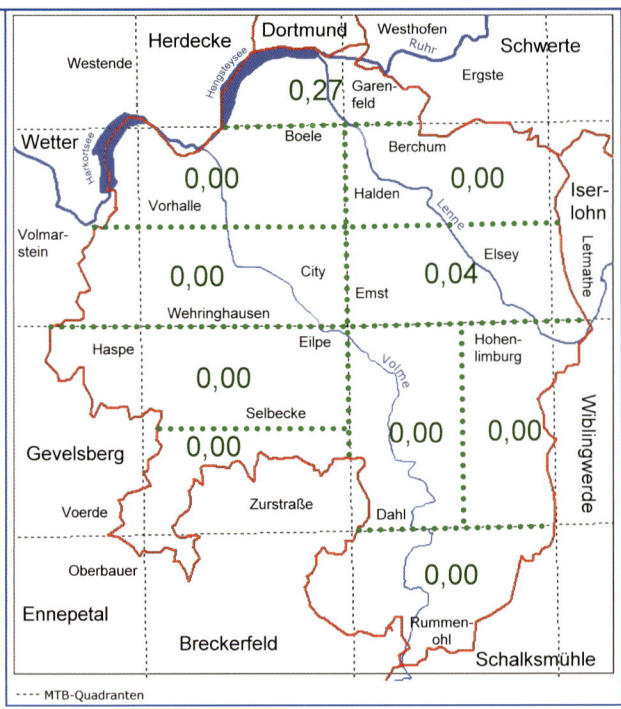

Abb. 2: Durchschnittliche Anzahl an 10 Zählpunkten in 10 Hagener Teilbereichen (Erläuterung s. Anhang)

Verbreitung und Bestand

Der Baumfalke brütet in Hagen im Tieflandbereich der Flüsse Ruhr und Lenne (90 bis 150 m NN). Alle 13 nachgewiesenen Bruten von 1994 bis 2004 fanden in diesem Höhenbereich statt. Nur folgende zwei Brutzeitbeobachtungen von Altvögeln lagen über 300 m NN: über Egge/Wahl am 26. Juni 1993 bei der Jagd auf einen Star und über Rumscheid am 18. Juni 1999 (beides H.-J. THIEL).

Die letzte vor 1994 nachgewiesene Brut fand 1964 im Fleyer Wald statt (A. SCHÜCKING). Eventuell können folgende Beobachtungen auch auf eine Brut hinweisen: 31. August bis 1. September 1974 zwei Altvögel und drei Jungvögel

Tab. 1: Bruten des Baumfalken - Nachweise und Reproduktion

Jahr	Fundort	Jungvögel	Beobachter
1994	Uhlenbruch/Hengstey	1	M. WÜNSCH
1996	Uhlenbruch/Hengstey	2	M. WÜNSCH
	Vorhalle/Auf der Bleiche	2 von 3 flügge	M. WÜNSCH
1997	Hohenlimburg-Reh	0	M. WÜNSCH
	Ruhr Mühlenfeld/Wetter	1	M. WÜNSCH
1998	Uhlenbruch/Hengstey	3	M. WÜNSCH
	Wannebachtal/Reh	1	C. SCHÖNBERGER
1999	Uhlenbruch/Hengstey	2	M. WÜNSCH
	Südufer Hengsteyseewehr	1	M. WÜNSCH
2000	Uhlenbruch/Hengstey	2	M. WÜNSCH/H. HOLTSCHMIDT
2001	Uhlenbruch/Hengstey	1	M. WÜNSCH
2002	Uhlenbruch/Hengstey	?	M. WÜNSCH
2004	Uhlenbruch/Hengstey	1 ?	M. WÜNSCH

Baumfalke

über dem Fleyer Wald (H. Kuczka/E. Hartung). 19. September 1976 drei Baumfalken über dem Fleyer Wald (H. Brauck).
Seit 1980 sind dann fast jährlich Brutzeitbeobachtungen in der Hagener Literatur veröffentlicht, so dass davon auszugehen ist, dass der Baumfalke schon länger Brutvogel in geringer Zahl ist und man von einem Kartierungsdefizit ausgehen muss. So konnte zum Beispiel am 21. Juni 1983 und am 8. August 1983 je ein Baumfalke über Werdringen-Kaisberg/Vorhalle beobachtet werden (C. Tunk). Regelrechte Brutnachweise wurden erst seit 1994 geführt.

Lebensraum

Die Art bewohnt in Hagen die offene Landschaft mit Waldinseln, Feldgehölzen, Flüssen, Seen und Dörfern. Hier findet er seine häufigen Beutetiere Mauersegler, Schwalben und Großinsekten wie z. B. Libellen.

Jahresrhythmus

Die Ankunft ist Ende April bis Anfang Mai. Die früheste Beobachtung eines Baumfalken war am 23. April 1995 über der Leimstraße in Haspe (D. Schultz/H.-J. Thiel/M. Wünsch). Intensive Balz konnte am 9. Mai 1999 über dem Uhlenbruch beobachtet werden. Weg- und Durchzug findet hauptsächlich im September statt. Späte Beobachtungen sind der 4. Oktober (M. Wünsch), 11. Oktober (C. Schönberger), 29. und 30. Oktober (jeweils H.-J. Thiel). Am 16. August 1996 und am 19. August 1998 konnte der erste Ausflug von Jungfalken beobachtet werden.
Wie die sehr ungewöhnlichen März- und die zwei Novemberbeobachtungen von jeweils einem Baumfalken zu werten sind, muss offen bleiben, bei den Beobachtern handelt es sich um versierte Vogelkenner:
- am 15. März 2001 ziehend in 20 m Höhe über der Lenneaue Berchum (A. Welzel)
- am 24. November 1984 über dem Ruhrtal bei Garenfeld (H.-J. Thiel)
- am 26. November 2003 über der Sternwarte am Eugen-Richter-Turm (E. Janzing)

Weitere Beobachtungen

Vier Bruten fanden auf Hochspannungsmasten (Überlandleitungen) statt. Hier wurden Krähennester in den Mulden am Ende der Quertraversen besetzt. Vier weitere Brutneststandorte befanden sich auf Pappeln. Auch hier handelte es sich um verlassene Krähennester. Bei fünf Bruten konnte der Brutplatz nicht oder nicht mehr lokalisiert werden.

Baumfalken rupfen ihre Beute auf Bäumen und die Federn werden vom Winde verweht, so konnten die nur sehr wenigen von den Beutevögeln aufgefundenen Rupfungsfedern Schwalben und Mauerseglern zugeordnet werden (M. Wünsch).
Zur Jagd des Baumfalken auf erkannte Vogelarten gibt es folgende Beobachtungen:
- Star, über Egge Hagen-Wahl, 26. Juni 1993 (H.-J. Thiel, Exkursion)
- Mauersegler in den Fängen, über Hohenlimburg, 22. Juni 1997 (S. Sallermann)
- Mauersegler erfolgreich schlagend, über Bredelle, 29. Mai 1999 (C. Schönberger)

Am 23. August 1984 kämpft ein Baumfalke über der Bechelte/Eckesey mit einem Mäusebussard (C. Tunk). Am 28. Mai 2004 jagen beide Altfalken über dem Uhlenbruch/Hengstey zwei Mäusebussarde aggressiv und hartnäckig in die Flucht.
Am 8. Mai 1987 landet ein erschöpfter und unterernährter Baumfalke in Holthausen bei der Familie Pukrop im Garten (A. Schücking).
Am 8. August 1983 konnte C. Tunk einen adulten Baumfalken über Werdringen-Kaisberg/Vorhalle beobachten, dem drei bis vier Federn fehlten (Mauser).

Schutzmaßnahmen

Baumfalken stehen in einer gewissen Abhängigkeit zu Rabenkrähen, da sie selber keine Nester bauen. Der Baumfalke besetzt zu fast 100 % verlassene Nester von Krähen. Deshalb ist Krähenschutz gleich Baumfalkenschutz! Auch die Förderung und der Schutz von Mauersegler, Schwalben und Libellen (drei der wichtigsten Beutetiere) kommt den Baumfalken zugute. Das nicht waidgerechte Ausschießen von Krähennestern muss aus oben genannten Gründen unterbleiben. Eine weitere Förderung könnte man durch das Anbringen von künstlichen Nisthilfen in Form von Weidenkörben erreichen (z. B. auf Überlandleitungen). Hier bedarf es einer Genehmigung der Energieversorger.

Tab. 2: Monatliche Verteilung der 97 Beobachtungen mit 105 Falken im Zeitraum 1975 bis 2007 (Daten aus OSB Cinclus & NABU)

	Mär	Apr	Mai	Jun	Jul	Aug	Sep	Okt	Nov
Beobachtungen	1	7	15	18	7	25	16	6	2
Anzahl der Falken	1	7	18	18	8	26	19	6	2

Abb. 3: Baumfalke ad. Foto H.-J. Fünfstück

Wanderfalke *(Falco peregrinus)*

Aufenthalt

J	F	M	A	M	J	J	A	S	O	N	D

Brutzeit

	(F)	M	A	M	J	(J)					

Brut: 1 bis 2 Brutpaare, 1 Jahresbrut
Häufigkeit in Punktstoppkartierung: *nicht registriert*

Gefährdung:
RL Deutschland: *keine*
RL NRW: *keine*
Hagen: *naturschutzabhängig*

Status: *Jahresvogel, Durchzügler*

Abb. 1: *Frischflügger Wanderfalke aus der ersten Hagener Brut nach dem Jungfernflug, 6.6.2007, MVA Boelerheide, Foto M. WÜNSCH*

Verbreitung und Bestand

Die letzte Wanderfalkenbrut in Hagen soll 1956 oder 1957 im Steinbruch Ambrock gewesen sein. Darauf verweisen verschiedene Literaturpassagen:
1. C. DEMANDT und seine Mitarbeiter ermittelten 1958 im Sauerland 12 Brutplätze, u. a. „in drei Steinbrüchen bei Finnentrop, Hagen und Iserlohn" (ROCKENBAUCH 1998).
2. Nach GLOWATZKI und KOKTA waren „die ehemals sechs bis sieben Paare in NRW schon 1965 nicht mehr vorhanden. Aus der Zeit von 1950 bis 1960 stammt auch der letzte Brutnachweis im Hagener Raum in Ambrock" (1978).

Der Wanderfalkenbestand galt 1970 in NRW allgemein als erloschen. Die Gründe sind hinreichend bekannt (Umweltgifte, Aushorstungen und Vernichtungsfeldzüge durch diverse Interessengruppen). Deshalb tauchten Wanderfalkenbeobachtungen viele Jahre nicht mehr in den Beobachtungslisten von Hagen auf. Die letzte Beobachtung in den 70er Jahren machte G. RÖTTLER am 19. Oktober 1975 auf dem Böhfeld: ein Wanderfalke flog über die Felder und scheuchte dabei Tauben-, Lerchen- und Starenschwärme hoch.

Die einzigen Beobachtungen aus den 80er Jahren stammen vom 18. November 1981, als ein Wanderfalke über Emst erfolglos auf eine Elster jagte und vom 13. November 1987, als einer über das Ruhrtal bei Garenfeld flog (H.-J. THIEL). Die nächste Beobachtung kommt dann erst wieder vom 23. Mai 1995: ein Wanderfalke startete von den Felsen unterhalb der Hohensyburg zu mehreren Jagdflügen in Richtung Ruhr/Lennemündung (M. WÜNSCH).

Im Juni 2003 beschloss man seitens der Stadt Hagen, im Rathausturm Wanderfalken zur Bekämpfung des „Stadttaubenproblems" anzusiedeln, allen voran Oberbürgermeister Horn und fragwürdige Falkner. Es wurden vier junge Wanderfalken im Turm eingepfercht, weil sie sich zunächst mal die Umgebung einprägen sollten. Für die Falken gab es keinen Herkunftsnachweis/Cites-Bescheinigung, und da der Falkner bereits beim Raub von Falkeneiern ertappt und verurteilt worden war, erschien die ganze Sache in einem sehr zweifelhaften Licht. Zahlreiche Zeitungsartikel erschienen in der Hagener Presse, Schlagzeilen waren: „Hagener Taubenjäger kreisen ohne Fluglizenz ums Rathaus", „Herkunft der Wanderfalken ungeklärt", „Illegale Ansiedlung", „Dienstaufsichtsbeschwerde gegen Oberbürgermeister Horn?". Auch der NABU-Hagen schrieb einen Leserbrief und bezog Position zu dieser ungeheuren Sache. Letztendlich war die ganze Aktion eine Farce, denn die Falken dachten gar nicht daran zu bleiben und waren schon nach ca. 20 Tagen verschwunden.

Bruten in Herdecke

1996 wurde vom Mitarbeiter G. SELL der AGW (Arbeitsgemeinschaft Wanderfalkenschutz) in Zusammenarbeit mit dem Bund für Vogelschutz und Vogelkunde e.V. Herdecke-Hagen ein Nistkasten in circa 80 m Höhe am Kraftwerkschornstein der Mark-E Herdecke (Harkortsee) angebracht. Der Brutplatz liegt nur wenige hundert Meter außerhalb von Hagen.

Nach 50 Jahren die erste Brut in Hagen im Jahr 2007

2002 stellte der NABU-Hagen Kontakt zur Betriebsleitung der Müllverbrennungsanlage (MVA) her und als der Schornstein einen neuen Anstrich erhielt, wurde ein Wanderfalkennistkasten auf ca. 80 m Höhe angebracht.

Wanderfalke

MICHAEL WÜNSCH

Tab. 1: Bruterfolg im Nistkasten am Kraftwerkschornstein der Mark-E Herdecke (Harkortsee), alle Daten von AGW-Beringer T. Thomas

Jahr	Bruterfolg	Geschlecht der Jungen	Bemerkungen
1996			Kasten durch AGW-Mitarbeiter G. Sell installiert
1997			Hin und wieder ein Wanderfalke unterschiedlichen Geschlechts anwesend, schon ein Paar?
1998	Brut, 2 Junge	2 Männchen	Vermutlich Nachgelege; nach Ausflug nur ein Männchen beobachtet
1999	Brut, 1 Junges	1 Weibchen	Erstgelege zerstört (Uhu?/Wassereinbruch?)Nachbrut;
2000	Brut, 4 Junge	3 Männchen, 1 Weibchen	nur ein Männchen wird flügge; Weibchen tot unter Brutplatz (ca. 30 Tage alt); Männchen nach Bodenlandung in Pflege, dann verstorben; Männchen Mitte Juni als Uhu-Rupfung
2001	keine Brut		Brut abgebrochen; Kasten leer
2002	Brut, 4 Junge	2 Männchen, 2 Weibchen	Mitte Juni alle Jungfalken gut fliegend
2003	Brut, 4 Junge	3 Männchen, 1 Weibchen	
2004	Brut, 4 Junge	1 Männchen, 3 Weibchen	am 12.6. alle Jungfalken am Kasten; 13.6. das Männchen tot im Uhu-Horst
2005	Brut, 4 Junge	4 Männchen	am 29.5. alle Jungfalken am Kasten/Stiege
2006	Brut, 3 Junge	3 Weibchen	am 18.6. alle Jungfalken gut fliegend
2007	Brut, 4 Junge	2 Männchen, 2 Weibchen	am 8.6. alle Jungfalken ausgeflogen
2008	Brut, 4 Junge	1 Männchen, 3 Weibchen	

Tab. 2. Weitere Daten zur Brutbiologie

Jahr	Brutbeginn	Schlupf	Ausflug	Beringung Juv.	im Alter
1998	ca. 8.5.	ca. 10.6.	ab 20.7.	1.7.	ca. 20 Tage
1999	ca. 3.5.	ca. 5.6.	ca. 20.7.	24.6.	ca. 20 Tage
2000	ca. 17.3.	ca. 19.04.	ca. 30.5.	9.5.	20-22 Tage
2001	ca. 20.3.	-	-	-	-
2002	ca. 15.3.	ca. 16.4.	30.5./1.6.	15.5.	27-30 Tage
2003	ca. 8.3.	ca. 10.4.	22.-24.5.	2.5.	21-22 Tage
2004	ca. 6.3.	ca. 8.4.	ab 18.5.	30.4.	20-22 Tage
2005	ca. 8.3.	ca. 10.4.	ab 20.5.	5.5.	22-25 Tage
2006	ca. 16.3.	ca. 18.4.	ab 3.6.	5.5.	15-16 Tage
2007	ca. 20.3.	ab 22.4.	ab 3. 6.	21.5.	27-29 Tage

Die erste Beobachtung eines Wanderfalken im Umkreis war am 5. Februar 2004 über Eckesey (H. BARANOWSKY). Am 26. November und 27. November 2004 konnte dann je ein Wanderfalke auf dem Schornstein entdeckt werden (D. BOY/M. WÜNSCH). Eine Nistkastenkontrolle am 13. Januar 2005 (D. BOY/M. WÜNSCH) ergab, dass sich hier wohl schon längere Zeit ein Wanderfalke aufhalten musste, dies war anhand der vielen Beutereste zu erkennen. Am 21. Juni 2005 sah B. HIRNSCHAL drei Wanderfalken am Schornstein und war der Meinung, dass ein Jungvogel dabei war. Sollte es zu einer unbeobachteten Brut gekommen sein? Weitere 22 Beobachtungen von ein bis zwei Wanderfalken wurden im Zeitraum September 2005 bis Februar 2006 am Kamin gemacht (B. HIRNSCHAL). Bei der Nistkastenkontrolle am 23. Januar 2006 (D. BOY/M. WÜNSCH) konnte nicht eindeutig geklärt werden, ob der Nistkasten als Brutplatz genutzt wurde, dazu war er einfach zu sauber. Waren es doch drei Altvögel (Fremd-/„Störfalke"), die B. HIRNSCHAL gesehen hatte?

B. HIRNSCHAL sah am 26. März 2006 zwei Exemplare beim Balzflug über dem Ischeland. Ab dem 27. März konnten von mir mehrere Brutablösungen und Beuteübergaben beobachtet werden. Das Männchen war alt und beringt, das Weibchen jung und unberingt. Die Brut wurde wahrscheinlich Mitte April abgebrochen, Grund war wohl die Unerfahrenheit des jungen Weibchens und die Anwesenheit eines zweiten Weibchens (Fremd-/„Störfalke") ab mindestens 4. April. Das junge Weibchen ist spätestens am 30. April verschwunden. Am 28. Mai ist das alte und beringte Männchen mit einem neuen ausgewachsenen und beringten Weibchen verpaart. Im Zeitraum 27. März bis 29. November wurden an 32 Beobachtungstagen ein bis zwei (drei) Wanderfalken beobachtet (B. HIRNSCHAL/M. WÜNSCH). Am 29. November erfolgte eine Nistkastenkontrolle, auch diesmal hat keine erfolgreiche Brut stattgefunden, es wurden auch keine Eierreste gefunden (D. BOY/M. WÜNSCH).

Am 26. Februar 2007 konnte auf dem alten gedeckelten Schornstein eine Kopulation beobachtet werden, weitere Beobachtungen erfolgten durch B. HIRNSCHAL. Am 21. Mai 2007 wurde drei Jungfalken im beringungsfähigen Alter (alles Weibchen) von AGW-Beringer T. THOMAS und mir beringt, während die Altfalken laut protestierend um den Schornstein flogen. Alle drei Jungfalken waren gesund und hatten keine Parasiten.

Wanderfalke

Tab. 3: Beringungsdaten der Brut vom Nistkasten der MVA Boelerheide, 21. Mai 2007, Kennringe links S1S-S2S-S3S, rechts: Stahl Vowa

Geschlecht	Alter	Gewicht	Mittlere Flügellänge
Weibchen	25-26 Tage	1030 g	210/215 mm
Weibchen	25-26 Tage	940 g	210/213 mm
Weibchen	25-26 Tage	925 g	203/202 mm

Abb. 2: Jungvögel der ersten Hagener Brut, 21.5.2007, MVA Boelerheide, Foto T. Thomas

Lebensraum

Bewohnt in Hagen spezielle, an hohen Bauwerken angebrachte künstliche Nistkästen, von denen er seine Jagdflüge in den offenen Luftraum startet.

Jahresrhythmus

Der vom Beringer T. Thomas errechnete Ausflugtermin der Brut im Nistkasten der MVA stimmte auf den Tag genau: am 6. Juni 2007 ist gegen 9:00 Uhr ein junger Wanderfalke ausgeflogen und nach seinem Jungfernflug auf der linken der drei Bogenröhren gelandet, zwei Stunden später flogen auch die zwei anderen Jungfalken vom Schornstein ab (s. Abb. 1). Vorher hatten sie noch ordentlich Flugübungen auf der Umlaufmauer gemacht und sich die aufsteigende Luft unter die Flügel wehen lassen. Dabei flitzten sie teilweise wieselflink auf der Mauer herum. Die Jungfalken versuchten dann immer wieder erfolglos, den Schornstein anzufliegen und zu landen, sie trieben immer mehr ab und flogen in Richtung Eckesey, bis ich sie aus den Augen verlor. Ob alle drei Jungfalken überlebt haben, kann nicht mit

Tab. 4: Beobachtungen zur Brutbiologie

Brutverhalten	Mark-E Herdecke	MVA Hagen	Mark-E Hagen-Kabel
Balz		26.3.2006, über Ischeland (B. Hirnschal)	20.2.2007 über Hengsteysee-Ostbecken (M. Wünsch)
Kopulation	23.4.1998, Schornstein bei einer Spätbrut (E. Janzing)	26.2.2007, Schornstein MVA (M. Wünsch)	22.2.2008, im Nistkasten (T. Thomas)
Gelege/Brutbeginn		ca. ab 30.3.2007 (errechnet, T. Thomas)	
Schlupf	10.6.1998 bei einer Spätbrut (G. Sell)	ca. ab 28.4.2007 (errechnet, T. Thomas)	
Ausflug/flügge	20.7.1998 bei einer Spätbrut (H. Grimm)	6.6.2007	

letzter Sicherheit gesagt werden, aber mehrmals konnten bis zu vier Wanderfalken gleichzeitig gesehen werden (B. Hirnschal/M. Wünsch).

Weitere Beobachtungen

Offensichtlich halten sich seit dem Jahr 2000 und der missglückten Ansiedlung seitens der Stadt Hagen aus dem Jahr 2003 Wanderfalken im Volmetal zwischen der Stadt und Ambrock auf (alle Beobachtungen J. Grawe):

13. Juni 2000: Emster Hardt/Berghang
26. Juli 2004: auf Sims der Johanniskirche Markt
16. Februar 2005: Sturzflug über Emster Hardt/Berghang
2005: öfters hassend auf Uhu, Felsengarten Stadthalle
16. Februar 2006: Emster Hardt/Berghang

A 45-Talbrücke Brunsbecke: J. Kumbruch fand hier im November 2007 zufällig zwei Eier, die mit reichlich Kot behaftet unter der Brücke in einem Stahlträgerfach auf blankem Stahl gelegen hatten. Es handelte sich einwandfrei um Wanderfalkeneier. Die Talbrücke liegt in östlicher Richtung gegenüber des Steinbruchs Ambrock, in dem sich ein Uhu aufhält (Brutversuch, Notgelege?).

Elbers-Ziegelschornstein: im oberen Bereich weist der Schornstein seit 2005 reichlich Kotspuren auf. Hier gibt es Nischen und es ist nicht ausgeschlossen, dass bereits eine unbeobachtete Brut oder ein Brutversuch erfolgt ist, denn J. Oheim beobachtete in der ersten Januarwoche 2008 mehrmals einen Wanderfalken, der entweder über dem Emster Hardtberghang kreiste oder in Richtung Stadt flog.

Nistkasten am Schornstein des Heizkraftwerkes Mark-E Kabel

Am 2. März 2006 wurde im Zuge einer Ausgleichsmaßnahme ein Wanderfalkennistkasten am Schornstein des Heizkraftwerkes Mark-E Kabel (Ruhr/Lennemündung) in circa 40 m Höhe montiert. Schon seit mehreren Jahren wurden Wanderfalken am Kamin beobachtet, meist saßen sie auf den Moniereisen der Steigleiter oder den Umläufen. Das Jagdgebiet ist hier optimal und liegt an einer Vogelzugstraße. Auffällig ist, dass die Beobachtungen ab September 1998 beginnen, dem Jahr, als in Herdecke die erste erfolgreiche Wanderfalkenbrut mit zwei Jungfalken glückte. In den Jahren 2006 und 2007 waren fast ständig ein bis zwei Wanderfalken am Schornstein.

Beobachtungen am Nistkasten:
- am 3. Oktober 2006 zwei und am 22. Oktober 2006 ein Wanderfalke im Kasten (S. Sallermann)
- am 1. Dezember 2006 ein Wanderfalke auf Dach des Nistkastens kröpfend (M. Wünsch)
- am 22. Februar 2008 waren beide Altfalken anwesend: das Weibchen saß kurz am Anflugbrett, der Terzel auf dem umlaufenden Träger. Das Weibchen - links Alu AGW Kennring V2/rechts Alu (Vowa) - ist noch derselbe Vogel wie im Vorjahr und kommt aus Siegburg (SU 2-Turmcenter von 2006), der Terzel war bisher hier unbeobachtet. Er hat zumindest rechts einen Aluring und ist links vermutlich ohne (Sicht war allerdings durch Schwaden beeinträchtigt). 2007 war das Männchen unberingt (T. Thomas).

Weitere Nistkästen

Am 8. August 2007 wurde mit einem Hubsteiger ein weiterer Wanderfalkennistkasten in ca. 36 m Höhe am Kamin des St. Josefs-Hospitals in Altenhagen angebracht. Nahrung in Form von Stadttauben gibt es im nahen Bahnhofsumkreis in Hülle und Fülle. Ein vierter Wanderfalkennistkasten wurde Ende 2007 am Franziskanerkloster St. Elisabeth eingebaut.

Zur Jagd des Wanderfalken auf erkannte Vogelarten gibt es folgende Beobachtungen:
- Elster, erfolglos, über Emst, 18. November 1981 (H.-J. Thiel)
- Ringeltaube, aus Schwarm erbeutet, Harkortberg, 18. Mai 1998 (H. Grimm)
- Ringeltaube, erfolglos, Ruhraue Syburg, 6. Oktober 2004 (A. Welzel)
- Lachmöwe, Wetter-Freiheit, 17. Juli 2005 (E. Janzing)
- Ringeltaube, erfolglos, Hengsteysee, 30. März 2008 (A. Pfeffer)

Bei den Kontrollen des Nistkastens an der MVA wurden folgende Beutevögel festgestellt: viele Tauben, je einmal Elster, Eichelhäher, Amsel, Mauersegler, Kernbeißer und zweimal Stieglitz. Einmal lag ein frisch abgebissener Kiebitzkopf auf dem Dach des Nistkastens.

Im Winter 1999/2000 wird vom Terzel ein Mäusebussard angegriffen und vertrieben (E. Janzing), auch am 10. Januar 2005 wird ein Mäusebussard am Harkortsee attackiert (J. Grawe).

Schutzmaßnahmen

Der Wanderfalke war Vogel des Jahres 1971 und damit überhaupt die erste so bedachte Art. Wanderfalken sind in Hagen naturschutzabhängig und auf das Anbringen von geeigneten künstlichen Nistkästen an hohen Bauwerken angewiesen. Es gibt in Hagen zwar vier geeignete Steinbrüche, in denen Wanderfalken „natürlich" als Felsbrüter brüten könnten, aber diese sind alle mit dem Uhu besetzt und beide Arten vertragen sich nebeneinander nicht bzw. der Wanderfalke würde immer den kürzeren ziehen.

Die Ursachen, die fast zum Aussterben des Wanderfalken geführt haben, sind zwar nicht mehr ganz so akut, aber es kommt immer noch zu illegalen Übergriffen aus den Reihen bestimmter Interessengruppen. Hier muss weiterhin entschlossen gegengesteuert werden.

Schutzmaßnahmen sind:
- Erhaltung und Entwicklung von offenen, steilen Felswänden, Felsbändern und Felskuppen mit Nischen, Halbhöhlen und Überhängen (natürliche Felsen, Steinbrüche)
- gegebenenfalls behutsames Freistellen von zugewachsenen, zu stark beschatteten Brutplätzen.

Michael Wünsch

Turmfalke *(Falco tinnunculus)*

Aufenthalt

| J | F | M | A | M | J | J | A | S | O | N | D |

Brutzeit

| | | | (A) | M | J | J | | | | | |

Brut: ca. 45 Brutpaare, 1 Jahresbrut
Häufigkeit in Punktstoppkartierung: Rang 56, Revieranzeigende: Rang 67

Gefährdung:
RL Deutschland: keine
RL NRW: Vorwarnliste
Hagen: keine

Status: Jahresvogel, Durchzügler, Wintergast

Abb. 1: Foto K. Sandmann

Abb. 2: Durchschnittliche Anzahl an 10 Zählpunkten in 10 Hagener Teilbereichen (Erläuterung s. Anhang)

Verbreitung und Bestand

Brütet in Hagen über das ganze Stadtgebiet verteilt und in allen Höhenlagen, eine Bevorzugung der nördlichen und mittleren Stadtgebietshälfte ist jedoch zu erkennen. Bereits 1975 schätzte man 30 bis 40 Brutpaare für den Raum Hagen-Herdecke (A. Schücking u. a.). Der Turmfalkenbestand ist seit jeher abhängig von zwei Faktoren: milde Winter und große Mäusepopulationen haben viele Brutpaare, strenge Winter und kleine Mäusepopulationen wenige Brutpaare zur Folge. 1983 wurden von der AG Greifvögel (C. Tunk, M. Wünsch) alle Kirchen im Stadtgebiet mit der Bitte angeschrieben, einen Nistkasten im Kirchturm anbringen zu dürfen. In 13 Kirchtürmen wurden nach den erforderlichen Maßen Nistkästen angebracht. 1984 wurde bereits in vier Nistkästen gebrütet (1 x 3, 1 x 5, 1 x 6 Jungfalken, 1 Gelege mit zwei Eiern verlassen). Seit circa 1985 hat der NABU-Hagen auch viele Turmfalkenkästen der Firma Schwegler an hohen Gebäuden oder Bauwerken mit Hilfe von Hubsteigern anbringen lassen. Dies geschah mit freundlicher Unterstützung der Unteren Landschaftsbehörde, Brückenbauämtern und Autobahnmeistereien. Traditionell besetzt sind folgende Kästen: unter A 45-Brücke Halden, unter Volmeabstieg-Brücke Delstern, Wasserturm Haßley, Schornstein Müllverbrennungsanlage, Kamin Karl-Adam-Turnhalle Vorhalle, Fernuniversität Fley, unter A 45-Brücke Eichelnbleck Wiggenhagen, Schornstein Barmerfeld Holthausen und weitere.

Auch an Bäumen aufgehängte Kästen werden gerne angenommen. Das große Angebot an künstlichen Nistkästen hat zur Folge, dass kaum Baumbruten bekannt werden. Gerne werden seit einigen Jahren Elsternester in den Fahrdrahtmasten der Deutschen Bahn AG besetzt, wie 1986 eine Brut Niedernhofstraße/„Zur Bleiche" oder 2001 eine Brut Vorhalle/Ablaufberg. Krähennester auf Hochspannungsmasten werden ebenso gerne besetzt. Regelmäßig brütet auch ein Paar in einem Mauerloch von „Haus Busch"/Lennetal. Der Boeler Kirchturm beherbergte 2001 vermutlich zwei Brutpaare und ist wohl seit mindestens 1970 regelmäßig besetzt (s. *Abb. 4*). Ein Paar brütete 2001 in einer Mauernische am hohen Elbers-Ziegelschornstein in circa 80 m Höhe. 1996 konnten bei nicht flächendeckender Kartierung 20 Brutpaare und 25 Brutpaare im Jahr 2007 festgestellt werden, wovon 16 Paare in NABU-Nistkästen brüteten.

Turmfalke

MICHAEL WÜNSCH

Lebensraum

Lebt in Hagen in der offenen Kulturlandschaft mit Feldern und Wiesen, aber als Kulturfolger auch mitten in der Stadt. Wenn er einen geeigneten Brutplatz gefunden hat, nimmt er auch größere Flugstrecken zum Erreichen von Grünflächen in Kauf, um hier seine Hauptbeutetiere, die Mäuse, zu schlagen.

Abb. 3: Weibchen beim Jagdflug, Unteres Lennetal, November 1985, Foto A. WELZEL

Abb. 4: Brut im Turm der katholischen Kirche Boele, 6.6.1970, Foto A. VEHLING

Jahresrhythmus

Eiablage ab Ende April bis Anfang Mai. Am 6. Mai 1974 Gelege mit sechs Eiern, am 5. Mai 1977 Gelege mit fünf Eiern im Boeler Kirchturm (A. SCHÜCKING). Ausfliegen der Jungvögel Ende Juni bis Juli.

Ob im Herbst und Winter Turmfalken durchziehen oder sich als Wintergäste bei uns aufhalten, lässt sich anhand der Hagener Literatur nicht belegen. Ausnahme: M. HENNING fand am 13. Januar 1995 einen frisch toten, beringten Turmfalken in Hohenlimburg-Reh mit einem Ring der Vogelwarte Helgoland, Nummer 5267151. Die Beringungsdaten lauten wie folgt: als nicht voll flugfähiger Jungfalke von H. HASENCLEVER am 4. Juni 1994 in Halver-Ehringhausen beringt. Distanz zum Fundort: 16 km; Richtung 21 Grad; Zeitintervall 223 Tage.

Ein frisch totes, ca. eine Woche altes Küken lag am 6. Juli 2001 unter dem Boeler Kirchturm, was auf ein Nachgelege (Zweitbrut?) hindeutet.

Weitere Beobachtungen

Von 1973 bis 1977 wurden von A. SCHÜCKING Turmfalken beringt. Vier Jungfalken 1973 und je fünf Jungfalken im Jahre 1976 und am 14. Juni 1977 Boeler Kirchturm, drei Jungfalken 1976 im Wasserwerk Hengstey. 1975 „mehrere Bruten" beringt (SCHÜCKING 1975a). Von fünf Eiern eines Geleges im Boeler Kirchturm war am 5. Mai 1977 ein Ei fast weiß (A. SCHÜCKING). Baumbruten wurden 1977 in Garenfeld auf Kiefer und in Boele auf Eiche festgestellt (E. LANGER). Eine Meldung, die auf kolonieartiges Brüten hindeutet, stammt vom 2. Juli 1977, demnach haben drei Brutpaare in den Gemäuern vom Wasserschloss Werdringen gebrütet (29 Teilnehmer einer Exkursion). Die sechs Jungfalken einer Brut im Eilper Kirchturm (1984) wurden fast nur mit erbeuteten Haussperlingen großgezogen.

Schutzmaßnahmen

Turmfalken sind in Hagen größtenteils naturschutzabhängig und auf das Anbringen von geeigneten künstlichen Nistkästen angewiesen:
- Öffnen der vergitterten Kirchtürme (Taubenproblem)
- Anbringen von einfachen Halbhöhlen an Feldscheunen, Viehställen usw.
- Anbringen von Kästen an hohen Gebäuden und in Kirchtürmen
- Erhalt einer reich strukturierten und extensiv bewirtschafteten Landschaft
- Schutz der Rabenvögel, die Nistunterlagen für Turmfalken liefern
- Verbot des Ausschießens von Krähen- und Elsternestern, aus vorgenanntem Grund.

Teichhuhn *(Gallinula chloropus)*

ERICH JANZING

Aufenthalt

J	F	M	A	M	J	J	A	S	O	N	D

Brutzeit

	(F)	M	A	M	J	J	A	S	O		

Brut: ca. 100 Brutpaare, 1 bis 2 Jahresbruten
Häufigkeit in Punktstoppkartierung: Rang 81, Revieranzeigende: Rang 67

Gefährdung:
RL Deutschland: Vorwarnliste
RL NRW: Vorwarnliste
Hagen: keine

Status: Jahresvogel, Durchzügler, Wintergast

Abb. 1: Absperrboje zum Wasservogelschutzbereich Hengsteysee Ostbecken, 6.9.2005, Foto N. LEMKE

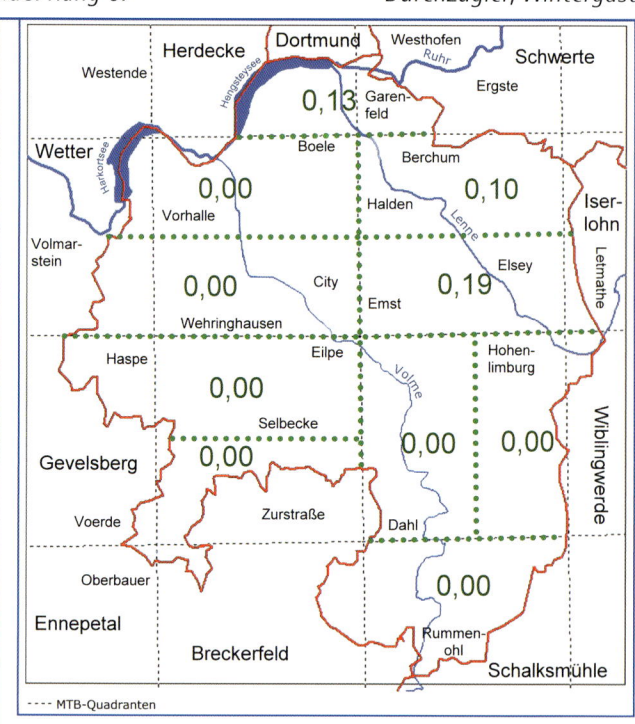

Abb. 2: Durchschnittliche Anzahl an 10 Zählpunkten in 10 Hagener Teilbereichen (Erläuterung s. Anhang)

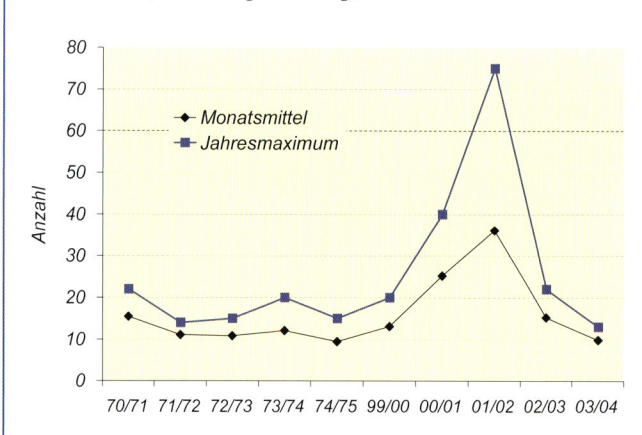

Abb. 3: Monatliche Winterzählungen (September bis April)

Verbreitung und Bestand

In Berichten, Zeitungsmeldungen sowie Avifaunen des 19. und 20. Jahrhunderts wird das Teichhuhn immer wieder als „verbreiteter Brutvogel" beschrieben (RADE & LANDOIS 1896, POHLMEIER 1890), dies gilt sicher auch für unser Gebiet.

Das Teichhuhn brütet vornehmlich in den Tälern der vier Flüsse der Stadt und an den drei Stauseen, vereinzelt auch bis in die Höhenlagen des Stadtgebietes – bis 320 m ü. NN. Rückschlüsse auf die Zahl der Brutpaare lassen die Zählergebnisse aus dem Monat September (Paare mit Jungen) und dem Monat April (vermutlich bleibende Paare) zu (s. Abb. 5). Die Zahl der Bruten blieb offensichtlich in beiden Perioden konstant.

Im Zeitraum 2000 bis 2002 stiegen die Winterbestände merklich an. Ursache dafür dürfte die Ausbaggerung des Sees mit seiner „Vergrünung" durch Wasserpest (*Elodea canadensis*) und Wassernetz (*Hydrodictyon*) sein. Für diesen Anstieg können nur Zuflüge gesorgt haben, da das Nahrungsangebot anstieg. Durch den Einsatz eines Mähbootes scheint sich der Bestand ab 2002 wieder zu normalisieren.

Lebensraum

Die Art lebt heimlich in noch naturbelassenen Räumen und brütet am Ufer von Seen, Altwässern und stillen Buchten von Flüssen, in Kläranlagen, Fischteichen und Tümpeln von Siepenbächen. Voraussetzung sind Ufervegetation oder noch wertvoller für die Art: überhängender Baum- und

Teichhuhn

ERICH JANZING

Abb. 4: Im NSG Kaisbergteiche brütet die Art mit mehreren Paaren. Die Ufer der zahlreichen verschieden großen Teiche sind teilweise dicht bewachsen und geben so den nötigen Schutz vor Fressfeinden. Als ökologische Ausgleichsmaßnahme für die Spülarbeiten im Harkortsee in den Jahren 2002-2003 wurden einige neue kleine Gewässer in der Kette der alten Kaisbergteiche angelegt. Die angrenzende, zeitweise recht stark befahrene Straße hat außerdem mehrere Krötentunnel erhalten. 21.4.2003, Foto S. SALLERMANN

Strauchbestand und auch angeschwemmte Baumstücke. Nester befinden sich meist in den unteren Zweigen des Ufergebüsches.

Jahresrhythmus

Ab Februar zeigt sich der Abzug vom Überwinterungsplatz in die Brutreviere. Ungewöhnlich ist der frühe Schlupftermin Anfang März: A. WELZEL beobachtete am 5. März 1984 in der Ruhraue Syburg ein Teichhuhn mit einem Jungen, noch nicht mehr als faustgroß. Am häufigsten sind frischflügge Junge von Mai bis Juli zu sehen. Am 30. Mai 1964 schlüpfte in einem Nest am Ufer des Harkortsees das erste Küken, bereits am 16. Juni hatte das Paar ganz in der Nähe ein neues Nest gebaut und ein Partner brütete wieder. Der andere Partner versorgte die Küken der ersten Brut und löste den brütenden Vogel regelmäßig ab.

Von einer sehr späten Zweitbrut berichtet C. SCHÖNBERGER: am 25. September 1997 wurden zwei nur wenige Tage alte Küken beim Mäuseturm im Hengsteysee geführt (OSB NABU 1998).

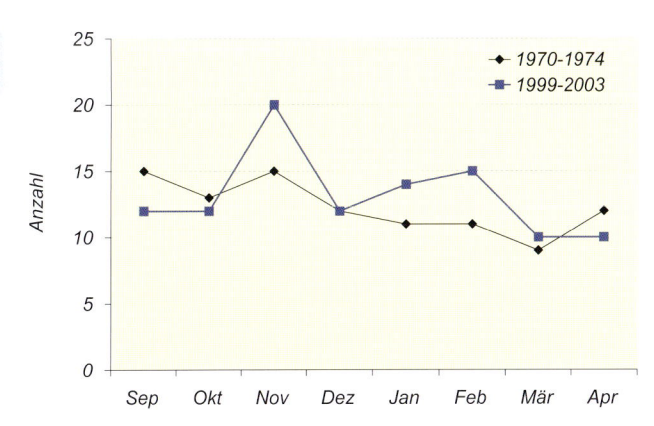

Abb. 5: Monatsmittel überwinternder Teichhühner

Im September wechseln die Brutvögel mit ihren Jungen von den versteckten Nestern auf die Seeflächen. Ab November erfolgt Zuzug von den Kleingewässern der Umgebung und möglicherweise aus der Ferne, Fernfunde sind allerdings nicht bekannt. Zum Winter fliegen Teichhühner aus der näheren und weiteren Umgebung zu den beiden größeren Stauseen, die weitgehend eisfrei bleiben, hinzu, im Dezember und Januar weichen bei Kälte zusätzlich viele Vögel zu offenen Gewässern aus.

Weitere Beobachtungen

Oft wird in alter Literatur noch der Name „Wasserhuhn" benutzt, wobei unklar bleibt, ob es sich nicht auch um das Blässhuhn handeln könnte.

Ein Paar brütete im Jahr 2001 auf einem verlassenen Höckerschwannest im Warmwasserkanal des Cuno-Kraftwerkes.

Wenn im Frühjahr das erste Grün sprießt, sieht man häufig Teichhühner in niedrigen Salweidenbüschen am Ufer, wo sie die zarten Knospen picken.

Schutzmaßnahmen

Die Art scheint noch nicht ernsthaft gefährdet, jedoch sollten Uferrandstreifen sehr sensibel behandelt werden und überhängende Gebüsche belassen werden. Der anwachsende Bootsverkehr müsste verstärkt von den Uferzonen ferngehalten werden.

Bisam- und Rattenfallen dürfen nicht in den Uferzonen ausgelegt werden, PRÜNTE macht sie für den Rückgang der Art in manchen Gebieten verantwortlich (zit. in GLUTZ V. BLOTZHEIM 1973).

Abb. 6: Im dichten Gestrüpp des Ufergehölzes kann die kleine Ralle am Harkortsee recht erfolgreich brüten. Am Hengsteysee kann sie Probleme mit den wechselnden Wasserständen bekommen. Befindet es sich direkt im Bereich der Seewasserlinie, muss das Nest schwimmend die Schwankungen ausgleichen können. Foto U. SCHMIDT

Blässhuhn *(Fulica atra)*

ERICH JANZING

Aufenthalt

J	F	M	A	M	J	J	A	S	O	N	D

Brutzeit

		M	A	M	J	J	A				

Brut: ca. 100 Brutpaare, 1 bis 2 Jahresbruten
Häufigkeit in Punktstoppkartierung: Rang 60, Revieranzeigende: Rang 76

Gefährdung:
RL Deutschland: keine
RL NRW: keine
Hagen: keine

Status: Jahresvogel, Durchzügler, Wintergast

Abb. 1: Hengsteysee, 2006, Foto R. WISNIEWSKI

Verbreitung und Bestand

Professor LANDOIS schreibt: „Das gemeine Wasserhuhn ... soll früher in unserem Gebiete als Brutvogel vorgekommen sein, ist aber ... fast nirgends mehr brütend zu finden. Nach Mitteilung des Pfarrers Westhof in Ergste soll das Blässhuhn in der Umgebung von Iserlohn regelmäßig als Brutvogel vorkommen" (RADE & LANDOIS 1886). POHLMEIER berichtet: „Muss in der Nähe von Dortmund vorkommen, da hier ... Eier zum Verkauf angeboten wurden" (1890). Die Wettersche Zeitung meldet am 2. März 1938: „Auf dem Harkortsee halten sich auch Wasserhühner auf."
Erste Wasservogelzählungen führte ZABEL ab 1951 an beiden Stauseen durch. Er berichtet „von einigen am Harkortsee ... vorkommenden Brutpaaren und einer geringen Zahl von Überwinterungen" (1964). Seitdem nahmen Brut- und Winterbestände immer mehr zu, seit 2000 durch die Ausbreitung der Wasserpest (*Elodea canadensis*) sogar stürmisch. Zwei Zahlen mögen dies verdeutlichen:
Höchstzahlen für den Harkortsee:
in den Jahren 1952 bis 1961:
292 am 23. Dezember 1959 (ZABEL 1964)
in den Jahren 2000 bis 2005:
1550 am 19. November 2005.

Lebensraum

Die Art brütet hier vornehmlich an beiden Ruhrstauseen und den Flüssen Ruhr, Lenne, Volme und Ennepe. Aber auch die höher gelegene Hasper Talsperre, sowie Fischteiche und andere Stillgewässer im bergigen Süden der Stadt sind besiedelt.
Die z. T. gewaltigen Nesthaufen stehen in Ufernähe meist unter überhängenden Bäumen und Sträuchern, auf den Seen auch inmitten der Teichrosen- und Wasserpestfelder.

Jahresrhythmus

ZABEL gibt November bis März als Zugzeit an mit einem Maximum im Februar (1964). Dies hat sich deutlich geändert! Der Zuzug setzt schon früher ein: Am 13. September 2004 zählte ich auf dem Harkortsee schon 375 und am 13. September 2005 gar 735 dieser Vögel in den Wasserpestwiesen; auch das Maximum erfolgt früher, nämlich bereits im November! Ursache dafür ist wohl die Wasserpest: im Spätsommer lockt sie mit kräftigem Wuchs, gegen Winterende ist sie „abgeweidet". Dieses gute Nahrungsangebot erhöhte auch die Zahl der Zweitbruten deutlich!
Ringfund: Hierüber berichtet die WR am 29. Oktober 1996. Das tote Blässhuhn wurde an der Ruhr nahe Vorhalle gefunden; beringt wurde es zehn Tage zuvor in Brandenburg. In diesen wenigen Tagen legte es die Strecke von mindestens 400 km zurück! Zudem macht der Fund wahrscheinlich, dass ein Teil der hier überwinternden Blässhühner aus den östlichen Ländern zufliegt.

Weitere Beobachtungen

Da an unseren Stauseen dichte Röhrichtbestände fehlen, stehen die Nester der Blässhühner meist unter überhängenden Bäumen und Sträuchern dicht am Ufer. „Ganz modern" sind sie oft sogar mit Plastik und Styropor ausgepolstert.
Bei der Fütterung der Küken aus Zweitbruten beteiligen sich oft schon die Jungen der ersten Brut.

Schutzmaßnahmen

Pflegemaßnahmen im Uferbereich der Gewässer sollten mit Augenmaß durchgeführt werden: „Gepflegt" muss nicht immer auch „ökologisch" sinnvoll sein! Selbst im Wasser liegende Bäume müssen nicht sofort beseitigt werden, besonders nicht zu Beginn der Brutperiode.

Kiebitz *(Vanellus vanellus)*

Aufenthalt

| | (F) | M | A | M | J | J | A | S | O | N | (D) |

Brutzeit

| | | | M | A | M | J | | | | | |

Gefährdung:
RL Deutschland: stark gefährdet
RL NRW: gefährdet
Hagen: stark gefährdet

Brut: 2 bis 5 Brutpaare, 1 Jahresbrut
Häufigkeit in Punktstoppkartierung: Rang 49, Revieranzeigende: Rang 59

Status: Durchzügler, Sommervogel

Abb.1: Foto A. WELZEL

Verbreitung und Bestand

„Verlockende Kiebitzeier. Seit drei Jahren kann man ... auf den Hülsbergschen Wiesen ... den Kiebitz beobachten". Ein Freund dieser Delikatesse „... suchte am vergangenen Sonntagnachmittag ... die Aufenthaltsorte der Vögel" ab (Wettersche Zeitung vom 28. April 1938). Diese Meldung dokumentiert wohl einen der ältesten Brutplätze im Hagener Raum.
Erst 1948 berichtet SCHÄFER über Bruten „am Zusammenfluß von Lenne und Ruhr" (1948/1996). SCHÜCKING zählte 1963 noch bis zu 20 Bruten in den Wiesen bei Halden, Kabel, Westhofen und in den Kläranlagen Vorhalle auf (1963). Noch 1998 spricht SCHÖNBERGER über regelmäßige Bruten von wenigen Paaren auf dem Böhfeld mit abnehmender Tendenz (1998). Für 2005 sind noch wenige Bruten auf Feldern in Garenfeld und im Industriegelände Sudfeld bekannt geworden (U. SCHMIDT, OSB NABU).

Jahresrhythmus

Der Frühjahrszug beginnt schon im Februar, erreicht im März vornehmlich im Ruhrtal seinen Höhepunkt mit oft großen Ansammlungen, z. B. am 25. März 1962 mit 250 Kiebitzen in der Aue bei Vorhalle. Plötzliche Kälte führt schon mal zur „Winterflucht" wieder südwärts.

Bruten beginnen schon Ende März/Anfang April; erste Küken findet man gegen Ende April/Anfang Mai. Früh im Juni beginnt schon ein Teilwegzug, der dann stetig in den Herbstzug übergeht. Dieser kann je nach Witterung bis in den Dezember andauern. So zogen am 5. Dezember 1964 gegen 14 Uhr etwa 60 Kiebitze über Wetter hinweg gen Westen; auf den Wiesen der Ruhraue bei Vorhalle standen noch ca. 200 im Sumpf. Am 2. Februar 1965 wurde der erste schon wieder hier entdeckt.

Weitere Beobachtungen

Als ich einmal versehentlich ein Brutrevier betrat, lösten die im Fluge ausgestoßenen Warnrufe des Altvogels bei den Küken eine „Sich-drücken-Starre" aus. Ich nahm zwei Küken auf; in meiner warmen Hand verloren sie ihre Starre. Als ich sie wieder freiließ, liefen sie mir vor den Füßen herum, ohne sich um die lauten Warnrufe zu kümmern.

Schutzmaßnahmen

Ohne diese dürfte der Kiebitz in wenigen Jahren aus dem Hagener Raum als Brutvogel verdrängt sein!
Die noch immer fortdauernde Intensivlandwirtschaft mit Mais-, Raps- und Getreidefeldern in den Flussauen führt schon früh im Jahr zu einer hochwachsenden Vegetation, die zu hohen Kükenverlusten durch Unterkühlung, Krankheit und Nahrungsmangel führt. Änderungen, die im „Flussauenplan" des Landes NRW von intensiver Landwirtschaft zu extensiver Weidewirtschaft führen sollten, lassen zu lange auf sich warten!
Gerade im Hagener Raum vernichteten großräumige Flächenverluste durch Autobahn-, Straßen- und Industriebauten zudem Brutgebiete vor allem auf den Flussterrassen von Ruhr und Lenne.

Abb. 2: In den Erdbeerfeldern von Garenfeld befanden sich zur Kartierungszeit die letzten erfolgreichen Brutplätze der Art. 28.9.2008, S. SALLERMANN

Flussregenpfeifer *(Charadrius dubius)*

ANDREAS WELZEL

Aufenthalt

		M	A	M	J	J					

Brutzeit

				M	J						

Gefährdung:
RL Deutschland: keine
RL NRW: gefährdet
Hagen: vom Aussterben bedroht

Brut: 1 bis 4 Brutpaare, 1 Jahresbrut
Häufigkeit in Punktstoppkartierung: Rang 69, Revieranzeigende: Rang 78
Status: Sommervogel, Durchzügler

Abb. 1: Unteres Lennetal, Industriebrache Profilstraße, 2000, Foto R. WISNIEWSKI

Abb. 2: Durchschnittliche Anzahl an 10 Zählpunkten in 10 Hagener Teilbereichen (Erläuterung s. Anhang)

Verbreitung und Bestand

Für den Ennepe-Ruhr-Kreis stuft MÜLLER die Art noch 1966 als sehr seltenen Durchzügler ein, er beobachtet ihn u. a. vereinzelt am oberen Ende der Hasper Talsperre (MÜLLER 1972). In Hagen ist die Brutverbreitung des Flussregenpfeifers ausschließlich auf den Norden beschränkt. Die Brutplätze befinden sich teilweise im Tal der Ruhr, vor allem aber im Bereich der Lenne bis etwa zur Querung des Tales durch die A 46.

Traditionelle Brutplätze konzentrieren sich auf den Bereich Halden (Profilstraße, Federnstraße, Spannstiftstraße) und Fley (Kläranlage). Alte Hinweise gibt es auch auf drei Brutpaare im Schotter der Ruhr 1963 (VOLKSSTERNWARTE HAGEN 1966). Sehr wahrscheinlich haben bis zum Aufkommen von Büschen auch in der Hohenlimburger Kläranlage Flussregenpfeifer gebrütet. Wichtige aktuelle Brutplätze könnten heute noch das Brachgelände der Firma J. VOGELSANG, die Kläranlage Fley und die Wassergewinnung Hengstey sein.

A. SCHÜCKING stellte von 1976 bis 1981 mitten in der Stadt auf der Fläche des ehemaligen Klöcknerwerkes zwischen Hauptbahnhof und Eckesey regelmäßige Bruten zweier Paare fest, wo durch Abbruch und Abräumung des Betriebes Brachen entstanden waren. Noch 1993 konnten hier Flussregenpfeifer durch eine Arbeitsgemeinschaft des BUND beobachtet werden, allerdings gelang kein Brutnachweis.

Typisch für die Art ist, dass der Bestand einer starken Dynamik unterworfen ist. Noch 1980 ermittelte SCHÜCKING einen Bestand von 49 Paaren (SCHÜCKING 1997), der ab Mitte der 80er Jahre auffällig abnahm, 1993 waren es nur noch zehn Brutpaare, fünf davon im Unteren Lennetal, zwei weitere im ehemaligen Güterbahnhof Hagen-Hengstey (SCHÜCKING 1993b). Der Bestand wies weiterhin abnehmende Tendenz auf und ist im Jahr 2001 nahezu erloschen.

Von den im Zeitraum von 1981 bis 2003 registrierten 60 Paaren in Hagen wurde bei der Hälfte kein Bruterfolg festgestellt, bei 27 jungeführenden Paaren wurden durchschnittlich 2,4 Junge gezählt. Die meisten anwesenden Paare wurden 1994 festgestellt (7 Paare), vier erfolgreich brütende Paare jeweils 1990 und 1998, 1998 war mit elf Jungen das beste Reproduktionsjahr der letzten 15 Jahre. Der letzte Nachweis von Küken führenden Altvögeln gelang im Jahr 2000. Im Jahr 2001 und 2002 gab es keine erfolgreiche Brut, für 2003 ist nicht einmal mehr eine Beobachtung für den Flussregenpfeifer veröffentlicht. In den Jahren 2005 bis 2007 brüteten ein bis vier Paare in

Flussregenpfeifer

Tab. 1: Brutplätze des Flussregenpfeifers

Brutplatz	Habitat	Zeitraum	Beobachter
Fa. J. Vogelsang	Brachfläche	1989 bis 2000	A. Welzel, C. Schönberger, A. Arnhold
Fa. Andernach & Bleck	Brachflächen	1993 bis 1998	A. Welzel, NABU-Exkursion
Halden/Fley	Brachflächen	1981 bis 2000	A. Welzel, NABU
Fley, heute: Postfrachtzentrum	Brachfläche	1983 bis Bau 1993	M. Schlüpmann, A. Welzel
Fley	Kläranlage	1981 bis 1992	A. Welzel, J. Grawe
NSG Ruhraue Syburg	Schlammflächen Teich	1985, 1989	A. Welzel
Eckesey	Industriebrache	1976 bis 1981, (1993)	A. Schücking, AG BUND-Hagen
Hengstey	Güterbahnhof	1976 bis 1993	A. Schücking
Hengstey	Wassergewinnung	1986 bis 1996	A. Welzel, C. Schönberger, J. Grawe

der Industriebrache Barmerfeld (OSB NABU). Im Jahr 2006 wurden trotz Bitte an die Untere Landschaftsbehörde um Unterschutzstellung wohl vier Bruten durch Verfüllung des Geländes zerstört (H.-J. Thiel, OSB NABU). Für 2007 gibt es Beobachtungen von weiteren drei Paaren in Garenfeld (N. Lemke), in der Industriebrache an der Ennepe und im Klärwerk Kabel (OSB NABU), ein Brutversuch oder gar Bruterfolg ist nicht bekannt.

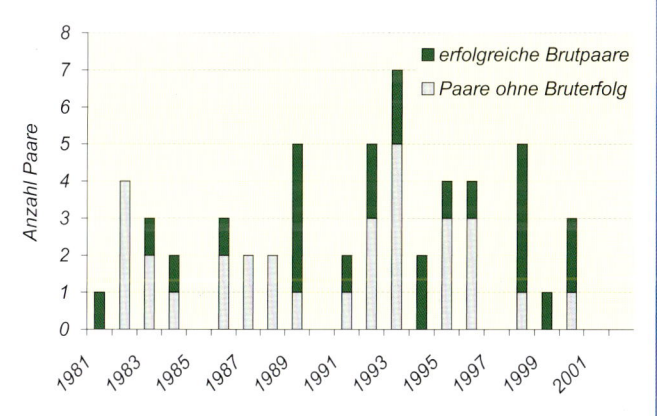

Abb. 3: Brutpaare mit Angaben zum Bruterfolg der Jahre 1981 bis 2003

Lebensraum

Ursprünglich ist der Flussregenpfeifer eine Art, die auf die Dynamik der naturnahen, unbegradigten Flüsse angewiesen ist, wo sich Schotterbänke, Inseln und Ufer durch immer neu entstehendes Geschiebe verändern und die Vegetation keine Zeit hat, Fuß zu fassen (s. *Abb.4*). Damit gehört der Flussregenpfeifer zu den Pionierarten, denen eine flexible Reaktion auf Veränderungen eigen ist.

Den natürlichen Lebensraum findet man in Hagen kaum noch. Infolgedessen gibt es bislang keinen Brutnachweis für einen natürlichen Brutplatz, wenn auch offen bleibt, welche Bedeutung diesbezüglich die Kiesinsel nahe der Lennemündung hat. Bruten finden sich ausnahmslos in Ersatzlebensräumen wie Industriebrachen, Brachgelände und geschotterten großen Parkplätzen, auch Schlammflächen von Kläranlagen, Wassergewinnung und Teichen oder in einem Fall selbst auf einem Maisacker. Nicht selten wählt er gerade dort seinen Brutplatz, wo durch größere Baumaßnahmen entsprechend vegetationsarme Flächen entstehen, z. B. bei den Neuanlagen von Gewerbekomplexen. Immer ist die Art auf vegetationsarme, nur minimal verkrautete Schotter-, Kies- oder Brachflächen angewiesen. Sobald die Sukzession mit stärkerer Verkrautung fortgeschritten ist, werden diese

Abb. 4: Lennemündung Ruhr, 11.6.2007, Foto N. Lemke

Flussregenpfeifer

ANDREAS WELZEL

Flächen für diese Art zunehmend ungeeignet. Ob je Bruten in einem Steinbruch stattfanden ist unklar, für 2005 existieren jedoch zwei Brutzeitbeobachtungen aus dem alten Oeger Steinbruch (M. WÜNSCH, HUMBERG, OSB NABU).

Durchzügler und nichtbrütende Übersommerer trifft man außer an Fluss- und Seeufern wie dem Hengsteysee-Ostbecken auch auf Ackerflächen an, wie von W. KOHL und U. SCHMIDT am 16. März 2003 bei der Verbandstraße bei Reh beobachtet (OSB NABU). Weitere Beobachtungen gibt es aus Steinbrüchen wie von S. SALLERMANN aus den Jahren 1997 und 1998 im Steinbruch Steltenberg oder von H. LUEG im Steinbruch Haßley am 22. Juni 1986 (mündl.).

Jahresrhythmus

Die früheste Jahreserstbeobachtung in Hagen gelang W. KOHL und U. SCHMIDT am 15. März 2001 im Unteren Lennetal bei Halden (OSB NABU). Der Frühjahrszug erreicht seinen Höhepunkt Mitte April, als maximale Anzahl wurden von C. SCHÖNBERGER am 23. April 1995 16 Flussregenpfeifer im Unteren Lennetal gezählt (OSB NABU 1995). Anfang Mai ist der Durchzug abgeschlossen (s. *Abb. 5*). Früheste Balzaktivitäten wurden bereits während des Durchzugs am 4. April 1985 in der Ruhraue Syburg beobachtet und können über die gesamte Brutzeit hinweg festgestellt werden. Letzte balzende Flussregenpfeifer wurden gegen Ende der Brutzeit am 8. Juni 1988 ebenfalls in der Ruhraue Syburg registriert.

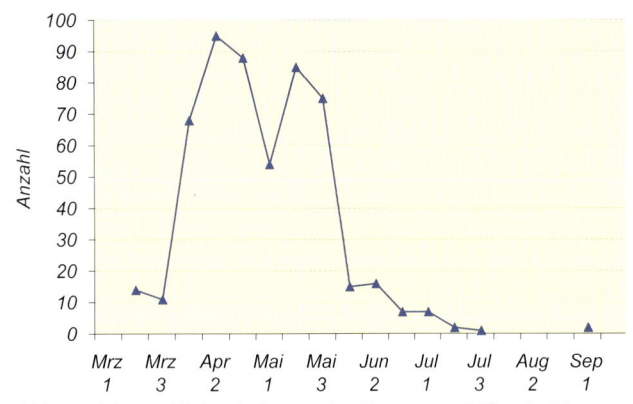

Abb. 5: *Jahreszeitliche Auftreten des Flussregenpfeifers in Monatsdritteln seit 1981 (n = 540)*

Extremdaten zur Brutbiologie

früheste Eiablage:	4. Mai; 1993, Unteres Lennetal, (Arbeitsgemeinschaft des BUND)
letzte brütende:	25. Mai; 1989, ehemalige Brachgelände, heute überbaut durch das Postfrachtzentrum
frühester Schlupftermin:	16. Mai; 1989, ehemalige Brachgelände des heutigen Postfrachtzentrums
weiterer Schlupftermin:	23. Mai; 1998, Unteres Lennetal, NABU-Exkursion
Letzte Junge führende:	15. Juni; 1984, Unteres Lennetal Halden, M. SCHLÜPMANN/A. WELZEL 1997, Unteres Lennetal Halden, ARNHOLDT (OSB CINCLUS 1998)

Die Brutplätze werden etwa Ende Juli verlassen, danach ist der Flussregenpfeifer in Hagen nicht mehr zu beobachten. Auch der Wegzug berührt Hagen nicht, lediglich zwei Nachweise vom 1. September 1998 (Kläranlage Fley, S. SALLERMANN) bzw. 2. September 1987 (Ruhraue Syburg) sind für Hagen seltene Beobachtungen, die auf den Wegzug hinweisen. Eine Zweitbrut ist für Hagen nicht nachgewiesen.

Weitere Beobachtungen

Die Anwesenheit eines Paares auf einem Maisacker im Böhfeld in den Brutperioden 1995 bis 1998 hinweg ließen J. KAMP und C. SCHÖNBERGER auf einen Brutversuch an diesem ungewöhnlichen Brutplatz schließen (OSB NABU). In anderen Regionen ist eine Zunahme der Ackerbruten zu erkennen (BAUER 1996).

Schutzmaßnahmen

Hauptursache für den früher sicher ungleich höheren Bestand ist die Vernichtung der ursprünglichen Lebensräume durch Begradigung und Eindeichung im Unterlauf der vier Hagener Flüsse, die so ihre Dynamik verloren haben. Die Ersatzlebensräume, auf die der Flussregenpfeifer ausgewichen ist, unterliegen einer schnellen Sukzession, neue Flächen stehen nach Ende der Erschließung durch Gewerbegebiete im Lennetal so schnell nicht zur Verfügung. Im Unteren Lennetal hat der Flussregenpfeifer Ende der 80er und Anfang der 90er Jahre zunächst von den umfangreichen Baumaßnahmen zur Schaffung von Gewerbeflächen profitiert, als kurzfristig große Brachflächen entstanden. Später gingen viele dieser neu entstandenen Flächen und zusätzlich leider weitere, alte und lang genutzte Brachflächen durch Überbauung mit Gewerbebetrieben verloren. Vor allem dieser Verlust von langjährigen, ausreichend großflächigen und somit wertvollen Brachen (z. B. heutiger Standort des Postfrachtzentrums) ohne adäquaten Ausgleich und Ersatz haben den Rückgang der Art bis hin zum nahezu völligen Verschwinden verursacht.

Das Anbieten von künstlichen Ersatzflächen kann nur eine kurzzeitige Überbrückung schaffen, weil es nahezu unmöglich ist, diese Flächen ständig von Vegetation frei zu halten. So hat der NABU-Hagen Ende der 80er Jahre künstliche Kiesflächen angelegt und gepflegt, der erhoffte langfristige Erfolg stellte sich nicht ein. Deshalb sind unverbaute Flüsse mit ihrer Fließdynamik unersetzbar und in ihrem Wert auch für andere Arten nicht hoch genug einzuschätzen. Leider sind die Schäden aus der Vergangenheit nicht wieder gutzumachen, deshalb hat Renaturierung und Verhinderung weiterer Flussverbauung Vorrang beim Schutz des Flussregenpfeifers. Auch der wichtige Sekundärlebensraum – extrem trockene, nährstoffarme und somit langfristig vegetationsarme Brachflächen – wurde in der Vergangenheit nicht erhalten. Der Schutz der Restflächen dieses Brach- und Ödlandes ist eine wichtige Maßnahme.

Als eine weitere Ursache für Brutverluste muss die Störung und Zerstörung durch Freizeitaktivitäten (wie z. B. im Jahr 2006 durch Motocross-Training im Unteren Lennetal) genannt werden.

Waldschnepfe *(Scolopax rusticola)*

Aufenthalt

J	F	M	A	M	J	J	A	S	O	N	D

Brutzeit

			A	M	J	J					

Brut: ca. 10 Brutpaare, 1 (2?) Jahresbruten
Häufigkeit in Punktstoppkartierung: nicht registriert

Gefährdung:
RL Deutschland: Vorwarnliste
RL NRW: gefährdet
Hagen: gefährdet

Status: Sommervogel, Durchzügler, Überwinterer

Abb. 1: Foto H.-J. Fünfstück

Verbreitung und Bestand

Schücking bezeichnet die Waldschnepfe als „äußerst selten" und gibt als mögliches Vorkommen das Grenzgebiet zu Letmathe und das Nahmerbachtal bis zur Brenscheider Mühle an (1980b).
Sie ist immer noch ein selten anzutreffender Vogel. Die überwiegend tagaktive Arbeitsweise der Ornithologen und die dämmerungs- und nachtaktive Lebensweise der Waldschnepfe, nur von wenigen leisen akustischen Signalen begleitet, hat eine unvollständige Erfassung der Art zur Folge. In geeigneten Lebensräumen dürfte die Waldschnepfe im ganzen Hagener Bereich vorkommen. Zug- und Winterbeobachtungen kommen aus dem gesamten Hagener Stadtgebiet.
Für ein Brutvorkommen kämen in Hagen folgende Bereiche in Frage: Hallerkopp bis Philippshöhe, Reher- und Berchumer Heide, Fährbachtal, Nahmerbachtal, Oberes Hasselbachtal, Oberes Holthauser Bachtal, Oberes Nimmertal, Kettelbachtal mit Kurk, Stadtwald, Dünningsbruch und der gesamte Hagener Süden mit den vielen Siepen- und Bachtälern wie Sterbecke, Hamperbach, Saure Epscheid, Hasper Talsperre sowie die Hochflächen von Wirminghausen bis Kalthausen. Bei der Anzahl geeigneter Lebensräume in Hagen könnte der Brutbestand bei zehn Paaren liegen, gesicherte Sommerdaten bestehen jedoch nur für den Hagener Süden (M. Knaup, H. Hilker, B. Rauer), für diesen Bereich liegen vor allem aus dem Jahr 2002 regelmäßige Sommerbeobachtungen durch M. Knaup am Kurk/Ölberg vor. Hier stellt sich für Hagener Ornithologen eine Beobachtungsaufgabe, um erhebliche Beobachtungslücken zu schließen. Von besonderer Bedeutung ist der Riss einer juvenilen Schnepfe in der Nähe eines Fuchsbaues im Kettelbachtal vom 18. Mai 1996 (B. Rauer), es ist ein Hinweis auf Feinde der Waldschnepfe und zugleich der einzige bekannte Brutnachweis Hagens.

Lebensraum

Die Waldschnepfe besiedelt Laubhochwälder in Talniederungen mit ausgeprägter Kraut- und Strauchschicht und findet sich bevorzugt in von Wäldern umschlossenen feuchten Wiesenbereichen, auch in Bruchwäldern (Erlen) mit krautigem Bewuchs (z. B. Kettelbachtal, Hasper Talsperre und Selbecke).

Jahresrhythmus

Der überwiegende Teil der Beobachtungen betrifft Zug und Überwinterung, nur sehr wenige Nachweise liegen von Mai bis September und vor allem für die Hauptzeit des Schnepfenstriches im Juni vor (s. o.). Der Heimzug der Waldschnepfe findet im letzten März- und ersten Aprildrittel statt. Brutbeginn ist im April. Der Wegzug beginnt Ende September. Bemerkenswert sind Beobachtungen von Jägern, die bis Mitte Dezember im gesamten Hagener Stadtbereich regelmäßig einige Waldschnepfen während der Treibjagden (an)treffen. Möglicherweise fördern mildere Winter die Überwinterungsneigung der Waldschnepfe.

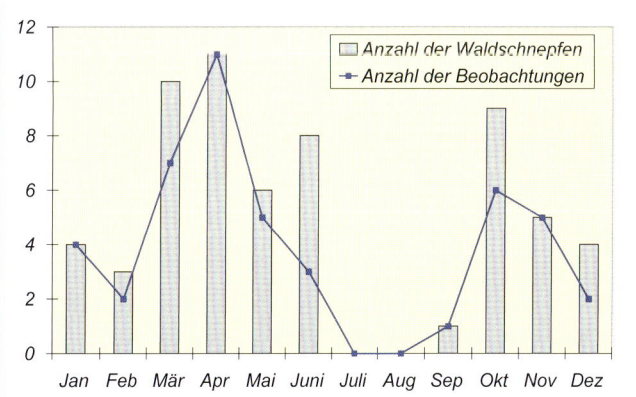

Abb. 2: 46 Beobachtungen von 1965 bis 2008 (n = 61), Daten Arbeitsgemeinschaft Avifauna Hagen

Weitere Beobachtungen

Wie groß die Bestände vor 50 Jahren in unserer Gegend waren, belegt der Jagdbericht für den Ennepe-Ruhr-Kreis des Jahres 1956, nach dem dort allein in diesem Jahr 55 Waldschnepfen geschossen wurden (MÜLLER 1961). Bis 1998 wurden auch in Hagen während des Frühjahrs und des Herbstzugs Waldschnepfen geschossen, möglicherweise die letzte am 17. Oktober 1997 am Goldberg (H. MUDRICH). Seit 1998 darf die Waldschnepfe nicht mehr bejagt werden. Ausschlaggebend waren starke Bestandseinbrüche in ganz Europa.

13 % aller Nachweise der Waldschnepfe in Hagen stammen aus Rupfungen des Habichts, auch dies ein Hinweis auf das Vorkommen der Waldschnepfe, selbst wenn für diese Gebiete keine Beobachtungen bestehen.

Schutzmaßnahmen

Wichtig ist nach wie vor der Schutz des Lebensraums, d. h. Erhaltung der Laubhochwälder und der feuchten Waldbereiche, speziell der feuchten Wiesenflächen in oder am Rande von Wäldern. Gezielte Pflegemaßnahmen zur Unterstützung der Kraut- und Strauchschicht in zu dicht mit Bäumen bewachsenen Flächen könnten durchaus fördernd wirken.

Allerdings wurde auch in Bereichen mit diesen günstigen Voraussetzungen und in verbesserten Lebensräumen ein Rückgang der Bestände festgestellt, so dass auch andere Faktoren diskutiert werden müssen. Hier sind eine hohe Wildschwein- und Fuchsdichte (GATTER 2000) und der Prädationsdruck des Habichtes zu nennen, die eine bestandsbestimmende Rolle spielen könnten (s. o.). Welchen

Tab. 1: Waldschnepfenrupfungen durch den Habicht (M. WÜNSCH)

Fundort	Datum
Auf der Halle/Tücking	3. Dezember 1983
Hallerkopp/Grüntal (oberhalb Eckesey)	April 1985
Dünningsbruch/Berchumer Str./Eppenhausen	22. März 1987
Holthausen Tüßfeld	1. April 1985, 31. März 1991
Wannebachtal Westheide (oberhalb Fischteiche)	19. April 1991

B. RAUER konnte am 30. Januar 2007 beobachten, wie ein Habicht im Wildpark/Stadtwald eine fliegende Waldschnepfe verfolgt, schlägt, mit ihr in einem Bachbett landet, sie daraufhin aus dem Bach herauszieht und rupft.

Ein Totfund vom 5. November 2007 am St. Johanneshospital in Boele – vermutlich Straßenverkehrsopfer (Kopf bzw. Augenverletzungen) – zeigte eine starke Schwanzfedermauser: links wurden vier neue Federn geschoben, nur eine alte war vorhanden, rechts fehlte auch eine Feder (WÜNSCH 2008).

Einfluss zunehmende Dachsbestände und vor allem die nun auch in Hagen anwesenden Waschbären ausüben, bleibt abzuwarten. Auch die veränderte Wirtschaftsweise der Landwirtschaft kann die an Wälder angrenzenden Wiesen verändert und der Waldschnepfe damit eine Nahrungsgrundlage entzogen haben.

Ein Verzicht der Bejagung von Waldschnepfen wird auch weiterhin in Hagen zur Unterstützung der Art notwendig sein.

Abb. 3: Unterholzreiche Wälder sind der Lebensraum der Waldschnepfe. Buchenwald am Andreasberg, Foto B. RAUER

Abb. 4: Blick vom Eilper Berg über die Selbecke zum Riegerberg hinüber. Dieser Großraum ist von der Waldschnepfe besiedelt. Hier finden sich noch einige naturnahe, feuchte Waldabschnitte, die als Lebensraum für die Waldschnepfe ideal sind. 16.11.2008, Foto S. SALLERMANN

Straßentaube *(Columba livia f. domestica)*

Aufenthalt

J	F	M	A	M	J	J	A	S	O	N	D

Brutzeit

(J)	F	M	A	M	J	J	A	S	(O)	(N)	(D)

Brut: Mehr als 500 Brutpaare, 3 bis 5 Jahresbruten
Häufigkeit in Punktstoppkartierung: *nicht erfasst*

Gefährdung:
RL Deutschland: *keine*
RL NRW: *keine*
Hagen: *keine*

Status: *Jahresvogel*

Abb. 1: Taube am Taubenhaus Arbeitsamt, 1.5.2008, Foto S. SALLERMANN

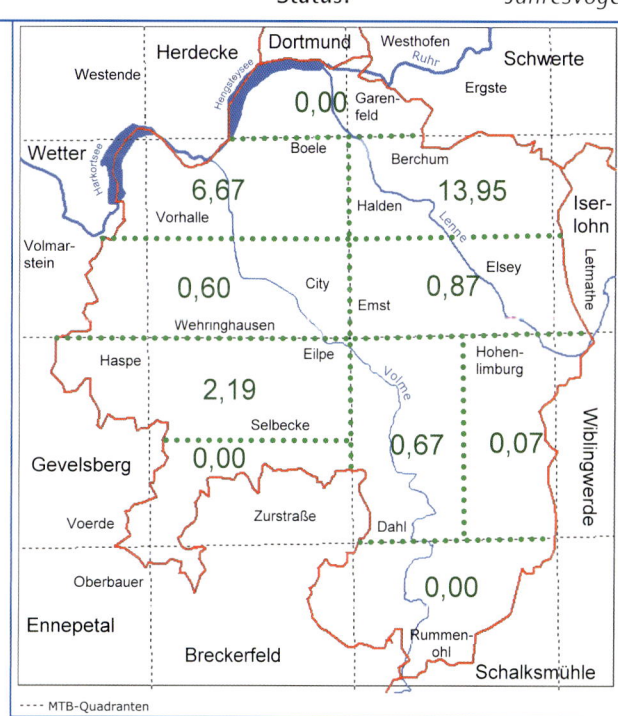

Abb. 2: Durchschnittliche Anzahl an 10 Zählpunkten in 10 Hagener Teilbereichen (Erläuterung s. Anhang)

Artzugehörigkeit

Im Mittelalter wurden Tauben gezüchtet, um die Jungvögel zu verzehren. Klöster und große Häuser hatten einen Taubenschlag, die heute manchmal noch vorhanden, aber nicht mehr beflogen sind. Diese Haustauben sind ein Zuchtprodukt aus der wilden Felsentaube (*Columba livia*), deren natürlicher Brutraum Meeresklippen und Wüstenfelsen sind. Hier kommt sie heute noch wild vor, in Deutschland kommt die wilde Felsentaube nicht vor. Straßentauben sind verwilderte Haustauben und stammen so auch von der Felsentaube (*Columba livia*) ab bzw. sind taxonomisch als ihre Unterart anzusehen.

Verbreitung und Bestand

Häufig in der Stadtmitte (City), ihr Verbreitungsschwerpunkt ist hier der Hauptbahnhof, der Volkspark und vor allem der Taubenschlag an der Volme bei der Altenhagener Brücke. Die Straßentaube ist auch häufig bei Reitställen (Ischeland, Hengstey) anzutreffen, ebenso dort, wo gefüttert wird, z. B. in Parks und Teichanlagen. In geringerem Maße begegnet man ihr im ganzen Siedlungsbereich und auch auf Bauernhöfen. Im Herbst und Winter ist sie sehr häufig auf Bauernhöfen, Feldern und Brachland zu finden, vor allem, wo Getreide angebaut wird.

Lebensraum

Sie brütet in unserem Gebiet ausschließlich in und an Gebäuden und in speziellen Nistkästen und ist sehr von Menschen abhängig. Große Gebäude, vor allem wenn sie viele Simse, Vorsprünge und Nischen haben, entsprechen dem Habitat der Stammform „Felsentaube (*Columba livia*)". Straßentauben brüten auch häufig in Kirchtürmen, sogar in großen Nistkästen, die eigentlich für Eulen oder Dohlen vorgesehen waren, so z. B. in Boele (A. VEHLING).

Jahresrhythmus

Außer bei extremer Kälte wird in fast allen Monaten des Jahres gebrütet, so fand sich z. B. am 1. Februar 1986 im Turm der Elseyer Kirche ein Nest mit zwei bis drei bettelnden Nestlingen (A. WELZEL). Es sind bis zu fünf Jahresbruten bekannt.

Schutzmaßnahmen

Schutzmaßnahmen sind nicht nötig, im Gegenteil sogar diskussionswürdig. Diese Art gehört nicht zu unserer natürlichen Fauna und hat sich gebietsweise so stark vermehrt, dass von einer „Taubenplage" gesprochen wird und tatsächlich Schäden z. T. in erheblichem Ausmaß entstanden sind. Ungern werden Straßentauben auf Bauernhöfen gesehen, da Saatgut und junge Triebe gefressen werden, ein Schwarm von Straßen- oder Ringeltauben kann einiges an Schäden anrichten. Mit modernen Agrarmethoden werden die Vögel immer weniger problematisch werden. Besonders problematisch sind Schäden in und an Gebäuden, die durch die Verschmutzung mit ätzendem Taubenkot entstanden sind. Deshalb wurden schon vor Jahren als allererste Maßnahmen viele Hagener Kirchtürme durch Vergitterung verschlossen – von der leider auch Vogelarten wie Schleiereule und Turmfalke durch Brutplatzverlust betroffen waren –, die aber keine wesentliche Bestandsveränderung der Straßentaube herbeiführten.

Abb. 4: Eine komplett beringte Brieftaube. Dieser Vogel sitzt erschöpft auf einer Gartenterrasse in Fley. Die Straßentaubenschwärme nehmen ständig solche zurück gebliebenen Reisevögel auf und werden so immer wieder aufgefüllt. 29.4.2008, Foto S. SALLERMANN

Der Versuch, Stadttauben aus der City zu vertreiben, hat in politischen Kreisen ungewöhnliche Blüten getrieben. So wurden sogar vor einigen Jahren vier nachgezüchtete Wanderfalken in der Innenstadt ausgesetzt. Dieser sehr zweifelhafte Versuch einer Wiederansiedlung scheiterte kläglich. Die Vögel verschwanden recht schnell. In einem Leserbrief zeigte M. SCHLÜPMANN seinerzeit deutlich die Sachzusammenhänge auf und nannte das hohe Nahrungsangebot v. a. durch Fütterungen als eigentliche Ursache des hohen Bestandes (WR 28. Februar 2001).

Nicht nur aus ethischen Gründen sollte von Vergiftungsaktionen Abstand genommen werden. Auch andere Tiere können durch diese Maßnahme vergiftet werden, denn Straßentauben sind eine wichtige Nahrung für Greifvogelarten, vor allem Wanderfalke, Uhu und Habicht. Zudem werden durch Gift verendete Straßentauben von anderen Tieren gefressen, die auf diesem Weg ebenfalls das Gift aufnehmen. Anzumerken ist, dass im Jahr 2008 schon mindestens ein Uhupaar und zwei selbst angesiedelte Wanderfalkenpaare im citynahen Bereich großen Anteil bei der natürlichen Regulation des Straßentaubenbestandes haben.

Eine sehr sinnvolle Maßnahme ist die Einrichtung eines kontrollierten Taubenschlages im Oktober 2004. Er befindet sich im ehemaligen Stadtarchiv in der Rathausstraße 12. So wurden 2005 schon täglich 300 bis 450 Tauben gezählt, die diesen regelmäßig aufsuchen. Zahlreiche Taubeneier konnten bisher schon entfernt und durch Gipseier ausgetauscht werden. Das ist eine erfreuliche Geburtenkontrolle, die mittel- bis langfristig zu einer deutlichen Reduzierung der Gesamtzahl der Stadttauben führen wird.

Gleichzeitig können Gesundheitskontrollen der Tiere stattfinden, die letztlich einen gesunden Bestand der verwilderten Haustauben garantieren. Finanziert wird die gesamte Maßnahme dankenswerterweise durch den Tierschutzverein Hagen und Umgebung e.V. Durch den Erfolg der Maßnahme motiviert, wurde die Installation einer zweiten Einrichtung dieser Art in Bahnhofsnähe verwirklicht (s. *Abb. 1* und *Abb. 3*).

Abb. 3: Warten auf die täglich zeitgleich stattfindende Fütterung, Arbeitsamt, 1.5.2008, Foto S. SALLERMANN

DETLEF BOY 105

Hohltaube *(Columba oenas)*

Aufenthalt

J	F	M	A	M	J	J	A	S	O	N	D

Brutzeit

		M	A	M	J	J	A	S			

Brut: ca. 40 Brutpaare, 2 bis 3 Jahresbruten
Häufigkeit in Punktstoppkartierung: Rang 58, Revieranzeigende: Rang 63

Gefährdung:
RL Deutschland: keine
RL NRW: keine
Hagen: naturschutzabhängig

Status: Jahresvogel, Durchzügler, Wintergast

Abb. 1: Foto T. SACHER

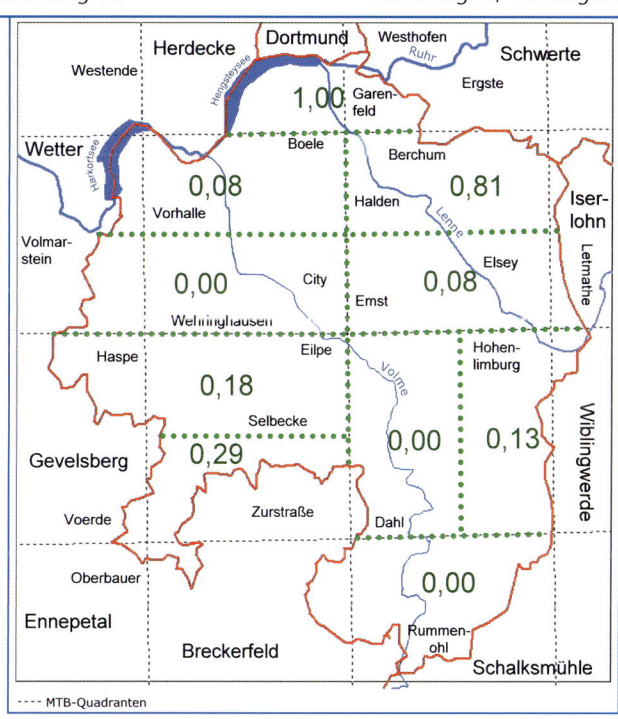

Abb. 2: Durchschnittliche Anzahl an 10 Zählpunkten in 10 Hagener Teilbereichen (Erläuterung s. Anhang)

Verbreitung und Bestand

Die Hohltaube ist außer im Innenstadtbereich überall in Hagen anzutreffen. Das Hauptverbreitungsgebiet ist allerdings der Hagener Norden, im südlichen Stadtgebiet kommt sie spärlicher vor. Seit 2003 werden jedoch auch hier häufiger Sichtungen und Bruten festgestellt (Bruten in Schwarzspechthöhlen in Buchenwäldern Kuhweide und Eilper Berg). Die Hauptbrutvorkommen in Hagen finden wir jedoch im Lennehang Garenfeld, Baumgruppe Villigster Straße, sowie Garenfeld/Kahlenberg. Weiter nennenswerte Brutvorkommen befinden sich in der Lenneaue Berchum (Obsthof und Auwald), im Fleyer Wald, im NSG Uhlenbruch sowie am Raffenberg Hohenlimburg (Märchenwald).
Bis 1991 lagen nur wenige Meldungen von Hohltauben vor. Einer der ersten Brutplätze war wohl das NSG Lenneaue Berchum, dort werden schon seit 1990 Steinkauznistöhren bezogen. 1992 wurde das Hohltaubenhilfsprogramm des NABU-Hagen gestartet (Aufhängen von speziellen Nistkästen im Raum Garenfeld). Danach gab es eine stetige Zunahme des Brutbestandes von zwei Brutpaaren im Jahr 1992 bis zu 20 Brutpaaren im Jahr 1998 allein in der Umgebung Garenfelds. Seitdem hat sich der Brutbestand der Hohltaube in Hagen stetig vergrößert.

Lebensraum

Als einzige baumhöhlenbrütende Taubenart Europas brütet die Hohltaube bei uns meist am Rand von lichten Laub- und Mischwäldern, aber auch in Baumgruppen, Feldgehölzen und Parks, wenn ein entsprechendes Höhlenangebot (alte Schwarzspechthöhlen oder Nistkästen) vorliegt und genügend angrenzende offene Flächen (Felder und Äcker) zur Nahrungssuche vorhanden sind. Im Kern größerer geschlossener Waldbestände ist die Hohltaube kaum anzutreffen.

Jahresrhythmus

Sie kann das ganze Jahr über in Hagen beobachtet werden. Erstbeobachtungen von balzenden Hohltauben gibt es schon ab Ende Februar, so 21. Februar 1999 Schloß Werdringen (C. SCHÖNBERGER) und 2. März 2001 NSG Lenneaue Berchum (A. WELZEL). Hauptlegezeit ist von Mitte März bis

Hohltaube

September. Außerhalb der Brutzeit trifft man sie oft in großen Ringeltaubentrupps nahrungssuchend auf Äckern und Feldern umherziehend an.

Größere Wintersichtungen von Hohltaubentrupps: elf Exemplare im November 2003 (H.-J. THIEL) und 27 Exemplare am 23. Dezember 2006 im NSG Ruhrgraben Garenfeld (U. SCHMIDT).

Weitere Beobachtungen

Besonders im Raum Garenfeld wurden die Hohltaubenkästen von Mardern als Schlafplatz und Nahrungsdepot genutzt. Auch einige Hohltaubenbruten fielen dem Marder zum Opfer. 1994 fand sich ein Ei des Mäusebussards in einem Nistkasten am Lennehang Garenfeld (Einbringung wohl durch Baummarder). Seit 2003 wird auch ein Gänsesägerkasten im NSG Buschmühlengraben regelmäßig zur Brut genutzt.

Abb. 6: Im Gehölzdickicht des wildromantischen NSG Buschmühlengraben unterhalb von Garenfeld wurden Ende der 1990er Jahre zwei Gänsesägerkästen aufgehängt. Besiedelt wurden die Nisthilfen aber kurz darauf von der Hohltaube. 29.9.2008, Foto S. SALLERMANN

Abb. 3 und Abb. 4: Als Ersatzbrutplätze können Nistkästen aufgehängt werden. Die Hilfen werden sehr gerne angenommen. Erste Hohltaubenkästen wurden im Zuge eines entsprechenden Projektes im Jahr 1992 vom NABU-Hagen im Lennehang Garenfeld angebracht. Die erfolgreiche Ansiedlung der Art für Hagen begann in dieser Zeit. Allerdings hat es sich herausgestellt, dass es unabdingbar ist, einen Marderschutz anzubringen. Die Verluste sind sonst sehr hoch. Foto U. SCHMIDT, F. RITZ

Abb. 7: Schwarzspechthöhlen haben einen wesentlichen Anteil an den natürlichen Brutplätzen der Art in unseren Wäldern. Foto B. RAUER

Schutzmaßnahmen

Artenschutzmaßnahmen wie das Anbringen von speziellen Nisthilfen an geeigneten Standorten haben gezeigt, dass der Bestand langfristig stabilisiert und sogar gesteigert werden kann. Die Bewahrung und Sicherung von Altholzbeständen und Altholzinseln mit alten Schwarzspechthöhlen und ausgefaulten Baumhöhlen stehen im Vordergrund.

Abb. 5 und Abb. 8: Der Großraum Hammacher bis Herbeck wird von der Hohltaube besiedelt. Die Waldreste weisen stellenweise Altgehölze mit den entsprechenden Naturhöhlen auf. Zusätzlich sind die Bäume hier außerdem recht dicht von Efeu bewachsen.
Der Ausbau der angrenzenden Hammacher Straße und die Schaffung des Industriebaufeldes Barmer Feld fanden 2002 statt. Scheibchenweise werden die landwirtschaftlichen Kulturflächen einer Neubebauung geopfert und die Freiflächen immer kleiner. Die Ausgleichspflanzungen (auf dem linken Bild) verbessern da nicht viel. 10.11.2002, Foto S. SALLERMANN

Ringeltaube *(Columba palumbus)*

Aufenthalt

J	F	M	A	M	J	J	A	S	O	N	D

Brutzeit

		(M)	A	M	J	J	A	(S)			

Gefährdung:
RL Deutschland: keine
RL NRW: keine
Hagen: keine

Brut: ca. 1500 Brutpaare, 1-3 Jahresbruten
Häufigkeit in Punktstoppkartierung: Rang 7, Revieranzeigende: Rang 10
Status: Durchzügler, Wintergast, Jahresvogel

Abb. 1: Foto S. Sallermann

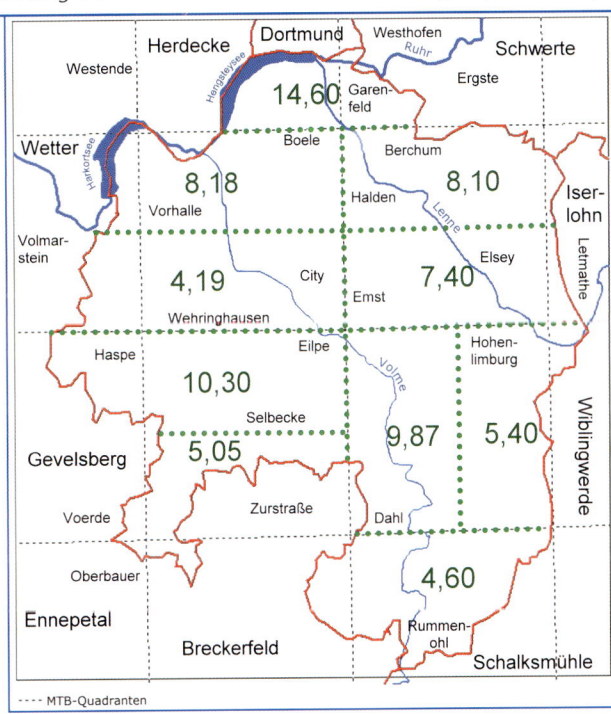

Abb. 2: Durchschnittliche Anzahl an 10 Zählpunkten in 10 Hagener Teilbereichen (Erläuterung s. Anhang)

Verbreitung und Bestand

Die Ringeltaube ist im gesamten Stadtgebiet anzutreffen (*Abb. 1*), allerdings in unterschiedlicher Dichte, wobei die Ergebnisse hier nur schwer zu interpretieren sind. Auffallend häufig wurden Ringeltauben im Ruhrtal und den angrenzenden Ruhrterrassen registriert. Auch die Gebiete südlich Hagens zwischen Eilpe und Haspe sowie zwischen Eilpe und Dahl weisen hohe Dichten auf. Dagegen sind die Höhen nördlich von Haspe und südlich Dahls nur gering besiedelt.
19 Brutvogelkartierungen in Flächen von mehr als 10 ha ergeben eine mittlere Siedlungsdichte von 5,6±2,9 (1,1-11,0) Brutpaaren/km². Die höchsten Siedlungsdichten erreicht die Ringeltaube in waldreichen Gebieten (Hasselbachtal 11,0; Stadtwald Hagen 10,0, Holthauser Bachtal 9,0; Piepenbrink - Saure Egge - Wesselbachtal 8,0). Auch in gehölzreichen Kulturlandschaften mit Wäldern, Kleingehölzen, Wiesen und Ackerflächen kann die Brutpaardichte hoch sein (Umgebung des Steinbruches Vorhalle 7,9; Herbeck 7,5, Nimmertal 7,3). Örtlich (Probeflächen <10 ha) kann die Brutpaardichte aber auch bei 1-3/10 ha (Lenneaue Berchum) oder sogar 4-6/ha (Waldgebiet am Hierseier Weg, Wesselbach) liegen.
Die Bestände der Ringeltaube werden bei Revierkartierungen wegen der späten Hauptbrutzeit wahrscheinlich regelmäßig unterschätzt (Bellebaum 2002). Dies gilt möglicherweise auch für Hagen.

Die Ringeltaube hat in Mitteleuropa seit 1965 kontinuierlich zugenommen (Scherner 1980, Bezzel 1985, Flade 1994), was gelegentlich auch für den Raum Hagen und Herdecke berichtet wird (Anonymus 1973c, Schücking 1977c, 1978). Als Ursache wird allgemein die Zunahme des Anbaus von Mais, Rüben und Kohlsorten angesehen (Scherner 1980).

Lebensraum

Ihre Nester baut die Ringeltaube in Bäumen und Sträuchern. An Nistgehölzen werden konkret genannt: Rotdornbüsche 2x, Edeltanne 1x, Stechpalme 3x (Schücking 1977c, M. Schlüpmann). Zur Brut nutzt die Ringeltaube daher Wälder und Forste aller Art, Parkanlagen und Friedhöfe, Baumgruppen und -reihen. Die Siedlungsdichteuntersuchungen zeigen, dass ca. 2/3 (66 %) aller Hagener Ringeltauben in Wäldern und Forsten, je 1/6 (16%) in landwirtschaftlich genutzten Gebieten brütet. In den Siedlungsgebieten (zusammen 17,4 %) wiederum brüten 2/3 der Tauben in Parkanlagen, Halden und anderen gehölzreichen Flächen (*Abb. 4*).

Ringeltaube

Abb. 3: auf dem Nest, Am Deerth, Foto B. RAUER

Die Besiedlung von Baumgruppen und Parks in den Städten hat in Westfalen bereits Ende des 19. Jahrhunderts eingesetzt (RADE & LANDOIS 1886 für Münster), war aber im Süderbergland noch Mitte der 60er Jahre des vergangenen Jahrhunderts nicht abgeschlossen (GILLER 1969). Aus der Nachbarstadt Dortmund wurden erste Bruten in der Stadt 1936 beobachtet (JOHN 1962). SCHÜCKING (1977c) berichtet, dass die Ringeltaube bereits auf einigen Bäumen im Zentrum der Stadt brütet.

Ringeltauben nutzen ganz unterschiedliche Lebensräume zum Nahrungserwerb. Häufig sind sie am Boden nahrungssuchend zu beobachten, doch kann man sie genauso gut in Bäumen und Sträuchern Früchte fressend beobachten. Waldböden, Wiesen und in besonderem Maße Ackerflächen werden zum Nahrungserwerb häufig frequentiert. In städtischen Flächen werden auch Rasenflächen zur Nahrungssuche genutzt. Die Habitatwahl der Art im Hagener Raum bei der Nahrungssuche und der Rast wird von SCHLÜPMANN (1986) am Beispiel der Ruhraue dargestellt. Offenes, kurzrasiges Weideland und abgeerntete Ackerflächen werden überwiegend zur Nahrungssuche genutzt, Schnittgrünland und Ruderalfluren aufgrund der hohen Gras- und Staudenvegetation dagegen gemieden. Zum Trinken suchen die Tauben insbesondere flache Schlammufer (SCHLÜPMANN 1986), aber auch kiesige Fluss- und Bachufer auf.

Zur Rast nutzten die Ringeltauben überwiegend die hohen Hybridpappeln, aber auch Weiden und andere Bäume, selten auch Zaunpfähle. Unter Umständen nutzen größere Trupps Ringeltauben die Pappeln auch als gemeinschaftlichen Schlafplatz (SCHLÜPMANN 1986).

Die Kulturlandschaft mit dem Wechsel von Wäldern, Baumgruppen, Wiesen, Weiden und Ackerland ist für die Ringeltaube optimal, da sie Brut-, Nahrungs- und Rasthabitate in idealer Form vereinigt.

Betrachtet man dagegen die Siedlungsdichte (**Abb. 5**), dann bestätigt sich zum einen die Bedeutung der Wälder und Forsten, es zeigt sich aber auch, dass die stärker von Menschen geprägten Gebiete der Parks und Erholungsflächen eine durchaus größere Siedlungsdichte aufweisen als die Wälder und Forsten.

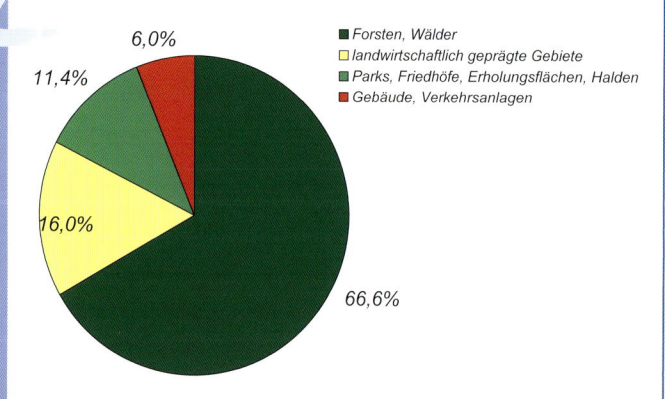

Abb. 4: Verteilung der Ringeltauben-Brutpaare (nach den Siedlungsdichte-Untersuchungen) auf verschiedenen Flächennutzungen im Stadtgebiet Hagens.

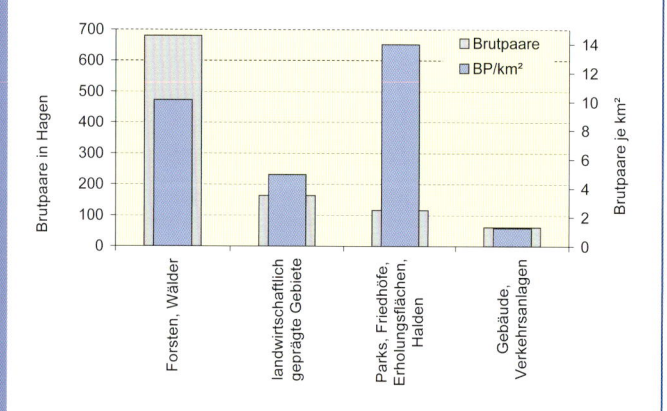

Abb. 5: Brutpaare und Siedlungsdichte der Ringeltauben in verschiedenen Flächennutzungen im Stadtgebiet von Hagen.

Jahresrhythmus

Ringeltauben sind bei uns ganzjährig anzutreffen, wobei es nicht in jedem Fall dieselben Tiere sind. Zum einen zieht ein Teil unserer Tauben weg, zum anderen treten bei uns Durchzügler und Gäste auf. In den meisten Fällen wird zwischen diesen Gruppen nicht sicher unterschieden.

Erste rufende Ringeltauben (Revierrufe) wurden am 11. Januar 1998, 14. Januar 2001, 21. Januar 1993, 22. März 1995, 28. Februar 2002 und 20./21. Januar 2003 verhört. In Hohenlimburg wurde der vollständige Ruf aber auch am 12. und 19. Dezember 2000 gehört (A. WELZEL), was in diesem Fall aber als „Erstgesang" zu interpretieren ist, da die hormonelle Umstimmung bereits im Winter einsetzt. Die Zeit des Rufens endet Anfang Juli (1. Juli 1989 und 4. Juli 1991). Das Verstummen der Tauben fällt etwa mit dem Ende der Mauser der Habichtweibchen zusammen (B. RAUER, mdl. Mitt.). Ein kausaler Zusammenhang ist hier nicht auszuschließen. Balzende Tiere wurden frühestens im März (3. März 1993), spätestens Anfang Juli (4. Juli 1991) beobachtet. Balzflüge sind aber gelegentlich sogar noch im September zu sehen (18. September 2004: M. SCHLÜPMANN). Tatsächlich brüten Ringeltauben z. T. noch sehr spät im Jahr. Eine Nistmaterial

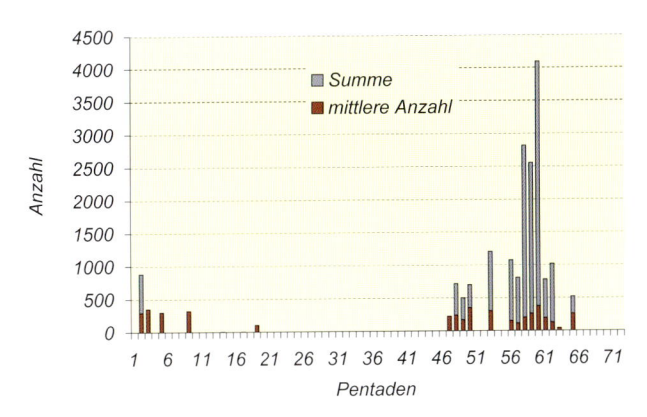

Abb. 6: *Mittlere Anzahl durchziehender Ringeltauben im Jahresverlauf (Pentaden = Fünftagesabschnitte vom jeweils 1. Januar an gezählt) am Lohagen in Wiblingwerde und im Hagener Stadtgebiet (n = 84 Beobachtungen mit 25900 Tauben).*

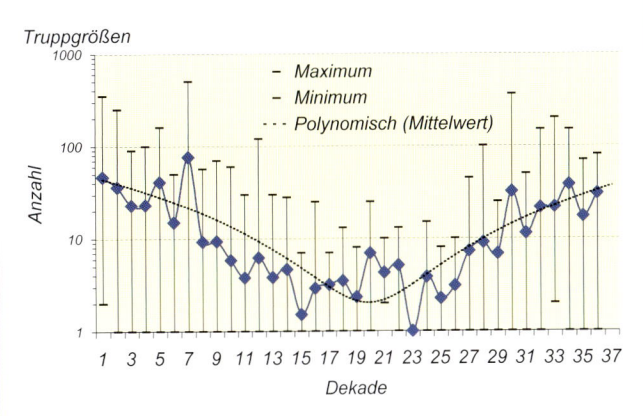

Abb. 7: *Truppgrößen beobachteter Ringeltauben im Jahresverlauf (Dekaden 1-36 vom 01.01. an gerechnet) im Raum Hagen (n = 352 Beobachtungen mit 7136 Tauben). Neben dem Mittelwert sind auch der minimale und der maximale Wert angeführt.*

tragende Taube wurde noch am 18. August 2002 beobachtet (A. Welzel). Schücking (1979b) berichtet von Ringeltauben, die erst am 29. September 1978 ausflogen. Dabei handelt es sich offenbar nicht um eine Ausnahme: In Elsey wurden von G. Stratmann noch am 13. September 2004 Eischalen frisch geschlüpfter Jungvögel gefunden. Zwei bereits flügge Junge wurden sogar noch bis zum 12. November 1988 gefüttert.
Frühjahrszug (März/April) wurde nur sehr vereinzelt beobachtet. Der Herbstzug beginnt im August (K. L. Ensuleit in Schücking 1978: 6. August 1978: 1000 Tiere; A. Welzel: 31. August 1997/98) und endet i. d. R. Mitte bis Ende November (Ensuleit 1975: 28. November 1974; Schücking 1977a: 21. November 1976; 11. November 2001). Der Hauptdurchzug ist dabei von Anfang Oktober bis Anfang November feststellbar (*Abb. 6*). Gelegentlich wird auch von Durchzug im Winter bis in den Februar berichtet, doch handelte es sich bei Beobachtungen im Dezember-Februar vermutlich durchweg um Winterschwärme umherstreifender Tiere. Ensuleit & Schücking (1974) berichten z. B. von durchziehenden Ringeltauben in Herdecke und dem Hagener Norden zwischen dem 21. September 1973 und 6. Februar 1974. In Herdecke beobachtete K. L. Ensuleit am 13. Dezember 1979 500 (Ensuleit & Schücking 1980), am 30. Dezember 1980 600 und 800 Tiere (Schücking 1981). In Wahnscheid konnte Kessler (OSB NABU 1984) am 31. Dezember 1983 nicht weniger als 4200 Ringeltauben zählen. J. Kamp (2001) beobachtete am 22.10.2001 von 7-11:00 Uhr 2330 ziehende Ringeltauben (GBN Oktober 2001).
Die Truppstärken der Durchzügler betragen zumeist 30-100, seltener bis 300 (Falkenberg et al. 1987). Die größten Einzeltrupps wurden am 29. Oktober 2002 beobachtet. Gegen 08:00 und 8:45 Uhr wurden 700 bzw. 1000 Tauben gezählt (A. Welzel). Durchziehende Tauben wurden hauptsächlich zwischen 7:15 und 12:30 Uhr, einzelne auch am späten Mittag und frühen Abend beobachtet. Möglicherweise ist die Häufung eine Folge der Beobachtertätigkeit, andererseits wird sie von Planuntersuchungen in anderen Gebieten bestätigt (Gatter & Penski 1978). Die größte Zahl wurde von L. Kessler am 31. Dezember 1983 registriert (4200), wobei Zeitdauer und Umstände der Beobachtung unklar sind. Die durchziehenden Ringeltauben wurden in einer Höhe von ca. 20-100 m über dem Grund registriert (A. Welzel). Die

Ringeltaube neigt nahezu ganzjährig zur Truppbildung bei der Nahrungssuche. Aber nur im Winter, vereinzelt auch im Frühjahr und Herbst, treten Trupps von mehr als 40 Tieren auf, andererseits nimmt der Anteil von Einzeltieren dann deutlich ab (Schlüpmann 1986). Dieser Trend lässt sich hier auf einer größeren Datenbasis bestätigen (vgl. *Abb. 7*). Trupps rastender Tiere erreichen im Winter sogar einige hundert Tiere (Ensuleit & Schücking 1974 im Ruhr- und Lennetal: 500, Falkenberg et al. 1987: 400 Exemplare). A. Vehling (mdl.) berichtet von einem Schlafplatz in der Ruhraue mit einigen Hundert Tieren in den 70er Jahren. Die Truppbildung ist besonders ausgeprägt auf Acker- und Weideflächen zu beobachten, tritt aber nur in geringem Maße im Wald und in der Stadt auf.

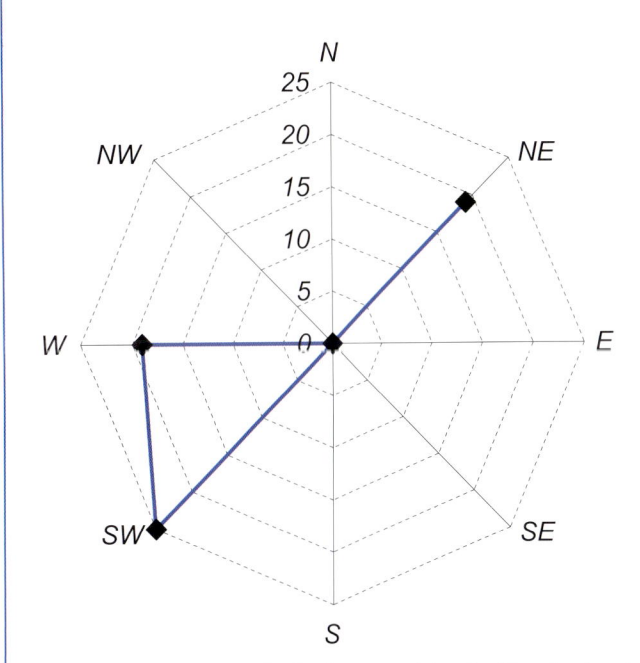

Abb. 8: *Richtung von 63 Beobachtungen ziehender Ringeltauben in Wiblingwerde und im Hagener Stadtgebiet (nach Daten von A. Welzel n = 35; J. Kamp u. a. n = 3; Schücking 1977a, 1988, 1979a n = 12).*

Weitere Beobachtungen

Die Richtung durchziehender Ringeltauben weist sehr eindeutig nach Südwest oder West, was Beobachtungen in anderen Teilen Mitteleuropas entspricht (z. B. Gatter & Penski 1978) bzw. umgekehrt nach Nordosten (**Abb. 8**).

Ringeltauben fressen in einem Garten am Hierseier Weg regelmäßig und ausgiebig die Früchte des Efeus (*Hedera helix*), der Stechpalme (*Ilex aquifolium*), Kirschen (*Prunus avium*) und Pflaumen (*Prunus domestica*). Kirschen und Pflaumen werden bereits kurz nach der Blüte gefressen (Schlüpmann). In einem Garten in Wiblingwerde (Lohagen) wurden im August 2000 und am 29. August 2002 mehrfach Tiere beobachtet, die Holunderbeeren fraßen (A. Welzel). Auf Ackerflächen fressen die Tauben offensichtlich Mais und Getreide, da besonders hohe Dichten oft nach der Ernte und nach der Einsaat zu beobachten sind. Gerne nutzen Ringeltauben auch Wildfütterungen (Mais: Schlüpmann, Welzel). In Gärten fressen Tauben im Winter gerne Kohl (A. Vehling mdl.). Overkott (1956) berichtet, dass ein Schwarm von ca. 300 Tauben 1928 in Silschede die Rapsfelder fast völlig kahl fraß.

Rupfungen von der Ringeltaube werden sehr häufig gefunden. In der Regel stammen sie von erfolgreichen Jagden des Habichts. Der Habicht wurde auch in Hagen mehrfach konkret als Beutegreifer nachgewiesen (z. B. Tunk 1983, B. Rauer mdl.). Erfolglose Jagden beobachteten z. B. Ch. Tunk (22. Dezember 1984) und A. Welzel (23. April 1991). Auch andere Greifvögel jagen Ringeltauben: A. Welzel beobachtete am 24. Mai 1998 einen Sperber bei der erfolglosen Jagd auf eine Ringeltaube. Ein Wanderfalke schlug im August 1991 zweimal erfolgreich eine Ringeltaube (L. Kessler in OSB Cinclus 1992). Rosendahl (zit. nach Petrasch 1982) berichtet von einer Wanderfalken-Rupfung 1934 in Lasbeck (Iserlohn-Letmathe), beobachtete aber auch, dass Tauben nur 120 m entfernt unbehelligt ihre Brut aufzogen. H. Grimm (Janzing 1998) beobachtete unterhalb des Harkortberges (Wetter) eine erfolgreiche Jagd des Wanderfalken, der in einen Ringeltaubenschwarm hineinstieß. A. Welzel fand am 11. Februar 1998 und 22. April 2004 in der Nähe der Teiche der Gesamtschule Eilpe Ringeltaubenrupfungen und nimmt an, dass diese beim Trinken erlegt wurden. Die Tauben lagen auf dem Rücken, ausschließlich die Flugmuskulatur war sehr sorgfältig entfernt. Das deutet ebenfalls auf eine Wanderfalken-Rupfung hin. Rissfunde (sehr viel seltener als solche von Rupfungen) zeigen, dass die Tauben gelegentlich auch von anderen Beutegreifern (z. B. Füchsen) erlegt werden.

Eine wesentliche Strategie zur Senkung der Erfolgschancen der Beutegreifer ist die bereits behandelte Truppbildung (rechtzeitige Feinderkennung, Desorientierung des Beutegreifers durch die große Zahl der Tauben) (Schlüpmann 1986). Möglicherweise ist auch das Verstummen der Tauben in ihren Revieren im Hochsommer dazuzurechnen (s. o.).

Am 1. September 1997 fliegt eine adulte Ringeltaube konstant und ziemlich genau mit 80 km/h ca. 30 sec. vor dem Auto von A. Welzel her.

L. Kessler (in Tunk & Schücking 1984) beobachtete unter durchziehenden Ringeltauben am 31. Dezember 1983 einen Totalalbino.

Abb. 9: *Landwirtschaftliche Hofstellen und Alleen mit altem Baumbestand werden sehr gern von der Ringeltaube besiedelt. Hier das Gut Aehringhausen an der Volmarsteiner Straße. April 2007, Foto R. Blauscheck.*

Schutzmaßnahmen

Da die Art in Mitteleuropa seit 1965 kontinuierlich zugenommen hat (Bezzel 1985, Flade 1994) und diese Entwicklung offenbar auch für Hagen gilt (Schücking 1977c), sind spezifische Biotopschutzmaßnahmen bei dieser Art nicht erforderlich. Allerdings weist Thiel (1994) zu Recht darauf hin, dass eine Bejagung während der Brutzeit, die regelmäßig bis in den September andauert, den Tatbestand der Tierquälerei erfüllt (vgl. auch Bellebaum 2002). Während der Jungenaufzucht sollte keine Jagd stattfinden. Genau dies ist aber der Fall, wenn bereits im August oder September die Jagdsaison eröffnet wird.

Abb. 10: *bei Zurstraße, Foto K. Winterhoff*

TIMOTHY DRANE 111

Türkentaube *(Streptopelia decaocto)*

Aufenthalt

| J | F | M | A | M | J | J | A | S | O | N | D |

Brutzeit

| | F | M | A | M | J | J | A | S | | | |

Gefährdung:
RL Deutschland: keine
RL NRW: keine
Hagen: keine

Brut: ca. 250 Brutpaare, 3 bis 5 Jahresbruten
Häufigkeit in Punktstoppkartierung: Rang 49, Revieranzeigende: Rang 34

Status: *Jahresvogel*

Abb. 1: Foto M. HENNING

Abb. 2: Durchschnittliche Anzahl an 10 Zählpunkten in 10 Hagener Teilbereichen (Erläuterung s. Anhang)

Verbreitung und Bestand

Die Art hat sich seit 1900 von der Türkei bis nach Großbritannien und Skandinavien ausgebreitet und erst in den 50er Jahren Hagen erreicht. Als Erstnachweis für Hagen kann die Beobachtung von sechs Türkentauben am Mastberg vom 30. Juni 1948 und dem Juli 1949 im Haßleyer Feld gelten (SCHÄFER 1948/1996). Die ersten (Brut-?)nachweise kommen aus dem Jahr 1955 im Stadtteil Boele (WITZEL). 1959 waren schon 20 bis 25 Brutpaare in Hagen, einige davon bereits mit den ersten Bruten in der Innenstadt (A. SCHÜCKING).

Heute beobachtet man die Türkentaube im ganzen Siedlungsbereich des Stadtgebietes vor allem dort, wo offene Vegetation vorherrscht. Im Hagener Süden ist sie seltener. Sie brütet hauptsächlich in Koniferen, vor allem in Fichten, aber auch Efeu und Laubbäume wie z. B. Obstbäume, Linden und Rosskastanien werden genutzt. Das Nest ist eine sehr primitive, dünne Angelegenheit, und man kann manchmal die Eier von unten durch das Nest sehen. Die größte Siedlungsdichte erreicht sie in Vorstädten mit Ziergärten und Parks, kommt aber auch auf Bauernhöfen vor. 1998 wurden allein im Hohenlimburger Gebiet ca. 60 Brutpaare festgestellt.

Lebensraum

Sie ist an Menschen gebunden und bevorzugt den Siedlungsraum mit offener Vegetation, das sind Grünanlagen, Parks und Vorstadtsiedlungen mit Gärten und Schrebergärten. Sehr oft beobachtet man sie dort, wo Getreide angebaut wird, und zusammen mit anderen Taubenarten auf Äckern und Bauernhöfen. Plätze mit großem Nahrungsangebot wie Reitställe, Tierparks und Bauernhöfe sind auch beliebte Aufenthaltsorte, so hielten sich am 22. Dezember 1997 auf dem Gut Herbeck 120 Türkentauben in der Nähe einer Remise auf (A. WELZEL).

Jahresrhythmus

Türkentauben fangen schon im Februar an zu brüten, Nester können in allen Monaten des Jahres in Gebrauch sein. Die WR/HR vom 22. April 1961 berichtet: „Brutbeginn Hagen-Boele Ende März" und am 23. Februar 1966: „jetzt schon Brutbeginn". Manchmal beginnen sie mit der nächsten Brut, während die letzte noch gefüttert wird.

Abb. 3 *In dem Wäldchen und den verschiedenen Anwesen rund um das Wasserschloss Werdringen hat die Türkentaube einen Lebensraum. Vor der Sanierung der Schlossanlage zum Ende der 1980er Jahre war das Wäldchen um die Gräfte herum verwildert. Für die Art hat es durch die Sanierung des Schlossbereiches aber keine Bestandsveränderungen gegeben. 21.4.2003, Foto S. Sallermann*

Abb. 5: *Im Dorf und am Gut Herbeck gibt es eine recht große Population von Türkentauben. Die Fläche im Vordergrund ist zur Aufnahmezeit auch schon als Industriefläche ausgewiesen. 10.11.2002, Foto S. Sallermann*

Weitere Beobachtungen

Zwischen 1962 und 1967 gab es einen Winterschlafplatz auf einer großen Buche am Ischelandteich mit bis zu 100 Vögeln, zusammen mit einigen Staren.

Türkentauben können manchmal auf dem Straßenasphalt bei der Aufnahme von kleinen Steinchen beobachtet werden, wie z. B. am 21. Februar 2003 in Eilpe (A. Welzel). Am 7. Dezember 1998 nahm ein Paar in Hohenlimburg-Reh ausgiebig Schnee zu sich (A. Welzel).

Schutzmaßnahmen

Die Bestände nahmen einige Jahre kontinuierlich etwas ab, da sie einen gewissen Lebensraumdruck durch die Ringeltaube erleiden. Zum Jahr 2008 haben sich die Bestände aber offensichtlich stabilisiert. Besondere Schutzmaßnahmen sind nicht erforderlich. Es sollten genügend Nistmöglichkeiten vorhanden sein, deshalb sollten Koniferen, auch wenn einige Arten nicht unbedingt heimisch sind, nicht gänzlich ausgerottet werden, wie von machen Naturschützern propagiert. Diese Baumarten kommen auch anderen Vogelarten wie Girlitz und Grünfink zugute.

Abb. 4: *In den alten Bäumen der Parkanlage von Gut Herbeck brütet die Art. 23.2.2003, Foto R. Blauscheck.*

BERND RAUER/ANDREAS WELZEL   113

Kuckuck *(Cuculus canorus)*

Aufenthalt

| | | A | M | J | J | (A) | | | | | |

Brutzeit

| | | | M | J | | | | | | | |

Brut: bis 2 Brutpaare
Häufigkeit in Punktstoppkartierung: *Rang 65, Revieranzeigende: Rang 50*

Gefährdung:
RL Deutschland: *Vorwarnliste*
RL NRW: *gefährdet*
Hagen: *vom Aussterben bedroht*

Status: *Sommervogel, Durchzügler*

Abb. 1: Foto J. Schneider

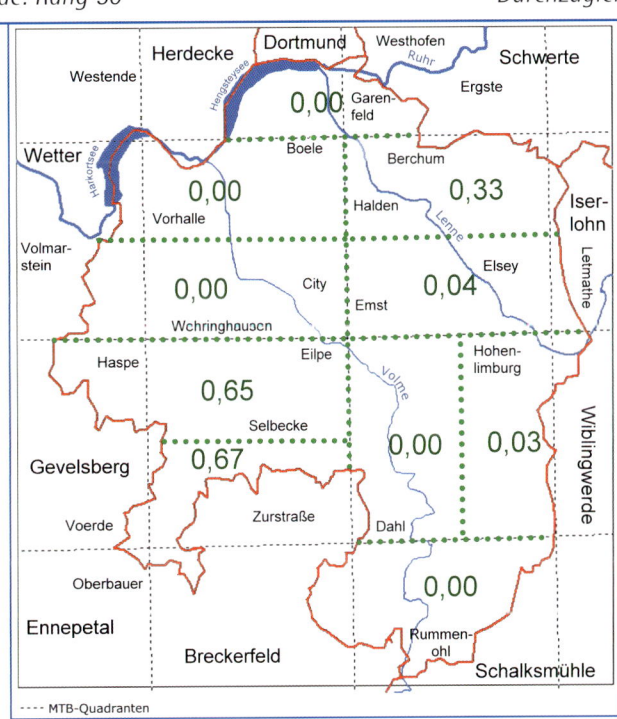

Abb. 2: Durchschnittliche Anzahl an 10 Zählpunkten in 10 Hagener Teilbereichen (Erläuterung s. Anhang)

Verbreitung und Bestand

Der Kuckuck ist vereinzelt im gesamten Stadtrandgebiet anzutreffen. Als einigermaßen regelmäßig besetzte Brutgebiete erscheinen die Wälder um den südlichen Bereich des Stadtwaldes (Kuhfeld bis Wehringhauser Bachtal) und die Flusstäler von Ruhr (im Bereich Kaisberg) und unterer Lenne (im Bereich NSG Lenneaue Berchum).
Für den Zeitraum Ende der 70er Jahre wird über den Bereich um den Spielbrink bzw. Auf der Halle von einem Brutvorkommen berichtet (KRÄMER 1980). Bei einer Brutvogelkartierung des Funckenhauser Bachtals durch den BUND wird 1995 ein Vorkommen festgestellt, gleiches gilt für das Hasselbachtal 1994 und Brockhausen 2001. Die Lenneaue Berchum fällt durch eine fast regelmäßige Besetzung auf (1993 bis 2001). Weitere Gebiete, in denen der Kuckuck immer wieder gehört wurde, ist das Gebiet von der Ruhraue Syburg über Garenfeld bis Schälker Landstraße/Hasselbachtal.
Der Bestand ist sehr schwer einzuschätzen, da der Kuckuck etliche Quadratkilometer überfliegen und mit Gesang abdecken kann. Regelmäßige Beobachtungsdaten ab 1977 lassen aber darauf schließen, dass in Hagen maximal fünf rufende Männchen pro Brutsaison aufgetreten sind, in den meisten Jahren waren es weniger. Im Jahr 1997 gab es auffallend wenig Kuckucksnachweise, die Zahl der Beobachtungen nahm seitdem rapide ab.

Lebensraum

Der Kuckuck ist ein Brutparasit heimischer Singvögel und findet sich deshalb in den jeweiligen Lebensräumen seiner bevorzugten Wirtsvogelarten. Eine Festlegung auf einen typischen Lebensraum ist deshalb nicht angebracht, allerdings muss er über das gute Vorkommen der Wirtsvogelbrutart hinaus den Nahrungsansprüchen des Kuckucks entsprechen. Bis auf die geschlossenen Siedlungsräume und die offene Feldflur ist der Kuckuck in nahezu allen Lebensräumen zu hören, aber die Bruten konzentrieren sich in Hagen auf Flusstäler, abwechslungsreiche Waldgebiete und reich strukturierte Gartenanlagen.

Jahresrhythmus

Der Durchzug und die Rückkehr der Brutvögel aus dem Winterquartier erfolgt Ende April/Anfang Mai. Einige als früh vermerkte Ankunftsdaten: 26. April 1952 (SCHÄFER 1948/1996),

20. April 1962 Eugen-Richter-Turm rufend (Volkssternwarte Hagen 1964). Die früheste Jahresbeobachtung aus jüngerer Zeit stammt vom 21. April 1993 durch Paar am Tücking (OSB Cinclus 1994).

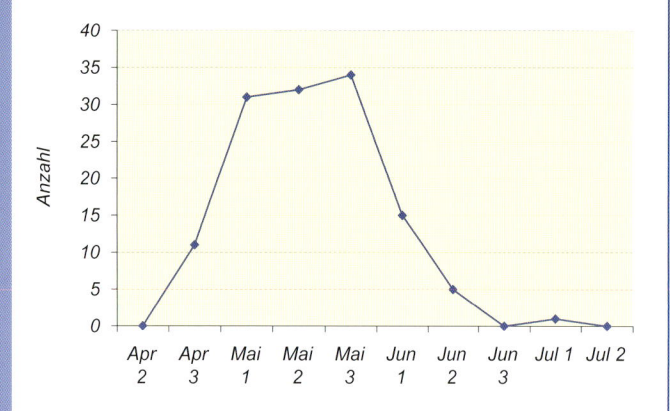

Abb. 3: Feststellung rufender Kuckucke (n = 129) in Monatsdritteln der Jahren 1977 bis 2007 (nach Daten der AG Avifauna Hagen)

Der Schwerpunkt der Rufaktivität liegt deutlich im Mai, es handelt sich dabei sowohl um durchziehende als auch um revieranzeigende Kuckucke, in dieser Zeit kann auch schon Eiablage erfolgen. Als bisher einzige Feststellung eines flüggen Jungkuckucks auf Hagener Stadtgebiet muss wohl die Beobachtung vom 21. Mai 1999 am Deerth gelten (B. Rauer). Die Jahresletztbeobachtung eines rufenden Kuckucks stammt vom 3. Juli 1994 im NSG Lenneaue Berchum, zu dieser Zeit dürften die Kuckucke mit dem Verstreichen bzw. dem Abzug beginnen. Der Wegzug der Brutpopulation und der Durchzug ortsfremder Kuckucke findet überwiegend lautlos und deshalb weitgehend unbemerkt im August statt. In Delstern flog am 8. August 1993 ein Kuckuck gegen eine Scheibe. Er wurde als nicht voll flugfähiger Nestling der selteneren „braunen" Phase am 4. Juli 1993 in Arnhem/Niederlande beringt und war somit 229 km nach Südsüdost gewandert (Wünsch 1994).

Abb. 4: Im Bereich des NSG Lenneaue Berchum ist das einzige Gebiet, wo regelmäßig rufende und umher fliegende Kuckucke in der Brutzeit nachgewiesen werden. Der hier recht häufige Sumpfrohrsänger käme als Wirtsvogel in Betracht. Das einst recht verwahrloste Gebiet wurde auf einer Initiative des BUND in den 1980er Jahren in einem landschaftspflegerischen Großprojekt für heimische Tiere und Pflanzen optimiert. Es gehört nun zu den artenreichsten und letzten Auenwaldbereichen der Region. 1.4.2007, Foto M. Wünsch

Abb. 5: Raupen gehören zur Lieblingsnahrung des Kuckucks. Sie dürfen wie die vom Tagpfauenauge auch behaart sein. Andere Vogelarten verschmähen diese weitgehend. Foto B. Rauer.

Weitere Beobachtungen

Im benachbarten Ennepe-Ruhr-Kreis wurden drei Jungkuckucke in Nestern der Heckenbraunelle und zwei in denen der Dorngrasmücke gefunden (Müller 1961). Über die Wirtsvögel des Kuckucks in Hagen ist sehr wenig bekannt, diskutiert wurde u. a. über den Sumpfrohrsänger. Ob das Vorkommen des Kuckucks in den Flusstälern Hagens aber wirklich auf den Sumpfrohrsänger als Wirtsvogelart hinweist, muss in Frage gestellt werden und sollte in der Zukunft eine Beobachtungsaufgabe für den engagierten Hagener Vogelbeobachter sein. Bemerkenswert ist, dass der flügge Jungkuckuck vom Deerth (s. o.) von einem Rotkehlchen gefüttert wurde, dies entspricht den Beobachtungen von Wirtsvögeln der Kuckucke westdeutscher Mittelgebirge (Garling 1988).
Auf dem Friedhof Remberg wurde 1994 von Press die Rupfung eines juvenilen Kuckucks gefunden, nähere Umstände sind leider nicht bekannt (Wünsch 1994).

Schutzmaßnahmen

In erster Linie müssen strukturreiche Landschaften und Landschaftselemente geschützt werden, insbesondere seien hier Feuchtgebiete und die letzten Auwaldreste (z. B. das NSG Lenneaue Berchum) genannt. Damit bleiben dem Kuckuck sowohl die Wirtsvogelarten als auch die Nahrungsgrundlage erhalten.
Darüber hinaus muss in Land- und Forstwirtschaft auf den Einsatz von Insektiziden verzichtet werden, so dass wieder ausreichend große Tag- und Nachtfalterraupen, bevorzugte Nahrung des Kuckucks, gefunden werden können.
Inwieweit die Klimaerwärmung und das Timing zwischen Wirtsvogel und Kuckuck eine Rolle beim Einbruch des Kuckucksbestands spielt, ist unklar: Denkbar ist, dass die heimischen Wirtsvögel früher mit der Brut beginnen, so dass der Kuckuck als Langstreckenzieher bei seiner Rückkehr bereits so weit angebrütete Gelege vorfindet, dass ein Ausbrüten seines Eies nicht mehr möglich ist.

Schleiereule *(Tyto alba)*

Aufenthalt

J	F	M	A	M	J	J	A	S	O	N	D

Brutzeit

		(M)	A	M	J	J	A	S	O	N	

Gefährdung:
RL Deutschland: keine
RL NRW: keine
Hagen: naturschutzabhängig

Brut: Bis 7 Brutpaare, 1 bis 2 Jahresbruten
Häufigkeit in Punktstoppkartierung: *nicht registriert*
Status: *Jahresvogel*

Abb. 1: Foto J. Schneider

Verbreitung und Bestand

Als ursprünglicher Bewohner von Halbwüsten kann die standorttreue Schleiereule den Winter in höheren Lagen kaum überstehen, so ist die Meidung des höheren Hagener Südens verständlich. Wenn auch Einzelbruten aus dem hoch gelegenen, an den Südosten Hagens angrenzenden Märkischen Kreis bekannt sind (Umgebung Wiblingwerde), erreicht sie in Hagen ihre Höhenverbreitungsgrenze, alle aktuellen Brutplätze Hagens befinden sich im Norden entlang des Ruhr- und Lennetales.

Schröder hatte den Eindruck, dass der Bestand nach dem Krieg erheblich zugenommen hat und auch die Ruinen der Stadt bewohnt sind (1953). Alte, mittlerweile unbesetzte Brutplätze in Hagen waren die Elseyer Kirche (bis Mitte der 60er Jahre), die Kirche Berchum (bis Mitte der 70er Jahre) und eine Mitte der 80er Jahre abgerissene Scheune auf dem Dorfplatz in Holthausen. In den letzten 30 Jahren wurden keine Bruten mehr in Kirchtürmen festgestellt, u. a. eine Folge der Schließung der Türme im Rahmen der Renovierungen in den 70er Jahren. Seitdem setzte auch durch Aufgabe von Höfen und Zersiedlung des Stadtgebietes ein Rückgang im Brutbestand ein. Abgesehen von Einzelbruten in Werdringen (mdl. W. Bussmann) und Garenfeld, fehlte die Schleiereule als Brutvogel ab etwa Mitte der 70er Jahre für zwei Jahrzehnte in Hagen ganz.

Trotz geeigneten Lebensraums und angebotenen Nistkästen in Haßley und Holthausen und zeitweiliger Anwesenheit von Einzeltieren konnten hier bisher keine Bruten nachgewiesen werden. Brutverdacht besteht für Delstern aus dem Jahr 1986 (H.-J. Thiel), eine einzelne Brut gab es in Garenfeld.

Regelmäßige Bruten fanden in Hagen erst wieder ab 1990 im Bereich Berchum und Tiefendorf statt. Dort waren aus privatem Engagement und Aktionen der BUND-Kreisgruppe Hagen Nistkästen eingerichtet worden. Diese Brutplätze in den Scheunen zweier Bauernhöfe waren die ersten der „Wiederbesiedlung Hagens", sie liegen nur 1,7 km Luftlinie voneinander entfernt. Seitdem begann die Schleiereule sich wieder zu einem regelmäßigen Brutvogel Hagens mit einem positiven, allerdings schwankenden Bestandstrend zu entwickeln. Mittlerweile sind weitere Nistkästen durch BUND und NABU an entsprechenden Orten angebracht worden, so dass es an Nistmöglichkeiten nicht mangeln sollte.

Abb. 2: Nestling der zweiten Brut der Wiederbesiedlung Hagens, Nistkasten in Tiefendorf, 9. Juli 1991, Foto A. Welzel

Heute befinden sich regelmäßige besetzte Brutplätze in Garenfeld, Berchum, Tiefendorf, Werdringen und Fley (zwei Brutplätze). Am Tücking, an der Sauerland- und an der Feithstraße haben erstmalig 1999 Bruten stattgefunden. Ein neuer Brutplatz ist der im Hengsteysee stehende Turm des Seeschlösschens, das Jagdgebiet befindet sich auf der südlichen Hagener Seeseite.

Schleiereule

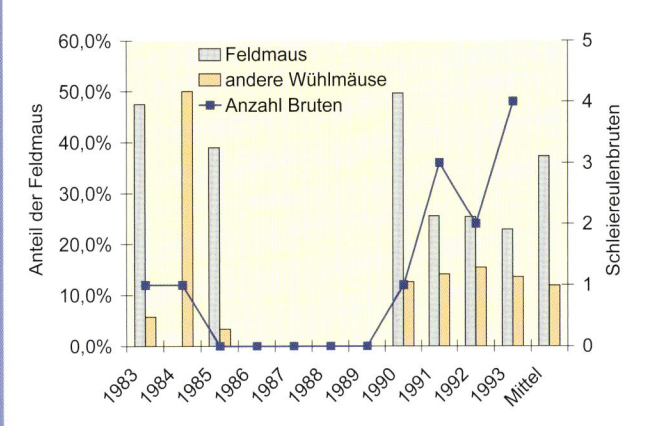

Detlef Boy/Andreas Welzel

Abb. 3: Bestandsentwicklung der Schleiereule und Anteil der Feldmaus (Microtus arvalis) und anderer Wühlmausarten in Hagener Schleiereulengewölle

Tab. 1: Beutetierarten und ihre Anteile an der Gesamtbeutezahl (insgesamt 1051) aus Hagener Schleiereulengewölle der Brutplätze Ruhraue Syburg, Berchum, Tiefendorf, Haßley und Holthausen von 1983 bis 1985 und 1990 bis 1993

1051 Beutetiere	1983–1993 Summe	Anteil gesamt	Klasse
Feldmaus	401	38,2 %	dominant
Hausspitzmaus	115	10,9 %	dominant
Gelbhalsmaus	76	7,2 %	dominant
Waldmaus	71	6,8 %	dominant
Hausmaus	70	6,7 %	dominant
Waldspitzmaus	60	5,7 %	dominant
Erdmaus	52	4,9 %	subdominant
Spitzmaus unbestimmt	36	3,4 %	
Wald- oder Gelbhalsmaus	35	3,3 %	
Schabrackenspitzmaus	24	2,3 %	subdominant
Schermaus	23	2,2 %	subdominant
Wald- oder Schabrackenspitzmaus	21	2,0 %	
Zwergspitzmaus	20	1,9 %	rezedent
Rötelmaus	18	1,7 %	rezedent
Echte Maus, unbestimmt	7	0,7 %	
Wanderratte	7	0,7 %	influent
Kleinwühlmaus	7	0,7 %	influent
Zwergmaus	6	0,6 %	influent
Haussperling	6	0,6 %	influent
Wasserspitzmaus	5	0,5 %	influent
Wühlmaus, unbestimmt	4	0,4 %	
Maulwurf	1	0,1 %	influent

Lebensraum

Als Jagdgebiet benötigt die Schleiereule bäuerliche Kulturlandschaften mit Viehweiden und Dauergrünland; bei uns jagt sie neuerdings auch in den Grünflächen von Gewerbegebieten. Der Brutplatz befindet sich in Hagen ausschließlich innerhalb von Gebäuden.

Jahresrhythmus

Die Standorttreue der Art konnte S. Sallermann belegen: Trotz schneereicher Jahre 1999 bis 2001 überwinterte eine Schleiereule im Röhrenspring. Da Schleiereulen nicht in der Lage sind, ausreichend Fett zu speichern und so eine geringe Fähigkeit zum Hungern haben, wird der Aufenthalt bei längeren hohen Schneelagen problematisch, denn die Mäuse legen Laufgänge für die Schleiereule unerreichbar unter dem Schnee an. Anders als etwa für die Waldohreulen im Fleyer Wald nachgewiesen, weichen Schleiereulen nur geringfügig auf Vögel aus.
Brutaktivitäten beginnen wohl im April, Schlupfzeitpunkt einer Brut in Tiefendorf war am 5. Juni 1991, am 3. Juni 2005 fand sich hier ein Dreiergelege. Bei Zweitbruten sind Nestlinge bis in den November hinein anzutreffen, z. B. noch 12. November 1997 in Berchum.

Weitere Beobachtungen

Der Brutbestand ist abhängig von strengen Wintern sowie vom Massenbestandswechsel der Feldmaus und unterliegt deshalb einer starken Dynamik. Im Unterschied zu anderen Eulen spielen Spitzmäuse in der Ernährung der Schleiereule eine wesentliche Rolle. Die Brutplätze befinden sich fast alle in Scheunen und hier überwiegend in Nistkästen. Ein ungewöhnlicher Brutplatz ist der von Wasser umgebene „Mäuseturm" auf dem Hengsteysee.
Neben den Winterverlusten spielen bei den Todesursachen der Straßen- und Bahnverkehr eine herausragende Rolle. Jungvögel sind v. a. durch den Steinmarder bedroht. Am Brutplatz Tiefendorf lebten in derselben Scheune Schleiereule und ein Steinmarder mit Jungen, dem sicher trotz Marderschutzvorrichtungen an den Nistkästen einige Eulen zum Opfer fielen. Ein Riss (Marder, Fuchs, Hund?) wurde am 5. November 2001 im NSG Ruhraue Syburg gefunden (M. Oriwall/A. Welzel), in der Nähe eines regelmäßig genutzten Brutplatzes in einem der alten Gemäuer des Hauses Husen direkt an der Hagener Stadtgrenze.

Schutzmaßnahmen

Es sollte zu denken geben, dass brütende Schleiereulen für viele Jahre ganz aus Hagen verschwunden waren. Wesentlich für den Fortbestand der Schleiereule in Hagen wird der Erhalt der bäuerlichen Landschaft mit Viehwirtschaft und ein ausreichendes Angebot an Brutplätzen sein.
Es muss darauf geachtet werden, dass als Nistplatz geeignete Gebäude bei Renovierungen nicht verschlossen und bereits verschlossene Gebäude wieder geöffnet werden (z. B. Kirchtürme). Obwohl derzeit nicht akut gefährdet, ist die Schleiereule immer noch abhängig von Naturschutzmaßnahmen, das sind in erster Linie die Montage und Betreuung von Nistkästen. Sicherungsvorrichtungen an Nistkästen gegen Katzen und Steinmader sind dringend erforderlich. Unerlässlich ist der Verzicht auf Rodentizide, der Tod einer kompletten Schleiereulenfamilie ebenfalls in Tiefendorf ist vermutlich auf Rattengifteinsatz zurück zu führen.

DETLEF BOY   117

Steinkauz *(Athene noctua)*

Aufenthalt

J	F	M	A	M	J	J	A	S	O	N	D

Brutzeit

			A	M	J	J					

Gefährdung:
RL Deutschland: stark gefährdet
RL NRW: gefährdet
Hagen: vom Aussterben bedroht

Brut: 1 bis 2 Brutpaare, 1 Jahresbrut
Häufigkeit in Punktstoppkartierung: *nicht registriert*   Status: *Jahresvogel*

Abb. 1: Foto J. Schneider

Verbreitung und Bestand

Sein Hauptverbreitungsgebiet ist bei uns die Randlage des Ruhrtals und des Lennetals. Ältere Nachweise wurden 1975 aus Holthausen (Schwarzer), 1976 in Haspe-Vogelsang (H. Kuczka), 1982 und 1983 auf dem Lichtenböcken (D. Boy) und 1983 im Ribberthof Ambrock (A. Reuter) gemeldet. Häufige Beobachtungen von Steinkäuzen wurden in Hagen-Hengstey und Holthausen gemacht. Einzelne Nachweise stammen aus Haßley und Berchum. Weitere als Brutreviere geeignete Biotope finden wir noch um den Lichtenböcken herum, in Reh, Berchum und Herbeck. Auch Hengstey und Vorhalle weisen noch geeignete Lebensräume auf.

Die aktuelle Steinkauzpopulation von Hagen beschränkt sich z. Z. auf die beiden Brutreviere in Garenfeld und Werdringen, die bereits seit über 20 Jahren besetzt sind. Allerdings sind diese Restvorkommen des Steinkauzes in Garenfeld aufgrund der Zerstörung des Lebensraumes (Verdichtung der Wohnbebauung) erheblich gefährdet. Seit 2005 besteht wohl kein Brutnachweis mehr für Werdringen.

Lebensraum

Der Steinkauz liebt offenes beweidetes Dauergrünland mit ganzjährig niedriger Vegetation. Als Kulturfolger nutzt er bei uns vor allem extensiv genutzte hochstämmige Streuobstwiesen in Dörfern und Bauerschaften sowie Randbereiche von Siedlungen mit altem Baumbestand und entsprechendem Höhlenangebot. Wichtig sind für ihn vor allem alte Gebäude, Scheunen und Ställe mit Nischen für Tagesverstecke und Rufwarten.

Jahresrhythmus

Die territoriale Abgrenzung des Reviers ist ganzjährig zu beobachten, wobei der Höhepunkt der Aktivität während der Herbstbalz und zu Beginn der Frühjahrsbalz liegt. Die Balzzeit des Steinkauzes beginnt im Februar und dauert bis Mitte April. Legebeginn ist von Mitte April bis Mitte Mai, bei Verlust Nachgelege bis Mitte Juni. Im Alter von ca. 35 Tagen verlassen die Jungen die Höhle. Nach etwa zwei bis drei Monaten wandern die Jungen aus dem Revier der Altvögel ab. Die bei uns gemeldeten erfolgreichen Steinkauzbruten hatten durchschnittlich drei Jungvögel.

Weitere Beobachtungen

Im Juni 1993 wurde ein junger Steinkauz aus einem Schornstein in Garenfeld befreit. Noch ein weiterer Jungvogel lag tot hinter der Revisionsklappe eines Schornsteins (S. Sallermann).

Schutzmaßnahmen

Vorrangig ist die Erhaltung und Pflege der noch vorhandenen Steinkauzlebensräume. Insbesondere die Umwandlung von Dauergrünland in Ackerflächen oder gar in Gebiete mit Wohnbebauung, wie in Garenfeld geschehen, sollte möglichst eingeschränkt werden. Hilfreich ist auch das Anbringen von Nisthilfen (Steinkauzröhren) in noch als Brutreviere geeigneten Biotopen. Ebenso sollte nachdrücklich auf die Gefährdung der Streuobstwiesen durch die momentan übermäßige Pferdehaltung hingewiesen werden. Bei einer Pferdebeweidung müssen die Bäume mit einer Umzäunung vor dem Verbiss der Tiere geschützt werden. Um eine Beschädigung der Wurzeln der Bäume zu verhindern, sollten keine beschlagenen Pferde auf den Obsthof zur Beweidung gelassen werden. Die momentane Gesetzgebung (Beweidung zwischen dem 1. Juli und 31. Oktober und die erste Mahd erst ab 15. Juni) verhindert leider eine frühzeitige Beweidung und Mahd der Obstwiesen. Diese wären jedoch notwendig um dem Steinkauz die Nahrungsgrundlage zu ermöglichen. Wenn möglich sollten in näherer Umgebung von Steinkauzrevieren Schornsteine mit Gittern abgesichert werden.

Waldohreule *(Asio otus)*

DETLEF BOY

Aufenthalt

J	F	M	A	M	J	J	A	S	O	N	D

Brutzeit

		M	A	M	J	J					

Brut: ca. 10 bis 15 Brutpaare, 1 Jahresbrut
Häufigkeit in Punktstoppkartierung: Rang 91, Revieranzeigende: nicht registriert

Gefährdung:
RL Deutschland: keine
RL NRW: gefährdet
Hagen: keine

Status: Jahresvogel, Durchzügler, Wintergast

Abb. 1: im Tageseinstand, Knippschildstrasse, 1988, Foto R. WISNIEWSKI

Verbreitung und Bestand

Die Waldohreule ist in allen Höhenlagen in Hagen anzutreffen. Sie kommt außer im Innenstadtbereich im gesamten Stadtgebiet vor.
Infolge der Nahrungsabhängigkeit von Kleinsäugern und Feldmauszyklen unterliegt die Waldohreule erheblichen Bestandsschwankungen. Bei einer Erfassung von Waldohreulenbruten 1993 im Hagener Norden wurden von D. BOY und M. WÜNSCH im Ruhrtal, in Garenfeld, im Fleyer Wald und in Vorhalle sechs Brutpaare mit insgesamt 19 Jungvögeln festgestellt (fünf Paare mit je drei und ein Paar mit vier Jungen). Von 1995 bis 1999 wurden nur wenige Meldungen von Waldohreulen registriert. Seit 2000 gibt es wieder mehr Nachweise, so eine revieranzeigende Waldohreule im Wannebachtal. Im Zeitraum von 2001 bis 2006 war die Art im Deerth/Stadtwald ständig präsent, 2004 fand sich hier das Nest auf einer Kiefer, darunter ein toter Jungvogel (B. RAUER). Am Kaisberg wurden 2001 drei Jungvögel erbrütet. In Garenfeld wurden in einer Fichte im Mai 2005 und Mai 2006 erfolgreiche Bruten mit je fünf Jungen durchgeführt.

Lebensraum

Die Waldohreule benötigt zur Jagd vorwiegend offenes, deckungsarmes Gelände mit einem hohen Anteil an Dauergrünland (Wiesen, Felder, Weideland) mit niedrigem Pflanzenbewuchs. Daneben kommen aber auch Waldschneisen und besonders im Winter Lichtungen und Wildgatter als Jagdgebiet in Frage, da durch die Fütterung des Wildes auch Mäuse angelockt werden. Zur Brut und als Tageseinstand bevorzugt die Waldohreule in der Regel Waldränder mit Nadelbäumen, Feldgehölzstreifen und kleine Baumgruppen, aber auch Hecken und Einzelbäume, soweit sie genug Deckung bieten und Raben- und Greifvogelnester als Brutnest vorhanden sind. Im Kern größerer geschlossener Waldbestände ist sie selten anzutreffen.

Jahresrhythmus

Die Waldohreule kann zu jeder Jahreszeit beobachtet werden. Hauptlegezeit ist von Mitte März bis Mitte April. Auf dem Tücking konnte C. TUNK am 16. Mai 1984 eine Waldohreule im Horst beobachten. Die Jungvögel verlassen noch vor Einsetzen der Flugfähigkeit im Alter von ca. drei Wochen das Nest und klettern in benachbarte Baumkronen, in dieser Zeit ist ihr Bettelruf, ein charakteristisches „Fiepen", permanent zu hören. Nach weiteren zwei Wochen sind die jungen Waldohreulen flugfähig.

Abb. 2: Das offene Nest der Waldohreule in einer Pappel. Sehr wahrscheinlich handelt es sich um ein übernommenes Krähennest. Foto J. SCHNEIDER

Waldohreule

Weitere Beobachtungen

Bei einer Brut 1992 im Ruhrtal Garenfeld konnten die Altvögel im Juni/Juli am hellen Tag bei der Mäusejagd beobachtet werden. Besonders interessant dabei war, dass die Altvögel vorwiegend über hohem Bewuchs (Getreidefelder) auf Nahrungssuche gingen.

Im Winter finden sich Waldohreulen zu Schlafgemeinschaften zusammen. Ein solcher Winterschlafplatz befand sich über 15 Jahre hinweg an der Knippschildstraße/Fleyer Straße (s. *Abb. 1*). Die ersten Zählungen stammen aus dem Winter 1974/1975 mit vier Exemplaren (WEISSENBERG). Der Höchststand wurde mit 40 Waldohreulen am 2. März 1979 gezählt (A. SCHÜCKING/FLORE). In den 80er Jahren wurden meist zwischen 8 bis 30 Exemplare festgestellt. Nach Abholzung des Großteils der Fichten, die als Schlafplatz dienten, konnten 1991/1992 nur noch drei Waldohreulen beobachtet werden (D. BOY/A. REUTER).

Bei Abholzung von Fichten an der Hasper Talsperre 1992 flogen mindestens 40 Waldohreulen ab (B. RAUER).

Ein Totfund mit Genickbruch stammt von der Homberger Höhe.

Eine Waldohreulenrupfung (durch den Habicht?) vom 25. März 2003 im geschlossenen Wald des NSG Weißenstein befand sich nach Aussagen eines Passanten „schon einige Tage hier" (A. WELZEL).

Schutzmaßnahmen

In den letzten Jahren findet durch intensiv genutzte und ausgeräumte Landschaften ein Bestandsrückgang statt. Deshalb ist die Erhaltung geeigneter Lebensräume, insbesondere Dauergrünland mit Hecken und Feldgehölzen, am wichtigsten. Auch das Anbringen von Kunsthorsten in den entsprechenden Biotopen kann zu einer positiven Bestandsentwicklung führen. Besonders sei hier noch einmal auf den Schutz der Rabenvögel hingewiesen, da die Waldohreule deren Nester als Brutplatz nutzt.

Tab. 1: Gewöllinhalt des Schlafplatzes „Berchumer Heide" nördlich des Golfplatzes (M. WÜNSCH)

Beutetierart	ca.1984, 1985–1986 Anzahl	%	1987 Anzahl	%	1988 Anzahl	%
Feldmaus, Rötelmaus, Erdmaus	2402	81,7	359	64,7	414	91,2
Waldmaus, Gelbhalsmaus	417	14,2	94	16,9	27	5,9
Schermaus	56	1,9	35	6,3	2	0,4
Zwergmaus	3	0,1	2	0,4	3	0,7
Hausratte	3	0,1	1	0,2	0	0,0
Hausspitzmaus	1	0,0	0	0,0	0	0,0
Rotzähnige Spitzmaus	0	0,0	13	2,3	0	0,0
Vögel	55	1,9	50	9,0	8	1,8
Käfer	4	0,1	1	0,2	0	0,0

Abb. 3: Tagesschlafplatz der Waldohreule im Obsthof des Forsthauses Deeth. Foto B. RAUER.

Uhu *(Bubo bubo)*

Aufenthalt

J	F	M	A	M	J	J	A	S	O	N	D

Brutzeit

	(F)	M	A	M	J						

Brut: 5 bis 10 (?) Brutpaare, 1 Jahresbrut
Häufigkeit in Punktstoppkartierung: *nicht registriert*

Gefährdung:
RL Deutschland: keine
RL NRW: Vorwarnliste
Hagen: keine

Status: *Jahresvogel*

Abb. 1: im Tagesquartier, ehemaliger Hagener Steinbruch, 2.8.2005, Foto M. Henning

Verbreitung und Bestand

Der Uhu war in unserem Raum durch menschliche Verfolgung ausgerottet. Im Wasserlosen Tal soll er 1936 noch gehört worden sein (wahrscheinlich Hüttenuhu), 1937 allerdings war er dann verschwunden (Becker 1996). Im Rahmen der Wiederansiedelungsprojekte haben die ersten Junguhus in den 80er Jahren auch den Hagener Raum wiederbesiedelt, und zwar erstmalig im Helmkesteinbruch in Letmathe. Erste Beobachtungen im Hagener Stadtgebiet gab es 1985 im Lennetal. Weitere Hinweise auf die Art gab es durch Totfunde dreier Exemplare an der Bahnlinie Hohenlimburg/Halden in der Nähe des NSG Weißenstein 1986 (M. Henning), 1990 (M. Wünsch) und 1992 (J. Grawe). Eine Erstbrut fand wohl 1987 im Steinbruch Donnerkuhle statt (J. Reichling). Seitdem ist ein kontinuierlicher Zuwachs zu beobachten: 1996 zwei Brutpaare, 1997/98 drei Brutpaare, 1999 vier Brutpaare, von 2000 bis 2003 jeweils vier bis fünf Brutpaare (D. Boy/M. Wünsch). Fast alle für Uhus geeigneten Biotope in Hagen wurden mittlerweile besiedelt.

Lebensraum

Der Brutplatz liegt vorwiegend in Steinbrüchen, die z.T. noch wirtschaftlich genutzt werden, vorzugsweise in momentan nicht erschlossenen bzw. stillgelegten Abschnitten in Nordwest-Wänden. Auch locker bewachsene Felswände über den Flusstälern von Ruhr und Lenne mit freien Anflugmöglichkeiten wie Kaisberg und Weißenstein werden vermehrt genutzt. Meistens in der Nähe von offen strukturierten Landschaften, die das Jagdgebiet sind. Manche Brutplätze sind über Jahre hinaus besetzt. Tageseinstände befinden sich in umliegenden Baumgruppen oder auf bewachsenen Felssimsen. Mittlerweile ist er auch im städtischen Siedlungsbereich anzutreffen.

Erste Hinweise auf „Walduhus" kommen vom Nimmertal (15. März 2003, Balzrufe in Morgendämmerung, A. Welzel) und dem Stadtwald (Winter 2006/07, „öfters am Deerth rufend", B. Rauer) und im Dezember 2007 auf dem Eugen Richter-Turm sitzend (G. Röttler).

Jahresrhythmus

Uhus sind das ganze Jahr über bei uns anzutreffen. Höhepunkt der Balzaktivität ist der Oktober mit der Herbstbalz, dabei findet Paarbildung und Revierabgrenzung statt. Am 24. November 1999 konnten über fünf Minuten hinweg alle 10-15 Sekunden Balzrufe vom Nordhang des Schlossberges Hohenlimburg gehört werden (A. Welzel). Frühjahrsbalz ist in der Regel im Februar und März, Brutbeginn meist März/April. Jungvögel sind nach ca. acht Wochen flugfähig. Die von uns überprüften Brutpaare hatten durchschnittlich zwei Junge (D. Boy/M. Wünsch). Ein besonders gutes Brutergebnis gab es 2005 mit drei bis vier Jungen pro Brutpaar.

Abb. 2: Das Bild zeigt den Vogel in geduckter Körperhaltung. Foto M. Henning

Abb. 3: Das Ehepaar Melis aus Lüdenscheid mit einem gesund gepflegten Vogel. Er hatte sich in dem Reiherschutznetz eines Forellenteiches verfangen und verletzt. Das Ehepaar Melis hat den Vogel in ihrer Pflegestation aufgenommen und in der von ihnen bekannten gewissenhaften Weise aufopferungsvoll betreut. Hier wird er am Steinbruch Ambrock wieder ausgewildert. 28.4.2001, Foto S. SALLERMANN

Weitere Beobachtungen

Man findet Bruten auch in bewirtschafteten Steinbrüchen, teilweise nur 20 m über der Straße mit stark befahrenem Lkw-Verkehr. Auch ein recht lebhafter Steinbruch im innerstädtischen Bereich wurde als Brutplatz genutzt. So wurde 1999 ein Jungvogel in der Nähe des Brutplatzes gefunden und mit Hilfe der Feuerwehr wieder in die Wand eingesetzt. Später jedoch wurde er geschwächt aufgegriffen und ins Tierheim gebracht, wo er leider eingeschläfert werden musste.

Im städtischen Siedlungsbereich ernährt er sich u. a. von Ratten, Stadttauben und Wasservögeln. In einem Uhugewölle fand B. RAUER einen Kaninchenschädel (Hochwald am Oeger Stein, Hohenlimburg 4. Dezember 1993), N. BÜSSE beobachtete, wie in seinem Garten ein Igel von einem Uhu verspeist wurde (Wiblingwerde, 8. September 1999).

Im Umkreis der Uhureviere können kaum noch Greifvogelbruten beobachtet werden.

Abb. 5: Das Bild zeigt einen alten, vor Jahren still gelegten Steinbruch im Kettelbachtal. Steinbrüche dieser Art sind in den Wäldern auf dem Hagener Gebiet häufig zu finden. Sie stellen ein großes Potenzial an Brutplätzen dar. 25.1.2009, Foto S. SALLERMANN.

Schutzmaßnahmen

- Sicherung der Brutplätze durch Bewahrung und Erhaltung der Steinbrüche
- Verweigerung der Genehmigungen zur Bebauung oder Verfüllung von Steinbrüchen
- Vermeidung von Bewilligungen zum Freiklettern und Sammeln von Fossilien
- keine Rodungsmaßnahmen und forstwirtschaftliche Arbeiten oberhalb von Brutplätzen
- Aufrechterhaltung des Jagdverbotes
- Sicherungsmaßnahmen an Freileitungen

Abb. 4: Der Ambrocker Steinbruch besitzt wie alle anderen aktiv betriebenen Steinbrüche im Hagener Stadtgebiet seit Jahren ein Brutpaar. 25.1.2009 Foto S. SALLERMANN

Waldkauz *(Strix aluco)*

Aufenthalt

J	F	M	A	M	J	J	A	S	O	N	D

Brutzeit

	(F)	M	A	M	J						

Brut: ca. 50 Brutpaare, 1 Jahresbrut
Häufigkeit in Punktstoppkartierung: Rang 89, Revieranzeigende: Rang 78

Gefährdung:
RL Deutschland: keine
RL NRW: keine
Hagen: keine

Status: Jahresvogel

Abb. 1: Foto J. Schneider

Verbreitung und Bestand

Der Waldkauz ist in Hagen in allen geeigneten Lebensräumen anzutreffen. Durch seine hohe Anpassungsfähigkeit ist er die bei uns am häufigsten vorkommende Eulenart und nutzt sehr verschiedene Brutplätze. So wurden am Hobräck Bruten in speziellen Nistkästen für Schleiereulen und Turmfalken festgestellt (H.-J. Thiel). Er nimmt auch gerne Nistmöglichkeiten in den Nischen alter Gebäude (z. B. Fabrikgebäude) oder von Schornsteinen wahr (Fa. Kettler in Haspe). Er unterliegt im Winter geringeren Bestandsschwankungen als andere Arten, da seine Ernährung recht vielseitig ist und er neben Kleinsäugern auch Vögel als Nahrung nimmt.

Lebensraum

Brutlebensräume sind in der Regel Laub- und Mischwälder in allen Höhenlagen, aber auch Parks, Friedhöfe, Alleen und Gärten mit altem Baumbestand werden besiedelt. Eine Brut fand sich 1993 im stark von Spaziergängern und spielenden Kindern genutzten Stadtgarten oberhalb des Allgemeinen Krankenhauses, zwei Junge saßen hier am 1. Mai am Eingang der Bruthöhle in einer Kastanie in nur 2 m Höhe (A. Welzel). Als Kulturfolger nutzt er auch Gebäude im Bereich menschlicher Siedlungen. Entscheidend ist, dass der Lebensraum reich strukturiert ist und genügend Tagesverstecke und Bruthöhlen in Bäumen oder Gebäudenischen bietet und das Nahrungsangebot reichhaltig ist.

Jahresrhythmus

Er ist zu jeder Jahreszeit in Hagen anzutreffen und ein ausgesprochener Standvogel mit Reviertreue über Generationen hinweg. Die Reviergrenzen werden über Jahre hinweg behauptet. Höhepunkt ist die Herbstbalz mit Angriffsflügen und Rivalenkämpfen. Hauptlegezeit ist der März, mitunter wird auch schon im Februar mit der Brut begonnen. Am 24. Mai 2004 fand B. Rauer am Deerth ein Nest mit Jungen in einem abgebrochenen Kiefernstamm, und noch am 1. November 1995 fütterte ein Paar mehr als 2 Junge in einem kleinen Nistkasten in Berchum (D. Dörnen). Jungvögel sind nach ca. zweieinhalb bis drei Monaten selbständig und werden noch bis zum Herbst von den Altvögeln im Revier geduldet.

Abb. 2: Jungvogel am Deerth. Am Forsthaus im Stadtwald. Foto B. Rauer

Waldkauz

Weitere Beobachtungen

Auf dem Kamin eines verlassenen Wohnhauses in der Sterbecke besteht ein Tageseinstand unter einer Schornsteinhaube, der nach G. Wirt seit mindestens 20 Jahren, nach Angaben von Anwohnern bereits seit über 40 Jahren genutzt wird. Ab Ende November 1997 konnte dort kein Waldkauz mehr beobachtet werden, doch seit dem 17. Oktober 2008 wird der alte Platz wieder genutzt (s. Abb. 3).

1987 brütete ein Waldkauz auf einem alten Hochsitz bei Baunscheid (A. Reuter). Auf dem Weg zum Märchenwald in Hohenlimburg attackierte 1999 ein Waldkauz in Brutplatznähe vorbeikommende Fußgänger und Jogger. Am 5. Januar 2003 flog ein Waldkauz durch eine offen stehende Haustür zwei Treppenkehren hoch durch eine geöffnete Luke auf den Dachboden (M. Wünsch).

An der „Saure Egge" in Tiefendorf wurde am 1. Oktober 1986 ein verletzter Waldkauz mit gebrochenem rechten Flügel im Stacheldraht hängend gefunden, in den er offensichtlich bei der Jagd hineingeraten war. Er wurde bei der Auswilderungsstation Wuppertal abgegeben und ist dort verendet (A. Welzel).

Schutzmaßnahmen

Aufgrund seiner hohen Anpassungsfähigkeit ist der Bestand stabil und nicht gefährdet. Eine sinnvolle Maßnahme ist die Bewahrung und Sicherung von Altholzbeständen und Altholzinseln mit alten Schwarzspechthöhlen und anderen ausgefaulten Baumhöhlen, die z. B. durch Astabbrüche und Blitzeinschläge entstanden sind. Nisthilfen sollten nur in Ausnahmefällen angebracht werden und vor allem da vermieden werden, wo Steinkauz oder Raufußkauz vorkommen.

Abb. 3: Waldkauz im Tageseinstand, Sterbecke, 19. Oktober 2008, Foto A. Welzel

TIMOTHY DRANE/STEPHAN SALLERMANN

Mauersegler *(Apus apus)*

Aufenthalt

| | | (A) | M | J | J | (A) | (S) | | |

Brutzeit

| | | | | M | J | J | | | |

Brut: ca. 1000 Brutpaare, 1 Brut
Häufigkeit in Punktstoppkartierung: Rang 2, Revieranzeigende: Rang 42

Gefährdung:
RL Deutschland: keine
RL NRW: keine
Hagen: keine

Status: Sommervogel, Durchzügler

Abb. 1: Foto H.-J. FÜNFSTÜCK

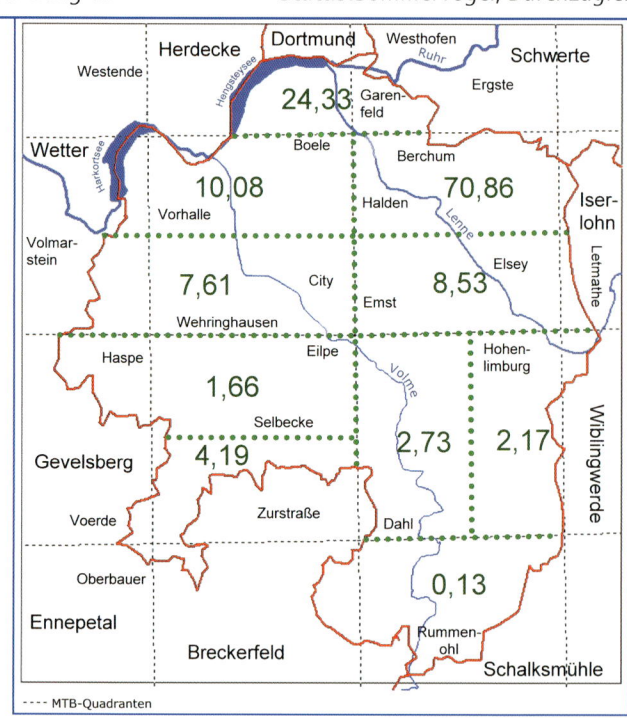

Abb. 2: Durchschnittliche Anzahl an 10 Zählpunkten in 10 Hagener Teilbereichen (Erläuterung s. Anhang)

Verbreitung und Bestand

Verbreitungsschwerpunkte des Mauerseglers sind Stadtteile mit hohem Altbauanteil wie z. B. Altenhagen, Vorhalle, Eilpe, Delstern, Haspe, Hohenlimburg und Wehringhausen, ansonsten kommen sie aber noch so ziemlich in jedem Stadtteil mit älteren Gebäuden vor. Jagend sind sie je nach Wetterlage in und über dem ganzen Stadtgebiet zu sehen. Oft sind sie am Anfang ihres Aufenthalts über Gewässern zu beobachten, da es dort Anfang Mai schon genug Insekten gibt.

Lebensraum

Der Mauersegler brütet in unserem Gebiet ausschließlich in Gebäuden oder in Nisthilfen, die außen an Fassaden angebracht sind und ist deshalb besonders häufig in Altbaugebieten zu beobachten. Er fliegt meist direkt unter der Dachrinne ein, um auf der dahinter befindlichen Verbretterung des Dachbodens direkt auf dem Boden zu brüten. Auch Nischen alter Fabriken und Lagerhallen werden angenommen. Potenzielle Brutplätze können in allen Gebäuden sein, die baulich nicht zu dicht verschlossen sind. Außerdem liegen die Nistplätze relativ hoch, da Mauersegler das Nest nur fliegend verlassen können, vorzugsweise in 9 bis 15 m Höhe. Er brütet sehr ortstreu in lockeren Kolonien.

Die Nahrungsaufnahme findet ausschließlich in der Luft statt, je nachdem wo gerade viele Insekten sind. Er fliegt, wenn es nötig ist, zur Nahrungs- und Futteraufnahme sehr große Strecken und folgt den durch Thermik hochgetragenen Insektenschwärmen unter Umständen in große Höhen, deshalb gilt er bei Segelfliegern als „Thermikanzeiger". Über dem Wesselbachtal/Hohenlimburg konnten am 1. Juli 1994 Insekten jagende Mauersegler in einer Höhe von 1450 m über Grund festgestellt werden (A. WELZEL).

Jahresrhythmus

Ankunft der Brutvögel in der Regel Ende April bis Anfang Mai (sehr früh: 13. April 1996). Vom 22. bis 28. April werden normalerweise die ersten Durchzügler beobachtet. Er brütet bis Mitte/Ende Juli. Die ersten Vögel werden Anfang Juli flügge. Ende Juli ziehen so gut wie alle Vögel gemeinsam weg, danach sind nur noch vereinzelte Durchzieher zu beobachten. Als Ausnahme sei eine Brut in Holthausen genannt, dort wurden mindestens noch bis zum 12. August

Mauersegler

2007 Jungvögel im Nest gefüttert (A. WELZEL). Solche Spätbruten erklären wohl auch die späten Durchzügler am 24. September 1996 (J. REICHLING) oder mehrere Mauersegler, die zusammen mit Mehlschwalben am 10. September 1994 über dem Wesselbachtal jagten und dann weiterzogen (A. WELZEL). Die Masse der Vögel hält sich jedes Jahr jedoch ungewöhnlich exakt an die Aufenthaltszeit vom 1. Mai bis 1. August.

Weitere Beobachtungen

Mauersegler bleiben sehr lange im Nest. Die Jungvögel müssen beim Verlassen sofort fliegen können. Wenige Tage danach machen sie sich sofort auf den Weg zu ihren Überwinterungsgebieten im südlichen Afrika. Die Familienverbände fliegen Ende Juli gern laut rufend im Zickzack durch Häuserschluchten hindurch. Andere Vögel, die Brutplätze bei Ankunft der Mauersegler besetzt haben, werden häufig einfach rausgeworfen, z. B. Haussperlinge. Mauersegler verbringen ihr ganzes Leben in der Luft und landen nur in ihren Nisthöhlen. Das wenige Nestmaterial, wie z. B. Federn, wird im Flug aufgeschnappt. Sie schlafen sogar in der Luft. Die Flughöhen können extrem hoch oder niedrig sein. Mauersegler können vom Boden aus nicht selbsttätig auffliegen. Findet man einen Mauersegler einmal irgendwo hilflos am Boden sitzend, kann man ihn über einer Wiese vorsichtig hoch in die Luft werfen. In der Regel fliegt er dann weg. Ist keine falldämmende Wiese in der Nähe, setzt man ihn besser auf eine Mauerkante, von der er dann selbst abfliegen kann.

Abb. 5: Das Bild zeigt ein Pärchen kurz nach der Ankunft am Brutplatz. Hier liegt das Nest auf der Mauer eines Gebäudes direkt unter der Schrägdacheindeckung aus Welleternit. 29.4.2008, Foto U. SCHMIDT

Abb. 3: Diesem Findelvogel fehlt noch ca. eine Woche zur Flugfähigkeit, an den weißen Rändern der Schwungfedern erkennt man, dass er fast flügge ist, 28.4.2004, FOTO S. SALLERMANN

Schutzmaßnahmen

Im Zuge von Altbausanierungen werden häufig besetzte Kolonien vernichtet oder gestört, in der Regel aber durch unbewusstes Handeln. Zum einen geschieht dies durch den direkten Verschluss der Einflugöffnungen und zum anderen durch das Verbauen der Einflüge während der Brutzeit durch Baugerüste mit vorgehängten Sicherheitsgittern. Wird irgendwo so ein Problem erkannt, ist sofortige Aufklärungsarbeit wichtig. Durch einige klärende Worte kann oft noch manches abgewendet werden. Kommt man jedoch zu spät, können die verbauten Brutmöglichkeiten oft durch künstliche Nisthilfen wieder aufgefangen werden (s. u.). Für den Erhalt dieser Vogelart sind Maßnahmen in dieser Hinsicht absolut überlebensnotwendig. Die Art kann mit Hilfe künstlicher Nisthilfen auch neu angesiedelt werden. So sind im Handel spezielle Nistkästen erhältlich, die problemlos an Gebäuden aufhängt werden können. Vorzugsweise werden sie dann unter die Dachvorsprünge in eine Höhe von mindestens vier bis fünf Metern aufgehängt, höher ist jedoch besser. Es kann etwas dauern, bis solche Nisthilfen angenommen werden. Neu angelegte Spalten unter Dächern werden eher angenommen.

Abb. 4: bei einer Fassadensanierung freigelegtes Nest, Tüters Hof, 2.7.2003, Foto S. SALLERMANN

DR. MEINOLF HENNING

Eisvogel *(Alcedo atthis)*

Aufenthalt

| J | F | M | A | M | J | J | A | S | O | N | D |

Brutzeit

| | | M | A | M | J | | | | | | |

Gefährdung:
RL Deutschland: keine
RL NRW: keine
Hagen: keine

Brut: ca. 10 Brutpaare, 1 Jahresbrut
Häufigkeit in Punktstoppkartierung: Rang 80, Revieranzeigende: nicht registriert
Status: Jahresvogel

Abb. 1: am Lenneufer, 2001, Foto R. WISNIEWSKI

Verbreitung und Bestand

Der Eisvogel kommt an den Hagener Flüssen wie Ruhr (Hengsteysee und Harkortsee), Lenne, Ennepe und Volme sowie an verschiedenen Zuflüssen vor. SCHÄFER berichtet für den Zeitraum um 1948: „ungewiß, ob auf Hagener Gebiet als Brutvogel" (1948/1996). Die Art hat von der Verbesserung der Wasserqualität profitiert. Als Nahrungsgast kann der Eisvogel an Fischteichen und an Gartenteichen beobachtet werden. Selbst im innerstädtischen Bereich kann er, wie an der Volme, beobachtet werden.

Lebensraum

An stehenden und fließenden Gewässern mit naturnahen Strukturen wie begleitenden Ufergehölzen und Ansitzwarten. Der Stoßjäger braucht klares, sauberes Wasser mit ausreichendem Fischbestand. Die Nahrungstiere werden zuvor optisch fixiert. Bevorzugt werden vor allem flachrückige Fische wie Bachforelle, Gründling, Elritze und Weißfische. Ihre durchschnittliche Größe beträgt etwa sechs bis sieben Zentimeter. Darüber hinaus stehen auch Insekten, Frösche und Kaulquappen auf dem Speisezettel. Ein entscheidender und limitierender Faktor stellt das Nistplatzangebot dar,

denn der Eisvogel ist auf steile Lehmwände, vorzugsweise an Gewässern, angewiesen. Die Brutröhre wird ca. 70 bis 80 cm über der Wasseroberfläche angelegt.

Jahresrhythmus

Nach der Balz, bei der kleine Fischchen als Brautgeschenke vom Männchen an das Weibchen überreicht werden, wird die etwa 90 cm lange Brutröhre in einer senkrechten Wand angelegt. Diese ist unter günstigen Bedingungen in einer Woche fertig gestellt. Die Hauptarbeit übernimmt das Männchen. Dabei werden bis 6 kg Erde bewegt. Ab März erfolgt die Ablage der fünf bis acht weißen Eier. Die Brutzeit beträgt drei Wochen. Der Kot der Jungen wird nicht entfernt, so dass die Einschlupfröhre mit der Zeit zu einer übel riechenden, schleimigen Rutschbahn wird. Bei der Jungenfütterung in der Brutröhre steht das hungrigste Tier immer vorne. Dieses Karussellsystem gewährleistet, dass jedes Tier bedacht wird.
Mitte Juni bis Mitte Juli löst sich der Familienverband auf. Die Art zeichnet sich durch ihre große Brutplatztreue aus. Vor allem in den Wintermonaten können auch mehrere

Abb. 2: Ein traditioneller Brutplatz im unregulierten Bereich der Lenne. Er wird immer wieder bei Hochwasser überflutet. Der natürliche Uferabbruch ist durch den dichten Knöterichbewuchs in der Vegetationszeit gut abgeschirmt. Außerdem wurde der Bereich von der Unteren Landschaftsbehörde durch eine Beschilderung gesperrt und vom NABU vor ca. 15 Jahren ein inzwischen völlig eingewachsener Schutzzaun errichtet. Innerhalb dieses kleinen Schutzgebietes hat inzwischen auch eine Fuchsfamilie ein sicheres Plätzchen gefunden. Historisches Bild von 1994, der Uferabschnitt hat sich bis dato fast nicht verändert, Foto S. SALLERMANN

Eisvogel

Dr. Meinolf Henning

Tiere abseits der Brutplätze sowohl an fließenden als auch an stehenden Gewässern bei der Nahrungssuche beobachtet werden. Strenge Winter führen zum Ausweichen an eisfreie Gewässer und mitunter zu herben Verlusten.

Brutnachweise in Hagen

1983: ein Brutpaar Hengsteysee/Lennemündung, ein Brutpaar Volme (C. Tunk), Dauerbrutplatz

Ab 1984: ein Brutpaar NSG Ruhraue Syburg im Wurzelteller einer umgestürzten Pappel (A. Welzel)

1989: zwei Brutpaare Unteres Lennetal incl. NABU-Wand (A. Welzel)

1991: ein Brutpaar Unteres Lennetal/Fley (A. Welzel), Dauerbrutplatz

1992, 1993, 1995: je ein Brutpaar NSG Lenneaue Berchum/Wannebach (A. Welzel), Dauerbrutplatz

1999: u. a. Rummenohl, Volme, Auf dem Roland, (S. Sallermann), Dauerbrutplatz

1999: Sudfeld-Dolomitwerke, (S. Sallermann)

2000: zwei Brutpaare Campingplatz Harkortsee und „Schwarzes Loch" (S. Sallermann), Dauerbrutplätze

2001: zwei Brutpaare Wannebach, Golfplatzbereich und Fischteiche (S. Sallermann)

2003: Hengsteysee, Westteil, (S. Sallermann)

2003: Zulaufbereich Hasper Talsperre und Hasper Bach, (S. Sallermann), Dauerbrutplatz

2005: Ölmühlenbach, (S. Sallermann), Dauerbrutplatz

2005: Buschmühlengraben (S. Sallermann)

2005: Hamperbach (A. Welzel)

2008: Lenne (M. Henning), Dauerbrutplatz seit 1988

Weitere Beobachtungen

Der Eisvogel brütete bereits erfolgreich in der künstlichen NABU-Uferschwalbensteilwand im Lennetal. Ein ziemlich regelmäßig genutzter Brutplatz befindet sich in einem Wurzelballen einer umgefallenen Pappel in der Ruhraue Syburg (A. Welzel). Darüber gibt es schon seit 1984 Daten von den verschiedensten Beobachtern. Der sicher bekannteste Brutplatz befindet sich am Ostbecken des Hengsteysees. Die Vögel sind am Durchstich zur Ruhr hier recht häufig problemlos zu beobachten. An der Bruthöhle sowie an den Uferansitzwarten finden sich oft Speiballen aus Fischgräten, ein untrügliches Zeichen für das Vorkommen der Art. Besonders nach strengen Wintern mit hohen Verlusten können in der darauf folgenden Brutsaison Schachtelbruten angelegt werden, um den Bestand wieder zu stabilisieren. Die hellen Flugrufe zur Revierabgrenzung und bei Gefahr erleichtern dem Beobachter das Aufspüren. Ab Herbst ist der Ruf nur noch selten zu hören.

Aufzeichnungen zu einer Brut im NSG Lenneaue Berchum 1992 (A. Welzel):

18. März: Errichtung einer Steilwand durch Abstechen des nicht begradigten Wannebachufers

22. März: etwa im oberen Drittel der Wand ein handtellergroßes, ca. 2 cm tiefes Loch, einige Tage später fingertief

7. April: fingertiefes Loch

5. Mai: im Abstand von 1 m befinden sich ca. 50 cm unterhalb der Oberkante zwei Röhren, eine davon wird offensichtlich benutzt (Kotspuren)

8. Mai: Beobachtungsbeginn 13:00 Uhr, nach 30 min Wartezeit über 2-3 min hinweg intensive Rufe, danach fliegt ein Altvogel in die Röhre ein; auch nach 10 min kein Abflug beobachtet, offensichtlich brütend/hudernd

26. Mai: nach ca. 10 min Wartezeit Rufe, ein Altvogel kommt mit kleinem Fisch aus Richtung Lenne; nach kurzem Ansitzen vor der Röhre wieder Abflug, Beobachtung wird abgebrochen, aus Brutröhre noch keine Bettelrufe zu hören;

11. Juni: noch aus ca. 5 m Entfernung Bettelrufe aus Brutröhre zu hören; nach etwa 15 min Wartezeit Rufe und einfliegender Altvogel, der aus Richtung Lenne kam; schon nach 5 sec wieder Abflug mit Kotballen

18. Juni: 13:45 Uhr keine Bettelrufe mehr aus Brutröhre, während 20 min Wartezeit kein Altvogel beobachtet, Junge offensichtlich flügge.

Schutzmaßnahmen

Fehlende Brutplätze sind die Hauptursache für die Gefährdung dieser Art. Daher müssen nicht nur bekannte, sondern auch potenzielle Brutplätze, vor allem solche an fließenden und stehenden Gewässern gesichert werden. Zu den Schutzmaßnahmen zählen auch die Anlage von künstlichen Niströhren: Der NABU Stadtverband betreut seit 1988 eine regelmäßig besetzte Brutwand an einer Lehmabbruchkante des Lenneufers. Solche Steilwände müssen nach dem Hochwasser im zeitigen Frühjahr regelmäßig abgestochen werden, um die Attraktivität des Brutplatzes zu erhalten. Im Rahmen der Renaturierung von Fließgewässern sollten verstärkt Eisvogel-Brutplätze gefördert werden. Auch künstliche Brutwände und Niströhren werden angenommen. Des Weiteren sind Aufklärungen bei Sportfischern, Teichbesitzern und Wassersportlern notwendig, da besonders während der Brutperiode der Brutplatz absolut störungsfrei gehalten werden muss.

ANDREAS WELZEL

Grauspecht *(Picus canus)*

Aufenthalt

| J | F | M | A | M | J | J | A | S | O | N | D |

Brutzeit

| | | | A | M | J | J | A | S | | | |

Gefährdung:
RL Deutschland: stark gefährdet
RL NRW: stark gefährdet
Hagen: vom Aussterben bedroht

Brut: bis 1 Brutpaar, 1 Jahresbrut
Häufigkeit in Punktstoppkartierung: *Rang 89, Revieranzeigende: Rang 83*

Status: *Jahresvogel*

Abb. 1: Foto O. RICHTER

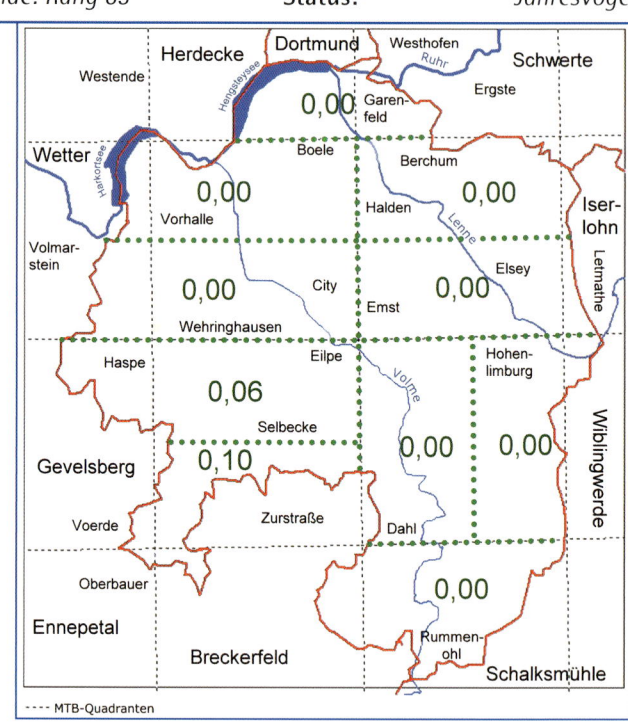

Abb. 2: Durchschnittliche Anzahl an 10 Zählpunkten in 10 Hagener Teilbereichen (Erläuterung s. Anhang)

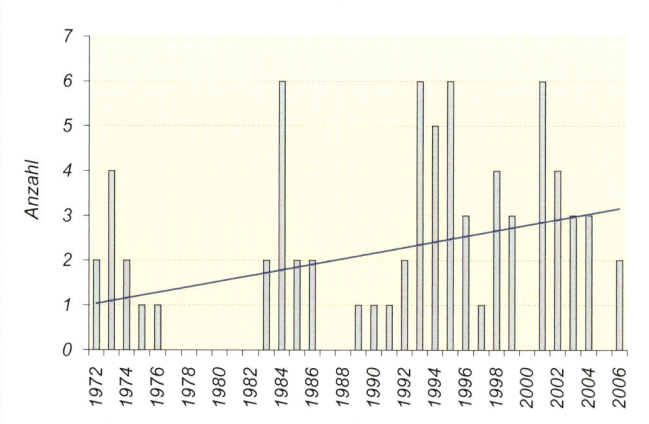

Abb. 3: Anzahl der dokumentierten Jahresbeobachtungen des Grauspechtes der letzten 30 Jahre mit Trendlinie

Verbreitung und Bestand

Unser Stadtgebiet liegt am nördlichen Rand des Verbreitungsgebietes, das etwa am Nordrand des Sauerlandes und dem Ruhrverlauf endet (GLUTZ VON BLOTZHEIM 1994). Offensichtlich ist der Grauspecht in Hagen und Umgebung vor 1966 nicht beobachtet, zumindest aber nicht erwähnt worden, denn am 3. März 1966 berichtet A. SCHÜCKING in der WP über das „erste beobachtete Exemplar des Sauerlandes bei Ambrock". Seitdem kommen Beobachtungen vor allem aus dem hoch gelegenen Süden wie dem Eilper Berg, aber auch aus niedrigeren Bereichen wie dem Uhlenbruch am Hengsteysee.
Der Grauspecht ist in Hagen eine ausgesprochen seltene Art, die Zahl der Beobachtungen pro Jahr schwankt stark. Die leicht zunehmende Tendenz der Zahl der Beobachtungen könnte auch auf einer vermehrten Beobachtertätigkeit beruhen (s. *Abb. 3*). C. SCHÖNBERGER schätzte den Bestand für das Jahr 2001 auf maximal zwei Brutpaare (OSB CINCLUS 2002), für das Jahr 2006 und 2007 sind keine Brutplätze bekannt.

Die Brutgebiete sind überschaubar und lassen sich in einige Bereiche gliedern, hier in der Reihenfolge der Häufigkeit der insgesamt 76 Beobachtungen aufgeführt:
1) **Reher Heide** mit Hasselbachtal zwischen Tiefendorf, Bemberg und Schälk: traditionelles Brutvorkommen seit wenigstens 1972 mit kontinuierlichen Beobachtungen, 24 Beobachtungen, letzte Beobachtung in 2001

Grauspecht

Tab. 1: Anzahl der Brutpaare im Bereich Reher Heide/Hasselbachtal Ende der 90er Jahre

Jahr	Bereich	Anzahl	Quelle
1994	Hasselbachtal	1	BUND-Kartierung
1995	Bemberg, Reher Berg, Hasselbachtal	bis zu 3	C. Schönberger 1995
1996	Hasselbachtal	1	BUND-Kartierung
1997	Bemberg bis Reher Berg	2	C. Schönberger 1997

2) **Wesselbach/Holthauser Bachtal** zwischen Holthausen, Schloß Hohenlimburg und Brechtefeld: Brutzeitbeobachtungen von 1985 bis 2002, 16 Beobachtungen

3) **Eilper Berg** zwischen Ambrock, Struckenberg und Mäckingerbachtal: offensichtlich das älteste Brutvorkommen in Hagen, kontinuierlich dokumentierte Beobachtungen seit wenigstens 1984 mit bis zu zwei Brutpaaren im Jahr 1995 und 1997 in Ambrock und im Mäckingerbachtal, acht Beobachtungen, letzte Beobachtung auch hier in 2001

4) **Unteres Lennetal**: Brutzeitbeobachtungen von 1985 bis 1994, fünf Beobachtungen

5) **Kaisberg/Brockhausen**: aus den Jahren 1992 (H. Stoldt) und 1999 (A. Arnholt) existieren je eine Brutzeitbeobachtung (OSB 1992 bzw. OSB 1999), vier Beobachtungen

6) **Stadtwald** zwischen Deerth und Kettelberg: regelmäßige Brut von zwei Paaren am Eilper Hangstieg/Krähnocken und Andreasberg/Kurk (C. Schönberger 1997) Bei den drei Brutzeitbeobachtungen aus den Jahren 2004 (A. Welzel) und 2006 (B. Rauer) handelt es sich um die jüngsten Nachweise des Grauspechtes in Hagen, drei Beobachtungen

7) Hohenlimburg **Steltenberg**: von 1983 bis 2002 Beobachtungen, aber nur eine Brutzeitbeobachtung durch M. Henning vom 4. Juni 2002 (OSB 2002), drei Beobachtungen

8) Bereich **Philippshöhe**: nur alte Brutzeitbeobachtungen aus dem Jahr 1984 (C. Tunk), zwei Beobachtungen

9) Ob im Bereich **Wiggenhagen/Dahl** noch Bruten stattfinden, ist unbekannt, da seit 1997 dort Einschlag der Buche und Ersatz durch Fichte erfolgt (C. Schönberger 1997).

Bei den mehrfachen Beobachtungen durch H.-J. Thiel im Bereich Hobräck/Bölling handelt es sich nur beim 26. April 2003 um eine Brutzeitbeobachtung (OSB 2003).

Lebensraum

Der Grauspecht ist stark an lichte Altholzbestände aus Buchen- oder Buchen-Eichenmischwald gebunden, die mit Fichten durchsetzt sein können. Außerhalb der Brutzeit wird er auch in Obsthöfen mit altem Baumbestand beobachtet.

Jahresrhythmus

Obwohl der Grauspecht das ganze Jahr über ruft, beobachtet man ihn doch selten. Am häufigsten wird man während der Balzzeit im März und April durch die Rufe auf seine Anwesenheit aufmerksam, ansonsten ist er eher unauffällig. Ungewöhnlich frühe Balzrufe waren am 30. Januar 2001 in einem Altholz im Eilperfeld/Ruthmecke zu hören. Über den zeitlichen Verlauf der Grauspechtbruten in Hagen ist nichts bekannt.

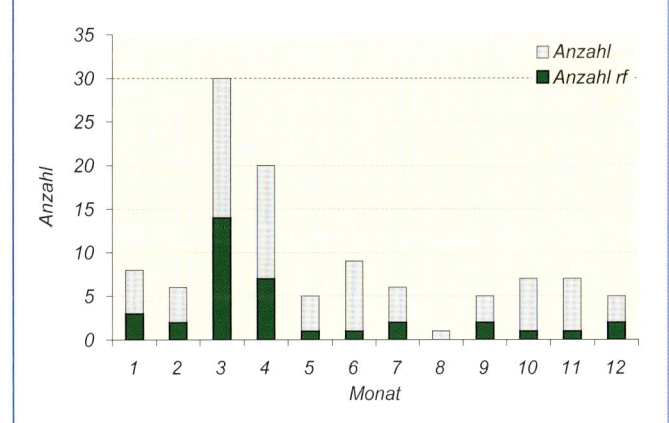

Abb. 4: Anzahl rufender (grün) und nichtrufender Grauspechte (grau) im Jahresverlauf (1972 bis 2006)

Abb. 3: In der Wiese sucht der Grauspecht nach Ameisen. Foto H.-J. Fünfstück

130 Grauspecht

ANDREAS WELZEL

Abb. 5: Foto H.-J. FÜNFSTÜCK

Weitere Beobachtungen

Eine ungewöhnlich niedrige, besetzte Bruthöhle befand sich 1976 an der Schälker Landstraße in nur 1,70 m Höhe in einer alten Buche, das Flugloch wies Richtung Westsüdwest. Der Buchenbestand wurde Ende der 70er Jahre eingeschlagen.
Ein Grauspecht, der am 30. Januar 2001 im Eilperfeld nach Imitation (Nachpfeifen des Rufes) über 400 m hinweg über eine freie Fläche herangeflogen kam, konnte während des Rufens über 10 Minuten hinweg beobachtet werden. Er ließ während dieser Zeit mehr als 20 Rufreihen mit sechs bis sieben Tönen hören, deren Abschlusston unsauber klang und an den Grünspecht erinnerte. Auch in der Lenneaue Berchum rief ein rastendes und sich putzendes Weibchen am 8. April 1994 innerhalb von 10 Minuten drei obertonreine Rufreihen mit fünf bis sechs Elementen, zwei weitere Rufreihen enthielten allerdings reichlich Obertöne. Diese obertongefärbten, heiseren Rufreihen, die vor allem von Grauspechtweibchen stammen, könnten bei Bestimmung durch ausschließliches Verhören zu Fehlbestimmungen in Richtung Grünspecht führen und zur Folge haben, den Grauspechtbestand zu unterschätzen.
Dass Grauspechte im Winter gerne Gebäude nach Nahrung absuchen (PEITZMEIER 1979), konnte am 8. Oktober 1974 in Hohenlimburg-Reh beobachtet werden, als einer in den Ritzen eines Ziegelsteinhauses Nahrung suchte.

Schutzmaßnahmen

Der Grauspecht ist die seltenste Hagener Spechtart und bedarf deshalb besonderer Aufmerksamkeit. Der Sturm Kyrill zu Jahresbeginn 2007 wird sicher den Lebensraum

Abb. 6: Im Großraum des Hasselbachtales ist der Grauspecht immer wieder anzutreffen. Hier am Bemberg hat er schon wiederholt gebrütet, 25.1.2009, Foto S. SALLERMANN

der Art beeinflusst haben. Aber zu viele Brutgebiete und Brutbäume gehen durch Einschlag verloren, so dass die wichtigste Maßnahme zum Schutz der Art die Schonung lichter Altholzwälder ist, vor allem wenn sie aus Buche und Eiche bestehen. Ist der Einschlag eines Höhlenbaumes unvermeidbar, ist das Vorhandensein eines Ausweichgebietes oder das Verschonen von Brutbäumen innerhalb einer Altholzinsel wichtig.
Ameisen spielen eine wichtige Rolle in der Ernährung des Grauspechtes, von besonderer Bedeutung sind sie im Winter. Sicher ist der Rückgang der Ameisen durch Pestizide und Eutrophierung der Landschaft (BAUER/BERTHOLD 1996) mitverantwortlich für den Bestandsrückgang des Grauspechtes.

ANDREAS WELZEL 131

Grünspecht *(Picus viridis)*

Aufenthalt

J	F	M	A	M	J	J	A	S	O	N	D

Brutzeit

			A	M	J	J					

Gefährdung:
RL Deutschland: keine
RL NRW: keine
Hagen: keine

Brut: ca. 40 Brutpaare, 1 Jahresbrut
Häufigkeit in Punktstoppkartierung: Rang 62, Revieranzeigende: Rang 53   Status: Jahresvogel

Abb. 1: Emst, 2006, Foto R. WISNIEWSKI

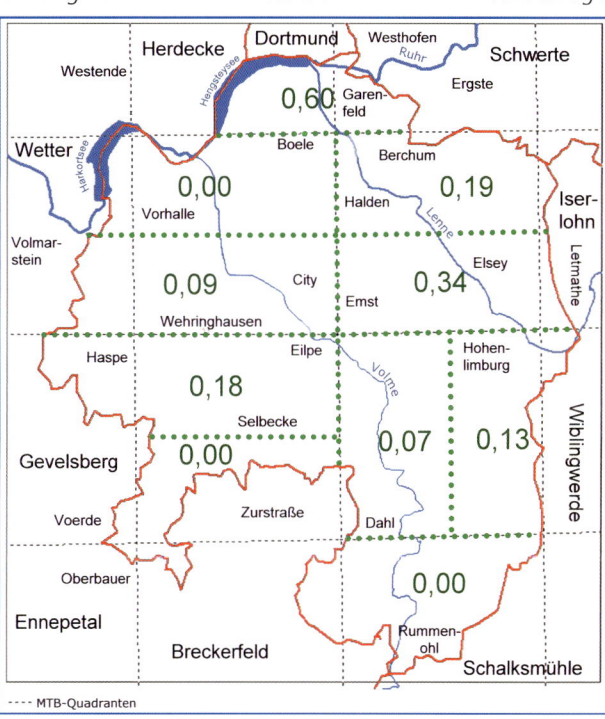

Abb. 2: Durchschnittliche Anzahl an 10 Zählpunkten in 10 Hagener Teilbereichen (Erläuterung s. Anhang)

Verbreitung und Bestand

Der Grünspecht ist eine typische Art der Niederungen und kommt nur unter einer Höhenlage von 400 m verbreitet vor (GLUTZ VON BLOTZHEIM 1994). So ist der bergige Hagener Süden wenig optimal für diese Art. Man trifft den Grünspecht vor allem um den Hengsteysee und in den Flusstälern, insbesondere der Lenne, deutlich häufiger an als im Süden. Bis Mitte der 80er Jahre war der Grünspecht eher eine seltene Beobachtung in Hagen. Wie dann die Beobachtungshäufigkeit zunimmt, spiegeln die Meldungen in den Sammelberichten von CINCLUS und NABU-Info wider: während bis 1995 noch Meldungen von Einzelbeobachtungen möglich waren, würden sie ab Mitte der 90er den Rahmen eines Sammelberichtes sprengen, es sind nur noch Zahlenangaben wie „viele Beobachtungen aus..." und „allerorts anzutreffen..." möglich. Für 1996 schätzt der NABU-Hagen 11 Brutpaare, für 1999 ca. 20 Brutpaare und für 2002 wiederum 11 bis 12 Brutpaare.

Lebensraum

Brutplätze befinden sich in den Randgebieten von Laub- und Mischwäldern mit Altholzbeständen wie im Fleyer Wald, Hünenpforte, am Kaisberg oder der Lenneaue Berchum sowie an den Hangwäldern der Lenne bei Garenfeld, des Henkhauser Baches oder der Selbecke, aber auch in alten Obstgärten wie in Brockhausen und Friedhöfen wie beispielsweise am Loxbaum (PREVOT, OSB CINCLUS 1991) oder am Katholischen Friedhof Hohenlimburg (J. BÜSSE/T. STRATMANN mündl.) und in parkähnlichen Landschaften wie im Bereich Ischeland.
Zur Nahrungssuche vor allem nach Ameisen kommt er auch gerne auf die Rasenflächen von Gärten und ist dort gut zu beobachten.

Jahresrhythmus

Auch wenn man den Grünspecht das ganze Jahr über hören kann, sind die größten Rufaktivitäten wohl im März zu verzeichnen. Hier liegt der Höhepunkt der Balz, die im Januar/

Grünspecht

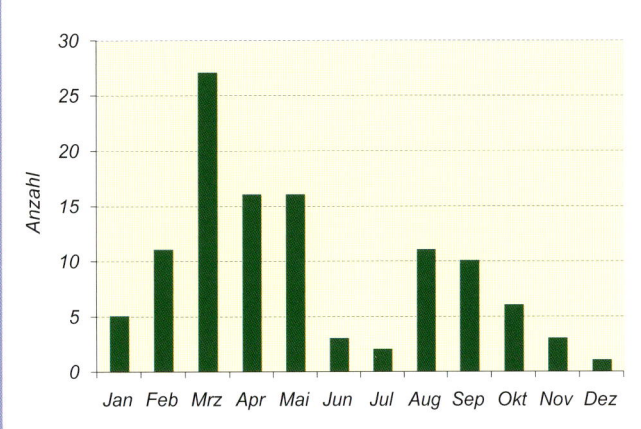

Abb. 3: *Monatliche Verteilung von 104 Beobachtungen rufender Grünspechte (n = 111) der Jahre 1984 bis 2007*

Februar beginnt und im Mai endet. Erhöhte Rufaktivitäten sind noch im August und September festzustellen, vielleicht im Zusammenhang mit dem Führen der Jungen.

Bei einer intensiven Balz am 19. März 1991 im Buchen-Eichen-Mischwald mit altem Baumbestand im NSG Hünenpforte/Weißenstein wurde ab wenigstens 17:00 Uhr ein Weibchen mit intensiven Rufen und Schauflug von einem Männchen angebalzt. Die Rufe des Männchens wurden mit senkrecht nach oben gehaltenem Schnabel noch eine halbe Stunde lang fortgesetzt, obwohl das Weibchen ab 18:00 Uhr nicht mehr zu sehen ist.

Eine Bruthöhle mit bettelnden Jungen fanden M. Oriwall und A. Welzel am 21. Juni 2001 in 2,5 m Höhe in einem Obstbaumstamm, das Männchen flog gegen 4:00 Uhr morgens erstmalig ab, es hatte wohl die Nacht über gehudert. Am 22. Juni 1986 fütterte ein Grünspecht in einem Steinbruch mit Birkenbewuchs (H. Lueg).

Flügge Jungvögel konnten frühestens im Juni festgestellt werden wie im Malmkebachtal (ein Paar mit Jungen, H.-J. Thiel) oder der Totfund eines Jungvogels am Ischeland am 27. Juni 2002 (M. Henning). Ein flügger Jungvogel wurde am 2. Juli 2003 in Eilpe von Schülern auf dem Schulhof der Gesamtschule verletzt gefunden. Junge führende Altvögel wurden auch am 4. Juli 1993 in Brockhausen (S. Sallermann) und am 4. Juli 1996 im Hangwald Henkhausen (A. Welzel) beobachtet. Späte Beobachtungen mit Jungvögeln sind aus dem Jahr 1993 vom 8. Juli (ein Adulter mit zwei Jungen) und vom 8. August (ein Jungvogel in einer Streuobstwiese) bekannt (OSB Cinclus 1994).

Abb. 4: *In der Ortslage Fley brütet der Grünspecht nunmehr seit Mitte der 1990er Jahre regelmäßig. Im angrenzenden Industriegebiet Unteres Lennetal ist er häufig im Randbereich der weniger befahrenen Straßen in den Wiesenstreifen beim Ameisenfang zu beobachten. 28.9.2008, Foto S. Sallermann*

Abb. 5: *Ameisen gehören zur Lieblingsspeise des Grünspechtes. Daher werden die wertvollen Haufen mancherorts auch mit Drahthauben geschützt. Früher galt er wegen dieser Schwäche für Ameisenhaufen auch als Schädling im Forst. Foto A. Pfeffer*

Weitere Beobachtungen

Ein Grünspecht verließ eine Uferschwalbenbrutröhre in Halden (15. September 1996, J. Reichling). Am Forsthaus Deerth wurde ein Grünspecht von dem viel kleineren Kleinspecht attackiert und vertrieben (4. April 2006, B. Rauer). Eine wassergefüllte Asthöhle eines alten Obstbaumes wurde zum Trinken angeflogen (Holthausen, 24. Dezember 1999). M. Wünsch fand am 23. Juni 2001 unter einem Bussardhorst im Uhlenbruch die Teilrupfung eines Grünspechtes.

Schutzmaßnahmen

Die Art kann für Hagen nicht mehr als gefährdet eingestuft werden, sie hat sich in den letzten 20 Jahren stark im Bestand entwickelt. Schutzmaßnahmen sind deshalb nicht zwingend notwendig. Dennoch kämen die Art fördernde Maßnahmen auch anderen Pflanzen- und Tierarten und der Landschaft zugute.

Wie keine andere Spechtart ernährt sich der Grünspecht nahezu ausschließlich von Ameisen, deshalb sind in erster Linie Maßnahmen zur Ansiedlung und Erhaltung eines guten Ameisenbestandes zu nennen. Dazu gehört dringend der ein- bis zweimal jährlich durchgeführte Schnitt von Streuobstwiesen (Ruge 1993). Die durch Gitter geschützten und damit für Spechte unzugänglichen, aber im Winter dringend benötigten Ameisenhügel betreffen den Grünspecht offensichtlich weniger als den Grauspecht.

Auch locker strukturierte Altholzbestände und alter Obstbaumbestand sind für die Art lebenswichtig und deshalb wertvoll und schutzwürdig.

Dr. Christoph Schönberger/Andreas Welzel

Schwarzspecht *(Dryocopus martius)*

Aufenthalt

J	F	M	A	M	J	J	A	S	O	N	D

Brutzeit

			A	M	J	(J)					

Gefährdung:
RL Deutschland: keine
RL NRW: keine
Hagen: keine

Brut: 6 bis 12 Brutpaare, 1 Jahresbrut
Häufigkeit in Punktstoppkartierung: Rang 69, Revieranzeigende: Rang 70
Status: Jahresvogel

Abb. 1: diesjähriger Schwarzspecht, Foto H.-J. Fünfstück

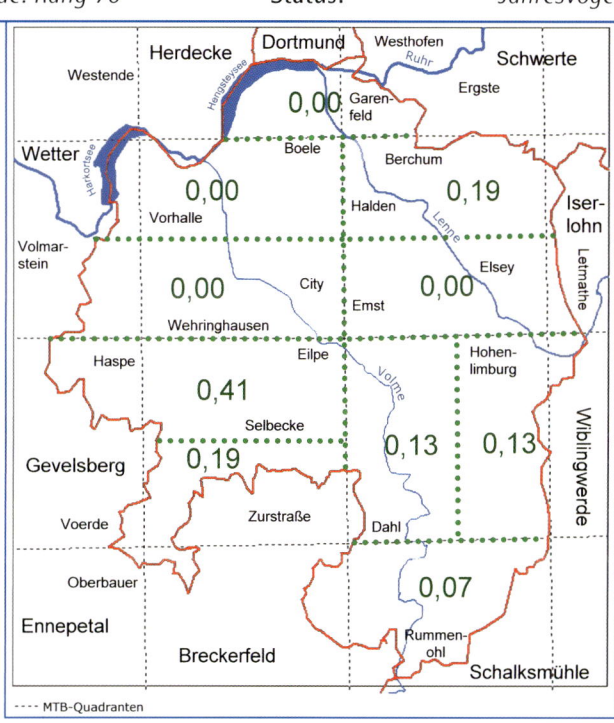

Abb. 2: Durchschnittliche Anzahl an 10 Zählpunkten in 10 Hagener Teilbereichen (Erläuterung s. Anhang)

Verbreitung und Bestand

Aus alten Quellen erfährt man, dass diese größte einheimische Spechtart schon lange in Hagen beobachtet wird. So berichtet A. Schäfer in der WR vom 20. Januar 1962, die „Reviere seien voll besetzt", aber er sei „nur sporadisch anzutreffen", weiterhin über die Beobachtung von zwei Paaren in hohen Buchen am Mastberg aus dem Jahr 1952 und 1959 in einer Kiefer.

Der Schwerpunkt der Verbreitung liegt im Hagener Süden, obwohl es auch Beobachtungen vom Hengsteysee gibt, die allerdings die Nordseite mit den waldreichen Hängen des Ardey auf Dortmunder Gebiet betreffen. Folgende Brutreviere konnten 1995 bei einer Bestandserfassung durch C. Schönberger kartiert werden:
- Ambrocker Wald bis Linscheid
- Eilper Berg - Gut Kuhweide - Mäckinger Bachtal
- Buscher Berg
- Asmecke - Wiggenhagen
- Waldgebiet zwischen Schloss Hohenlimburg (Schleipenberg) - Märchenwald - Brechtefeld
- Kurk mit Stadtwald

Nur ein Brutrevier lag im Hagener Norden und zwar im Bereich Schälker Landstraße mit Henkhauser- und Hasselbachtal. Neben diesen Brutnachweisen fanden sich noch weitere drei Paare, die außerhalb Hagens brüteten, deren Reviere aber z. T. weit auf Hagener Gebiet reichte: Hobräck, Sterbecker Bachtal, Möningfeld/Bühren. Nach dieser Zählung 1995 fanden sich in späteren Jahren weitere Brutreviere im Nimmerbachtal und Henkhauser Bachtal mit Hasselbachtal, der Bestand ist jedoch deutlich kleiner geworden.

Lebensraum

In Hagen besiedelt der Schwarzspecht ausschließlich große, geschlossene Waldkomplexe, die hochstämmige, d. h. mindestens 80-jährige Buchenalthölzer aufweisen. Diese enge Bindung auch an andere Requisiten wie v. a. stehendes und liegendes Totholz und die Notwendigkeit des Vorhandenseins mehrerer Höhlen für ein Brutpaar – diese liegen meist relativ dicht zusammen in sogenannten Höhlenzentren – erklärt die Tatsache des großen Revieres eines einzelnen Paares von mindestens 100 ha Wald.

Schwarzspecht

Jahresrhythmus

Die Reviere werden ganzjährig genutzt, und das ganze Jahr über sind die typischen Sitzrufe zu hören, die von Männchen und Weibchen stammen.

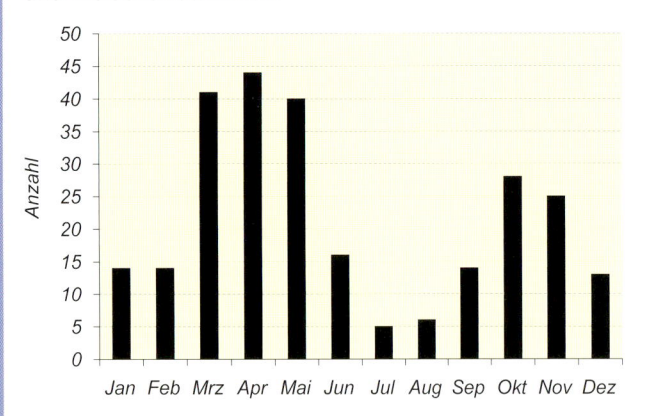

Abb. 3: Monatliche Verteilung beobachteter Schwarzspechte (n = 246) der Jahre 1974 bis 2007

Typische Balzrufe können schon ab Januar und dann bis Ende Juni gehört werden (23. Juni 2002, Nahmerbachtal, A. Welzel). Die intensivste Balzrufaktivität war 1995 in der Wesselbach/Hohenlimburg im Zeitraum vom 22. April bis zum 8. Mai. Von zehn Beobachtungen des Trommelns fallen drei in den März (früheste 10. März, C. Tunk, Steinbruch Ambrock), fünf in den April und zwei in den Mai (späteste 20. Mai, M. Oriwall). Frühester Brutbeginn ist Ende April (1998 Brutplatz Asmecke, P. Uebelgünne), in der Regel jedoch beginnt die Brut in der ersten Maihälfte. Am 5. Juni 2004 fand B. Rauer im Stadtwald eine Bruthöhle mit Jungen, in diesem Monat fliegen die Jungen aus.

Eine gute Möglichkeit, den scheuen und meist auch stimmlich zurückhaltenden Vogel das ganze Jahr über nachzuweisen, ist das Auffinden von in typischer Weise bearbeiteten Stubben, deutlich bevorzugt sind diejenigen der Fichte. Hier sucht er mit großen Schnabelhieben seine Hauptspeise, nämlich holzbewohnende Ameisen und deren Larven, und hinterlässt die großen Holzspäne, die seine Anwesenheit verraten.

Abb. 5: Schwarzspechtmännchen in der Bruthöhle. Buche am Buscher Berg, Foto B. Rauer

Abb. 4: Das Schwarzspechtweibchen zerhackt bei der Nahrungssuche einen Birkenstucken. Am Deerth, Foto B. Rauer

Abb. 6: vom Schwarzspecht bearbeitetes Totholz im Hagener Stadtwald. Foto B. RAUER

Weitere Beobachtungen

Alle in Hagen festgestellten Schwarzspechthöhlen fanden sich in hochstämmigen und bis zu einer Höhe von 10 m astlosen Buchen. Sie werden nicht nur als Brut-, sondern auch als Schlafhöhlen und gelegentlich auch als Tagesunterschlupf genutzt. An einer Schlafhöhle in einem Buchenaltbestand am Raffenberg/Hohenlimburg wurde im November 1988 mehrere Abende ausgiebig beobachtet. Die Schlafhöhle wurde von einem Weibchen nahezu jede Nacht genutzt. Die Annäherung kündigte sich schon durch erste Sitzrufe aus ca. 2 km Entfernung an und erfolgte etappenweise mit eingelegter Rast, begleitet von Sitzrufen. Der Einflug erfolgte stets etwa 10 Minuten vor Sonnenuntergang (A. WELZEL). Einige Jahre später gingen mit dem Einschlag dieses wertvollen, in privater Hand befindlichen Buchenwaldes neben dieser Schlafhöhle noch weitere Schwarzspechthöhlen verloren, die von Hohltauben und Fledermäusen, namentlich Abendseglern, genutzt wurden.

Außerhalb der Brutzeit streifen Schwarzspechte jedoch auch in Gebieten umher, die sie sonst nicht nutzen, wie z. B. im Wannebachtal (H.-J. THIEL) und im Fleyer Wald (S. SALLERMANN). Selten ist allerdings, dass sie in kalten Wintern bis in bewohnte Bereiche kommen, doch als (fast) rein insektenfressende Nahrungsspezialisten können sie Notzeiten überleben: so beobachtete M. LENKTAITIS im Januar 2000 einen Schwarzspecht im Wohngebiet Metzer Straße/Eilpe oder SIEBEL einen am Futterhaus in der Delsterner Straße. H.-J. THIEL berichtet gar von einem Jungvogel, der in der Innenstadt aufgegriffen wurde und in den Fleyer Wald verbracht wurde.

H. STOLDT beobachtete im Hasselbachtal, wie ein Schwarzspecht von einem Buntspecht vertrieben wird (17. November 1993). Auf der Homberger Höhe „hasst" ein Schwarzspecht auf einen Habicht (24. April 1984, C. TUNK).

Schutzmaßnahmen

Die Gefährdung des Schwarzspechtes in NRW hängt insbesondere mit seiner hohen Bindung an Buchenalthölzer zusammen. Diese werden in den letzten Jahren vermehrt eingeschlagen und v. a. im Privatwald durch Fichte ersetzt. Dadurch ist der Lebensraum dieser Art akut gefährdet. Dem Erhalt dieser eindrucksvollen Vogelart kommt jedoch eine ganz andere ökologische Bedeutung zu, da die von ihm geschaffenen großen Höhlen für andere Tierarten, die selbst nicht zum Höhlenbau befähigt sind, unersetzlicher Teil des Lebensraumes sind: Hohltaube, Fledermäuse, Hornissen, Baummarder, Raufußkauz (der jedoch in Hagen nicht vorkommt), Wildbienen und andere Arten sind auf das Vorhandensein großer Baumhöhlen angewiesen. Dies ist umso wichtiger, da natürliche Fäulnishöhlen sowie stehendes und liegendes Totholz in unseren Forsten selten geworden sind. Insgesamt kommt daher dem Schutz des Schwarzspechtes bzw. von Buchenalthölzern und Altholzinseln eine hohe ökologische Schutzfunktion zu. Die vom Stadtforstamt Hagen bevorzugte natürliche Laubholzverjüngung mit Verzicht auf großflächige Kahlschläge ist ein wichtiger Beitrag zum Schutz des Schwarzspechtes und anderer gefährdeter Waldlebensgemeinschaften.

Abb. 7: trommelnder Schwarzspecht an einem trockenen Buchenast im Hagener Stadtwald, Foto B. RAUER

Buntspecht *(Dendrocopos major)*

Dr. Christoph Schönberger/Andreas Welzel

Aufenthalt

J	F	M	A	M	J	J	A	S	O	N	D

Brutzeit

			A	M	J	J					

Brut: ca. 500 Brutpaare, 1 Jahresbrut
Häufigkeit in Punktstoppkartierung: Rang 30, Revieranzeigende: Rang 27

Gefährdung:
RL Deutschland: keine
RL NRW: keine
Hagen: keine

Status: Jahresvogel, Durchzügler, Wintergast

Abb. 1: Ischeland, 2000, Foto R. Wisniewski

Abb. 2: Durchschnittliche Anzahl an 10 Zählpunkten in 10 Hagener Teilbereichen (Erläuterung s. Anhang)

Verbreitung und Bestand

Der Buntspecht ist gleichmäßig im bewaldeten Teil Hagens verbreitet. Im Siedlungsbereich brütet er deutlich seltener und dann nur in der Nähe des Waldes oder auf baumreichen Friedhöfen, z. B. Friedhof Remberg und Delsterner Friedhof. Der Gesamtbestand wurde für das Jahr 2000 in Hagen auf nur ca. 200 Brutpaare

Tab. 1: Brutpaardichten aus großflächigen Untersuchungsgebieten

Gebiet	Untersuchte Fläche	Jahr	Brutpaare	Paare/ 100 ha	Bearbeiter
Fleyer Wald	60 ha	1997	4	7	C. Schönberger
Hasselbachtal/ Bemberg	100 ha	1989	5	5	A. Welzel
Hasselbachtal/ Henkhauser Bachtal	55 ha	1994	9	16	S. Ebers/I. Püschel
Hasselbachtal/ Henkhauser Bachtal	55 ha	1996	11	20	S. Ebers/B. Sonntag
Holthauser Bachtal	83 ha	2002	1-2	2	A. Welzel
Lennesteilhang Garenfeld	45 ha	1996	3	7	J. Lindemann
Lennesteilhang Garenfeld	43 ha	2005	7	16	A. Welzel
Nimmertal Osthang	124 ha	2003	4	3	A. Welzel
Nimmertal Westhang	89 ha	2004	4-5	5	A. Welzel
Stadtwald	100 ha	2004	4	4	A. Welzel

Buntspecht

geschätzt (C. Schönberger), dürfte aber langfristig durchschnittlich bei etwa 500 Brutrevieren liegen. Im Brutbestand ist eine Änderung nicht sicher erkennbar, eine leichte Zunahme in den letzten Jahren jedoch wahrscheinlich.

1997 wurden bei der Kartierung von 1650 ha auf dem Messtischblatt Hagen-Hohenlimburg 27 Brutpaare notiert, das entspricht einer großflächigen Siedlungsdichte des überwiegend bewaldeten Hagener Südens von 1,6 Brutpaare/100 ha.

Lebensraum

Als häufigste Spechtart im waldreichen Hagen ist der Buntspecht in allen größeren und kleineren Wäldern gleichmäßig und regelmäßig vertreten. Hier bevorzugt er eindeutig Laub- oder Mischwald, diese werden mit wachsendem Alter und steigendem Totholzanteil immer dichter vom Buntspecht besiedelt. Ein gelegentliches Vorkommen in reinen Nadelwäldern ist für Hagen noch nicht belegt, aber nicht auszuschließen. Im besiedelten Bereich brütet er selten, sporadisches Brüten beschränkt sich auf Gärten mit Hochstämmen, Parkanlagen mit altem Baumbestand und auf kleine Feldgehölze. Freiflächen, ein lückiger Baumbestand und ein reich strukturierter Waldrand erhöhen die Siedlungsdichte des Buntspechts, das Innere geschlossener Waldkomplexe wird dementsprechend dünner besiedelt. Eine Brut in der Kernzone der Stadt ist bisher nicht bekannt.

Die Brutpaare bei o. g. Kartierung von 1650 ha verteilten sich auf folgende Waldtypen:

Tab. 2: Brutpaardichten unterschiedlicher Waldtypen

Waldtyp	Brutpaare
Mischwald Buche-Eiche	14
Buchenhochwald	5
Eichenwald	4
Buchenmittelwald	2
Kiefernwald mit einzelnen Laubbäumen	2

Besetzte Bruthöhlen wurden an folgenden Baumarten festgestellt: 28mal Buche, viermal Eiche, zweimal Schwarzerle, zweimal Hybridpappel, einmal Esche. Der geringste Abstand zweier besetzter Höhlen betrug ca. 80 m.

Jahresrhythmus

Der Buntspecht ist ein Standvogel. Im Winter wird ein deutlich größeres Revier genutzt und zur Nahrungssuche auch der Siedlungsraum einbezogen, so dass er häufiger in Gärten oder am Futterhaus zu beobachten ist.

Erstes Trommeln, das der akustischen Reviermarkierung dient, kann ausnahmsweise schon im Winter gehört werden wie am 11. Dezember 2000 am Eilper Berg (A. Welzel) oder im Spätwinter wie am 14. Januar 1999 (M. Oriwall, Forsthaus Kurk), letztes Trommeln wurde am 10. Juni 2004 im Nimmertal gehört, die Jungen wurden noch in der Nisthöhle gefüttert. Die Hauptbalzzeit liegt jedoch im Frühjahr (s. *Abb. 3*). In dieser Zeit wird das Revier aggressiv gegen andere Buntspechte und manchmal auch gegen die andere schwarzweiße Spechtart verteidigt: am 9. April 1999 vertreibt ein Buntspechtpaar im NSG Hünenpforte einen Kleinspecht.

Die frühesten Daten zur Fütterung der Jungen sind der 23. Mai 2003 im Stadtwald, die Jungen waren schon recht alt und 30 m weit zu hören, im Jahr 1999 konnte auch S. Sallermann ebenfalls an einem 23. Mai Fütterungen an einer Bruthöhle am Hallerkopp beobachten. Eine späte Brut wurde am 30. Juni 1989 noch in der Höhle (Bemberg/Hasselbachtal) gefüttert.

Im Oktober können auch in Südwestrichtung ziehende Individuen beobachtet werden (J. Kamp).

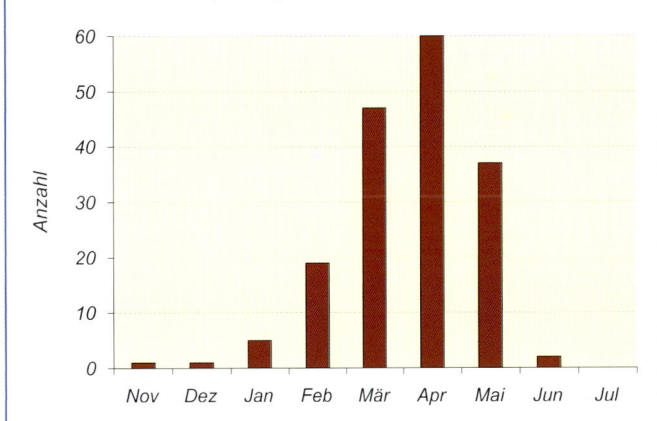

Abb. 3: Verteilung von 97 Registrierungen trommelnder Buntspechte (n = 172) im Zeitraum von 1984 bis 2007

Weitere Beobachtungen

Die Nutzung von sogenannten „Spechtschmieden" stellen schöne Beobachtungsmöglichkeiten dar. Hierbei handelt es sich meist um Astgabeln, an denen der Buntspecht Fichtenzapfen einklemmt, um sie dort so mit seinem Schnabel zu bearbeiten, dass er an die nährreichen Fichtensamen herankommt. Anschließend lässt er die Zapfen fallen, so dass hier ein großer Haufen entstehen kann.

Die Beobachtung eines Weibchens, das 1992 im Wannebachtal über einen Zeitraum von mehr als einer halben Stunde hinweg im intensiven Rüttelflug Schnaken fing und sie in der ca. 100 m entfernt liegenden Höhle an seine Jungen verfütterte, ist außergewöhnlich und Ausdruck der Anpassungsfähigkeit hinsichtlich der Nutzung natürlicher Futterressourcen. Eine ähnliche Beobachtung stammt vom 5. Mai 2008 aus der Ruhraue Syburg: ein Buntspecht fing mehrfach im Rüttelflug Insekten. Auch die Nestlinge anderer Höhlenbrüter sind begehrt: im Mai 2004 wurde auf dem Schulhof der Gesamtschule Eilpe ein von Kohlmeisen belegter Holznistkasten vom Specht aufgemeißelt, um an die Jungvögel zu gelangen.

Im NSG Lenneaue Berchum konnte sich ein Buntspecht nach einer über 200 m langen Fluchtstrecke vor einem Sperberweibchen retten (1. Oktober 2002).

M. Oriwall fand am 10. Juni 2001 in Oberhagen auf der Franzstraße einen überfahrenen diesjährigen Buntspecht.

Schutzmaßnahmen

Der Brutbestand ist nicht gefährdet. Ein zu früher Einschlag nimmt dem Buntspecht die Bäume der Altersklassen, deren Umfang zur Anlage einer Bruthöhle geeignet ist. Eine naturnahe Waldwirtschaft fördert den Buntspecht und alle Höhlenbrüter, die als Nutzungsnachfolger auf Buntspechthöhlen angewiesen sind wie Star, Kleiber, Kohlmeise, Blaumeise, Tannenmeise und Sumpfmeise, aber auch Fledermäuse. Bäume mit Spechthöhlen sollten also erhalten bleiben.

ANDREAS WELZEL

Kleinspecht *(Dryobates minor)*

Aufenthalt

| J | F | M | A | M | J | J | A | S | O | N | D |

Brutzeit

| | | | A | M | J | | | | | | |

Gefährdung:
RL Deutschland:	Vorwarnliste
RL NRW:	gefährdet
Hagen:	gefährdet

Brut:	ca. 20 Brutpaare, 1 Jahresbrut
Häufigkeit in Punktstoppkartierung: Rang 87, Revieranzeigende: Rang 83	**Status:**	*Jahresvogel*

Abb. 1: Foto A. EBERT

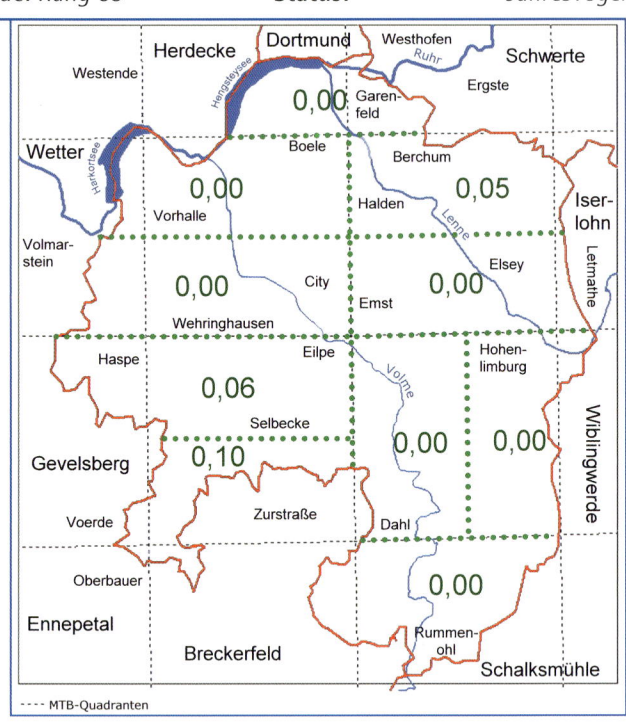

Abb. 2: Durchschnittliche Anzahl an 10 Zählpunkten in 10 Hagener Teilbereichen (Erläuterung s. Anhang)

Verbreitung und Bestand

SCHÜCKING bezeichnete den Kleinspecht bereits vor 30 Jahren als gefährdet und nennt ihn als Brutvogel an den Steilhängen des Nahmerbachtales (1979). Besiedelt wird das ganze Hagener Gebiet, bekannte Brutgebiete sind:

Ruhrtal:	NSG Ruhraue Syburg, NSG Uhlenbruch, Hengsteysee-Ostbecken
Unteres Lennetal:	Buschmühlengraben, Kabel, Bathey, NSG Lenneaue Berchum
Volmetal:	Rummenohl-Roland
Siedlungsbereich:	Bredelle, Eppenhausen, Fichte-Sportplatz Eilperfeld
Waldgebiete:	Philippshöhe, Hallerkopp, Stadtwald Kaiser-Friedrich-Turm/Deerth, Reher Heide mit Schälker Landstraße, Piepenbrink Märchenwald, Henkhausen/ Hasselbachtal, Holthauser Hochfläche

Die Siedlungsdichte des Kleinspechtes ist niedrig und liegt nach Hochrechnung aus großflächigen Untersuchungen in Hagen bei etwa 0,22 Brutpaaren/100ha. Es ist aber zu berücksichtigen, dass möglicherweise ein beträchtlicher Teil der Bruten übersehen und der Bestand deshalb ständig zu niedrig eingeschätzt wurde. Ursache dafür kann das sehr kleine Revier dieses Spechts (GLUTZ VON BLOTZHEIM 1994) in Verbindung mit seiner heimlichen Lebensweise sein, was Wahrnehmung und damit die Bestandserfassung dieser Vogelart vergleichsweise schwierig macht. Folgende Beispiele sollen dies belegen:

1) Trotz häufiger Begehungen gelang der Nachweis eines im NSG Lenneaue Berchum brütenden Kleinspechtpaares eher zufällig durch die Beobachtung der Fütterung an der 10 m hoch gelegenen Bruthöhle, die Spechte hielten sich ansonsten unauffällig im oberen Drittel der Bäume auf und konnten kaum wahrgenommen werden, eine akustische Erfassung war aufgrund des Lärmpegels der angrenzenden stark befahrenen Verbandsstraße zuvor nicht gelungen.

2) Eine Brut im Garten des überaus versierten Vogelbeobachters C. SCHÖNBERGERS wurde erst bemerkt, als das Paar bereits an der Nisthöhle fütterte (C. SCHÖNBERGER).

Kleinspecht

Andreas Welzel

Lebensraum

Das kleine Brutrevier des Kleinspechts befindet sich in alten Laub- und Mischwäldern, auch in mittelalten bis alten, feuchten Weichholzbeständen und alten Parks, alten Obsthöfen und naturnahen Hausgärten mit altem Baumbestand, die ein großes Nahrungsangebot aufweisen. Bruthöhlenbau und Nahrungserwerb erfordern einen entsprechend hohen Totholzanteil im Lebensraum.

Jahresrhythmus

Bis auf die Monate Dezember und Januar sind das ganze Jahr über Rufe zu hören mit Schwerpunkt im Frühjahr und Herbst (s. Abb. 3). Balzaktivitäten beginnen Mitte März und enden Mitte Juni, Hauptmonat der Balz mit Rufen und Trommeln ist der April. Bei acht Beobachtungen von trommelnden Kleinspechten entfallen eine auf März, fünf auf April und zwei auf Mai. Ein intensiv balzrufendes Weibchen konnte am 10. April 2004 am Kaiser-Friedrich-Turm beobachtet werden. Am Fichte-Sportplatz im Eilperfeld trommelte ein Kleinspecht am 24. April 2002 ausgiebig an einem in einer Pappelreihe stehenden Erlenstamm, in dem sich die frisch gefertigte Nisthöhle befand. Nach mehreren Rufen flog er ab, trommelte aber fünf Minuten später wieder intensiv an gleicher Stelle, bevor er dann endgültig in Richtung Kleingärten abflog. In diesem Höhlenbaum wurde auch im Jahr 2005 eine Brut durchgeführt.

Der Bau der Bruthöhle kann schon im Vorjahr begonnen werden, so brütete 1993 ein Kleinspecht an der Bredelle in einer Sauerkirsche und begann am 9. Oktober und 17. Oktober im selben Baum mit dem Bau einer neuen Höhle für das nächste Jahr (C. Schönberger).

Die Jungen einer Brut in einem Garten in der Bredelle schlüpften 1993 wohl am 9. Mai, am 8. Juni waren sie flügge (C. Schönberger). In diesen Zeitraum fallen auch die anderen bekannten Beobachtungen von Fütterungen an Bruthöhlen:
- 19. Mai 2003 im NSG Lenneaue Berchum (S. Sallermann)
- 19. Mai 2005 im Eilperfeld (A. Welzel)
- 21. Mai 1995 im NSG Uhlenbruch (M. Wünsch)
- 5. Juni 2004 am Deerth (B. Rauer)

K. D. Schultz konnte am 2. Juli 1995 ein Weibchen beobachten, das einen flüggen Jungvogel führte. C. Tunk sah am 10. Juli 1985 einen selbständigen Diesjährigen am Hallerkopp.

Weitere Beobachtungen

Auffallend häufig ist der Kleinspecht in interspezifische Aggressionen verwickelt. Am 4. April 2006 trommelte ein Kleinspecht beim Forsthaus Deerth, attackierte danach in einem merkwürdig gaukelnden Flugstil einen viel größeren Grünspecht und vertrieb ihn (B. Rauer mündl.). Andererseits wurde ein Kleinspecht von einer Kohlmeise verjagt (21. September 1998, Ritterstraße, H. Kokta). Am 4. April 1999 wurde ein Kleinspecht im NSG Weißenstein/Hünenpforte von einem Buntspechtpaar über eine weite Strecke gejagt.

Schutzmaßnahmen

Bedeutsam für den Fortbestand dieser gefährdeten Art ist der Erhalt von feuchten, wenig durchforsteten naturnahen Baumbeständen mit hohem Totholzanteil. Nicht hoch genug ist der Wert alter Obstbäume in den Gärten einzuschätzen, in deren rissiger Rinde der Kleinspecht gerne Nahrung sucht und die er als Brutbaum nutzen kann.

Eine erfolgreiche Maßnahme für den Kleinspecht führte die BUND-Kreisgruppe Hagen im Rahmen eines Projektes im NSG Lenneaue Berchum durch: bei der Umwandlung eines Hybridpappelwaldes in einen standortgerechten Erlenwald wurde nur ein Teil der alten Pappeln eingeschlagen, der andere Teil wurde gezielt „geringelt", um durch das Absterben Möglichkeiten zum Höhlenbau für den Kleinspecht zu schaffen. Diese Maßnahme kam durch das erhöhte Totholzangebot auch anderen Vogelarten zugute, war aber besonders für den Kleinspecht vorteilhaft, denn über einige Jahre hinweg legte ein Paar in den abgestorbenen Seitenästen der geringelten Pappeln seine Bruthöhle an.

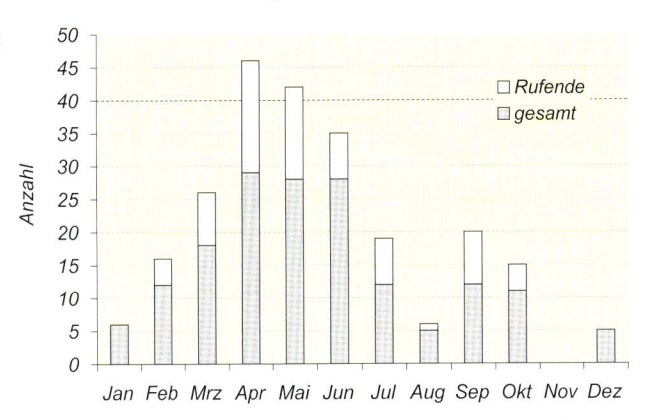

Abb. 3: Jahreszeitliche Verteilung der beobachteten Kleinspechte (n = 166) und Anzahl der Rufenden (n = 70) von April 1972 bis April 2008

Tab. 1: Verteilung festgestellter Bruthöhlen auf Baumarten

	Höhe	Exposition		Fundort	Jahr
Erle	6 m	N	abgestorbener, verpilzender Stamm	Eilperfeld, Sportplatz	2002, 2005
Erle			gekappter Stamm	Lenneaue Berchum	1985
Hybridpappel	10 m	Südwest	in abgestorbenem Seitenast	Lenneaue Berchum	1990
Hybridpappel	20 m	Ost	1 m unter abgebrochener Spitze	Ruhraue Syburg	2006
Hybridpappel	15 m	Nord	Stamm	Ruhraue Syburg	2004
Weide	2 m	S	Kopfweide	Lenneaue Berchum	1995
Obstbaum	2 m			Berchum	1994
Obstbaum			Stamm	Lenneaue Berchum	1994
Sauerkirsche				Bredelle	1993

Neuntöter *(Lanius collurio)*

Aufenthalt

		(A)	M	J	J	A			

Brutzeit

			M	J	J	A			

Gefährdung:
RL Deutschland: keine
RL NRW: Vorwarnliste
Hagen: keine

Brut: 8 bis 22 Brutpaare, 1 Jahresbrut
Häufigkeit in Punktstoppkartierung: Rang 72, Revieranzeigende: Rang 70

Status: Sommervogel, Durchzügler

Abb. 1: Foto A. KLEIN

Abb. 2: Durchschnittliche Anzahl an 10 Zählpunkten in 10 Hagener Teilbereichen (Erläuterung s. Anhang)

Die folgenden Beobachtungen stammen allesamt aus Aufzeichnungen, die seit 1972 von H.-J. THIEL und W. LEESCH gemacht wurden. Das Hagener Stadtgebiet wurde von ihnen jedes Jahr systematisch nach Neuntötern abgesucht und kontrolliert.

Verbreitung und Bestand

Einen historischen Brutnachweis des Neuntöters gibt es vom 24. Juni 1961 aus dem Wildpark über der Waldlust (SCHÄFER 1948/1996) und eine überlieferte Aussage, dass die Art in den 50er und 60er Jahren in den Weiden von Fley öfters anzutreffen war.
Die Art kann in allen Höhenlagen mit entsprechendem Lebensraum vorkommen. Die Schwerpunkte der Hagener Verbreitung liegen inzwischen in den südlich gelegenen Hochlagen des Stadtgebietes (Kalthauser Höhe und Böllinger Höhe). Hier gibt es regelmäßige Brutvorkommen, sporadische gibt es in allen Außenbereichen Hagens wie etwa im Wannebachtal und im Hohenlimburger Raum. Viele Lebensräume mit festen Brutpaaren sind inzwischen verwaist, z. B. Garenfeld, Hammacher, Auf der Bleiche, Werdringen.
Die Anzahl der Brutpaare schwankt seit Aufzeichnungsbeginn 1978 bis 2007 ständig zwischen 8 und 22 Brutpaaren, das Jahresmittel liegt bei rund 15 Brutpaaren. Die Bestände bleiben seit jeher stabil. Allerdings ist anzumerken, dass die Bestände ohne landschaftspflegerische Maßnahmen wesentlich geringer wären. Inzwischen sind die meisten Brutpaare in optimierten Gebieten zu finden.
Der Bruterfolg ist schwankend. Die beste Witterung scheint abwechslungsreiches Wetter zu sein. Regen- und Sonnentage im Gleichklang ergeben maximalen Bruterfolg. Die in den letzten Jahren vermehrt auftretenden, sehr ergiebigen Regenfälle mit hohen Niederschlagsmengen in kürzester Zeit reduzierten den Bruterfolg sehr stark. Brutverluste durch Greif- und Krähenvögel sind kaum festzustellen, wenn die Nester gut geschützt in dichten Hundsrosenbüschen angelegt werden.

Neuntöter

STEPHAN SALLERMANN

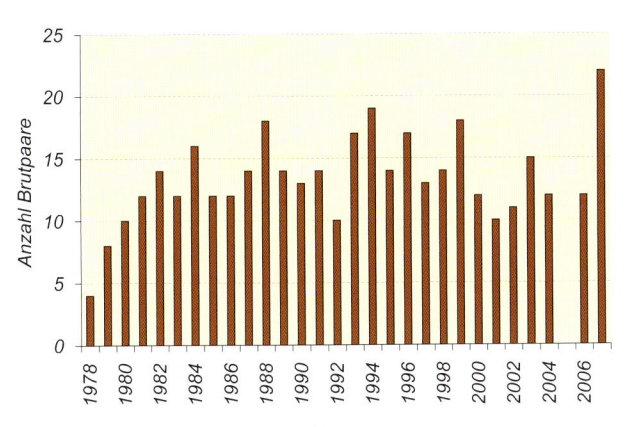

Abb. 3: Neuntöterbestand 1978 bis 2007 (nach Daten von H.-J. THIEL)

Abb. 5: Siepen in der Nähe von Hobräck im Hagener Süden. In diesem Gebüsch brütet der Neuntöter immer wieder. Der feuchte Teil des Geländes wird einmal im Herbst ausgemäht und die Restfläche von Galloway-Rindern extensiv beweidet. Der Hauptbestand der Hagener Neuntöterpopulation findet sich in dem Großraum der Böllinger Höhe ein. Das Pflegemanagement des Hagener NABU geht ganz gezielt auf die Bedürfnisse der Art ein. Er ist hier der Indikator für eine intakte bäuerliche Kulturlandschaft, in der auch viele andere Vogelarten ihren Lebensraum haben. 30.7.2006, Foto S. SALLERMANN.

Lebensraum

Er liebt halboffene reich strukturierte Landschaften, in Hagen besonders gern in Habitaten mit Hecken und Einzelsträuchern im Bereich beweideter Grünlandflächen, auch in Schonungen und Waldrändern, gern in Magerwiesenflächen mit Einzelgehölzen. Wenn sich unweit davon Bäche befinden, wirkt sich das positiv aus. Extensive Bewirtschaftung wirkt sich sehr günstig aus. Die Art meidet Habitate mit einem hohen Ackerflächenanteil. Allgemein werden Gebiete in Südexposition bevorzugt. Häufig mit Dorngrasmücke und Goldammer vergesellschaftet.

Die Reihenfolge zur Häufigkeit der Neststandorte stellt sich wie folgt dar: Die Hundsrose ist absoluter Favorit gefolgt von Weißdorn, Schlehe, Holunder, Eichengebüsch und wenigen anderen. Bevorzugt werden hier frei- bzw. einzeln stehende Büsche von ca. 0,60 bis 3,00 m Höhe.

Jahresrhythmus

Früheste Ankunft an einem 26. April, im Wesentlichen jedoch ab Mai anzutreffen. Brutbeginn ab Ende Mai/Anfang Juni. Das Brutgeschäft beginnt unmittelbar nach der Paarbildung. An einem 28. August wurde noch eine Spätbeobachtung mit Jungvögeln im oberen Mäckingerbachtal gemacht.

Der Neuntöter ist nach nur einer Brut ab Ende Juli/Anfang August normalerweise aber schon wieder verschwunden. Der Familienverband zieht dann kurz nach dem Flüggewerden der Jungvögel gemeinsam ab. Man kann erkennen, dass beim Neuntöter die Verweildauer im Brutgebiet sehr zügig abläuft: Ankunft, Verpaarung, Aufzucht und Verlassen werden ähnlich deutlich wie beim Mauersegler ohne Pausen abgewickelt.

Weitere Beobachtungen

Es gibt kaum Einzelbrutpaare innerhalb eines Großraumes. In der Regel finden sich Reviere in mehr oder weniger dichter Nachbarschaft. Die Abstände zwischen den einzelnen Revieren können jedoch recht groß sein (ein bis zwei km).

Schutzmaßnahmen

Die Bestände der Art bleiben durch gezielte Schutzmassnahmen recht stabil. Förderlich ist der Erhalt einer extensiv betriebenen bäuerlichen Kulturlandschaft mit überwiegendem Grünlandanteil. Arm strukturierte Ländereien können mit Landschaftshecken und Einzelgebüschen gestaltet werden. Wesentlich ist, dass die Hecken später nicht auswachsen und so der Unterbewuchs verschwindet. Ein starker Rückschnitt verbessert hier dann wieder die Bedingungen. In dem Landschaftsraum des Neuntöters sollten auch Kleingewässer und Obstwiesen zu finden sein. Alles was zur Verbesserung der landschaftlichen Vielfalt beiträgt, verbessert auch die Bedingungen für den Neuntöter. Bei entsprechendem Nahrungs- und Nistplatzangebot kann die Art dauerhaft angesiedelt oder gehalten werden. Die beiden oben genannten Großräume, die zurzeit die wesentlichen Bestände beherbergen, sind in dieser Hinsicht entsprechend optimiert worden.

Abb. 4: Feldflur bei Wirminghausen-Linscheid, 17.7.2007, Foto N. LEMKE

Elster *(Pica pica)*

Aufenthalt

| J | F | M | A | M | J | J | A | S | O | N | D |

Brutzeit

| | | M | A | M | J | (J) | | | | | |

Brut: ca. 400 Brutpaare, 1 Brut
Häufigkeit in Punktstoppkartierung: Rang 14, Revieranzeigende: Rang 28

Gefährdung:
RL Deutschland: keine
RL NRW: keine
Hagen: keine

Status: Jahresvogel, Durchzügler

Abb. 1: Stadthalle, 2007, Foto R. WISNIEWSKI

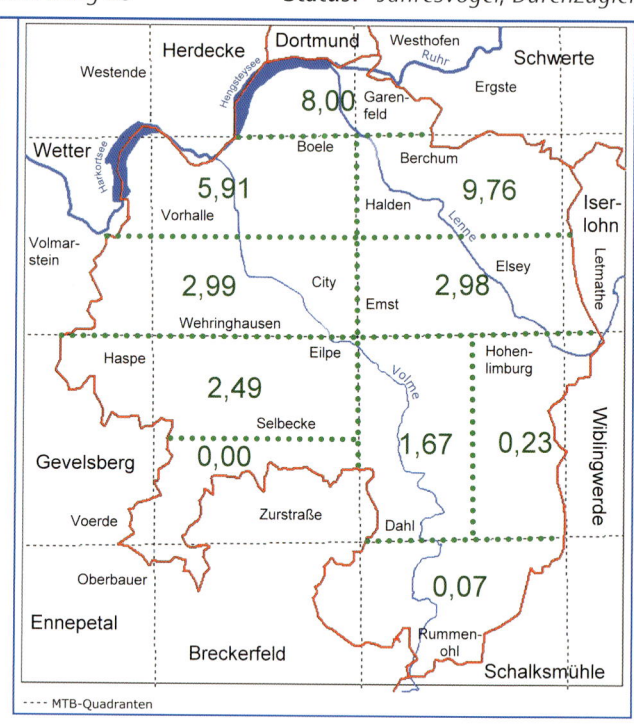

Abb. 2: Durchschnittliche Anzahl an 10 Zählpunkten in 10 Hagener Teilbereichen (Erläuterung s. Anhang)

Verbreitung und Bestand

Die Elster ist in ganz Hagen verbreitet. Entsprechend der Waldverteilung ist ein deutliches Nord-Süd-Gefälle festzustellen, am häufigsten ist sie in den Flusstälern von Lenne und Ruhr. Entgegen der landläufigen Meinung zur „Überpopulation" der Elster nimmt der Bestand nicht zu.
In den letzten 30 Jahren hat sich die Situation der Elster gründlich verändert, allerdings weniger in den Bestandszahlen als in der Wahl des Lebensraumes (NWO 2002). Während Elstern zuvor nur die ländliche, offene Landschaft besiedelten und Siedlungen mieden, begann Mitte der 60er Jahre die auffällige Zunahme im Siedlungsbereich. A. SCHÜCKING berichtet in der WR/HR vom 29. Juli 1978 über die erste Brut in der Hagener Innenstadt. Ob mit der Zunahme in den Siedlungsbereichen tatsächlich auch der gesamte Elsternbestand gestiegen ist und sich nicht etwa gleichzeitig eine Abnahme der „Feld"elstern vollzogen hat, wäre für Hagen zu untersuchen. Auch ob es sich tatsächlich um eine „Einwanderung" handelt, kann so nicht gesagt werden. Denkbar wäre auch, dass es zunächst einzelne Elstern waren, die sich an den Menschen gewöhnt hatten, nachfolgend begünstigten die Vorteile der Stadt (z. B. fehlender Jagddruck und fehlende natürliche Feinde, optimales Nahrungsangebot und Habitatstruktur) ihre stärkere Vermehrung und eine Weitergabe der Lebensraumwahl an ihre Nachkommen.
Elsternnester befinden sich dort in besonders hoher Dichte, wo ein großes Nahrungsangebot besteht, Beispiele:
- Fußgängerzone mitten im vegetationsarmen Citybereich zwischen den engen Häuserzeilen in einem Einzelbaum Ecke Elberfelder/Hohenzollernstraße
- an belebten Straßenkreuzungen der Innenstadt, wie in der alten Platane an der B 7-Kreuzung beim Hohenlimburger Rathaus
- nahezu an jedem Schulhof sind mehrere Elsternnester

Im Jahr 2002 zählten Schüler der Gesamtschule Eilpe die Nester im Umfeld des Schulhofes auf einer Fläche von etwa 1/2 Quadratkilometer. Die Zählung ergab 14 Nester, von denen nur drei nicht fertiggestellt wurden. Die Untersuchung zeigte weiterhin, dass sich im Gebiet maximal fünf Paare aufhielten und auch nur an fünf Nestern Brutaktivitäten festgestellt werden konnte, so dass letztendlich nur etwa 1/3 der gezählten Nester auch tatsächlich zur Brut genutzt wurden. Dies entspricht in etwa den allgemeinen Annahmen

Elster

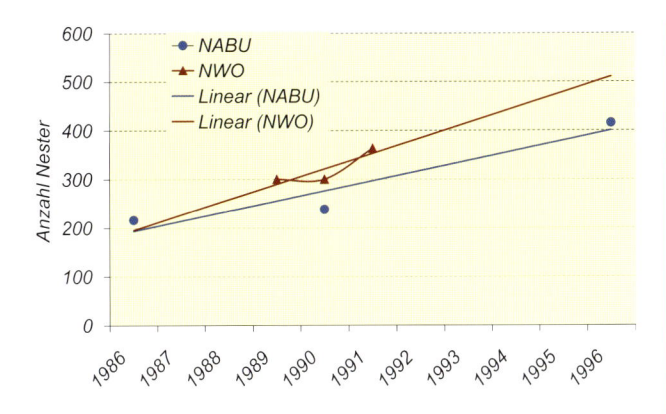

Abb. 3: Ergebnisse einer Nesterzählung durch den NABU-Hagen und einer großflächigen Brutvogelkartierung durch die NWO mit linearen Trendlinien

mit zwei bis drei Nestern pro Brutpaar, statistisch wird mit 2,48 Nestern pro Brutpaar gerechnet (PENNEKAMP/BELLEBAUM 2003). In diesem aufgrund des Nahrungsangebotes optimalen Elsternhabitats war von vorn herein mit einer ungewöhnlich hohen Siedlungsdichte zu rechnen, tatsächlich befanden sich 11 der 14 Nester im unmittelbaren Bereich der Schule, zwei besetzte Nester waren nur 70 m voneinander entfernt. Der aktuelle Elsternbestand dürfte sich in den letzten 10 Jahren nicht wesentlich verändert haben.

Lebensraum

Die Elster findet sich sowohl in ländlichen als auch rein städtischen Bereichen, sie bevorzugt hier Siedlungen mit Gärten. Schwerpunkte sind aber Industrieanlagen und -brachen sowie lineare Verkehrsflächen wie Autobahnen, Straßen und Bahngleise usw. (hohes Nahrungsangebot durch Verkehrsopfer). Waldgebiete werden völlig gemieden.

Jahresrhythmus

Die Elster beginnt bereits im Januar mit der Revierabgrenzung durch das typische Schausitzen und mit Balz sowie mit ersten Nestbauaktivitäten. Die intensive Phase des Nestbaus beginnt im März, brütende trifft man im April an. Die Brut wird im Mai gefüttert, die Jungen sind im Juni flügge. Ein direkter Nachweis einer Zweitbrut aus Hagen ist nicht bekannt.

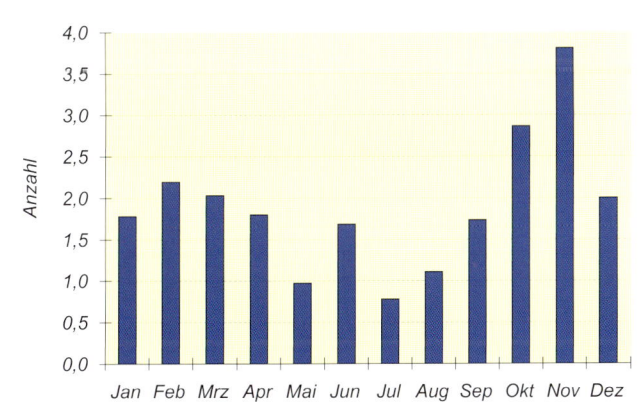

Abb. 4: Durchschnittliche Anzahl der Elstern (n = 669) pro Begehungen (n = 344) im NSG Ruhraue Syburg der Jahr 1983 bis 2008

Weitere Beobachtungen

Untersuchungen belegen, dass weniger als die Hälfte der Nester mit Bruten belegt sind (SCHMIDT-DANKWART, zit. nach SCHLÜPMANN 1993), denn nicht alle Revierpaare brüten oder ziehen erfolgreich Junge groß, oft werden mehrere Nester angelegt, ohne dass in ihnen gebrütet wird.

In der Wahl des Neststandortes ist die Elster sehr flexibel. Ein besonders niedriges Nest befand sich im NSG Lenneaue Berchum in maximal 4 m Höhe in einer Weißdornhecke. SCHÜCKING berichtet über Nester in den Oberleitungsmasten der Bundesbahn (1991b). Auch bei Hohenlimburg-Reh befand sich Ende der 70er über mehrere Jahre hinweg ein Nest in ca. 50 m Höhe im Stahlgittermast einer Starkstromleitung, erst nach zweimaliger Entfernung des Nestes bei Wartungsarbeiten wurde das Nest nicht mehr an dieser Stelle angelegt.

Bekannt ist die Nutzung von Gemeinschaftsschlafplätzen, beispielsweise sammelten sich im Lennetal bei Elsey am 9. Dezember 1994 gegen Sonnenuntergang mehr als 32 Elstern in den Pappeln nahe der „Kettenbrücke" Hohenlimburg. Überhaupt sind Elsternansammlungen außerhalb der Brutzeit nicht ungewöhnlich, wie z. B. 26 nahrungssuchende und balzfütternde Elstern auf einem kleinen, von Schafen beweideten Obsthof im Unteren Lennetal am 11. April 2003. Die Elster ist die einzige Hagener Vogelart, die nahrungsuchend auf Säugetieren beobachtet wurde: auf den Lennewiesen Hohenlimburg suchten am 16. September 2003 zwei Elstern den Rücken von Schafen ab, möglicherweise nach Parasiten.

Elsternrupfungen sind besonders in der zweiten Jahreshälfte häufiger als in der ersten zu finden, es handelt sich dabei überwiegend um Jungelstern.

Schutzmaßnahmen

Bei kaum einer anderen Hagener Vogelart wird so kontrovers und emotionell diskutiert und gar eine Bejagung gefordert. Selbst unter Vogelschützern gab es zu Beginn dieser Diskussion Anfang der 80er Jahre keine Einigkeit in der Ablehnung der Bejagung (SCHÜCKING 1984a versus KNÜWER 1984). Beklagt wird eine angebliche „Massenvermehrung" und die Dezimierung sowohl der Singvogelbestände als auch des Niederwildes. Zu diesem Thema gibt es eine nahezu unüberschaubare Anzahl von Untersuchungen und Veröffentlichungen, hier seien einige Argumente aus vogelschützerischer Sicht gegen eine Bejagung angeführt:

1. Das Argument „Bejagung zum Singvogelschutz" ist unschlüssig, denn Rabenvögel und damit auch die Elstern gehören selbst zu den Singvögeln
2. eine „unkontrollierte Massenvermehrung" der Elster kann es nicht geben, denn innerartliche Konkurrenz um Brutreviere reguliert die Dichte sehr wirksam
3. gerade in artenreichen und dicht besiedelten Lebensräumen (z. B. NSG Lenneaue Berchum) brüten viele Elstern, doch die Vogelbestände haben sich dort über Jahrzehnte nicht geändert

Abb. 5: Elsternpaar in einer Birke. Foto N. Lemke

4. Nahrungsanalysen ergeben, dass Vogelbruten nur einen Bruchteil der Elsternahrung ausmachen (Mäck & Jürgens 1999); als Vogelbeute kommen v. a. die sehr häufigen Vogelarten vor (Amsel)
5. andere, oft gefährdete Vogelarten wie z. B. die Waldohreule sind zur Brut auf alte Elsternnester angewiesen

Weitere Argumente sind ausführlicher bei Schlüpmann (1993) nachzulesen.

Abgesehen von einem Bejagungsverzicht ist ein besonderer Schutz der Elster nicht erforderlich. Da die Rabenkrähe in direkter Konkurrenz (Nahrung, Prädation) zur Elster steht, wird bei einem Anstieg der Rabenkrähenbestände eine Abnahme der Elsternbestände zu erwarten sein. Neben Greifvögeln und Steinmardern ist die Rabenkrähe der bedeutendste Feind der Elster (Mäck & Jürgens 1999). Bei einer Einstellung der Rabenkrähenbejagung könnte sich der Elsternbestand auf einem niedrigeren Bestandsniveau einpendeln. Wie groß die Nahrungskonkurrenz ist und wie sehr die Elster durch das Auftauchen der Rabenkrähe in den letzten Jahren unter Druck geraten ist, zeigen langjährige Beobachtungen auf einem Schulhof der Gesamtschule Eilpe, hier finden sich Rabenkrähen und Elstern seit Jahren pünktlich zum Pausenende ein und kontrollieren teilweise sogar die Abfallbehälter:

- obwohl die Elstern mittlerweile die Schulbrote zum Fressen in ein Versteck tragen, wird ihnen die Nahrung selbst dort von den Rabenkrähen abgejagt
- während der Brutzeit werden die Elstern von den Rabenkrähen am Nest attackiert
- im Jahr 1993 lag das Verhältnis von Rabenkrähen zu Elstern noch bei 2 zu 16, später bei 31 zu 6
- regelmäßig werden sowohl Rabenkrähen als auch Elstern von einem Habicht angejagt.

Abb. 6: Elster beim Bad an einem Gartenteich, Hohenlimburg-Reh, 1.8.1986 Foto A. Welzel

Eichelhäher *(Garrulus glandarius)*

Aufenthalt

| J | F | M | A | M | J | J | A | S | O | N | D |

Brutzeit

| | (F) | M | A | M | J | (J) | | | | | |

Brut: ca. 500 Brutpaare, 1 Jahresbrut
Häufigkeit in Punktstoppkartierung: Rang 26, Revieranzeigende: Rang 42

Gefährdung:
RL Deutschland: keine
RL NRW: keine
Hagen: keine

Status: Jahresvogel, Durchzügler

Abb. 1: Emst, 2000, R. Wisniewski

Abb. 2: Durchschnittliche Anzahl an 10 Zählpunkten in 10 Hagener Teilbereichen (Erläuterung s. Anhang)

Verbreitung und Bestand

Der Eichelhäher ist in Hagen durchaus überall und in allen Höhenlagen anzutreffen, aufgrund der höheren Waldanteile im Süden des Stadtgebietes aber deutlich häufiger. Seine hohe Anpassungsfähigkeit verschafft ihm eine flächendeckende Präsenz.

Lebensraum

Er ist in der Regel in Laub-, Misch- und Nadelwäldern, ferner auch in Gartenanlagen, Parks, Friedhöfen und lebhaft strukturierten Siedlungsbereichen anzutreffen. Offene landwirtschaftlich bewirtschaftete Landschaften und auch Stadtbereiche ohne Baum- und Strauchbewuchs werden gemieden. Ursprünglich ist dieser Rabenvogel ein Bewohner von stabilen natürlichen Wäldern, aber auch ein ausgesprochener Kulturfolger.

Jahresrhythmus

Als Jahresvogel überwintert er im einmal gewählten Brutgebiet. Kältefluchten in hohem Ausmaß sind nicht bekannt. Es besteht die Möglichkeit, dass nördliche und östliche Unterarten im Winter in Hagen anzutreffen sind. C. Schönberger beobachtete im Winter 1997 mindestens sechs Häher, die ständig in seinem Garten waren.
Im Frühjahr sind Gruppen mit hoher Individuenzahl anzutreffen, die wohl als Durchzügler zu werten sind:
- nach langem kalten Winter am 17. April 1996 21 nahrungsuchend Obstwiese Deerth
- 11 Eichelhäher am 10. April 2004 im Stadtwald am Plessen (A. Welzel)

Ende März-Anfang April beginnt auch die Balz- u. Brutzeit. In dieser Zeit sind Eichelhäher schwer zu beobachten und fallen jetzt lediglich durch Verfolgungsjagden und „Imitationslaute" auf, wie am 1. Mai 1998 die perfekte Imitation eines Waldkauzes am Deerth um 14:30 Uhr. Häufig ist der Ruf des Mäusebussards als Imitation zu hören. Es ist immer noch fraglich, ob diese „Geräusche" als Reviergesang zu bewerten sind. Vor der Brut sondieren Altvögel auffällig häufig potenzielle zukünftige Nahrungsquellen, um diese für die Brut zu sichern: am 5. April 1998 kontrollierte ein Häher innerhalb von einer Stunde sieben Nistkästen und ca. 30

Abb. 4: Hagen, 16.5.2008, Foto R. W<small>ISNIEWSKI</small>

laufende Meter Hecke an der Obstwiese Deerth (fünf Kästen belegt – drei mit Kohlmeise, zwei mit Blaumeise, in der Hecke ein Amselnest und ein Rotkehlchennest). Die Jungvögel des Amselnestes wurden trotz heftigen Widerstands der Altvögel am 1. Mai 1998 konsequent ausgeplündert. Währenddessen die Häherjungen flügge wurden, kam es zu einer neuen Amselbrut im gleichen Nest, diese war erfolgreich. Ende Juni ist die Brutsaison beendet, die späteste Jahresbeobachtung von einem Altvogel, der fünf Jungvögel aus offenem Gelände in den Buchenhochwald lockt, die kaum fliegen konnten, war der 14. Juli (1998, Stern-Stadtwald).

Im frühen Herbst ist Durchzug zu beobachten, gleichzeitig beginnt die intensive Sammelzeit von Waldfrüchten. Das Verstecken dieser Früchte (Eicheln usw.) kann häufig beobachtet werden. Durchzugsdaten:
- am 13. September 1999 fliegt über Altenhagen eine lose Kette von ca. 20 Eichelhähern gradlinig Richtung Südwest (T. D<small>RANE</small>)
- am 20. September 2002 rasten 17 Exemplare auf einer Überlandleitung in Garenfeld (W. K<small>OHL</small>/U. S<small>CHMIDT</small>)
- an 9 Beobachtungstagen mit insgesamt 16 Stunden zogen in der Zeit vom 3. bis 26. Oktober 1996 109 Eichelhäher über das Lennetal in südwestlicher Richtung (J. K<small>AMP</small>)

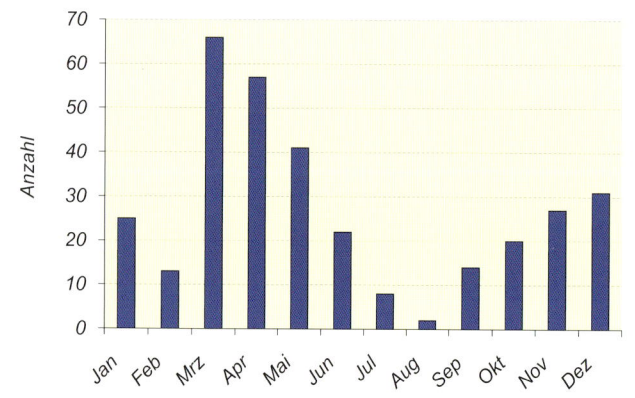

Abb. 3: Anzahl der beobachteten Eichelhäher im Jahresverlauf (n = 326 in 146 Beobachtungen)

Weitere Beobachtungen

Im Sommer ist der Eichelhäher ein auffälliger Vogel, der oft beobachtet, aber selten in Form von Meldungen in den Sammelberichten berücksichtigt wird.

In der Regel sind Eichelhäher nicht in hoher Individuenzahl an einem Ort zu beobachten. Beobachtungen mit höherer Individuenzahl könnten Durchzügler sein.

Ob der Eichelhäher Veränderungen bei Konkurrenzarten verursacht ist unklar. M. O<small>RIWALL</small> beobachtete 2002 in der Buntebachstraße, dass nach Einwanderung von Eichelhähern die Elster verschwand. In diesem Jahr kam es dort zum Nestbau in einem Hohltaubennistkasten, er begann am 22. April und baute bis zum 1. Mai, war allerdings am 2. Mai verschwunden.

Rupfungsfunde bei Habichtshorsten belegen, dass der Eichelhäher die zweithäufigste Beute des Habichts ist.

Schutzmaßnahmen

Der Eichelhäher gehört in die Gruppe der Singvögel und unterliegt daher besonderem Schutz. Es besteht ein Bejagungsverbot seit 1994, Ausnahmeregelungen sind nicht gerechtfertigt (s. Bejagung Elster). An dieser Art wird das Dilemma einer Nützlichkeitsdiskussion über Tierarten besonders deutlich: einerseits wird er als Nesträuber verfolgt, andererseits greift er in die Population von Schadinsekten ein und sorgt für die Naturverjüngung in Eichenwäldern („Gärtner des Waldes").

Dohle *(Coloeus monedula)*

Aufenthalt

J	F	M	A	M	J	J	A	S	O	N	D

Brutzeit

	(F)	M	A	M	J	(J)					

Brut: ca. 40 bis 50 Brutpaare, 1 Jahresbrut
Häufigkeit in Punktstoppkartierung: Rang 69, Revieranzeigende: nicht registriert

Gefährdung:
RL Deutschland: keine
RL NRW: keine
Hagen: keine

Status: Jahresvogel, Wintergast, Durchzügler

Abb. 1: Foto A. Welzel

Verbreitung und Bestand

Dohlen brüten in Hagen hauptsächlich in verlassenen Kaminen. Nach dem Zweiten Weltkrieg waren sie sehr häufig in den Ruinen, offensichtlich fand seinerzeit eine Zunahme statt (Schröder 1953). Danach nur Einzelbruten, z. B. bis zur Renovierung in den 70er Jahren in der Johanneskirche/Boele, dann später auch in der Umgebung (A. Vehling). Die Art breitete sich erst seit etwa 1990 wieder aus, ein erster Brutbeleg stammt aus 1993 von der Alexanderstraße.

Die Dohle brütete 1998 in Boele mit sechs Paaren, in Altenhagen/Hauptbahnhof mit zwölf Paaren, im Ischeland mit drei Paaren, im Fleyer Viertel mit fünf Paaren und in der Scharnhorststrasse mit zwei Paaren. Oben genannte Brutgebiete bilden ein relativ geschlossenes Verbreitungsgebiet, das sich bis 2007 noch stärker verdichtet hat. Eine weitere Ausbreitung in Richtung Süden, Osten und Westen erfolgt langsam aber stetig. So gibt es 2004 schon zwei Brutpaare in Haspe am Heilig-Geist-KKH und an der St. Bonifatius-Kirche, auch in Hohenlimburg an der Stadtgrenze zu Letmathe 2008 (S. Sallermann). Für 2006 und 2007 gab es dann auch erste Brutzeitbeobachtungen in Garenfeld (B. Ritz & N. Lemke).

Außerhalb der Brutzeit taucht sie in Parks und Grünanlagen auf, im Sportpark Ischeland und in dem Grüngürtel zwischen Boele und Boelerheide ist sie besonders häufig zu beobachten. Tagsüber hält sie sich auch außerhalb der Brutzeit häufig im Brutgebiet auf, nachts werden Sammelschlafplätze aufgesucht.

Lebensraum

Brütet in unserem Gebiet einzeln oder in lockeren Kolonien ausschließlich in und an Gebäuden, hauptsächlich in Kaminen und in Nischen an Türmen. Nistkastenbruten sind in Hagen nicht bekannt. Nahrungsaufnahme auf offenen, kurzrasigen Grünflächen.

Jahresrhythmus

Revierbildungen beginnen ab Januar/Februar. Dohlen, die mit Saatkrähen zusammen auf Äckern und Viehweiden zusammen beobachtet werden, sind offensichtlich Durchzügler und/oder Wintergäste, wahrscheinlich aus Osteuropa.

Weitere Beobachtungen

Sammelschlafplätze und große Übernachtungsgruppen sind in Hagen nicht bekannt. Dohlen sind sehr gesellig und auch außerhalb der Brutzeit häufig in Nestnähe zu beobachten. Bemerkenswert für Hagener Dohlen ist, dass sie in den 90er Jahren noch eine geringe Ruffreudigkeit bewiesen. Seinerzeit waren sie so eine recht unauffällige Art. Womöglich ist sie deshalb lange übersehen worden. Nach der Jahrtausendwende kann allerdings festgestellt werden, dass sie sich mit einer einhergehenden Bestandszunahme zunehmend auffälliger verhält.

Schutzmaßnahmen

Ungenutzte Kamine sollten nicht abgebrochen oder zugemauert werden. Leider werden sie oft saniert und fallen dann als Brutplatz weg. Renovierungen von Kirch- und anderen Türmen sind so durchzuführen, dass Brutmöglichkeiten bestehen bleiben. Das Anbringen von Nistkästen an geeigneten Plätzen ist wünschenswert – vor allem eignen sich Türme und große, verwinkelte Gebäude. Grundsätzlich sollten Herbizid- und Insektizideinsatz auch in öffentlichen Grünanlagen unterbleiben.

Rabenkrähe *(Corvus corone corone)*

BERND RAUER/MARTIN SCHLÜPMANN

Aufenthalt

J	F	M	A	M	J	J	A	S	O	N	D

Brutzeit

	(F)	M	A	M	(J)						

Brut: ca. 80-100(?)/350(?) Brutpaare, 1 Jahresbrut
Häufigkeit in Punktstoppkartierung: Rang 8, Revieranzeigende Rang 20

Gefährdung:
RL Deutschland: keine
RL NRW: keine
Hagen: keine

Status: *Jahresvogel*

Abb. 1: Foto H.–J. FÜNFSTÜCK

Nach einem neueren, modifizierten biologischen Artkonzept (HELBIG in BAUER et al. 2005) sind Raben- und Nebelkrähen als eigene Arten (Corvus corone und C. cornix), nicht als Unterarten der Aaskrähe anzusehen, die demnach als „Superspezies" aufzufassen ist. Nebelkrähen sind bei uns nur als Wintergäste oder Durchzügler zu sehen.

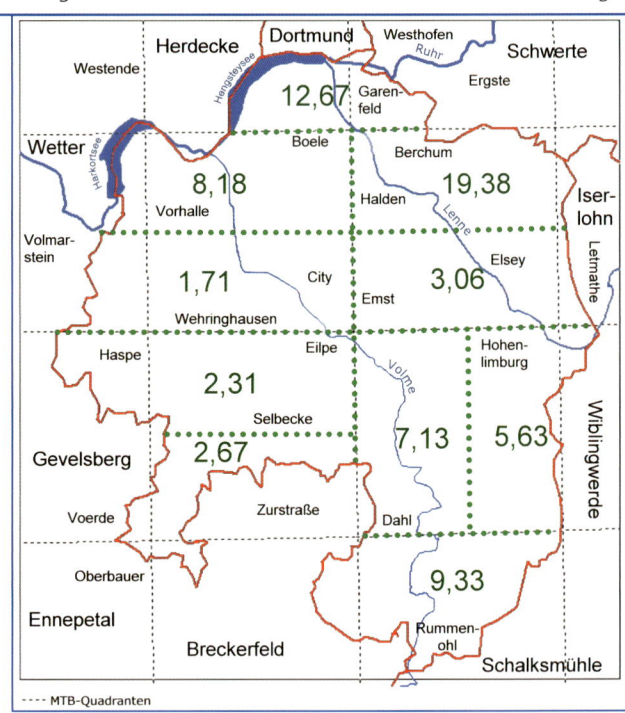

Abb. 2: Durchschnittliche Anzahl an 10 Zählpunkten in 10 Hagener Teilbereichen (Erläuterung s. Anhang)

Verbreitung und Bestand

Die Rabenkrähe ist im gesamten Stadtgebiet verbreitet, doch die Punktstoppkartierungen erbrachten sehr unterschiedliche Siedlungsdichten, die sich nicht vollständig erklären lassen (**Abb. 2**). Die Art erreicht im Norden die größte Siedlungsdichte. Ruhr- und Lennetal mit den angrenzenden Terrassenlandschaften bieten eine Kombination von landwirtschaftlichen Flächen für die Nahrungssuche und Gehölzen sowie kleineren Wäldern für die Brut. Die reliefreichen Gebiete, die in Hagen stärker bewaldet sind und kaum Offenlandlebensräume bieten, sind dagegen nur gering besiedelt. Erst auf den Anhöhen mit ihren Plateaus, die landwirtschaftlich genutzt werden, werden wieder größere Dichten erreicht. Vermutlich waren die Bestände noch in den 60er und 70er Jahren größer, da die Tiere von offenen Mülldeponien und einer vielseitigeren Landwirtschaft profitierten. Leider fehlen hierzu verwertbare quantitative Untersuchungen. Anhand von Siedlungsdichte-Untersuchungen (1989-2005) lässt sich für Hagen ein Bestand von fast 281 Brutpaaren errechnen. Das sind 1,75 Brutpaare/km².

Lebensraum

Die meisten Brutplätze liegen in Waldgebieten (**Abb. 3**), wobei hier Waldrandlagen bevorzugt werden, doch werden auch Gehölze in landwirtschaftlichen Gebieten gut angenommen und auch solche in Siedlungen, Parks und entlang von Verkehrswegen.
Ein Vergleich der Verteilung der Brutplätze mit dem Flächenanteil der Landschaftstypen zeigt aber, dass nur die Wälder und die landwirtschaftlichen Flächen überdurchschnittlich besiedelt sind, urbane Lebensräume werden zwar nicht gemieden, sind aber unterdurchschnittlich besiedelt (**Abb. 4**). Dabei ist Kombination von Wald und Landwirtschaft entscheidend, denn geschlossene Waldgebiete werden eher gemieden. Die Tendenz zur Verstädterung der Rabenkrähe hat bereits früh eingesetzt und ist in Hagen seit etwa 1960 belegt, wo A. SCHÜCKING bereits damals zwei Brutpaare

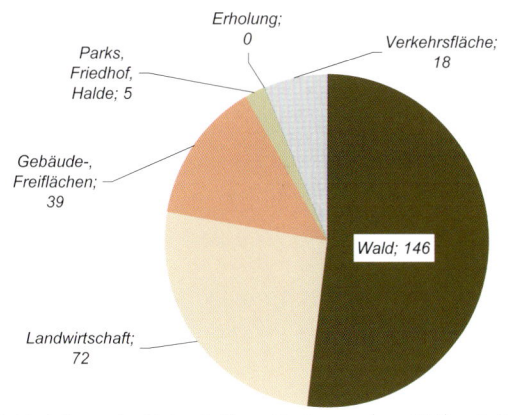

Abb. 3: Verteilung der Rabenkrähen-Brutpaare (n = 280) auf die landschaftlichen Einheiten

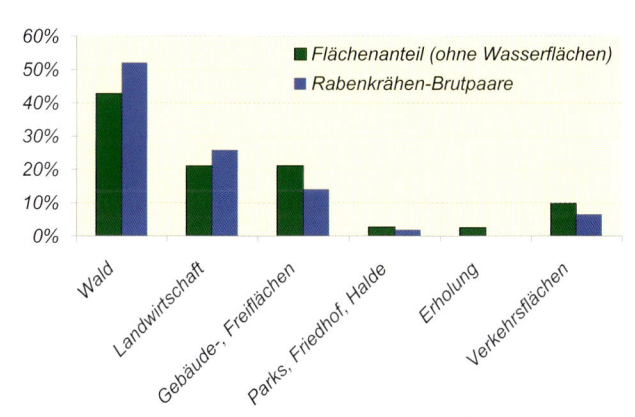

Abb. 4: Verteilung der Rabenkrähen-Brutpaare (n = 280) auf die landschaftlichen Einheiten im Vergleich zu deren Flächenanteil im Raum Hagen (ohne Wasserflächen).

in der Stadt kannte (ZABEL 1964). Die Verstädterung ist aber bis heute nicht so ausgeprägt wie etwa bei der Elster.
Die Siedlungsdichte beträgt in Wald- und landwirtschaftlichen Gebieten 2,18 und 2,19 Brutpaare/km², in Siedlungsgebieten, an Verkehrsanlagen und in Parks nur jeweils 1,19 Brutpaare/km².
Die Brutplätze findet die Art in Feldgehölzen, Baumgruppen, Einzelbäumen, Waldrändern und lichten Auwäldern. Gerne werden Pappeln zum Nestbau genutzt (mind. 8x), aber auch Fichten werden nicht gemieden (3x). Größere Höhen werden zum Nestbau bevorzugt (notierte Beobachtungen: 15-20 m).
Nahrungssuchend sind Rabenkrähen vor allem auf Weiden und Ackerflächen sowie auf Wiesen und an offenen Gewässerufern zu beobachten. Halboffene und offene Landschaften mit Gehölzgruppen sind daher bevorzugt. Auf Pferdeweiden ist zu beobachten, dass die Kotflächen der Pferde, die von diesen nicht abgegrast werden, gerne von den Krähen zur Nahrungssuche aufgesucht werden (große Dichte an Würmern und Kerbtieren). Eine ähnliche Beobachtung machte A. WELZEL am 30. Dezember 1993 in der Ruhraue Syburg, wo 56 Krähen Kuhfladen nach Nahrung absuchten. Im städtischen Raum, in dem noch bis vor 20 Jahren kaum Krähen beobachtet wurden, werden heute Parkanlagen mit deren Gehölzen und Rasenflächen angenommen, aber auch auf städtischen und industriellen Brachen kann man die Krähen nahrungssuchend beobachten. Auch Schulhöfe werden – wohl nicht zuletzt wegen der Abfälle – regelmäßig aufgesucht. Nicht selten werden auch Papierkörbe in der Stadt, in Parks und auf Schulhöfen geplündert. Nach Märkten und Stadtfesten suchen die Krähen anschließend die Plätze und Straßen nach Nahrung ab. Entlang von Land- und Bundesstraßen und Autobahnen sind Krähen regelmäßig auf der Suche nach überfahrenen Tieren. Häufig werden Tierfütterungen (Landwirtschaft, Tauben- und Entenfütterungen in der Stadt) als Nahrungsquelle genutzt. Gerne werden in diesem Zusammenhang auch die Wildgehege im Stadtwald aufgesucht. Aber auch früchtetragende Gehölze (Kirschen) werden zur Nahrungssuche genutzt.
Ein großer Winterschlafplatz der Art, der von der Arbeitsgemeinschaft der Volksternwarte Hagen (1964) erwähnt wird, besteht jetzt seit über 100 Jahren am Ardeyhang am Harkortsee, wo sich nach E. JANZING abendlich bis zu 2.000-3.000 Tiere einfinden. Z. B. flogen am 29. November 1996 zwischen 7:25 und 7:45 Uhr 1.586 Krähen Richtung Ruhrgebiet ab (C. ENGELHARDT in OSB Cinclus).

Jahresrhythmus

Die Reviere werden ab Mitte Januar besetzt. Erste Beobachtungen von Tieren, die z. B. Greifvögel von ihren Neststandorten vertreiben, gelangen erstmals am 12. und 13. Februar 2008 sowie am 15. Februar 2006. In dieser Zeit fangen die Krähen bereits mit der Ausbesserung ihrer Nester an. Die Brutperiode beginnt Anfang bis Mitte März und endet gegen Ende Mai. Nestbauende Tiere wurden bereits am 9. und 13. März 2005, Eier Anfang April (7. April) bis Mitte Mai (14. Mai), nahrungstragende und Junge versorgende Tiere von Ende April (29. April) bis in die zweite Maihälfte beobachtet. Ende Mai und im Juni beobachtet man auch die flüggen Jungtiere, die noch von den Eltern versorgt werden.

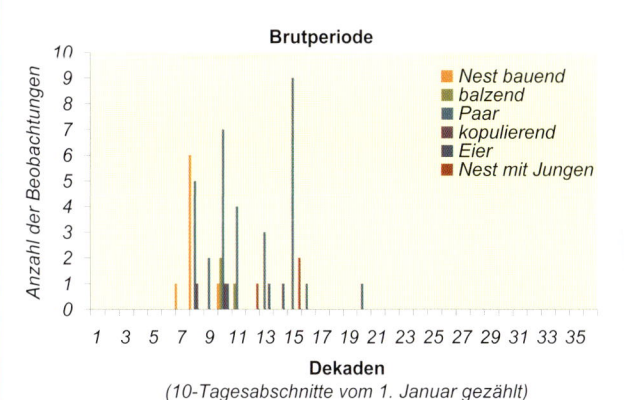

Abb. 5: Verteilung der Beobachtungen von Brutaktivitäten innerhalb einer Brutperiode

Rabenkrähen sind in Mitteleuropa Teilzieher. Der überwiegende Teil der Tiere sind aber Standvögel, so dass man die Krähen bei uns ganzjährig beobachten kann. Ziehende Krähen sind insbesondere von Ende Oktober bis Anfang Januar zu beobachten. In dieser Zeit wurden auch die größten Anzahlen beobachtet (*Abb. 6*). Allerdings werden bei den meisten Zugbeobachtungen die Krähenarten (Saat-, Raben- und Nebelkrähe) nicht unterschieden. Zugbeobachtungen der drei Krähen nennen ENSULEIT & SCHÜCKING (1974) für den Zeitraum 15. September-19. November 1973, ENSULEIT (1975)

Rabenkrähe

für den 13. Oktober-13. November 1974, Schücking (1978) für den 19. Oktober-6. November 1977 sowie Schücking (1979) für den 24. Oktober-14. November 1978. Bei der herbstlichen Wanderung werden westliche bis südliche Richtungen eingehalten (n = 36: N: 1, NO-SO: 0, S: 1, SW: 11, W: 21, NW: 1), Der Frühjahrszug verläuft fast unmerklich von März bis Mai. Zugbeobachtungen sind in dieser Zeit noch seltener und betreffen nur eine geringe Anzahl von Tieren (Abb. 6).

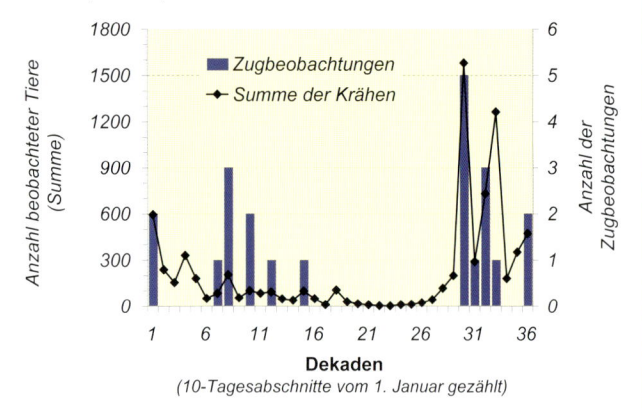

Abb. 6: Summe aller bei verschiedenen Untersuchungen (n = 439 Beobachtungstage) in den Dekaden beobachteten Krähen und die Anzahl von Zugbeobachtungen der jeweiligen Dekaden.

Verstärkte Trupp- und Schwarmbildung ist vor allem im Winterhalbjahr zu beobachten (Volksternwarte Hagen 1964, (Abb. 7). Im Frühling und Sommer suchen eher Einzeltiere, Paare oder kleine Trupps nach Nahrung. Große Schwärme sind vor allem im November und Dezember zu beobachten. Die größten nahrungssuchenden Schwärme waren zwischen 80 und maximal 160 Tieren stark und vor allem in den Monaten Oktober bis Dezember zu beobachten. Sogar 500 Rabenkrähen wurden am 19. Januar 1993 auf Hochspannungsmasten am Harkortsee gezählt (H. Stoldt in OSB Cinclus; Anm.: nahe des Schlafplatzes).

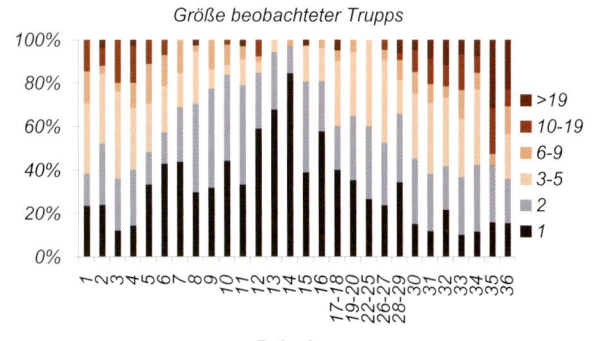

Abb. 7: Anteil von Einzeltieren, Trupps und Schwärmen im Jahresverlauf.

Weitere Beobachtungen

Am Deerth konnte das Brutgeschäft von 1995 bis 2007 verfolgt werden (Tab. 1). Im Schnitt wurden hier 2,6 Vögel im Jahr flügge. Neststandort war hier eine Fichte am Rand eines geschlossenen Kiefern-Fichten-Bestandes. Erstaunlich ist das Festhalten an diesem Nest seit jetzt immerhin 14 Jahren (vgl. dagegen Melde 2005, Glutz von Blotzheim & Bauer 1993). Von 1995 bis 2000 wurden hier noch drei Nester im Umfeld gebaut, aber nicht genutzt. Diese Nester wurden von 2002 bis 2006 von Waldohreulen angenommen. Über all die Jahre (1995 bis heute) wird hier auch eine Krähe beobachtet, die Fichtenzapfen in den Kamin eines benachbarten Hauses schmeißt. Hierin zeigt sich auch, dass mindestens ein Partner des Brutpaares über all die Jahre vermutlich derselbe Vogel war, der demnach bereits mehr als 14 Jahre alt ist.

Tab. 1: Beobachtungen an einem Nest am Deerth

Jahr	Anzahl der flüggen Jungen	Bemerkungen
1995	3	
1996	2	
1997	2	
1998	4	Verlust eines Jungvogels durch Habicht
1999	3	
2000	3	
2001	2	
2002	2	
2003	4	
2004	3	Verlust eines Jungv. durch eine Katze
2005	2	
2006	4	
2007	Brutausfall	durch Sturm „Kyrill"

Normalerweise zeigen sich Rabenkrähen territorial. Mehr als 1-3 Brutpaare je Quadratkilometer waren selten festzustellen. Eine engere Besiedlung war nur selten zu beobachten, so am Lennesteilhang bei Garenfeld mit 2 Paaren auf 0,433 ha. Ungewöhnlich ist daher die Entwicklung einer kleinen „Kolonie" von 7 Brutpaaren innerhalb von zwei Jahren bei Holthausen, nachdem an dieser Stelle vorher nur jeweils 1-2 Paare gebrütet hatten (Falkenberg et al. 1987).

Am Winterschlafplatz sind Rabenkrähen zusammen mit Dohlen zu beobachten (E. Janzing), mit denen sie – ebenso wie mit Saatkrähen und Elstern – manchmal auch bei der Nahrungssuche vergesellschaftet sind. Auch in den Pulks und Schwärmen ziehender Krähen sind Vergesellschaftungen mit Saat- und Nebelkrähen sowie Dohlen festzustellen.

Zwei am 26. Mai 1952 bei Gut Hülsberg von G. Bremicker nestjung beringte Rabenkrähen wurden am 20. März 1954 in Gladbeck und am 15. Dezember 1954 bei Gut Schönfeld in Vorhalle geschossen, zwei weitere am 22. Mai 1954 dort nestjung beringte Krähen wurden bei Vorhalle-Werdringen noch im selben Jahr am 22. September tot aufgefunden bzw. am 3. Oktober geschossen. Abgesehen von einem Fund (Gladbeck ca. 50 km) hielten sich die Tiere demnach in nur geringer Entfernung zum Nest auf (ca. 1 km).

Rabenkrähen sind Allesfresser, die pflanzliche und tierische Nahrung fressen und dabei auch Aas und Abfälle nutzen. Ein Eindruck davon vermitteln bereits die Aussagen zu den Nahrungshabitaten im Abschnitt Lebensraum (s. o.). Ein Luderplatz zur Fotografie von Mäusebussarden wurde zunächst von Krähen gefunden (A. Welzel).

Nach einem Hochwasser wurden Krähen auf den Wiesen an der Lennemündung dabei beobachtet, wie sie gestrandete kleine Fische fraßen (J. Kamp, 6. November 1998). Am Deerth trug eine Krähe am 6. Mai 2006 einen ausgewachsenen, noch lebenden Grasfrosch ins Nest ein und fütterte damit ihre Jungen, ferner am 12. Mai 2003 ein totes Jungkaninchen. Weitere zufällige Beobachtungen zur Nahrung betreffen Haselnüsse, Stockenteneier, Muscheln und einen toten Bisam.

S. Welzel beobachtete am 4. Oktober 2005 im Weinhof in Hohenlimburg eine Rabenkrähe, die über 10 min hinweg vergeblich versuchte, eine Eichel zu öffnen, indem sie sie auf den asphaltierten Parkplatz fallen lässt, zunächst nur aus niedriger, dann aber aus 10 m Höhe.

Dass Rabenkrähen auch Gelege oder Küken erbeuten ist bekannt. Am 24. Juni 1997 beobachtete E. Janzing auf einem Brachacker in der Ruhraue Kiebitze, die ihre Gelege und Küken gegen Rabenkrähen verteidigten. Bei den Beobachtungen im Rahmen der Bestandsaufnahmen (n = 439) wurden Attacken von Kiebitzen fünfmal notiert, weitere betreffen solche durch Elstern (2x), Blässrallen (1x) und Wacholderdrosseln (1x). Offenbar nicht im Zusammenhang mit der Jagd ist die folgende Beobachtung zu werten: Am 5. April 2001 beobachtete A. Welzel in der Ruhraue Syburg eine Krähe, die eine Krickente attackierte, die jedes Mal abtauchen musste. Auch eine Attacke auf eine Ringeltaube wurde beobachtet.

Am 9. Februar 1998 beobachtete A. Welzel im NSG Ruhraue Syburg Rabenkrähen, die einen Turmfalken verfolgten, um ihm seinen Beute abzujagen. Nach einer kurzen Zeit (max. 15 sec.) ließ der Falke eine Maus fallen, die von einer der beiden Krähen mit dem Schnabel in der Luft gefangen und noch lange im Flug umhergetragen wurde.

Rabenkrähen greifen aber sogar Habichte an, wie z. B. T. Drane (OSB Cinclus) am 31. Januar 1999 an der Siedlerstraße beobachtete, wo ein halbwüchsiger Habicht von zwei Krähen attackiert wurde. Bei 439 notierten Rabenkrähen-Beobachtungen im Rahmen von Bestandsaufnahmen wurden 33 Attacken auf Greifvögel beobachtet (20x Mäusebussard, 6x Sperber: davon 2x♂, 3x♀, 1x Habicht, 2x Rotmilan, 1x Wespenbussard), dabei werden manchmal auch mehrere Greifvögel gleichzeitig angegriffen (1x 2 Mäusebussarde, 1x 5 Turmfalken). Weiterhin wurden Attacken auf Elstern (2x) und Lachmöwen (1x) notiert. A. Welzel beobachtete am 8. Juli 1987 zwei Krähen warnend nur 3 m entfernt von einem Habicht-Männchen. Das Abwehrverhalten der Krähen gegenüber Habichten, die ihnen – besonders den Jungtieren – gefährlich werden können, ist sehr viel „aufgeregter" und intensiver als das gegenüber für sie eher ungefährlichen Greifvögeln wie Mäusebussarden und Turmfalken. Eine Jagd eines Habichtweibchens auf eine junge Krähe am Deerth konnten die Elterntiere trotz sehr intensivem Abwehrverhaltens nicht verhindern (18. Juni 1998). Verschiedene Rupfungen von Krähen durch Habichte (vier an 439 Beobachtungstagen) wurden notiert, auch ein Riss vermutlich von einem Fuchs oder einem Hund wurde registriert.

Ein Teilalbino mit weißen Flügeln wurde am 4. April 1998 bei Tiefendorf (J. Kamp) und am 19. Juni 1998 in Wetter am Obergraben (A. Arnhold in OSB Cinclus) beobachtet. Vermutlich war es dasselbe Tier.

Schutzmaßnahmen

Eine Gefährdung der Art ist nicht zu erkennen, was aber keinesfalls eine Bejagung rechtfertigt. Die Bestände der Rabenkrähen regulieren sich ohne Zutun des Menschen, negative Einflüsse auf andere Arten (Kleinvögel, Niederwild) sind nicht belegt und sehr unwahrscheinlich (vgl. Schlüpmann 1993, Mäck & Jürgens 1999, Bellebaum 2002). Landwirtschaftliche Schäden sind zu relativieren, wenn man zugleich bedenkt, dass auch Insekten, Schnecken etc. in erheblichem Umfang gefressen werden. Zu bedenken ist auch die wertvolle Funktion der Krähen bei der Beseitigung von Kadavern („Gesundheitspolizei") und die Bedeutung der Krähennester für viele andere Arten (Baum- und Turmfalken, Waldohreule: s. o., Stoldt 1998). Nach einigen Jahren Schutz der Rabenvögel durch die Vogelschutz-Richtlinie der EU (1986) wurde am 9. Juni 1989 seitens der Stadt per Allgemeinverfügung eine Befreiung vom Tötungsverbot des Bundesnaturschutzgesetzes für Elstern, Eichelhäher und Rabenkrähen außerhalb der Brutzeit erteilt. Bemerkenswert ist auch, dass diese fachlich nicht begründbare Entscheidung in die Zuständigkeit eines promovierten Biologen, des damaligen Umweltdezernenten, fiel. Nach der EU-Vogelschutz-Richtlinie ist die Art weiterhin geschützt, doch können Mitgliedsstaaten seit der Neufassung von 1994 die Jagd zulassen. Auf Bundesebene ist eine Freigabe der Jagd bis heute nicht vorgesehen, doch unterliegt sie in NRW inzwischen dem Jagdrecht (Landesjagdverordnung vom 28. November 2006) und darf zwischen dem 20. Februar und 31. Juli geschossen werden. Die Jagdlobby hat somit auf fast allen politischen Ebenen gesiegt und das, obwohl ihre Behauptungen wissenschaftlich widerlegt sind. Für das Töten von Tieren muss es nach unserer Auffassung (auch nach dem Tierschutzrecht!) vernünftige Gründe geben, die hier aber nicht erkennbar sind. Jegliche Jagd auf Rabenvögel ist daher abzulehnen.

Abb. 8: Schwärme vagabundierender Rabenkrähen suchen vor allem im Winter gerne die Hagener Kläranlagen in den Tälern zur Nahrungssuche auf. Bathey 8.2.2009, Foto S. Sallermann

Kolkrabe (Corvus corax)

Aufenthalt

J	F	M	A	M	J	J	A	S	O	N	D
J	F	M	A	M	J	J	A	S	O	N	D

Brutzeit

	F	M	A	M	J	J					
	F	M	A	M	J	J					

Brut: 1 Brutpaar, 1 Jahresbrut
Häufigkeit in Punktstoppkartierung: *nicht registriert*

Gefährdung:
RL Deutschland: *gefährdet*
RL NRW: *Vorwarnliste*
Hagen: *stark gefährdet*

Status: *Jahresvogel*

Abb. 1: H.-J. Fünfstück

Verbreitung und Bestand

Nach einer letzten Brut 1912 war der Kolkrabe in Nordrhein-Westfalen ausgestorben (Feldmann 1965). Wann genau er in Hagen verschwand, ist unbekannt. Über Jahrzehnte hinweg gab es nur seltene Einzelbeobachtungen, wie etwa am 20. August 1991 in Westhofen (L. Kessler, OSB Cinclus). Nach verschiedenen Wiedereinbürgerungsprogrammen in den 80er Jahren in den Niederlanden, Nordrhein-Westfalen und Hessen begann der Kolkrabe wieder in Nordrhein-Westfalen Fuß zu fassen (u. a. Glandt 1991). Seit dem Jahr 2002 waren erste einzelne Kolkraben in Hagen zu beobachten, die den Kurk Richtung Breckerfeld überquerten, von da an gab es regelmäßige Beobachtungen von einzelnen Tieren.

Nach dem Sturm Kyrill im Frühjahr 2007 änderte sich die Situation: an einem Damtier, das am 18. Januar 2007 von einem Baum im Wildpark erschlagen wurde, fanden sich regelmäßig zwei Kolkraben ein, die sich nun nahezu täglich am Wildgatter oder beim Saugatter am Deerth aufhielten. Die Anwesenheit wurde durch weitere Beobachtungen in diesem Jahr bestätigt, wie zweimal am Hobräck (H.-J. Thiel, OSB NABU), am Eugen-Richter-Turm und bei der Klinik Ambrock (A. Pfeffer, OSB NABU). Ab März 2007 waren häufig drei Kolkraben anwesend. Am 2. Juni 2007 rief auf der Hinnenwiese ein Kolkrabe, dem zwei Jungvögel mit Bettelrufen antworteten, der Elternvogel flog auf eine freistehende Fichte und ließ einen Nahrungsbrocken fallen, der von einem der anfliegenden Jungvögel in der Luft aufgefangen wurde. Fast täglich konnten zwei bis drei Kolkraben im Bereich Deerth und Kurk beobachtet oder verhört werden.

Lebensraum

Fast ausnahmslos wurden alle Beobachtungen in den zusammenhängenden Waldbereichen des Hagener Südens gemacht. Die durch den Sturm entstandenen Freiflächen in diesen Gebieten werden häufig überflogen und scheinen eine beachtliche Nahrungsquelle zu sein. In den Jahren 2007/2008 spielten die Wildparke im Wehringhauser Bachtal eine große Rolle. Die Wildparke sind zwar von großen Waldbereichen (Buche, Eiche, Fichte) umschlossen, liegen aber andererseits sehr stadtnah, auch Kleingartenanlagen sind recht nah gelegen. Im Saupark Deerth haben die Vögel fast jede Scheu verloren und bewegen sich dort, trotz regem Besucherandrang, zwischen den im Gatter lebenden Wildschweinen. Am 9. Februar 2008 flogen zwei Kolkraben um 17:15 Uhr in den Altbuchenbestand des Saugatters ein, es war schon fast dunkel. Am nächsten Morgen empfingen drei Kolkraben mit den Wildschweinen die ersten Waldbesucher. Sonderbar ist, dass kein Mensch die Raben als Raben erkennt, für sie sind es offensichtlich zu groß geratene Rabenkrähen.

Abb. 2: Foto H.-J. Fünfstück

Kolkrabe

Abb. 3: Foto H.-J. Fünfstück

Weitere Beobachtungen

Nach dem Sturm Kyrill blieb ein verendetes Damtier zwei Wochen lang unversehrt, Winterfell und tagelanger Frost machten den Kadaver für die Kolkraben unzugänglich (Wildpark Deerth). In dieser Zeit riefen sie ungewöhnlich häufig. Erst als ein Fuchs den Kadaver geöffnet hatte, konnten sie fressen und vertrieben Nahrungskonkurrenten wie etwa Eichelhäher. Fast zwei Wochen lang war diese Nahrungsquelle Dreh- und Angelpunkt vieler Kolkrabenbeobachtungen. Am 17. Dezember 2007 wurde ein toter Rehbock im Wildgatter ausgelegt (Verkehrsopfer). Die Kolkraben entdeckten das Tier nur einen Tag später. Drei Tage lang verhielten sich die Raben sehr auffällig und riefen häufig. Am vierten Tag fraßen drei Kolkraben und ein Habicht an dem Kadaver. Nach zwei Tagen war der Platz „aufgeräumt". Am 23. Januar 2008 versteckte ein Rabe Teile eines Rehlaufes in einer Buchenhöhle im Saugatter. Am 2. März 2008 fraß ein Rabe an einem Fuchskadaver (Taubentränke Eilper-Hangstieg). Nach zwei Tagen war der Fuchskadaver verschwunden.
15. März 2008: Sehr aggressives Verhalten eines Kolkraben gegenüber einem Mäusebussard im Wildgatter Deerth, der Bussard wird heftig verfolgt. Im Wildgatter ist auf einer angeschobenen Fichte ein Nest zu erkennen. Ein Kolkrabe verhält sich weiterhin aggressiv. Diese Fichte fiel einer Forstmaßnahme zum Opfer (Kyrill/Borkenkäfer).
Seit April 2008 sind fast keine Kolkrabenbeobachtungen zu verzeichnen. Erst am 10. und 11. Oktober 2008 wurde wieder ein einzelner Rabe am Deerth gehört.

Schutzmaßnahmen

- Aufklärungsarbeit über die Rückkehr des Kolkraben in Hagen
- Verzicht auf forstwirtschaftliche Maßnahmen an bekannten Ruhe- und Brutplätzen
- Erhalt von zusammenhängenden Waldgebieten, insbesondere Buchenbeständen
- Wald und Freiflächen sollten vielgestaltig sein
- Verzicht auf die Bejagung von Rabenvögeln (insbesondere Rabenkrähen)

Abb. 4: Nach dem Sturm Kyrill erschlagenes Stück Damwild im Wildpark Deerth. Es wurde für die Kolkraben an der Stelle belassen. Später beteiligten sich außer den Kolkraben auch Rabenkrähe, Eichelhäher, Bussard und Fuchs an der Beseitigung des Kadavers. Februar 2007, Foto B. Rauer

… ANDREAS WELZEL

Blaumeise *(Parus caeruleus)*

Aufenthalt

J	F	M	A	M	J	J	A	S	O	N	D
J	F	M	A	M	J	J	A	S	O	N	D

Brutzeit

	F	M	A	M	J	J			

Gefährdung:
RL Deutschland: keine
RL NRW: keine
Hagen: keine

Brut: ca. 2500 Brutpaare, 1 bis 2 Bruten
Häufigkeit in Punktstoppkartierung: *Rang 12, Revieranzeigende: Rang 8*

Status: *Jahresvogel, Durchzügler, Wintergast*

Abb. 1: Blattläuse als Futter für die Jungen, Wiblingwerde, 21.5.2007, Foto A. WELZEL

Abb. 2: Durchschnittliche Anzahl an 10 Zählpunkten in 10 Hagener Teilbereichen (Erläuterung s. Anhang)

Verbreitung und Bestand

Die Blaumeise ist flächendeckend über das ganze Hagener Stadtgebiet verbreitet und hier relativ gleichmäßig häufig anzutreffen. Sie ist nach der Kohlmeise die zweithäufigste Meise, das Verhältnis Blaumeise zu Kohlmeise beträgt etwa 1 zu 1,5. Auffallend ist jedoch, dass sie in reinen Waldgebieten aufgrund der dort häufigen Tannenmeise deutlich hinter Tannen- und Kohlmeise zurück tritt. Noch 1920, als Kohl- und Blaumeisen die städtischen Bereiche zu besiedeln begannen, war das Verhältnis von Blau- zu Kohlmeise etwa 10 zu 1 (BECKER 1996).
Etwa die Hälfte des Hagener Blaumeisenbestandes befindet sich in den Wäldern (ca. 12,5 Brutpaare/km²), die andere Hälfte in den übrigen Hagener Nutzungsflächen (ca. 10 Brutpaare/km²). Der Bestand ist als stabil bzw. mit zunehmender Tendenz einzustufen.

Lebensraum

Die Art ist in nahezu allen Hagener Lebensräumen vertreten, sie meidet lediglich reinen Nadelwald und ist weniger häufig in offener, gehölzarmer Flur zu finden. Mit Ausnahme des höhlenreichen Auwaldbereiches des NSG Lenneaue Berchum erreicht sie in den Wäldern nicht die hohen Dichten wie im Siedlungsbereich mit Gärten, Parks und Friedhöfen, was wohl auf das Nistkastenangebot zurück zu führen ist.

Jahresrhythmus

Den Gesang der Blaumeise kann man das ganze Jahr hindurch in unterschiedlicher Intensität hören, von einer Gesangslücke und einem darauf folgenden Jahreserstgesang kann deswegen nicht gesprochen werden. Am intensivsten wird ab Januar zur Revierbildung bis zur Brutzeit im April gesungen, viel seltener dagegen von Juli bis Dezember. Der Nestbaubeginn liegt in der Regel im März und April, ausnahmsweise aber auch schon im Spätwinter wie in Hohenlimburg-Reh am 26. Februar 1975. Erste Gelege sind Ende April vollzählig, die Jungen schlüpfen überwiegend in der 2. und 3. Dekade des Mai. Beobachtungen weisen darauf hin, dass der Schlupfzeitpunkt möglicherweise mit dem ersten Auftreten von Tag- bzw. Nachtfalterraupen zusammenfällt.

Blaumeise

Frühe Nestlinge wurden am 8. Mai 2001 festgestellt. Eine späte Brut (Zweitbrut?) fand sich in Hagen-Eilpe, als am 12. Juli 2002 noch Nestlinge gefüttert werden.

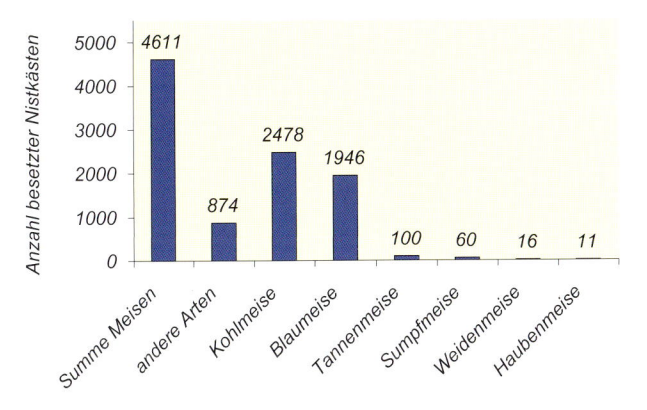

Abb. 3: Vergleich der Anzahl von Blaumeisenbruten mit Bruten anderer Arten in Nistkästen (Daten aus 22 Revieren von 1975 bis 2002 von W. Felka, U. Flenker, H. Hoffmann, H. Keller, H. Stoldt, J. Tysarzik, A. Welzel)

Weitere Beobachtungen

Als Höhlenbrüter nimmt die Blaumeise bevorzugt Nistkästen an, bei Höhlenmangel nutzt sie jedoch alle möglichen Arten von Nischen als Brutplatz, die – aus menschlicher Sicht – als Brutplätze ungeeignet und unsicher erscheinen. Beispiele für solch ungewöhnliche Neststandorte:
- nur 10 cm über dem Boden in einem Baumstubben (Mai 2002, Holthauser Bachtal)
- in einer oben offenen, napfartigen Vertiefung in der Spitze eines abgebrochenen Holunderstammes (Buntebachstraße 2000, M. Oriwall)

Zwei Paare zogen ihre Bruten gleichzeitig in nur 13 m Entfernung voneinander in den Giebeln eines Hauses an der Buntebachstraße auf (M. Oriwall).

Die Maße der wenigen in Hagen gemessenen Blaumeiseneier (n = 13) betragen durchschnittlich 11,6 x 16,0 mm.

Die Blaumeise schließt sich im Winter gern mit anderen Arten zu Trupps zusammen, beobachtet wurde sie mit Buntspecht, Kleiber, Kohlmeise und Schwanzmeise. Die Nahrung ist vielseitig, neben Insekten werden auch Früchte (Kirschen, Ebereschen, Holunderbeeren, Japanischer Zierapfel) und Samen (Kiefernsamen) verzehrt. Zur Brutzeit werden zeitweise massenhaft Blattläuse verfüttert.

Zwei in Volmarstein von G. Bremicker beringte Blaumeisen wurden dort wieder aufgefunden:
- am 25. Dezember 1973 beringt, nur drei Wochen später verletzt aufgefunden
- am 19. Januar 1975 als Fängling beringt, am 5. April 1979 frisch tot (Straßenverkehr)

Abb. 4: von einem Mauswiesel geplündertes Blaumeisennest. Nistkasten im Wildpark Deerth. Foto B. Rauer

Schutzmaßnahmen

Wohl nirgendwo sind die Bedingungen hinsichtlich der Brutplätze für die Meisen so optimal wie im Bereich der Siedlungen, fast jeder Gartenbesitzer hat ein Nistkastenangebot und fördert so nicht nur die biologische Schädlingsbekämpfung durch die Meisen, sondern auch den Brutbestand direkt. In den Wäldern ist der limitierende Bestandsfaktor sicher die Höhlenknappheit, deshalb sind alte und höhlenreiche Mischwälder für die Blaumeise – und für viele andere Vogel- und Tierarten – ausgesprochen wertvoll und schützenswert. Leider wurden solche Wälder in der Vergangenheit, wie etwa am Raffenberg/Märchenwald, viel zu oft eingeschlagen.

Über den Nutzen der Winterfütterung, von der die Meisen besonders profitieren, und deren Wirkung auf die Vogelbestände wird viel diskutiert. Es ist umstritten, ob sie der einzelnen Vogelart auf lange Sicht wirklich nutzt. Aber unbestritten ist, dass die unmittelbare Beobachtung der Vögel an der Futterstelle einen positiven Effekt auf den Menschen hat, so kann insbesondere bei Kindern schon früh das Interesse an der Natur geweckt werden.

Abb. 5: bettelnde junge Blaumeise. Foto U. Schmidt.

Kohlmeise *(Parus major)*

Aufenthalt

J	F	M	A	M	J	J	A	S	O	N	D

Brutzeit

		M	A	M	J	J	A				

Gefährdung:
RL Deutschland: keine
RL NRW: keine
Hagen: keine

Brut: 3200 bis 3600 Brutpaare, 2 Jahresbruten
Häufigkeit in Punktstoppkartierung: Rang 4, Revieranzeigende: Rang 4

Status: *Jahresvogel*

Abb. 1: Männchen vor der Fütterung auf Nistkasten, Wiblingwerde, 3.6.2008, Foto A. Welzel

Abb. 2: Durchschnittliche Anzahl an 10 Zählpunkten in 10 Hagener Teilbereichen (Erläuterung s. Anhang)

Verbreitung und Bestand

Die Kohlmeise ist in allen Höhenlagen und Stadtteilen Hagens anzutreffen und in allen Bezirken unter den ersten zehn der Hitliste der Vögel Hagens notiert. Hauptnahrung sind Raupen, Spinnen, Käfer und Ähnliches – auch zur Fütterung der großen Nachkommenschaft. Im Winter werden aber auch Körner, Sämereien und Beeren aufgenommen, dann ist die Kohlmeise die häufigste Art an allen Futterhäusern.

In den Jahren 1982 bis 1999 wurden u. a. folgende Hagener Reviere mit Nistkästen ausgestattet, es ergaben sich in der Zeit folgende Ergebnisse:

Tab. 1: Nistkastenangebot und jährlich ausgeflogene Jungvögel aller Höhlenbrüterarten

Revier	Zeitraum	Anzahl Nisthöhlen	Anzahl der jährlich ausgeflogenen Jungen
Friedhof Haspe	1982-1999	20	50 bis 97
Mäckinger Bachtal	1978-1999	64	173 bis 312
die 4 Hohenlimburger Friedhöfe	1984-1999	31	64 bis 146
Werdringen	1979-1991	18	15 bis 44
Friedhof Altenhagen	1978-1999	20	15 bis 90
Teichanlage Garten Paar, Kuhlerkamp	1982-1999	48	72 bis 87
Friedhof Hoheleye	1985-1999	48	69 bis 202
Friedhof Remberg	1985-1999	75	83 bis 179
Park Ecklöh Dahl	1985-1999	30	18 bis 53

Kohlmeise

HANS STOLDT

Abb. 3: Wenn man Nistkästen anbietet, kann es schon einmal vorkommen, dass er von Hornissen eingenommen wird. Nur keine Sorge, lässt man sie ungestört, sind sie auch nicht gefährlich. Der Kasten sollte im Winter natürlich gut gesäubert werden. Loxbaum, Foto B. RAUER

Noch weiter zurückliegende Datenerfassungen zeigten ein um ca. 10 % besseres Ergebnis!

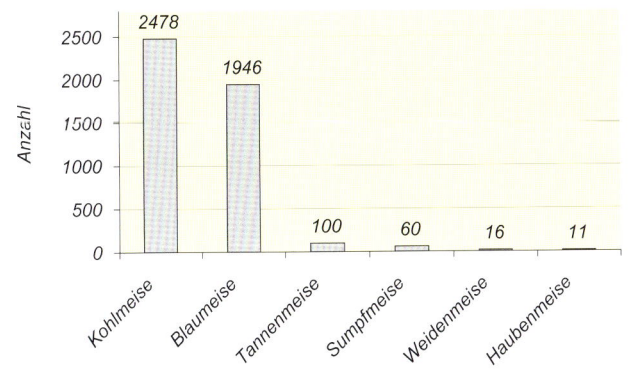

Art	Anzahl
Kohlmeise	2478
Blaumeise	1946
Tannenmeise	100
Sumpfmeise	60
Weidenmeise	16
Haubenmeise	11

Abb. 3: Anteil von Kohlmeisenbruten an von Meisen besetzten Nistkästen (nach Daten aus 22 Revieren von 1975 bis 2002 von W. FELKA, U. FLENKER, H.-J. HOFFMANN, H. KELLER, H. STOLDT, J. TYSARZIK, A. WELZEL)

Auch Kohlmeisen haben recht genau abgegrenzte Reviere. Somit wird man in einem kleineren Garten auch bei einem Angebot mehrerer dicht zusammen aufgehängter Nisthilfen nur ein Kohlmeisenpaar anlocken können. So konnte über lange Jahre im Röhrenspring/Fley beobachtet werden, dass der Abstand zweier bebrüteter Kästen auch in Lebensräumen mit optimaler Ausstattung mindestens ca. 25 m beträgt. Liegen allerdings reviertrennende Gebäudefronten dazwischen, verringert sich diese Distanz (S. SALLERMANN). Die endgültige Reviergröße richtet sich nach dem Nahrungsangebot und der allgemeinen Ausstattung des jeweiligen Habitates.

Lebensraum

Sie brütet in allen Hagener Stadtteilen, ist in Gärten, Parkanlagen, Friedhöfen des inneren Stadtbereiches genauso vertreten wie im Außenbereich.

Jahresrhythmus

Kohlmeisen bleiben das ganze Jahr im Brutrevier. Im Winter vagabundieren sie gerne zusammen mit anderen Meisenarten. Der bisher späteste Schlupftermin ist durch H.-J. HOFFMANN (unveröff.) bekannt: zwei Nestlinge am 17. Juli 1973 in einem Nistkasten am Schlossberg Hohenlimburg, die Beringung war am 27. Juli, sie sind erst später ausgeflogen.

Weitere Beobachtungen

Die Art ist ein Höhlenbrüter, die sehr gerne künstliche Nisthilfen und bei Mangel an Höhlen alle erdenklichen Höhlungen annimmt, so auch schon mal Briefkästen oder kleine Röhren. Sie muss einfach nur die Möglichkeit haben, durch ein kleines Loch einfliegen zu können.
Vielfach wurde beobachtet, dass Kohlmeisen an Fensterscheiben mit ihrem eigenen Spiegelbild – dem vermeintlichen Rivalen – streiten. Sie pickten früher auch häufig am Kitt der Fensterscheiben, war es nur ein Zeitvertreib oder befanden sich in der Kittmasse lebenswichtige Wirkstoffe?

Schutzmaßnahmen

Man kann den Bestand durch Nisthilfen recht einfach erhöhen, aber bei den heimischen Meisenarten sind spezielle Maßnahmen nicht zwingend notwendig. Künstliche Nisthilfen fördern aber die Art, wo immer es möglich ist.

Abb. 4: Die Kohlmeise ist im Grunde recht anspruchslos und kommt so gut wie in jedem Garten vor: Hier wird sogar eine gewisse Sterilität akzeptiert. Selbst die für Vögel so unattraktive Nobilistanne wird von ihr besucht. Wichtig ist für die Art nur eine Bruthöhle, in welcher Bauart auch immer. Foto M. HENNING

Haubenmeise *(Parus cristatus)*

Stephan Sallermann

Aufenthalt

J	F	M	A	M	J	J	A	S	O	N	D

Brutzeit

		M	A	M	J	J					

Brut: ca. 500 Brutpaare, 1 bis (2?) Bruten
Häufigkeit in Punktstoppkartierung: Rang 42, Revieranzeigende: Rang 31

Gefährdung:
RL Deutschland: keine
RL NRW: keine
Hagen: keine

Status: *Jahresvogel*

Abb. 1: Wiblingwerde, 26.11.2003, Foto A. Welzel

Abb. 2: Durchschnittliche Anzahl an 10 Zählpunkten in 10 Hagener Teilbereichen (Erläuterung s. Anhang)

Verbreitung und Bestand

Wenn der Lebensraum zusagt, ist sie in allen Höhenlagen anzutreffen. Schwerpunkt der Verbreitung ist der Hagener Süden mit seinen ausgedehnten Rotfichtenwäldern, nur hier ist sie stellenweise häufig.

Lebensraum

Die Haubenmeise ist ein Vogel der Nadelwälder, Rotfichtenwälder werden Kiefernwäldern vorgezogen. Bevorzugt werden Hochwälder mit gemischten Altersstufen und Totholzanteil. Sie ist aber auch in Mischwäldern, seltener in Parks, Friedhöfen und Gärten anzutreffen, vorausgesetzt Nadelbäume sind vorhanden. Sie braucht zum Bau ihrer Bruthöhle modrige morsche Stämme, brütet aber auch in Spalten und vorhandenen Höhlen. Sie ist in der Lage, Teile der Bruthöhlen selbst zu zimmern, je ein Nachweis vom 11. und 14. März 1993 belegen das (G. Röttler).

Jahresrhythmus

Ausgeprägter Standvogel. Nur außerhalb der Brutzeit werden in waldnahen Gärten Haubenmeisen zur Nahrungssuche angetroffen. Der Brutbeginn ist entsprechend der Nachweise offensichtlich ab März.

Weitere Beobachtungen

Nistkästen, die für Haubenmeisen gedacht sind, sollten mit etwas morschem Holz angereichert werden. Die Meisen werden das eingefüllte Material bearbeiten. Die Vögel brauchen eine gewisse Aktivität, um in Brutstimmung zu kommen. Sie zimmern normalerweise ihre Höhlen selbst. Diese Art wird im Zuge der Klimaerwärmung in unserer Region eher abnehmen. Das liegt nicht zuletzt auch an der zunehmenden Umwandlung von Rotfichtenwäldern in Laubwälder.

Schutzmaßnahmen

Für die Art sollte man im naturnahen Waldbau auch Altbestände der Rotfichte akzeptieren. Besonders das Belassen von abgestorbenen Fichten dankt die Art mit dichteren Populationen. Die Haubenmeise kann durch die Anbringung von Bruthöhlen in totholzarmen Wäldern gefördert werden. Durch Winterfütterung werden Bruten früher getätigt. Es kommt dadurch dann auch eher zu Zweitbruten. (Siehe vergleichsweise auch die Monografie der Tannenmeise).

Tannenmeise *(Parus ater)*

Aufenthalt

J	F	M	A	M	J	J	A	S	O	N	D

Brutzeit

		M	A	M	J	J	(A)				

Gefährdung:
RL Deutschland: keine
RL NRW: keine
Hagen: keine

Brut: 1900 bis 2500 Brutpaare, 2 Jahresbruten
Häufigkeit in Punktstoppkartierung: Rang 28, Revieranzeigende: Rang 17
Status: *Jahresvogel*

Abb. 1: Foto H.-J. FÜNFSTÜCK

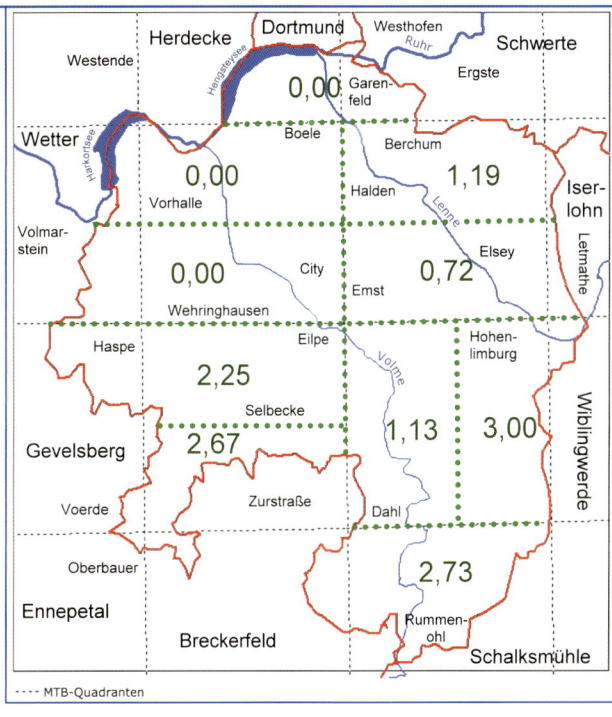

Abb. 2: Durchschnittliche Anzahl an 10 Zählpunkten in 10 Hagener Teilbereichen (Erläuterung s. Anhang)

Verbreitung und Bestand

Die Art ist in allen Höhenlagen mit entsprechendem Lebensraum regelmäßig anzutreffen. Schwerpunkt der Verbreitung ist wie bei der Haubenmeise der Hagener Süden mit seinen ausgedehnten Rotfichtenbeständen.
Noch für 1948 wird die Tannenmeise für Hagen als „sehr selten" bezeichnet (SCHÄFER 1948/1996). Auch im westlichen Sauerland kam die Art „vielerorts in geringer Zahl" und „sehr unbeständig" vor (SCHRÖDER 1957). PFENNIG stellte 1974 fest, dass die Tannenmeise in den letzten Jahrzehnten ihren Bestand im Sauerland zweifellos vergrößert hat (PFENNIG 1974). Eine Untersuchung zur Siedlungsdichte in Lüdenscheid für 1973 ergab 26/100 ha, in reiner Waldfläche 42-88/100 ha (PFENNIG 1974).

Tab. 1: Siedlungsdichte der Tannenmeise in Hagener Wäldern

Untersuchungsgebiet	Untersuchungsfläche	Jahr	Brutpaare/100 ha	Bearbeiter
Hasselbachtal	100 ha	1989	14	A. WELZEL
Hasselbachtal	55 ha	1994	20	C. SCHÖNBERGER
Hasselbachtal	55 ha	1996	30	C. SCHÖNBERGER
Wesselbachtal	100 ha	1993	26	A. WELZEL
Holthauser Bachtal	83 ha	2002	22	A. WELZEL
Nimmertal Osthang	72 ha	2003	26	A. WELZEL
Nimmertal Westhang	79 ha	2004	12	A. WELZEL
Stadtwald	100 ha	2004	19	A. WELZEL
Lennesteilhang Garenfeld	43 ha	2005	0	A. WELZEL

Abb. 3: *Optimaler Lebensraum Eilper Berg in der Nähe des Ambrocker Steinbruches. Ein gut strukturiertes Mischwaldstück mit Totholz, funktionierender Naturverjüngung und sehr guter Krautschicht, 26.11.2008, Foto S. Sallermann*

Da sie in der Wahl des Biotopes flexibler als die Haubenmeise ist, ist sie insgesamt auch häufiger als diese. Aber auch bei für beide Arten günstigen Biotopbedingungen ist die Populationsdichte der Tannenmeise wesentlich höher, z. B.:
- Holthauser Bachtal, auf 20 singende Tannenmeisen kamen nur fünf Haubenmeisen (10. April 1999)
- Hasselbachtal: auf vier singende Tannenmeisen kam nur eine Haubenmeise (1. Mai 1999)

Lebensraum

Die Tannenmeise ist sehr stark von Fichtenvorkommen abhängig, aber auch häufig in Mischwäldern und bevorzugt wie die Haubenmeise Hochwälder mit gemischten Altersstufen und Totholzanteil, ist aber nicht ganz so zwingend darauf angewiesen. Sie lebt seltener in Kiefernbeständen, Parks, Friedhöfen und Gärten und brütet bevorzugt in Baumhöhlen, aber auch in Erdlöchern, Felsnischen, Wurzeltellern. Stadtbruten wurden in Westfalen erstmalig 1969 bis 1971 festgestellt (Fellenberg 1976), auch in Hagen konnte im Mai 1983 eine Brut in einem Nistkasten an der Wand eines Wohnhauses festgestellt werden (A. Welzel). Auch einzelne Bruten in Höhlungen von Gebäuden sind bekannt (Fellenberg 1976), dies ist für Hagen bislang nicht bekannt.

Außerhalb der Brutzeit kommt sie zur Nahrungssuche in Gärten, im Winter häufig auch an Futterstellen.

Jahresrhythmus

Sie ist ein Standvogel, der im Winter zur Nahrungsbeschaffung auch kurze Wanderungen unternimmt. Ist aber auch vielerorts ein Evasionsvogel. Konkrete Beobachtungsdaten sind hierzu aus Hagen jedoch nicht bekannt. Die Art brütet bis in den Sommer hinein, so noch fütternd am 7. Juli 1972 und am 12. Juli 1970 (G. Röttler).

Weitere Beobachtungen

Im Sommer 2001 brütete eine Tannenmeise am Forsthaus Deerth in einer Mehlschwalbennisthilfe, das vorher darin befindliche Wespennest wurde von ihr ausgeräumt (B. Rauer).

Schutzmaßnahmen

Wenn auch künstliche Nisthilfen in Wäldern mit wenig natürlichen Bruthöhlen zur Populationsvergrößerung sehr förderlich sind, ist naturnahe Waldwirtschaft doch das vordringliche Ziel, um stabile Bestände zu erhalten.

Abb. 4: *Foto R. Wisniewski*

Sumpfmeise *(Parus palustris)*

Aufenthalt

| J | F | M | A | M | J | J | A | S | O | N | D |

Brutzeit

| | | | A | M | J | | | | | | |

Gefährdung:
RL Deutschland: keine
RL NRW: keine
Hagen: keine

Brut: ca. 500 Brutpaare, 1 Jahresbrut
Häufigkeit in Punktstoppkartierung: Rang 41, Revieranzeigende: Rang 29   Status: *Jahresvogel*

Abb. 1: Foto J. Schneider

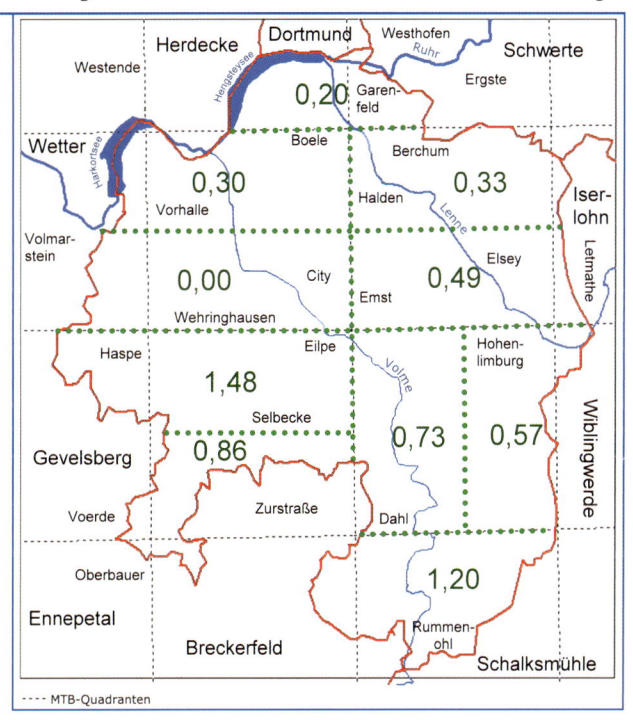

Abb. 2: Durchschnittliche Anzahl an 10 Zählpunkten in 10 Hagener Teilbereichen (Erläuterung s. Anhang)

Verbreitung und Bestand

Die Art ist nahezu flächendeckend über das Stadtgebiet verbreitet und fehlt nur in den dicht bebauten städtischen Gebieten. Bei der Verbreitung ist ein ausgeprägtes Süd-Nord-Gefälle vorhanden: In den südlichen, waldreichen und hochgelegenen Regionen ist die Art deutlich häufiger anzutreffen als im Unterland, vor allem der Bereich Stadtwald und um Dahl fällt durch große Beobachtungshäufigkeit aus dem Rahmen.
Ein Bestandstrend ist nicht festzustellen. Die Sumpfmeise ist im Vergleich zu ihrer Zwillingsart Weidenmeise etwa zweieinhalbmal häufiger und kommt mit ihr im gleichen Gebiet vor, z. B. NSG Lenneaue Berchum und NSG Ruhraue Syburg. Bei den Bestandszahlen beider Gebiete zeigt sich, dass beide Arten gleiche Jahresmaxima erreichen können (drei Brutpaare), doch gab es bei der Sumpfmeise selten ein Jahr ohne Brut, so dass sie insgesamt ein konstanteres Brutvorkommen auf höherem Bestandslevel erreicht (s. *Abb. 3*).

Lebensraum

Anders als ihr Name vermuten lassen könnte, kommt die Sumpfmeise weniger im Sumpf als eher in den wenigen Auwaldresten und in feuchten Wäldern vor, in denen sie die Bereiche der Bachtäler und Siepen bevorzugt. Häufiger als die Weidenmeise brütet sie auch in alten Obsthöfen, Feldgehölzen und Gärten mit Waldanschluss, besiedelt Waldränder und alte Laubmischwälder (z. B. Eilper Berg 1999, alter Eichen-Buchenmischwald mit Totholzanteil).

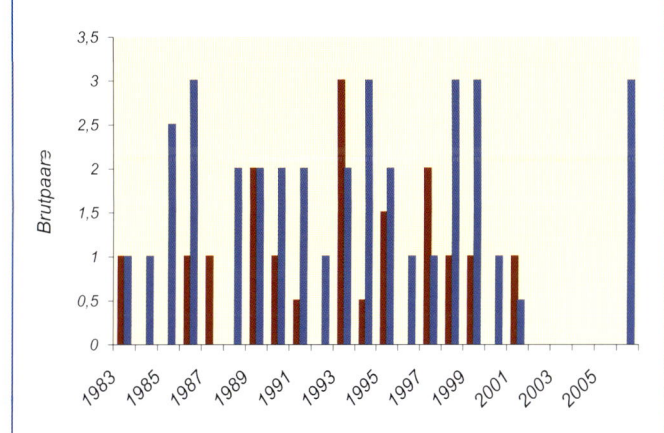

Abb. 3: Bestandsvergleich von Sumpfmeise (blau, n = 36 Brutpaare) und Weidenmeise (braun, n = 17 Brutpaare) im NSG Lenneaue Berchum und NSG Ruhraue Syburg von 1983 bis 2007 (0,5 bedeutet: Brutverdacht)

Sumpfmeise

Jahresrhythmus

Wie bei der Weidenmeise ist bereits im November vereinzelt Gesang zu hören, im Gesangszeitraum ist aber ein deutlicher Gipfel im März und April festzustellen. Während der Brut- und Nestlingszeit wird der Gesang seltener, von Juli bis Oktober ist er gar nicht festgestellt worden.

In der Brutzeit verhält sich die Sumpfmeise wie auch ihre Zwillingsart Weidenmeise unauffällig, so dass es in Hagen nicht viele Beobachtungsdaten über die Jungenaufzucht gibt. Die Sumpfmeise nimmt gerne und regelmäßig Nistkästen an (z. B. NSG Lenneaue Berchum alljährlich), der Belegungsanteil bleibt aber im Vergleich zur Kohl- und Blaumeise niedrig. Die Nestlingszeit fällt in den Mai (23. Mai 1991 Fütterung im Nistkasten, Lenneaue Berchum), im Jahr 2003 sind die Jungen auf dem Bölling bereits am 20. Mai flügge, sie wurden hier noch bis wenigstens zum 8. Juni geführt. Jungeführende Sumpfmeisen wurden auch am 8. Juni 1988 und am 3. Juni 1999 jeweils in der Ruhraue Syburg registriert.

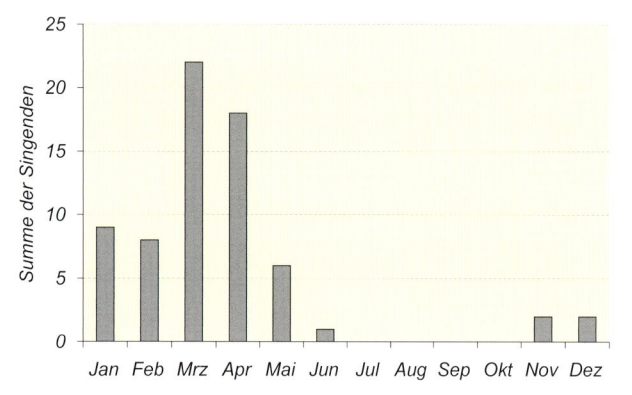

Abb. 4: *Jahreszeitliche Verteilung von 98 Gesangsfeststellungen der Sumpfmeise im Zeitraum von 1985 bis 2008 (n = 124)*

Weitere Beobachtungen

Wie bei der Zwillingsart Weidenmeise fanden Beobachtungen keinen Eingang in die Hagener ornithologischen Sammelberichte der letzten zehn Jahre, vielleicht eine Folge der schwierigen Bestimmung beider Arten.

Vegetarisches ist nicht nur im Winter, sondern bereits im Herbst Bestandteil der Nahrung, so frisst sie auch Holunderbeeren (13. September 2001, M. Oriwall/A. Welzel). Im Winter ist sie häufiger als zur Brutzeit in Gärten anzutreffen und sucht stärker als die Weidenmeise die Wohnbebauung auf. Sie kann sich zu einem treuen Besucher einer Winterfütterung entwickeln, das Futter wird vor allem zu Beginn des Winters oft über eine unüberschaubare Distanz weggetragen und offensichtlich irgendwo versteckt. Nicht selten fällt auch der Zusammenhalt von zwei Sumpfmeisen auf, ein Hinweis auf die monogame Dauerehe der Art.

Schutzmaßnahmen

Da ein Bestandstrend für die Art in Hagen nicht zu erkennen ist, kann derzeit nicht von einer Gefährdung ausgegangen werden. Allerdings sind in Mitteleuropa regionale Bestandseinbrüche bekannt, die nur zum Teil mit der Umwandlung von Laub- in Nadelwald und mit der Konkurrenz zur Kohlmeise erklärt werden können (Bauer 1996). Deshalb sollte die Bestandsentwicklung der Art auch in Hagen genau verfolgt werden.

Nistkästen tragen aufgrund der starken Territorialität der Sumpfmeise nicht zur Erhöhung einer Bestandsdichte bei. Anders als Kohl- und Blaumeise wählt sie gerne fertige Baumhöhlen als Nistplatz, nicht nur deshalb ist der Erhalt alter Laubmischwälder mit einem hohen Altholzanteil die wichtigste Schutzmaßnahme für diese Art.

Abb. 5: *im Schlehengebüsch, 6.4.2008, Foto J. Schneider*

Weidenmeise *(Parus montanus)*

Aufenthalt

J	F	M	A	M	J	J	A	S	O	N	D
J	F	M	A	M	J	J	A	S	O	N	D

Brutzeit

		(M)	A	M	J						

Gefährdung:
RL Deutschland: keine
RL NRW: keine
Hagen: keine

Brut: ca. 200 Brutpaare, 1 Jahresbrut
Häufigkeit in Punktstoppkartierung: Rang 57, Revieranzeigende: Rang 45

Status: *Jahresvogel*

Abb. 1: Stadthalle 2007, Foto R. WISNIEWSKI

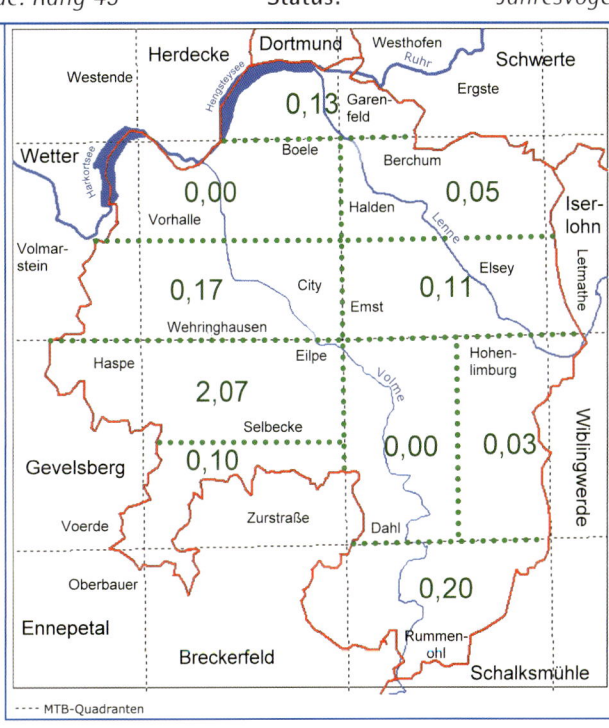

Abb. 2: Durchschnittliche Anzahl an 10 Zählpunkten in 10 Hagener Teilbereichen (Erläuterung s. Anhang)

Verbreitung und Bestand

Ende der 50er/Anfang der 60er Jahre fand in Mitteleuropa eine Arealausweitung mit einhergehender Bestandszunahme statt (BAUER 1996). 1959 war die Weidenmeise bereits in allen „westfälischen Landschaften verbreitet", wobei offen bleibt, ob es zuvor eine Verbreitungsgrenze oder zerstreute Rumpfpopulationen gab (KÖPKE 1977). MÜLLER berichtet vom südlichen Ennepe-Ruhr-Kreis über „unregelmäßig schwankendes Vorkommen", aber keinen Brutnachweis (1961). Die Anwesenheit der Art in Hagen wird erstmalig von A. SCHÜCKING im Winter 1954/55 durch eine Hagener Tageszeitung bekannt. In der WR vom 20. Januar 1962 erfährt man von einer Brut mit Jungvögeln in einem Baumstumpf durch A. SCHÄFER, die offensichtlich im Sommer 1961 stattgefunden hat. 1962 wird die Art im Zusammenhang eines Erstnachweises einer Brut in Helfe genannt (handelt es sich um die Brut von 1961?), von da an war eine Bestandszunahme zu verzeichnen (SCHÜCKING 1964). In der WP vom 3. März 1966 schreibt SCHÜCKING, die Weidenmeise sei „selten anzutreffen, aber noch bei Haus Busch (Helfe)".
Heute brütet die Weidenmeise mit Ausnahme der bebauten Gebiete zerstreut über ganz Hagen. Ein Häufigkeitsgefälle vom bergigen Süden zum flachen Norden hin ist nicht festzustellen. Im Südwesten ist im Bereich des Stadtwaldes eine Siedlungsverdichtung zu erkennen.

Die Weidenmeise ist in Hagen etwa zweieinhalbmal seltener als die Zwillingsart Sumpfmeise. Manchmal kommen beide Arten im gleichen Areal vor wie im NSG Lenneaue Berchum und NSG Ruhraue Syburg. Beim Vergleich der Bestandszahlen in diesen Gebieten zeigt sich, dass beide Arten zwar gleiche Jahresmaxima erreichen (drei Brutpaare), die Weidenmeise aber insgesamt niedrigere Brutpaarzahlen erreicht, denn ihr Bestand schwankt und es gibt darüber hinaus mehrere Jahre ohne Weidenmeisenbruten. Zu untersuchen wäre, ob dies auf andere Bereiche in Hagen übertragbar ist.

Bekannte regelmäßige Brutvorkommen:
Flusstäler:
NSG Lenneaue Berchum, Unteres Lennetal Fley, Buschmühlengraben, NSG Ruhraue Syburg
Siepen und Bachtäler:
Wesselbachtal, Nimmerbachtal, Holthauser Bachtal, Wannebachtal
Waldgebiete:
Schleipenberg, Raffenberg
Gärten:
Hohenlimburg-Reh, Eilperfeld

Weidenmeise

Tab. 1: Siedlungsdichten auf 1 km² großen Untersuchungsflächen:

Untersuchungsgebiet	Jahr	Brutpaare
Unteres Lennetal	1989	1
Hasselbachtal	1989	1
Unteres Lennetal	1991	1
Wesselbach Egge Piepenbrink	1993	2
Holthauser Bachtal	2002	1
Nimmerbachtal	2003	1-2

Lebensraum

Als Vogelart der Weichholzauwälder größerer Flüsse findet sich die Weidenmeise in den letzten Auwaldresten und an mit Weichholzarten bestandenen Flussläufen und Seitengräben. Typisch ist auch die Besiedlung der Siepen, die von naturnahen Mischbeständen aus Laub- und Nadelholz bestimmt sind. Seltener findet sie sich in Gärten, die dann einen entsprechend hohen Grad an Verwilderung aufweisen.

Maßgeblicher Umweltfaktor für das Brutvorkommen ist neben dem Vorkommen von Nadelholz ein ausreichend hoher Anteil abgestorbener Bäume oder Baumteile, auf die die Art zum Nisthöhlenbau angewiesen ist. Aufgrund des Fehlens dieser Voraussetzung in einem geeigneten Nahrungslebensraum (z. B. Fichtenschonung) decken sich so manches Mal Brut- und Nahrungslebensraum nicht, so dass die Eltern zur Nahrungsbeschaffung für die Brut weit umherstreifen müssen.

Wie keine andere Meisenart meidet sie bebaute Flächen und ist somit in den städtisch geprägten Bereichen Hagens selten, sie ist wohl auch deshalb seltener an Winterfütterungen anzutreffen als die Zwillingsart Sumpfmeise.

Jahresrhythmus

Der Gesang setzt im Januar ein und ist außerhalb der ersten Jahreshälfte nur vereinzelt zu hören.

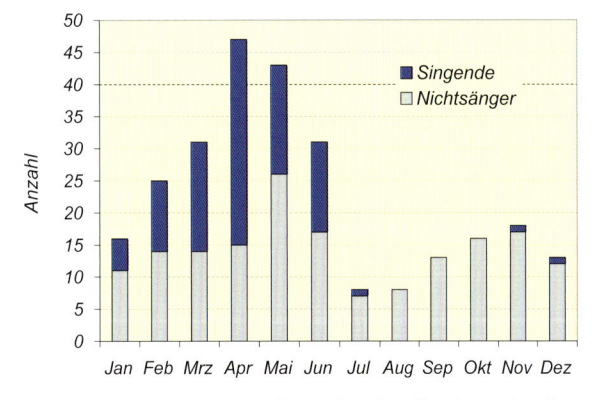

Abb. 3: Jahreszeitliche Verteilung des Anteils singender Hagener Weidenmeisen (n = 170)

Die Art ist für natürliche Neststandorte in niedriger Höhe bekannt, so fanden sich auch im NSG Lenneaue Berchum Nester relativ niedrig (bis zu maximal 1,50 m Höhe) in Erle, Kopfweide und zwei Mal in einem abgestorbenem Obstbaum. Trotz eines vergleichsweise hohen Totholzanteils in diesem Gebiet fanden die meisten Bruten (11) in Nistkästen statt. Weitere Beobachtungen zur Brutbiologie:
- Nestlinge, 26. Mai 1993, Nistkasten NSG Lenneaue Berchum
- frisch flügge Jungvögel, 7. Juni 1994, NSG Ruhraue Syburg
- drei flügge Junge werden von den Eltern gefüttert, 31. Mai 1997, nahe Lennemündung (J. Kamp)
- Diesjährige von den Eltern geführt, 28. Juni 2001, NSG Ruhraue Syburg

Weitere Beobachtungen

Die Weidenmeise wird erstmals ab 1908 benannt (Conrads 1959) und erst ab 1920 von den Feldornithologen als eigene Art von der Sumpfmeise unterschieden (Bauer 1996), mit der sie zuvor unter der Sammelbezeichnung „Graumeise" oder „Nonnenmeise" geführt wurde. Auch viele Jahre später noch fehlt die eindeutige Arttrennung. Die Verwechslungsgefahr mit der Sumpfmeise führte sicher zu einer Zurückhaltung in Erfassung und Dokumentation der Art.

Beim Vorkommen beider Arten im selben Gebiet (in Hagen z. B. Lenneaue Berchum) könnte Konkurrenz die Bestandsgröße beeinflussen. Nach Köpke besteht in optimalen Habitaten keine Konkurrenz, aber in ungünstigen Habitaten kann sie sich zum Nachteil der Weidenmeise auswirken (1977).

Weidenmeisen hacken ihre Bruthöhlen selbst und sind deshalb nicht wie andere Meisenarten von der Bautätigkeit der Spechte oder von Nistkästen abhängig, allerdings ist ihnen das nur bei weichem Holz möglich (zum Anteil der Weidenmeisenbruten in Nistkästen s. Blaumeise).

Am 3. April 1995 konnten im NSG Lenneaue Berchum zwei Weidenmeisen beobachtet werden, die einem Kleinspecht ständig bei der Nahrungssuche folgten.

Schutzmaßnahmen

Die Ausweisung der Lenneaue Berchum als Naturschutzgebiet und der Schutz der letzten Auwaldreste Hagens ist auch für die Weidenmeise positiv, kann aber den immensen Lebensraumverlust im Unteren Lennetal durch Entstehung der Gewerbegebiete bei weitem nicht kompensieren. Ein Teil der Lebensgrundlage der Weidenmeise ging damit in Hagen verloren.

Die Weidenmeise fehlt als Brutvogel, wenn morsche Baumstämme oder -äste und Totholz nicht in ausreichendem Maß vorhanden sind. Eine Vergrößerung des Totholzanteils durch andere Durchforstungsmethoden käme letztendlich nicht nur der Weidenmeise zu gute. Wo möglich, sollten auch abgestorbene Bäume oder höhere Baumstümpfe mit mehr als Meterhöhe stehen bleiben dürfen. Wie sich Kyrill auf den Bestand auswirkt und ob die Weidenmeise zu den Gewinnern oder Verlierern dieser Lebensraumveränderung gehört, bleibt abzuwarten und zu dokumentieren.

ANDREAS WELZEL 165

Feldlerche *(Alauda arvensis)*

Aufenthalt

| | F | M | A | M | J | J | A | S | O | N | (D) |

Brutzeit

| | | | A | M | J | J | A | | | | |

Brut: 2 bis 5 Brutpaare, 1 bis 2 Jahresbruten
Häufigkeit in Punktstoppkartierung: Rang 47, Revieranzeigende: Rang 33

Gefährdung:
RL Deutschland: gefährdet
RL NRW: gefährdet
Hagen: vom Aussterben bedroht

Status: Sommervogel, Durchzügler

Abb. 1: Bodengesang, Unteres Lennetal/Fley, 15.6.1981, Foto A. WELZEL

Abb. 2: Durchschnittliche Anzahl an 10 Zählpunkten in 10 Hagener Teilbereichen (Erläuterung s. Anhang)

Verbreitung und Bestand

Der aktuelle Verbreitungsschwerpunkt der Feldlerche befindet sich im Norden und Nordosten Hagens mit Einzelvorkommen im Süden bzw. Südosten des Stadtgebietes (s. *Abb. 2*). Besiedelt werden die letzten landwirtschaftlich genutzten Bereiche der Flusstäler von Lenne und Ruhr und deren höher gelegene Terrassen sowie die landwirtschaftlichen Flächen der Bergkuppen.
Nach G. RÖTTLER war die Feldlerche in den 60er Jahren überall häufig, sie kam noch in Bereichen vor wie dem Ischelandteich, den Feldern am Ischelandstadion und unterhalb des Stadions

Höing, beim Stauwerk und am Oberbecken des Hengsteysees sowie am Waldrand Fley. Auch im Emster Feld gab es singende Feldlerchen, wie in der WP vom 30. Mai 1959 über eine Wanderung der Naturwissenschaftlichen Vereinigung berichtet wurde (A. SCHÜCKING). Die Feldlerche gehört heute zu den seltenen Hagener Brutvogelarten. Der Bestand ist fortwährend rückläufig, viele traditionelle Brutplätze sind in den letzten Jahrzehnten und vor allem den letzten Jahren kontinuierlich aufgegeben worden.

Tab. 1: Brutgebiete und letzter Brutnachweis (Fortsetzung siehe nächste Seite)

Brutgebiete	Anzahl Brutpaare	Letzter Hinweis	Beobachter
Emster Feld	mehrere	1959	A. SCHÜCKING
Unteres Lennetal, Berchum	1	1984	A. WELZEL
Kläranlage Fley	1	1985	A. WELZEL
Ruhraue Syburg	2	1991	A. WELZEL
Ruhrtal Garenfeld	1	1995	K. D. SCHULTZ
Hückinghausen	1	1997	M. WÜNSCH
Staplack	1	1997	M. WÜNSCH

166 Feldlerche

Tab. 1: Brutgebiete und letzter Brutnachweis *(Fortsetzung von vorheriger Seite)*

Brutgebiete	Anzahl Brutpaare	Letzter Hinweis	Beobachter
Haßley	1	1998	C. Schönberger
Holthauser Hochfläche	2	1998	C. Schönberger
Kalthausen	1	1998	C. Schönberger; auch 2007? (H.-J. Thiel)
Kattenohl	1	1998	C. Schönberger
Geweke	Brutverdacht	1998	A. Vehling
Schälk/Viermarkenbaum	1 bis 2	1999	T. Kohlmann
Flugplatz Wahl	1	1999	M. Oriwall
Linscheid	Brutverdacht	1999	C. Schönberger
Bathey, Auf dem Graskamp	1	1999	M. Wünsch
Wannebachtal, Berchum	2	2000	S. Sallermann, C. Schönberger
Tücking	1	2000	S. Sallermann, C. Schönberger
Hunsdiek/Stube	1 bis 2	2001	A. Welzel
Böhfeld	3	2002	W. Kohl, H. Stoldt, U. Schmidt
Hunsdiek/Brechtefeld	1 bis 2	2002	A. Welzel
Hobräck	1	2007	H.J. Thiel, H. Baranowsky
Garenfeld (Erdbeerfelder)	1	2007	J. Grawe, B. Ritz
Wannebachtal, Tiefendorf	1	2007	A. Welzel, H. Stoldt
Zurstraße	1	2008	A. Welzel

Eine Kontrolle nahezu aller in **Tab. 1** aufgeführten Brutplätze am 18. Mai 2007 ergab, dass sie bis auf Garenfeld, Hobräck und Wannebachtal nicht besetzt waren.

Lebensraum

Als ursprünglicher Brutvogel der Steppe lebt die Feldlerche in weiten strauch- und baumfreien Flächen, die eine lückige oder kurzrasige Vegetationsdecke aufweisen, wie z. B. schütter bewachsenes Brachland, intensiv beweidete Rinderweiden, gemähte Wiesen und Äcker mit jungem Mais, Winter- oder Sommergetreide. Nur der eigentliche Neststandort erfordert eine höhere Vegetation, die dem Nest ausreichend Sichtschutz bietet. Siedlungen werden konsequent gemieden, sie findet sich ausnahmslos in landwirtschaftlich genutzten Flächen, die weitgehend baum- und strauchfrei sind. Typischer Lebensraum sind weiträumige Weiden, Felder und Äcker der Hagener Flusstäler und des südlichen Berglands.

Jahresrhythmus

Im Februar sind die ersten Feldlerchen auf dem Heimzug zu beobachten (s. **Abb. 3**). Schäfer (1953) berichtet aus dem Schlechtwetterjahr 1952 von der Ankunft der Feldlerche im letzten Februardrittel und zählte zwei Trupps mit fünf am 27. Februar bzw. fünfzig am 28. Februar 1952. Im Februar handelt es sich in über der Hälfte der Beobachtungen um Einzeltiere, seltener sind Trupps zu beobachten, als außergewöhnlich müssen hier die 100 Feldlerchen vom 9. Februar 1997 im Böhfeld genannt werden (M. Wünsch). Die früheste Jahresbeobachtung war am 3. Februar 2002 eine in Richtung Süd (Zugumkehr?) ziehende Feldlerche über dem Schloss Hohenlimburg. Die durchschnittliche Jahreserstbeobachtung liegt beim 21. Februar (Medianwert aus 25 Jahren des Zeitraums von 1973 bis 2008). Aus Beobachtungen im Ennepe-Ruhr-Kreis von 1925 bis 1961 (Müller 1961) ist zu erkennen, dass der Erstgesang durchschnittlich bereits am 15. Februar zu hören war, offensichtlich erfolgte die Rückkehr seinerzeit früher. Der Hauptdurchzug findet Ende Februar bis Ende März statt. Er beeindruckt durch große, meist rastende Trupps, wie etwa mehrere tausend am 28. Februar 1970 auf den Lennewiesen bei Fley (schriftl. Mitt. G. Röttler), oder in der Ruhraue Syburg mit 230 Feldlerchen am 9. März 1988, die anschließend nach Nordost weiterzogen, bzw. 280 am 14. März 1984. Ab Anfang März hört und sieht man die ersten Singflüge, dies sind möglicherweise schon die hier später brütenden Vögel, die ihr Revier gegen die Durchzügler verteidigen. Die heftigsten Revierkämpfe finden in der zweiten Aprilhälfte statt, wohl zur Zeit der Bebrütung der Gelege. Nestfunde stammen aus Mai und Juni, Schlupfzeitpunkt des Nestfundes 1981 (s. **Tab. 2**) war etwa der 15. Mai.

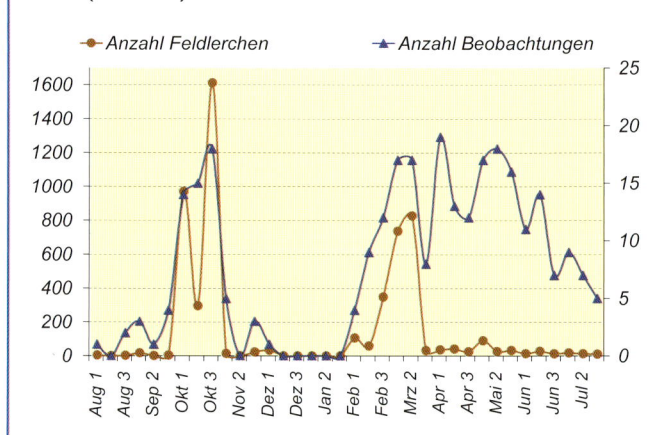

Abb. 3: Verteilung von 282 Beobachtungen der Feldlerche und ihrer Anzahl (n = 4296) in Monatsdritteln nach Daten A. Welzel/OSB NABU von 1973 bis Herbst 2008

Tab. 2: Nestfunde

Datum	Fundort	Junge/Eier
Mai 1981	Mähwiesenstreifen an der Kläranlage Fley	4 Eier/Junge
Juni 1984	Unteres Lennetal Fley, ehemalige Ruderalflur (heute Postfrachtzentrum)	3 Junge

Bruten werden bis in den Juli hinein durchgeführt, so z. B. nahrungstragende Altvögel am 4. Juli 1984 in der Ruhraue Syburg. Wahrscheinlich handelt es sich bei so späten Terminen um Zweitbruten, späten Gesang hört man bis in den August hinein.

Zumindest ein Teil der Feldlerchen scheint die Brutplätze bereits im August zu verlassen, von Mitte August bis zum Beginn des Zuges im Oktober sind nur wenige Beobachtungen vorhanden. Der Hauptabzug ins Winterquartier beginnt Anfang Oktober und ist in der ersten Novemberdekade schon abgeschlossen. Einzelne Feldlerchen können noch bis Ende November beobachtet werden, z. B. am 27. November 1998 im Eilperfeld oder am 29. November 1985 in der Ruhraue Syburg. Eine Ausnahme ist die sehr späte Beobachtung eines Trupps mit 34 Tieren am 1. Dezember 1985 (Ruhraue Syburg).

Weitere Beobachtungen

Die Feldlerche ist allgemein bekannt durch ihren Singflug, es kommt aber auch der seltenere Bodengesang vor (s. *Abb. 1*). Auch Schäfer (1948/1996) berichtet, er habe „am 23. Mai 1948 eine Lerche im Sitzen singend beobachtet, Strophen denen im Fliegen gleich". A. Schücking berichtet in der WP vom 14. Juni 1974 über Eiersammler im Böhfeld, durch die auch die dort brütenden Feldlerchen betroffen waren.

Ein am 18. Juni 1967 von A. Schücking in Garenfeld in einem Nest auf einer Verkehrsinsel beringtes Feldlerchenjunges wurde am 29. Oktober des gleichen Jahres bei Poitiers (Westfrankreich) tot aufgefunden.

Schutzmaßnahmen

Diese Art gehört europaweit zu den gefährdeten wandernden Arten. Der deutlich abnehmende Bestandstrend in Hagen hat ein Restvorkommen von ein bis zwei Brutpaaren erreicht, ein Erlöschen ist in absehbarer Zeit zu befürchten.

Eine wesentliche Ursache für die Abnahme der Feldlerche in Deutschland ist die veränderte Bewirtschaftung mit hohem Düngereinsatz und verstärktem Anbau von Wintergetreide, was dazu führt, dass die Vegetation zur Brutzeit für die Feldlerche zu hoch und dicht steht, um eine erfolgreiche Nahrungssuche nach Insekten und damit eine Aufzucht der Brut zu ermöglichen. Der verstärkte Einsatz von Insektiziden erhöht diesen negativen Effekt. Möglicherweise sinkt durch diese negativen Faktoren im Brutgebiet die Reproduktionsrate so weit, dass extern sich verschlechternde Bedingungen z. B. auf dem Zug oder in den Überwinterungsgebieten (Lebensraumveränderungen, Jagd) nicht mehr ausgeglichen werden. So nimmt die Art langfristig im Bestand ab und verwaisen Brutgebiete schleichend, obwohl sich der Lebensraum auf den ersten Blick nicht wesentlich verändert hat. Günstig würde sich in diesem Zusammenhang sicher die Umstellung auf biologischen Anbau mit einer anderen Wirtschaftweise auswirken, ein Vorgang, der nicht nur von Landwirten, sondern auch vom Verbraucher gestützt werden müsste (Schönberger 1999).

An einem der letzten Brutplätze Hagens verschwanden zwei bis drei Feldlerchenbrutpaare von ihrem traditionellen Brutplatz in der Ruhraue Syburg, als diesem Gebiet im Zuge der Ausweisung zum Naturschutzgebiet eine Änderung in der Bewirtschaftung auferlegt wurde. Wie sich sehr bald zeigte, entsprach diese nicht den Brutplatzansprüchen der bedrohten Vogelarten Feldlerche, Wiesenpieper und Wiesenschafstelze, obwohl die Unterschutzstellung u. a. gerade aufgrund des Vorkommens dieser Arten erfolgte. Durch die nun einsetzende veränderte Bewirtschaftung nach Plänen des „Ruhrauenprogramms" und des Landschaftsplanes stellte sich eine zu hoch wachsende Vegetation ein, so dass dieses Gebiet als Brutplatz für diese drei Arten ungeeignet wurde (hier war das letzte Wiesenpieperbrutgebiet Hagens!). Es sollte doch möglich sein, gerade in Naturschutzgebieten eine flexible Wirtschaftsweise zu handhaben, die die letzten Brutpaare einer bedrohten Art in Hagen erhält. Leider waren entsprechende Appelle an die entsprechenden Behörden bis heute erfolglos.

Eine weitere wesentliche Ursache des Bestandsrückgangs ist vor allem im Verlust von Lebensraum und Optimalhabitaten durch Ausweitung der Bebauungsflächen und der damit einhergehenden Zersiedelung der Landschaft zu sehen. Die Ausweisung von Gewerbegebieten v. a. im Unteren Lennetal und der gleichzeitige Niedergang der Landwirtschaft haben die Brutplätze und Bestandszahlen verringert. Auch der wachsende Freizeitdruck betrifft die Brutgebiete der Feldlerche. Letzte Brutgebiete der Feldlerche in Hagen lassen sich nur bewahren, wenn der Landschaftsverbrauch gestoppt wird, in dem z. B. vor Neuausweisung von Wohnungsbau- und Gewerbegebieten „auf der grünen Wiese" zunächst die zahlreichen Baulücken in Hagen geschlossen werden.

Einige Brutverluste entstehen auch durch das Mähen (Thiel 1995). Der Einsatz eines Saugmähers wirkt sich auf Bruten an Randstreifen katastrophal aus. Als ebenfalls unmittelbar wirkungsvoll würde sich im ländlichen Bereich die Erhaltung von Randstreifen und Saumbiotopen auswirken, dorthin weichen die Vögel mit dem Nestbau wegen der intensiven Bewirtschaftung gern aus. Diese Maßnahme wird durch ein Ackerrandstreifenprogramm des Landes NRW gefördert.

Uferschwalbe *(Riparia riparia)*

Aufenthalt

			A	M	J	J	A	S			

Brutzeit

				M	J	J	A				

Brut: Unregelmäßiger Brutvogel, 2 Jahresbruten
Häufigkeit in Punktstoppkartierung: Rang 77, Revieranzeigende: Rang 85

Gefährdung:
RL Deutschland: keine
RL NRW: Vorwarnliste
Hagen: vom Aussterben bedroht

Status: Sommervogel, Durchzügler

Abb. 1: Foto M. Henning

Verbreitung und Bestand

Bei Schäfer ist zu lesen, dass die Uferschwalbe als Durchzügler nur wenige Stunden oder ein bis zwei Tage in Hagen anwesend sei, die Brutplätze lägen an steilen Abhängen der Sandgruben nördlich der Lippe (1948/1996). A. Schücking hat in einem Manuskript 1972 festgehalten, dass erstmals ein Bruterfolg von vier bis sechs Paaren für Hagen bekannt wurde, als eine Kuh an einem Lennesteilhang abrutschte und mehrere Nester abriss.

Bis 1978 war die Uferschwalbe in Hagen mit durchschnittlich 10 bis 15 Brutpaaren noch ein regelmäßig anzutreffender Brutvogel auf niedrigem Niveau. Die kleinen Kolonien siedelten in Uferabbrüchen der unteren Lenne. Als 1979 die Lennebegradigung zwischen Hohenlimburg und Buschmühle abgeschlossen war, gab es hier keine natürlichen Steilufer mehr und die Art verschwand. 1980 versuchten die vertriebenen Vögel in einer Mutterbodenmiete in Flussnähe zu nisten. Von diesem Versuch motiviert, wurde 1981 vom NABU-Hagen eine gesicherte Mutterbodenmiete gezielt auf einer Seite senkrecht abgestochen. Dort zogen dann auch sofort zehn Brutpaare ein. Im Jahr 1982 brüteten hier 55

Tab. 1: Bruten an Profilstraße, Dolomitstraße und in der Lennestraße

Ort Nisthilfe	Profilstraße (ab 1984) Betonformstein		Dolomitstraße (ab 1986) Betonformstein		Lennestraße Tonröhren	
	Brutpaare	Jungvögel	Brutpaare	Jungvögel	Brutpaare	Jungvögel
1984	9	50				
1985	18	110				
1986	35	210				
1987	65	390				
1988	120	720				
1989	145	870				
1990	75	450				
1991			8	50		
1992			52			
1993	44		18			
1994	41					
1995					15	
1996						
1997					2	
1998					4	
1999					5	

Uferschwalbe

Stephan Sallermann/Hans-Jürgen Thiel

Abb. 2: Natürlicher Brutplatz in einer Uferabbruchkante der Ruhr westlich des Wasserwerkes von Wetter dicht an der Hagener Stadtgrenze gelegen. Seit dem Jahrtausendwechsel brüten hier Uferschwalben, in der ersten Zeit noch mit ca 25-30 Brutpaaren. 2008 waren nur noch einzelne Brutröhren besetzt. Foto M. Wünsch

Paare. 1983 wurde die Kolonie von Hermelinen geplündert. Im Jahr 1984 wurde eine Ersatzsteilwand aus Betonformsteinen an der Profilstraße errichtet und im Jahr 1986 eine zweite an der Dolomitstraße. 2004 wurde als Ersatzmaßnahme durch den Ruhrverband eine dritte auf dem Gelände der Kläranlage am Harkortsee errichtet.

1996 gab es noch einmal 55 Brutpaare in Hagen ohne genauere Standortdefinition.

Die Hagener Ersatzsteilwände waren zehn Jahre lang mehr oder weniger besetzt (s. *Tab. 1*). Seltsam ist die komplette Aufgabe der beiden Kolonien im Jahr 1994. Zur Wiederansiedlung der Art wurde seinerzeit sogar das Substrat des Brutröhrenbereiches ausgetauscht und immer wieder die üppigen wachsenden Weidensträucher vor den Wänden abgeschnitten. Obwohl so die Bedingungen wie zur Zeit der Erstansiedlung aufrecht gehalten wurden, hat von 2000 bis 2008 in Hagen auch keine weitere Brut mehr stattgefunden. Da sich direkt an den Stadtgrenzen im Bereich der Ruhr verschiedene Brutkolonien befinden, besteht die Hoffnung, dass die Art wieder nach Hagen zurückfinden wird.

Lebensraum

Die Art ist in Flusstälern bei der Insektenjagd zu beobachten. Sie fliegen häufig mit anderen Schwalbenarten zusammen. Ihre Brutröhren werden normalerweise in natürlichen Uferabbrüchen angelegt. Außerdem besiedeln sie aber auch Lehm- und Mutterbodenhaufen, die an einer Stelle senkrecht angeschnitten sind. Auch nisten sie in Löchern von Spundwänden und anderen tieferen Öffnungen von Stützmauern. Sie können auch temporär sehr erfolgreich in extra konzipierten Ersatzsteilwänden aus Betonformsteinen Kolonien bilden.

Jahresrhythmus

Die Ankunft der Vögel erfolgt ab Mitte April (16. April 1998, Bruchsteinmauer Dolomitstraße). Kolonien können noch bis weit in den Mai hinein aufgefüllt werden. Die früheren Erstankömmlinge brüten zweimal. Die Zweitbruten werden dann bis Ende August gepflegt.

Weitere Beobachtungen

In den 90er Jahren des letzten Jahrhunderts fanden immer wieder einmal in den Tondränagerohren einer Bruchsteinmauer der Lennestraße einzelne Bruten statt. Diese sind als sehr ungewöhnlich anzusehen, hier befand sich das Nest dann schon in einer Tiefe von nur 30 cm. Normalerweise graben die Vögel Röhren von 60 bis 200 cm Tiefe.

Schutzmaßnahmen

Natürliche Uferabbrüche sind selten geworden, daher sind Schutzmaßnahmen für die Art von hoher Bedeutung. Wie oben zu lesen ist, kann man in Flussnähe für steil abgestochene Böschungen aller Art sorgen. Es muss nur möglich sein, dass die Vögel in dem Substrat horizontal weiter graben können. Auch künstlich errichtete Ersatzsteilwände können helfen. Wände dieser Art benötigen jedoch eine Wartung. Die ausgehöhlten Niströhren sollten im Winter wieder weitgehend mit Sand verstopft werden.

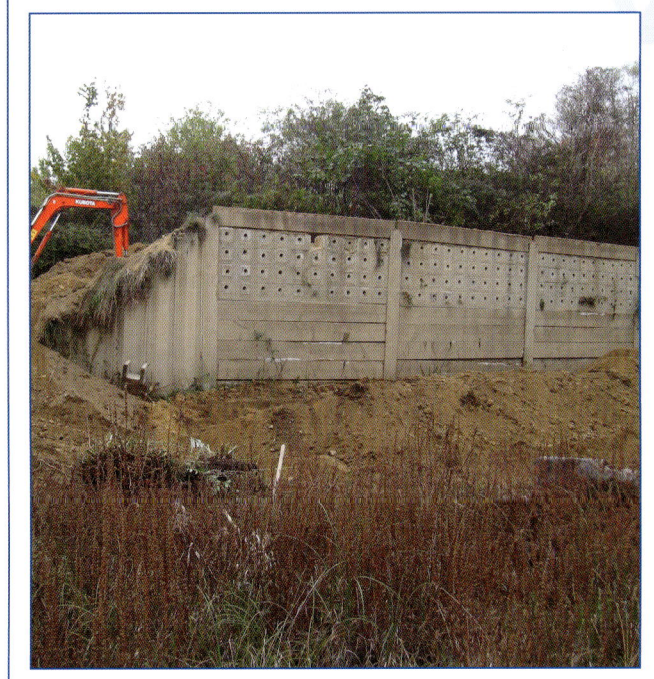

Abb. 3: Die künstliche Uferschwalbenwand an der Profilstrasse im Industriegebiet Unteres Lennetal. Auf dem Bild ist zu sehen, wie der Lehmboden hinter den Betonfertigteilen ausgetauscht wird. Die Vorderseite der Wand wird jedes Jahr mit einer Lehmschlämpe eingestrichen. So ist dann eine bessere Einbindung in die Landschaft gewährleistet. Störender Weidenaufwuchs wird zurückgeschnitten. 24.10.2003, Foto S. Sallermann

Rauchschwalbe *(Hirundo rustica)*

STEPHAN SALLERMANN

Aufenthalt

| | | M | A | M | J | J | A | S | | | |

Brutzeit

| | | | A | M | J | J | A | | | | |

Gefährdung:
RL Deutschland: Vorwarnliste
RL NRW: gefährdet
Hagen: keine

Brut: 300 bis 400 Brutpaare, 2 bis 3 Jahresbruten
Häufigkeit in Punktstoppkartierung: Rang 17, Revieranzeigende: Rang 49

Status: Sommervogel, Durchzügler

Abb. 1: Fütterung, Fley Weidekampstraße, 12.6.1971, Foto A. VEHLING

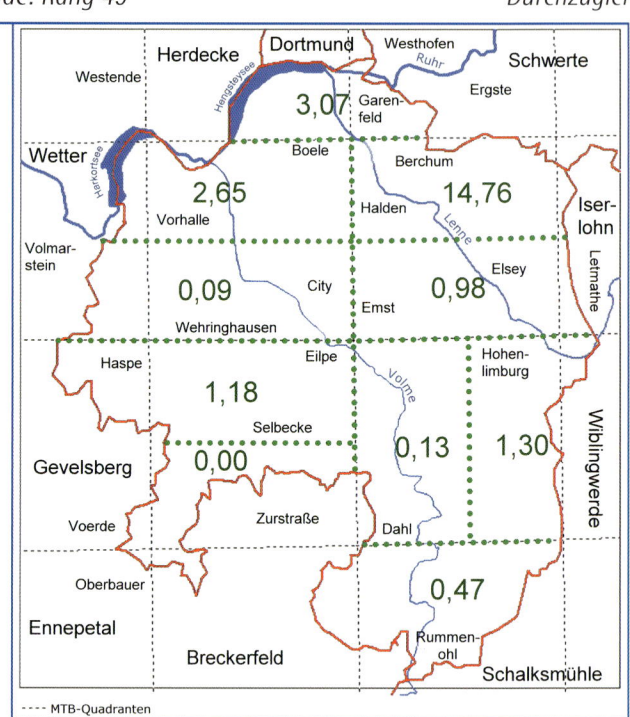

Abb. 2: Durchschnittliche Anzahl an 10 Zählpunkten in 10 Hagener Teilbereichen (Erläuterung s. Anhang)

Verbreitung und Bestand

SCHÄFER schrieb, dass die Hasper Zeitung schon am 14. Juni 1896 über eine Abnahme der Rauchschwalbe berichtete (1948/96). Zu dieser Zeit vermutete man bereits, dass hohe Verluste beim Vogelzug entstehen. Ebenfalls in der Hasper Zeitung wurde am 29. August 1897 über Bestandsabnahmen geschrieben, die auf den Vogelfang in Italien zurückgeführt wurden.
Alle Höhenlagen in Hagen sind besiedelt. Mit dem Einsetzen des Höfesterbens in den 70er Jahren nehmen die Bestände ab. Nahezu alle Bauernschaften und Einzelhöfe mit Rindern weisen aber noch Restbestände auf. Auch Höfe mit Pferdehaltung können oft sehr gute Bestände vorweisen, hier oft sogar mit Zunahmen. Hier besteht eine echte Überlebenschance für die Art (s. NABU-Infoheft 2/2001).
Durch die zunehmenden Hygienevorschriften verschlechtern sich die Nahrungsbedingungen und die Populationsgrößen verringern sich. Allerdings muss angemerkt werden, dass auch die Bestände auf Höfen mit guten Bedingungen Abnahmen zu verzeichnen haben.

Lebensraum

Der Lebensraum ist durch kleinbäuerliche Strukturen wie Bauernschaften und Einzelhöfe mit Viehhaltung gekennzeichnet. Die Rauchschwalbe brütet hauptsächlich in Ställen und Deelen, auch in Lagerhallen, Fabriken und Garagen. Zur Insektenjagd ist sie auch häufig in Flusstälern anzutreffen.

Jahresrhythmus

Erstbeobachtungen durchziehender Rauchschwalben sind Ende März/Anfang April möglich: 21. März 2006 Hengsteysee (M. WÜNSCH, U. SCHMIDT), 29. März 2005 Garenfeld (U. SCHMIDT), sie ziehen auch noch Ende April: 50 Rauchschwalben Altenhagener Brücke am 28. April 2000. Die durchschnittliche Erstbeobachtung ist in Hagen am 9. April (Medianwert).
Die Brutplätze werden im Laufe des Aprils besiedelt, Brutbeginn ist Ende April und auch noch Ende Mai.

Rauchschwalbe

Revieranzeigend schon in der ersten Aprildekade (ca. zehn Brutpaare am 9. April 2000 in Tiefendorf). Die Zweitbrut beginnt etwa Ende Juni bis Ende Juli. Drittbruten können bei guten Witterungsbedingungen mehrfach vorkommen, so im Sommer 2001 (z. B. R. Rüsing in Werdringen u. a.). Füttert bis in den September hinein. Der Durchzug erfolgt weitgehend im September bis Anfang Oktober.

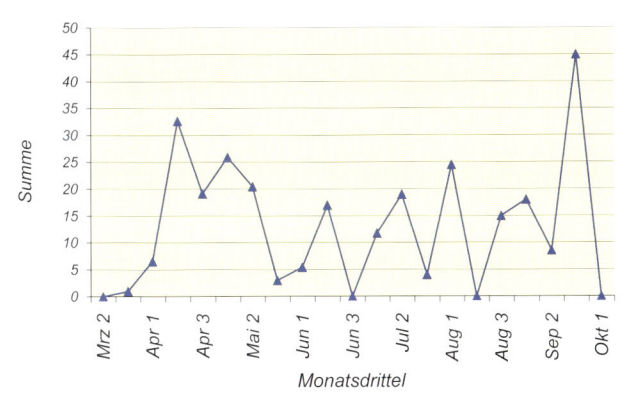

Abb. 3: Durchschnittliche Summe der in einem Monatsdrittel festgestellten Rauchschwalben im NSG Ruhraue Syburg 1984 bis 1999 (n = 1293 bei 76 Registrierungen, Daten A. Welzel)

Weitere Beobachtungen

Ungewöhnliche Brutplätze:
- Verkaufsraum der Gärtnerei Bock; Weidekampstraße
- Fahrzeugwaage der ehemaligen Deponie an der Schälker Landstraße
- Geräteschuppen an der „Blauen Donau"
- Lagerhalle der Firma Wippermann und Nockemann
- zwei verschiedene Garagen in Niggenbölling

Nicht selten füttern Jungvögel der ersten Brut die Geschwister von Folgebruten mit. Es kann zu Revierverteidigung kommen (Gärtnerei Bock, Weidekampstraße; Wenner, Rumscheid; Rose, Deipenbrink)

Die WP berichtete am 20. April 1966 über eine „Rauchschwalben-Invasion", während eines Kälteeinbruches mit Schneeschauern fanden etwa 1500 Rauchschwalben über drei Tage hinweg Schutz in den Betriebsräumen des Koepchenwerks.

Schutzmaßnahmen

Förderung und Erhaltung kleinbäuerlicher Strukturen. Das Umfeld der Höfe sollte nicht zu steril gehalten werden. Nur in solchen Lebensräumen können die Vögel im Nahbereich genügend Insektennahrung zur Fütterung finden. Schlamm- und Lehmflächen zum Nestbau müssen erhalten bleiben.

Man muss anmerken, dass fast alle Stallbesitzer ihre Schwalben lieben, teilweise wird hier ein regelrechter Kult betrieben. Viele Fehler werden nur aus Unachtsamkeit begangen. Hier muss der Naturschutz daher unbedingt noch mehr Öffentlichkeitsarbeit leisten! Lebenswichtig ist der Erhalt von ständig vorhandenen Einflugöffnungen in die Stallungen. Häufig gibt es Bestandsabnahmen durch unachtsam begangene Fehler bei Gebäuderenovierungen. Im Zuge der Sanierungsarbeiten werden Tore und andere Einflugöffnungen verschlossen. Im folgenden Frühjahr stellen die Eigentümer dann erstaunt und mit Bedauern fest, dass leider keine Schwalben mehr zurückgekommen sind. Wenn dann noch eine Nachbesserung der Problembereiche erfolgt, verläuft diese dann leider oft erfolglos. Anders bei einem Reitstall in Fley, Sauerlandstraße: Hier kamen durch Verschluss vertriebene Schwalben nach einer Nachbesserung zwei Jahre später zurück.

Stallungen ohne Nischen als Brutplatz können mit regalartig angebrachten Brettern für die Schwalben aufgewertet werden.

Katzenhaltung wirkt sich nachweislich ungünstig aus. Entweder werden die Vögel sofort vertrieben oder sie schreiten wegen Verunsicherung nicht zur Zweitbrut.

Abb. 4: beim Sammeln von Nistmaterial, Foto C.-O. Mancy

Mehlschwalbe *(Delichon urbicum)*

Aufenthalt

| | | A | M | J | J | A | S | (O) | (N) | |

Brutzeit

| | | (A) | M | J | J | A | (S) | | |

Brut: ca. 250 Brutpaare, 2 Jahresbruten
Häufigkeit in Punktstoppkartierung: Rang 27, Revieranzeigende: Rang 85

Gefährdung:
RL Deutschland: Vorwarnliste
RL NRW: gefährdet
Hagen: Vorwarnliste

Status: Sommervogel, Durchzügler

Abb. 1: am Nest, Bauernhof Hagen Haßley, 12.6.1971, Foto A. Vehling

Abb. 2: Durchschnittliche Anzahl an 10 Zählpunkten in 10 Hagener Teilbereichen (Erläuterung s. Anhang)

Verbreitung und Bestand

Die Mehlschwalbe ist in allen Höhenlagen anzutreffen, alle Hagener Gebiete sind besiedelt. Es gibt in der Regel Ballungen in verschiedenen Stadtteilen (u. a. Eilpe, Boele, Garenfeld). Die Bestände nehmen seit Jahren kontinuierlich ab.
Vor dem Zweiten Weltkrieg war die Mehlschwalbe häufiger Brutvogel am Rathaus und in der Potthofstraße (Volkssternwarte Hagen e.V. 1964). G. Röttler berichtet, dass noch bis 1962 Bruten direkt in der Hagener City nachgewiesen wurden. Pressemeldungen von 1961 berichten von Brutkolonien in Kamp-, Elberfelder-, Boeler- und Grimmestrasse. 1976 sammelte A. Schücking Nachweise von insgesamt 200-250 Brutpaaren. Interessant ist hierbei, dass die Koloniestärken seinerzeit allgemein wesentlich größer waren als heute. Ansammlungen von mehr als zehn Brutpaaren waren hier noch normal. Im Jahr 2001 wurden alle historisch bekannten Neststandorte überprüft. Viele dieser Kolonien waren nicht mehr besetzt. Häufig wurden aber in der Nachbarschaft neue Kolonien entdeckt.
Meistens findet man heute pro Gebäude nur noch ein bebrütetes Nest, häufig auch noch zwei bis drei Nester.
Aber es gibt auch Kolonien an einem einzelnen Gebäude, diese weisen dann größere Nestzahlen auf: Brechtefeld 20 Brutpaare, Schälker Landstraße 30 Brutpaare. Die Kolonien bleiben in der Regel über viele Jahre hinweg besetzt, können aber plötzlich verlassen werden wie z. B. in Hagen-Reh und Elsey. Vor 20 bis 30 Jahren gab es hier noch hunderte von Brutpaaren in vielen Kolonien an zahlreichen Mehrfamilienhäusern. Heute ist an diesen Häusern kein einziges Nest mehr!
Allgemein kann festgestellt werden, dass sich die Anzahl der Kolonien und der jeweiligen Nester verringert. Im Wesentlichen ist das wohl auf die Gefahren während des Zuges zurückzuführen, aber sehr wahrscheinlich stehen auch nicht mehr genügend Insekten als Nahrung zur Verfügung.

Lebensraum

Die Mehlschwalbe kommt an der Peripherie der Stadt und in den Bauernschaften vor. Sie ist ein typischer Koloniebrüter, der seine Nester an Außenwänden von Gebäuden mit

Mehlschwalbe

rauem Putz befestigt. Die Himmelsrichtung spielt hier keine Rolle, der Anflug muss aber frei liegen. Häufig sind das Mehrfamilienhäuser in städtisch anmutenden, geschlossenen Straßenzeilen. Offene Kulturlandschaften liegen als Nahrungsbiotop in nicht allzu weiter Entfernung. Sie jagt mit Vorliebe über Flüssen und Seen.

Jahresrhythmus

Die Ankunft ist im April nach der Rauchschwalbe, Nestbau etwa bis Mitte Mai, Legebeginn etwa bis Ende Mai. Die Kolonien füllen sich über mehrere Wochen auf. Ab Ende Juli finden auch Zweitbruten statt, noch am 1. September 2001 wurden Fütternde an der Berchumer Straße beobachtet, auch am 3. September 1995 in der Feldstraße (J. Reichling), und die WR/HR berichtete noch am 15. Oktober 1974 über eine „kälteklamme Zweitbrut". Folgende sehr späte Brutbeobachtungen aus Wiblingwerde sind ähnlich sicher auch für Hagen zutreffend (A. Welzel):

Tab. 1: Zeitpunkt des Schlupfes und Flüggewerdens extrem später Bruten, Wiblingwerde

Jahr	Schlupf	flügge
1999	3. August	1. September
2000	14. August	6. September
2008	20. August	22. September

Bei der Brut aus 2008 handelt es sich um ein Nachgelege mit zwei Jungen, die eigentliche Brut mit vier Jungen erfror bzw. verhungerte während eines Kälteeinbruches Mitte Juli.
Zur Zugzeit sieht man Trupps von vielen hundert Mehlschwalben jagend in den Flusstälern. Hauptabzug ist ab Mitte September, Nachzügler sieht man noch im Oktober.

Weitere Beobachtungen

Zur Nestanlage werden die geschützten Bereiche unter überstehenden, nicht zu spitzwinkligen Dachtraufen aufgesucht, die bevorzugte Traufentiefe beträgt 30-50 cm in 6-20 m Höhe, ausnahmsweise auch in 3 m Höhe (Husterstraße).
Die Besiedlung von neuen geeigneten Gebäuden kann ungewöhnlich schnell vor sich gehen. Neu erstellte Häuser werden sehr oft von Mehlschwalben zur Besiedlung angeflogen, so wollten sie z. B. 2005 ein neu erstelltes Haus in Garenfeld besiedeln. Die Vögel wurden allerdings am Nestbau gehindert und vertrieben. Auch an anderen Stellen werden sehr häufig schon langjährig besiedelte Dachtraufen mit Drähten abgespannt, um die Tiere beim Nestbau zu stören. Aufgegebene Altkolonien werden so gut wie nie wieder besiedelt. Im Jahr 1974 konnten die Schwalben wegen ungünstiger Witterung nicht abziehen. So wurden zwischen dem 6. Oktober und dem 3. November noch Nachweise von jagenden und ziehenden Mehlschwalben erbracht (G. Röttler). Weiterhin wurden in diesem Winter ca. 200 geschwächte Exemplare gefangen, sie überwinterten in Volieren. Im folgenden Jahr waren nur 20 % der vorjährigen Nester belegt (Hagener Presse).
Außergewöhnlich sind elf Novemberbeobachtungen des Jahres 1976 aus verschiedenen Hagener Bereichen (Schücking 1976), derartig späte Beobachtungen sind für die Zeit danach nicht mehr bekannt.
Jungvögel der ersten Brut füttern Geschwister der Folgebrut häufig mit.

Schutzmaßnahmen

Da die Art Häuser mit überstehenden Traufen und rauem Putz liebt, kann das beim Hausbau berücksichtigt werden. Erfolge bei der Neuansiedlung sowie der Bestandsstabilisierung werden auch mit künstlichen Nestern erzielt. Da die Vögel durch ihren Kot die Häuser unter den Nestern stark verschmutzen, hat die Mehlschwalbe bei der Bevölkerung nicht die Akzeptanz wie die Rauchschwalbe. Häufig werden Kolonien vernichtet, vorsätzlich gestört oder an der Entstehung gehindert. Noch vor wenigen Jahren wurden an der Eilper Straße Bruten durch Renovierung vernichtet, der Brutplatz mit über 50 jähriger Tradition ist nahezu aufgegeben. In diesem Zusammenhang muss erwähnt werden, dass das Naturschutzgesetz Nestbeseitigungsmaßnahmen verbietet.
Zum Schutz der Gebäudefassaden können unter den Nestern Bretter angebracht werden, die den herunterfallenden Kot auffangen. Die Bretter dürfen allerdings nicht zu knapp darunter befestigt werden, da die Nester sonst nicht angeflogen werden können oder sie auch darunter wieder brüten würden. Hier muss der Naturschutz bei der Bevölkerung wichtige Informationsarbeit leisten.

Abb. 3: Kolonie beim Friseur Bergenthal an der Haldener Strasse, 18.5.2003, Foto S. Sallermann

Abb. 4: Dieselbe Kolonie am 13.11.08 mit einem fachgerecht angebrachten Schutzbrett. Foto S. Sallermann

Schwanzmeise *(Aegithalos caudatus)*

Aufenthalt

J	F	M	A	M	J	J	A	S	O	N	D

Brutzeit

			A	M	J	(J)					

Gefährdung:
RL Deutschland: keine
RL NRW: keine
Hagen: keine

Brut: ca. 300 Brutpaare, 1 Jahresbrut
Häufigkeit in Punktstoppkartierung: Rang 43, Revieranzeigende: Rang 48
Status: Jahresvogel, Wintergast

Abb. 1: Stadthalle Hagen 2007, Foto R. Wisniewski

Abb. 2: Durchschnittliche Anzahl an 10 Zählpunkten in 10 Hagener Teilbereichen (Erläuterung s. Anhang)

Verbreitung und Bestand

Obwohl nicht häufig, ist die Art in ganz Hagen flächendeckend in unterschiedlich geringer Dichte verbreitet. Die Revierbesetzung ohne Gesang oder andere Formen der Reviermarkierung macht eine Bestandserfassung und damit eine Angabe von Siedlungsdichten schwierig. Zudem kann der Bestand aufgrund strenger Winter bei dieser Art besonders starke Einbußen erleiden und so von Jahr zu Jahr sehr stark schwanken (Bezzel 1993). Untersuchungen haben jedoch gezeigt, dass die Schwanzmeise im Norden und Südwesten des Hagener Stadtgebietes etwa zehnmal häufiger als im Süden und Südosten anzutreffen ist.

Lebensraum

Am häufigsten findet man die Schwanzmeise in Landschaften mit hohem Gebüschanteil, so an Waldrändern und Wäldern mit natürlichem Stockwerkaufbau (Gebüschunterbau), auch in Obstwiesen, Hecken, Friedhöfen, Parks, Gärten und den letzten kleinen Auwaldresten Hagens (z. B. NSG Lenneaue Berchum). Sie meidet geschlossene Hochwälder ohne Unterbau, offene landwirtschaftliche Flächen und dichte Bebauung wie etwa die Hagener City.

Jahresrhythmus

Außerhalb der Brutzeit trifft man die Art so gut wie nie einzeln, sondern in mehr oder weniger großen Verbänden an, der größte beobachtete Trupp bestand aus wenigstens

Abb. 3: Die Hülle des aufwändigen Nestes enthält Teile von Flechten. Diese Eigenart kann bei Schwanzmeisennestern häufig festgestellt werden. Wiblingwerde, 28.4.04, Foto A. Welzel

Schwanzmeise

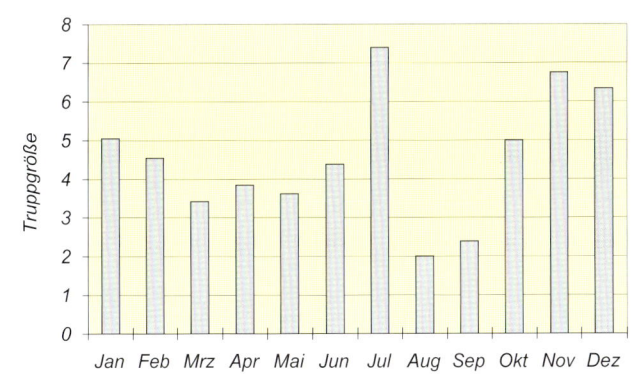

Abb. 4: *Durchschnittliche Größe eines Schwanzmeisentrupps im Jahresverlauf (aus 214 Trupps der Jahre 1981 bis 2008 mit insgesamt 895 Schwanzmeisen)*

27 Schwanzmeisen am 4. Juli 1994 in der Wesselbach, wobei es sich um den Zusammenschluss zweier Familien handeln könnte. Im Herbst und Winter sieht man sie sowohl in sehr großen als auch in kleineren Trupps.

Das Revier wird ab Mitte März verteidigt, darauf weist intensives mehrtägiges „Spiegelfechten" (s. u.) eines Paares in Henkhausen im März 2003 hin. Die Zeit des Nestbaus reicht gewöhnlich von Mitte April bis Anfang Mai, der Mittelwert von Nestbaubeobachtungen aus acht Jahren ist der 17. April. Nestlinge sind ab Anfang Mai festzustellen, ausnahmsweise auch schon Mitte April (Hohenlimburg-Reh 1981). Jungvögel im Nest wurden noch am 9. Juni 1987 in Halden Herbeck angetroffen (Zweitbrut?).

Brutverlauf eines Paares in der Wesselbach 1994, das bis zum Fällen des Baumes in mindestens vier von sechs Jahren dieselbe Sitkafichte als Nestbaum nutzte:
- 17. April Nestfertigstellung
- 6. Mai Schlupf der Jungen (kottragende Elternvögel)
- 16. Mai Ausfliegen der Jungen

Ein weiteres frühes Datum gut flügger Jungvögel ist der 22. Mai 2005 (Kurk/Kettelbachtal). Über eine Zweitbrut der Schwanzmeise wird in der Literatur diskutiert (WIRTHMÜLLER 1997) und ist für Hagen bisher nicht nachgewiesen.

Bei der Wahl des Nestbaumes scheinen Nadelhölzer offensichtlich bevorzugt zu werden.

Weitere Beobachtungen

Bei uns ist die streifenköpfige Schwanzmeise (A. c. europaeus) beheimatet, seltener sieht man die im Osten verbreitete weißköpfige Variante (A. c. caudatus). Schon SCHÄFER beobachtete eine weißköpfige am 1. Januar 1937 (1948/96), und auch MÜLLER berichtet über Beobachtungen dieser Unterart aus den Jahren 1957 bzw. 1959 in Hagens Umgebung (1961). Weißköpfige Schwanzmeisen werden mit wenigen Ausnahmen v. a. im Herbst und Winter beobachtet, offenbar aufgrund invasionsartiger Wanderungen aus dem Osten (BEZZEL 1993). Aus dem Dezember liegen bislang keine Nachweise vor. Beobachtungen von Trupps, in denen in weißköpfige und streifenköpfige getrennt wurde und ausgezählt werden konnte, ergaben einen Anteil von 13 % weißköpfigen Schwanzmeisen.

Bemerkenswert sind vier Beobachtungen, die auf Brutversuche oder Bruten der weißköpfigen Variante hinweisen:
- Hohenlimburg-Reh, April 1981: weißköpfiger Bruthelfer, der nach tagelangen Brutaktivitäten eines streifenköpfigen Paares erstmals während der Nestlingszeit auftauchte. Obwohl zunächst von einer streifenköpfigen attackiert, fütterte die weißköpfige unbeirrt und später auch unbehelligt bis wenigstens zum Ausfliegen weiter. Es besteht der Verdacht auf einen Brutversuch dieser weißköpfigen Schwanzmeise, denn in der Regel sind diese Helfer Altvögel, die ihre eigene Brut erfolglos durchführten (BEZZEL 1993).
- Ritterstraße 1992: Brutpaar, ein Partner weißköpfig, ohne Bruterfolg (A. SCHÜCKING)
- Ascherothstraße, 20. April 1999: ein Paar, davon eine weißköpfige (K. D. SCHULTZ)
- Stadtwald, 6. August 2001: H.-J. THIEL beobachtet, dass eine weißköpfige und eine streifenköpfige fünf Junge führen (OSB NABU 2001)

Die ungewöhnliche Sozialstruktur der Art können Beobachtungen des Verhaltens des streifenköpfigen Revierinhabers aus Hohenlimburg-Reh 1981 (s. o.) belegen. Er ließ einen weißköpfigen Bruthelfer nach anfänglichen Attacken unbehelligt, aber attackierte stattdessen aggressiv und ausdauernd sein Spiegelbild in einem Fenster („Spiegelfechten") über Stunden hinweg. Ergänzt wird dies durch die Beobachtung vom 20. April 1994 im Wesselbachtal, wo sich ein Paar direkt beim eben fertig gestellten Nest neben einer weiteren dritten Schwanzmeise in geringem Abstand

Tab. 1: Hagener Neststandorte

Baumart	Nesthöhe m	Richtung	Beobachter	Fundort	Jahr
Fichte	5		A. Welzel	Hohenlimburg-Reh	1981
Kiefer	8		A. Welzel	Lenneaue Berchum	1986
Sitkafichte	8		A. Welzel	Hohenlimburg Wesselbach	1989
Sitkafichte	5	Nord	A. Welzel	Hohenlimburg Wesselbach	1992
Sitkafichte	8	Südost	A. Welzel	Hohenlimburg Wesselbach	1993
Sitkafichte	7	Nord	A. Welzel	Hohenlimburg Wesselbach	1994
Ginster			A. Vehling		
Ginster			A. Vehling		
Weide			A. Welzel	Lenneaue Berchum	1995
Weißdorn	2		A. Vehling	Löhken Haus Busch	

176 Schwanzmeise

friedlich nebeneinander putzte. Dieses Helferverhalten ist bei der Schwanzmeise weit verbreitet, im Rheinland wurden an 7 von 22 Nestern mehr als zwei Altvögel beobachtet (Wirthmüller 1997).

Bekannt sind die Schlafgemeinschaften in Form von Übernachtungskugeln, wie z. B. von Familie Schultz am 14. Februar 1999 in einer Clematis beobachtet (OSB NABU 1999). Mehrfach konnte auch festgestellt werden, dass sich Blau- und Kohlmeisen den Wintertrupps der Schwanzmeisen anschließen, wie z.B. zwei Blaumeisen in einem neunköpfigen Trupp (Kleingärten Eilpe, 12. November 2008).

Eine streifenköpfige Schwanzmeise nutzte einen stark mit Blattläusen befallenen Ginster zur Nahrungsbeschaffung für die Jungen, sie flog ihn mehrmals aus weiterer Entfernung an und suchte ihn ab (Wiblingwerde, 20. Juni 2004).

Schutzmaßnahmen

Die starken Bestandseinbußen durch harte Winter sind nur durch entsprechende Reproduktion wieder auszugleichen, deshalb kommt einem intakten Brutlebensraum eine besondere Bedeutung zu. Verhängnisvoll wirkt sich u. a. die Ausräumung und Umwandlung der Landschaft aus. So konnte z. B. die Vernichtung letzter Auwaldreste im Unteren Lennetal trotz Widerstandes der Naturschutzverbände leider nicht verhindert werden. Positiv ist hier nur die Unterschutzstellung des letzten Auwaldrestes in Form des NSG Lenneaue Berchum zu nennen.

Abb. 5: Foto J. Schneider

Geeignete Brutplätze wie z. B. langjährig genutzte Brutbäume (s. o.) sollten nicht entfernt werden, denn neben harten Wintern sind Nestverluste durch Prädatoren die höchsten, die bei Singvögeln bekannt sind (Gatter 2000).

Abb. 6: Bathey, 14.4.2007, Foto M. Wünsch

ANDREAS WELZEL 177

Waldlaubsänger *(Phylloscopus sibilatrix)*

Aufenthalt

| | | | A | M | J | J | (S) | | | |

Brutzeit

| | | | | M | J | J | | | | |

Brut: ca. 100 Brutpaare, 1 bis 2 Jahresbruten
Häufigkeit in Punktstoppkartierung: Rang 39, Revieranzeigende: Rang 26

Gefährdung:
RL Deutschland: keine
RL NRW: gefährdet
Hagen: gefährdet

Status: Sommervogel, Durchzügler

Abb. 1: Foto H.-J. FÜNFSTÜCK

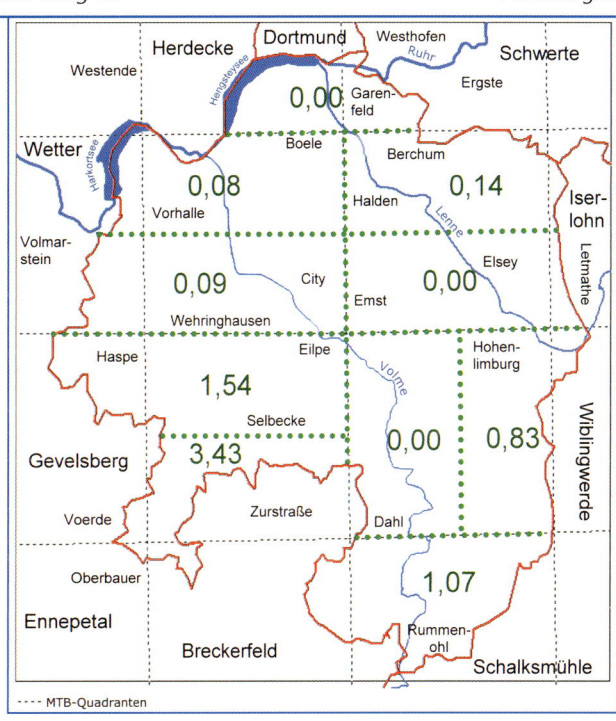

Abb. 2: Durchschnittliche Anzahl an 10 Zählpunkten in 10 Hagener Teilbereichen (Erläuterung s. Anhang)

Verbreitung und Bestand

MÜLLER stuft die Art für den südlichen Ennepe-Ruhr-Kreis als häufigen Brutvogel ein (1961), in Dortmund hat die Art nach SPEICHER in den 70er Jahren abgenommen, um in den 90ern wieder leicht zuzunehmen (KRETZSCHMAR 2003). Für Hagen gibt es aus älterer Zeit hinsichtlich Häufigkeitsangaben nur die Angabe des Heimatforschers SCHÄFER für den Zeitraum vor 1948: „scheint in den letzten Jahren im Gebiet häufiger zu werden" (1948/96).

Der Waldlaubsänger ist häufiger in der Südhälfte des Stadtgebietes anzutreffen, denn hier befindet sich der größere Anteil der Waldgebiete Hagens (s. *Abb. 2*). Der Bestand des Waldlaubsängers ist nicht leicht einzuschätzen. Bis zum 10. Mai, bereits während Revierbesetzung und Verpaarung, ziehen immer noch reichlich intensiv singende Männchen durch (s. *Abb. 4*). Deshalb sind nur Bestandsangaben realistisch, die auf systematischen Untersuchungen beruhen, z. B. bis mindestens Mitte Juni andauernde Revierkartierungen, andernfalls kann es leicht zu einer Überschätzung von schlimmstenfalls mehr als dem Doppelten des realen Brutbestandes führen. Nach Abschluss des Durchzuges (etwa nach dem ersten Maidrittel) ist auch die Verpaarung überwiegend abgeschlossen, die Gesangsintensität der Revierinhaber lässt nach.

Tab. 1: Dichten bei Revierkartierungen größerer Untersuchungsgebiete (0,7 bis 1 km²)

Reviere/qkm	Untersuchungsgebiet	Jahr
2,0	Hasselbachtal Bemberg	1989
6,0	Oberes Wesselbachtal	1993
10,8	Holthauser Bachtal	2002
1,4	Nimmertal Osthang	2003
0,5	Stadtwald	2004
2,8	Nimmertal Westhang	2004

Nach einer Aufforderung zur Meldung von Waldlaubsängern erhielt der NABU-Hagen für das Jahr 1995 eine Rückmeldung über „47 singende Männchen aus verschiedenen Gebieten" (OSB NABU 1995) und 21 Meldungen im Jahr 1998 (OSB NABU 1998).
Der Bestand in Hagen scheint kontinuierlich abzunehmen.

Waldlaubsänger

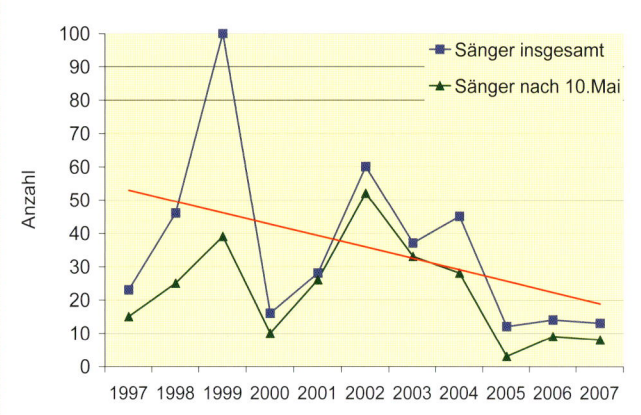

Abb. 3: Bestandsentwicklung – Waldlaubsängerbeobachtungen ausgewählter Bereiche Hagens aufgrund aller festgestellten Sänger (blau) und nur der nach dem 10. Mai singenden (grün) mit linearer Trendlinie

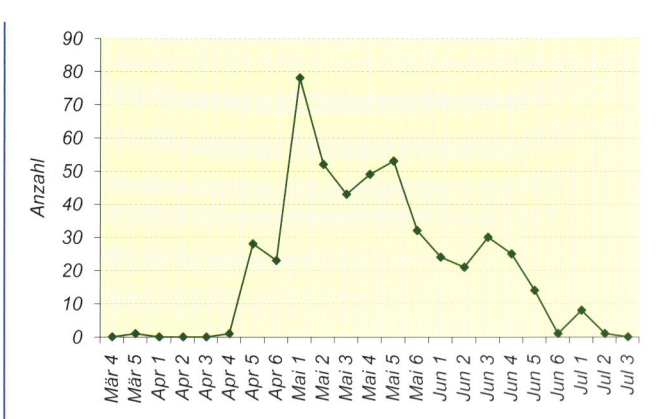

Abb. 4: Jahreszeitliche Verteilung von Waldlaubsängerbeobachtungen in 5-Tagesabschnitten von 1975 bis 2007 (Daten: OSB Cinclus, OSB NABU, A. Welzel, AG Avifauna)

Lebensraum

Der Waldlaubsänger findet sich hauptsächlich in Mischwäldern aus vorwiegend Buche und Eiche, als Voraussetzung für ein Brutrevier ist eine Beastung unter drei Metern unbedingt erforderlich, ein lückiger Kronenschluss durch Windwurf oder Waldwege und eingesprengte Nadelhölzer wirken sich positiv aus. Er meidet reine Fichtenforste und reine Altholzbestände sowie Wälder mit stark ausgeprägten Strauchschichten über zwei Meter Höhe (Quelle/Lemke 1988). Die Bevorzugung von Laubmischwäldern scheint nach Lippek vor allem nahrungsökologische Gründe zu haben (1996).
Im Nimmertal war der überwiegend SSW-exponierte Talhang in den Jahren 2003/2004 deutlich stärker besiedelt als die Hanggegenseite.

Jahresrhythmus

Die durchschnittliche Erstbeobachtung der Art nach dem Winter ist in Hagen der 25. April (nach Daten aus 21 Jahren von 1975 bis 2007). Ein „Ausreißer" in den Erstbeobachtungen ist die Feststellung eines sehr früh singenden Waldlaubsängers von M. Henning am 27. März 2005 am Steltenberg (OSB NABU 2005), ansonsten liegen die Jahreserstbeobachtungen ab Mitte April wie z.B. von einer NABU-Exkursion am 18. April 1999 am Eilper Berg festgestellt. Die späteste Ankunft war an einem 11. Mai (2003). Bis auf eine Beobachtung (rufend am 23. April 2004, Nimmertal) sind alle Erstbeobachtungen zugleich Registrierungen der Erstgesänge (91% aller vorliegenden Daten betrifft Sänger!). Durchziehende Waldlaubsänger singen bereits intensiv, möglicherweise werden früher durchziehende Nichtsänger nicht bemerkt, so dass die Ankunft schon einige Tage früher fällt. Der Durchzug hat einen ausgeprägten Gipfel in der ersten Maiwoche und ist um den 10. Mai nahezu beendet.
Nestbau wurde am 14. Mai 2002 im Holthauser Bachtal festgestellt (Ankunft hier am 1. Mai), und zwar am Boden einer Waldwegböschung in einem Buchen-Eichenmischwald. Ein Paar mit drei frischflüggen Jungvögeln konnte am 30. Juni 1989 im Hasselbachtal/Bemberg beobachtet werden. Letzter Gesang eines Jahres wurde am 6. Juli (Raffenberg 2001) gehört, danach sind die Waldlaubsänger still, aber möglicherweise noch anwesend, denn als letzte bekannte Jahresbeobachtung konnte S. Sallermann am 15. September 2007 in einem kleinen Themengarten in der Eberfelder Straße einen rastenden, flügellahmen Waldlaubsänger beobachten, der sich dort 10 bis 20 Tage lang aufhielt (OSB Nabu).

Schutzmaßnahmen

Die Devise für den Waldlaubsänger sollte lauten „Meidung des Altersklassenwaldes – hin zu naturnahen Laubmischwäldern mit natürlicher Verjüngung". In einigen Wäldern der Stadt Hagen – vor allem in Bereichen des städtischen Waldes – wird dies bereits erfolgreich praktiziert. Die durch Kyrill vernichteten Fichtenforste könnten für den Waldlaubsänger eine Chance bedeuten, wenn bei der Wiederaufforstung natürlicher Verjüngung Raum gegeben würde.

Abb. 5: Im Hagener Stadtwald gibt es noch einen recht guten Bestand an Waldlaubsängern. Alte Buchenwälder mit gutem aber lichtem Unterbau sind dort die bevorzugten Plätze seiner Wahl. Foto B. Rauer

ns Stoldt 179

Fitis *(Phylloscopus trochilus)*

Aufenthalt

		(M)	A	M	J	J	A	S	O		

Brutzeit

		(M)	A	M	J	J					

Brut: ca. 500 Brutpaare, 1 Jahresbrut
Häufigkeit in Punktstoppkartierung: Rang 18, Revieranzeigende: Rang 11

Gefährdung:
RL Deutschland: keine
RL NRW: Vorwarnliste
Hagen: Vorwarnliste

Status: Sommervogel, Durchzügler

Abb. 1: A. Klein

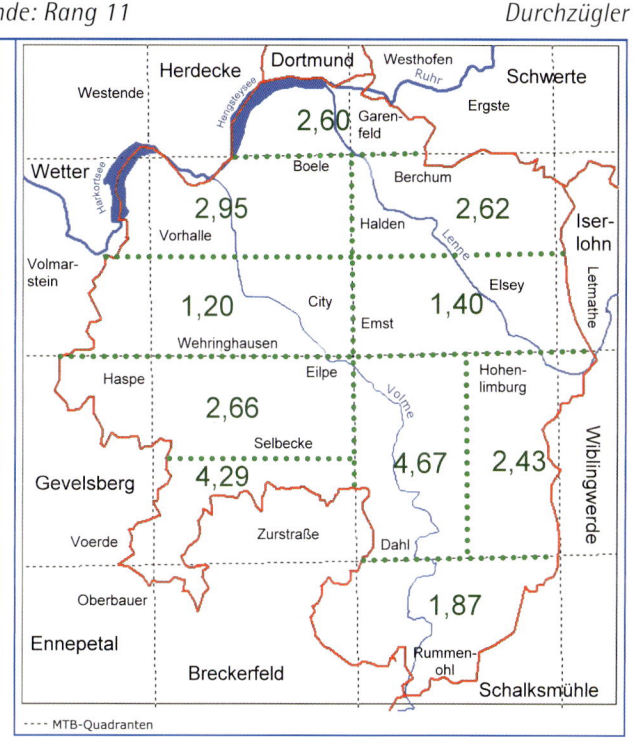

Abb. 2: Durchschnittliche Anzahl an 10 Zählpunkten in 10 Hagener Teilbereichen (Erläuterung s. Anhang)

Verbreitung und Bestand

Der Fitis ist in Hagen weit verbreitet und über das gesamte Beobachtungsgebiet flächendeckend vertreten, in der City allerdings nicht anzutreffen und in den Vororten seltener als im Außenbereich. Schwerpunkte mit typischem Lebensraum findet man z. B. in Vorhalle-Westpreußenstraße/Brockhausen und auf allen jungen Kahlschlaglichtungen in allen Wäldern. Verbreitungsschwerpunkte sind auch die turnusmäßig frei geschnittenen Trassen von Hochspannungsleitungen im Außenbereich.
Die Art zählte zu den häufigeren Brutvogelarten im Hagener Gebiet, ist aber entsprechend den jeweils aktuell vorhandenen Lebensräumen im Bestand periodenhaft schwankend. Auch starke jährliche Schwankungen kommen vor, 2001 z. B. war ein starkes Fitisjahr. Am Barmerfeld sowie in Brockhausen ist der sonst seltenere Fitis sogar häufiger anzutreffen als der Zilpzalp. Die Art wird durch die vom Sturm Kyrill im Januar 2007 großflächig neu entstandenen Waldlichtungen für eine gewisse Zeit profitieren.

Lebensraum

Die Art ist typisch für Lebensräume im fortgeschrittenen Pionierstadium, bevorzugt werden somit halboffene Lebensräume mit Unterholz, dichtem Kraut- und Buschwerk, etwas abseits der menschlichen Siedlungen. Der Fitis brütet sehr gern auf Industriebrachen mit beginnender Verbuschung, Brennesselbeständen und Brombeerhecken oder in den Uferbereichen der Flussläufe und Seen. Er fehlt in der City, landwirtschaftlichen Freiflächen und in Wäldern mit geschlossener Randstruktur. Vereinzelt ist er auch Brutvogel in Parks, Gärten und auf Friedhöfen.

Jahresrhythmus

Der Fitis erscheint stets recht pünktlich Anfang April, ein Mittelwert (Median) für Erstbeobachtungen in Hagen ist der 8. April (A. Welzel). Frühe Jahreserstbeobachtungen: 27. März 2005 Reher Heide, 30. März 2003 Ostbecken, 31. März 2006 (alle U. Schmidt/W. Kohl). Die Hauptpopulation ist bis Mitte April in den Brutrevieren angekommen. Die Rückkehr aus den Überwinterungsgebieten, die im Atlasbereich und im afrikanischen Savannengebiet liegen, kann sich unter Umständen aber auch um bis zu 14 Tage verschieben. Er begnügt sich mit einer Jahresbrut und

Abb. 3: Foto K. Sandmann

verlässt uns Ende Oktober wieder. Spätbeobachtung aus dem Oktober: 14. Oktober 2001 Bredelle (C. Schönberger). Winterbeobachtungsdaten liegen aus dem Bearbeitungsgebiet nicht vor.

Weitere Beobachtungen

Der Fitis hat bei uns ein wesentlich klareres Zugverhalten als der Zilpzalp. Die Reviere sind recht deutlich voneinander abgegrenzt und entsprechen der Hörweite des Gesangs.

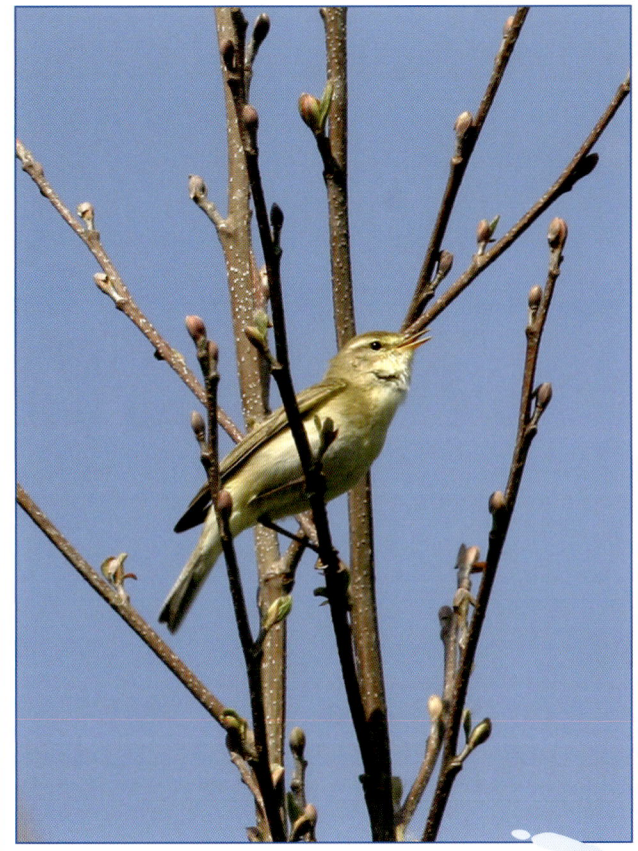

Abb. 5: Foto K. Sandmann

Schutzmaßnahmen

Forstliche Maßnahmen sollten den Erhalt und die Neuschaffung strukturreicher Waldränder berücksichtigen und bei Erstdurchforstung nicht zu stark Strauch- und Krautschicht beeinträchtigen. An Gartenbesitzer und Parkverwaltungen ergeht der Appell, Oasen mit Wildkräutern, Brennesseln und Brombeeren stehen zu lassen oder zu schaffen.

Abb. 4 Die Egge westlich des Wesselbachtales wurde im Januar 2007 großflächig vom Sturm Kyrill abgeräumt. Eine Vegetationsperiode später ist schon eine recht ordentliche Verbuschung festzustellen: Hier entwickelt sich ein hervorragender, wenn auch nur temporärer Lebensraum für den Fitis. 19.10.08. Foto S. Sallermann

Zilpzalp *(Phylloscopus collybita)*

Aufenthalt

| (J) | (F) | M | A | M | J | J | A | S | O | (N) | (D) |

Brutzeit

| | | (M) | A | M | J | J | (A) | | | | |

Brut: 2000 bis 2800 Brutpaare, 2 Jahresbruten
Häufigkeit in Punktstoppkartierung: Rang 6, Revieranzeigende: Rang 3

Gefährdung:
RL Deutschland: keine
RL NRW: keine
Hagen: keine

Status: Sommervogel, Durchzügler, (Wintergast)

Abb. 1: Stadthalle, 2007, Foto R. WISNIEWSKI

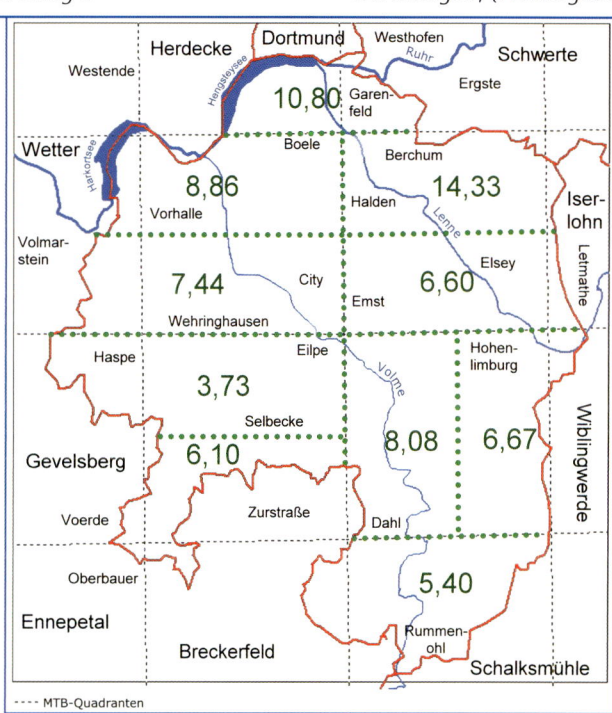

Abb. 2: Durchschnittliche Anzahl an 10 Zählpunkten in 10 Hagener Teilbereichen (Erläuterung s. Anhang)

Verbreitung und Bestand

Der Zilpzalp zählt zu den häufigsten Brutvogelarten in Hagen. Er brütet im gesamten Stadtgebiet, doch ist er in den nördlichen Stadtgebieten doppelt so häufig anzutreffen wie im südlichen Teil. Sein einfaches Lied „Zilpzalp, zilpzalp" ist oft in Abständen von 50 m zu hören, nach unseren Feststellungen ist das gleichzeitig die Reviergrenze.

Lebensraum

Der Brutlebensraum liegt bevorzugt in halboffenen Habitaten. Unterholzreiche Gebüschgruppen – auch Brachflächen in aufgegebenen Fabrikanlagen – werden vom Zilpzalp bei der Standortwahl favorisiert. Weiterhin brütet er in Parks, Gartenanlagen, Vorgärten, auf Friedhöfen, an Waldrändern und Brachflächen. Stimmen diese Voraussetzungen, sind alle halbwegs gängigen Lebensräume mit mindestens einem Brutpaar besetzt.

Jahresrhythmus

Die Erstbeobachtungen der Art nach der Rückkehr aus den Überwinterungsgebieten, meistens Singende, gelingen Mitte März (Mittelwert für Hagen 17. März), in den südlichen Höhenlagen Hagens ist dies zwei bis drei Wochen später. Möglicherweise betreffen die Erstbeobachtungen nicht Hagener Brutvögel, sondern nur Durchzügler, die die Flusstäler bevorzugen und die klimatisch ungünstigeren Höhenlagen meiden (A. WELZEL). Beobachtungen von Erstgesängen eines Zilpzalps:
- 12. März 1996, Loxbaum (T. DRANE)
- 12. März 2001, Hagen-Eilpe (A. WELZEL)
- 13. März 2000, Hohenlimburg, Wilhelmstraße (A. WELZEL)
- 14. März 2000, Rummenohl (P. UEBELGÜNNE)

Schon in den ersten halbwegs schönen Frühlingstagen wird alsbald mit dem Brutgeschäft begonnen. Auch noch nach Beendigung der Zweitbrut ist der Gesang zu hören. Je nach Wetterlage können Durchzügler auch noch im Oktober, in Ausnahmefällen bis Anfang November im Brutgebiet beobachtet werden.
Spätbeobachtungen jeweils eines einzelnen Zilpzalps:
- 19. Oktober 1997, bei Stora-Enso und am Hengsteysee (C. SCHÖNBERGER)

182 Zilpzalp

- 27. Oktober 1997, Helfer Straße 70 (J. Kamp)
- 6. November 1998, ein Exemplar Lennemündung (J. Kamp)
- 6. November 2004, Lennefähre (S. Sallermann)
- 11. November 2002, Seestraße (W. Kohl/U. Schmidt)

Weitere Beobachtungen

Aus dem Bearbeitungszeitraum bis 2008 liegen noch weitere zahlreiche einzelne Nachweise zwischen November und Februar vor, z. B.:
- 20. Dezember 2001: Busohlbachtal Eilperfeld (A. Welzel)
- 15. Februar 1999: 15 Zilpzalpe im Barmerfeld (S. Sallermann)

Am 22. Januar hörte E. Janzing einen Zilpzalp zaghaft am Harkortsee singen (OSB 2002). Damit ist nicht klar beurteilbar, ob nicht vielleicht in einigen Jahren Zilpzalpe in Hagen überwintern oder von umherziehenden Überwinterern aufgesucht wird. Sicher aber überwinterte ein Einzelexemplar im Stadtgebiet an der Lennemündung bei der Einleitung des aufgewärmten Wassers aus der Kläranlage Kabel im Winter 2000/2001 (S. Sallermann) und auch noch im Winter 2002 (OSB Cinclus).

Schutzmaßnahmen

Die Erhaltung und Schaffung von strukturreichen Lebensräumen steht an erster Stelle.

Abb. 3: Ein optimaler Lebensraum: die reich strukturierte Brachfläche eines aufgegebenen Bauernhofes „In den Erlen", bei Vorhalle 30.9.08. Foto S. Sallermann

Abb. 5: Sicher nicht so optimal, aber selbst in so einer engen Vorgartensituation kann er sich einstellen. Boeingstrasse Hohenlimburg, 11.10.08. Foto S. Sallermann

Abb. 4: Stadthalle Hagen. Foto R. Wisniewski

STEPHAN SALLERMANN 183

Feldschwirl *(Locustella naevia)*

Aufenthalt

		A	M	J	J	A?			

Brutzeit

		A	M	J	(J)	A?			

Brut: bis 5 Brutpaare, 1 (2?) Jahresbruten
Häufigkeit in Punktstoppkartierung: Rang 81, Revieranzeigende: Rang 65

Gefährdung:
RL Deutschland: Vorwarnliste
RL NRW: gefährdet
Hagen: vom Aussterben bedroht

Status: Sommervogel

Abb. 1: Foto H.-J. Fünfstück

Abb. 2: Durchschnittliche Anzahl an 10 Zählpunkten in 10 Hagener Teilbereichen (Erläuterung s. Anhang)

Verbreitung und Bestand

Die meisten Vorkommen sind in den Höhenlagen bis 250 m ü. NN zu finden. Verbreitungsschwerpunkte sind der Norden und der Ostens Hagens. Die Brutareale liegen vorzugsweise in Hörweite auseinander, so dass eine inselartige Verbreitung festzustellen ist.
Obwohl die Bestandszahlen schwanken (fünf bis zehn Brutpaare), befinden sich regelmäßige Vorkommen nordöstlich der Lenne zwischen Garenfeld und Hohenlimburg. Andererseits ist er immer wieder sporadisch in Biotopen anzutreffen, die sich im Sukzessionsbeginn befinden. So ist bei dieser Art davon auszugehen, dass sie durch die neu entstandenen Waldlichtungen des Sturmes Kyrill im Januar 2007 profitieren wird. Schäfer beobachtete am 1. Mai 1952 einen „singenden Heuschreckenschwirl in der Schmittau" und bezeichnete die Art als „sehr selten" (1948/1996). Von G. Röttler wird überliefert, dass sie in den 1970er Jahren immer wieder im Bereich des Hagener Stadtwaldes anzutreffen war, so auch am 14. Mai 1992 am Vorhaller Friedhof und in den 80er und 90ern mehrfach im Bereich Halden-Fley. Schücking schreibt von singenden Feldschwirlen im Nahmerbachtal, Königssee und Brenscheider Mühle (OSB Cinclus 1980).

Lebensraum

Feuchte Hochstaudenfluren werden bevorzugt. Als Sekundärlebensraum besiedelt er auch Brachflächen mit krautiger Vegetation und Gebüschen, Kahlschläge und junge, krautreiche Schonungen. Die Krautflora darf direkt am Boden nicht zu dicht sein, damit die Vögel genügend Bewegungsfreiheit zum Umherlaufen haben.

Jahresrhythmus

Ankunft ist etwa Ende April bis Mitte Mai, vorzugsweiser Brutbeginn Mitte Mai. Ein Brutverlauf wurde 1997 in Fley genau dokumentiert:
- am 11. Mai Erstgesang des Männchens mit Gesangsschwerpunkt bis zum 15. Mai
- etwa bis zum 15. Mai Reviergründung und Nestbau
- etwa bis zum 1. Juni Brutdauer
- etwa bis zum 15. Juni Nestlingszeit

Danach setzte eine weitere Phase verstärkten Gesanges ein.

184 Feldschwirl — Stephan Sallermann

Zur Zweitbrut ist es dann jedoch nicht mehr gekommen. Dieser Verlauf scheint für Hagen recht normal zu sein. So gibt es die meisten registrierten singenden Männchen zunächst in der ersten Maihälfte und dann wieder in der zweiten Junihälfte.

Frühe Beobachtungsdaten: 27. April 1999 Federnstraße (P. Uebelgünne); Spätdaten: 28. Juli 1992 Ruhr bei Garenfeld (H.-J. Thiel, H. Baranowski). Am 18. Juli 1993 noch fütternd am Lahmen Hasen (J. Grawe). Während der Zugzeit auch in allen Höhenlagen anzutreffen, z. B. am 9. Mai 1993 um 400 m Böllinger Höhe und Eichelnbleck (H.-J. Thiel).

Weitere Beobachtungen

An Hand der historischen Beobachtungsdaten kann festgestellt werden, dass die Art nie häufig war. Typisch ist, dass sie stets inselartig konzentriert auftritt, zeitweise wieder noch seltener wird und plötzlich wieder etwas häufiger aufzufinden ist.

Abb. 3: Im Wannebachtal zwischen Berchum und Tiefendorf sind recht regelmäßig Brutpaare anzutreffen. 22.6.03 Foto S. Sallermann

Schutzmaßnahmen

Gezielte Maßnahmen sind sehr schwierig. Sinnvoll ist jedoch die Erhaltung und Förderung von Brachflächen. Einzelsträucher oder kleine Gehölzgruppen müssen vorhanden sein. Das Ausdünnen („Auskusseln") flächig verbuschender Flächen ist für die Bestandsentwicklung förderlich. Die Entwicklung von lockeren Krautfluren zu Wiesenbiotopen ist eher ungünstig.

Abb. 5: In diesem Teil des NSG "Alter Ruhrgraben" findet die Art geeignete Flächen. Die Krautflora ist nicht zu dicht und die eingestreuten Gebüsche passen in dieser Form in sein Lebensraumschema. Hier gibt es genügend Verstecke, um das Nest in Bodennähe zwischen Halmen oder Ästen geschützt einflechten zu können. 12.5.2005. Foto R. Blauscheck.

Abb. 4: Foto H. Duty

STEPHAN SALLERMANN 185

Sumpfrohrsänger *(Acrocephalus palustris)*

Aufenthalt

| | | | M | J | J | A | | | |

Brutzeit

| | | | M | J | J | | | | |

Gefährdung:
RL Deutschland: keine
RL NRW: keine
Hagen: keine

Brut: ca. 250 Paare, 1 Jahresbrut
Häufigkeit in Punktstoppkartierung: Rang 54, Revieranzeigende: Rang 37   **Status:** Sommervogel

Abb. 1: Kläranlage Fley, 15.5.1982, Foto A. WELZEL

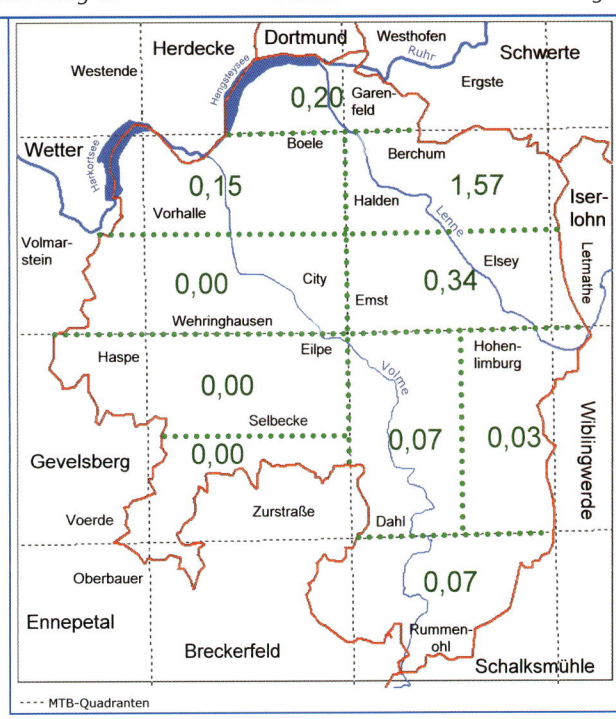

Abb. 2: Durchschnittliche Anzahl an 10 Zählpunkten in 10 Hagener Teilbereichen (Erläuterung s. Anhang)

Verbreitung und Bestand

Der Verbreitungsschwerpunkt ist eindeutig der Niederungsbereich des Lennetales von Elsey bis zur Mündung in die Ruhr. Als im Zuge der Lenneverlegung für die Entwicklung des Industriegebietes Unteres Lennetal vor 25 Jahren große zusammenhängende Brachflächen mit entsprechender Hochstaudenflur entstanden, nahmen die Bestände sprunghaft zu. Nach und nach wurde dann ein Großteil dieser Bestände jedoch durch die Bebauung wieder verdrängt. Bis heute konnten sich in den flussbegleitenden Hochstaudenfluren und den noch verbliebenen Freiflächen des Industriegebietes recht sichere Bestände halten. Sehr hohe Populationsdichten sind hier möglich. Eine grobe Zählung am 6. Juni 1993 ergab für diesen Bereich gut 200 singende Exemplare. So gab es stellenweise besonders viele singende Männchen zwischen dem Barmerfeld/Sundern und der Autobahnbrücke der A 45 mit bis zu 3 bis 5 Individuen/ha. Aber auch die Seitentäler und das Ruhrtal weisen recht gute Bestände auf (Hengsteysee, Harkortsee, Dünningsbruch, Donnerkuhle u. a.).
In einer Beobachtungsreihe von 1992 bis 1995 konnte C. SCHÖNBERGER für die gesamte Kaisbergaue vier Brutpaare (0,2 Paare/ha) und für das untere Wannebachtal drei bis fünf Brutpaare (0,24 bis 0,41 Paare/ha) ermitteln.
In Hagen sind Nachweise bis in 220 Höhenmetern bekannt (Tiefendorf, Emst, Garenfeld, Haßley und Reher Berg).

Lebensraum

Der Sumpfrohrsänger ist besonders häufig in den Hochstaudenfluren unser Fluss- und Bachtäler anzutreffen, hier vor allem in Brennnesseln, gern auch in der Kombination mit Gebüschdickichten. Der krautige Bewuchs darf am Boden nicht zu dicht sein. Neben Flussauen werden gerne auch Bachtäler, Dämme, verwilderte Gärten und Industriebrachen im Sukzessionsbeginn besiedelt. Der Sumpfrohrsänger zieht zwar feuchte den trockeneren Standorten vor, ist jedoch nicht davon abhängig.

Jahresrhythmus

Ankunft 1. Maidekade (9. Mai 2002, Fley) bis Anfang Juni. Nach der zügigen Revierbildung erfolgt sehr schnell darauf der Legebeginn.
Die ersten Sumpfrohrsänger ziehen Ende Juli schon wieder ab. Der Hauptabzug verläuft dann etwa bis Ende August.

Sumpfrohrsänger

STEPHAN SALLERMANN

Abb. 3: in einem Bestand der Kanadischen Goldraute, Lennetal. Foto R. WISNIEWSKI

Abb 5: Die krautige Vegetation der verbliebenen Auengalerie des umgestalteten Lennetales besteht oft großflächig aus Neophyten wie der Kanadischen Goldraute und dem Indischen Springkraut. Der Sumpfrohrsänger kommt hiermit gut zurecht und bildet hier dichte Bestände. Das undurchdringliche Pflanzendickicht bietet selbst vor den zahlreichen frei laufenden Hunden einen guten Schutz. 28.9.2008. Foto S. SALLERMANN

Weitere Beobachtungen

Die Art ist nur während der Reviergesänge gut zu entdecken. Später verhalten sie sich recht ruhig und sehr unauffällig. Die Vögel sind während des Zuges nur schwer auszumachen.
1981 berichtete A. SCHÜCKING von einer erfolgreichen Brut eines Vollalbino-Weibchens mit einem normalgefiederten Männchen. Die Jungvögel waren allesamt normal gefärbt.
Singende Männchen wurden auch in Getreide- und Rapsfeldern nachgewiesen.

Schutzmaßnahmen

Die Möglichkeiten der Art zu helfen sind recht eindeutig. In unserer anthropogen beeinflussten Landschaft hängen die Populationsgrößen sehr stark davon ab, wie intensiv die beschriebenen Habitate gefördert werden. So ist es sinnvoll, Brachen mit gut entwickelter Hochstaudenflur durch regelmäßige Mahd zu erhalten. Der Schnitt sollte etwa alle zwei bis drei Jahre im Herbst durchgeführt werden. Brachliegende landwirtschaftlich genutzte Flächen brauchen oft erst eine Weile, bis sich die Art von lockerer Hochstaudenflur gebildet hat, die für den Sumpfrohrsänger geeignet ist.

Äußerst wichtig ist, dass potenzielle Lebensräume nicht während der Brutzeit, also vor Ende Juli ausgemäht werden. Das gilt besonders häufig für Gräben und Böschungen an Straßenrändern und Autorastplätzen, die häufig nur in übertriebenem Pflegewahn schon im Juni zum ersten Mal geputzt werden. Dazu ist der Dialog mit Straßenmeistereien und Grünflächenämtern zu suchen.

Abb. 4: Die großflächige Umwandlung des Unteren Lennetales in Industriegebiete seit den 1970er Jahren, brachte stets solche Industrieerwartungsbrachen hervor. Das Bild zeigt eine Fläche in der Heydastrasse. In der sich im Zuge der Sukkzession entwickelnden Hochstaudenflur stellen sich stets einige Brutpaare ein. 28.9.2008 Foto S. SALLERMANN

Abb. 6: Nest in einen Bergahornsämling und Wald-Geißblatt eingeflochten. 10.1.2008. Foto U. SCHMIDT

Gelbspötter *(Hippolais icterina)*

Aufenthalt

			M	J	J	A			

Brutzeit

			M	J	J	A			

Gefährdung:
RL Deutschland: keine
RL NRW: Vorwarnliste
Hagen: vom Aussterben bedroht

Brut: 1 bis 2 Brutpaare, 1 Jahresbrut
Häufigkeit in Punktstoppkartierung: Rang 86, Revieranzeigende: Rang 74
Status: Sommervogel

Abb. 1: Foto A. KLEIN

Verbreitung und Bestand

Schwerpunkt der Verbreitung im Lenne- und Ruhrtal zwischen 90 und 120 m NN, hier dann auch in die Seitentäler bis auf knapp 200 Höhenmeter aufsteigend (Milchenbach, Bredelle, Wannebachtal, Garenfeld, Tüßfeld und Haßley). Es gibt nur wenige Gebiete, die einigermaßen regelmäßig besiedelt werden. Hier sind nur die Lenneaue Berchum (Pappelwald), Wannebachtal, Milchenbach und Jachthafen Harkortsee zu nennen. Mehrere Nachweise liegen noch von der Ruhraue Syburg sowie von den Uferbereichen des Hengstey- und Harkortsees vor. Ansonsten sind nur einmalig besiedelte Plätze bekannt. Auch liegen für Hagen in jüngster Zeit keine Nachweise von nachbarschaftlich brütenden Paaren vor. Von G. RÖTTLER wird überliefert, dass die Art in den 1960 und 70er Jahren noch wesentlich häufiger und vielerorts anzutreffen war: Ischelandstadion, Weinberg-Funcke Park, Haus Busch, Lichtungen im Fleyer Wald, Ischelandteich, Westfalia-Stadion, Gärten im Bereich Wittekindstraße, Karl-Halle-Straße und Bredelle. Seitdem wird eine stetige Bestandsabnahme registriert.

Lebensraum

Der Gelbspötter bevorzugt Auwälder und andere unterholzreiche, lichte, hohe Gebüschgruppen sowie lockere mehrschichtige Wälder, auch in verwilderten Obsthöfen und höheren Feldgehölzhecken mit Überhältern. Er ist typisch für alte Parkanlagen, Friedhöfe und durchgrünte Gartenvorstädte mit hohem Laubgehölzanteil. Die Art wurde früher auch Gartenspötter genannt. Dieser Name lässt darauf schließen, dass er in Hausgärten einmal wesentlich häufiger vorgekommen ist. Die Struktur und das Aussehen der modernen Hausgärten bieten der Art jedoch nicht mehr die notwendigen Bedingungen.

Jahresrhythmus

Erstnachweise Anfang bis Mitte Mai, so am 9. Mai 2002 im Lennetal bei Fley sowie am 15. Mai 1994 in Herbeck und am 16. Mai 1996 in der Bredelle (C. SCHÖNBERGER). Brutbeginn ist dann wohl in der Regel Ende Mai/Anfang Juni. Nachweise nach dem 16. Juni sind nicht viele vorhanden. Späte Nachweise singender Männchen sind der 8. Juli 1999 im Uhlenbruch (M. WÜNSCH) und der 18. Juli 2004 (U. SCHMIDT/ W. KOHL). Die Art ist in Hagen nur sehr wenig bearbeitet und beobachtet worden. Da der Vollgesang mit der Paarbildung sehr stark abnimmt, bleibt die Art als unauffälliger Bewohner von Gehölzbeständen häufig unentdeckt.

Weitere Beobachtungen

Durch Aussehen und Gesang und zuweilen überschneidender Lebensräume ist der Gelbspötter sehr leicht mit dem Sumpfrohrsänger zu verwechseln.

Schutzmaßnahmen

Die wichtigste Schutzmaßnahme ist die Sicherung und Wiederherstellung einer funktionierenden Auwalddynamik. Darüber hinaus sind die Erhaltung von verwilderten Obsthöfen, Parkanlagen mit altem Gehölzbestand und die Förderung naturnaher, mehrschichtig aufgebauter Laubwälder für die Bestandsentwicklung günstig.
Der Besitzer eines Gartens kann mit der Anpflanzung und Pflege von hochstämmigen Obstbäumen, frei wachsenden Hecken und allgemeiner extensiver Nutzung etwas für die Art tun. Besondere Bedeutung haben in diesem Zusammenhang Gebüsche mit gut ausgebildeter Krautschicht und Unterholz.

Mönchsgrasmücke *(Sylvia atricapilla)*

Aufenthalt

| | | (M) | A | M | J | J | A | S | (O) | (N) | |

Brutzeit

| | | | A | M | J | J | A | | | |

Brut: ca. 2300 Brutpaare, 1 bis 2 Jahresbruten
Häufigkeit in Punktstoppkartierung: Rang 11, Revieranzeigende: Rang 6

Gefährdung:
RL Deutschland: keine
RL NRW: keine
Hagen: keine

Status: Sommervogel, Durchzügler

Abb. 1: Männchen füttert, Fleyer Wald, 16.5.1962, Foto: A. Vehling

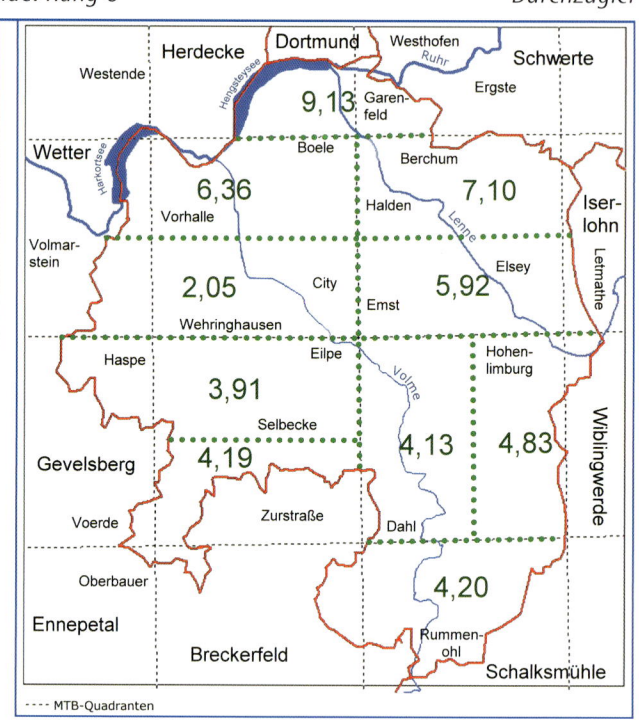

Abb. 2: Durchschnittliche Anzahl an 10 Zählpunkten in 10 Hagener Teilbereichen (Erläuterung s. Anhang)

Verbreitung und Bestand

Sie ist in allen Höhenlagen mit entsprechendem Lebensraum überall regelmäßig anzutreffen und als häufig einzustufen. Die Art ist leicht auszumachen, da sie zu unseren intensivsten Sängern zählt. Sie singt auch während der Jungvogelbetreuung noch weiter. Größere Populationsdichten scheint es in den Flussauenbereichen zu geben. Die Bestände sind insgesamt noch als stabil zu bezeichnen. Aber auch bei dieser Art können in manchen Jahren auffällige kurz befristete Bestandsschwankungen auftreten.

Lebensraum

Sie ist in der Auswahl ihres Lebensraumes im Vergleich zu den anderen Grasmücken am vielseitigsten, vegetationsfreie Gebiete werden aber gemieden. Offene und halboffene sonnige Flächen ohne größere und höhere Gehölzbestände werden nur in Ausnahmen besiedelt, sehr gern aber in Laubwäldern mit Unterbewuchs und intakten Waldsäumen. Sie kommt aber auch in Nadelwäldern und Schonungen aller Art vor und ist innerhalb des Stadtgebietes in Gärten, Parks und Friedhöfen mit größeren und höheren Gehölzbeständen anzutreffen.

Jahresrhythmus

Die Ankunft der Art ist im Wesentlichen pünktlich Ende März/April: 29. März 1998 Hammacher, 30. März 2003 Dünningsbruch, 29. März 1998 Hengsteysee (M. Wünsch), 29. März 2005 Rummenohl und 26. März 2007 Kuhlerkamp (jeweils P. Uebelgünne). Sie fällt dann sofort mit Gesang auf. Brutbeginn ist etwa April-Mai. Sie macht wahrscheinlich nur in Ausnahmen zwei Bruten. In der Lenneaue bei Berchum zeugt ein am 6. Juli 2003 fütterndes Männchen wohl von einer Zweitbrut.

Abzug der Bestände ist etwa im September, am 11. September 2003 noch singend „Auf der Höhe" in der Selbecke. Späte Beobachtung gab es von J. Kamp am 21. Oktober 1998 in Helfe und am 28. November 1995 von C. Schönberger in der Bredelle. Aus anderen Gebieten Mitteleuropas gibt es inzwischen Meldungen, dass die Art im Zuge der Klimaerwärmung Tendenzen zur Überwinterung zeigt. Dies konnte für Hagen noch nicht belegt werden.

Mönchsgrasmücke

Stephan Sallermann

Abb. 3: Die Art ist nicht sehr anspruchsvoll an seinen Lebensraum. Je vielseitiger die Strukturen sind, umso dankbarer ist sie aber. Der Großraum um Holthausen bietet in dieser Hinsicht so ziemlich alles: ein Mosaik der verschiedensten Gartenstrukturen, einem Friedhof, landwirtschaftlicher Nutzflächen, Mischwälder und Landschaftsheckensystemen, Foto B. Rauer

Weitere Beobachtungen

Der auffällige Gesang kann unter Umständen leicht mit dem der Gartengrasmücke verwechselt werden.

Abb. 5: Männchen, Foto J. Schneider

Schutzmaßnahmen

Die Art ist sehr vielseitig in der Auswahl ihrer Lebensräume. Eine artspezifische Hilfe ist nicht nötig. Diese wäre auch sehr schwierig. Wichtig ist aber auch für die Mönchsgrasmücke, dass sie eine reich strukturierte unvergiftete Landschaft vorfindet. Das gilt für die Populationen, die die freie Landschaft besiedeln genauso wie für die in den urbanen Bereichen. Wie erfolgreich die Bruten verlaufen, hängt stets von dem Angebot gesunder und vielseitiger Nahrung ab. Die Art ist wie Amsel und Buchfink auch nahezu überall zu finden. Dies muss besonders beachtet werden. Sollte diese häufige, recht anspruchslos erscheinende Art in einem Gebiet plötzlich nicht mehr singen, muss die Qualität dieses Landschaftsraumes besonders geprüft werden.

Abb. 4: Weibchen, Stadthalle Felsengarten, 2008 Foto R. Wisniewski

Gartengrasmücke *(Sylvia borin)*

STEPHAN SALLERMANN

Aufenthalt

			A	M	J	J	A	S			

Brutzeit

				M	J	J					

Gefährdung:
RL Deutschland: keine
RL NRW: keine
Hagen: keine

Brut: ca. 300 Brutpaare, 1 bis 2 Jahresbruten
Häufigkeit in Punktstoppkartierung: Rang 34, Revieranzeigende: Rang 19

Status: Sommervogel, Durchzügler

Abb. 1: Foto A. KLEIN

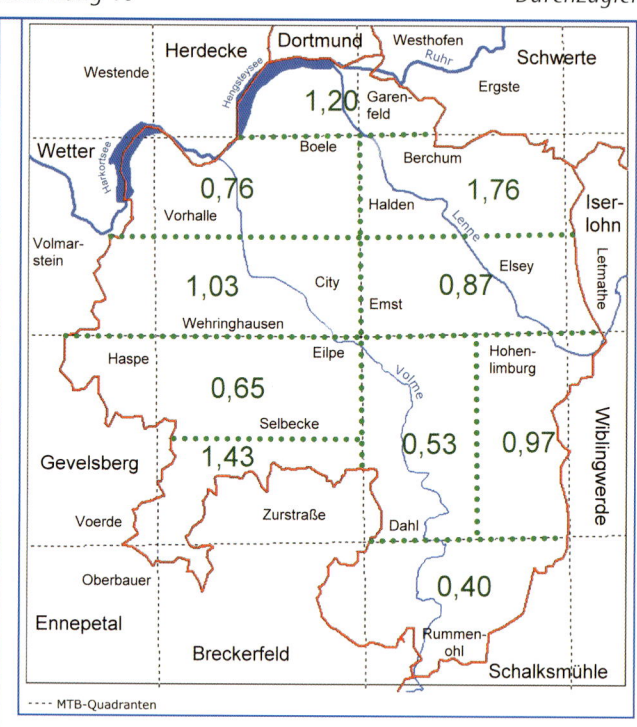

Abb. 2: Durchschnittliche Anzahl an 10 Zählpunkten in 10 Hagener Teilbereichen (Erläuterung s. Anhang)

Verbreitung und Bestand

Die Art ist in allen Höhenlagen mit entsprechendem Lebensraum regelmäßig anzutreffen, schwerpunktmäßig jedoch in den Bereichen naturnaher halboffener Bach- und Flussterrassen. Die Bestände der Art sind sehr großen jährlichen Schwankungen ausgesetzt. Waren im Jahr 2002 in Hagen vielleicht 50 singende gemeldet, konnte hingegen im Jahr 2003 ein Vielfaches davon registriert werden. Ähnliche Populationsschwankungen hat es in der Vergangenheit immer wieder gegeben.

Die Reviere können in optimalen Habitaten recht dicht zusammen liegen. Die Abstände liegen so stellenweise nur 20 bis 30 m auseinander. Zwischen dem 11. Mai und 8. Juni 2003 konnten auf der westlichen Flussseite der Lenneaue Berchum zwischen A 45 und Spannstiftstraße 10 bis 13 singende Männchen gehört werden. Die schmale Fläche entspricht etwa 5 ha. Weitere besonders gute Flächen findet sie im Wannebachtal, am Hammacher, am Südufer des Harkort- und Hengsteysees, im Volmetal, in den Randlagen der Hagener Steinbrüche und im offenen Landschaftsbereich der Hagener Bauernschaften.

Lebensraum

Die Gartengrasmücke bevorzugt halboffene gebüschreiche Landschaften mit breiten Hecken und umfangreichen Gebüschkomplexen, die ein Mosaik mit Hochstauden und Wiesen bilden. Sie besiedelt gern Sukzessionsflächen im fortgeschrittenen Stadium, auch kleinere, höhere Gehölzbestände mit dichter Kraut- und Strauchschicht, Waldränder mit entsprechendem Bewuchs, Schonungen, lichte Auenwälder sowie Bach- und Flussgaleriegebüsche. Innerstädtisch ist sie in Parkanlagen mit verwilderten Bereichen, auf strukturreichen Friedhöfen und Gärten anzutreffen, selten in Nadelwaldstrukturen und dann nur, wenn stufiger Unterbewuchs vorhanden ist.

Gartengrasmücke

STEPHAN SALLERMANN

Abb. 3: Alle unsere Grasmückenarten lieben artenreiche extensiv gepflegte Feldhecken mit angrenzenden krautigen Bereichen. In der abgebildeten Hecke brüten oft alle 4 Arten zeitweise gleichzeitig. Die Gartengrasmücke stellt sich jedes Jahr ein. Sauerlandstrasse/ Röhrenspring zwischen Fley und Halden. 28.9.2008. Foto S. SALLERMANN

Jahresrhythmus

Die Ersten der Art treffen bei uns Mitte bis Ende April ein: 13. April 1986 Ruhraue Syburg (M. SCHLÜPMANN), 15. April 1989 Ruhraue Syburg (A. WELZEL), 20. April 2003 am Märchenwald (J. GRAWE, U. SCHMIDT, W. KOHL), 22. April 1998 (C. SCHÖNBERGER), 24. April 1999 (G. und H. STEINBACH) und 24. April 2006 Lenneaue Berchum (U. SCHMIDT). Der größte Teil jedoch zu Beginn des folgenden Monats. Für den Mai liegen auch die meisten Nachweise vor. Ab Mitte Juni gibt es nur noch wenige schriftlich fixierte Daten: 14. Juni 1998 Hammacher, folgende Daten alle A. WELZEL: 18. Juni 2002 singend, 25. Juni 2002 futtertragend, 30. Juni 1989 noch singend. Die Bruten haben dann wohl überall eingesetzt. Der unscheinbare Vogel lebt dann ohne seinen Gesang sehr heimlich. Spätere Beobachtungen: Am 6. Juli 2003 Lenneaue Berchum noch fünf Singende. Weitere Julibeobachtungen gibt es noch aus dem benachbarten Wiblingwerde. Die letzte Sichtung wurde am 19. September 1999 in Hohenlimburg gemacht (H. J. REICHLING). Die wesentliche Zeit des Abzuges wird etwa Ende Juli/Anfang August sein.

Weitere Beobachtungen

Der lang anhaltende Gesang der Gartengrasmücke gehört zu den auffälligsten Vogelliedern in unserem Raum. Sie singt am liebsten bei schönem Wetter. Daher wird sie sehr gern als Bote des nahenden Sommers betrachtet.
Wie schon erwähnt, ist die Art großen jährlichen Schwankungen ausgesetzt. Zumindest sind die Bestände in warmen trockenen Jahren größer. Sie ist vom Gesang her manchmal mit der Mönchsgrasmücke zu verwechseln, vor allem, wenn der Vollgesang der Letzteren nachlässt. Die Art wird von der allgemeinen Klimaerwärmung profitieren.

Schutzmaßnahmen

Garten- und Dorngrasmücken leben in Hagen häufig in Nachbarschaft zueinander. Somit treffen die Maßnahmen, die der Dorngrasmücke helfen, auch bei ihr zu. Wenn weiterhin Besitzer größerer Grundstücke ihre Anlagen mit einer kräftigen, frei wachsenden Hecke aus gemischten, möglichst heimischen Laubsträuchern einfrieden, wird sich die Gartengrasmücke mit ziemlicher Sicherheit eines Tages einstellen. Auch die Anlage von Feldgehölzhecken in der freien Landschaft wirkt sich für die Art recht positiv aus.

Abb. 4: Foto K. SANDMANN

Klappergrasmücke *(Sylvia curruca)*

STEPHAN SALLERMANN

Aufenthalt

			A	M	J	J	A			

Brutzeit

				M	J	J	A			

Gefährdung:
RL Deutschland: keine
RL NRW: Vorwarnliste
Hagen: keine

Brut: bis 100 Brutpaare, 1 (2?) Jahresbruten
Häufigkeit in Punktstoppkartierung: Rang 67, Revieranzeigende: Rang 51
Status: Durchzügler, Sommervogel

Abb. 1: Garenfeld, 2008, Foto R. WISNIEWSKI

Abb. 2: Durchschnittliche Anzahl an 10 Zählpunkten in 10 Hagener Teilbereichen (Erläuterung s. Anhang)

Verbreitung und Bestand

Sie kommt in Hagen flächendeckend, aber in geringer Zahl in allen Höhenlagen vor und ist oft in den Gartenvorstädten zu finden. Sie gehört zu den Arten, deren Bestände dichter werden.
Die Brutpaare sind in Hagen weit verteilt. Selten brüten mehrere Paare in Rufweite nebeneinander, sie ist also wesentlich ungeselliger als Garten- und Dorngrasmücke. Bei Bruten im Außenbereich hingegen kann sie jedoch manchmal mit verschiedenen der anderen drei Grasmückenarten zusammen vorkommen. Bestimmte Brutreviere sind über einige Jahre hinweg besetzt, dann aber plötzlich verlassen. Es scheint, dass die Nachkommen der Art das Brutrevier nicht traditionell weiter besetzen und sich deshalb nicht so brutplatzgebunden zeigen wie dies z. B. von der Nachtigall bekannt ist.
Die Klappergrasmücke taucht zur Brutzeit immer wieder an völlig verschiedenen Stellen innerhalb des Stadtgebietes auf. Von etwa 1993 bis 2002 galt die Art noch als selten, der Bestand war aber auf einem niedrigen Niveau recht stabil. Seitdem nehmen die Beobachtungen jedoch recht auffällig zu. Der Gesang ist inzwischen in den entsprechenden Lebensräumen allgemein zu vernehmen. Die jährlichen Populationsschwankungen sind im Vergleich zu Garten- und Dorngrasmücke nicht so groß.

Lebensraum

Bei uns weniger im Außenbereich, hier dann in halboffenen Landschaftsbereichen aller Art: Obsthöfe, Hecken und Gehölzgruppen und Sukzessionsflächen in fortgeschrittenem Stadium. In Hagen sehr häufig in den Grünanlagen der Gartenvorstädte, auch in Stadtparks, Friedhöfen und Hausgärten. Waldartige Strukturen werden völlig gemieden. Während Garten- und Dorngrasmücke ihr Nahrungsangebot eher in einem reich strukturierten naturnahen Lebensraum finden, darf es bei der Klappergrasmücke schon etwas aufgeräumter sein. Ihr Nahrungsangebot kann sie auch noch in den Hecken gärtnerisch gepflegter Grünanlagen in unserer Stadt ausfindig machen.

Klappergrasmücke

Stephan Sallermann

Abb. 3: Stadthalle Hagen, 16.5.2008, Foto R. Wisniewski

Jahresrhythmus

Die Art erscheint recht pünktlich Mitte bis Ende April im Stadtgebiet. Sie trifft vor Garten- und Dorngrasmücke ein, eine Erstbeobachtung gelang am 12. April 2007 in der Batheyer Straße (M. Wünsch). Sie lässt sich sehr leicht durch den intensiven Gesang feststellen und singt während der einsetzenden Brut im Mai noch recht intensiv weiter. Auch im Juni und Juli wird noch vereinzelt gesungen, z. B. 4. Juli 2003 „Im Wiedenbusch" und 24. Juli 2007 in Hobräck (H.-J. Thiel). Am 1. August 1993 gelangen G. und H. Steinbach noch eine Spätbeobachtung beim Füttern von Jungvögeln Im Brauck. Allgemein handelt es sich um die heimlichste der vier heimischen Grasmücken, sie ist ohne Gesang kaum zu entdecken. Schwerpunkt des Abzuges ist etwa Ende August/September.

Schutzmaßnahmen

Da Brutvorkommen der Art sehr unbeständig und zufällig erscheinen, sind konkrete Maßnahmen speziell für diese Art sehr schwierig. Prinzipiell braucht sie jedoch wie alle anderen Vogelarten auch eine gesunde vielfältige Nahrung. Dort wo Vögel leben, sollten toxische Pflanzenschutzmittel nicht verwendet werden. Die Anlage und der Erhalt von Hecken und Gebüschen sind natürlich auch für die Ansiedlung der Klappergrasmücke recht förderlich. Wichtig ist hier vor allem, dass die Hecken nicht zur Brutzeit beschnitten werden, denn da gerade die Klappergrasmücke sehr gern in urbanen Hecken nistet, sind ihre Gelege durch allgemeine Heckenpflegeschnitte sehr gefährdet.

Abb. 4: Wo es in Hagen Gartenstrukturen mit einem ausreichenden Nahrungsangebot gibt, kann sich die Art einstellen. Es ist oft schon erstaunlich, wie einfach die gärtnerischen Vegetationsstrukturen sind, aus denen diese Grasmücke ihre klappernden Tonreihen zur Brutzeit hören lässt. Die Umgebung darf nur nicht zu eng und schattig sein. Andere Grasmückenarten kämen hier nicht vor. Boeler Straße, 29.9.2008, Foto S. Sallermann

Dorngrasmücke *(Sylvia communis)*

Aufenthalt

		(A)	M	J	J	A	S		

Brutzeit

			A	M	J	(J)			

Brut: ca. 50 Brutpaare, 1 Jahresbrut
Häufigkeit in Punktstoppkartierung: Rang 59, Revieranzeigende: Rang 44

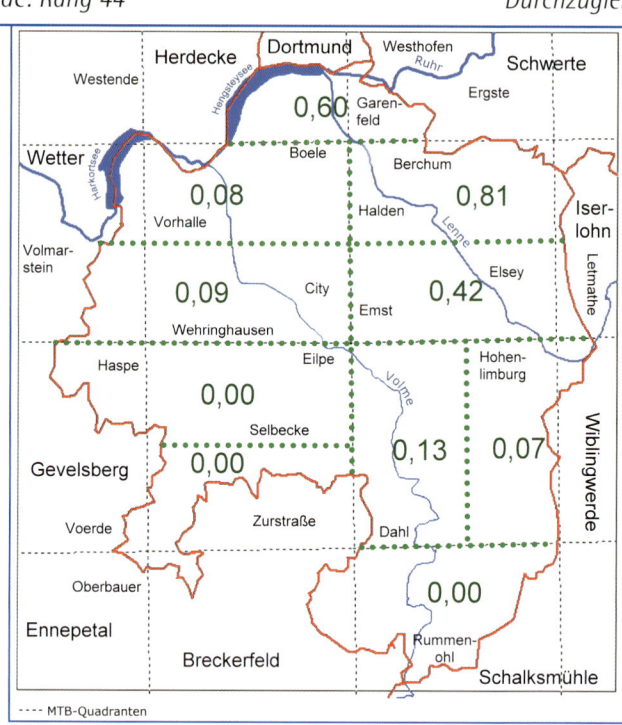

Gefährdung:
RL Deutschland: keine
RL NRW: keine
Hagen: keine

Status: Sommervogel, Durchzügler

Abb. 1: Foto R. WISNIEWSKI

Abb. 2: Durchschnittliche Anzahl an 10 Zählpunkten in 10 Hagener Teilbereichen (Erläuterung s. Anhang)

Verbreitung und Bestand

Die Art ist in den entsprechenden Lebensräumen im ganzen Stadtgebiet bis an die Randlagen der Vorstädte anzutreffen. Da die dicht besiedelten städtischen Bereiche diese Bedingungen nicht erfüllen, gibt es hier größere unbesiedelte Bereiche. Kahlschläge innerhalb größerer Waldgebiete, so wie im Hagener Süden, werden nicht direkt bevorzugt genommen, eher dann Lagen, die in der Nähe offener bäuerlicher Kulturlandschaften liegen. Gibt es geeignete Habitate, stellen sich sehr gerne gleich mehrere Brutpaare ein, z. B. fünf singende Männchen in der Brutsaison 1994 auf dem Schottergelände des ehemaligen Verschiebebahnhofes Hengstey. Diese Fläche war viele Jahre nach der Stilllegung des Bahnbetriebes das Habitat mit den meisten Brutpaaren in Hagen (etwa 1990 bis 2000). Nach der flächig einsetzenden Birkenverbuschung verschwand die Art hier zusehends. Auch der Großraum der Lenneaue Berchum hat gute Bestände, so drei singende vom 1. Juni bis zum 6. Juli 2003 auf etwa 5 ha. Der Revierabstand beträgt in Optimalhabitaten oft nur 20 bis 30 m. Weitere bevorzugte Bereiche mit stets mehreren Brutpaaren: der Großraum Hammacher-Barmerfeld, das Wannebachtal, die temporären Freiflächen des Industriegebietes Lennetal und der Großraum Hengsteysee mit Lennemündung. Von Jahresschwankungen abgesehen sind die Bestände von 1985 bis 2003 in etwa gleich geblieben, von diesem Zeitraum an ist aber eine leichte Zunahme zu verzeichnen.

Lebensraum

Die Dorngrasmücke ist ein Vogel der halboffenen Landschaft, der hier in allen Höhenlagen vorkommt. Für Trockenhabitate ist es in Hagen die Charakterart schlechthin. Absolut bevorzugt werden junge Sukzessionsflächen auf mageren Böden mit möglichst dornigen Sträuchern in südlicher Exposition, auch auf städtischen Ruderalflächen mit ähnlichem Vegetationsbild. Kahlschlagflächen können natürlich auch in Frage kommen und werden so für die Zeit des noch jungen Aufwuchses temporär besiedelt, aber auch gerne in Hecken und Einzelsträuchern der freien Kulturlandschaft. Sie meidet Baumgruppen und Wälder, findet sich dagegen häufig in niedrigeren lockeren Gebüschen im Nahbereich der Flüsse und Ruhrstauseen.

Dorngrasmücke

Abb. 3: *Wenn sie ihren Gesang hören lässt, sitzt sie gerne auf einer erhöhten Warte. Immer wieder hebt sie sich zwischendurch jedoch zu einem kurzen Singflug einige Meter in die Höhe. 7.6.2008. Foto A. P*FEFFER

Jahresrhythmus

In Hagen sind Aprilbeobachtungen selten. Frühe Daten: in der Ruhraue Syburg am 13. April 1986 (M. SCHLÜPMANN), 17. April 2003 in Hagen (U. SCHMIDT).
Die häufigsten Beobachtungen liegen im Mai. Hier muss aber in Hagen noch sehr stark mit ziehenden Vögeln zu rechnen sein. So konnte man z. B. am 11. Mai 2003 in der Lenneaue Berchum noch ca. fünf bis sechs singende Vögel zählen, am 1. Juni 2003 waren es aber maximal noch drei, Brutpaarwertungen also nicht zu früh ansetzen! Auch für Juni liegen recht viele Meldungen von besetzten Revieren vor. Registrierungen fütternder Vögel gibt es vom 10. Juni 1995 aus Waterhövel (C. SCHÖNBERGER) und vom 23. Juni 1992 aus Berchum in Nähe des Friedhofes. Wenn davon ausgegangen werden darf, dass der Brutbeginn etwa ab der zweiten Maidekade stattfindet, kann angenommen werden, dass in Hagen normalerweise nur eine Brut getätigt wird.
Ab Juli verhält sich die Art bei uns recht unauffällig und bleibt weitgehend verborgen, Reviergesänge finden nicht mehr statt. Es gibt nur wenige registrierte Meldungen. Die Jungvögel sind flügge und weitere Bruten sind nicht vorgesehen. Abzug ist wohl Ende Juli. Eine späte registrierte Meldung ist eine singende am 22. Juli 1984 in der Ruhraue Syburg (M. SCHLÜPMANN). Weiterhin gibt es eine ungewöhnliche späte Beobachtung eines Altvogels mit einem Jungen vom 28. August 2004 „Auf der Bleiche" (W. KOHL und U. SCHMIDT). Aus dem benachbarten Wiblingwerde liegen noch weitere spätere Durchzugsbeobachtungen vor: 29. Juli 1999, 31. August 1997, 17. September 2001, alle ohne jegliche Lautäußerung (A. WELZEL).

Weitere Beobachtungen

Die Männchen singen während der Brutzeit ständig. Ob ein Partner gerade brütet oder überhaupt vorhanden ist, lässt sich anhand der Reviergesänge schwerlich feststellen. Wie viele erfolgreiche Brutpaare sich in den Revieren wirklich befinden, kann also nur durch das Feststellen der besetzten Nester ermittelt werden.

Schutzmaßnahmen

Die Art ist sehr stark von Eingriffen des Menschen in den Naturraum abhängig. Durch die gezielte Anlage der oben geschilderten Habitatstrukturen lässt sich die Art recht zuverlässig ansiedeln. Vor allem aber lassen sich bestehende Populationen durch den geplanten Erhalt oder die Optimierung des Landschaftsraumes sichern oder vergrößern. Aber auch Maßnahmen, die zuerst im Sinne des Naturschutzes eigentlich recht unpopulär erscheinen, sind von Bedeutung: Hier müssen besonders Kahlschläge, Abgrabungen oder Aufschüttungen genannt werden. Wird der Natur in der Folgezeit die Möglichkeit gelassen, sich eigenständig über Sukzession dynamisch zu entwickeln, hat diese Art einen temporären Lebensraum hinzu gewonnen. In diesem Zusammenhang muss für die Sukzession von Freiflächen eine Lanze gebrochen werden: Flächen aller Art, die für den Naturschutz zur Verfügung gestellt werden, müssen nicht immer eingesät oder flächendeckend überpflanzt werden. Im Zuge der natürlichen dynamischen Vegetationsentwicklung haben unzählige Spezialisten aus der Tier- und Pflanzenwelt eine Überlebenschance, auch wenn diese nur zeitlich befristet ist. Der Sturm Kyrill im Jahr 2007 hat hierfür beste Voraussetzung geschaffen. Auch von der kommenden Klimaveränderung könnte die Art profitieren

Abb. 4: *Ein ganz typischer Lebensraum der Art in unserer Region. Eine einzelne Gehölzgruppe mit angrenzenden offenen, krautigen Strukturen in sonniger Lage. Tiefendorf, 28.9.2008. Foto S. S*ALLERMANN

Wintergoldhähnchen *(Regulus regulus)*

ANDREAS WELZEL

Aufenthalt

J	F	M	A	M	J	J	A	S	O	N	D

Brutzeit

		(M)	A	M	J	(J)					

Brut: 1000 bis 1500 Brutpaare, 2 Jahresbruten
Häufigkeit in Punktstoppkartierung: Rang 23, Revieranzeigende: Rang 16

Gefährdung:
RL Deutschland: keine
RL NRW: keine
Hagen: keine

Status: Sommervogel, Durchzügler, Überwinterer

Abb. 1: Foto H.-J. FÜNFSTÜCK

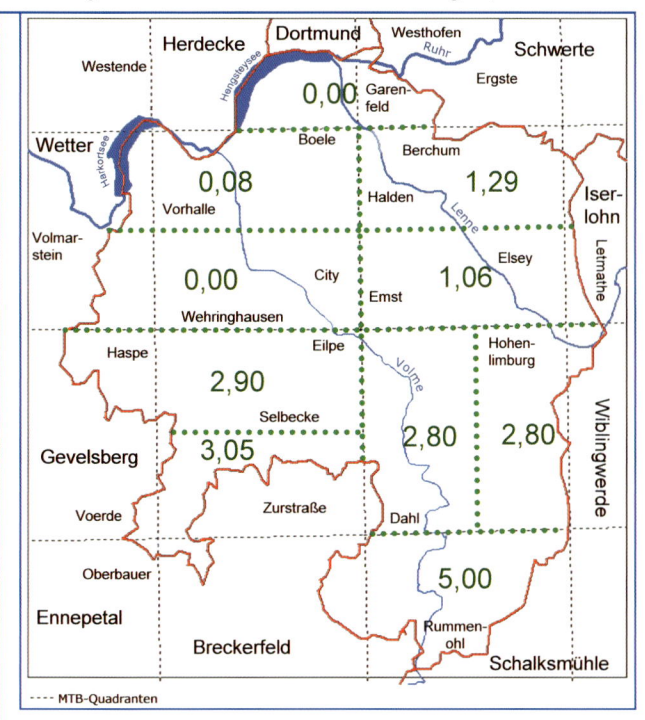

Abb. 2: Durchschnittliche Anzahl an 10 Zählpunkten in 10 Hagener Teilbereichen (Erläuterung s. Anhang)

Verbreitung und Bestand

Das Wintergoldhähnchen kommt nahezu flächendeckend vor, es ist aber ein deutliches Bestandsgefälle von Süd nach Nord festzustellen. Im Bereich von Harkort- und Hengsteysee, in den Flusstälern und in der städtischen Bebauung ist es selten anzutreffen, Beobachtungen sind hier allenfalls außerhalb der Brutzeit möglich. Im Bergland ist die Art jedoch häufig, hier besteht zum Sommergoldhähnchen ein etwa gleiches Verhältnis an Brutpaaren.

Lebensraum

Die Art ist sehr stark an Nadelhölzer und hier vor allem an Fichten gebunden und eine der wenigen Vogelarten, die auch geschlossene, reine Fichtenbestände besiedelt. Nur außerhalb der Brutzeit sind Wintergoldhähnchen auch gelegentlich in fichtenfreien Lebensräumen zu beobachten wie z. B. im NSG Lenneaue Berchum (ein Oktober-, zwei November-, ein Dezember- und ein Januarnachweis von 1984 bis 2008), für den gleichen Zeitraum liegen für das NSG Ruhraue Syburg trotz über 300 Begehungen nur jeweils ein Nachweis aus dem November, Januar und April vor!

Tab. 1: Vergleich der Revierdichte von Sommer- und Wintergoldhähnchen in größeren Flächen

UG 0,8 bis 1,3 km²	Sommergoldhähnchen	Wintergoldhähnchen
Hasselbachtal 1989	15 Brutpaare/km²	12 Brutpaare/km²
Saure Egge/Piepenbrink 1993	11 Brutpaare/km²	11 Brutpaare/km²
Holthauser Bachtal 2002	14 Brutpaare/km²	16 Brutpaare/km²
Nimmertal 2003	11 Brutpaare/km²	9 Brutpaare/km²
Nimmertal 2004	15 Brutpaare/km²	15 Brutpaare/km²
Lennesteilhang Garenfeld 2005	6 Brutpaare/km²	2 Brutpaare/km²

Wintergoldhähnchen

ANDREAS WELZEL   197

Abb. 3: auf einem Apfelbaum. Foto H.-J. FÜNFSTÜCK

Jahresrhythmus

Der Erstgesang ist um den 11. Februar zu hören (Mittelwert aus 12 Jahren von 1991 bis 2005), die Werte streuen allerdings sehr stark vom 4. Januar bis zum 10. März und sind vielleicht abhängig von der Länge des Winters. Es bestehen Dezember- und Januarnachweise auch von singenden Wintergoldhähnchen, möglicherweise handelt es sich bei den sehr frühen Gesängen aber nicht um Gesänge zur Behauptung eines Brutreviers, sondern um Überwinterer aus Nordeuropa (THALER-KOTTEK 1990), denn die heimische Brutpopulation ist zumindest teilweise abgezogen. Offensichtlich kommen die ersten Brutpaare Ende März im heimischen Revier an. Mit dem Behaupten der Reviere durch Gesang beginnt das Brutgeschäft. Am 30. Juni 1989 konnte ein flügger Jungvogel in Begleitung eines Elternvogels am Bemberg/Hasselbachtal beobachtet werden. Ab Juli liegen keine Nachweise von Reviergesängen mehr vor, wobei es sich aber auch um das Phänomen der „abgeschlossenen Kartierungen" handeln könnte: spätere Gesänge werden aufgrund der Ende Juni abgeschlossenen Kartierungen nicht mehr systematisch erfasst, hier besteht also Beobachtungsbedarf.

Zum Wegzug des Wintergoldhähnchens gibt es für Hagen nur zwei Hinweise: J. KAMP beobachtete jeweils in den Vormittagsstunden 12 Wintergoldhähnchen am 26. Oktober 1996 (Lennemündung) und vier über dem Stadtgebiet am 20. Oktober 2001. Das passt gut zu Beobachtungen aus dem benachbarten Wiblingwerde, auch hier wurden mehrmals Mitte Oktober ziehende Wintergoldhähnchen festgestellt. Der Heimzug dürfte im letzten Märzdrittel stattfinden.

Schutzmaßnahmen

Eine Gefährdung dieser Art ist derzeit nicht zu erkennen. Beutegreifer spielen bei der Größe des Brutbestandes eine untergeordnete Rolle, harte Winter und Zugverluste stehen im Vordergrund (GATTER 2000). Da das Wintergoldhähnchen kein Körnerfutter annimmt, bietet Winterfütterung keine Unterstützung. Stärker als die Zwillingsart Sommergoldhähnchen ist die enge Bindung an die Fichte festzustellen, deshalb sind eingestreute Nadelholzbereiche in reinen Laubwäldern förderlich für diese und wohl auch für andere Arten.

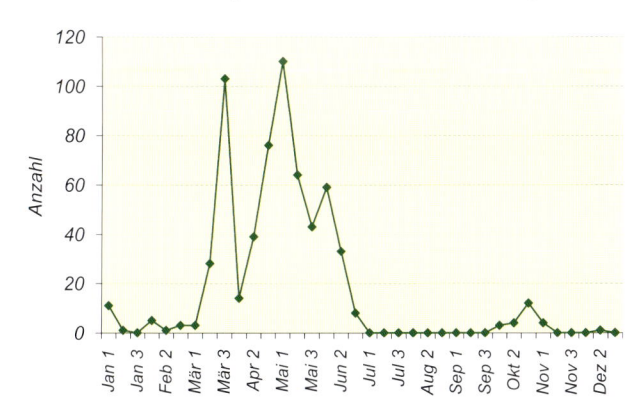

Abb. 4: Summe der Wintergoldhähnchen (n = 625) aus 151 Beobachtungen in Monatsdritteln von 1983 bis 2007

Abb. 5: Im NSG Mastberg ist die Art ganzjährig zu beobachten. In Hagen sind die Populationen sehr eng an Nadelgehölze gebunden. Da durch den Sturm im Januar 2007 vor allem großflächig Fichtenwälder zerstört worden sind, hat es nachfolgend entsprechende Bestandseinbußen gegeben. Schmalenbeckstrasse 15.2.2009, Foto S. SALLERMANN

Andreas Welzel

Sommergoldhähnchen *(Regulus ignicapilla)*

Aufenthalt

| | (F) | M | A | M | J | J | A | S | O | (N) | |

Brutzeit

| | | | A | M | J | J | | | | | |

Brut: 1200 bis 2000 Brutpaare, 1 bis 2 Jahresbruten
Häufigkeit in Punktstoppkartierung: Rang 31, Revieranzeigende: Rang 18

Gefährdung:
RL Deutschland: keine
RL NRW: keine
Hagen: keine

Status: *Durchzügler, Sommervogel*

Abb. 1: Foto J. Schneider

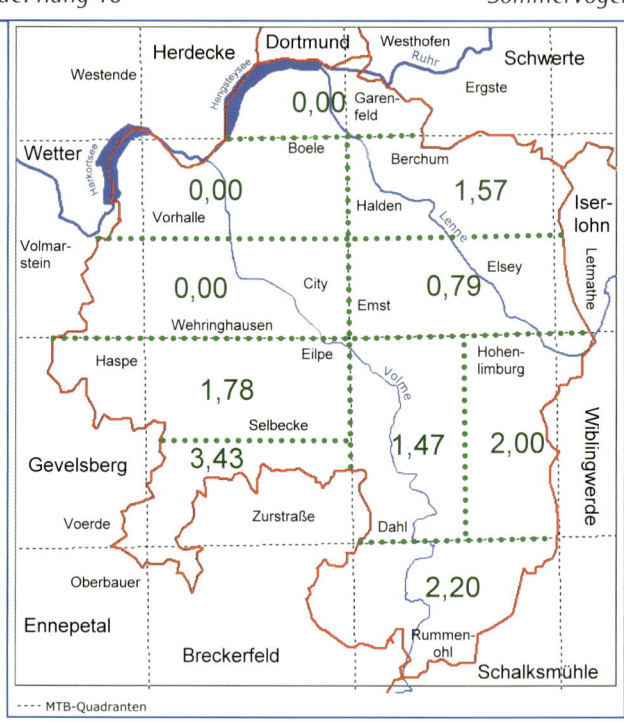

Abb. 2: Durchschnittliche Anzahl an 10 Zählpunkten in 10 Hagener Teilbereichen (Erläuterung s. Anhang)

Verbreitung und Bestand

Die Verbreitung ist in Hagen weder gleichmäßig noch flächendeckend: In den tiefer gelegenen Flusstälern des nördlichen und nordwestlichen Stadtgebietes kommt das Sommergoldhähnchen in geringer Dichte vor oder fehlt gebietsweise völlig. So konnte trotz langjähriger systematischer Beobachtungen über Jahrzehnte hinweg mit insgesamt mehr als 600 Begehungen in den NSG Ruhraue Syburg und Lenneaue Berchum nicht ein Nachweis dieser Art erbracht werden. Im Bergland des Süden und Südwesten Hagens nimmt die Art zu und ist hier sogar geringfügig häufiger als die Zwillingsart Wintergoldhähnchen (s. Artbeschreibung Wintergoldhähnchen). Bestandsschwankungen konnten nicht festgestellt werden.

Lebensraum

Das Sommergoldhähnchen ist weniger stark an Nadelhölzer gebunden als das Wintergoldhähnchen und findet sich auch in Laubmischwäldern, wenn geringer Nadelholzanteil vorhanden ist, allerdings muss reichlich Buschwerk dabei sein. Bevorzugt werden Bachtäler und Waldränder. Siedlungen werden nicht gemieden, wenn Gärten, Parks und Friedhöfe eine entsprechend dichte Verbuschung aufweisen. Die Art meidet reine Laubwälder, Wälder ohne Unterbau und Auwälder.

Jahresrhythmus

Sommergoldhähnchen sind Kurzstreckenzieher, aus Hagen sind Winternachweise in engerem Sinne nicht bekannt, aber zwei sehr frühe Jahresbeobachtungen vom jeweils 4. Februar: H. Kokta beobachtete eines 1994 an der Ritterstraße (OSB Cinclus 1994) und E. Janzing 1996 zwei bei der Elektromark am Harkortsee (OSB Cinclus 1996). Die Erstbeobachtungen aus sieben Jahren (1990 bis 1998) liegen mit dem 12. bis 25. März (Mittelwert 19. März) zeitlich sehr eng beieinander, meist handelt es sich um mehrere Sänger gleichzeitig bei massivem Durchzug. Womöglich aber werden einzelne still Durchziehende zu einem früheren Zeitpunkt gar nicht bemerkt, denn bei den Erstbeobachtungen handelt es sich allesamt um singende Sommergoldhähnchen.

Die Hauptgesangszeit ist Anfang bis Mitte April, z. B. 15 singende am 13. April 2003 am Hobräcker Rücken oder 13 singende am 2. April 2002 im Holthauser Bachtal. Letzte Gesänge sind Ende Juni zu hören, danach wird das Sommergoldhähnchen deutlich seltener erkannt und erfasst. Zum Herbstzug des Nachtziehers Sommergoldhähnchen

Sommergoldhähnchen

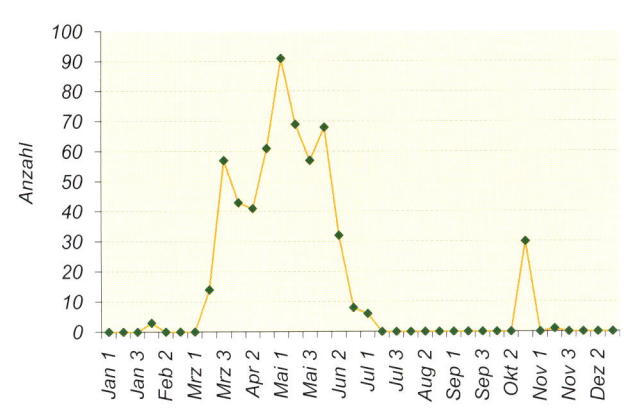

ANDREAS WELZEL

Abb. 3: Summe der Sommergoldhähnchen (n = 580) in Monatsdritteln aus 149 Beobachtungen von 1989 bis 2008 (Daten A. WELZEL/ AG AVIFAUNA HAGEN)

existieren für Hagen trotz Planzugbeobachtungen durch J. KAMP nur zwei Beobachtungen: zwei Trupps mit je ca. 15 Tieren am 25. Oktober 1998 (S. SALLERMANN), und die späteste Jahresbeobachtung eines Sommergoldhähnchens in Hagen am 25. November 1998 durch C. SCHÖNBERGER (OSB 1999). Im benachbarten Wiblingwerde wurden Durchziehende ab Ende September bis Mitte Oktober beobachtet. Dies deckt sich mit den systematischen Zugbeobachtungen am Flughafen Siegerland/Westerwald (SARTOR 1998).

Weitere Beobachtungen

Der Gesang spielt bei der Registrierung des Sommergoldhähnchens eine entscheidende Rolle, da die Art selten über den Sichtkontakt allein bestimmt werden kann und die Rufe von denen des Wintergoldhähnchens nicht leicht zu

Abb. 5: Foto J. SCHNEIDER

unterscheiden sind. Deshalb ist die fehlende Beobachtung der Art in den Monaten Juli bis Oktober möglicherweise auch als Bestimmungsproblem und weniger als Fehlen der Art zu deuten, eine Herausforderung für die vielen Hagener Ornithologen.

Schutzmaßnahmen

Eine Gefährdung der Art ist derzeit nicht zu erkennen. Gebüschreiche Laubmischwälder mit geringem Nadelholzanteil und natürlichem Waldrandaufbau wirken sich positiv auf die Art aus und sollten deshalb gefördert werden.

Abb. 4: Das Sommergoldhähnchen kommt früh aus den Winterquartieren im Mittelmeergebiet zurück. Parkähnliche Strukturen mit gemischten Nadel- und Laubgehölzanteilen erfüllen die Ansprüche der Art auf hervorragende Weise. Obstwiese am Schlossberg, 31.3.2004, Foto R. BLAUSCHECK

Kleiber *(Sitta europaea)*

Aufenthalt

J	F	M	A	M	J	J	A	S	O	N	D

Brutzeit

			A	M	J	(J)					

Brut: ca. 1000 Brutpaare, 1 Brut
Häufigkeit in Punktstoppkartierung: Rang 32, Revieranzeigende: Rang 21

Gefährdung:
RL Deutschland: keine
RL NRW: keine
Hagen: keine

Status: Jahresvogel, (Durchzügler?)

Abb. 1: Foto R. WISNIEWSKI

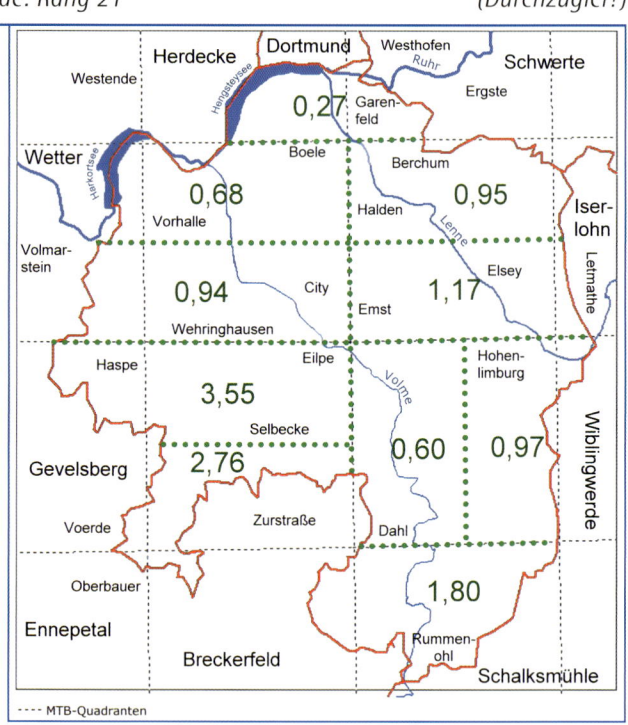

Abb. 2: Durchschnittliche Anzahl an 10 Zählpunkten in 10 Hagener Teilbereiche (Erläuterung s. Anhang)

Verbreitung und Bestand

Der Kleiber kommt in Hagen flächendeckend, aber mit deutlichem Schwerpunkt in den Mischwäldern des Hagener Südens vor. Die europaweite Bestandsentwicklung deutet auf einen gleichbleibenden (RICHARZ et al. 2001) oder anwachsenden Bestand (GATTER 2000) hin. Für Hagen kann keine zuverlässige Aussage zu einem Bestandtrend gemacht werden. Der Anteil der Kleiberbruten in Hagener Nistkästen schwankt und beträgt im Mittel 4 %. Ab Mitte der 80er Jahre weist er eine fallende Tendenz auf, insgesamt kann daraus aber nicht auf einen allgemeinen Bestandsrückgang geschlossen werden.

Lebensraum

Der Kleiber ist ein charakteristischer Waldvogel mit starker Bindung an alte totholzreiche, grobrindige Bäume, vor allem Eichen. Als Höhlenbrüter ist er eine klassische Nachfolgeart der Spechte, insbesondere des Buntspechts, und besetzt häufig mit diesem den gleichen Lebensraum. Nadelwälder werden weitgehend gemieden. Bei entsprechendem alten Baumbestand und Höhlenangebot trifft man ihn auch regelmäßig in Gärten, Parks, Friedhöfen und Obsthöfen an.

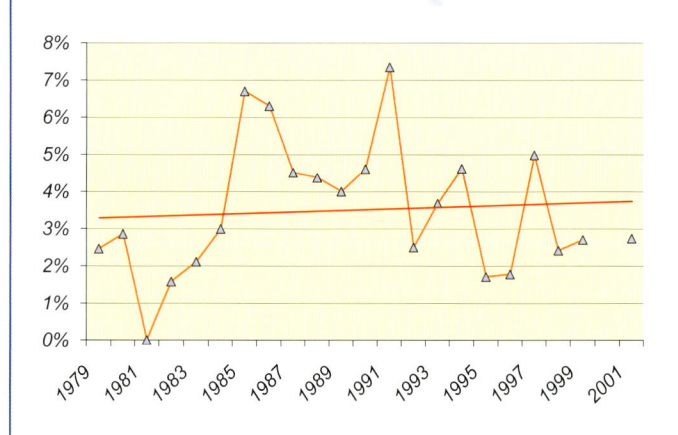

Abb. 3: Anteil der Kleiberbruten an besetzten Nistkästen (n = 5383) in 22 Hagener Nistkastenrevieren mit linearer Trendlinie. Daten von W. FELKA, U. FLENKER, H. HOFFMANN, H. KELLER, H. STOLDT, A. WELZEL, J. TYSARZIK

Kleiber

ANDREAS WELZEL/MATTHIAS ORIWALL

Abb. 4: Foto R. WISNIEWSKI

Jahresrhythmus

Der Kleiber bleibt ganzjährig im Brutgebiet. Die Revierbesetzung beginnt im Januar. Erstgesänge sind meist um den 10. Januar zu hören (früher Erstgesang 22. Dezember 1991). Nestbauende Kleiber wurden im April, Nestlinge allgemein bis in den Juni hinein beobachtet. Ausnahmsweise, und hier zudem unter besonderen Bedingungen, sind im Juli noch Nestlinge anzutreffen wie 1996 in einem spät angebrachten Nistkasten (C. SCHÖNBERGER). Später Reviergesang konnte Anfang Mai festgestellt werden. Nachweise von Zweitbruten sind nicht bekannt.

Der Kleiber wurde andernorts als Invasionsvogel und unregelmäßiger Durchzügler beobachtet (SARTOR 1998, GATTER 2000). Für Hagen liegen derartige Beobachtungen nicht vor.

Weitere Beobachtungen

Um größere Nistplatzkonkurrenten wie z. B. den Star auszuschalten, passt der Kleiber die Fluglöcher der Höhlen durch Verkleben der Öffnung mit Lehm an seine Körpergröße an. Selbst sehr große Höhleneingänge halten ihn vom Bautrieb nicht ab. So wurde das Verkleben von Schwarzspechthöhlen und Höhlen von Nistkästen für Waldkauz und Hohltaube in Hagen festgestellt. B. RAUER beobachtete, dass ein Weibchen in der eigenen Bruthöhle rettungslos eingemauert war. E. JANZING konnte eine Kleiberbrut in einem Mauerloch feststellen. Mehrfach wurden niedrige Neststandorte in nur 1 m Höhe in Buntspechthöhlen festgestellt.

Im Winter kann der Kleiber häufig in der Gesellschaft eines Meisentrupps besonders gut an Futterplätzen beobachtet werden.

Zwei von G. BREMICKER am 16. Mai 1959 nestjung in Vogelsang an der westlichen Hagener Stadtgrenze beringte Kleiber wurden tot am gleichen Ort aufgefunden, der eine schon zwei Wochen nach Beringung, der andere am 12. August 1960.

Schutzmaßnahmen

Der Kleiber ist derzeit nicht gefährdet. Der Schutz alter Mischwaldbestände und der Erhalt von Totholz und Höhlenbäumen sind grundsätzliche Forderungen des Naturschutzes und kommen auch dieser Art zugute.

Abb. 5: Naturhöhle in einer morschen Eberesche im Hagener Stadtwald. Die Einschlupföffnung der ursprünglich vom Buntspecht angelegten Höhle wurde von dem Brutpaar auf die Bedürfnisse der Art mit Lehm verkleinert. Der Nestling erscheint darin wie eingemauert. Foto B. RAUER

Waldbaumläufer *(Certhia familiaris)*

STEPHAN SALLERMANN

Aufenthalt

J	F	M	A	M	J	J	A	S	O	N	D

Brutzeit

			A	M	J	J	A				

Brut: ca. 200 Brutpaare, 1 bis 2 Jahresbruten
Häufigkeit in Punktstoppkartierung: Rang 51, Revieranzeigende: Rang 30

Gefährdung:
RL Deutschland: keine
RL NRW: keine
Hagen: keine

Status: Jahresvogel

Abb. 1: Foto R. WISNIEWSKI

Abb. 2: Durchschnittliche Anzahl an 10 Zählpunkten in 10 Hagener Teilbereichen (Erläuterung s. Anhang)

Verbreitung und Bestand

Der Waldbaumläufer erreicht in Hagen am Mittelgebirgsrand die Nordgrenze seines Verbreitungsgebietes in NRW.
Die Art wird wesentlich weniger häufig nachgewiesen als der Gartenbaumläufer. Bevorzugt lebt sie in den fichtenwaldreichen Gebieten des Hagener Südens wie dem Hagener Stadtwald, zwischen Holthausen/Eilpe bis Rummenohl, dem Bereich Hasper Talsperre und dem Großraum Berchum/Tiefendorf. Die Art kommt auch in den entsprechenden Lebensräumen nicht flächendeckend vor. Ist sie aber in einem Waldgebiet vorhanden, dann sind es in der Regel mehrere Brutpaare. Ausnahmebeobachtungen im städtischen Bereich sind selten: z. B. am 28. Februar 1997 in Eilpe/Rundturnhalle und weitere dort in der Nachbarschaft im Februar und März (A. WELZEL). Aber hier ist der Hochwald nicht fern, so sind die beobachteten Vögel sicher eher als Wintermigranten anzusehen. Eine für Hagen von der Örtlichkeit her untypische Brutzeitbeobachtung gibt es für den 4. Mai 1993 aus dem Hagener Stadtgarten (A. WELZEL).

Lebensraum

In Hagen ist sie in zusammenhängenden Hochwaldgebieten über 200 Höhenmetern zu finden, dann auch bevorzugt in Nadelwäldern. Sie lebt auch in großen Buchenhochwäldern. Stadtnahe Bereiche werden von ihr gemieden. Sie ist bei uns in der Lebensraumwahl nicht so vielseitig wie der Gartenbaumläufer. Beide Arten kommen so gut wie nicht zusammen vor.

Jahresrhythmus

Jahresvogel mit weniger Ruf- und Gesangsbereitschaft als der Gartenbaumläufer. Die Rufe sind weniger markant und auch nicht so einfach der Art zuzuordnen. Somit eher am Gesang zu erkennen, der eindeutiger ist. Die Gesänge können ab Februar gehört werden. Zwischen März und Mai sind sie am intensivsten und klingen im Zuge des Junis dann aus. Eckdaten, früh: 18. Februar 1991 Wesselbach, spät: 10. Juni 2004 Holthauser Bachtal (A. WELZEL).

Waldbaumläufer

Abb. 3: Die großflächigen Nadelwälder rund um die Hasper Talsperre beherbergen eine dichte Waldbaumläuferpopulation. Foto B. RAUER

Schutzmaßnahmen

Die Art ist nicht gefährdet. Ihr Verbreitungsspektrum ist für Hagen wohl arttypisch und keine Frage des Schutzes. Nisthilfen können wie beim Gartenbaumläufer die Populationsdichte erhöhen.

Weitere Beobachtungen

Die Art wird wegen der gartenbaumläuferähnlichen Rufe und des blaumeisenähnlichen Gesangs leicht überhört oder verwechselt. Für viele Vogelfreunde in Hagen eine kaum wahrgenommene Vogelart! Sie ist sicher häufiger als angenommen, aber seltener als der Gartenbaumläufer und hat ihr Hauptvorkommen in Fichtenhochwäldern. Auch Buchenhochwälder werden angenommen. Dies lässt vermuten, dass die Art die ökologischen Nischen einnimmt, die die Zwillingsart meidet. Ob der Gartenbaumläufer den Waldbaumläufer verdrängt? Das wäre für unseren Bereich eine spekulative Frage! Nur eine bessere Beobachtungsdokumentation beider Arten kann zur Klärung beitragen. In den festgehaltenen Vogelbeobachtungen des seit 1986 erscheinenden NABU-Infoheftes gibt es keine einzige Meldung der beiden Arten, also unbedingt bei der Artbestimmung besser aufpassen. Bei der Beobachtung mit dem Fernglas auf die doch recht markante weiße Unterseite achten!

Abb. 4: Die Hochlagen beidseitig des Volmetales weisen großflächige Fichtenwälder mit guten Beständen der Art auf, so auch im Großraum der Böllinger Höhe. Mit 436,2 Höhenmetern befindet sich hier der höchste Punkt Hagens. Blick von der Bauernschaft Bölling nach Süden. Sommer 2005 Foto S. SALLERMANN

Gartenbaumläufer *(Certhia brachydactyla)*

Aufenthalt

J	F	M	A	M	J	J	A	S	O	N	D

Brutzeit

			A	M	J	J	A				

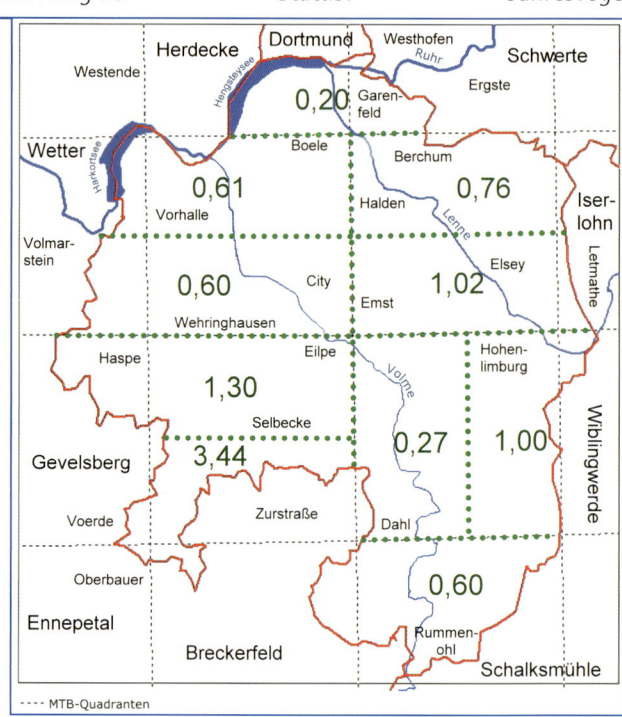

Gefährdung:
RL Deutschland: keine
RL NRW: keine
Hagen: keine

Brut: ca. 900 Brutpaare, 1 bis 2 Jahresbruten
Häufigkeit in Punktstoppkartierung: Rang 35, Revieranzeigende: Rang 23
Status: Jahresvogel

Abb. 1: Foto A. Ebert

Abb. 2: Durchschnittliche Anzahl an 10 Zählpunkten in 10 Hagener Teilbereichen (Erläuterung s. Anhang)

Verbreitung und Bestand

Soweit die Lebensraumbedingungen vorhanden sind, ist die Art in Hagen flächendeckend verbreitet. Demzufolge im Hagener Süden aufgrund der großen Fichtenhochwälder insgesamt weniger vertreten. Hier herrscht der Waldbaumläufer vor. Gemischte Lebensraumstrukturen mit verschiedenen Laubbaumarten und einer intakten Kraut- und Strauchschicht sind von Vorteil. Diese Strukturen fördern die Kleininsektenwelt, die die Nahrungsgrundlage bildet. Bereiche mit entsprechenden Strukturen beherbergen demnach dichtere Bestände. Die Reviere liegen nicht sehr dicht beieinander.

Lebensraum

In Gärten, Parks, Friedhöfen und Laubwäldern. Auch in Alleen, Obsthöfen und Grünflächen mit nur wenigen Bäumen. Im Kulturland allgemein verbreitet. Grundvoraussetzung für das Vorkommen sind ältere Bäume mit möglichst grober Borke. In reinen Buchen und Fichtenwäldern so gut wie keine Nachweise. Nest- und Jungvogelbeobachtungen sind selten. Die Art verhält sich dann sehr unauffällig.

Jahresrhythmus

Ganzjährig aktiv und präsent. Sehr auffällig durch seine sehr intensive Bereitschaft zu rufen. Diese sind mehr oder weniger das ganze Jahr über zu hören. Auch typisches Winterwetter hält die Art nicht ab, so am 29. Dezember 2005 bei Schnee und Frost am Kaisberg. Ruft in den Monaten März bis Juni am häufigsten, im Juli und August hingegen nur sehr selten. Dann ständige Aktivitätssteigerung bis zum nächsten Frühling. Er singt häufig schon im Januar und Februar. Frühlingshafte Wintertage animieren die Gesangsbereitschaft besonders, so am 20. Februar 2002 bei 20°C überall allgemeiner Vollgesang. Die Gesänge sind in den Monaten März bis Mai am häufigsten zu vernehmen, aber auch noch im Juni, dagegen im Juli und August nur noch ausnahmsweise.

Gartenbaumläufer

STEPHAN SALLERMANN 205

Abb. 3: Gärten und landwirtschaftliche Flächen mit Altgehölzen sind ein sehr beliebter Lebensraum. Zur Abrundung des Nahrungsangebotes sind Bereiche mit abgelagerten Grünabfällen und Astwerk notwendig. Reiterhof Weber in der Sauerlandstrasse, am Rand des Fleyer Waldes. 28.9.2008. Foto S. SALLERMANN

Abb. 4: Alte Streuobstbestände bilden einen geeigneten Lebensraum der Art. Wenn das Umfeld dazu noch verwildert und unaufgeräumt ist, wird er optimal. Das vom BUND betreute NSG Lenneaue Berchum, Oktober 2006. Foto R. BLAUSCHECK

Eckdaten für den Gesang: früh: 4. Januar 2005 Nimmertal, spät: 23. August 1988 Ruhraue Syburg (A. WELZEL). So gut wie die Präsenz der Art allgemein nachzuweisen ist, so schlecht sind Bruten auszumachen. Entsprechende Ecknachweise gibt es für die Zeit zwischen dem 9. April 1983 (Nistmaterial tragend) und dem 6. Juli 1988 (futtertragend). Aufgrund dieser Daten wäre der erste Legetermin etwa Mitte bis Ende April. Eine Zweitbrut scheint offensichtlich nicht selten zu sein.

Weitere Beobachtungen

Vorsicht bei der Bestimmung der Art! Verwechslungen mit dem Waldbaumläufer sind häufig, in den entsprechenden Lebensräumen gut aufpassen! Weiteres siehe unter Waldbaumläufer.

Schutzmaßnahmen

Die Art ist absolut nicht gefährdet, obwohl man meinen könnte, dass die Nischen, die sie für das Nest benötigt, in unserem aufgeräumten Umfeld weniger werden. Die Art hat aber wohl keine Probleme. Tatsächlich kann aber das Anbringen künstlicher Nisthilfen die Populationsdichte erhöhen. Die speziellen Behausungen sind im Handel erhältlich, auch lassen sie sich mit einfachen Mitteln selbst herstellen. Das Besondere ist stets der seitliche Einschlupf.

Abb. 5: in einem Spalier mit Geißblatt, Foto K. SANDMANN

Andreas Welzel

Zaunkönig *(Troglodytes troglodytes)*

Aufenthalt

| J | F | M | A | M | J | J | A | S | O | N | D |

Brutzeit

| | | M | A | M | J | (J) | | | |

Brut: ca. 3000 Paare, 2 bis 3 Bruten
Häufigkeit in Punktstoppkartierung: Rang 13, Revieranzeigende: Rang 7

Gefährdung:
RL Deutschland: keine
RL NRW: keine
Hagen: keine

Status: *Jahresvogel, Durchzügler, Überwinterer*

Abb. 1: *Forsthaus Kurk, 22.5.2005, Foto A. Welzel*

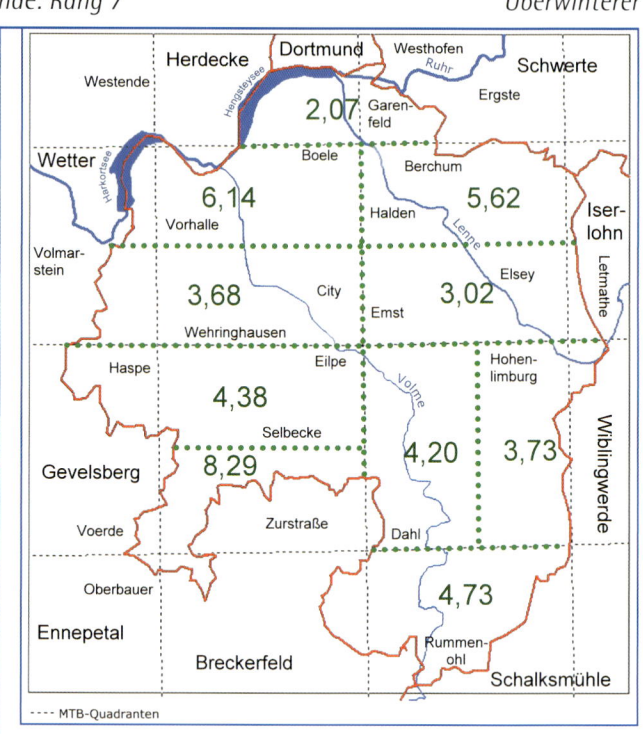

Abb. 2: *Durchschnittliche Anzahl an 10 Zählpunkten in 10 Hagener Teilbereichen (Erläuterung s. Anhang)*

Verbreitung und Bestand

In Hagen ist der Zaunkönig flächendeckend verbreitet, aber im Nordwesten und Nordosten sowie im Süden des Stadtgebietes nahezu doppelt so häufig zu registrieren wie etwa in der bebauten Fläche oder im Bereich des Hengsteysees.
Er gehört zu den häufigeren Brutvogelarten Hagens und siedelt kleinräumig mit mehr als sechs Brutpaaren/10ha (NSG Lenneaue Berchum 2001, 16 ha), erreicht aber auch großräumig relativ hohe Siedlungsdichten von fast vier Brutpaaren/10ha (Holthauser Bachtal 2002, 83 ha). Ein Bestandstrend ist derzeit nicht erkennbar.

Lebensraum

Der Zaunkönig ist überall dort zu finden, wo die Landschaft viele kleinstrukturierte Bereiche bietet oder dichtes Unterholz vorhanden ist. Optimale Lebensräume sind „unaufgeräumte" Kahlschläge, unterholzreiche Wälder, Auwaldreste, typisch ebenso gebüschreiche, naturnahe Gewässerufer, Bauernhöfe und bei entsprechenden Bedingungen auch große Gärten, Parks und Friedhöfe. Nicht ganz so dicht siedelt er in bebauten Flächen, deutlich seltener sieht man ihn in der offenen Landschaft.

Jahresrhythmus

Zaunkönige wechseln nicht selten im Jahresverlauf ihren Lebensraum, denn sie erscheinen im Winter auch in Gebieten, die nicht als Brutreviere genutzt wurden (z. B. Gärten) und verteidigen diese „Winterreviere" mit Herbst- und Wintergesang. Gut belegt werden kann dies für das NSG Ruhraue Syburg (s. **Abb. 3**), bei den Winterrevierbesitzern könnte es sich um Durchzügler bzw. Überwinterer oder auch um Tiere aus angrenzenden Gebieten handeln, die ihr „Home-Range" verlagert haben.
Besetzung des Brutreviers und damit vermehrter Gesang zur Abgrenzung findet verstärkt ab März statt, fast gleichzeitig beginnt die Nestbautätigkeit (15. März 1992, NSG Lenneaue Berchum). Ein sehr frühes Gelege mit sechs bebrüteten Eiern fand B. Rauer am 19. März 2002 am Deerth. Einen extrem späten Schlupf der Jungen stellte K. D. Schultz am 17. Juli 1994 in der Ascherothstraße fest, es handelte sich dabei um eine Ersatzbrut. Flügge Junge werden ansonsten nur im Juni beobachtet (4. Juni 2002, Holthauser Bachtal, 18. Juni 1984 NSG Lenneaue Berchum).

Zaunkönig

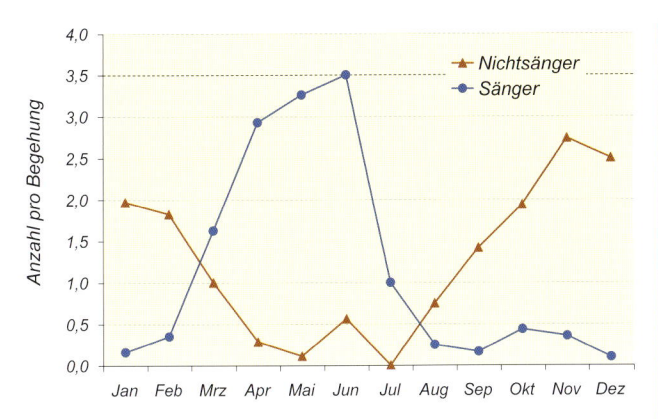

Abb. 3: Durchschnittliche Anzahl an singenden und nichtsingenden Zaunkönigen (n = 785) pro Begehung im NSG Ruhraue Syburg und NSG Lenneaue Berchum, Daten aus 287 Begehungen von 1983 bis 2008

Für Hagen sind keine Beobachtungen ziehender Zaunkönige bekannt, obwohl skandinavische und mitteleuropäische Zaunkönige bis zur Biskaya und zum Mittelmeer ziehen (Gatter 2000). Sicher liegt das am ausgesprochenen Nachtzugverhalten des Zaunkönigs. Höchstwahrscheinlich kann aber der November aufgrund der hohen Antreffhäufigkeit (s. **Abb. 3**) als Durchzugsmonat angenommen werden.

Weitere Beobachtungen

Männchen legen Nester an, in denen nicht gebrütet wird („Spielnester") und sind nicht selten mit mehreren Weibchen verpaart. Wie aggressiv und kampfeslustig sie ihr Revier verteidigen, zeigten zwei Kämpfende, die ineinander verkeilt einen Abhang hinunter rollten, sich vor den Füßen des Beobachters verbissen und dort fast greifen ließen (Unteres Lennetal bei Berchum, 11. April 1990).

Üblicherweise befindet sich das Nest in Erd- oder Böschungshöhlen, auch in Wurzeltellern umgefallener Fichten oder Buchen. Bekannt ist die Art aber auch für die Wahl ungewöhnlicher Neststandorte, Beispiele:

- ein Männchen fliegt aus einer Kleinspechthöhle und singt, 24. April 1998 NSG Lenneaue Berchum (ob die Höhle letztendlich tatsächlich als Neststandort genutzt wurde, blieb unklar)
- Abflug aus einem Wasseramselnest, 21. Juni 1996, Nahmerbachtal
- Nest auf der Lichtleitung in der rückwärtigen Ecke einer Garage in Eppenhausen, 60er Jahre (A. Vehling)
- Nest in einem leerstehenden Gebäude des Hofes Niederste-Hülsberg, 2002 (S. Sallermann)
- Nest in einem Meisennistkasten im Wildpark Deerth (B. Rauer)

Auffallend selten findet sich der Zaunkönig in Rupfungen und Rupfungssammlungen (B. Rauer), die Prädation durch den Sperber scheint bei dieser Art von untergeordneter Bedeutung zu sein.

Schutzmaßnahmen

Obwohl in strengen Wintern z. T. hohe Verluste auftreten (Flade/Schwarz 2004), werden sie schnell wieder ausgeglichen. Es ist zur Zeit keine Gefährdung zu erkennen, die Bedingungen haben sich für den Zaunkönig eher verbessert, seit sich Mitte der 60er Jahre die Bedingungen durch die Waldbewirtschaftung – nachlassendes Interesse an Brennholz u. a. m. (Gatter 2000) – geändert haben. Auch die durch Kyrill geschaffenen Flächen dürften eher zu einer Bestandszunahme führen. Langfristig wurde für NRW eine Dichtezunahme festgestellt (NWO 2002).

Trotzdem kann der Gartenbesitzer natürliche Brut- und Nahrungsplätze schaffen, indem der Garten weniger „aufgeräumt" bzw. ein gewisser Grad an Verwilderung zugelassen wird (z. B. Holzstapel, Liegenlassen von Astschnitt u. ä.). Nachteilig hat sich in der Vergangenheit sicher die Beseitigung der Flussauenlandschaft (z. B. Lenne) mit deren Begleitvegetation ausgewirkt, umso wichtiger sind Schutz der letzten Auwaldreste Hagens und der naturnahen Gewässerufer sowie die Renaturierung von Fluss- und Bachabschnitten.

Abb. 4: Zurstraße Frühjahr 2008, Foto K.-D. Winterhoff

Star *(Sturnus vulgaris)*

Aufenthalt

J	F	M	A	M	J	J	A	S	O	N	D

Brutzeit

	(F)	(M)	A	M	J	(J)					

Brut: ca. 700 Brutpaare, 1 bis 2 Jahresbruten
Häufigkeit in Punktstoppkartierung: Rang 5, Revieranzeigende: Rang 25

Gefährdung:
RL Deutschland: keine
RL NRW: Vorwarnliste
Hagen: keine

Status: Jahresvogel, Durchzügler, Wintergast

Abb. 1: Foto M. HENNING

Abb. 2: Durchschnittliche Anzahl an 10 Zählpunkten in 10 Hagener Teilbereichen (Erläuterung s. Anhang)

Verbreitung und Bestand

Der Star gehört zu den häufigsten Hagener Vogelarten. Die Verbreitung ist flächendeckend, doch ist die Art in den Stadtrandbereichen und hier vor allem im Hagener Norden und Nordosten wesentlich häufiger anzutreffen. In der Hagener City finden sich keine Bruten. Aufgrund des größeren Angebots an Brutplätzen durch Nistkästen und Gebäudenischen erreicht der Star in anthropogenen Lebensräumen seine größte Bestandsdichte. Langjährige Untersuchungen z. B. im NSG Lenneaue Berchum zeigen, dass in der Bestandsentwicklung kein Trend erkennbar ist.

Lebensraum

Außerhalb der Brutzeit halten sich Stare truppweise fast ausschließlich in der offenen Landschaft auf, dabei ist eine Bevorzugung von Viehweiden zu erkennen.
Der Star ist als Höhlenbrüter ein typischer Nachfolgebrüter des etwa gleich großen Buntspechtes, nutzt aber auch die natürlichen Höhlen alter Obstbäume (*Abb. 5*). Wenn eine geeignete Bruthöhle vorhanden ist und als Voraussetzung zur Nahrungssuche die Anbindung an kurzrasige und/oder landwirtschaftliche Flächen (v. a. Viehweiden, Mähwiesen) gegeben ist, brütet er in Parks, Gärten und Laubwäldern, bevorzugt aber deutlich Bauerschaften mit alten Obstbaumbeständen. Aufgrund der in Hagen vergleichsweise spärlichen Spechthöhlen hat der Star in reinen Wäldern eine geringere Brutbestandsdichte von etwa ein Brutpaar/km², denn die Innenbereiche geschlossener Wälder sind nicht oder nur dünn besiedelt, geschlossene Nadelwälder werden ganz gemieden.

Die Affinität zur offenen Landschaft und der damit einhergehende Mangel an Buntspechthöhlen lässt den Star gerne Nistkästen annehmen und – wenn diese fehlen – auch Gebäudenischen nutzen. Diese Gebäudebruten sind nicht immer eine „Notlösung", wie an einem Paar zu beobachten war, das trotz geeigneter Nistkästen in der Umgebung über Jahre hinweg erfolgreich unter der Giebelfirstpfanne eines Einfamilienhauses in Hohenlimburg-Reh brütete.

Star

Jahresrhythmus

Aufgrund der u. U. großen Distanz zwischen Bruthöhle und Nahrungslebensraum räumt der Star nach dem Flüggewerden der Jungen sofort seinen Brutlebensraum und wechselt in die offene Landschaft, so dass Stare meist nur während der Brutzeit regelmäßig in Gärten und Parks anzutreffen sind.

Die Zugaktivitäten auf Hagener Gebiet beginnen Anfang Oktober, erreichen Anfang November ihren Höhepunkt und sind schon Mitte November weitgehend abgeschlossen. In der WP vom 4. November 1961 wird Flandern als Überwinterungsgebiet westfälischer Stare angegeben. Ein von G. Bremicker in Volmarstein beringter Star wurde im folgenden Winter 230 km entfernt in südwestlicher Richtung in Halle (Brabant, Belgien) tot gefunden (s. *Tab. 1*).

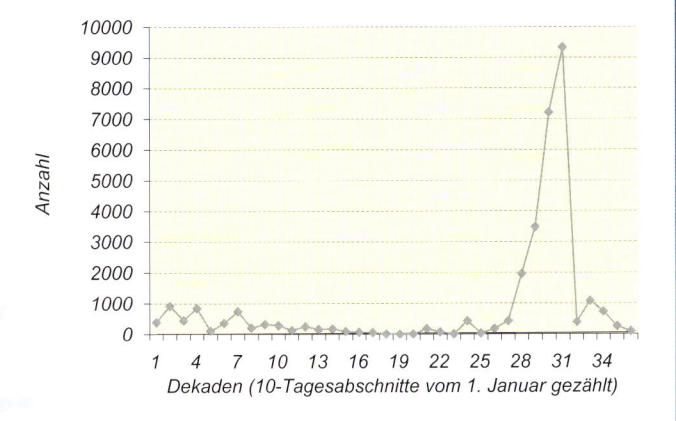

Abb. 3: Anzahl von in Hagen beobachteten Staren im Jahresverlauf im Zeitraum der Jahre 1974 bis 2008 (367 Registrierungen mit 31.405 Staren)

Als Frostflüchter erscheinen Stare während des Winters abhängig von der Wetterlage und treten überwiegend in Trupps auf, von denen auch zu dieser Jahreszeit gemeinschaftlicher Gesang typischerweise von Starkstromleitungen zu hören ist. Bisweilen hört man auch von einzelnen Staren ab etwa Mitte September bis in den November hinein nahezu täglich Herbstgesang an Bruthöhlen, der möglicherweise besitzanzeigenden Charakter bezüglich einer zukünftigen Bruthöhle hat.

Der Frühjahrsgesang an der Bruthöhle wird vereinzelt schon im Januar vorgetragen, verstärkt setzt er hier erst ab Anfang März ein und ist im April am intensivsten.

Im Juni sind keine singenden Stare mehr zu registrieren (Letztgesang 26. Mai). Intensiver Nestbau wird ausnahmsweise schon Ende März festgestellt, findet aber meist ab Mitte bis Ende April statt (frühestes Datum 13. April 2000, Lenneaue Berchum, spätestes Datum 24. April 1976, Hohenlimburg-Reh). Von einem ungewöhnlich frühen Nestbaubeginn berichtet die WR vom 23. Februar 1966. Die Nestlingszeit erstreckt sich vom letzten Aprildrittel bis in den Mai, letzte Nestlinge findet man Ende Mai. Sehr späte Nestjunge wurden am 24. Juni 1991 in Berchum und am 22. Juni 2001 im NSG Lenneaue Berchum registriert, hierbei handelt es sich wahrscheinlich um Zweitbruten. Einen direkten Nachweis einer Zweitbrut führte G. Bremicker 1956 in Volmarstein durch Beringung: am 19. Mai fütterte der Fängling seine Erstbrut, beim Wiederfund im selben Nistkasten am 30. Juni die Zweitbrut. Ein weiterer Hinweis auf Zweitbrut ist die Nutzung derselben Naturhöhle im NSG Lennesteilhang Garenfeld, in der am 6. Mai und am 12. Juni 2005 gefüttert wurde. Flügge Jungvögel erscheinen ab Mitte Mai (Erstbeobachtung von sechs Flüggen am 16. Mai 2001 in Hagen-Eilpe), selbständige Diesjährige trifft man ab Mitte Juli an.

Abb. 4: Männchen singt auf Dachfirst, Wiblingwerde, 5.5.2004, Foto A. Welzel

Abb. 5: Höhlungen in Obstbäumen gehören zu den beliebtesten Nistplätzen der Art, da sich im nahen Umfeld auch die artgerechte Nahrung findet. NSG Lenneaue Berchum, 1.5.1983, Foto A. Welzel

*Abb. 6: Stare suchen sich recht oft ungewöhnliche Plätze zum Brüten. In den Nischen dieser Fassade des Storagebäudes ziehen seit Jahren einige Brutpaare erfolgreich ihren Nachwuchs groß. 8.2.2008. Foto S. S*allermann

Weitere Beobachtungen

Ein Albino mit dunklem Kopf und dunklen Stellen an den Flügeln wurde von G. Röttler beobachtet (mündl.).
Imitationen im Starengesang sind weithin bekannt, neben den Lauten einheimischer Vögel werden auch Vogelrufe aus den Überwinterungsgebieten der Stare in den arttypischen Gesang aufgenommen.
Der Hang des Stars zum Aufsuchen traditioneller Massenschlafplätze ist für Hagen in früherer Zeit häufiger belegt, wie z. B. für Garenfeld, wo ein Schlafplatz in den Wintermonaten 1970/71 und 1971/72 von Tausenden von Staren aufgesucht wurde (G. Röttler mündl.). Seit Mitte der 70er Jahre ist ein Massenschlafplatz im Park bei der Potthofstraße bekannt, hier nahm die Zahl der Individuen in den 80er Jahren wohl ab, G. Röttler stellte aber am 10. September 1992 noch mehrere tausend fest. An einem nur wenige Tage genutzten Schlafplatz im Lennetal beim Sportplatz Berchum konnten am 1. November 1993 ca. 3000 Stare gezählt werden, in Hengstey am 28. Dezember 1997 weitere 3150 Stare (J. Kamp). Thiel berichtet über einen weiteren Schlafplatz in der Blumenstraße, der von 500 bis 1000 Staren genutzt wird (1994).
Abgesehen von der Brutzeit sind Stare meist in Trupps zu sehen, wobei eine Untersuchung im NSG Ruhraue Syburg zeigte, dass Trupps mit drei bis zehn Tieren am häufigsten zu registrieren waren. Allerdings befand sich über ein Drittel der gezählten Stare (ca. 1000) in Trupps, die 20 bis 50 Individuen umfasste. Seltener zählt man mehr als hundert, in Ausnahmen – während der Zugzeit oder an Schlafplätzen – auch über tausend Tiere.

Stare haben ähnliche Nahrungsansprüche wie Drosseln, so sieht man sie nicht selten gemeinsam mit Misteldrossel, Singdrossel oder Wacholderdrossel bei der Nahrungssuche. Mit diesen Arten zeigen sie aber auch während des Zuges, der Rast und des Winteraufenthaltes eine regelrechte Vergesellschaftung, so fand sich z. B. am 26. Januar 2002 am Yachthafen ein einzelner Star mit 25 rastenden und nahrungsuchenden Wacholderdrosseln.
Während des Zuges ergänzt der Star seine tierische Nahrung u. a. gern mit Holunderbeeren. An der Winterfütterung ist der Star seltener zu sehen, dort frisst er Haferflocken, Fettfutter oder Äpfel.

Schutzmaßnahmen

Die Belegung nahezu jeder Hagener Steinkauznisthilfe durch den Star weist darauf hin, dass Nistplatzmangel einer der limitierenden Bestandsfaktoren ist. Als „Kirschendieb" und „Beerenfresser" hat der Star kein gutes Image, aber viele Gartenbesitzer freuen sich doch über den in ihrem Garten brütenden Star. Weil der Star kein großräumiges Revier um seine Bruthöhle verteidigt, haben auch mehrere Nistkästen in einem Garten die Aussicht auf Belegung.
Auch wenn sich im Bestand kein Rückgang abzeichnet, ist auf jeden Fall ein Verzicht auf Pestizideinsatz geboten (Gatter 2000). Darüber hinaus ist ein unbedingter Erhalt der Spechthöhlen aller Art notwendig.

*Tab. 1: Wiederfunde von in Volmarstein beringten Staren (G. B*remicker*)*

Status	Beringung	Wiederfund	Fundort	Status	Bemerkungen
Nestling	24.05.1954	06.06.1955	Hagen	Totfund	
adult	21.05.1955	15.02.1956	Halle Brabant Belgien	Totfund	230 km entfernt
adult	02.07.1955	13.07.1955	Volmarstein	Jagdopfer	40 m vom Brutplatz entfernt
adult	19.05.1956	14.07.1956	Volmarstein	Totfund	200 m vom Brutplatz entfernt
adult	19.05.1956	30.06.1956	Volmarstein	adult	gleicher Nistkasten, Zweitbrut!

DR. MEINOLF HENNING   211

Wasseramsel *(Cinclus cinclus)*

Aufenthalt

J	F	M	A	M	J	J	A	S	O	N	D
J	F	M	A	M	J	J	A	S	O	N	D

Brutzeit

| | (F) | M | A | M | J | | | | | | |

Gefährdung:
RL Deutschland: keine
RL NRW: keine
Hagen: keine

Brut: ca. 30 Brutpaare, 1 bis 2 Jahresbruten
Häufigkeit in Punktstoppkartierung: Rang 64, Revieranzeigende: Rang 59   Status: *Jahresvogel*

Abb. 1: Nahmertal, 28.4.2001, Foto M. HENNING

Abb. 2: Durchschnittliche Anzahl an 10 Zählpunkten in 10 Hagener Teilbereichen (Erläuterung s. Anhang)

Verbreitung und Bestand

Aufgrund der topografischen Verhältnisse liegt der Verbreitungsschwerpunkt im Süden des Hagener Stadtgebietes. So zählen Volme, Lenne und Ennepe mit ihren Zuflüssen wie beispielsweise Mäckinger- und Selbeckerbach, Hasper- und Hamperbach sowie Nahmerbach zu den typischen Wasseramselrevieren. In optimalen Revieren liegen die Habitatgrenzen eines Brutpaares mitunter weniger als 1000 m auseinander. Die Reviergrenzen können im Frühjahr relativ deutlich nachgewiesen werden.

Lebensraum

Schnellfließende, saubere, sauerstoffreiche Fließgewässer (Wassergüteklassen I bis II) mit strukturreichem Substrat und entsprechender Makrofauna als Nahrungsgrundlage. Niststandorte befinden sich immer unmittelbar am oder über dem Wasser. Entscheidend für den Besiedlungserfolg ist neben der Wasserqualität vor allem auch das Vorhandensein geeigneter Nistplatzangebote in Form von Nischenstrukturen. Letztere finden sich im Hagener Raum kaum noch naturbedingt.

Jahresrhythmus

In der Regel Jahresvogel, der nur in sehr kalten Wintern mit länger geschlossener Eisdecke in mildere Klimate wechselt. Die Reviere werden früh wieder besetzt. Der Gesang der Wasseramsel (früher auch „Wasserschmätzer" genannt) ist bereits in den Wintermonaten gut zu hören. Manchmal können schon in der ersten Märzhälfte Vollgelege mit vier bis sechs Eiern in dem mit Laub und Gräsern ausgepolsterten Mooskugelnest nachgewiesen werden. Zweitbruten sind seltener und werden dann bevorzugt in Nistkästen nachgewiesen.

Weitere Beobachtungen

Die Wasseramsel zeigt vor allem im unmittelbaren Siedlungsraum mitunter recht geringe Fluchtdistanzen. Zu ihrem umfangreichen Verhaltensrepertoire zählen das „Knicksen" und das „Blinzeln". Die Art ist zugleich der

Abb. 3: Mitten in der Hagener City kann man an der Volmebrücke der Rathausstrasse die Wasseramsel bei der Nahrungssuche beobachten. Im Zuge der Volmerenaturierung in der Zeit um 2005 wurden in einem Abschnitt der City betonierte Wehre und die Betonsohle entfernt. Die in das Flussbett eingebrachten Störsteine eignen sich als Sitzwarte. Durch diese Maßnahmen haben sich offensichtlich die Wasserinsekten- und Fischfauna und damit auch die Lebens- und Nahrungsbedingungen der Art erheblich verbessert. 28.9.2008. Foto S. SALLERMANN

einzige einheimische Singvogel, der auf und unter der Wasseroberfläche schwimmen kann. Beim Nahrungserwerb stürzt sich der Vogel entweder vom Ufer oder von einem Stein ins Wasser oder er sucht den Boden des Fließgewässers systematisch nach Nahrungstieren ab, indem er auf dem Gewässergrund mit abgewinkelten Flügeln gegen die Strömung läuft. Im Flug verläßt der Vogel praktisch nie die Leitmarke Fließgewässer. Bei Störungen und Gefahr werden Brücken anstatt unter- auch überflogen. Das Durchfliegen selbst mehr als 100 m langer Verrohrungen wie beispielsweise in der alten Industriegasse des Nahmertales bei Hohenlimburg stellt für den Vogel keinerlei Problem dar. In Ermangelung geeigneter Nischenangebote werden Nester auch an recht kuriosen Standorten wie beispielsweise auf Abwasserrohren oder in Ziegelmauernischen unter alten Fabrikanlagen angelegt. Problematisch ist das Aufsetzen der Nester auf Simsen unter neueren Betonbrücken, da solche Neststandorte den verschiedensten Bodenfeinden, vor allem Mardern und Ratten, ausgesetzt sind. Hier finden sich bisweilen auch mehrere Altnester nebeneinander.

Schutzmaßnahmen

Aufgrund intensiver Schutzmaßnahmen und verbesserter Wasserqualität konnte der Bestand der Wasseramsel im Hagener Raum deutlich erhöht werden. So bezieht die Art an geeigneten Standorten wie unter Brücken und an Wehren schnell die angebotenen Nisthilfen in Form von speziellen Wasseramsel-Nistkästen mit nach unten gerichteter Einflugöffnung. Neben dem NABU-Stadtverband Hagen und dem BUND unterstützt auch das Straßen- und Brückenbauamt der Stadt Hagen im Rahmen von Sanierungsarbeiten die Schutzmaßnahmen für die Wasseramsel. Neben der Bereitstellung weiterer Nistgelegenheiten kommt der Entsiegelung von Bachsohlen und der Wiederherstellung naturnaher Substratverhältnisse mit ihren ökologisch wertvollen Lückensystemen eine große Bedeutung zu. Dies betrifft beispielsweise den innerstädtischen Verlauf der Volme und den Unterlauf des Nahmerbachs.

Abb. 4: Am Nahmerbach findet die Art einen optimalen Lebensraum. Man findet sie aber eher an den etwas ruhigeren Bachabschnitten. 20.10.2002. Foto S. SALLERMANN

Abb. 5: Nest unter einer Volmebrücke, Foto M. HENNING

… ADOLF VEHLING   213

Misteldrossel *(Turdus viscivorus)*

Aufenthalt

| | F | M | A | M | J | J | A | S | O | (N) | |

Brutzeit

| | | M | A | M | J | | | | | | |

Brut: ca. 200 Brutpaare, 1 bis 2 Jahresbruten
Häufigkeit in Punktstoppkartierung: Rang 39, Revieranzeigende: Rang 32

Gefährdung:
RL Deutschland: keine
RL NRW: keine
Hagen: keine

Status: Sommervogel, Durchzügler

Abb. 1: Foto J. Schneider

Abb. 2: Durchschnittliche Anzahl an 10 Zählpunkten in 10 Hagener Teilbereiche (Erläuterung s. Anhang)

Verbreitung und Bestand

Die Misteldrossel kommt in allen Höhenlagen vor, erreicht aber längst nicht die Siedlungsdichte der anderen Drosselarten. SCHÄFER schreibt (1955): „Im ganzen Hagener Raum nur vereinzelt, fühlt sich in Auwäldern und an Bachläufen mit Pappeln wohl" und nennt eine Beobachtung einer singenden Misteldrossel am 18. April 1953. Sie meidet die Nähe der städtischen Siedlungen. Ausnahme: 1973 hat eine Misteldrossel in dem Pappelwäldchen südlich vom Kraftwerk Hengstey vier Junge erbrütet.
Mehrere Jahre war sie auch als Brutvogel heimisch im Park der Villa Bleck in Halden – heute Standort des „Arcadeon". Zur Zugzeit findet man sie auch im innerstädtischen Bereich.

Lebensraum

Sie ist eine typische Art der Waldlichtungen und Waldränder und findet sich deshalb vorwiegend in aufgelockerten älteren Mischwäldern, Lichtungen, an Waldrändern, auch Parklandschaften mit angrenzenden Acker- und Grünlandflächen, weniger im dörflichen Stadtrandgebiet.

Jahresrhythmus

Die Ankunft der Misteldrosseln liegt in der ersten und zweiten Februardekade, die durchschnittliche Erstbeobachtung für Hagen ist der 23. Februar (Medianwert der letzten 30 Jahre). Eine sehr frühe Erstbeobachtung ist der 31. Januar 1990 im NSG Ruhraue Syburg. Manche kommen witterungsbedingt erst im März zurück. Durchzügler können im gesamten Monat März beobachtet werden.
Unmittelbar nach ihrer Ankunft ist der Erstgesang zu hören, frühe Erstgesänge waren am 12. Februar 2000 in Eichelnbleck und am 12. Februar 1972 im Wasserwerk Hengstey zu hören. Der Brutbeginn erfolgt meistens erst im April. Die Misteldrossel hört früh im Jahr auf zu singen, ein später Gesang war am 23. Mai 1999 am „Roten Stein"/ Nahmerbachtal zu hören (A. WELZEL).

Im August und September kann man größere Ansammlungen beobachten, so am 9. September 1998 fünfzig Exemplare in der Bauernschaft Brechtefeld. Die durchschnittliche Letztbeobachtung für Hagen ist der 5. November (Medianwert der letzten 30 Jahre), eine späte Beobachtung ist der 10. November 1994 in Hohenlimburg-Reh (A. Welzel).

Abb. 4: Die Früchte der Feldgehölzhecken bilden im Winter eine hervorragende Nahrungsreserve für alle Drosselarten. Foto H. Duty

Weitere Beobachtungen

Sie ist die größte und scheueste einheimische Drosselart. Ihren Namen erhielt sie, weil sie u. a. die Samen der Mistel verzehrt. Der Mistelsamen kommt erst zum Keimen, wenn er den Vogeldarm passiert hat. Damit ist diese Vogelart für die Erhaltung dieser Pflanzenart unentbehrlich (Nicolai 1982). Während der Zugzeit sieht man die Misteldrossel oft vergesellschaftet mit anderen Drosselarten.

Schutzmaßnahmen

Bei dem verhältnismäßig großen Waldflächenanteil ist der Bestand der Misteldrossel in Hagen nicht gefährdet, aber nach dem Verlust riesiger Waldflächen nach dem Orkan Kyrill im Jahr 2007 bleibt abzuwarten, wie sich diese enorme Lebensraumveränderung auf den Bestand an Misteldrosseln auswirken wird. Der Erhalt älterer Waldbestände ist notwendig.

Abb. 3: Waldränder und Wälder mit Lichtungen außerhalb der Dorflagen sind ihr Lebensraum. Bucksiepen-Hasperbachtal, September 2006. Foto R. Blauscheck

ADOLF VEHLING   215

Amsel *(Turdus merula)*

Aufenthalt

J	F	M	A	M	J	J	A	S	O	N	D

Brutzeit

	(F)	M	A	M	J	J	A				

Brut: ca. 3000 Brutpaare, 2 bis 3 Jahresbruten
Häufigkeit in Punktstoppkartierung: *Rang 3, Revieranzeigende: Rang 2*

Gefährdung:
RL Deutschland: keine
RL NRW: keine
Hagen: keine

Status: *Jahresvogel, Durchzügler, Wintergast*

Abb. 1: Hagen Emst, 2008, Foto R. WISNIEWSKI

Abb. 2: Durchschnittliche Anzahl an 10 Zählpunkten in 10 Hagener Teilbereichen (Erläuterung s. Anhang)

Verbreitung und Bestand

Die Amsel ist eine sehr erfolgreiche Brutvogelart. In einem historischen Rückblick auf die Hagener Vogelwelt berichtet BECKER (1996), dass die erste Amsel innerhalb der Stadt 1917 nach der Rodung des Goldbergs und der Anlage von Kleingärten regelmäßig oberhalb des Goldbergs auf einer morschen Eberesche sang; dies war so ungewöhnlich, dass darüber sogar eine Tageszeitung berichtete. Danach folgte eine stete Ausbreitung dieser Vogelart im Stadtgebiet. Heute ist die Amsel als Kulturfolger im ganzen Stadtgebiet flächendeckend anzutreffen und die weitaus häufigste Drosselart in Hagen.

Lebensraum

Ursprünglich nur in unterholzreichen Wäldern mit angrenzenden kurzrasigen Wiesen von der Ebene bis ins Bergland („Waldamsel"). Heute brütet die Amsel außerdem auch in Parkanlagen, Gärten, auf Friedhöfen, in Blumenkästen auf Balkonen sowie in offenen Schuppen („Stadtamsel"), oftmals gut sichtbar für Katzen, Rabenvögel oder andere Nesträuber. Ihr Futter findet die Amsel auf kurz geschnittenen Wiesen, in Gärten mit Beerensträuchern oder Obstbäumen.

Jahresrhythmus

Die Amsel bleibt ganzjährig im Stadtgebiet. Im Winter erscheint sie an Futterkrippen und Vogelhäuschen mit Streufutter. Selbst heruntergefallene Früchte, auch angefault, verschmäht sie nicht. Am 25. Dezember 1967 hat G. RÖTTLER mehr als 70 Amseln am Ischelandbad beobachtet. Beringungsdaten lassen auf winterlichen Zuzug nach Hagen aus England und Skandinavien schließen, M. WÜNSCH fand am 14. Mai 1989 in Holthausen in einem Gewölle einen Vogelring, der von einer Amsel stammte, die am 11. Oktober 1987 in England beringt worden war. MEISSMER fand am 14. Dezember 1989 in den Gleisen des Hagener Hauptbahnhofs eine tote Amsel, die nur zwei Monate vorher am 18. Dezember 1989 in Schweden beringt wurde. Beide Funde sind im NABU-Infoheft 20-1/91 beschrieben.

Die Amsel ist eine Vogelart, die schon früh im Jahr mit Gesang auf sich aufmerksam macht, ausnahmsweise ist Gesang sogar schon zum Jahreswechsel zu hören. K. STRATMANN hörte Vollgesang schon am 22. Dezember 2005

Abb. 3: Die Beeren der Eberesche, eine wertvolle Nahrungsquelle im Herbst, Am Deerth, Foto B. RAUER

Abb. 4: Das Fallobst der Streuobstwiesen und Gärten ist im Winter sehr willkommen. Also bitte liegen lassen! Wiblingwerde, 31.12.2008. Foto A. WELZEL

in Hohenlimburg an der Kaiserstraße. A. SCHÜCKING berichtete in der WP vom 22. April 1961 über eine frühe Brut, deren Nestbau Ende Februar begann, das erste Ei wurde am 20. März gelegt, die Jungen schlüpften am 8. April. 1966 brütete eine Amsel bereits am 18. Februar auf ihrem Nest in einem offenen Lagerschuppen der damaligen Firma Fliesen RÜFFER (heute Auto WABBEL) an der Funcke-Brücke, im Nest waren Papier- und Plastikfetzen verarbeitet. Eine weitere sehr frühe Brut wurde 2002 in nur 1 m Höhe in einer Stechpalme nahe der Bushaltestelle Eilper Rundturnhalle gefunden, hier schlüpfte das erste Junge bereits am 7. März, die Eiablage war demnach schon Mitte Februar erfolgt. Diese Brut wurde später von Schülern zerstört (A. WELZEL).

Weitere Beobachtungen

Der Gesang der Drossel ertönt bereits in den frühen Morgenstunden ausdauernd bis zum späten Abend. Dabei sitzt sie gern hoch oben im Wipfel oder anderen freien Singwarten, z. B Fernsehantennen und Hausdächern. Nach der Brutzeit ist sie kaum zu hören.
Teilalbinos sind bei Amseln in Hagen mehrmals festgestellt worden. Stadtamseln halten eine bedeutend geringere Fluchtdistanz als Waldamseln.
Am 7. April 1968 war ein Amselweibchen mit dem Bau eines Nestes in einem Reisighaufen an der Boeler Straße beschäftigt. Einen Tag später wurde der Haufen verbrannt. Längere Zeit saßen beide Amseln am darauf folgenden Tag neben der Asche. Am 12. April legte das Weibchen etwa zwei Meter neben der Asche zwischen Erdbeerreihen ein Ei auf den nackten Boden (G. RÖTTLER).

Schutzmaßnahmen

Schutzmaßnahmen sind nicht notwendig; aber es erleichtert der Amsel das Überwintern im Brutgebiet, wenn die Früchte in alten, hohen Bäumen nicht abgepflückt werden. Ebenso sind beerentragende Sträucher wie Stechpalme, Schlehe, Eberesche oder Mispel sowie Futterkrippen und Vogelhäuschen mit Streufutter eine zusätzliche Nahrungsquelle.

Abb. 5: Dieses Amselnest in einem geschützten Schlingpflanzenspalier diente im anhaltenden Winter 2008/09 einer Kohlmeise regelmäßig als Schlafplatz. 14.2.2009. Foto S. SALLERMANN

ADOLF VEHLING 217

Wacholderdrossel *(Turdus pilaris)*

Aufenthalt

| J | F | M | A | M | J | J | A | S | O | N | D |

Brutzeit

| | | | A | M | J | | | | | | |

Brut: ca. 200 Brutpaare, 1 bis 2 Jahresbruten
Häufigkeit in Punktstoppkartierung: Rang 46, Revieranzeigende: Rang 58

Gefährdung:
RL Deutschland: keine
RL NRW: keine
Hagen: keine

Status: Jahresvogel, Durchzügler, Wintergast

Abb. 1: Foto A. KLEIN

Abb. 2: Durchschnittliche Anzahl an 10 Zahlpunkten in 10 Hagener Teilbereichen (Erläuterung s. Anhang)

Verbreitung und Bestand

Diese Vogelart wurde in Westfalen erstmals 1944 bei Warburg als Brutvogel nachgewiesen (FELLENBERG/PEITZMEIER 1968). Über das Lenne- und Ruhrtal erreichte sie den Hagener Raum als Brutvogel. SCHÄFER berichtet 1953: „nur sehr selten im Winter als Strichvogel. Im März 1950 am Mastberg" (1948/1996). 1965 gelang A. SCHÜCKING und A. VEHLING der erste Brutnachweis für das Hagener Stadtgebiet im Unteren Lennetal am Buschmühlengraben in Hagen-Kabel. Die anschließende Ausbreitung über das Hagener Gebiet verlief dynamisch: Nur etwa 1 km entfernt entstand 1968 bei „Haus Busch" eine Brutkolonie mit drei bzw. 1969 mit neun Paaren. Ein weiterer Brutplatz fand sich 1968 im Hasselbachtal, er war im Folgejahr allerdings nicht mehr besetzt (A. SCHÜCKING briefl. an PEITZMEIER). Bereits 1970 waren Neuansiedlungen in Boele, Vorhalle sowie lenne- und volmeaufwärts zu registrieren (FELLENBERG 1971). Seit 1971 ist die Wacholderdrossel auch regelmäßiger Brutvogel im benachbarten Ennepe-Ruhr-Kreis (MÜLLER 1986). Etwa zeitgleich erschien sie auch in Herdecke, Wetter und Witten (PEITZMEIER/FELLENBERG 1974).
Heute kann man Wacholderdrosselnester von der Färberstraße an lenneabwärts, im Ruhrtal an der unteren Volme und der Ennepe feststellen.

Lebensraum

Brutgebiete sind lichte Pappelhaine, Weidenbäume und -büsche, baumbestandene Bachufer, Parkanlagen, Alleen sowie Auwald. Die Wacholderdrossel findet ihr Futter auf Wiesen und Grünland mit niedrigem Bewuchs.

Jahresrhythmus

Die WP berichtet bereits am 17. Januar 1972 vom Durchzug der Wacholderdrossel. Diese Drosselart ist ganzjährig im Brutgebiet anzutreffen. Beeren von Holunder, Schlehen und Ebereschen sowie Obstfrüchte dienen im Herbst und Winter als Hauptnahrung. In der kälteren Jahreszeit ziehen zusätzlich Vögel dieser Art aus Nord- und Osteuropa durch oder überwintern bei uns.

Tab. 1: *Zur Brutbiologie in Hagen (Beobachtungen A. Welzel)*

Datum	Beobachtung	Ort und Jahr
10. April	Nestbau	NSG Ruhraue Syburg 1984
28. April	Fütterung am Nest	NSG Lenneaue Berchum 1988
19. Mai	Fütterung am Nest	NSG Lenneaue Berchum 1984
24. Mai	Junge bereits flügge	Lennetal Fley 1990
27. Mai	Junge bereits flügge	Lennetal Fley 1991
30. Mai	Junge bereits flügge	NSG Lenneaue Berchum 1987
1. Juni	Fütterung am Nest	Hohenlimburg-Reh 1979
7. Juni	Junge fliegen gerade aus	NSG Ruhraue Syburg 1994

Die größten Ansammlungen von Wacholderdrosseln mit rund 1000 Exemplaren wurden am 22. Oktober 1994 im Ortsteil Herbeck (S. Sallermann) und mit 1500 Exemplaren in der Ruhraue Garenfeld am 20. Dezember 1995 beobachtet (H.-J. Thiel/M. Wünsch). Auf dem Hof der Emil-Schumacher-Schule in Wehringhausen erschienen zwischen dem 27. Dezember 1995 und dem 30. Januar 1996 mehr als 100 Wacholderdrosseln und fraßen die Beeren der Ebereschen (G. Röttler).

Weitere Beobachtungen

Diese Vogelart ist ein typischer Kolonienbrüter. In Gesellschaft ist ihr Überleben sicherer gegen Greifvögel, die gemeinsam abgewehrt werden, unter anderem durch Kotspritzen!
Auf dem Zug und bei der Überwinterung ist sie häufig mit anderen Drosselarten vergesellschaftet, vor allem mit Rotdrosseln.

Schutzmaßnahmen

Der Bestand der Wacholderdrosseln ist stabil. Als Schutzmaßnahme sind zu empfehlen: den Auwald schützen und Obsthöfe als Nahrungsbiotop erhalten.

Abb. 4: *Foto K. Sandmann*

Abb. 3: *In den Weiden und Pappeln des Lennegaleriewaldes brüten in Hagen die meisten Wacholderdrosseln. Untere Lennetal Stora-Parkplatz, 28.2.2009, Foto S. Sallermann*

Singdrossel *(Turdus philomelos)*

Aufenthalt

(J)	F	M	A	M	J	J	A	S	O	N	(D)

Brutzeit

		(M)	A	M	J	J	(A)				

Brut: 1000 bis 1200 Brutpaare, 2 Jahresbruten
Häufigkeit in Punktstoppkartierung: Rang 15, Revieranzeigende: Rang 9

Gefährdung:
RL Deutschland: keine
RL NRW: keine
Hagen: keine

Status: Sommervogel, Durchzügler, Wintergast (?)

Abb. 1: Foto M. Henning

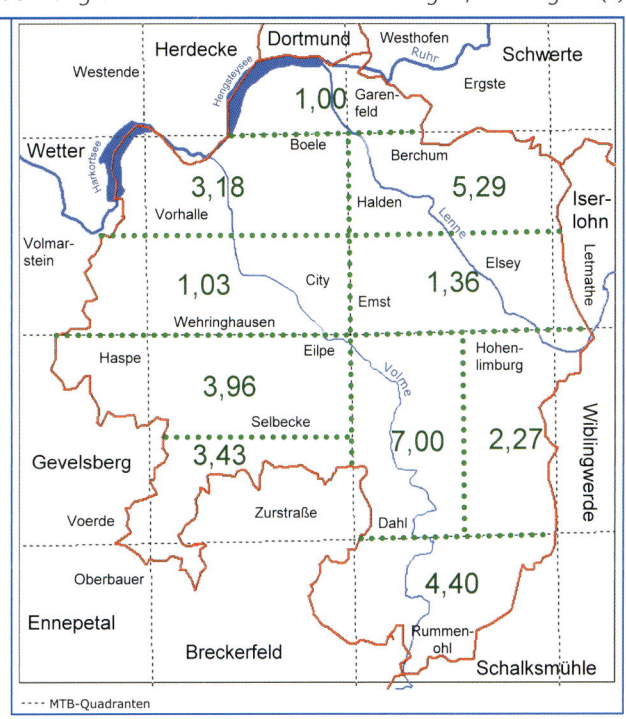

Abb. 2: Durchschnittliche Anzahl an 10 Zahlpunkten in 10 Hagener Teilbereichen (Erläuterung s. Anhang)

Verbreitung und Bestand

Die Singdrossel zählt zu den häufigen Vogelarten. Wie die Amsel ursprünglich ein reiner Waldbewohner, ist die Singdrossel heute in allen Stadtteilen und Höhenlagen Hagens anzutreffen. Bereits im Jahre 1956 ist der Nachweis durch A. Schücking erbracht worden, dass die Singdrossel im Stadtgebiet Brutvogel ist. Sie fehlt aber an Plätzen mit sehr dichter Bebauung. Jüngere Nadel- und Mischwälder sowie Waldränder mit anschließenden Wiesen oder Weiden haben eine höhere Dichte aufzuweisen.

Lebensraum

Der Lebensraum sind Nadel-, Misch- und Laubwälder, Parkanlagen sowie Friedhöfe und Gärten, die dichte Hecken und Büsche aufweisen. Der Siedlungsschwerpunkt liegt in den Waldgebieten des Hagener Südens. In den Innenstadtbereichen ist sie deutlich weniger verbreitet als in den Vororten. Nicht jeder Standort wird jährlich wiederkehrend besetzt.

Jahresrhythmus

Die Ankunft aus Westeuropa und dem Mittelmeerraum im Brutgebiet ist ab Anfang Februar (Medianwert für Hagen: 1. März). Frühe Erstgesänge: 14. Februar (1977, Hohenlimburg-Reh, A. Welzel), 21. Februar (1999, Lennetal, S. Sallermann) Erste Nestlinge werden bereits im April gefüttert (21. April 1994, Wesselbach), ein Schlupftermin war 1994 in Hohenlimburg-Reh der 7. Mai, die Brutzeit reicht bis in Juli/August, Nahrungstragende bzw. Fütternde wurden z. B. noch am 30. Juli 2006 in Henkhausen beobachtet (A. Welzel).
Der Wegzug in die Winterquartiere fällt in den Zeitraum Ende Oktober bis Mitte November, die durchschnittliche Letztbeobachtung für Hagen ist der 25. Oktober. Weitere späte Herbstbeobachtungen (jeweils eine Singdrossel):
- 16. November 1996, Werdringen (C. Schönberger)
- 19. November 1997, Hengsteyseebad (C. Schönberger)
- 23. November 1983, Ruhraue Syburg (A. Welzel)

220 Singdrossel

ADOLF VEHLING

Ob die Singdrossel tatsächlich vereinzelt überwintert, ist unklar, einige Winterbeobachtungen:
- 17. Dezember 1985, rufend, Ruhraue Syburg (A. WELZEL)
- 18. Dezember 1977, Hengsteysee (G. RÖTTLER)
- 6. Januar 1988, rufend, Ruhraue Syburg (A. WELZEL)
- 22. Januar, Ruhraue Syburg (C. SCHÖNBERGER)

Weitere Beobachtungen

Koniferen und hier besonders die Fichte sind als Brutplatz beliebt, als Ausnahme wurde in Hagen bisher nur eine Brut in einem Holunder am 21. Juni 2001 in Brockhausen gefunden, die Jungen waren schon ca. 14 Tage alt (A. WELZEL/M. ORIWALL). Manchmal brütet die Singdrossel aber auch im dichten Gebüsch in Bodennähe, aber meist in einer Höhe von zwei bis vier Metern über dem Erdboden. Das Nest wird innen nicht mit Moos, Federn oder Wolle ausgepolstert, sondern glatt mit Lehm oder ähnlichem Bodenmaterial ausgeschmiert und sieht so im Innern einer halben Kokosnussschale ähnlich.

Der Gesang ist wohltönend mit wechselnden Motiven, die mehrmals wiederholt werden. Die Gesangszeit hat zwei Schwerpunkte: vor der Erstbrut ist der Gesang zwischen Mitte Februar bis Anfang April besonders intensiv, vor der Zweitbrut um den 15. Juli sind wieder viele melodische Strophen zu hören. Am 13. April 2008 ließ eine Singdrossel im NSG Ruhraue Syburg über drei Stunden hinweg einen Gesang hören, in dem zu Beginn einer jeden Strophe mehrmals der Wachtelruf täuschend echt imitiert wurde (A. WELZEL/M. ORIWALL).

1998 war ein besonders starker Durchzug der Singdrosseln zu beobachten.

Schutzmaßnahmen

Die Singdrossel brütet nahezu ausschließlich in Koniferen, die deshalb auch aus dem Garten eines Naturliebhabers nicht völlig verschwinden sollten.

Abb. 3: Eine Drosselschmiede, hier werden Schnecken und Käfer vor dem Auffressen zerhackt. Foto M. HENNING

Abb. 4: Foto E. LIETZOW

Abb. 5: Die abwechslungsreiche Landschaftsstruktur aus Hecken, Wald und Wiese bietet der Art die besten Bedingungen. NABU-Schutzgebiet NSG Steinbergbachtal- Villigster Straße in Garenfeld, 19.06.2005. Foto S. SALLERMANN

Grauschnäpper *(Muscicapa striata)*

Aufenthalt

			M	J	J	A	S			

Brutzeit

			M	J	J	A				

Gefährdung:
RL Deutschland: keine
RL NRW: keine
Hagen: starker Bestandsrückgang

Brut: ca. 100 Brutpaare, 2 Jahresbruten
Häufigkeit in Punktstoppkartierung: Rang 61, Revieranzeigende: Rang 54
Status: Sommervogel, Durchzügler

Abb. 1: Foto A. Welzel

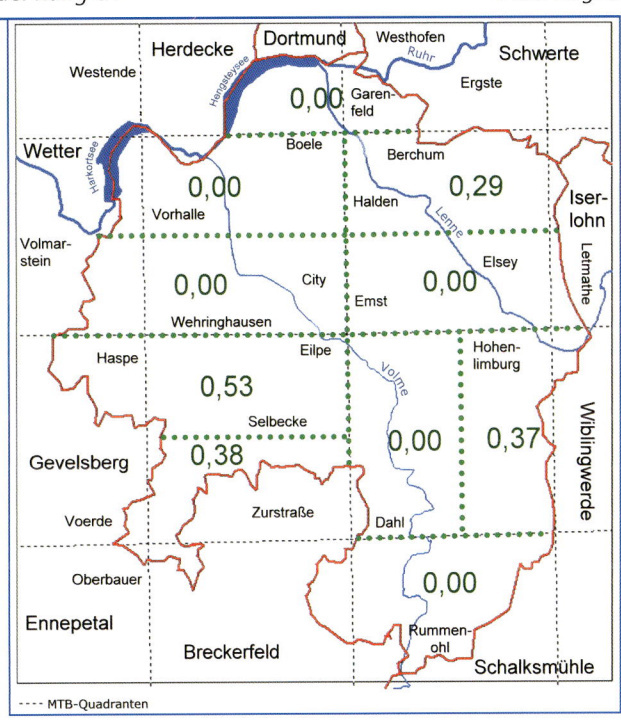

Abb. 2: Durchschnittliche Anzahl an 10 Zahlpunkten in 10 Hagener Teilbereichen (Erläuterung s. Anhang)

Verbreitung und Bestand

Die Art ist in ganz Hagen und so in allen Höhenlagen regelmäßig, aber nicht sehr häufig anzutreffen. Oft kommen mehrere Brutpaare in Nachbarschaft miteinander vor. Der Bruterfolg korreliert mit dem Wetter während der Brutzeit. So wirkt sich ein feuchtes Frühjahr negativ aus, dann mangelt es in dieser wichtigen Zeit an seiner Hauptnahrung, den fliegenden Insekten. Die Bestände sind jährlich stark schwankend, langfristig in Hagen jedoch auf recht gleichem Niveau.

Im Folgenden die Entwicklung der Bestandstendenz ab 1988 (Daten nach OSB NABU-Infoheft): 1988 war mit 12 Meldungen ein erfolgreiches Jahr für die Art, in den Folgejahren wenig Meldungen (zwei bis vier pro Jahr). Eine Anmerkung im Jahr 1993 geht von einem Bestandsrückgang aus. Für die Jahre 1995 bis 1998 gibt es vergleichsweise wieder recht viele Einzelnachweise (11 bis 30 pro Jahr). Danach bis 2008 mit 3-6 wiederum deutlich weniger.

Besonders häufig ist der Grauschnäpper in den Wäldern des Bereiches Hallerkopp-Auf der Halle und im Großraum des Lennetales anzutreffen. Bruten gibt es auch in den Parkanlagen der City, z. B. drei Brutpaare 12. Juli 1997 Volmepark-Badstraße (H.-J. Thiel, M. Wünsch).

Lebensraum

Eigentlich ist er gar nicht so sehr an bestimmte Strukturen gebunden. In seiner Wahl ist er ausgesprochen vielseitig. Wichtig sind ältere Bäume, in deren Kronenbereich er vorzugsweise nach fliegenden Insekten jagt. Sein Nest baut er in Nischen aller Art oder auch in Altnester anderer Vogelarten. Als Habitat bevorzugt er zum einen lockere Laub- und Mischhochwälder mit Lichtungen oder deren Waldränder. Zum anderen siedelt er gerne in halboffenen Landschaften mit Einzelbäumen oder Alleen. Auch die direkte menschliche Nähe meidet er nicht. Wenn er eine geeignete Nische findet, brütet er auch sehr gern direkt an geeigneten Gebäuden wie Bauernhöfen, Wohnhäusern oder Fabriken. In direkter Nähe muss sich nur eine möglichst reich strukturierte Grünanlage mit höheren Bäumen befinden.

Abb. 3: *In den Baumkronen stufig aufgebauter alter Laub- und Mischwälder findet der Grauschnäpper bevorzugte Lebensbedingungen. Sterbecketal, 5.5.2004, Foto A. Welzel*

Jahresrhythmus

Der Grauschnäpper erscheint ab Anfang Mai im Hagener Stadtgebiet (2. Mai 1998 Sudfeld). Ziehende Grauschnäpper fallen durch intensiven Gesang auf. In diese Zeit fallen demzufolge auch die meisten Beobachtungsdaten. Manchmal treten sie in kleineren Trupps auf, so z. B. fünf singende am 4. Mai 1997 in einem Buchenwald an der Donnerkuhle oder 12 am 24. Mai 1997 in einem Eichenwald am Lichtenböcken (J. Kamp). Erst bis Ende Mai sind Durchzug und Revierbesetzung ziemlich abgeschlossen! Mit dem allgemeinen Brutbeginn Ende Mai hört der Gesang weitgehend auf, er wird jetzt sehr unauffällig.

Nach den Bruten mehren sich die Sichtungen im Juli und im August wieder. Familienverbände wurden gemäß der OSB der NABU-Infohefte überwiegend bis Ende Juli registriert. Die letzen Nachweise liegen in der 1. Septemberdekade. (Durchzug: Kläranlage Fley 10. September 1995)

In der Saison 1999 und 2000 brütet jeweils ein Paar in einem Futterhaus auf einem Balkon im 7. Stock eines Gebäudes in Eilpe (Eheleute Steinmann): Brutbeginn hier zum 31. Mai, Beginn der Zweitbrut 29. Juni, Ausflug der Jungen dann bis 3. August 1999.

Weitere Beobachtungen

Die Wahl des Nistplatzes kann sehr ungewöhnlich ausfallen. Er nimmt Nischen wirklich aller Art. Sogar in offenen Blumenkästen brütet er.

Schutzmaßnahmen

Eine direkte Hilfe ist für die Art sehr schwierig. Als Nischenbrüter findet er in einem naturnahen Wald natürlich eher einen Nistplatz und genügend Insekten als in einem aufgeräumten Altersklassenwald. Dasselbe gilt auch für Gärten und Parkanlagen. Durch Altholzanteile können die Bedingungen für das Nahrungs- und Brutplatzangebot verbessert werden. Nischen an begrünten Pergolen, Spalieren, Rankhilfen oder Fassadenbegrünungen werden gerne als Brutplatz angenommen.

Abb. 4: *Foto A. Welzel*

Trauerschnäpper *(Ficedula hypoleuca)*

Aufenthalt

		A	M	J	J	A	S		

Brutzeit

			M	J					

Gefährdung:
RL Deutschland: keine
RL NRW: keine
Hagen: gefährdet

Brut: ca. 40 Brutpaare, 1 bis 2 Jahresbruten
Häufigkeit in Punktstoppkartierung: Rang 63, Revieranzeigende: Rang 52

Status: Sommervogel, Durchzügler

Abb. 1: singend, 15.5.1990, Hohenlimburg-Wesselbach, Foto A. WELZEL

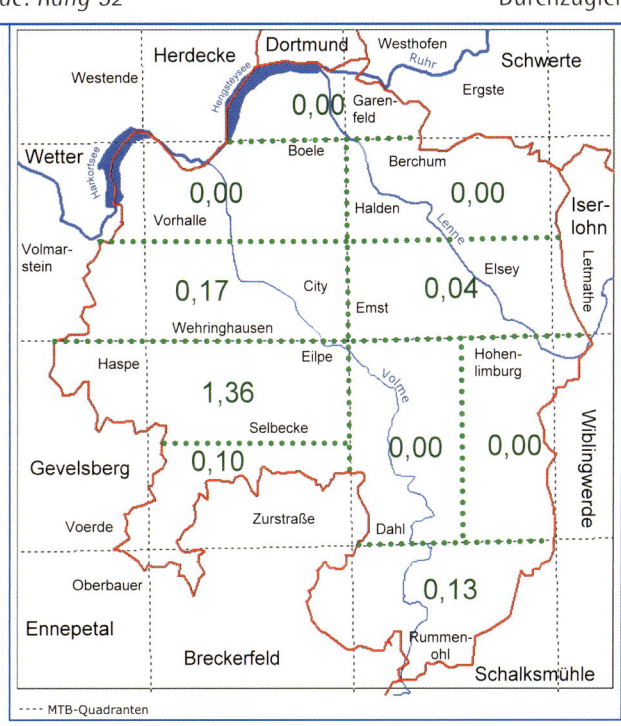

Abb. 2: Durchschnittliche Anzahl an 10 Zählpunkten in 10 Hagener Teilbereichen (Erläuterung s. Anhang)

Verbreitung und Bestand

Wenn auch ein Schwerpunkt des Vorkommens in den Wäldern des Hagener Südens liegt, ist der Trauerschnäpper doch in ganz Hagen zu finden, aber in allen Bereichen nicht mehr häufig. Das war offensichtlich nicht immer so. Zwar berichtet SCHÄFER über ihn als „Brutvogel im Stadtgarten" (1948/1996), doch nach MÜLLER war er bis 1956 ein „seltener Vogel" und wurde erst „durch Anbringung von Nistkästen häufiger: 1959 brüteten mindestens sechs Paare in Nistkästen rings um die Hasper Talsperre" (1961). Trauerschnapperbruten finden sich auch bereits ab 1970 in Hohenlimburger Nistkastenrevieren am Schloss und ab 1975 am Steltenberg. In einem Manuskript H. J. HOFFMANNS ist über die Situation im Jahr 1973 zu lesen: „Die Ausbreitung schreitet weiter fort; harter Kampf um die Nisthöhlen; zwei Trauerschnäppernester über Blaumeisennestern, ein im Kampf getötetes adultes Trauerschnäpper-Männchen auf dem Rand eines Kohlmeisennestes".

Tab. 1: Nistkastenbelegungen durch Trauerschnäpper am Hohenlimburger Schloß (H. J. HOFFMANN 1973)

Jahr	1970	1971	1972	1973
Brutpaare	2	4	4	6

Von 1970 bis 1973 flogen im Rahmen eines Höhlenbrüterprogrammes am Hohenlimburger Schloss 17 Jungvögel aus. Der Wiederfang eines 1971 hier als Nestling beringten Trauerschnäpperweibchens zeigt, daß bei der Belegung von Nistkästen Tradition besteht (s. auch *Tab 2*).

Trauerschnäpperbestände sind starken Schwankungen unterworfen. Negativ wirken sich verregnete Sommer und fehlende Nistmöglichkeiten aus. Wie wichtig Nistmöglichkeiten für die Bestände sind, zeigt eine Dokumentation aus dem Nistkastenprogramm 1987 von H. W. ZIMMERMANN im Mäckinger Bachtal. Erstmalig wurde der Trauerschnäpper hier 1976 nachgewiesen. 1979 war er schon häufiger vertreten. Seitdem ist er mit Schwankungen regelmäßiger Brutvogel im Mäckinger Bachtal.

Ist ein Habitat erst einmal akzeptiert, kann es zu relativ dichter Besiedlung kommen (s. *Tab. 3*), im Bereich Deerth wurden ausschließlich Nistkastenbruten festgestellt. Andererseits gibt es Reviere, die nur über eine Brutsaison hinweg oder unregelmäßig besetzt werden, auch hier sind für das Vorkommen der Art vorhandene Nistkästen ausschlaggebend.

Trauerschnäpper

Tab. 2: Langjährig besetzte Reviere mit Tradition

Fundort	Zeitraum	Beobachter
Schlossberg Hohenlimburg	1970 bis 1989	H. J. Hoffmann, J. Tysarzik
Mäckinger Bachtal	1976 bis 1994	H. W. Zimmermann, H. Stoldt
Dahl Park Ecklöh	1978 bis 1999	H. Stoldt
Friedhof Remberg	1982 bis 1999	H. Stoldt
Friedhof Hoheleye	1983 bis 1994	H. Stoldt
Wesselbach	1984 bis 1996	A. Welzel
Deerth	1996 bis 2001	B. Rauer

Tab. 3: Nistkastenbelegung durch den Trauerschnäpper im Stadtwald auf ca. 100 ha mit 82 Nistkästen Bereich Deerth

Jahr	1996	1997	1998	1999	2000	2001
Brutpaare	5	8	4	13	10	8

Tab. 4: vom Trauerschnäpper unregelmäßig besetzte Nistkastenreviere

Brutrevier	Brutsaison	Beobachter
Steltenberg	1975, 1984, 1985	H. J. Hoffmann, W. Felka
Strunkschlenke	1984	W. Felka
Kleingartenanlagen Eilpe	2003	A. Welzel
Nimmertal	2003	A. Welzel
NSG Ruhraue Syburg	1986, 1989, 2002	A. Welzel
NSG Lenneaue Berchum	1987, 1998, 2002	A. Welzel
Hasselbachtal	1994	C. Schönberger

Den höchsten Bestand hatte der Trauerschnäpper bereits zu Beginn der Nistkastenprogramme Anfang der 70er Jahre, seitdem und insbesondere Anfang der 80er Jahre ist ein massiver Bestandseinbruch zu verzeichnen (s. *Abb. 3*).
Die Art ist heute nur noch selten zu beobachten. In Schlüchtern nahe Frankfurt ging der Trauerschnäpperbestand auf einer Versuchsfläche im Zeitraum 1970 bis 1990 von ca. 130 Brutpaaren bis auf Null zurück (Koppmann-Rumpf/Heberer 2003). Als Ursache nennen sie den Klimawandel, der Siebenschläfer und andere Nager bevorteilt: Von ihnen werden Nester und Gelege zerstört.

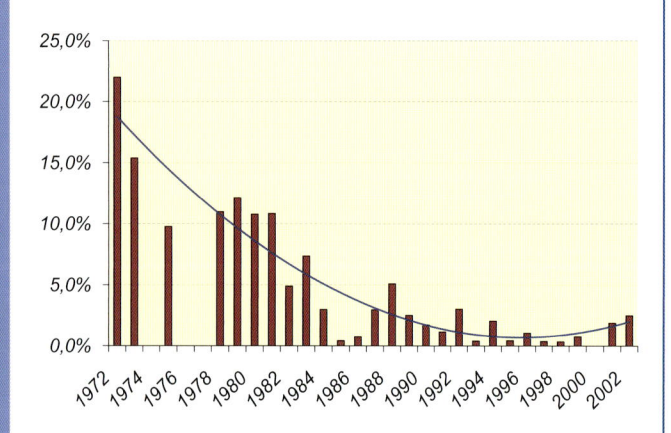

Abb. 3: Anteil von Trauerschnäpperbruten an besetzten Nistkästen mit polynomischer Trendlinie (blau)(nach Daten aus 22 Revieren von 1975 bis 2002 von W. Felka, U. Flenker, H. J. Hoffmann, H. Keller, H. Stoldt, J. Tysarzik, A. Welzel)

Lebensraum

Die Art bevorzugt ursprünglich alte naturnahe Laubhochwälder mit geringem Unterwuchs. Wichtig ist ein großzügiges Angebot an Nisthöhlen (Naturhöhlen oder Nistkästen). Fehlende Nistmöglichkeiten in zusammenhängenden Hochwäldern haben den Trauerschnäpper zu anderen Habitaten geleitet, insbesondere Obstwiesen, Gärten mit älterem Baumbestand, Friedhöfe und Waldrandbereiche von Fichtenreinbeständen wurden besiedelt. Die Nähe von Gebäuden mit naturnaher Gestaltung und alten Baumbeständen werden nicht gemieden (Waldnähe).

Jahresrhythmus

Der Trauerschnäpper erscheint in Hagen ab Mitte April, früheste Erstbeobachtung ist der 14. April 1993 in der Wesselbach (A. Welzel). Die Männchen verhalten sich sofort nach Ankunft mit Gesang und Nistplatzsuche territorial.
Der Gesang ist in den ersten 14 Tagen des Mai am häufigsten zu hören (s. *Abb. 4*). Das Männchen sucht mehrere Höhlen aus und „besingt" das Einflugloch, eine davon wird schließlich vom Weibchen akzeptiert. Auffällig ist das gezielte Aufsuchen von bekannten Nisthöhlen. Konflikte mit Arten wie Blaumeise und Kohlmeise, die aufgrund früherer Brutzeit schon viele Höhlen besetzt haben, sind deshalb unvermeidlich. Sobald die Jungvögel geschlüpft sind, wird es ausgesprochen ruhig im Revier des Trauerschnäppers und die Vögel sind nur noch schwer zu beobachten. Am 20. Juni 2000 wurden am Deerth zwei Altvögel und sieben Jungvögel auf einem Scheunendach gesehen.

Einige späte Gesänge bis Mitte Juni weisen auf Ersatzgelege hin. K. L. Ensuleit konnte 1972 drei Mal eine Zweitbrut des Trauerschnäppers in Herdecke nachweisen. Bis Ende Juni/Anfang Juli verlässt die Art das Brutgebiet. Ab Ende August sind wieder einzelne durchziehende oder umherstreifende Trauerschnäpper zu sehen, als letzte Jahresbeobachtung in Hagen registrierte A. Welzel zwei am 8. September 1988 im NSG Lenneaue Berchum, ansonsten sind in Hagen ziehende Trauerschnäpper nur selten zu beobachten.

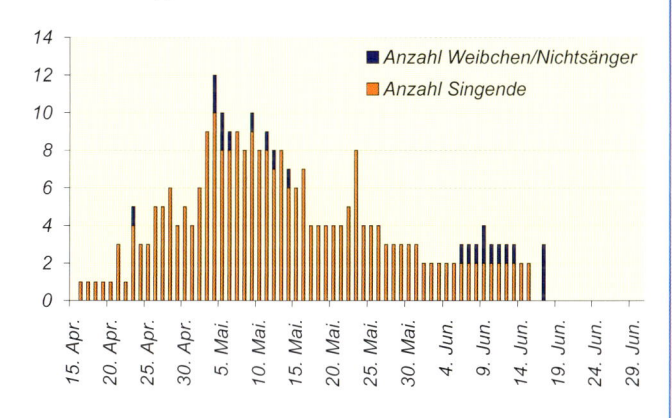

Abb. 4: Festgestellte Sänger (n = 258) und Nichtsingende (n = 28) im Brutzeitraum 1973 bis 2004 (nach Daten von A. Welzel)

Weitere Beobachtungen

Die Brutorttreue des Trauerschnäppers zeigen Beringungen: neun von elf in einer Parkanlage in Volmarstein beringte Trauerschnäpper wurden dort von G. Bremicker wiedergefunden, acht davon nicht weiter als 200 m von ihrer vorjährigen Bruthöhle entfernt. Ein 1978 in Essen-Bredeney beringtes Weibchen wurde im Mai 1979 tot in Volmarstein gefunden. Ein am 2. Juni 1958 im Fleyer Wald beringtes nestjunges Weibchen wurde am 17. Mai 1959 in der Parkanlage Volmarstein brütend auf dem Nest wiedergefunden (alle Beringungsdaten G. Bremicker).

Vom Hallerkopp sind Bruten zweier Paare in Naturhöhlen bekannt (S. Sallermann). Außergewöhnlich ist der harte Konkurrenzkampf um Nistmöglichkeiten. Nicht selten wurden Blaumeisennester mitsamt Jungvögeln durch ein Trauerschnäppernest überbaut (s. o.). Dieses Verhalten konnte auch am Deerth in sechs Fällen (1996 bis 2001) nachgewiesen werden.

W. Zimmermann beobachtete im Mäckinger Bachtal die Aufzucht von drei Trauerschnäpperjungen durch Blaumeisen, das Trauerschnäppergelege war von den Eltern verlassen worden, die Blaumeisen legten anschließend acht eigene Eier hinzu, brüteten alles aus und zogen sämtliche Jungtiere auf.

Abb. 5: Obsthof am Deerth, Foto B. Rauer

Schutzmaßnahmen

Da neben einem Lebensraum mit optimalem Nahrungsangebot auch die Abhängigkeit von einem großen Höhlen- und Nistkastenangebot offensichtlich ist (s. o.), ist der Erhalt und Aufbau von alten höhlenreichen Hochwäldern und Streuobstwiesen am wichtigsten. Darüber hinaus ist es dringend erforderlich, weiterhin in entsprechenden Gebieten Nistkästen anzubieten und diese auch zu warten.

Abb. 6: Nistkästen werden gerne angenommen. Sie dienen gleichzeitig als Gesangswarte, Obsthof am Deerth, Foto B. Rauer

Stephan Sallermann

Schwarzkehlchen *(Saxicola rubicola)*

Aufenthalt

| | (F) | M | A | M | J | J | A | | | |

Brutzeit

| | | | A | M | J | J | | | | |

Brut: bis 1 Brutpaar, 1 bis 2 Jahresbruten
Häufigkeit in Punktstoppkartierung: *nicht registriert*

Gefährdung:
RL Deutschland: *Vorwarnliste*
RL NRW: *stark gefährdet*
Hagen: *stark gefährdet*

Status: *Sommervogel, Durchzügler*

Abb. 1: Foto M. Henning

Verbreitung und Bestand

Die Ruhraue Syburg wird als ein historisches Brutgebiet der 70er Jahre des 20. Jahrhunderts von G. Bremicker überliefert. Schon 1972 und am 6. Februar 1974 meldete A. Schücking in der WR einen Bestandsrückgang und stellte fest, dass offensichtlich keine Bruten mehr stattfanden.
Als in den 1970er Jahren großflächige Bodenauffüllungen im Hagener Lennetal durchgeführt wurden, gab es auf diesen Flächen nach dem Einsetzen der ersten schütteren Ruderalflora temporär ein gewisses Vorkommen an Schwarzkehlchenbruten (mündlich H.-J. Thiel und Nachweise von G. Röttler). So wurden in den Jahren 1981 bis 1983 fünf Einzelbeobachtungen von A. Welzel und C. Tunk dokumentiert, allesamt in den Monaten April und Mai im Bereich der Kläranlage Fley. M. Wünsch meldete ein balzendes Paar für den 26. März 1984 im Ruhrtal bei Garenfeld und auf einer Industriebrache in der Profilstrasse. Seit dieser Zeit sind folgende Einzelbeobachtungen dokumentiert:
- Brutnachweis im Mai 1982 in der Kläranlage Fley (A. Welzel)
- Paar am 26. März 1988 Dolomitwerke/Lennetal (H.-J. Thiel)
- Männchen am 7. April 1994 Ruhraue Syburg (M. Falkenberg)
- Männchen singend am 29. April 1994 in der Weihnachtsbaumschule Werninghausen (C. Schönberger, K. D. Schultz, J. Grawe)
- ein adultes Weibchen am 31. August 1996 bei Tiefendorf (J. Kamp)
- ein Einjähriges bei Werdringen am 25. und 26. Februar 2001 auf einer zweijährigen Ackerbrache im Waldrandbereich (U. Schmidt, W. Kohl, A. Pfeffer) zu verschiedenen Beobachtungszeitpunkten

Brutnachweise:
- 1982, Neststandort zwischen Birkenjungwuchs am Außenhang des südlichen Damms der Kläranlage Fley: ein fütterndes Paar über mehrere Tage im Mai (A. Welzel)
- 2002, in der Lennestrasse in einem brachliegenden Grünlandgrundstück mit schon recht dichter Krautflora: am 15. Juni ein Paar mit drei Jungen (H.-J. Thiel)
- 2005, in einem Auffüllungsgelände mit gerade einsetzender Krautflora am Hammacher: ein Paar am 5. Mai (U. Schmidt), ein Paar mit Jungen am 4. Juli (H.-J. Thiel, D. Kuntze), Paar mit drei Jungen am 17. Juli (H.-J. Thiel, D. Kuntze, S. Sallermann), hier nach dem Mai 2007 verschwunden (verschiedene Beobachter).

Lebensraum

Das Schwarzkehlchen ist eigentlich eine Art der offenen Heiden, Moore und Magerwiesen, jedoch in Hagen wie auch in anderen Orten des Ruhrgebietes in offenem Ruderalgelände wie auf unbebauten Grundstücken anzutreffen. Es handelt sich besonders häufig um größere zusammenhängende Flächen, die zur Vorbereitung einer zukünftigen Bebauung mit Rohböden aufgefüllt wurden und dann einige Jahre brach liegen. Die Besiedlung erfolgt nach dem Einstellen der ersten schütteren krautigen Vegetation. Auch brachliegende Grünland- oder Ackerflächen werden angenommen, solange die Verbuschung nicht zu weit fortgeschritten ist. Weiterhin trifft man sie auf größeren Industriebrachen mit kargem krautigem Bewuchs an. Ein großes potenzielles Gebiet für die Art war für eine lange Zeit die alte Gleisanlage am Hengsteysee, leider hat sie sich dort nicht eingefunden. Auch andere große Brachflächen waren in Hagen immer zu finden, wurden aber leider in den letzten 25 Jahren immer nur sporadisch angenommen.

Schwarzkehlchen

Abb. 2: Foto J. Schneider

Jahresrhythmus

Am 3. März 1966 schreibt A. Schücking in der Hagener WP: „Schwarzkehlchen kehren spät aus Afrika zurück". Aufenthalt in Hagen ist nach den bekannten Nachweisen (s. o.) zwischen dem 25. Februar und dem 31. August.

Weitere Beobachtungen

Die Art hat in Hagen temporär sehr von der großflächigen Verfüllung landwirtschaftlicher Flächen mit Rohböden zur Schaffung baureifer Industriegrundstücke profitiert. Da zusammenhängende Magerwiesen, Heide- und Moorgebiete bei uns als Landschaftstyp nicht existieren, ist die Art also auf diese vom Vegetationsbild her ähnlich strukturierten Ersatzlebensräume angewiesen. Flächen dieser Art bieten der Art naturgemäß aber nur für recht kurze Zeit die nötige Lebensqualität. So verwundert nicht, dass traditionelle Brutgebiete sich in Hagen nicht entwickeln konnten.
Ein am 17. September 1960 von G. Bremicker in der Aue Volmarstein beringtes adultes Männchen wurde am 15. Mai 1961 tot an der DB-Strecke Hagen-Schwerte von W. Scharrenberg aufgefunden.

Schutzmaßnahmen

Die Art liebt einen Lebensraum, der im Grunde bei uns sehr selten anzutreffen ist. Um ihr zu helfen, sind halboffene Landschaften durch entsprechende Pflegemaßnahmen zu fördern oder zu erhalten. Die Art liebt jedoch nicht unbedingt eine jährliche Mahd. Die krautige Vegetation sollte sich einige Jahre entwickeln können. Eine Fläche mit niedriger blütenreicher Krautflora und wenigen Einzelgehölzen ist optimal. Bedarfsweise sollten Flächen ausgemagert werden. Auch ein turnusgemäßes Umbrechen kann sinnvoll sein. Beispielhaft sind z. B. Truppenübungsplätze wie Senne oder Wahner Heide. Die Militärmaschinen schaffen eine Landschaftsdynamik, die den Wünschen der Art wohl am nächsten kommt. Durch das ständige Umbrechen der Vegetation wird eine Entwicklung zur Hochstaudenfläche mit einer kräftigen Verbuschung verhindert.

Abb. 3: Am Rande der Industrieerwartungsbrache Barmerfeld hat das Schwarzkehlchen erfolgreich gebrütet. 28.9.2008, Foto S. Sallermann

Rotkehlchen *(Erithacus rubecula)*

Aufenthalt

J	F	M	A	M	J	J	A	S	O	N	D

Brutzeit

		M	A	M	J	J	(A)				

Brut: ca. 3500 Brutpaare, 2 Jahresbruten
Häufigkeit in Punktstoppkartierung: Rang 10, Revieranzeigende: Rang 5

Gefährdung:
RL Deutschland: keine
RL NRW: keine
Hagen: keine

Status: Jahresvogel, Durchzügler, Wintergast

Abb. 1: Stadthalle, 2007, Foto R. WISNIEWSKI

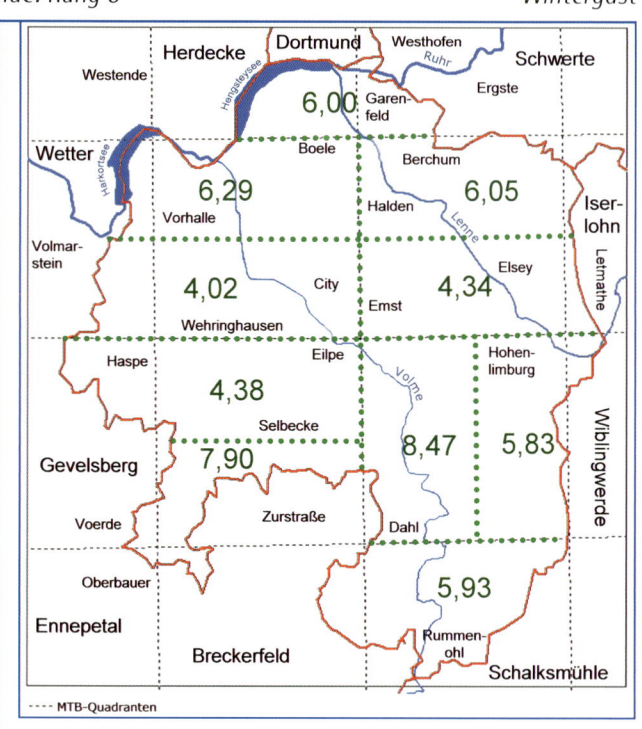

Abb. 2: Durchschnittliche Anzahl an 10 Zählpunkten in 10 Hagener Teilbereichen (Erläuterung s. Anhang)

Verbreitung und Bestand

Das Rotkehlchen ist flächendeckend in Hagen zu finden und meidet nur Bereiche ohne Gehölzvegetation. Singende, d. h. revierbesitzende Männchen können hohe Bestandsdichten erreichen, z. B.:
- Hammacher Nordteil: 8 auf 10 ha am 29. März 1998
- Mastbergbereich: 8,9 auf 10 ha am 28. März 1998
- Uhlenbruch: 9,75 auf 10 ha, 1996 (C. SCHÖNBERGER)
- Unteres Wannebachtal: 8,2 auf 10 ha, 1995 (C. SCHÖNBERGER)

Das Rotkehlchen gehört so zu den häufigeren Vogelarten auf Hagener Gebiet.

Lebensraum

Das Rotkehlchen lebt in Wäldern aller Art, hier aber häufiger in unterholzreichen naturnahen Mischwäldern. Es lebt auch sehr gerne in Wassernähe, in Hecken und Gebüschen der Feldflur. Regelmäßig brütet es in Parkanlagen, Gärten und Friedhöfen, im Winter findet hier ein verstärkter Zuzug statt. Gelegentlich kann es auch an Futterstellen beobachtet werden. Der Brutplatz befindet sich gern in Grasbulten, Wurzeln, Gestrüpp und sonstigen Höhlungen oder Nischen aller Art, bevorzugt aber in Bodennähe, nimmt aber auch höher gelegene Nistkästen oder Baumlöcher. Auch alte Nester anderer Vogelarten werden genommen.

Jahresrhythmus

Da die Art ganzjährig anzutreffen ist, fällt der Ein- oder Wegzug der Hagener Brutpopulationen kaum auf. So ist auch unklar, ob die im Winter anzutreffenden Vögel Wintergäste oder Überwinterer sind. Unterschiede lassen sich an geänderten Bestandsgrößen erkennen. So nehmen im Winter die Bestände in den Wäldern ab. In den Siedlungsräumen hingegen ist ein Zuzug festzustellen. Das Rotkehlchen beginnt etwa Anfang bis Ende März mit der ersten Brut und ist bis Ende August mit der zweiten Brut beschäftigt. Zugbeginn ist im September.

Rotkehlchen

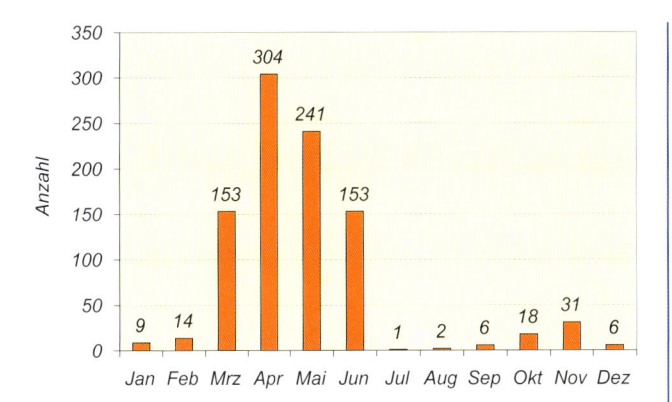

Abb. 3: *Jahreszeitliche Verteilung singender Rotkehlchen (n = 938) in Hagen aus 192 Beobachtungstagen im Zeitraum von 1984 bis 2008 (A. Welzel)*

Weitere Beobachtungen

Es kann in aktiv bewirtschafteten Haus- oder Schrebergärten sehr zutraulich werden. Noch während der Hobbygärtner seine Rabatten umgräbt oder kreilt, kommt „sein" Rotkehlchen oft sehr dicht heran, um frisch freigelegte Würmer, Engerlinge etc. aufzupicken. Eine Besonderheit ist der intensive Herbstgesang, es singt auch bei tiefen Minusgraden im Winter.

Schutzmaßnahmen

Der Gartenbesitzer, der gerne Rotkehlchen in seinem Garten haben möchte, sollte für eine unterholzreiche, freiwachsende Hecke sorgen. Die Beeren des Pfaffenhütchens werden gerne gefressen. Es liebt besonders aktiv kultivierte Gemüse- und sonstige Gartenbeete zum Absuchen von Nahrung.

Abb. 5: *Foto N. Lemke*

Abb. 6: *Im Deerth, Jungvogel, Foto B. Rauer*

Abb. 4: *2.5.2008, Foto U. Schmidt*

Nachtigall *(Luscinia megarhynchos)*

Aufenthalt

| | | | A | M | J | J | A | (S) | | | |

Brutzeit

| | | | A | M | J | J | | | | | |

Gefährdung:
RL Deutschland: keine
RL NRW: gefährdet
Hagen: ausgestorben

Brut: selten 1 Brutpaar, 1 bis 3 Jahresbruten
Häufigkeit in Punktstoppkartierung: Rang 84, Revieranzeigende: Rang 67
Status: Sommervogel

Abb. 1: Foto J. Schneider

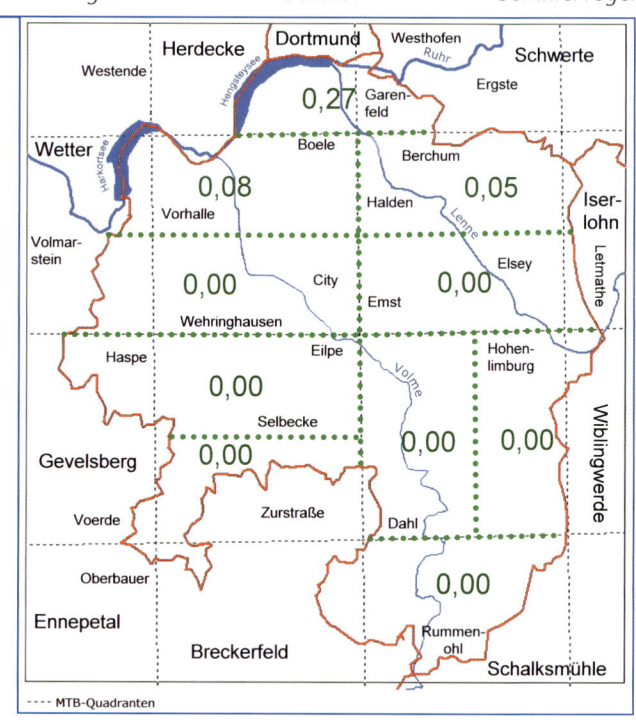

Abb. 2: Durchschnittliche Anzahl an 10 Zählpunkten in 10 Hagener Teilbereichen (Erläuterung s. Anhang)

Verbreitung und Bestand

Schäfer berichtet von früheren Vorkommen in Delstern und seinerzeitigen Nachweisen „nur noch an der Lenneaue unterhalb des Hauses Berchum" (1948/1996). Schröder schreibt „im Hagener Raum schon selten, an einigen Stellen noch vorkommend" (1953). Schücking nennt 1955 noch Vorkommen im Nahmerbachtal-Königssee und Brenscheider Mühle. Bei einer Wanderung der NWV hörte man sie in Büschen der Friedhofsauffahrt Holthausen singen (WP 30. Mai 1959), am Rande des Fleyer Waldes war sie aber bald schon „nur noch selten zu hören" (WP 3. März 1966).
Bis in die siebziger Jahre hinein war die Nachtigall kein seltener Brutvogel in Hagen, so z. B. im Wannebachtal bis 1987 (A. Schücking, H.-J. Thiel u. a.), Helfe und Fley (A. Vehling) und in Emst. In der oberen Bachstrasse waren noch 1989 Gesänge zu hören (G. Röttler). 1988 fand C. Tunk in der Niedernhofstraße ein singendes Exemplar vor. Brutnachweise über 200 m ü. NN gab es nicht.
Einzelne Vorkommen gab es in letzter Zeit nur noch im Hagener Norden. In einem Manuskript von A. Schücking ist zu lesen: „wie in den Jahren zuvor ab 8. Mai 1972 am Südufer Hengsteysee". In einer Untersuchung zum Vorkommen der Nachtigall in Westfalen der Jahre 1972/73 wurde hier der einzige Nachweis für den Hagener Raum erbracht (Hesse/Sell 1976). Hier war auch später der letzte sichere Bestand anzutreffen, Ende der 80er Jahre noch mit bis zu zehn Brutpaaren. Seit dem Bau eines Radweges durch das Brutgebiet nahm auch hier der Bestand stetig ab. Im Jahre 1997 war er dann erstmalig völlig erloschen. Seitdem gab es bis zum Jahr 2007 nur noch sporadisch Einzelbruten. Der Rückgang des Hauptbestandes im Kerngebiet nahm auch Einfluss auf die benachbarten Reviere, obwohl sie nicht direkt von den Baulichkeiten betroffen waren (Uhlenbruch, alter Hengsteyer Parkplatz). In Hagen gibt es innerhalb der letzten zehn Jahre nur noch sporadisch Einzelnachweise: 2000 und 2005 gab es Mehrfachbeobachtungen mit Brutverdacht an der Schwerter Straße/Niedernhofstraße, auch 2001 balzte hier ein Pärchen, bis es von massiven Straßenbauarbeiten vertrieben wurde. Ein Brutrevier gab es 2001 auch noch am Kaisberg (M. Oriwall), einen weiteren Brutverdacht 1995 noch am Sporbecker Weg/Ulmenstraße (H.-J. Thiel).

Nachtigall

Abb. 3: 27.6.2008, Foto J. Schneider

Lebensraum

Die Nachtigall bevorzugt Hecken, Gebüsche oder Dickichte in Verbindung mit lichten und nicht zu hochwüchsigen Krautfluren, besiedelt aber auch Waldränder mit entsprechendem Bewuchs. Bei uns findet sie sich vorzugsweise im Bereich der Fluss- und niederen Bachtäler.

Jahresrhythmus

Die Erstankunft ist üblicherweise in der zweiten Aprildekade. Frühe Gesänge wurden am 14. und 15. April 1996 an der Herdecker Straße gehört (K. Siedler). Brutbeginn ist Anfang Mai. Nach der Paarbildung hört die Gesangsbereitschaft mit dem Nestbau sehr schnell auf, letzte Reviergesänge: 16. Mai 2000 Hengsteysee (J. Grawe, M. Wünsch), 24. Mai 2001 Kaisberg (M. Oriwall/A. Welzel). Ein später Gesangsnachweis eines unverpaarten Männchens gelang am 31. Mai 1997 am Röhrenspring in Fley.
Die Nachtigall ist während und nach der Brut sehr unauffällig, es gibt keine Beobachtungsdaten. Der Abzug erfolgt wahrscheinlich im August bis September.

Weitere Beobachtungen

Die Nachtigall kehrt zur Brut an den Geburtsort zurück (Tradition). Die Erstankömmlinge locken durch ihren Gesang häufig weitere Männchen zur Besiedlung benachbarter Reviere an. Gesunde Populationen weisen somit oft mehrere dicht beieinander liegende Reviere auf. Einzelreviere sind in der Regel nicht von langjähriger Dauer.

Schutzmaßnahmen

Trotz des nachhaltigen Widerstandes auch aus politischen Naturschutzgremien, wie des Landschaftsbeirates der Stadt Hagen, wurde 1993 der einschneidende Bau eines Radweges am Südufer des Hengsteysees beschlossen und durchgeführt. Seitdem ist das bedeutendste und letzte Brutgebiet der Nachtigall in Hagen zerstört.
Potenzielle Habitate für eine Neubesiedlung sind aber noch vorhanden und müssen unbedingt erhalten werden. Priorität hat der Erhalt und Schutz bestehender Brutplätze.

Abb. 4: In dieser Hecke der Schwerter Straße/ Niedernhofstraße hat es sehr häufig erfolgreiche Bruten gegeben. Seit einer Straßenbaumaßnahme zur Brutzeit 2001 stellte sich die Art nicht mehr ein. 29.9.2008, Foto S. Sallermann

Hausrotschwanz *(Phoenicurus ochruros)*

Aufenthalt

| | (F) | M | A | M | J | J | A | S | O | N | |

Brutzeit

| | | | A | M | J | J | A | | | |

Brut: 350 bis 400 Brutpaare, 2 Jahresbruten
Häufigkeit in Punktstoppkartierung: Rang 36, Revieranzeigende: Rang 24

Gefährdung:
RL Deutschland: keine
RL NRW: keine
Hagen: keine

Status: Sommervogel, Durchzügler

Abb. 1: Männchen am Aldi-Parkplatz neben der MVA, 7.6.2007. Foto M. Wünsch

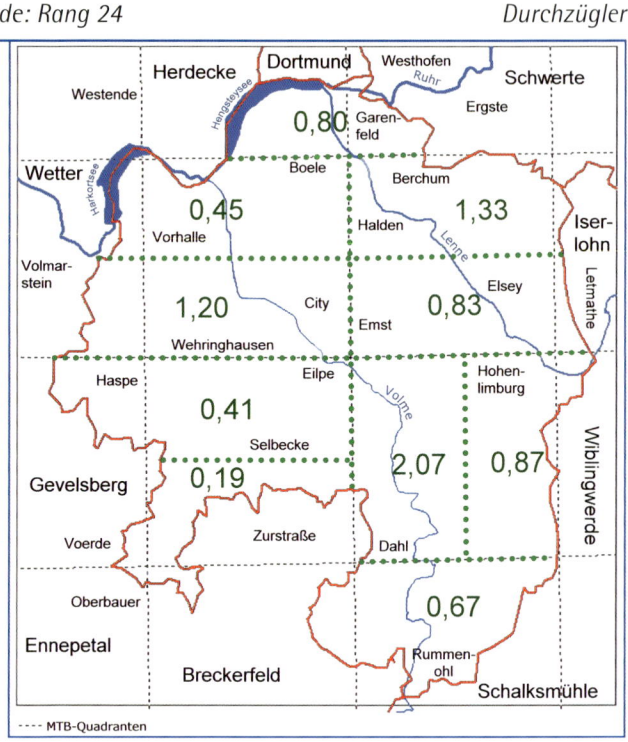

Abb. 2: Durchschnittliche Anzahl an 10 Zählpunkten in 10 Hagener Teilbereichen (Erläuterung s. Anhang)

Verbreitung und Bestand

Der Hausrotschwanz kommt in allen Höhenlagen vor. Besonders die alten verwinkelten Gewerbebauten in Haspe, Wehringhausen, Eckesey, Vorhalle, Eilpe, Delstern, Ambrock und Hohenlimburg weisen häufig Besatz auf. Schäfer schreibt schon 1955, dass die Art in allen Winkeln der Fabrikstädte vorkommt. In der Stadt findet er sich häufig in den Innenhöfen von verschachtelten Altbauten, im Hagener Süden regelmäßig in den ländlichen Bauernschaften. Die drei großen aktiv betriebenen Steinbrüche in Ambrock, Hohenlimburg und an der Hohenlimburger Straße haben feste Bestände.

Deutliche Bestandszunahme ist im Bereich des Industriegebietes Unteres Lennetal festzustellen. Wo die Bauten nur wenige Brutnischen aufweisen, brütet er zwischen gelagerten Waren oder Rohstoffen. Zur Zugzeit trifft man ihn auch auf Ackerflächen an.

Lebensraum

Er ist besonders häufig in Industriebereichen, an Bauernhöfen und Lagerplätzen anzutreffen, aber auch in der City, selten in modernen Gartenvorstädten. Nischenreiche Altbauten mit zahlreichen Vorsprüngen und Verschachtelungen werden als Brutplatz bevorzugt. Offene Steinbrüche werden besiedelt, stillgelegte verbuschende hingegen nicht mehr. Er ist zur Nahrungsaufnahme nicht an größere Grünflächen gebunden.

Jahresrhythmus

Die Ankunft ist Anfang bis Ende März, einige kommen aber auch schon im Februar. Bis Ende August ist der Hausrotschwanz mit der zweiten Brut beschäftigt und singt noch sehr lange bis in den Herbst hinein. Die Masse zieht September/Oktober fort. Es gibt regelmäßige Novembernachweise von Spätlingen und ziehenden Individuen, z. B. 28. November 2004.

Winternachweise: 20. Januar 1996 (A. Arnhold), 13. Dezember 1997 Hohenlimburg (B. Ritz), 1. Januar 1999 Profilstraße (W. Kohl)

Hausrotschwanz

Abb. 3: *Diesjähriger, Wiblingwerde, 4.9.2005, Foto A. Welzel*

Weitere Beobachtungen

Die Brutreviere sind deutlich von einander abgegrenzt, die Areale werden durch die Reichweite des Gesanges bestimmt. Verpaarungen mit dem Gartenrotschwanz können vorkommen, so waren 1991 in Halden auf einem Betriebsgelände ein Hausrotschwanzmännchen und ein Gartenrotschwanzweibchen verpaart. Die vier Jungvögel ähnelten jungen Gartenrotschwänzen.

Zur Zugzeit findet man ihn häufig auf Ackerflächen mit anderen ziehenden Arten, z. B. mit dem Gartenrotschwanz.

Schutzmaßnahmen

Wenn die Art in und an Gebäuden auf Dauer genügend Nischen zur Brut vorfindet, ist eine Gefährdung nicht zu befürchten. Werden Gebäudenischen jedoch zusehends verschlossen, kann den Hausrotschwanz dasselbe Schicksal ereilen wie inzwischen vielen anderen Vogelarten, die bei uns von Bruten im Gebäudebereich abhängig sind (Rauchschwalben, Mauersegler, Eulen, Greifvögel, Dohlen).

Die Art kann durch künstliche Nisthilfen angesiedelt werden. Im Handel sind Halbhöhlen erhältlich, die problemlos in Nischen von Gebäuden aufhängt werden können. Vorzugsweise werden sie dann unter Gebäudevorsprüngen, wie Balkonen, Erkern und Dachtraufen angenommen. Sinnvoll sind auch spezielle Niststeine, die beim Hausbau in die Wand eingesetzt werden können. Der Fantasie, wie man der Art zu Brutnischen verhelfen kann, sind keine Grenzen gesetzt. Im Übrigen findet die Zweitbrut normalerweise an neuer Stelle statt. Brutplätze, die noch ein altes Nest beherbergen, werden in der Regel nicht angenommen! Die Art brütet auch in Steinbrüchen, dem Ort, der dem natürlichen Brutplatz am stärksten entgegen kommt.

Abb. 4: *Brut in einem Neubau neben der Poststraße/Schwerter Straße in Boele, 24.6.1969. Foto A. Vehling*

Abb. 5: *Industriegebäude werden gerne besiedelt, wie hier am Containerbahnhof der Deutschen Bahn, Fehrbelliner Straße. Eine geringe Vegetationsausstattung reicht schon aus. 28.9.2008. Foto S. Sallermann*

Gartenrotschwanz *(Phoenicurus phoenicurus)*

Aufenthalt

| | | | A | M | J | J | A | | | | |

Brutzeit

| | | | | M | J | J | | | | | |

Brut: 2 bis 5 Brutpaare, 1 bis 2 Jahresbruten
Häufigkeit in Punktstoppkartierung: Rang 77, Revieranzeigende: Rang 59

Gefährdung:
RL Deutschland: keine
RL NRW: stark gefährdet
Hagen: vom Aussterben bedroht

Status: Sommervogel, Durchzügler

Abb. 1: Foto H.-J. Fünfstück

Verbreitung und Bestand

Früher dürfte der Gartenrotschwanz in entsprechenden Lebensräumen in allen Höhenlagen Hagens vorgekommen sein. In den 50er und 60er Jahren war er bei Nistkastenkontrollen „nicht selten" anzutreffen (mündl. G. Bremicker), auch bei Schäfer ist nachzulesen, dass er offensichtlich in den Gärten nicht ungewöhnlich ist (1955). Die WP vom 30. Mai 1959 berichtet von einer Wanderung der Naturwissenschaftlichen Vereinigung, während der in Emst und Holthausen singende Gartenrotschwänze zu hören waren. In einer Halbhöhle, die A. Schäfer an der Rückseite des Kiosks am Sternwartengelände anbrachte, brütete bis mindestens 1962 jährlich ein Paar. Bis 1979 brütete regelmäßig ein Paar erfolgreich im Gesimse des Sternwartengebäudes (mündl. G. Röttler).

Heute ist er ausgesprochen selten und der Bestand ist nicht stabil. Er ist standorttreu, ein einmal akzeptiertes Brutareal wird immer wieder aufgesucht, dies bestätigen Beobachtungen der Jahre 1987 bis 1995 in der Ruhraue Syburg (A. Welzel). Es ist bemerkenswert, dass der einmal genutzte Nistkasten drei Jahre nacheinander erfolgreich mit Gartenrotschwanzbruten belegt war. Für die Jahre 1985 bis 1993 ist der Gartenrotschwanz in der Wesselbach – mit Bruterfolg 1989 – als Brutvogel bestätigt (A. Welzel). B. Rauer kann die gleiche hohe Akzeptanz eines Lebensraumes im Wildpark Deerth (Stadtwald) beobachten. Hier fanden erfolgreiche Nistkastenbruten 1995 bis 2001 statt. Das gleiche gilt für einen Roteichenbestand im Deerth (Nistkastenbruten 1995 bis 1998). Nach einer starken Durchforstung im Jahr 1999 hat der Gartenrotschwanz diesen Bereich nicht mehr aufgesucht. Im Wildpark Deerth sangen im Jahr 1998 auf einem Hektar Wald drei Männchen. Die Nistkastenkontrolle ergab vier belegte Kästen, in drei Kästen wurden Nester gebaut und Eier gelegt, aber nicht ausgebrütet, in einem Kasten wurde erfolgreich gebrütet. Eine BUND-Kartierung fand im Jahr 1996 noch ein Brutrevier im NSG Uhlenbruch.

Lebensraum

Der Name weist darauf hin, dass der Gartenrotschwanz die kultivierte Landschaft nicht scheut. A. Schäfer schreibt, dass er „offensichtlich in den Gärten nicht ungewöhnlich" ist (1955). Gärten mit Baumbestand, Streuobstwiesen, lichte Altholzbestände, strukturreiche Waldränder und Auenlandschaften können besiedelt werden. Wichtig ist allerdings ein ausreichendes Höhlenangebot. Meistens besteht dieses Angebot in Form von künstlichen Nisthöhlen. Fichtenreinbestände werden gemieden.

Jahresrhythmus

Die Art erscheint ab Mitte April, die früheste Erstbeobachtung ist der 14. April 1997 in Hohenlimburg (A. Welzel). Die Männchen singen sofort nach Ankunft. Unmittelbar nach der Paarbildung beginnt das Brutgeschäft. In der Regel baut das Weibchen das Nest alleine. In günstigen Jahren können Zweitbruten vorkommen, wie 1996 von H. Kokta an der Ritterstraße beobachtet wurde. Nach Beendigung des Brutgeschäftes ziehen die Gartenrotschwänze zögerlich Anfang August wieder ab. Durchziehende sind noch im September zu beobachten. Die späteste Jahresbeobachtung gelang am 23. September 2001 in der Ruhraue Syburg (A. Welzel/M. Oriwall).

Gartenrotschwanz

Abb. 2: Weibchen bei der Nahrungsaufnahme in einem Holunderbusch, Wiblingwerde, 24.8.2008, Foto A. Welzel.

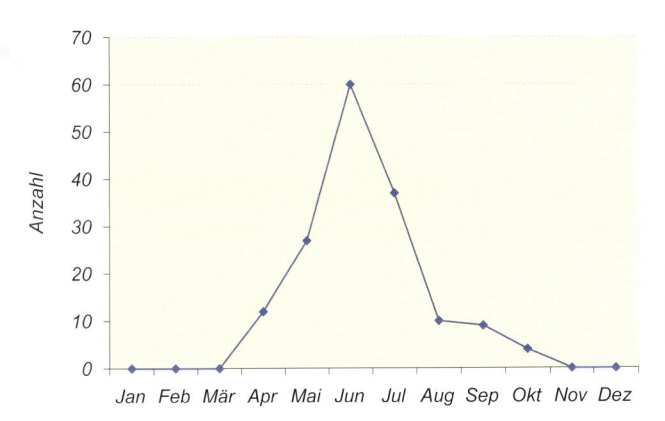

Abb. 3: Monatssummen des Gartenrotschwanzes (n = 159) im Jahresverlauf aus 91 Beobachtungen in Hagen und Umgebung von 1973 bis 2008 (Daten C. Tunk, A. Welzel)

Weitere Beobachtungen

Nistkastenreinigungen am Deerth und im Roteichenbestand des Stadtwaldes zeigten, dass die Nester aus lose verwobenen und angehäuftem Pflanzenmaterial geformt waren, das Nest fällt sofort bröselig aus dem Kasten. Die Nistmulde besteht aus feinem Material und ist sehr häufig mit feinen Federn ausgepolstert. Die Eier sind einfarbig grünlichblau.

Am 13. Januar 1972 berichtet A. Schücking in der WP über eine Bachstelzenbrut, die von einem Gartenrotschwanz mitgefüttert wurde.

Schutzmaßnahmen

Der Bestand des Gartenrotschwanzes in Hagen ist erschreckend rückläufig und stark bedroht. Ehemals regelmäßige Brutplätze, wie in den fünfziger Jahren am Eugen-Richter-Turm, sind schon lange verwaist, und obwohl die Anzahl der betreuten Nistkastenreviere und Nistkästen gestiegen ist, wird nur äußerst selten ein Gartenrotschwanznest gefunden. Wenn keine natürlichen Höhlen in Bäumen vorhanden sind, müssen künstliche Nisthilfen angeboten und betreut werden. Weil der Gartenrotschwanz Nisthöhlen mit großem Eingang bevorzugt, haben Halbhöhlen eine größere Bedeutung. Obwohl in einem Roteichenbestand am Deerth auch ein Kohlmeisenkasten belegt wurde, war hier die Bevorzugung von Halbhöhlen deutlich. Trotz eines umfangreichen Nistkastenangebots brütete der Gartenrotschwanz nach einer Durchforstung hier nicht mehr.

Entscheidend ist der Schutz des Lebensraums. Die Forstwirtschaft sollte sich ökologisch orientiert ausrichten. Altholzbestände mit entsprechendem Höhlenangebot sind zu schützen. Die praktizierte Verkehrssicherungspflicht an Waldinnen- und Waldaußenrändern (Waldwege usw.) führt häufig zum Verlust geeigneter Höhlenbäume und damit Brutmöglichkeiten. Ferner sollten Streuobstwiesen gepflegt und neu angelegt werden.

Der Gartenrotschwanz ist ein Langstreckenzieher, Ursachen von Bestandseinbrüchen sind deshalb möglicherweise auch auf dem Zugweg und in Überwinterungsgebieten zu suchen.

Abb. 4: Junges Männchen, Felsengarten Stadthalle Hagen, Foto R. Wisniewski

Heckenbraunelle *(Prunella modularis)*

HANS STOLDT

Aufenthalt

J	F	M	A	M	J	J	A	S	O	N	D

Brutzeit

		(M)	A	M	J	J					

Brut: ca. 1500 Brutpaare, 1 Jahresbrut
Häufigkeit in Punktstoppkartierung: Rang 21, Revieranzeigende: Rang 14

Gefährdung:
RL Deutschland: keine
RL NRW: keine
Hagen: keine

Status: *Jahresvogel, Durchzügler, Wintergast*

Abb. 1: *Fütterung, „Am Löhken" (Kabel), 17.5.1963, Foto A. VEHLING*

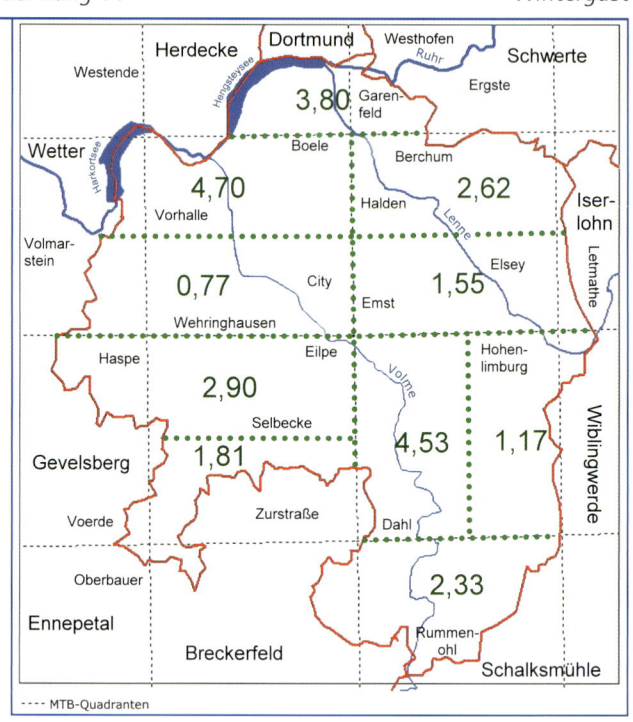

Abb. 2: *Durchschnittliche Anzahl an 10 Zählpunkten in 10 Hagener Teilbereichen (Erläuterung s. Anhang)*

Verbreitung und Bestand

Die Heckenbraunelle lebt recht heimlich und ist in allen Stadtteilen Hagens vertreten. Sie kommt in allen Höhenlagen vor. Sie ist im urbanen Bereich naturgemäß in den Gartenvorstädten häufiger, im Innenstadtbereich genügt ihr aber auch oft schon ein bebuschter Innenhof.
Der Bestand ist stabil und zeigt seit vielen Jahren keine erkennbaren Schwankungen. 15 Erfassungen von 1991 bis 1996 in insgesamt 18 Gebieten unterschiedlicher Struktur ergaben eine mittlere Dichte von 2,67 Brutpaaren/10 ha, das entspricht einer durchschnittlichen Bestandsdichte von 0,6 bis 7,15 BP/10 ha (C. SCHÖNBERGER).

Lebensraum

Die Heckenbraunelle brütet in verbuschten Brachflächen, unterholzreichen Gebieten wie z. B. gewachsenen Hecken und dichten Gebüschen in Parks, auf Friedhöfen, in Dauergartenanlagen, Gartenvorstädten und an Waldrändern ebenso wie an den Ufern stehender oder fließender Gewässer, in geschlossenen Waldflächen mit Gebüsch und unterholzreichen Wäldern. Sie ist auch in reinen Fichtenbeständen anzutreffen. Koniferen werden von vielen Heckenbraunellen bevorzugt.

Jahresrhythmus

Im langjährigen Mittel von 1976 bis 2000 wurde der Erstgesang etwa um den 7. Februar festgestellt, Extremdaten des Erstgesangs 16. Januar 1999, bemerkenswert spät am 21. Februar 1992 (A. WELZEL). Etwa von Mitte März/Anfang April beginnt der Nestbau. Minimum ist eine Temperatur ab +6°C. Am 22. März 1964 wurden in den Kleingärten oberhalb des Ischelandteiches 24 Sänger festgestellt.
Die im Oktober in wärmere Gebiete ziehenden Heckenbraunellen kommen im Monat März zurück. Individuen, die überwintern, müssen in den Wintermonaten verstärkt auf pflanzliche Kost und Sämereien ausweichen. Auf abgeernteten Feldfluren sind sie zuweilen in größeren Trupps zu beobachten. Einzelne kommen zur Nahrungsaufnahme auch den ganzen Winter über an das Futterhaus, z. B. seit Jahren traditionell in Fley-Röhrenspring (S. SALLERMANN).

Heckenbraunelle

Weitere Beobachtungen

Die angeborene Scheu gibt der Vogel während der Gesangszeit auf, dann ist er in einem exponierten Baumwipfel gut sichtbar und kontrolliert von hier aus sein Revier. Der Gesang ist arttypisch üblicherweise wenig variabel, eine Ausnahme davon bereitete A. Welzel und M. Oriwall im NSG Ruhraue Syburg Schwierigkeiten: am 17. März 2008 hörten sie einen völlig unbekannten Gesang, der permanent aus dichtem Gebüsch vorgetragen wurde. Glücklicherweise gelang dann eine gute Sichtbeobachtung und sichere Bestimmung des „Rätselsängers" beim Gesang: es war eine völlig atypisch singende Heckenbraunelle, die sich ein Gesangsduell mit einer nebenan normal singenden Heckenbraunelle lieferte. Der Gesang bestand aus einer Mischung aus Elementen des Baumpieper- und Trauerschnäppergesangs. Der ungewöhnliche Sänger war an weiteren vier Beobachtungsterminen nicht mehr zu hören und möglicherweise nur Durchzügler.

Ein Nest bestand wie üblich außen aus dünnen Stängeln und Halmen, war aber innen außer mit Moos auch mit Glasfasern ausgepolstert (G. Röttler). Ein Nestfund durch E. Janzing nur 50 cm über dem Erdboden in einem Brombeerstrauch ist für die Art ungewöhnlich niedrig, denn meist sind sie einen Meter höher angelegt (Klärwerk Hagen, 17. Juni 1962).

Mit Ausnahme der milden Winter werden die Höhenlagen in der kalten Jahreszeit weitgehend verlassen. Dies belegen Beobachtungen im benachbarten Wiblingwerde, mit 450 m NN vergleichbar mit den Höhenlagen des Hagener Südens, dort zieht diese Vogelart von Mitte Oktober bis Mitte Februar weitgehend ab, der Vollgesang ist dort durchschnittlich einen Monat später als in den Tieflagen Hagens zu hören (A. Welzel).

Schutzmaßnahmen

Die Heckenbraunelle ist im Bestand nicht gefährdet. Um die Art in den Städten zu schützen, ist es wünschenswert, dass Hecken und dichtes Gebüsch nicht vor dem 15. Juli des Jahres geschnitten, gerodet oder „auf den Stock gesetzt" werden. Kleine Inseln im Garten mit Wildkräutern, Totholzhaufen und Brennnesseln fördern die Art. Sehr wichtig ist, dass sich darunter alte Laubauflagen und Staudenreste befinden. Hier verbirgt sich die benötige Nahrung.

Abb. 4: Unterholzreiche Gehölzstreifen und Gebüsche kombiniert mit Hochstaudenfluren sind ihr Lebensraum. Sudfeld, Herbeck am Förderband der Dolomitwerke. 11.4.2008, Foto S. Sallermanni

Abb. 3: Foto R. Wisniewski

Haussperling *(Passer domesticus)*

Aufenthalt

J	F	M	A	M	J	J	A	S	O	N	D

Brutzeit

		M	A	M	J	J	A				

Brut: ca. 3000 Brutpaare, 2 bis 3 Jahresbruten
Häufigkeit in Punktstoppkartierung: Rang 9, Revieranzeigende: Rang 12

Gefährdung:
RL Deutschland: Vorwarnliste
RL NRW: Vorwarnliste
Hagen: starker Bestandsrückgang

Status: Jahresvogel

Abb. 1: Männchen auf seiner Singwarte, Wiblingwerde, 12.7.2008, Foto A. Welzel

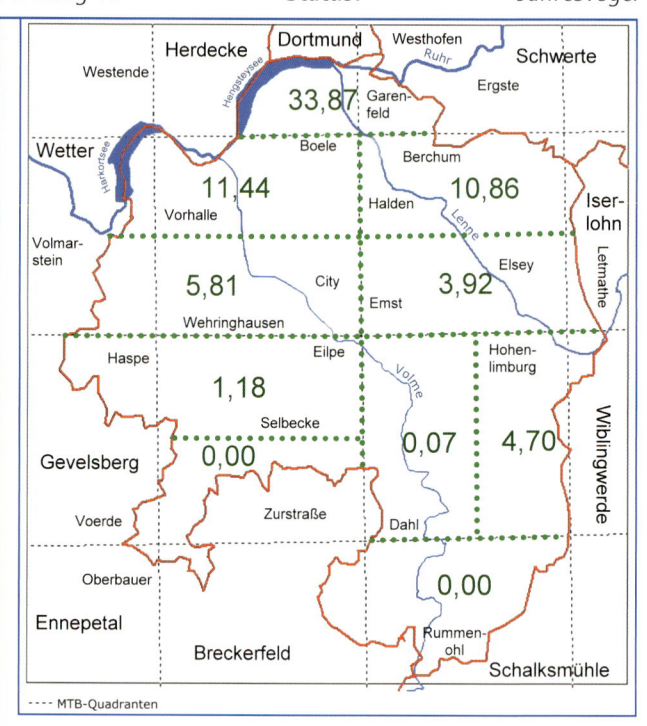

Abb. 2: Durchschnittliche Anzahl an 10 Zählpunkten in 10 Hagener Teilbereichen (Erläuterung s. Anhang)

Verbreitung und Bestand

Der Haussperling war früher in der Stadtmitte weit verbreitet. Er ist jetzt nur noch zahlreich, wo Tiere gehalten und ganzjährig gefüttert werden (aber nicht bei „Agrarfabriken"), so in der Nähe von Reitställen, auf Bauernhöfen mit traditioneller Viehhaltung und in Vorstadtgärten mit Geflügel- bzw. Taubenhaltung. Noch recht häufig anzutreffen ist er bei Reitställen (z. B. Ischeland, Hengstey) und auf Dörfern mit traditionellen Bauernhöfen, z. B. Garenfeld oder Tiefendorf. In unseren aufgeräumten Innenstädten und Vorstädten, sowie in den meisten Schrebergärten sind sie sehr selten und unauffällig geworden. In den Nistkastenrevieren Vorhalle und Werdringen reißen die Bruten Mitte der 80er Jahre von 22 Brutpaaren auf Null ab (H. Stoldt).

Zur letzten Jahrtausendwende war die Art auch noch in Citylagen, z. B in der Nähe von Pommesbuden und Taubenfutterplätzen anzutreffen. Im Jahr 2008 ist die Art auch hier nahezu völlig verschwunden.

Lebensraum

Der Haussperling ist sehr von Menschen abhängig und nie weiter als ein paar hundert Meter von menschlichen Siedlungen entfernt. Er findet sich im ganzen Siedlungsbereich, Stadtzentren und Parks, in Dörfern mit traditioneller Landwirtschaft, in Vorstadtbezirken und in der Nähe von Bauernhöfen. Er kommt z. B. in größeren Wäldern nicht vor und meidet nicht nur Wald, sondern selbst den Waldrandbereich.

Nistplätze sind in Nischen von Gebäuden, unter Dächern, in Efeu oder in Baumnischen. Gelegentlich werden Nistkästen benutzt, aber bei weitem nicht so oft wie vom Feldsperling. Gute Brutmöglichkeiten gibt es öfters in älteren Fabrikgebäuden.

Jahresrhythmus

Am Nest kann bereits im Herbst gebaut werden, hier handelt es sich zunächst nur um das Herrichten der Schlafnester für den Winter. Der eigentliche Brutnestbau beginnt Anfang März, selbst wenn dann noch 40 cm Schnee liegen wie im Winter 2005 in Wiblingwerde (A. Welzel). Beide Vögel helfen beim Nestbau und beim Brüten und Füttern. Im Jahr 2007 war in Wiblingwerde eine frühe Brut bereits am 17. April

Haussperling

Abb. 3: *In den Stallungen des Ponyhofes der Familie Hildebrand leben die Haussperlinge zusammen mit Rauchschwalben, Schleiereulen, Mauerseglern und Fledermäusen. Der Artenschutz wird hier vorbildlich betrieben und hat bei den Besitzern höchste Priorität. Fley, Schmittewinkel, 28.9.2008. Foto S. Sallermann*

flügge, bei einer späten Brut wurde noch am 8. August gefüttert (A. Welzel).
Im Spätsommer ist die Mauser, danach sehen die Stadtvögel eine Zeit lang richtig bunt und sauber aus.

Weitere Beobachtungen

Ist in unserem Raum ein wahrer „Menschenfolger", was in seiner wohl ursprünglichen Heimat im Mittleren Osten nicht unbedingt zutrifft. Wenn keine Menschen mehr da sind, stirbt die Vogelart aus, wie auf der Baleareninsel Dragonera geschehen. Unsere modernen aufgeräumten Städte scheinen den Haussperlingen auch nicht zu bekommen, auch in der Hagener City wird er immer seltener. Sie werden hier vollständig durch die Stadttaube ersetzt.
Der Sperling ist eine beliebte Beute beim Sperber („Spatzenadler"), eine erfolgreiche Jagd eines Sperbermännchens in den Eilper Vorgärten konnte am 1. Juli 1993 beobachtet werden (A. Welzel).
Die Sperlinge sind in der Nahrungsbeschaffung sehr vielseitig und anpassungsfähig. In Wiblingwerde konnten täglich Haussperlinge beim Absuchen eines Gartenteiches nach frisch geschlüpften Libellen beobachtet werden, die nur zu diesem Zeitpunkt eine leichte Beute sind. Alle während einer Brutvogelkartierung des Unteren Lennetals am 16. Mai 1989 registrierten Haussperlinge fraßen Weidenblüten, auch die Aufnahme von Holunderblüten (Wiblingwerde, August 2000) oder Blattläusen (Wiblingwerde, 27. Juni 2004) wurde beobachtet (A. Welzel).
Die Sozialstruktur dieser Art ist sehr komplex. An einer Fütterung in Wiblingwerde können im Winter bis in die Paarbildungszeit hinein reine „Männer-" und „Frauentrupps" festgestellt werden. Bekannt sind auch lärmende, tumultartige Spatzenversammlungen, beispielsweise balzten am 24. Juni 1991 sechs Männchen in einer Straßengosse in Berchum sehr aggressiv ein Weibchen an, das sich gegen diese Bedrängung nur durch Beißen verteidigen konnte, erst nach ca. zwei Minuten flogen die Männchen auf ihre Singwarten zurück (A. Welzel).

Schutzmaßnahmen

Wer hätte vor einigen Jahren gedacht, dass man über Schutzmaßnahmen für Haussperlinge sprechen müsste? Es ist aber nötig. In der Stadt gibt es keine Pferde mehr, die Ruinen sind alle längst wieder aufgebaut, die moderne Landwirtschaft lässt nichts übrig für Spatzen und der moderne Ziergarten auch nicht. Wenn Gebäude saniert werden, verschwinden mit den typischen Spalten und Nischen unter Dächern und Vorsprüngen auch die Brutplätze. Bei Gebäudesanierungen sollte an Vögel wie den Haussperling gedacht werden. Auch der Erhalt traditioneller Landwirtschaft wäre wichtig für den Haussperling. Der Trend zum Wintergetreide heißt, dass Stoppelfelder schnell wieder eingepflügt werden. Im Winter bleibt kein Futterangebot mehr. In den Ziergärten sollten keine Herbizide und andere Giftstoffe benutzt werden und unaufgeräumte Flächen, z. B. mit Saatköpfen, sollten in diesem Zustand gelassen werden. In Verbindung mit geeigneten Nistmöglichkeiten könnte dieses zu einer Wiederausbreitung der Haussperlinge wenigstens in optimalen Biotopen am Ortsrand und in Dörfern führen.

Abb. 4: *Jungvogel, 3.3.2002, Foto M. Henning*

Feldsperling *(Passer montanus)*

ANDREAS WELZEL

Aufenthalt

| J | F | M | A | M | J | J | A | S | O | N | D |

Brutzeit

| | | (M) | A | M | J | J | A | | | | |

Brut: ca. 200 Brutpaare, 1 bis 3 Bruten
Häufigkeit in Punktstoppkartierung: Rang 29, Revieranzeigende: Rang 45

Gefährdung:
RL Deutschland: *Vorwarnliste*
RL NRW: *gefährdet*
Hagen: *stark gefährdet*

Status: *Jahresvogel, Durchzügler*

Abb. 1: Foto J. SCHNEIDER

Abb. 2: Durchschnittliche Anzahl an 10 Zählpunkten in 10 Hagener Teilbereichen (Erläuterung s. Anhang)

Verbreitung und Bestand

Der Feldsperling ist nicht als selten zu bezeichnen, fällt allerdings wenig auf. Auf Hagener Stadtgebiet ist er bis zu sechsmal häufiger im unteren Bereich der Flusstäler von Lenne und Ruhr anzutreffen als etwa im hochgelegenen, kühleren Hagener Süden.

Noch 1961 wird der Feldsperling für unseren Nachbarkreis Ennepe-Ruhr als „weit verbreiteter häufiger Brutvogel" bezeichnet (MÜLLER 1961), und 1964 ist er auch noch in Hagen häufiger Bewohner der Nistkästen an der Haldener Straße (VOLKSSTERNWARTE Hagen e.V. 1964). Inzwischen brachen auch in Hagen die Feldsperlingpopulationen zusammen. Noch Ende der 60er Jahre konnten z. B. im dörflichen Hohenlimburg-Reh regelmäßig Feldsperlinge am Futterhaus beobachtet werden, seit Anfang der 70er Jahre sind sie hier ganz verschwunden, wohl durch Umwandlung des ehemaligen Dorfes zur Stadtrandsiedlung. Ein weiterer Einbruch war Anfang der 90er Jahre zu bemerken: ab 1984 sank die Belegung in allen Hagener Nistkastenrevieren und erlosch 1989 ganz, erst ab 1996 sind wieder vier Nistkästen (von ca. 250!) vom Feldsperling belegt. Ausnahme ist hier nur die Brutkolonie des NSG Ruhraue Syburg.

Die Verhältnisse im NSG Lenneaue Berchum zeigen, dass Brutplatzmangel nicht die alleinige Erklärung für einen Zusammenbruch der Population gewesen sein kann, in dem trotz eines vergrößerten Angebots an Nistkästen die bis dahin regelmäßigen Bruten ab 1987 vollkommen abrissen und erst 1999 wieder zögerlich einsetzten.

Tab. 1: Anzahl der Brutpaare in zwei Untersuchungsgebieten

Mittelwert 1989 bis 1991, Probefläche 1 km²	1989	1990	1991
Untere Lennetal Fley	1	2	2-3
Untere Lennetal Berchum	0	2	3

Feldsperling

In der Ruhraue Syburg existierte seit 1984 ein stabiler Bestand mit durchschnittlich fünf Brutpaaren (3 bis 12 Brutpaare), der mit einem erweiterten Nistkastenangebot einen steigenden, wenn auch schwankenden Trend zeigt, wohl auch begünstigt durch ein hohes Angebot an Insekten sowie ein vergleichsweise trockenwarmes Habitat. In der Brutsaison 2003 hatte der Bestand wieder das untere Level von drei Brutpaaren erreicht (WELZEL 2003), bis er in der Brutsaison 2004 ganz erloschen war, möglicherweise eine Reaktion dieser wärmeliebenden Art auf die zunehmende Verbuschung und Beschattung und einer damit verbundenen Änderung des Kleinklimas. Bis heute ist dieser traditionelle Brutplatz nicht wiederbesiedelt.

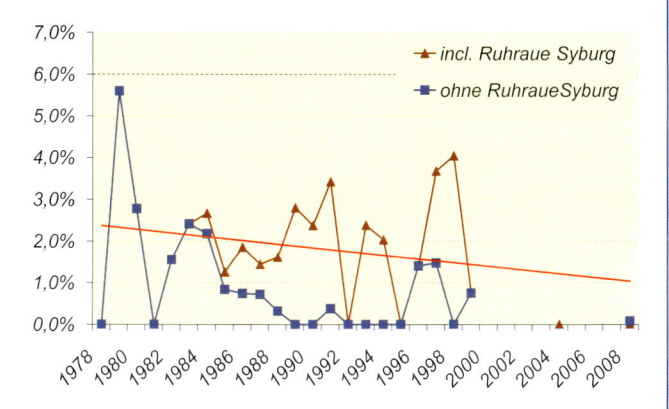

Abb. 3: Anteil der Nistkästen mit Feldsperlingbruten der Jahre 1978 bis 2008 mit Trendlinie (durchschnittlich 200 Nistkästen jährlich)

Weitere ähnlich große Populationen mit 10 bis 15 Brutpaaren finden sich im nahe gelegenen Garenfeld (G. & H. STEINBACH mündl.) und im Unteren Lennetal (Fley, Halden, Herbeck), kleinere mit zwei bis drei Brutpaaren im Eilperfeld und in Berchum sowie in Dörfern und Bauernschaften der Hagener Peripherie.

Lebensraum

Der Feldsperling ist ein typischer Dorfrandsiedler. Zur Brutzeit findet man ihn in der Umgebung von Bauernschaften und Dörfern, an die eine offene Landschaft mit Obsthöfen oder dichten, schutzbietenden Hecken (z. B. Schlehe) angrenzt. Er hat eine Vorliebe für trockene und insektenreiche Lebensräume. Dies zeigte sich u. a. im NSG Ruhraue Syburg, wo sich – trotz eines reichlichen Nistkastenangebots im gesamten Gebiet – alle Bruten ausschließlich auf dem vergleichsweise kleinräumigen Halbtrockenrasen drängten. Nur in Jahren mit hohen Brutpaarzahlen (gleichbedeutend mit komplett besetzten Nistkästen auf dem Halbtrockenrasen) wichen sie auch in die feuchten Bereiche aus. Im Gegensatz zum Haussperling werden städtische Siedlungen oder Innenstadtbereiche zur Brutzeit völlig gemieden.

Obwohl gefährdet, wurde der Art in Hagen wenig Beachtung geschenkt, so dass sie in avifaunistischen Meldungen unterrepräsentiert ist. Es fällt auf, dass vor allem Brutzeitbeobachtungen fehlen, möglicherweise Folge der heimlichen Verhaltensweise gerade in diesem Zeitraum.

Jahresrhythmus

Die Brutplätze werden selten schon im Februar besetzt und markiert (Erstgesang 7. Februar 1988 Ruhraue Syburg), Hauptgesangsphase bzw. Balzphase ist im April und endet im Juli (Letztgesang am 4. Juli 1991 Ruhraue Syburg). Die Eier der Erstbrut werden gegen Ende April gelegt, insgesamt werden bis zu drei Bruten durchgeführt, noch Mitte August findet man Nestlinge (6. August 1986 ca. vier Tage alte Nestlinge, Ruhraue Syburg). In einem Garenfelder Garten wurden in einem Nistkasten drei Jahresbruten durchgeführt (G. & H. STEINBACH mündl.).

Der Feldsperling wechselt im Jahresverlauf durchaus in andere Lebensräume und ändert damit auch seine Verbreitung im Stadtgebiet, so tauchen Feldsperlinge mit Beginn der Winterfütterungen innerhalb von Siedlungen auf.

Weitere Beobachtungen

Eine ungewöhnlich große Ansammlung wurde am 20. September 1990 im Bereich Ruhrstau Volmarstein mit mindestens 100 Feldsperlingen beobachtet, die sich im Weidengebüsch der Uferzone aufhielten (mündl. M. WÜNSCH).

In Hagen ist keine Brut außerhalb von Nistkästen belegt, das mag an der höhlenarmen Landschaft liegen. Das Nest ist über das Einflugloch des Nistkastens hinweg bis unter das Dach mit Federn voll gestopft und gibt Hinweise auf die Vogelwelt der Umgebung. 1998 fanden sich in nahezu allen von Feldsperlingen belegten Nistkästen der Ruhraue Federn der Schleiereule und gaben einen Hinweis auf die Anwesenheit dieser Art. Als ein Nest im Herbst bei der Nistkastenreinigung entfernt wurde, bauten die Feldsperlinge ein Winternest, aus dem im Frühjahr ein Brutnest entwickelt wurde (G. & H. STEINBACH mündl.). Bei einer Nistkastenreinigung am 17. November 1993 fand sich auf einem Nest ein Feldsperlingriss, vermutlich von einem Wiesel oder Mauswiesel.

Schutzmaßnahmen

Der Feldsperling ist auf den Erhalt seines Lebensraumes angewiesen: eine abwechslungsreiche ländliche Landschaftsstruktur mit Hecken und Feldgehölzen und einer Bewirtschaftung durch die traditionelle Landwirtschaft. Die Verteilung des Feldsperlings in Hagen (s. *Abb. 2*) zeigt, dass er im Hagener Norden am häufigsten ist, leider erfährt gerade hier die Landschaft mit Ausweitung von Gewerbegebieten und Siedlungsflächen und Aufgabe der bäuerlichen Betriebe eine Umstrukturierung, die seinen Lebensraum zerstört.

Naturschutzmaßnahmen wie das Angebot von Nisthilfen sind von Bedeutung. Nistkastenreinigungen sollten – wie auch bei anderen Nistkastentypen – grundsätzlich nicht vor Oktober vorgenommen werden. Vor allen Dingen darf das Brutnest nicht nach der ersten Brut entfernt werden, da hier noch Zweit- und Drittbruten durchgeführt werden können.

Baumpieper *(Anthus trivialis)*

Aufenthalt

| | | (M) | A | M | J | J | A | S | | | |

Brutzeit

| | | | | M | J | J | (A) | | | | |

Brut: ca. 20 Brutpaare, 1-2 Jahresbruten
Häufigkeit in Punktstoppkartierung: Rang 54, Revieranzeigende: Rang 37

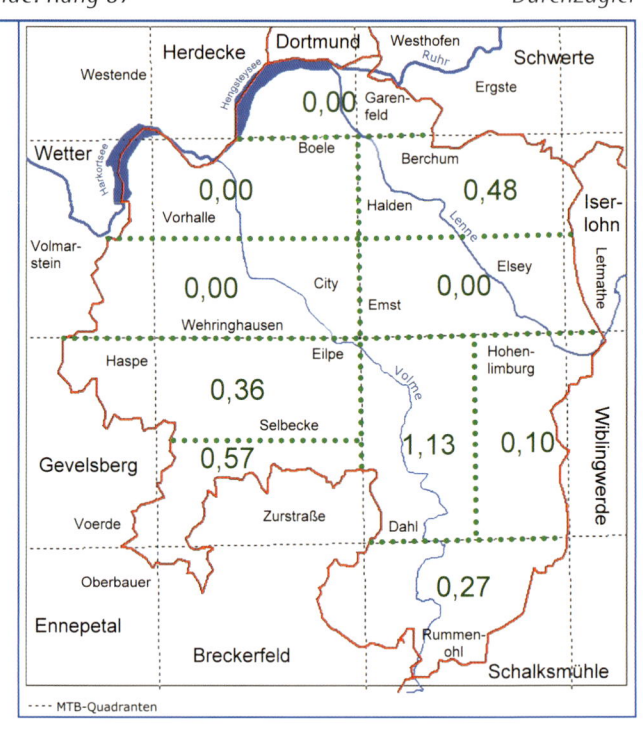

Gefährdung:
RL Deutschland: *Vorwarnliste*
RL NRW: *gefährdet*
Hagen: *gefährdet*

Status: *Sommervogel, Durchzügler*

Abb. 1: Baderast auf dem Durchzug, Wiblingwerde, 20.9.2008, Foto: A. Welzel

Abb. 2: Durchschnittliche Anzahl an 10 Zählpunkten in 10 Hagener Teilbereichen (Erläuterung s. Anhang)

Verbreitung und Bestand

Die Art ist in den entsprechenden Lebensräumen rund um Hagen allgemein anzutreffen, ist aber nicht häufig (10 bis 20 Brutpaare). Der Bestand unterliegt Jahresschwankungen. Schwerpunkte der Verbreitung sind der Hagener Süden sowie die östlich gelegenen Gebiete zwischen Garenfeld und Hohenlimburg. Regelmäßige Vorkommen gibt es auch im Großraum Tückinger Höhe/Auf der Halle. Schäfer gibt für den Baumpieper 1948 an: „... ist recht häufig". Er war in den 1960er und 1970er Jahren noch im Großraum des Fleyer Waldes/Loxbaum/Hoheleye sowie in Schonungen des Hagener Stadtwaldes anzutreffen (G. Röttler).

Lebensraum

In der Regel ist der Baumpieper ein Bewohner fernab von menschlichen Siedlungen. In Hagen siedelt er im Wesentlichen in zwei verschiedenen Biotoptypen: am Waldrand mit angrenzenden Weiden und auf frischen Kahlschlägen und Schonungen. Wird die Vegetation im Schlag zu hoch, verschwindet die Art hier wieder. Durch den Sturm Kyrill im Jahr 2007 wurden im Stadtgebiet große Waldflächen umgeworfen. Es darf davon ausgegangen werden, dass die Art durch das Angebot an Lichtungsflächen für eine gewisse Zeit profitieren wird.

Jahresrhythmus

Ankunft normalerweise erste Aprilhälfte, eine frühe Beobachtung stammt vom 25. März 1973 aus Hohenlimburg (A. Welzel). Mitte bis Ende April noch durchziehende Baumpieper, z. B. 17. April 1999 Profilstraße und 27. April 1997 Reher Berg (C. Schönberger). Die Beobachtungen singender Baumpieper konzentrieren sich überwiegend auf die erste und zweite Maidekade; der Baumpieper kann zweimal brüten, die Erstbrut beginnt ab Mai.
Abziehende Baumpieper sind ab Mitte August regelmäßig zu hören, der Hauptzug beginnt ab Ende August, hauptsächlich aber in der ersten Hälfte September. Meldungen von rastenden Exemplaren kommen aus dem September, so zehn Baumpieper vom 2. bis 4. September 1998 bei Brechtefeld (C. Schönberger).

Baumpieper

STEPHAN SALLERMANN 243

Abb. 3: In der Steinbergbachaue in Garenfeld ist er immer wieder anzutreffen. Der Waldrand mit der angrenzenden schwachwüchsigen Wiese entspricht seinen Vorstellungen. In Hagen werden vielerorts gleichwertige Lebensräume besiedelt. Oktober 2006, Foto R. BLAUSCHECK.

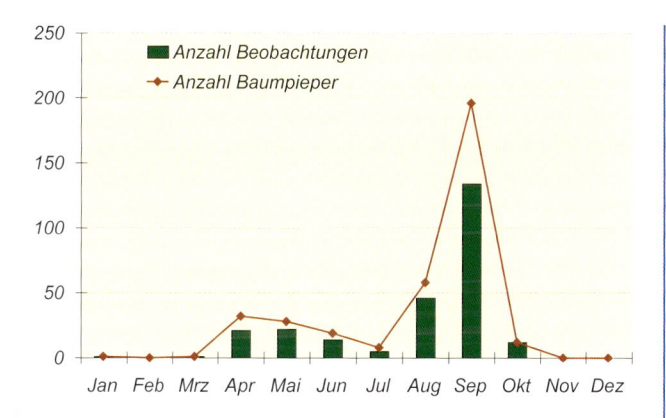

Abb. 4: Jahreszeitliche Verteilung von 258 Beobachtungen des Baumpiepers (n = 355) im Hagener Raum der Jahre 1973 bis 2008 (Daten A. WELZEL)

In den Sammelberichten des NABU-Infoheftes gibt es direkte Nachweise singender Männchen in den Jahren 1995 bis 2008 zwischen 4 und 15 Paaren. Die Zahl der Nachweise ist schwankend und gibt keinerlei Hinweis auf Bestandsentwicklungen.

Weitere Beobachtungen

Aus der Historie sind Brutnachweise im Bereich des Fleyer Waldes zwischen Hoheleye und Waldfrieden bekannt, so hat hier G. RÖTTLER zwischen 1961 und 1971 zahlreiche revieranzeigende Männchen nachweisen können. Seit der Bebauung in diesem Bereich (Autobahnzubringer, Friedhof, Sportzentrum etc.) sind diese Bestände erloschen.

Schutzmaßnahmen

Gezielte Maßnahmen zur Verbesserung des Lebensraumes sind möglich. Brutplätze in Kahlschlägen können durch Freimähen einige Jahre länger erhalten werden. Hier erhöhen Überhälter die Populationsdichte. Waldrandbiotope schützt man in erster Linie durch den Erhalt der dort angrenzenden Weide. Sinnvoll ist eine Verbesserung des Reviers durch Nutzungsextensivierung sowie den Verzicht auf Pflanzenschutz- und Düngemittel. So lässt sich die Insektenvielfalt fördern und damit dann die Nahrungsgrundlage verbessern.

Durch die Förderung lichter artenreicher Kiefern-Eichen-Birkenmischwälder mit niedriger Krautschicht könnte gezielte Biotopgestaltung vorgenommen werden. Ökologisch bewirtschaftete artenreiche Wälder dieser Art werden gern besiedelt. Verbuschende Brachen lassen sich durch Auslichten und Mahd optimieren. Wichtig ist hierbei die Förderung einzelner Überhälter. Die Entwicklung heideartiger Vegetationsstrukturen mit Einzelbäumen ist als günstig anzusehen.

Abb. 5: Foto M. Schmitz

Gebirgsstelze *(Motacilla cinerea)*

Dr. Meinolf Henning

Aufenthalt

| (J) | F | M | A | M | J | J | A | S | O | N | (D) |

Brutzeit

| | | M | A | M | J | J | | | |

Gefährdung:
RL Deutschland: keine
RL NRW: keine
Hagen: keine

Brut: ca. 100 Brutpaare, 1 bis 2 Jahresbruten
Häufigkeit in Punktstoppkartierung: Rang 48, Revieranzeigende: Rang 39
Status: Teilzieher, Jahresvogel

Abb. 1: Weibchen, Lennewehr Unteres Lennetal, 13.1.2006, Foto N. Lemke

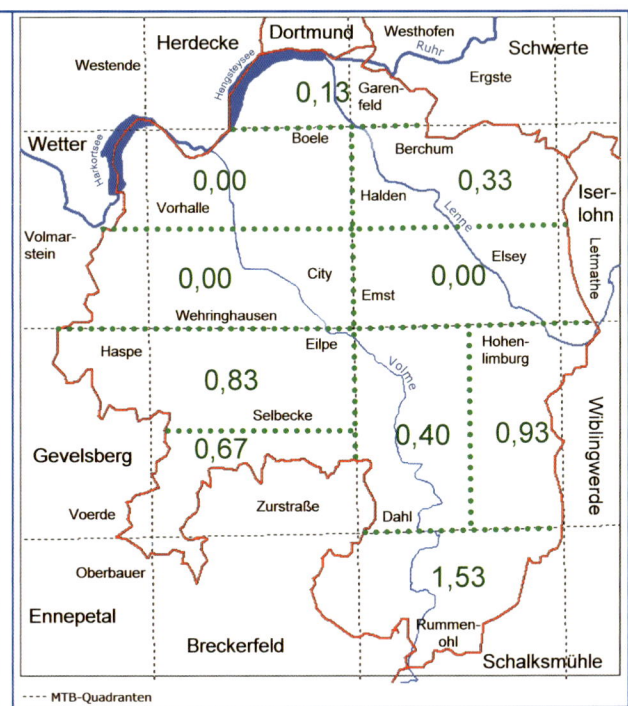

Abb. 2: Durchschnittliche Anzahl an 10 Zählpunkten in 10 Hagener Teilbereichen (Erläuterung s. Anhang)

Verbreitung und Bestand

Die Gebirgsstelze ist Brutvogel an allen vier großen Flüssen (Volme, Lenne, Ruhr, Ennepe) sowie an zahlreichen Nebenbächen (Hasper-, Selbecker-, Hamper-, Krebs-, Nahmer-, Nimmer-, Holthauser-, Mäckinger-, Wanne- und Hasselbach, Asmecke, Sterbecke, Saure Epscheid). Hier brütet sie bevorzugt in Nischen unter Brücken sowie in Stützwänden oder an Wehren. Schäfer berichtet 1948, dass die Art nur vereinzelt vorkommt, so z. B. am Barmer Teich (1948/1996).

Lebensraum

Die Art hat ähnliche Lebensraumansprüche wie die Wasseramsel, findet sich aber auch in größerer Entfernung vom Wasser, vor allem im Winterhalbjahr, so am 23. Dezember 2004 am Bahnhofsvorplatz und am 24. Dezember 2004 am Umspannwerk Garenfeld (S. Sallermann). Brutplätze in Form von Höhlungen und Nischen finden sich nicht nur ausschließlich unmittelbar am Fließgewässer, sondern auch schon mal weiter abseits wie zum Beispiel auf Fenstersimsen. A. Schücking berichtete von einer Brut im Efeugebüsch des Forsthauses Im Deerth am 22. Juni 1962, das nächste Gewässer lag in ca. 1000-1500 m Entfernung. Er konnte beobachten, wie die von den Altvögeln aus dem Gelege entfernten Kotballen gezielt über einer kleinen Wasserstelle fallen gelassen wurden. Auch konnte 2003 eine Brut in einem Garten am Röhrenspring in Halden festgestellt werden, der nächste geeignete Bach, der ihr Lebensraum ist, liegt über 500 m weit entfernt (S. Sallermann).

Jahresrhythmus

Außerhalb der Brutzeit ist die Gebirgsstelze auch an stehenden Gewässern zu beobachten. Ein Teil überwintert in West- und Südwesteuropa sowie in Nordwestafrika. Zunehmend werden Winterbeobachtungen gemeldet, z. B. vom 14. Dezember 1997 (M. Wünsch) oder vom 2. Dezember 2004 (J. Grawe/M. Wünsch) und 2. bis 8. Dezember 2008 am Henkhauser Freibad im Hasselbachtal (A. Welzel). Die Revierbesetzung erfolgt bisweilen schon im Februar/März. Besonders die Überwinterer im heimischen Raum beginnen oft früh, bereits ab März, mit der Eiablage. Noch im Hochsommer (18. Juli) konnten Fütterungen von Zweitbruten beobachtet werden (J. Grawe).

Gebirgsstelze

Dr. Meinolf Henning 245

Abb. 3: Männchen. Foto R. Wisniewski

Weitere Beobachtungen

Ähnlich wie bei der Bachstelze konnte in einem Falle auch bei der Gebirgsstelze das so genannte „Spiegelfechten" an einem Autoseitenspiegel beobachtet werden. Dabei „kämpfte" das Tier im Flatterflug mit dem vermeintlichen Gegner im Spiegel.

Die Gebirgsstelze sucht ähnlich der Wasseramsel bevorzugt Nischenstrukturen unter bzw. an Brücken oder Wehren auf. So kommt es vor, dass sie in unmittelbarer Nachbarschaft der Wasseramsel brütet. Das napfförmige Nest wird innen mit Tierhaaren gebaut, die die Gebirgsstelze bevorzugt von Stacheldraht an Weidezäunen in der Nähe des Neststandortes sammelt. Aufgrund ihres an rasch fließende Gewässer angepaßten Nahrungserwerbs ist die Gebirgsstelze im Vergleich zu ihren beiden verwandten Arten, der Bach- und der Schafstelze, relativ unabhängig von Frost und Schnee.

Abb. 4: Anbringung einer Nisthilfe unter einer Brücke im Nahmertal. Foto M. Henning

Schutzmaßnahmen

Der Bestand der Gebirgsstelze im Hagener Stadtgebiet konnte durch Anbringung von speziellen Nistkästen mit seitlichem Einflug deutlich erhöht werden. Aufgrund der guten Verträglichkeit beider Arten miteinander werden Gebirgsstelzen-Nistkästen auch benachbart zu Wasseramselkästen unter Brücken und an Wehren angebracht. Grundsätzlich sind klüftige Mauern und Gebäude mit entsprechenden Höhlungen in Gewässernähe immer gut für Gebirgsstelzenbruten. Auch die Nischen und Lücken an Wehren sind stets wertvoll für die Art.

Abb. 5: Die Lenne im Bereich der Wehranlage der Wildwasserkanustrecke in Hohenlimburg ist ein hervorragender Lebensraum, 28.9.2008, Foto S. Sallermann

Andreas Welzel

Wiesenschafstelze *(Motacilla flava)*

Aufenthalt

| | | (M) | A | M | J | J | A | S | (O) | | |

Brutzeit

| | | | | M | J | (J) | | | | | |

Brut: 1 bis 3 Brutpaare, 1 Jahresbrut
Häufigkeit in Punktstoppkartierung: *nicht registriert*

Gefährdung:
RL Deutschland: keine
RL NRW: keine
Hagen: vom Aussterben bedroht

Status: *Sommervogel, Durchzügler*

Abb. 1: *Garenfelder Wiesen, 2008, Foto R. Wisniewski*

Verbreitung und Bestand

Ende der 50er Jahre galt die Schafstelze im Ennepe-Ruhr-Kreis als „spärlicher Vogel" mit wenigen Brutnachweisen, einzelne wurden auf den Wiesen am Hasperbach angetroffen (Müller 1961). In einer Liste der Brutvögel Hagens für die 40er und 50er Jahre wird die Art von Schäfer genannt (1948/1996). Mitte der 60er Jahre wird sie sogar als häufiger Brutvogel auf den Wiesen in der Ruhraue bezeichnet (Volkssternwarte Hagen 1966). Diese Situation hat sich in den letzten 50 Jahren grundlegend geändert, denn im Zeitraum der letzten 20 Jahre fand sie sich nur noch an zwei Brutplätzen, im Ruhrtal und der angrenzenden Garenfelder Hochfläche.
Obwohl die Art in NRW grundsätzlich auch höher gelegene Gebiete besiedelt (NWO 2002), fanden sich die letzten Brutplätze der Schafstelze nur im Tiefland des Hagener Nordens. In der Ruhraue Syburg waren seit mindestens 1984 alljährlich ein bis drei (vier?) Brutreviere entlang des Ruhrufers. Im Jahr 1991 gab es noch drei bis vier Brutpaare, nach dem Abzäunen des Ufers gegen Rindertritt und dem beginnenden Aufkommen einer Staudenflur verschwand hier die Schafstelze. Bis zum heutigen Tag fanden an diesem Platz keine Bruten mehr statt. Damit war die Art für mehrere Jahre in Hagen als Brutvogel ausgestorben.
Erst im Juni 2001 gelangen wieder erste Brutnachweise von drei Paaren in Garenfeld am Rande eines großen Erdbeerfeldes (Schönberger 2002), hier fanden sich auch im folgenden Jahr Bruten (OSB NABU 2002), auch in 2003 brüteten zwei bis drei Paare (S. Sallermann, W. Kohl, U. Schmidt). In der Nähe dieses aktuellen Brutplatzes gab es nach C. Tunk bereits mindestens seit 1983 bis einschließlich 1990 über mehrere Jahre hinweg Bruten südlich der Siedlung „Zur Heimke". Für 1991 bestand hier nur noch Brutverdacht, denn in diesem Jahr wurde nur zweimal ein einzelnes Männchen beobachtet (OSB NABU 1991), das möglicherweise aus dem nahen NSG Ruhraue Syburg übergewechselt war. Darauf weisen auch auffallend heftige Kämpfe mehrerer Männchen um Reviere bzw. Weibchen hin.
Einen Hinweis auf einen früheren dritten Brutplatz gibt die Beobachtung eines Jungvogels am 12. Juni 1983 im Böhfeld durch C. Tunk.

Lebensraum

Als ursprünglicher Bewohner nasser Halm- und Staudenfluren in Stromtalwiesen findet sich der Brutlebensraum der Schafstelze auf wechselnassen Wiesen und Seggenfluren, die durch wenigstens teilweise nasse oder feuchte Böden bestimmt sind (Haffer 1985). In Hagen entspricht dies den ebenen, offenen, kurzrasigen oder durch Beweidung oder Mahd niedrig gehaltenen Fluren der Flusstäler, aber auch den Ackerflächen mit Hackfruchtkulturen (z. B. Erdbeerfelder), die durch vegetationslose Flächen unterbrochen, einen aufgelockerten, lückigen Bestandsschluss aufweisen.

Jahresrhythmus

Der früheste Ankunftstermin, jeweils ein einzelnes Tier am 27. März, wurde 1983 durch C. Tunk und 1989 durch A. Welzel festgestellt, der Mittelwert aller Erstbeobachtungen aus 15 Jahren von 1983 bis 2002 ist der 13. April. Der Hauptdurchzug findet erst Mitte April bis Mitte Mai statt, Anfang Juni ist der Heimzug abgeschlossen.
Das Revier wird Ende April bezogen, der früheste Termin von singenden, balzenden und kämpfenden Schafstelzen war im NSG Ruhraue Syburg der 23. April 1986. Im Allgemeinen wird die Brut im Juni großgezogen. Futtertragende Altvögel konnten am 24. Juni und die entsprechenden Nestlinge am 30. Juni 2001 beobachtet werden (Schönberger 2002),

demnach war der Legebeginn etwa Anfang Juni. Jungvögel werden ab Mitte Juni festgestellt: 1983 am 12. Juni durch C. Tunk, 1988 beobachtete H.-J. Thiel ein Paar mit Jungen am 17. Juni (OSB NABU).

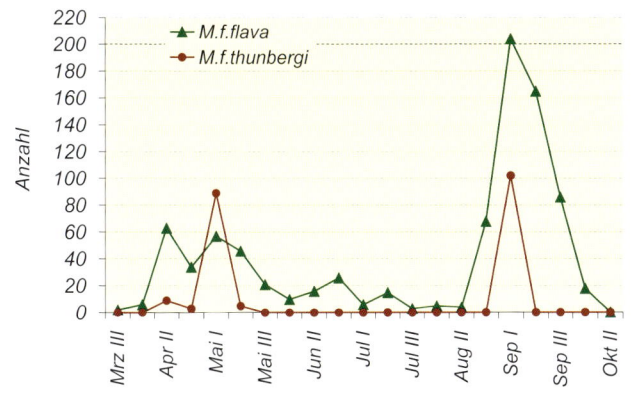

Abb. 2: Auftreten der beiden Arten M. flava (n = 855) und M. thunbergi (n = 208) im Raum Hagen nach Monatsdritteln

Letzter Gesang wurde im Juli festgestellt (15. Juli 1987), zwei Paare mit sechs Diesjährigen waren bis zum 21. August 1987 in der Ruhraue Syburg anwesend.
Der Durchzug ins Winterquartier beginnt Ende August und erreicht Anfang September seinen Höhepunkt. Der letzte Beobachtungstermin eines Jahres stammt durchschnittlich vom 23. September (Mittelwert aus 14 Jahren von 1987 bis 2002), die letzte Jahresbeobachtung wurde am 9. Oktober von J. Kamp gemacht (OSB NABU).

Weitere Beobachtungen

Bei der in Hagen brütenden Art handelt es sich um Motacilla *flava*, aber auf dem Durchzug kommt als weitere Rasse auch die Thunbergs Schafstelze (*Motacilla thunbergi*) vor. Der ausgeprägte Zuggipfel dieser Art liegt im ersten Mai- und im ersten Septemberdrittel (s. *Abb. 2*). Ein „kleiner Flug von etwa 12 Vögeln der Englischen Schafstelze (M. m. flavissima)" konnte am 5. September 1965 an der Staustufe Volmarstein beobachtet werden (Volkssternwarte Hagen 1966).
Auf dem Zug trifft man Schafstelzen nicht nur im Bruthabitat, sondern auch in Kläranlagen, Retentionsflächen, Brachland und auch auf Äckern und Viehweiden des Hagener Südens an. Oft finden sich rastende bzw. nahrungsuchende Schafstelzen beim Weidevieh, das wohl Insekten aufscheucht und den Vögeln so die Nahrungssuche erleichtert, so folgten am 23. September 2002 im NSG Ruhraue Syburg 15 Schafstelzen über eine Stunde hinweg den Rindern.
Neststandorte dreier Nester in Garenfeld (2001):
- Erdbeerfeld im Schutz einer Erdbeerpflanze
- Erdbeerfeld unter Weißem Gänsefuß
- Getreidefeld in einer Treckerfahrspur
In einem Nest waren vier, in einem weiteren fünf Junge (Schönberger 2002).

Schutzmaßnahmen

Der Bestandsrückgang in Mitteleuropa ist auf Lebensraumverlust bzw. -veränderung zurückzuführen (Bauer 1996), in diesem Zusammenhang ist auch der Bestandszusammenbruch des ehemals „häufigen Brutvogels" (Volkssternwarte Hagen 1966) in Hagen zu sehen. In Hagen sind hier konkret die Veränderungen der Flusstäler von Lenne und Ruhr durch die veränderte Bewirtschaftung der Flächen (z. B. starke Düngung im Frühjahr) und durch hemmungslose Ausweisung von Gewerbegebieten zu nennen.
Da die Versiegelung und Verbauung der Landschaft sowie die Aufgabe der Grünlandnutzung strukturelle Probleme und politisch zu lösen sind, bleiben dem Naturschutz nur Sicherstellungsmaßnahmen und eine entsprechende Renaturierung dieser Flächen.
Gute Aussicht auf Erfolg hätten Maßnahmen zur Wiederbesiedlung durch die Schafstelze in Naturschutzgebieten, wenn die Pflegepläne Maßnahmen enthielten, durch die ein Aufkommen von Staudenfluren verhindert und ein kurzrasiges Habitat geschaffen würde. Dies wäre durch die Art der Viehbeweidung (hoher Viehbesatz bei spätem Weidebeginn oder bei extensiver Bewirtschaftung mit früherem Weidebeginn spätestens Mitte April) oder durch entsprechende Mahd mit einem sehr späten Termin möglich.

Abb. 3: Foto A. Welzel

Abb. 4: Die Erdbeerfelder in Garenfeld liegen in der Nähe von Pferdeweiden. Hier brüten die letzten Paare, 28.9.2008, Foto S. Sallermann

Bachstelze *(Motacilla alba)*

Aufenthalt

(J)	(F)	M	A	M	J	J	A	S	O	N	D

Brutzeit

	(F)	M	A	M	J	(J)	(A)				

Brut: ca. 300 Brutpaare, 1 Jahresbrut
Häufigkeit in Punktstoppkartierung: Rang 25, Revieranzeigende: Rang 34

Gefährdung:
RL Deutschland: keine
RL NRW: Vorwarnliste
Hagen: keine

Status: (Jahresvogel), Sommervogel

Abb. 1: Foto M. Henning

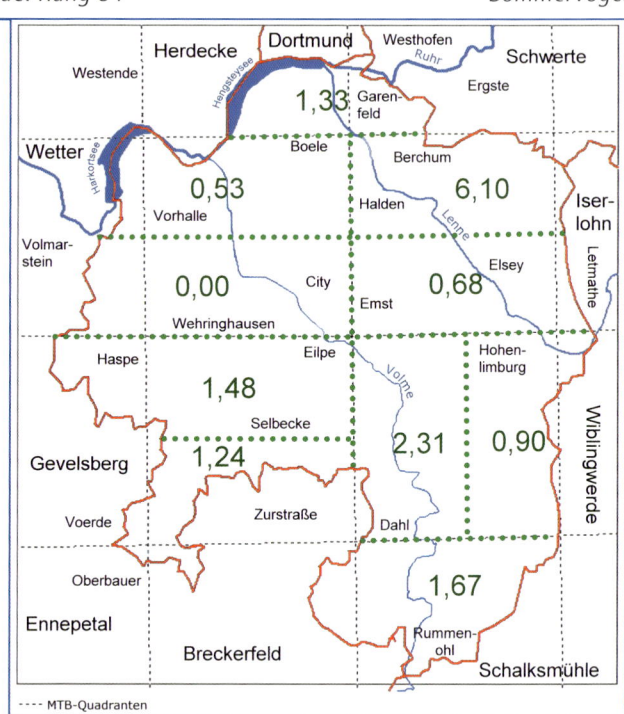

Abb. 2: Durchschnittliche Anzahl an 10 Zählpunkten in 10 Hagener Teilbereichen (Erläuterung s. Anhang)

Verbreitung und Bestand

Regelmäßig und flächendeckend im städtischen Siedlungsraum sowie in den ländlich-dörflichen Außenbereichen. Sie kommt in Gewässernähe, aber auch an Straßen- und Wegrändern, Hofstellen und Ruderalplätzen vor. Der Bestand ist stabil.

Lebensraum

Entgegen ihrem Namen ist die Art gar nicht so häufig am Bach anzutreffen. Die englische Bezeichnung „wagtail", etwa gleich Wippschwanz (s. auch mundartlich: Wippsteert), ist hier wohl zutreffender. So brütet sie vor allem in Nischen von Schuppen und auf Dachgebälk, unter Dachziegeln, in Dachrinnen oder auch in Baumhöhlen, meidet jedoch den Wald. Der Anspruch an eine Nische wird dabei großzügig ausgelegt.

Jahresrhythmus

Überwintert in West- und Südeuropa sowie in Nordwestafrika (vgl. Gebirgsstelze). Reviere werden zum Teil bereits ab Februar/März besetzt. Zur Brutzeit sind die Paare streng territorial, außerhalb unternehmen sie Wanderungen in lockeren Gruppen, auch die Jungen streifen nach dem Selbstständigwerden gemeinsam umher. Bachstelzen sind dann neben Gewässerufern auch auf Wiesen und Äckern anzutreffen.

H.-J. Thiel konnte an einem Schlafplatz (Gehölzstreifen) im Lennetal gegen Mitte April ca. 100 Individuen beobachten. Der gleiche Platz wurde noch zwei Monate später genutzt.
Am 11. April 1986 zählte C. Tunk im Wasserwerk Hengstey 43 rastende Bachstelzen. Die Brutzeit kann sich bis in den Monat Juli (oder sogar August?) erstrecken, z. B. schlüpften Junge erst am 16. Juli (2002, Wiblingwerde, A. Welzel).

Weitere Beobachtungen

In den letzten Jahren konnten mehrfach überwinternde Bachstelzen im Hagener Raum registriert werden, z. B.: 2. Januar 2004 (J. Grawe/M. Wünsch).

Bachstelze

DR. MEINOLF HENNING 249

Abb. 3: Auf einer Apfelrosenhecke, Foto A. Pfeffer

Luftfeinde, vor allem Sperber und Turmfalke, werden von Bachstelzen heftiger attackiert als von anderen Arten, wie z. B. am 11. Mai 2003 am Niggenbölling mit einer heftigen Attacke auf Sperbermännchen oder am 1. Mai 1995 am Hunsdiek, als ein überfliegendes Sperberweibchen mit heftigem „Singen" im Flug attackiert wird; dies gilt auch außerhalb der Brutzeit, z. B. greifen am 13. April 2005 während der Rast nahe Veserde zehn Bachstelzen einen Turmfalken an (A. WELZEL).
Beim Nahrungserwerb sucht der Vogel auch auf dem Rücken von Weidevieh nach Insekten.

Schutzmaßnahmen

Als Nischenbrüter ist die Art auf entsprechende Strukturen an Gebäuden, Brücken sowie an Stützmauern in Gewässernähe angewiesen: Hausbesitzer sollten Nischenstrukturen fördern. Auch Halbhöhlen an Gebäuden, wie sie für den Haus- und den Gartenrotschwanz sowie für den Grauschnäpper aufgehängt werden, stellen geeignete Nisthilfen für die Bachstelze dar.
Eine gewisse Vorliebe scheinen Bachstelzen für Gewächshäuser zu haben. Hier übernachten bisweilen Trupps von Männchen, während die Weibchen beim Brutgeschäft sind. Wer ein Gewächshaus hat, sollte daher einen Einschlupf offen lassen.

Abb. 4: So ziemlich alle landwirtschaftlichen Hofstellen in Hagen sind besiedelt. Auch dieser vom NABU betreute Gallowayunterstand des Vielerhofes in Hobräck. 8.10.2004, Foto S. SALLERMANN

Buchfink *(Fringilla coelebs)*

ANDREAS WELZEL

Aufenthalt

J	F	M	A	M	J	J	A	S	O	N	D

Brutzeit

			A	M	J	J					

Brut: ca. 5000 Brutpaare, 1 bis 2 Bruten
Häufigkeit in Punktstoppkartierung: Rang 1, Revieranzeigende: Rang 1

Gefährdung:
RL Deutschland: keine
RL NRW: keine
Hagen: keine

Status: Jahresvogel, Durchzügler, Wintergast

Abb. 1: Männchen im Brutkleid, Wiblingwerde, 1.5.1999, Foto A. WELZEL

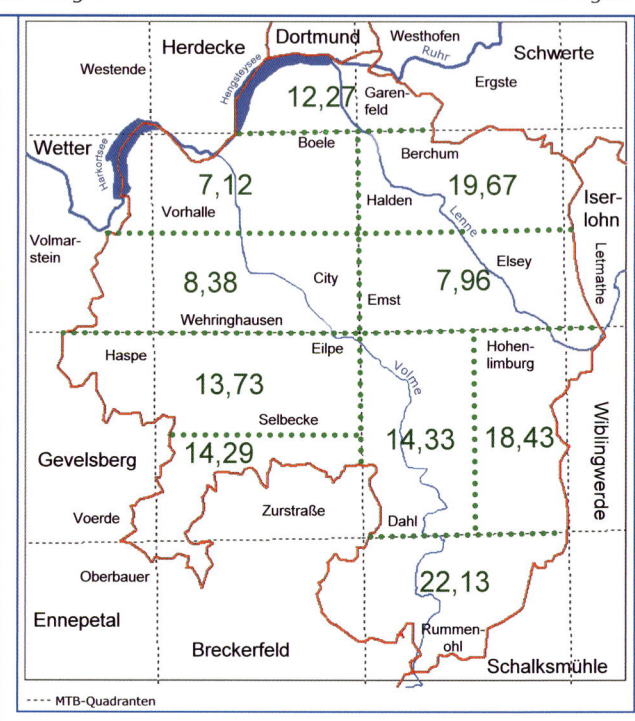

Abb. 2: Durchschnittliche Anzahl an 10 Zählpunkten in 10 Hagener Teilbereichen (Erläuterung s. Anhang)

Verbreitung und Bestand

Der Buchfink ist der mit Abstand häufigste Vogel Hagens, er besiedelt das gesamte Stadtgebiet flächendeckend. In den Wäldern Hagens wird mit durchschnittlich bis zu 60 Männchen/km² eine vielfach höhere Siedlungsdichte als im übrigen Stadtgebiet erreicht, denn allein hier besetzen in jedem Frühjahr ca. 4000 Männchen ihre Brutreviere. In optimalen Gebieten wie in Fichtenmischwäldern können sogar bis zu 120 Reviere/km² gezählt werden (z. B. NSG Hasselbachtal 1996, C. SCHÖNBERGER). Hinsichtlich der Antreffhäufigkeit fällt ein Südost-Nordwest-Gefälle auf, im Südosten (höherer Anteil Wald) war er nahezu doppelt so häufig wie im Nordwesten (höherer Anteil Siedlungsfläche).

Lebensraum

Nahezu alle Hagener Lebensräume und sogar die Innenstadt werden besiedelt, vorausgesetzt einige höhere Bäume bieten eine Möglichkeit zum Nestbau. Häufig findet er sich in Parks, Friedhöfen und Gärten aller Art, aber deutlich bevorzugter Lebensraum ist der Wald. In allen Hochwaldarten ist diese Art die dominante Brutvogelart, selbst in monotonen Fichtenalthölzern ist die Art nicht selten als einzige Vogelart

Tab. 1: Siedlungsdichte des Buchfinks in großflächigen Untersuchungsgebieten

Untersuchungsgebiet	Fläche, Lebensraum	Reviere	Reviere/km²	Jahr	Bearbeiter
Holthauser Bachtal	83 ha Wald	59,5	71,7	2002	A. WELZEL
Boele	49,2 ha Siedlung	17	34,6	2002	U. SCHMIDT
Tiefendorf	80,8 ha Landwirtschaft	11	13,6	2002	S. SALLERMANN
Nimmertal, Osthang	72 ha Wald	52	72,2	2003	A. WELZEL
Nimmertal, Westhang	79 ha Wald	44,5	56,1	2004	A. WELZEL
Stadtwald	100 ha Wald	55	55	2004	A. WELZEL
Lennesteilhang Garenfeld	43,3 ha Wald	34	78,5	2005	A. WELZEL

Buchfink

ANDREAS WELZEL

Abb. 3: Weibchen, Foto K. Sandmann

anzutreffen. Im Winter hält der Buchfink sich aufgrund des Nahrungsangebotes (Buchenmast) gern am Boden in Buchenwäldern auf.

Jahresrhythmus

Obwohl auch einige Weibchen bei uns überwintern, haben die Männchen hier zahlenmäßig ein deutliches Übergewicht. Mit einzelnen ersten Vollgesängen, durchschnittlich am 16. Februar (Mittelwert aus 1976 bis 2002), beginnen sie vom schlichteren Ruhe- ins prachtvollere Brutkleid umzufärben. Ein extrem frühes Datum eines Vollgesangs ist der 11. Januar 1998 (Langenkamp, Hohenlimburg). Die Revierbesetzung und damit die Hauptgesangsphase beginnt Anfang März und endet im Juni, aber letzte Gesänge sind vereinzelt noch in der ersten Julidekade zu hören. Ein Beispiel für einen sehr späten Gesang ist der 22. Juli 2002 (Hagen Innenstadt Volme).

Ein fertiges Nest Anfang April 1982 am Hengsteysee befand sich in nur 1,90 m Höhe unmittelbar am armdicken Stamm eines Strauches.

Gerichtete Zugbewegungen setzen in der letzten Septemberdekade ein, Hauptdurchzugsmonat ist der Oktober, der Wegzug ist Ende November abgeschlossen. Überwinterer führen – oft mit Bergfinken vergesellschaftet – Ausweich- und Fluchtbewegungen durch und können dann kurzfristig in ungewöhnlich großer Anzahl auftreten. Letzte Heimkehrer sind Mitte März zu registrieren. Aufgrund seiner Häufigkeit stellt der Buchfink bei uns den Hauptanteil an durchziehenden Vögeln.

Weitere Beobachtungen

Der Buchfink bildet regional unterschiedliche Gesangsdialekte aus, dies betrifft auch die Variation des Endschnörkels („Schnapper") der Strophe. Bei etwa 50 % der Sänger in Mitteleuropa besteht der Schnapper aus einer Fremdimitation, dem „Kixen" des Buntspechts, doch scheint dieser Anteil geografisch zu variieren (RAUSCH 1900). Bisher unbeantwortet ist die Frage, wie hoch der Anteil der Hagener Buchfinken ist, die ihre Strophe mit dem „Kixen" beenden. Bisher sind auch keine weiteren Imitationen bekannt geworden.

Abb. 4: Altbuchenhallenwälder können vom Aufbau sehr steril und artenarm sein. Der Buchfink findet sich aber auch hier ein. Teil des NSG Lennesteilhang Garenfeld. 26.5.2005. Foto A. Welzel

Erwähnenswert ist außerdem der Regenruf, dessen Bedeutung noch immer nicht vollständig geklärt ist. Da sie nur von Männchen und in der Fortpflanzungszeit zu hören sind, ist auch an eine reviermarkierende Funktion zu denken (DETERT & BERGMANN 1984).

Schutzmaßnahmen

Eine Abnahme der Art und damit verbundene Gefährdung ist in Hagen nicht festzustellen, spezielle Schutzmaßnahmen sind somit nicht erforderlich.

Kernbeißer *(Coccothraustes coccothraustes)*

Aufenthalt

J	F	M	A	M	J	?	?	S	O	N	D

Brutzeit

			A	M	J						

Brut: 100 bis 160 Brutpaare, 1 Jahresbrut
Häufigkeit in Punktstoppkartierung: Rang 37, Revieranzeigende: Rang 40

Gefährdung:
RL Deutschland: keine
RL NRW: keine
Hagen: keine

Status: *Jahresvogel, Durchzügler, Wintergast*

Abb. 1: Emst, 2007, Foto R. Wisniewski

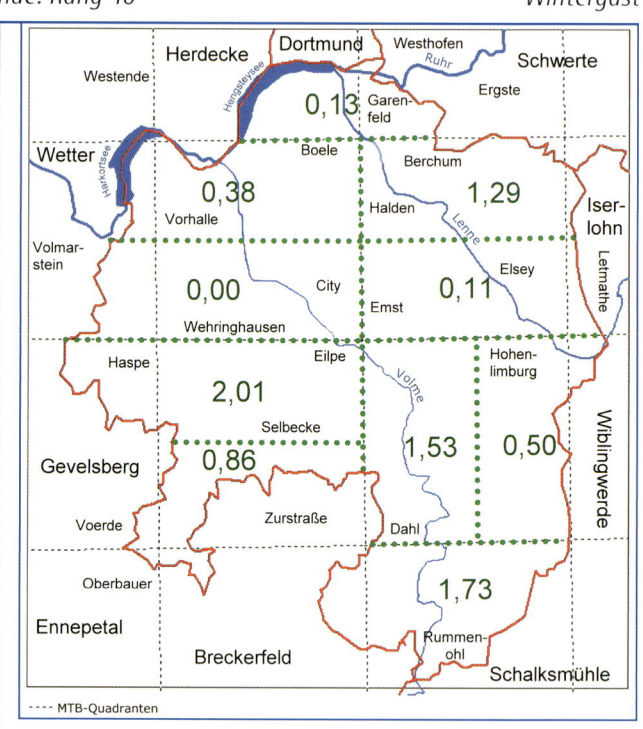

Abb. 2: Durchschnittliche Anzahl an 10 Zählpunkten in 10 Hagener Teilbereichen (Erläuterung s. Anhang)

Verbreitung und Bestand

E. Schröder bezeichnet die Verbreitung des Kernbeißers im Hagener Raum als untersuchungswürdig und schreibt von einem „unbeständigen Vorkommen" in Hagen (1953).
Hagen ist vom Kernbeißer flächendeckend aber dünn besiedelt, wobei sich das Vorkommen auf die waldreichen Gebiete des Hagener Südens und Nordostens konzentriert. Hohe Lagen sind nur sehr unregelmäßig besiedelt. 13 großflächige Revierkartierungen (0,5 bis 1 km²) in den Jahren 1989 bis 2005 ergaben für Hagen eine Dichte von minimal Null bis maximal 4,6 Brutpaaren, der Durchschnitt lag bei einem Brutpaar pro Quadratkilometer. Das entspricht den Angaben für andere Regionen (z. B. Krüger 1995). Die höchste Brutdichte wurde im Jahr 2005 für das NSG Lennesteilhang Garenfeld ermittelt. Aussagen über einen Bestandstrend sind aufgrund des Fehlens kontinuierlicher Zahlen und der für die Art typischen Bestandsschwankungen kaum möglich.

Lebensraum

Der Brutlebensraum deckt sich selten mit dem Nahrungslebensraum (Krüger 1995). Für das Sauerland erkennt E. Schröder eine Bindung an die Waldgesellschaft der Eichen-Hainbuchen-Wälder (1953). In Hagen erreicht der Kernbeißer in alten lichten Laubwäldern mit angrenzendem offenen Gelände die höchsten Bestandsdichten, Brutlebensraum sind aber auch Parks und Friedhöfe, nur in den Fichtenwäldern fehlt er völlig. In Gärten ist er vor allem zur Nahrungssuche anzutreffen.

Jahresrhythmus

Fehlende Beobachtungen der Monate Juli/August sind nicht allein durch mangelnde Beobachtertätigkeit zu erklären, sondern wohl auch durch die Mauser und die zurückgezogene Lebensweise des Kernbeißers bedingt. Erst nach diesen Monaten setzen wieder spärlich Beobachtungen ein (s. *Abb. 3*), die gegen Jahresende häufiger werden und von Dezember bis Februar ansteigen, z. T. bedingt durch überwinternde Trupps.
Am 7. Dezember 2005 konnte ein in südlicher Richtung ziehender Trupp aus ca. 25 Kernbeißern in Hohenlimburg-Reh beobachtet werden. Auch bei den hohen Zahlen im März

handelt es sich um ziehende Trupps (Planzugbeobachtungen J. Kamp). Beobachtungen zur Balz gibt es aus dem März: am 3. März 2001 wurde ein in einem Pflaumenbaum sitzendes Weibchen mehrmals vom Männchen mit Knospen gefüttert, bevor es selbst begann, an Schlehenbeeren zu fressen. Über singende Kernbeißer liegen erstaunlich wenige Meldungen vor, allesamt aus den Monaten von Februar bis Mai (1x Februar, 4x März, 4x April, 2x Mai). Am 16. April 2005 wurde im NSG Lennesteilhang Garenfeld ein Paar beim Sammeln von Nistmaterial beobachtet, das vom Boden aufgenommen wurde. Jungvögel führende und fütternde Altvögel wurden am 30. Mai 1993 und am 11. Juni 1994 „Im Braucke" angetroffen (G. & H. Steinbach). Ein frisch flügger Jungvogel konnte am 10. Juni 1999 in Hagen-Eilpe gefangen werden.

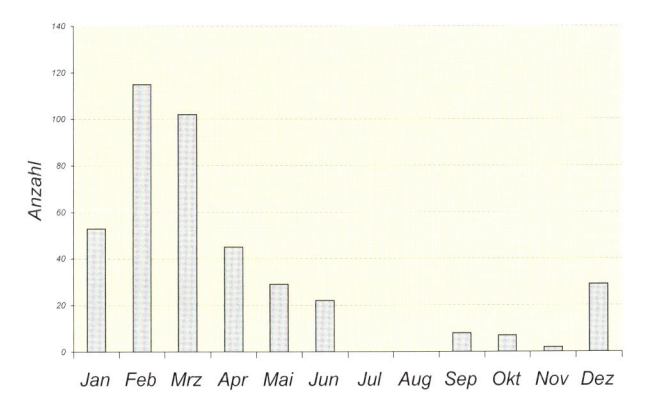

Abb. 3: Jahreszeitliche Verteilung von 93 Beobachtungen des Kernbeißers (n = 357) im Jahresverlauf der Jahre 1972 bis 2005 (Daten AG Avifauna)

Weitere Beobachtungen

Der Kernbeißer ist aus mehreren Gründen eine relativ schwierig zu erfassende Art. Er neigt zum Vagabundieren, lässt nur einen leisen Gesang hören, der nicht reviermarkierend wirkt und verhält sich zur Brutzeit unauffällig. Zu alledem sind Nahrungs- und Bruthabitat oft voneinander getrennt (Krüger 1995), so dass Bestände leicht überschätzt werden.

Im Dezember 1987 wurde in der Wesselbach ein adulter Kernbeißer mit stark beschädigtem (verletztem?) Auge aufgefunden. Es wurde aufgrund des lethargischen Zustandes des Vogels ein Scheibenanflug vermutet. Nach der Pflege über Nacht wurde er am nächsten Tag frei gelassen. Merkwürdigerweise hatte ein frisch flügger Jungvogel eine ähnliche Läsion, er wurde von Kindern am 10. Juni 1999 auf dem Schulhof der Gesamtschule Hagen-Eilpe eingefangen und zum Tierarzt gebracht. Dieser schloss eine Verletzung aus und diagnostizierte die Körperschädigung als angeboren.

Eine Nachschau unter Schlehen, in denen zuvor zwei Kernbeißer an den Beeren gefressen hatten, zeigte, dass einige von den am Boden liegenden Kernen aufgeknackt waren. Das Fruchtfleisch war offensichtlich mitgefressen worden.

Invasionen des Kernbeißers sind bekannt (Gatter 2000), die Neigung zur Bildung von großen Wintertrupps konnte auch in Hagen belegt werden:
- 150 Kernbeißer Ende 1993/Anfang 1994 in Hückinghausen (H.-J. Thiel, OSB NABU)
- 30 bis 40 Kernbeißer am 15. Februar 1994 auf dem Schulhof des Theodor-Heuss-Gymnasiums (K. D. Schultz, OSB NABU)
- ca. 30 Kernbeißer landen am 26. Februar 1999 an der Buntebachstraße/Goldberg in einer Hainbuche, auch am 8. Februar 2003 landen und rasten am gleichen Ort mehr als 30 Kernbeißer in Eschen (M. Oriwall)

Ähnliche Beobachtungen gibt es aus dem nahen Bergischen Kreis (Bergneustadt), wo Trupps von bis zu 40 Kernbeißern über drei Wochen hinweg Hainbuchen anflogen und die Früchte verzehrten (Riegel 1988).

Schutzmaßnahmen

Eine Gefährdung der Art in Hagen ist nicht zu erkennen. Der Erhalt von Altholzbeständen und eine wenig intensive Durchforstung wie z. B. am Lennesteilhang Garenfeld würde die Art sicher unterstützen.

Abb. 4: Paar füttert am Nest, Hasselbachtal, 1.6.1968, Foto A. Vehling

Gimpel *(Pyrrhula pyrrhula)*

Aufenthalt

J	F	M	A	M	J	J	A	S	O	N	D

Brutzeit

			A	M	J	J					

Brut: ca. 300 Brutpaare, 2 Jahresbruten
Häufigkeit in Punktstoppkartierung: Rang 44, Revieranzeigende: Rang 36

Gefährdung:
RL Deutschland: keine
RL NRW: keine
Hagen: keine

Status: Jahresvogel, Wintergast

*Abb. 1: Emst 2007, Foto R. W*ISNIEWSKI

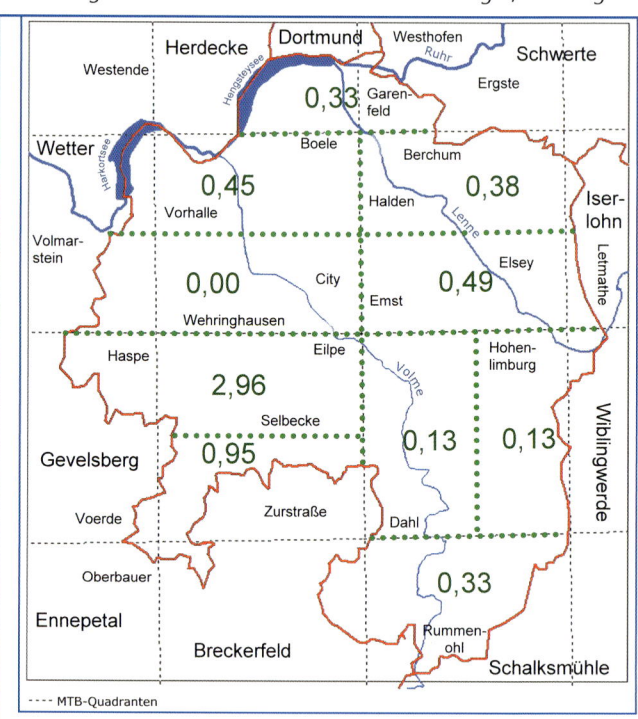

Abb. 2: Durchschnittliche Anzahl an 10 Zählpunkten in 10 Hagener Teilbereichen (Erläuterung s. Anhang)

Verbreitung und Bestand

Wo die Lebensraumbedingungen stimmen, findet man den Gimpel (auch „Dompfaff") in allen Höhenlagen und Stadtteilen Hagens. In der WR vom 13. Januar 1972 konnte man von einem Bestandsrückgang in Hagen lesen. Ob die Art früher wesentlich häufiger war als heute, ist fraglich. Sie ist nicht übermäßig häufig, jedoch regelmäßig anzutreffen, allerdings während der Brutzeit recht heimlich.

Lebensraum

Brutgebiete liegen in unterwuchsreichen Mischwäldern, Schonungen und in Dickichtgelände mit flachem Jungwuchs, parkähnlichem Gelände und in Gärten, vorausgesetzt, dass sich hier Fichtenhecken oder Ähnliches befinden. Besonders oft ist er im Randgebiet von Mischwäldern zu offenen Grünflächen und auf Friedhöfen anzutreffen.

Jahresrhythmus

Gimpel bleiben das ganze Jahr über im Brutrevier und weichen nur im Winter und bei Futtermangel kurzzeitig in die nähere Umgebung aus. Im Winter sind sie häufiger in Trupps zu sehen:

- 13. Oktober 1997: drei Trupps aus je 20 bis 30 Exemplaren in Halden (H. BARANOWSKY)
- 2003 und 2004: am Futterhaus der Sternwarte Eugen-Richter-Turm 20-25 Gimpel (U. LIEDER)
- 29. Dezember 2005: 15 Gimpel, Rehberg (B. RITZ)
- 2. Januar 2001: sieben Exemplare Stadtgrenze Hagen-Herdecke
- 2. Januar und 21. Januar 2001: zwei Paare in Brockhausen (A. ARNHOLD)
- 8. Februar 2002 beobachtete A. VEHLING acht Exemplare am Loxbaumfriedhof (OSB CINCLUS)

Vom 4. Oktober 1997 bis 28. August 1998 stellten H. BARANOWSKY/W. KOHL/U. SCHMIDT 55 Exemplare in 12 Trupps in Hagen fest (OSB NABU).

Weitere Beobachtungen

Nördliche Populationen wandern gelegentlich südwärts, die Gäste aus Skandinavien sind größer und farblich kräftiger. Ansammlungen am winterlichen Futterhaus täuschen einen höheren Bestand vor als tatsächlich besteht. Nach

Gimpel

Abb. 3: Auch der Gimpel liebt die Früchte der Eberesche, Foto B. Rauer

dem Winter ist die Art dann sehr unauffällig, vor allem bei Revierbildung und -verteidigung, so dass es schwierig ist, Bestandszahlen zu ermitteln.

Samenaufnahmen von Liguster, Weidenröschen, Beifuß, gemeine Gänsedistel, Brennnessel, Löwenzahn und Birkensamen sind belegt (G. Röttler). Während der Brutzeit werden Insekten, Spinnen und Raupen als Nahrung nicht nur für die Jungen aufgenommen. Das Verhältnis von Männchen zu Weibchen im Winter 1961/62 lag etwa drei zu eins (G. Röttler). Die Altvögel fliegen gemeinschaftlich zur Futtersuche und kommen meistens gleichzeitig zum Nest zurück. Zur Fütterung der Jungen würgen sie breiähnliches Futter aus dem Kehlsack und stopfen ihn in die Schnäbel der Jungvögel (A. Vehling).

Tab. 1: Wiederfunde von beringten Gimpeln an einer Winterfütterung

Beringung	Status	Wiederfund
7. April 1963	Weibchen	3. Januar 1964
7. April 1963	Männchen	3. Januar 1964
15. Dezember 1963	Männchen	5. April 1964

Im März 1965 wurde ein Altvogel in Silschede tot aufgefunden, der am 5. Juni 1963 in Ennepetal-Altenvoerde beringt wurde (E. Janzing). Weitere Ringfunde, alle von G. Bremicker in Volmarstein beringt und dort wiedergefunden:
- ein im April 1963 beringtes Männchen, im September 1963 von einem Sperber flugunfähig geschlagen
- ein im August 1963 beringtes Weibchen, ein Jahr später tot gefunden

Bemerkenswert sind die Standorttreue des Gimpels in Bezug auf den Winteraufenthalt und der Zusammenhalt eines Paares (s. *Tab. 1*).

Weite Wanderungen belegt der Fund eines im Dezember 1966 in Dijon/Frankreich beringten Männchens, das im Juni 1967 in Hagen von einer Katze getötet wurde (G. Bremicker).

Schutzmaßnahmen

Man sollte den oben beschriebenen Lebensraum möglichst erhalten. Gimpel brüten gerne in einem der unteren Äste direkt am Stamm kleiner Fichten oder anderer Koniferen. Deshalb sollte man möglichst viele artspezifische Bäume und Büsche erhalten oder schaffen.

Abb. 4: Pärchen, Foto K. Sandmann

Girlitz *(Serinus serinus)*

Aufenthalt

		M	A	M	J	J	A	S	O	(N)	(D)

Brutzeit

			A	M	J	J					

Brut: ca. 50 Brutpaare, 2 (3?) Jahresbruten
Häufigkeit in Punktstoppkartierung: Rang 72, Revieranzeigende: Rang 59

Gefährdung:
RL Deutschland: keine
RL NRW: keine
Hagen: keine

Status: Sommervogel, Durchzügler

Abb. 1: Foto J. Schneider

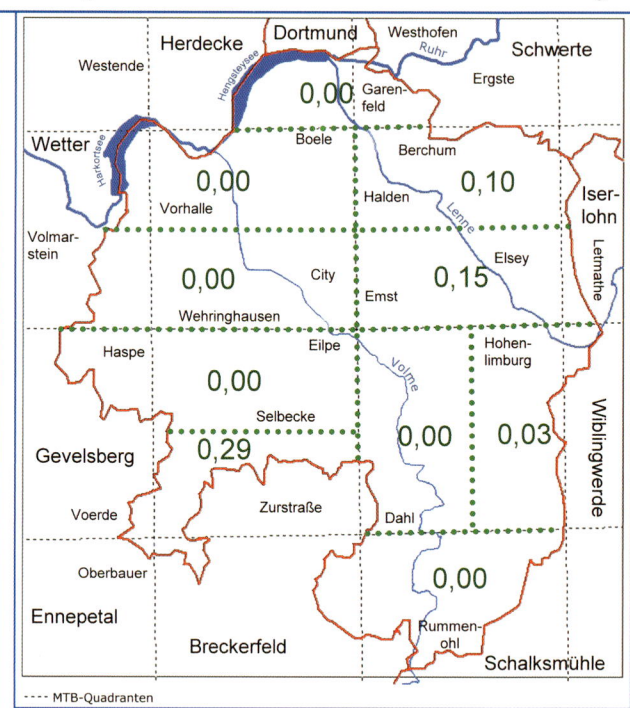

Abb. 2: Durchschnittliche Anzahl an 10 Zählpunkten in 10 Hagener Teilbereichen (Erläuterung s. Anhang)

Verbreitung und Bestand

1964 berichtet die AG Vogelschutz der Volkssternwarte Hagen e.V.: „seit wenigstens 1953 Brutvogel im Wasserlosen Tal". In der WP vom 30. Mai 1959 liest man über eine Wanderung der NWV: „singend im Wasserlosen Tal festgestellt" und in der WP vom 30. März 1966: „erst seit kurzem in Hagen ansässig".
Das Vorkommen des Girlitzes ist nicht besonders dicht, aber im ganzen Betrachtungsraum flächendeckend. Meistens in locker bebauten Gebieten. Fehlt in der Stadtmitte und in größeren Wäldern. Selten in dicht bebauten Gebieten mit wenig Grün, aber durchaus auf verwilderten Brachflächen. Bahndämme in der Stadt werden auch angenommen. Fällt meistens nur auf, wenn das Männchen von Fernsehantennen oder anderen hohen Warten aus singt. Koniferen wie etwa Fichten werden auch gern aufgesucht, dann singt das Männchen oft von der obersten Spitze. Die Bestände nehmen in sehr geringem Ausmaß zu.

Lebensraum

Kommt hauptsächlich in locker bebautem Gebiet vor, vor allem in Vorortvierteln mit Ziergärten, auf Friedhöfen und in Parkanlagen, manchmal auch in Altbaugebieten, wo Freiräume durch Gebäudeabriss entstanden sind, bzw. auf verwilderten Brachflächen oder auf Industriebrachen (Nahmertal 2006 und 2007). Seltener in den Bauernschaften, wie z. B. in einem Hobräcker Obsthof am 25. Juni 2006 (H.-J. Thiel). Braucht zum Brüten dichte Bäume, vor allem Nadelbäume, aber auch Dornensträucher. Als Nahrung braucht er viele Saatköpfe, z. B. Löwenzahn, Gräser, Strahlenlose Kamille.

Jahresrhythmus

Der Girlitz ist bei uns Zugvogel. Als Kurzstreckenzieher zieht er nur bis zum Mittelmeer bzw. Südwesteuropa. Die Ankunft bei uns ist im April, manchmal schon Ende März (Mittelwert von 1976 bis 2007: 12. April), nur 4 von 19 Jahreserstbeobachtungen stammen aus dem März, die früheste vom 6. März 1996 (A. Welzel). Bei Jahreserstbeobachtungen handelt es sich allerdings oft nur um Durchziehende mit nur kurzem Aufenthalt, die Brutvögel besetzen erst ab Ende April/Anfang Mai ihre Reviere und halten sie bis Anfang September besetzt. Oft ist das Revier nach der ersten Brut schon Anfang Juni verlassen, und zur Zweitbrut wird ein

Girlitz

Abb. 3: *Er kann in den Grünanlagen unser Vorstädte überall angetroffen werden. Im Großraum Halden/ Unteres Lennetal brüten seit Jahren mehrere Paare, so auch erfolgreich und geschützt in diesem Feuerdorn. 28.9.2008, Foto S. Sallermann*

neues Revier besetzt. Mittelwert der Letztbeobachtung von 1997 bis 2007 ist der 10. Oktober. Sehr späte Beobachtungen betreffen einen in Richtung Südwest ziehenden Girlitz (12. November 2004) und einen an einer Winterfütterung am 9. Dezember 2007 (beides Wiblingwerde, A. Welzel). Es ist möglich, dass in milden Wintern Vögel auch nördlich der Alpen überwintern.

Abb. 4: badend am Gartenteich, Wiblingwerde, 19.6.1997, Foto A. Welzel

Weitere Beobachtungen

Sobald das Männchen den Gesang einstellt, ist die Art sehr unauffällig. Es werden keine Nisthilfen angenommen.

Schutzmaßnahmen

Diese Art ist zurzeit nicht gefährdet, aber es muss immer für ausreichend Nistgelegenheiten gesorgt werden, vor allem Koniferen. Sowohl Fichten und Tannen als auch die heimische Eibe können als Schutz dienen. In einer aufgeräumten Landschaft findet kaum eine Art genug Futter. In Gärten sollte man keine künstlichen Insektizide verwenden. Obwohl Girlitze wie alle Finkenvögel Vegetarier sind, werden die Küken mit Insekten gefüttert, und die können sehr leicht durch den Einsatz von Pestiziden getötet werden. Vor allem sollen Ruderalflächen nicht restlos beseitigt werden. Saatköpfe sollen nicht sofort abgeschnitten werden, und wenn Bereiche z. B. in Parks ungemäht gelassen werden, wie dieses jetzt zum Teil geschieht, sind für Vögel wie Girlitz und Stieglitz Futtermöglichkeiten gegeben.

GÜNTER RÖTTLER

Fichtenkreuzschnabel *(Loxia curvirostra)*

Aufenthalt

| J | F | M | A | M | J | J | A | S | O | N | D |

Brutzeit

| (J) | F | M | A | (M) | (J) | (J) | (A) | (S) | (O) | (N) | (D) |

Brut: 0 bis ca. 10 Brutpaare, 1 Jahresbrut
Häufigkeit in Punktstoppkartierung: *nicht registriert*

Gefährdung:
RL Deutschland: keine
RL NRW: keine
Hagen: keine

Status: *Jahresvogel, Durchzügler, Wintergast*

Abb. 1: *Mänchenn im ersten Jahr, 22.9.2005, Foto J. SCHNEIDER*

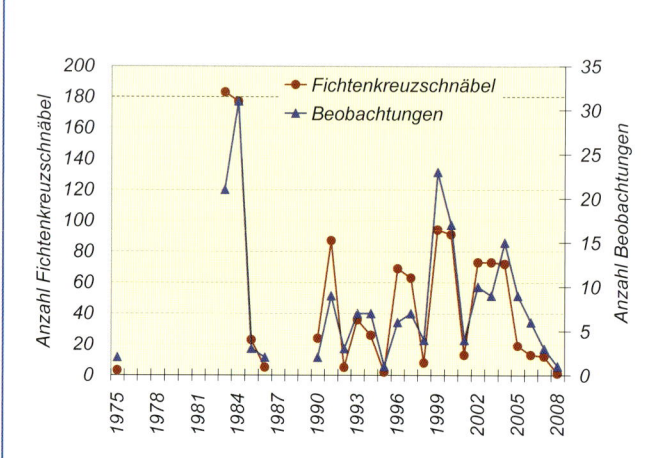

Abb. 2: *Anzahl der Fichtenkreuzschnäbel (n = 1172) und Anzahl der Beobachtungen (n = 201) von 1975 bis 2008, Daten G. RÖTTLER/ A. WELZEL/OSB NABU*

Verbreitung und Bestand

Das Brutvorkommen ist unregelmäßig, der Fichtenkreuzschnabel brütet nur in Jahren mit starkem Zapfenertrag der Fichte und dann vorwiegend im südlichen Bereich des Hagener Raums. Als ein hervorragender Beobachtungsplatz stellte sich die Hagener Volkssternwarte am Eugen-Richter-Turm heraus. Wegen der hoch in Fichten versteckten Nester konnten keine Bruten direkt beobachtet werden, folgende Vorkommen sprechen aber eindeutig für solche:
- Aufenthalt von zahlreichen Fichtenkreuzschnäbeln über längere Zeiträume (insbesondere Februar bis Ende April)
- Gesänge und weiteres Balzverhalten
- Transport von Nistmaterial vom Gelände der Volkssternwarte
- Sichtung von Jungvögeln mit braungestreiftem Gefieder und noch nicht vollentwickeltem Schnabel (das Wachsen der Schnabelkreuzung beginnt erst mit einem Alter von etwa drei Wochen)
- Fütterung von Jungvögeln
(G. RÖTTLER, C. TUNK, C. SCHÖNBERGER).

Lebensraum

Die Art brütet ausschließlich in größeren, zusammenhängenden Fichtenhochwäldern (Nadelbaumwälder).

Jahresrhythmus

Der auf Nadelbaumsamen spezialisierte Fichtenkreuzschnabel ist oft zu großen Wanderungen gezwungen, da diese Bäume nicht jedes Jahr fruchten. Es kommt in unregelmäßigen Abständen zu invasionsartigen Einflügen. Neben häufigeren Sichtungen von einzelnen oder wenigen Exemplaren kam es im Hagener Raum Anfang Juni 1983 bis September 1984 und Mitte Juli 1990 bis Mitte Juli 1991 zu Masseneinflügen mit längerem Aufenthalt. Bei der Volkssternwarte wurden gleichzeitig bis zu 40 Fichtenkreuzschnäbel beobachtet. Aufenthalte von einigen Paaren von Februar bis Ende April 1988 und von März bis Anfang Mai 1999 lassen ebenfalls auf Bruten schließen. Neben anderen Orten besteht auch für den Fleyer Wald Brutverdacht, wo nach der Invasion von 1990/91 zahlreiche von Kreuzschnäbeln entsamte Fichtenzapfen auf dem Boden gefunden wurden.

Fichtenkreuzschnabel   Günter Röttler

Abb. 3: Im Hagener Stadtwald brüten stets einige Paare. Nach dem Verlust einiger Fichtenhochwälder durch den Sturm Kyrill sind die potenziellen Lebensräume der Art geschrumpft. Blick von der Hinnenwiese in die „Blaue Donau" zur Selbecke. 20.2.2009, Foto S. Sallermann

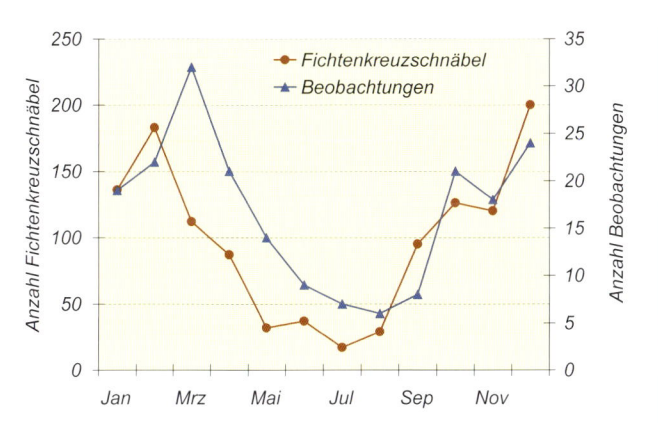

Abb. 4: Monatliches Auftreten des Fichtenkreuzschnabels in Hagen im Zeitraum von 1983 bis 2008 – Anzahl der Fichtenkreuzschnäbel und der Beobachtungen (Daten G. Röttler/A. Welzel/OSB NABU)

Weitere Beobachtungen

Bepicken der Mörtelfugen der Blockwände des Eugen-Richter-Turmes zwecks Mineralaufnahme konnte mit einer Ausnahme nur im März und April beobachtet werden. Am 13. November 1983 ließen 14 Fichtenkreuzschnäbel bei Frostwetter auf dem Flachdach der Sternwarte welke Blätter durch die Schnäbel gleiten, um den daran befindlichen Reif aufzunehmen. Die Fluchtdistanz betrug dabei nur drei bis vier Meter.

Schutzmaßnahmen

Für diese Art ist keine Bedrohung zu erkennen. Das Nahrungsangebot ist aufgrund der häufig kultivierten Fichte als „Brotbaum" des Waldbesitzers gesichert. Welche Auswirkungen der Verlust von überwiegend Fichtenwald durch den Sturm Kyrill hat, bleibt eine spannende Frage, der Fichtenbestand unterhalb der Sternwarte, in dem die Fichtenkreuzschnäbel über lange Jahre hinweg beobachtet werden konnten, existiert jedenfalls seit dem Sturm nicht mehr.

Abb. 5: mehrjähriges Weibchen, 15.9.2005, Foto J. Schneider

Grünfink *(Carduelis chloris)*

Aufenthalt

J	F	M	A	M	J	J	A	S	O	N	D

Brutzeit

		M	A	M	J	(J)					

Gefährdung:
RL Deutschland: keine
RL NRW: keine
Hagen: keine

Brut: ca. 500 Brutpaare, 1 bis 2 (3?) Jahresbruten
Häufigkeit in Punktstoppkartierung: Rang 22, Revieranzeigende: Rang 15
Status: Jahresvogel, Durchzügler, Wintergast

Abb. 1: Männchen, Emst 2006, Foto R. Wisniewski

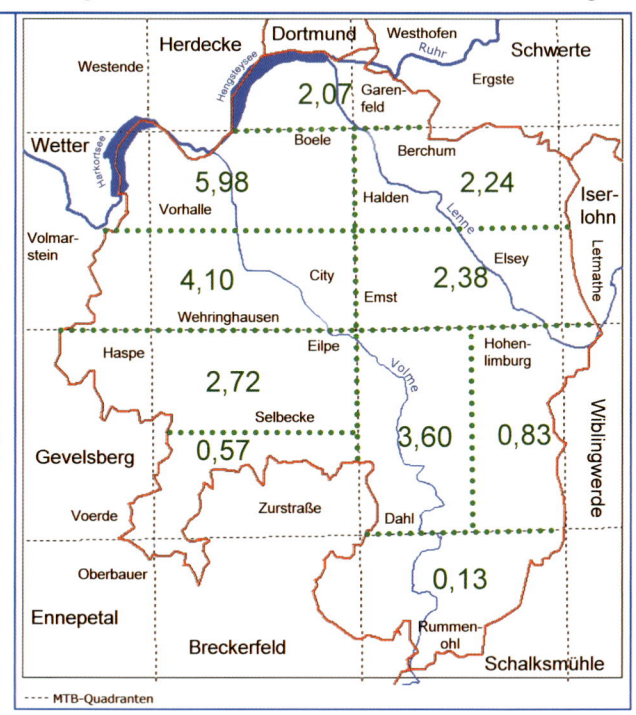

Abb. 2: Durchschnittliche Anzahl an 10 Zählpunkten in 10 Hagener Teilbereichen (Erläuterung s. Anhang)

Verbreitung und Bestand

Der Grünfink ist ein häufiger Brutvogel Hagens und flächendeckend im ganzen Stadtgebiet anzutreffen, aber in den waldreicheren Bezirken weitaus seltener als im städtischen Bereich und den Vororten. Im dichter bebauten Nordwesten Hagens erreicht er seine größte Antreffhäufigkeit und Besiedlungsdichte. Untersuchungen im Bereich städtischer Bebauung ergaben für Boele im Jahr 2002 eine Dichte von etwa zehn Brutpaaren/km² und für Berchum 1991 von etwa sieben Brutpaaren/km². Kleinflächig können die Dichten jedoch um ein Vielfaches höher liegen. Zum Südosten des Stadtgebietes hin nimmt die Häufigkeit des Grünfinks um mehr als das Zehnfache ab.

Der Bestand dürfte stabil bei wenigstens 500 Brutpaaren liegen und liegt damit wesentlich niedriger als etwa in den Avifaunen des Niederbergischen Landes (SKIBA 1993), Bielefelds (LASKE/NOTTMEYER-LINDEN/CONRADS 1991) oder Soest (OAG KREIS UNNA 2000), was nur unzureichend mit dem hohen Waldanteil an der Stadtfläche Hagens zu erklären ist.

Lebensraum

Diese Art ist ein Brutvogel der halboffenen Landschaft und in Hagen wie kaum eine andere Vogelart an Siedlungen mit Gärten gebunden. Er ist wohl auch in Parks, auf Freiflächen und Ruderalfluren mit Buschwerk zu finden, bevorzugt aber ganz deutlich die Wohngebiete der Stadt und des Stadtrandbereichs. Hier brütet er in Grünanlagen, Friedhöfen, Gärten, Vorgärten und Obstgärten. Der Wald wird völlig gemieden, Vorkommen an Waldrändern sind nur dort zu finden, wo Siedlungen mit Gärten angrenzen.

Jahresrhythmus

Der Durchzug fällt kaum auf und ist nur bei systematischer Beobachtung zu bemerken, selbst dann ist der Frühjahrszug sehr unauffällig. Der Herbstzug beginnt im September, erreicht seinen deutlichen Höhepunkt im letzten Oktoberdrittel und ist im November abgeschlossen (s. **Abb. 4**). Obwohl die Datengrundlage relativ dünn ist, entspricht das im Wesentlichen den Beobachtungen im Westerwald/ Siegerland (SARTOR 1998).

Stehen im Winter keine ausreichenden Nahrungsquellen wie z. B. ausgiebige Winterfütterungen zur Verfügung, verlassen Grünfinken die höheren Lagen völlig und ziehen

Grünfink

Abb. 3: Im Hausgarten, Wiblingwerde, 17.1.2008. Foto A. Welzel

sich vermutlich in die Täler zurück, ein Teil zieht sicher völlig ab. Aber auch die Brutlebensräume der tieferen Lagen können im Winter u. U. völlig von Grünfinken verlassen sein. Die Standvögel und Wintergäste schließen sich zu größeren Trupps zusammen und suchen ergiebige Futterstellen an Winterfütterungen, Flusstälern und Ruderalfluren auf. Vor allem im Oktober, November und Januar sind an solchen Plätzen regelmäßig größere Trupps von bis zu 40 Grünfinken zu beobachten, seltener sind Trupps von 50 bis 60 wie 1992 im Ruhrfeld bei Ergste von H. Karneil festgestellt (OSB Cinclus).

Der Gesang beginnt bei geeigneter Witterung schon ab Anfang Januar, wobei in den ersten Tagen nur das arttypische „Rülschen" oder auch ein leiser Subsong zu hören ist. Der Vollgesang setzt ab Anfang Februar ein, der Singflug ist erst ab Anfang März zu beobachten.

Nachfolgende Beobachtungen zur Brutbiologie konnten 2003 an einem Nest in einem Rankgerüst an einer Hausfassade gemacht werden (S. Sallermann):
- bis 31. März: Nestbau
- 3. April: das erste Ei, nun täglich Eiablage
- 7. April: das Gelege ist mit fünf Eiern vollständig und die Bebrütung beginnt ausschließlich durch das Weibchen, das vom Männchen gefüttert wird
- 20. April: Schlupftermin
- bis 25. April: Fütterungen und Hudern
- ab 30. April: ausschließlich Fütterungen ohne Hudern
- 30. April: das ist Nest geplündert, vermutlich durch ein Hermelin. Eine anschließende Ersatzbrut fand nicht weit entfernt statt.

Dazu passen die Beobachtungen eines brütenden Grünfinkenweibchens am 27. April 1976 in Hohenlimburg-Reh und eines fütternden Paares am 30. Mai 1990 in Fley. Immer wieder festzustellender Gesang bis Ende Juli, z. B. 25. Juli 2002 in Hohenlimburg-Reh, weist darauf hin, dass Reviere lange beansprucht werden und offensichtlich Zweitbruten (vielleicht auch Drittbruten?) durchgeführt werden, konkrete Brutnachweise bestehen allerdings nicht. A. Vehling konnte in Boele beobachten, dass noch am 7. September 1994 flügge Jungvögel gefüttert wurden (OSB Cinclus). Gelegentlich kann man noch bis in den Oktober hinein einen einzelnen Grünfinken singen hören.

Weitere Beobachtungen

Charakteristisch für den Grünfink ist der fledermausartig gaukelnde Singflug und der Gesang mit dem „Rülschen", dadurch ist er relativ gut zu erfassen. Die Flugrufe sind nicht ganz so einfach von denen des Birkenzeisigs zu unterscheiden.

Schutzmaßnahmen

Es ist keine Gefährdung vorhanden, so dass spezielle Schutzmaßnahmen nicht erforderlich sind. Bei Extensivierung der Landwirtschaft und bei Erhalt und Förderung von Brachflächen und Ruderalfluren dürfte der Grünfink wie alle anderen Körnerfresser von einem verbesserten Nahrungsangebot profitieren (Bauer 1996). Da der Grünfink offensichtlich gern Hagebutten frisst, kann man die Art zusätzlich durch Anpflanzen von Wildrosen unterstützen.

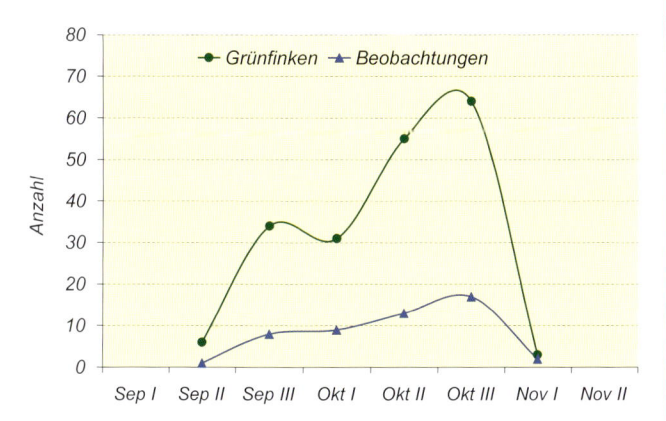

Abb. 4: Herbstzug – Daten aus systematischen Zugbeobachtungen für den Hagener Raum (A. Welzel/J. Kamp) von 1996 bis 2008 (196 Grünfinken in 91 Registrierungen)

Abb. 5: Nest in einem Waldrebenspalier in Fley, Röhrenspring. Höhe ca. 3,5m. Es wurde 2007 von einem Hermelin ausgenommen. Dabei drang es durch den Boden des Nestes ein. Foto S. Sallermann

Stieglitz *(Carduelis carduelis)*

Aufenthalt

J	F	M	A	M	J	J	A	S	O	N	D

Brutzeit

		(M)	(A)	M	J	J					

Gefährdung:
RL Deutschland: keine
RL NRW: keine
Hagen: keine

Brut: ca. 150 Brutpaare, 1 (2?) Jahresbruten
Häufigkeit in Punktstoppkartierung: Rang 51, Revieranzeigende: Rang 57
Status: Jahresvogel, Durchzügler

Abb. 1: Foto M. Henning

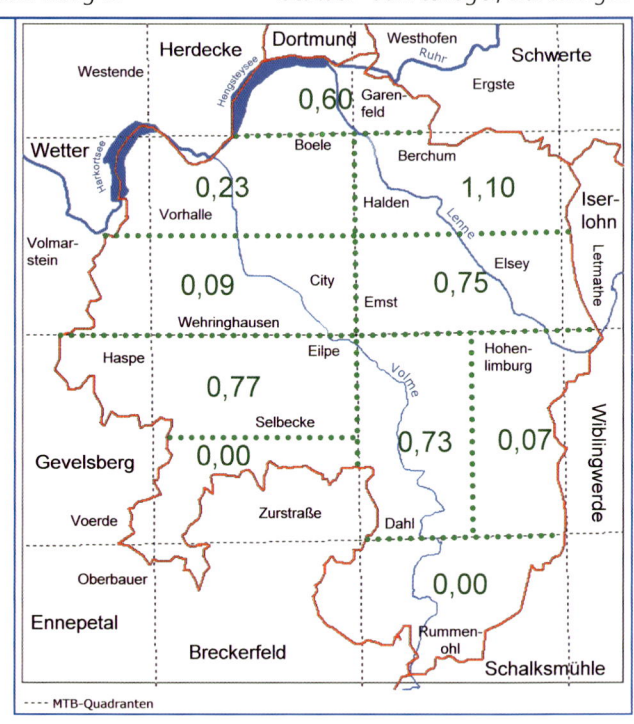

Abb. 2: Durchschnittliche Anzahl an 10 Zählpunkten in 10 Hagener Teilbereichen (Erläuterung s. Anhang)

Verbreitung und Bestand

Der Stieglitz „Distelfink" ist in Hagen nicht gleichmäßig verbreitet, im Nordosten (Lenne- und Ruhrtal) ist er am häufigsten, im waldreichen Westen (z. B. Stadtwald), Süden und Südosten des Stadtgebietes dagegen kaum anzutreffen.

Beobachtungen haben nur spärlich Eingang in Literatur und Sammelberichte der Region gefunden. Schäfer erwähnt ihn für den 31. März 1952 im Zusammenhang mit dem Vogelzug im Haßleyer Feld (1953) und als Brutvogel für Hagen (1948/1996), auch die Arbeitsgemeinschaft Vogelschutz nennt den Stieglitz als Brutvogelart und berichtet von einem „kleinen Flug auf Disteln beim Eugen-Richter-Turm am 11. August 1961" (Volkssternwarte Hagen e.V. 1964).

Aufgrund der späten Brutzeit dieser Art und der meist Mitte Juni abgeschlossenen Brutvogelkartierungen sind möglicherweise zahlreiche Bruten nicht erfasst worden und die Schätzungen zu niedrig, die tatsächliche Brutpaarzahl könnte durchaus höher als die o. g. 150 Brutpaare betragen. Der Bestand scheint stabil zu sein.

Lebensraum

Die Art ist ein Bewohner der Siedlungs- und Freiflächen, Ruderalfluren und Bahndämme, Friedhöfe und Parks. Sie fehlt in Hagens Wäldern völlig und meidet die offene strukturlose Agrarlandschaft. A. Schücking bezeichnet den Distelfink als vertrauten Brutvogel an Bächen und Flussläufen (1964) und nennt ihn als Bewohner der Koniferen und Hecken in den Hagener Siedlungsflächen, die zusätzlich zu den Baumgruppen und Feldgehölzen des ursprünglichen Brutplatzes in der freien Landschaft besiedelt werden (1978c). Typisch für den Brutplatz der Art ist die Beobachtung S. Sallermanns, der am 1. Juli 2004 eine Brut in einem Straßenbaum im Unteren Lennetal bei Halden/Fley feststellte.

Jahresrhythmus

Zur Brutbiologie in Hagen gibt es wenig Beobachtungen bzw. Meldungen. Obwohl Überwinterungstrupps bis Mitte März zu sehen sind, kann Gesang von Einzelnen noch bis in den Dezember hinein und bereits wieder im Februar gehört werden. Das Sammeln von Nistmaterial wurde schon am 14. März 1990 von M. Buschmann beobachtet (OSB Cinclus), doch sind die frühesten flüggen Jungen, ein Paar mit vier Jungen in der Lenneaue Berchum, erst am 18. Juni 1984 beobachtet worden. Alle anderen Beobachtungen flügger Junge stammen aus dem Juli, z. B. sieht G. Steinbach ein Paar mit einem flüggen Jungen am 4. Juli 1993 in Garenfeld (OSB Cinclus 1993). Ein Paar mit drei Jungen, das erstmals am 11. Juli 1986 in seinem Brutrevier in der Ruhraue Syburg gesehen wurde, führte die Jungen bis wenigstens 5. September in diesem Gebiet. Ab etwa Mitte September sind die Jungen selbständig (zwei Diesjährige ohne Altvögel am 16. September 1987, Ruhraue Syburg). Zum Zug im Herbst liegen wenige Daten vor, bei ziehenden Trupps konnten die Zugrichtungen von Südost bis Südwest ermittelt werden.

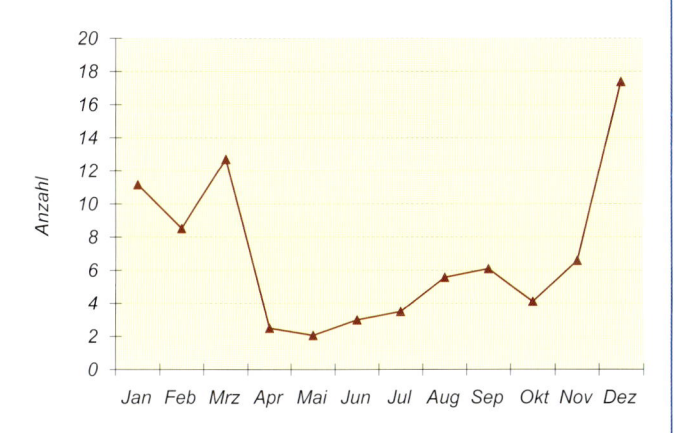

Abb. 3: *Durchschnittliche Truppgröße im Jahresverlauf von 1973 bis 2008 (n = 1014 aus 158 Beobachtungen)*

Weitere Beobachtungen

Ein Trupp Stieglitze wird am 1. März 2001 beim Kurk Kettelberg erfolglos von einem Sperber im freien Luftraum angejagt. Nicht ungewöhnlich ist, dass die Trupps mit Erlenzeisigen vermischt sind.

Es gibt mehrfach Beobachtungen an Winterfütterungen, so hatte z. B. C. Schönberger im Januar und Februar 1999 in der Bredelle bis zu 17 Stieglitze am Futterhaus (OSB NABU). 35 bis 40 Stieglitze wurden von J. Grawe am 10. November 2002 in einem Sonnenblumenfeld am Yachthafen Harkortsee gesehen (OSB NABU). Vor allem außerhalb der Brutzeit wurden sie bei der Nahrungsaufnahme am häufigsten an Disteln, aber auch an Erlenzapfen und Wilder Karde beobachtet.

Ein von G. Bremicker am 26. September 1959 in Fröndenberg gefangenes und mit der Helgoländer Ringnummer 9810808 versehenes Männchen wurde vom Museum Brüssel am 26. Oktober 1961 in Graide/Belgien als Fängling wiedergefunden.

Schutzmaßnahmen

Das Anpflanzen von Wildkräutern, vor allem von Disteln und Karden, würde zur Verbesserung der Nahrungssituation des Stieglitzes beitragen und garantiert fast die Anwesenheit dieser Vogelart im Garten. Großflächig und langfristig sind jedoch temporäre Flächenstilllegungen (Ackerschutzprogramm), eine extensive Landwirtschaft, der Schutz von Ackerrainen und Ruderalflächen unerlässlich. Diese Maßnahmen würden überdies auch andere Tierarten fördern.

Abb. 4: *Perfekte Winterfütterungstechnik, Foto K. Sandmann*

Abb. 5: *Samen- und distelreiche Hochstaudenfluren sind das ideale Nahrungsbiotop der Art. Lennetal an der A 46, 28.9.2008, Foto S. Sallermann*

ANDREAS WELZEL

Bluthänfling *(Carduelis cannabina)*

Aufenthalt

	(F)	(M)	A	M	J	J	A	S	O	(N)	(D)

Brutzeit

			(A)	M	J	J	A				

Brut: ca. 130 bis 150 Brutpaare, 1 bis 2 Bruten
Häufigkeit in Punktstoppkartierung: Rang 38, Revieranzeigende: Rang 41

Gefährdung:
RL Deutschland: Vorwarnliste
RL NRW: Vorwarnliste
Hagen: gefährdet

Status: Sommervogel, Durchzügler, (Überwinterer)

Abb. 1: Foto K.-D. WINTERHOFF.

Abb. 2: Durchschnittliche Anzahl an 10 Zählpunkten in 10 Hagener Teilbereichen (Erläuterung s. Anhang)

Verbreitung und Bestand

Der Bluthänfling kommt in Hagen in allen Höhenlagen vor und ist während der Brutzeit nur in der Umgebung des Hengsteysees und in der Hagener City selten anzutreffen, öfter kann man ihm im Bereich Berchum/Garenfeld und in der Umgebung Dahl/Delstern begegnen.
Noch um 1950 wird der Bluthänfling in unserem Nachbarkreis als „sehr häufiger Brutvogel im ganzen südlichen Ennepe-Ruhr-Kreis" bezeichnet. Für einen etwas späteren Zeitraum heißt es sogar „kaum seltener als der Buchfink, entschieden häufiger als Gimpel und Grünfink" (MÜLLER 1961). In den darauf folgenden Jahren muss nahezu unbemerkt ein massiver Bestandsrückgang erfolgt sein, denn die Art ist heute nicht häufiger als der Gimpel, weitaus seltener als der Grünfink und bei weitem nicht mit der Häufigkeit des Buchfinken zu vergleichen, sondern eher als spärlicher Brutvogel zu bezeichnen. Seit 1991 gelang in den NSG Lenneaue Berchum und Ruhraue Syburg keine einzige Beobachtung mehr, der Bestand ist in Hagen rückläufig.

Lebensraum

In Hagen brütet der Bluthänfling vor allem in locker strukturierten Heckenlandschaften, in Bauernschaften, auf Brachen in frühem Sukzessionsstadium und in Gärten mit niedrigen Koniferen. Er fehlt in Bereichen mit geschlossener Bebauung, in älteren Gärten und Parkanlagen und im Wald. Zur Nahrungssuche wird offenes Gelände wie Brachland, Stoppeläcker und Wegränder aufgesucht, besonders beliebt sind Maisäcker nach der Ernte. Auch zur Brutzeit sind lange Wege zu geeigneten Nahrungsplätzen üblich.

Jahresrhythmus

Zur Zugzeit sind Bluthänflinge am häufigsten zu beobachten, sie haben sich dann zu kleinen oder größeren Trupps zusammen geschlossen, die u. U. hohe Individuenzahlen erreichen können (z. B. je ca. 100 Bluthänflinge am 30. September und 9. Oktober 1983 auf einem Maisacker der

Bluthänfling

Ruhraue Syburg). Der Wegzug findet seinen Höhepunkt im Oktober. Novemberbeobachtungen sind eher selten, dabei handelt es sich um vereinzelte Nachzügler, die sich keinem Trupp angeschlossen haben. Die letzte Jahresbeobachtung war am 11. Dezember 1999 bei Rumscheid (S. SALLERMANN). Aus dem Januar ist für Hagen keine Beobachtung der Art bekannt, selbst Februar- und Märzbeobachtungen sind sehr selten, dabei dürfte es sich um Frostflüchter oder auch um überwinternde oder schon durchziehende Trupps handeln (Erstbeobachtung 5. Februar 1999, Max-Planck-Str., S. SALLERMANN). Der Heimzug beginnt in der zweiten Aprilwoche, bis zur dritten Aprilwoche sind die Brutpaare im Revier eingetroffen.

Gesang ist bereits bei den Überwinterern im Februar zu hören. Der Nestbau beginnt Ende April/Anfang Mai (3. Mai 1993 Hohenlimburg-Reh, 13. Mai 1984 Ruhraue Syburg). Flügge Junge sind Anfang Juli zu beobachten (8. Juli 1987 Ruhraue Syburg), Zweitbruten erstrecken sich bis in den Monat August. Schon zur Zeit der Zweitbruten sind Anfang Juli kleinere Trupps zu beobachten, z. B. 20 am 4. Juli 1984 in der Ruhraue Syburg. Im September und Oktober haben die Paare ihr Brutrevier verlassen.

Weitere Beobachtungen

SCHÄFER schreibt 1948, dass der Bluthänfling in Hagen auch „Flassfink" genannt wird (1948/1996).

Bluthänflinge haben einen unauffälligen, aber angenehmen Gesang und sind in der Lage, andere Vogelgesänge und Rufe zu imitieren. Mit außergewöhnlichem Gesang fiel ein Männchen am 3. Juni 1973 in Hohenlimburg-Reh auf, das ausschließlich Imitationen von Rufen und Gesang des Grünfinks in seinen Gesang eingebaut hatte.

Die Art wird allgemein wenig beachtet, so hat in den letzten 10 Jahren keine Beobachtung Eingang in die Sammelberichte gefunden.

Schutzmaßnahmen

Die früher so häufige Art (s. o.) steht mittlerweile auf der deutschlandweiten Vorwarnliste. Sie benötigt offenen Boden, um hier nach kleinen Sämereien zu suchen. Da einerseits sogenanntes „Brach- und Ödland" keinen hohen Stellenwert in der Landschaftsgestaltung hat, andererseits die Landschaft stark mit Nährstoffen angereichert wird, breitet sich auf nicht genutzten Flächen eine dichte Vegetation aus: Brennesseln, Kleblabkraut und andere nährstoffliebende Pflanzen (deutlich z. B. im unteren Lennetal). Diese mit Nährstoffen angereicherten und zugewachsenen Gebiete fallen zur Nahrungssuche für den Bluthänfling aus. GATTER nennt als Ursache für den Bestandsrückgang die „Eutrophierung, den Einsatz von Herbiziden und den damit einhergehenden Rückgang von kleineren Sämereien" (2000). Es wäre deshalb für den Bestand der Art auch in Hagen sehr wichtig, dass nicht nur Nährstoffeinträge minimiert werden, sondern auch allgemein die Entstehung und Erhaltung von Brach- und Ödland z. B. im Rahmen von Ausgleichs- und Ersatzmaßnahmen gefördert werden.

Abb. 3: Weidekampstraße Hagen Fley, um 1980, Foto A. VEHLING

Abb. 4 Hänflinge brüten vielerorts mitten in der Hagener City. Er baut seine kleinen kompakten Nester gern in Rotdornbäume oder in junge Straßenbäume mit engen Astquirlen. Graf-von-Galen-Ring/Körnerstraße, 28.9.2008, Foto S. SALLERMANN

Das Angebot an natürlichen Brutplätzen kann verbessert werden, indem einzelne niedrige, dichte Nadelbäume als Elemente von Gärten, Parks und Friedhöfen gepflanzt werden.

Birkenzeisig *(Carduelis flammea)*

Aufenthalt

J	F	M	A	M	J	J	A	S	O	N	D

Brutzeit

		(M)	A	M	J	J	A	(S)			

Brut: bis 20 Brutpaare, 1 bis 2 Jahresbruten
Häufigkeit in Punktstoppkartierung: Rang 74, Revieranzeigende: Rang 70

Gefährdung:
RL Deutschland: keine
RL NRW: keine
Hagen: keine

Status: Sommervogel, Durchzügler, Wintergast

Abb. 1: Männchen am Gartenteich, Hohenlimburg-Reh 1984, Foto A. WELZEL

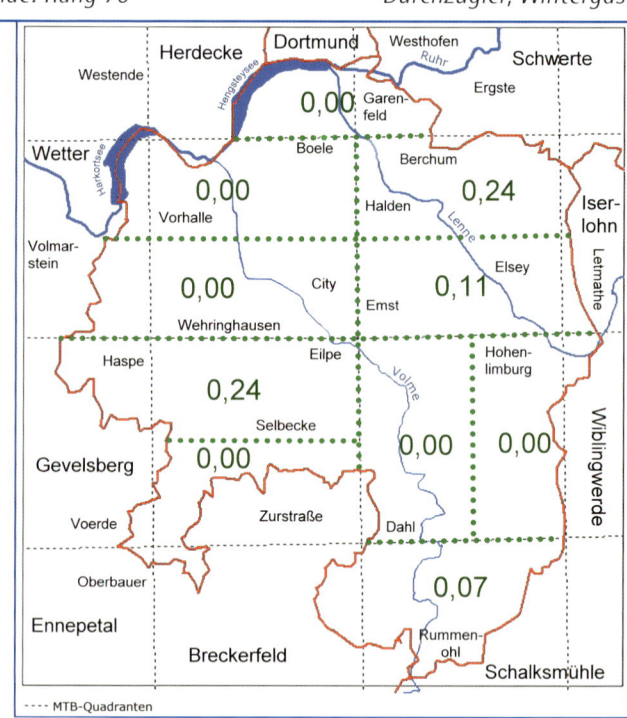

Abb. 2: Durchschnittliche Anzahl an 10 Zählpunkten in 10 Hagener Teilbereichen (Erläuterung s. Anhang)

Verbreitung und Bestand

Ursprünglich ist der Birkenzeisig in NRW als Brutvogel nicht heimisch, und so konnten auch in Hagen bis 1981 lediglich Überwinterer beobachtet werden. Im Zuge einer Brutarealerweiterung in Mitteleuropa wurde Westfalen in den 70er Jahren erreicht, ein erster Brutnachweis erfolgte 1975 in Erndtebrück (SONNEBORN 1976). Zunächst existierten nur kleine Brutpopulationen im Wittgensteiner Land, Siegerland und Sauerland (FELLENBERG 1984), es folgte jedoch eine schnelle Erweiterung des Brutgebietes. In Hagen konnten singende Birkenzeisige während der Brutzeit erstmals 1980 durch G. BREMICKER festgestellt werden (mündl.), der erste Brutnachweis gelang RICHTER 1981 im Hagener Süden (OSB Cinclus 1981). Die erste Brut in Hohenlimburg wurde 1984 nachgewiesen (WELZEL 1986a). Die Hagener Brutvögel gehören der Rasse „Alpenbirkenzeisig" (*Carduelis flammea cabaret*) an (s. *Abb. 1*).
Bis Anfang der 90er Jahre stieg der Brutbestand schnell auf ein schwankend hohes, heute aber wieder gesunkenes Niveau. Bis zum Jahr 2000 sind von 22 Plätzen sichere Brutnachweise und von weiteren 28 Stellen Beobachtungen mit möglichen Bruten oder Brutverdacht bekannt. Das unstete Umherstreifen singender Männchen, die Neigung zu Gesellschaftsrevieren, die geringe Zahl der den Birkenzeisig sicher ansprechenden Beobachter, die lückenhafte Erfassung des Stadtgebietes und die Statistik lassen vermuten, dass der tatsächliche Brutbestand wesentlich höher gewesen ist als die bekannten drei bis sechs jährlichen Bruthinweise. Nach Kartierungen 1989 und 1990 wurden von B. RAUER/ A. WELZEL jeweils bis zu 20 und 1991 ca. 35 Brutpaare auf 32 km² (MTB 4611/1) errechnet. Dass trotz der Sensibilisierung der Beobachter seit 1994 kein sicherer Brutnachweis mehr vorliegt und „traditionelle" Brutplätze (z. B. Hohenlimburg-Reh und Hagen-Bredelle) nicht mehr besetzt sind, deutet darauf hin, dass die erste Besiedlungswelle über Hagen hinweg geschwappt war und der Birkenzeisig sich zur Zeit in einer Phase des Bestandsrückgangs auf ein sehr niedriges Niveau befindet. Ab 2005 konnten keine singenden Birkenzeisige in Hohenlimburg-Reh mehr festgestellt werden.

Birkenzeisig

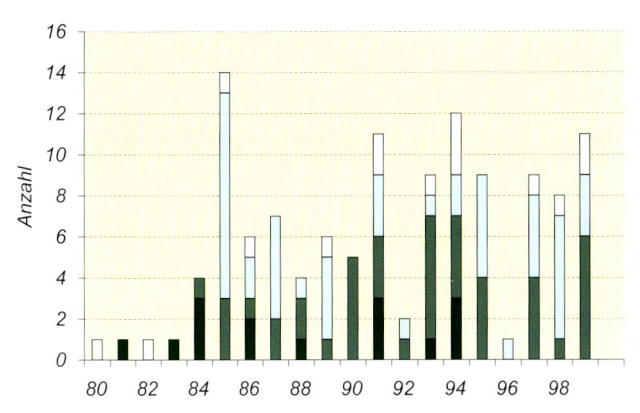

Abb. 3: Bruten und Sommerbeobachtungen 1980 bis 1999; dunkelgrün: sichere Bruten, mittelgrün: wahrscheinliche Bruten, hellgrün: Brutverdacht, weiss: lediglich Anwesenheit

Lebensraum

Als ursprünglicher Brutvogel der montanen und subalpinen Zone mit ihrem lichten Bewuchs aus überwiegend Nadelhölzern bevorzugt der Birkenzeisig in Hagen Lebensräume mit einer ähnlichen Vegetationsstruktur, dies sind vor allem die Siedlungsbereiche mit Parks, Friedhöfen und Vorgärten von Ein- und Zweifamilienhäusern. Offensichtlich spielt im Habitat des Birkenzeisigs das Wasser in Form von Gartenteichen etc. eine nicht unerhebliche Rolle.

Jahresrhythmus

Der Frühjahrszug findet bis Mitte April statt (z. B. 11 Durchzügler am 22. April 2002 in Eilpe), im gleichen Zeitraum werden auch die Brutplätze belegt. Ausnahmsweise erscheinen einzelne Paare auch schon im Februar im späteren Brutrevier und verteidigen es ab März intensiv (z. B. Hohenlimburg-Reh 1991 und 1993). Hauptbrutzeit ist aber der Juni, die wenigen Nestfunde mit Jungen fallen alle in diesen Monat, wenn auch C. Tunk bereits am 4. Mai 1988 ein vom Baum gefallenes Nest mit fünf Eiern fand (OSB NABU). Beobachtungen von fütternden Altvögeln mit Jungen sind relativ selten: 4. September 1984 (A. Welzel), 22. Juni 1991 (S. Sallermann) und 17. Juli 1994 (M. Falkenberg) (OSB NABU). Die Nestlingszeit beträgt zwölf Tage. Junge führende und fütternde Altvögel vom 26. Juni 1984 und 4. September 1984 in Hohenlimburg-Reh zeigten, dass zwei Bruten im Jahr durchgeführt werden können.

Rasse C. f. flammea umherstreifend zu beobachten (z. B. während einer Frostperiode im NSG Ruhraue Syburg am 28. Januar 2006) und sogar über einen längeren Zeitraum hinweg anwesend (Hagen-Bredelle, 8. Januar bis 26. Februar 2000, C. Schönberger).

Weitere Beobachtungen

Vergesellschaftung mit anderen Finkenvögeln konnte beobachtet werden:
- ca. 50 Birkenzeisige mit Stieglitzen, 25. Januar 1992 (M. Wünsch)
- ein Einzelner mit drei Erlenzeisigen nahrungssuchend, 28. Januar 1989, Lenneaue Berchum
- 5 Birkenzeisige mit 25 Girlitzen fressen Beifußsamen, 24. September 1997, Eilperfeld
- H. Baranowsky beobachtet einige Birkenzeisige zwischen 20-30 Erlenzeisigen vom 22. Januar bis Ende Februar 2006 (OSB NABU)

Nahrungsaufnahme wurde an Birkensamen, Fichtenzapfen, Kiefernzapfen, Grassamen (Fuchsschwanz), Beifußsamen, Thymiansaat und fruchtendem Bambus beobachtet.

Beobachtungen der Brut in der Bredelle 1984 aus unmittelbarer Nähe zeigten, dass die Nestlinge mit einem Nahrungsbrei aus dem Kropf gefüttert wurden. In der ersten Nestlingswoche wurden alle Kotballen der jungen Nestlinge verschluckt und nur der letzte Ballen weggetragen, danach transportierten die Eltern alle Kotballen ab. Das Hudern geschah ausschließlich durch das Weibchen. Waren die Eltern gleichzeitig am Nest, erfolgte die Futterübergabe des Männchens fast ausnahmslos an das Weibchen, das daraufhin die Nahrung an die Nestlinge weitergab.

Nester des Birkenzeisigs wurden in Hagen jeweils ein Mal auf Kiefer (3 m hoch in Astquirl), Hainbuche (3 m hoch in Astquirl), Japanischer Kirsche und Lärche gefunden.

Schutzmaßnahmen

Die Ursachen des Bestandsrückgangs, der sich auch in anderen Bereichen NRW´s vollzieht, könnten in der Populationsdynamik von Erstbesiedlungen liegen, so dass in diesem Fall nicht von einer Bedrohung der Art gesprochen werden kann.
Den Lebensraumansprüchen des Birkenzeisigs kommt die allseits beliebte Bepflanzung der Vorgärten mit immergrünen

Tab. 1: Beobachtungen zum Jahresrhythmus in zwei traditionellen Hagener Brutrevieren

Brutplatz	Ankunft	Erstgesang	Schlupf	Junge	Flügge	Letztbeobachtung
Bredelle 1984	17. April	20. April	27. Juni	5	8. Juli	10. August
Hohenlimburg-Reh 1984	21. April	25. April	14. Juni	2	26. Juni	15. November
Hohenlimburg-Reh 1984			?	4	11. Juli	15. November
Hohenlimburg-Reh 1986	23. April	23. April	?		31. Juli	28. August

Eine jährlich auftretende Beobachtungslücke zwischen Sommer- und Winterbeobachtungen deutet auf den Abzug zumindest eines Teils der einheimischen Rasse Carduelis f. cabaret hin, der sich hauptsächlich im Oktober vollzieht. Vereinzelt ist bei uns im Winter auch die hellere nördliche

Nadelhölzern sicher entgegen, doch zur Nahrungssuche werden Laubhölzer wie Erle und Birke bevorzugt aufgesucht. Eine abwechslungsreiche Gartengestaltung mit einer guten Mischung aus Nadel- und Laubgehölzen und Wasserstellen dient dem Birkenzeisig wie auch anderen Arten.

Goldammer *(Emberiza citrinella)*

Aufenthalt

| (J) | F | M | A | M | J | J | A | S | O | N | (D) |

Brutzeit

| | | M | A | M | J | J | A | | | | D |

Brut: ca. 300 Brutpaare, 2 (3?) Jahresbruten
Häufigkeit in Punktstoppkartierung: Rang 16, Revieranzeigende: Rang 13

Gefährdung:
RL Deutschland: keine
RL NRW: Vorwarnliste
Hagen: Vorwarnliste

Status: Jahresvogel, Durchzügler, Überwinterer

Abb. 1: futtertragendes Männchen, Staplack, 2007, Foto R. WISNIEWSKI

Abb. 2: Durchschnittliche Anzahl an 10 Zählpunkten in 10 Hagener Teilbereichen (Erläuterung s. Anhang)

Verbreitung und Bestand

Die Goldammer besiedelt alle Höhenlagen Hagens und ist hier nahezu flächendeckend, aber unregelmäßig dicht verbreitet. Aufgrund des Landschaftsbildes und des Lebensraumes ist sie im Hagener Westen (Wohnbebauung, geschlossener Wald) viel seltener anzutreffen als etwa auf den Hochflächen der südlichen Stadtgrenze (Kalthauser Höhe) oder des Nordostens (Berchum/Garenfeld), wo die offene Landschaft durch Hecken, Feldgehölze und Waldränder strukturiert ist. Besonders dicht können Bahndämme besiedelt werden wie in den 80er Jahren in der Ruhraue Syburg, wo sich entlang des ca. 1 km langen, südexponierten Bahndammes vier bis sechs Brutpaare befanden. Höhere Siedlungsdichten waren auch im Unteren Lennetal (z. B. 1991 mit acht Brutrevieren/km²) oder im Hagener Süden (z. B. 2003 Hobräcker Hochfläche mit zehn Brutrevieren/km²) festzustellen. Der Anteil der in Schonungen brütenden Goldammern scheint sich in den letzten Jahren zu vergrößern.

Obwohl nicht selten, steht die Goldammer in NRW aufgrund des starken Bestandsrückgangs auf der Vorwarnliste. Bei schwankendem Brutbestand ist sie auch in Hagen nicht ausgesprochen selten, doch war ab Anfang der 90er Jahre ein deutlicher Abwärtstrend zu verzeichnen. Dies war auch in Gebieten wie Lenneaue Berchum und Ruhraue Syburg zu beobachten, die über Jahrzehnte hinweg außergewöhnlich gut besiedelt und landschaftlich unverändert geblieben waren. Im NSG Ruhraue Syburg brütete 2008 nur noch ein Brutpaar.

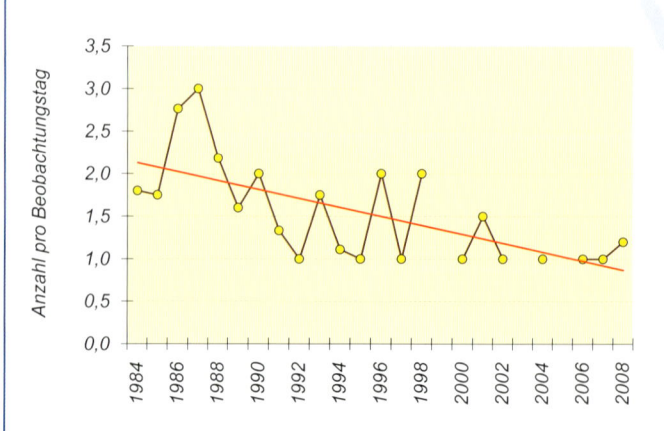

Abb. 3: Durchschnittliche Anzahl an Goldammern pro Beobachtungstag im NSG Ruhraue Syburg und NSG Lenneaue Berchum mit Trendlinie

Goldammer

ANDREAS WELZEL

Lebensraum

Die Goldammer ist ein regelmäßiger Brutvogel der offenen Landschaft und vor allem da anzutreffen, wo Brachland, Viehweiden, Wiesen oder Felder an Waldränder, an Hecken und Feldgehölze grenzen. Sie meidet Wälder, ist aber dann selbst mitten in Waldgebieten anzutreffen, wenn sich dort nicht zu kleinflächige Fichtenschonungen befinden. Im Winter kommen Goldammern bis in die Gärten an die Winterfütterung (Winter 2002/2003 Hohenlimburg-Reh).

Jahresrhythmus

Aus den Monaten Dezember und Januar gibt es nur wenige Nachweise von Überwinterern oder Durchzüglern. Ab Februar ist ein ausgeprägter Frühjahrszug festzustellen (s. *Abb. 4*), der bereits im März beendet ist. Als mittleren Gesangsbeginn gibt KNOBLAUCH aus 73 westfälischen Beobachtungen den 23. Februar an (1968). Für Hagen ist der mittlere Gesangsbeginn der 27. Februar (aus 14 Jahren von 1976 bis 2003). Die Revierbesetzung kann aber bereits Mitte Februar beginnen (z. B. zwei singende und kämpfende am 11. Februar 1987 Ruhraue Syburg), findet aber vorwiegend ab Ende Februar und vor allem im März und April statt. Die Beobachtungen ab April betreffen meist singende Männchen.

Am 18. Juni 1986 konnte ein fütterndes Weibchen in der Lenneaue Berchum beobachtet werden. Der letzte Gesang eines Jahres wurde an einem 26. August 1987 in der Ruhraue Syburg gehört.

In den Monaten August bis Oktober haben die Goldammern die Reviere verlassen, beginnen z. T. mit dem Zug (HASSE 1995) und sind wenig lautfreudig, so dass kaum Beobachtungen gemacht werden können. Im November ist ein vergleichsweise gering ausgeprägter Herbstzug zu beobachten.

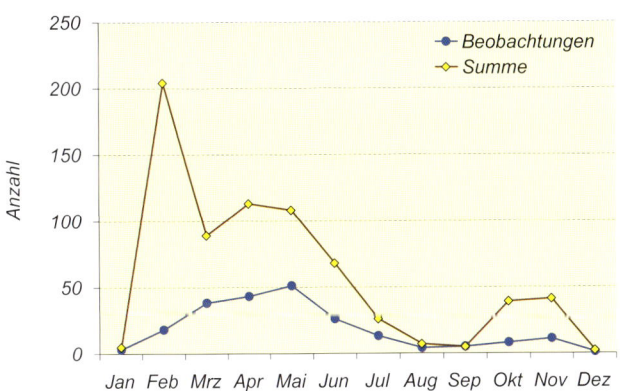

Abb. 4: Beobachtungen und Monatssummen der Goldammer (n = 707) im Hagener Raum 1973 bis 2008

Weitere Beobachtungen

Über die Anzahl der Regelbruten herrscht allgemein Unklarheit, eine regelmäßige Drittbrut wird diskutiert (HASSE 1995). In Hagen konnte bisher keine Zweitbrut nachgewiesen werden, aber in der Ruhraue Syburg deuten späte Reviergesänge (zwölf Gesangsnachweise im Juli, vier im August) darauf hin. Besonders im Jahr 1987 ließen Gesangsbeginn und Revierkampf am 11. Februar und anschließend durchgehende Revierbehauptung bis zum 26. August an gleichem Platz auf die Durchführung von drei Jahresbruten schließen (s. auch HASSE 1995).

KNOBLAUCH stellt fest, dass im Münsterland und Ravensberger Land „fast ausschließlich Bodennester, im Sauerland Hochnester" vorherrschen (1968). Beim einzig bekannten Nestfund in Hagen handelte es sich um ein Bodennest im Laub eines Mischwaldes, nur etwa 2 m von einer befahrenen Straße entfernt (70er Jahre, Wannebachstraße, unteres Lennetal Reh).

Ein als Fängling am 7. Februar 1970 in Opladen/Köln beringtes Goldammerweibchen wurde am 1. Oktober 1970 in Ennepetal/ Heide von G. BREMICKER tot an einem Stacheldraht gefunden.

Schutzmaßnahmen

Nach GATTER hat die Verwendung von quecksilberhaltigen Saatbeizmitteln überall in Europa zu hoher Mortalität geführt und Bestandseinbußen von bis zu 50 % zur Folge (2000). In Hagen haben zudem die Bebauung von Dorfrändern und Neuausweisungen von Baugebieten auf dem Land zu Flächenverlusten für die Art geführt (z. B. Unteres Lennetal, Holthausen, Berchum, Garenfeld, Kronocken). Weiterhin sollte die Eutrophierung der Landschaft verringert werden, sie führt zu einer geschlossenen Vegetationsdecke und erschwert die Nahrungsaufnahme für diese Vogelart. Eine Strukturierung der Landschaft durch Hecken, wie sie etwa um Kalthausen oder am Hobräck zu finden ist, fördert die Art ungemein.

Abb. 5: Weibchen, Foto M. HENNING

ANDREAS WELZEL

Rohrammer *(Emberiza schoeniclus)*

Aufenthalt

| | (F) | M | A | M | J | J | A | S | O | (N) | |

Brutzeit

| | | | A | M | J | J | A | | | | |

Brut: 20 bis 30 Brutpaare, 2 Jahresbruten
Häufigkeit in Punktstoppkartierung: Rang 87, Revieranzeigende: Rang 76

Gefährdung:
RL Deutschland: keine
RL NRW: Vorwarnliste
Hagen: gefährdet

Status: Sommervogel, Durchzügler

Abb. 1: Singendes Männchen auf einem Rohrkolben, Unteres Lennetal, Juni 1982, Foto A. WELZEL

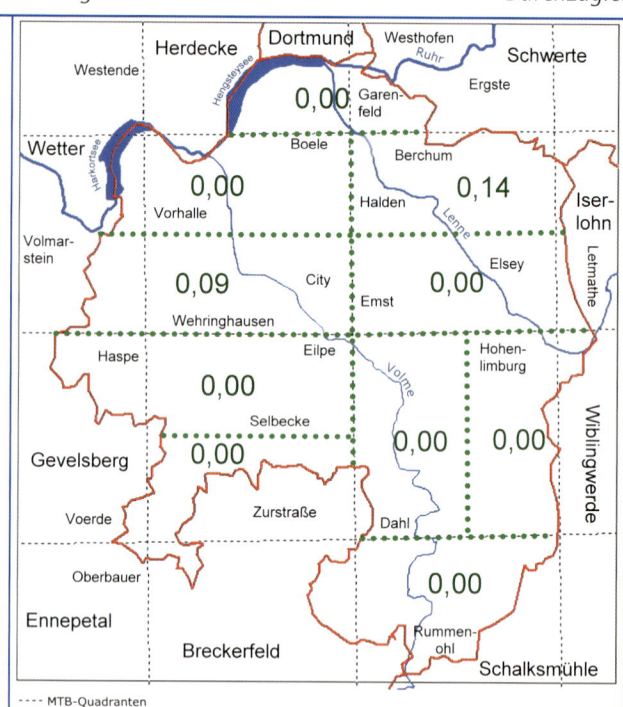

Abb. 2: Durchschnittliche Anzahl an 10 Zählpunkten in 10 Hagener Teilbereichen (Erläuterung s. Anhang)

Verbreitung und Bestand

Die Rohrammer („Rohrsperling", „Rohrspatz") ist während der Brutzeit ausschließlich im nördlichen, tiefer gelegenen Teil des Stadtgebietes zu finden und siedelt auch dort nur zerstreut. Von Ennepe und Volme kommen keine Nachweise, bis auf vier Beobachtungen stammen 99 % der Meldungen (n = 229) direkt aus dem Unteren Lenne- und Ruhrtal. Die südlichsten Bruten in Hagen liegen bei Berchum und Volmarstein. Das aktuelle Brutvorkommen beschränkt sich auf 14 Gebiete, in neun davon ist die Rohrammer regelmäßig als Brutvogel anzutreffen:

Ruhrtal:
- Feuchtwiese bei Garenfeld
- NSG Ruhraue Syburg
- Hengsteysee-Ostbecken
- Kaisbergaue
- Wassergewinnungsanlage Hengstey
- Auf der Bleiche Vorhalle

Lennetal:
- NSG Lenneaue Berchum,
- Regenrückhaltebecken der Firma RXS,
- Lennealtarm bei Fley

Über den früheren Bestand ist wenig Genaues bekannt. Während SCHÄFER die Art für die 50er Jahre als Brutvogel Hagens nennt (1948/1996), schreibt die VOLKSSTERNWARTE HAGEN E.V. noch 1964, dass die Art „nur in der Zugzeit angetroffen" wird. Gesicherte Brutvorkommen gibt es erst Anfang der 60er Jahre: Mitte der 60er Jahre brüteten jährlich vier bis sieben Paare im Uhlenbruch (G. RÖTTLER), A. SCHÜCKING berichtet von je einer Brut in den Jahren 1963 und 1964 in den Hagener Kläranlagen, G. RÖTTLER stellte im Sommer 1965 mehrere Paare im Röhricht des Hengsteysees fest (VOLKSSTERNWARTE HAGEN 1966).

Obwohl traditionelle Brutvorkommen wie etwa in der Kläranlage Hohenlimburg Anfang der 90er Jahre, bei der Lennemündung im Jahr 1995 oder bei der Kläranlage Fley im Jahr 1998 erloschen sind, scheint sich der Bestand seit Jahren auf einem zwar niedrigen, aber relativ stabilen Niveau im Bereich von etwa 20 Brutpaaren zu halten. Bei einer Brutvogelkartierung wurden auf sechs je 1 km² großen Stichprobenflächen drei (1989), vier (1990) bzw. fünf bis sechs Brutpaare (1991) registriert, eine Hochrechnung daraus ergab für das Messtischblatt Hagen-Hohenlimburg

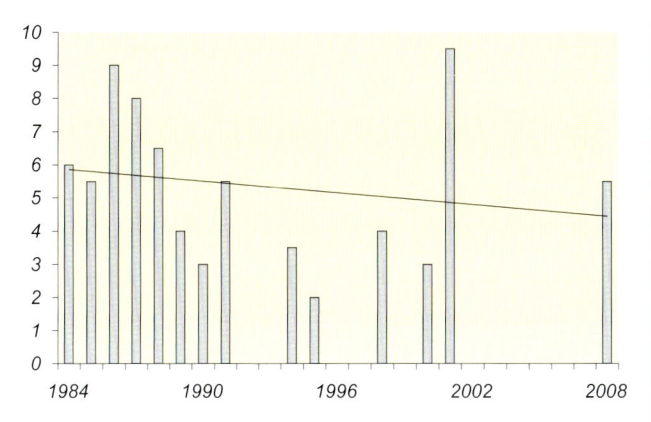

Abb. 3: Anzahl der Brutreviere im NSG Ruhraue Syburg von 1984 bis 2008 mit linearer Trendlinie. Seit 1983 blieb das NSG nahezu unverändert, durch Sukzession nach Unterschutzstellung 1993 erschlossen sich neue Brutplätze am Ruhrufer, die aber bereits 2008 nicht mehr genutzt wurden.

gut 20 Brutpaare (B. Rauer/A. Welzel). Der gesamte Hagener Bestand lag derzeit wohl bei knapp 30 Brutpaaren. 1996 schätzte der NABU den Hagener Bestand auf 20 bis 25 Brutpaare in neun Hagener Gebieten (OSB NABU).

Bei den heutigen Bruten handelt es sich oft um Vorkommen mit nur einzelnen, seltener zwei Brutpaaren. Unter diesem Aspekt kommt der einzig größeren Brutpopulation Hagens im NSG Ruhraue Syburg mit einem regelmäßigen Brutbestand von vier bis neun Paaren eine besondere Bedeutung zu. Ein radikaler Bestandseinbruch oder gar ein Verschwinden der Rohrammer ist nicht zu erwarten, wenn die derzeitigen Brutplätze wie Kläranlagen, Wassergewinnung und Regenrückhaltebecken sowie Naturschutzgebiete langfristig so wie bisher bewirtschaftet werden. Allerdings ist selbst in seit Jahren unveränderten Brutgebieten ein leicht rückläufiger Bestandstrend auffällig, so dass dessen Ursachen in externen Faktoren zu vermuten sind (Zug, Überwinterungsgebiete). Weiterer Anlass zur Annahme eines künftig rückläufigen Brutbestands ist die Abnahme von geeigneten Lebensräumen durch den stetigen Flächenverbrauch und die Aufgabe von langjährig besetzten Brutplätzen aufgrund der Änderung der Bewirtschaftungsweise von Kläranlagen.

Lebensraum

Die Rohrammer zeigt eine starke Bindung an Gebiete mit hohem Grundwasserstand und mehr oder weniger großen Wasserflächen, in deren Flachwasserzonen sich eine Mischung aus Kleinröhricht (z. B. Rohrglanzgras, Binsen und Seggen) und Großröhricht entwickelt hat. Dieses Habitat findet man in Hagen nur in den größeren Flusstälern in meist geringer Entfernung zum Wasser sowie in wenigen anthropogenen Lebensräumen wie Kläranlagen. Offensichtlich wird dieser Lebensraum auch während der Zugzeit als Rast- und Nahrungsplatz bevorzugt, denn nur wenige Meldungen kommen aus anderen Lebensräumen (z. B. 19. Oktober 1999 Maisacker Brechtefeld, C. Schönberger).

In Hagen ist der Rohrkolben als einzige Großröhrichtpflanze anzutreffen, er nimmt in der Struktur des Rohrammerlebensraums u. a. als Sitz- und Singwarte einen besonderen Stellenwert ein und ist in Hagen eine „Kennpflanze" des Rohrammerlebensraumes.

Jahresrhythmus

Extrem frühe Rückkehrer wurden mehrmals bereits Ende Februar festgestellt, früheste Termine meldet H.-J. Thiel vom 23. Februar 1990 und 23. Februar 1997 (OSB NABU). Im Allgemeinen sind Rohrammern aber erst Anfang März zu beobachten, der Mittelwert für Erstbeobachtungen 1984 bis 1998 ist der 9. März. Der Heimzug verläuft auffälliger als der Wegzug, nicht selten sind dann Gesellschaften von bis zu 30 Exemplaren (1996) festzustellen.

Nach der Ankunft werden die Reviere mit Gesang markiert und verteidigt, frühester Gesang mit Kampf 10. März 1998. Durchzügler sind noch bis Mitte Mai zu registrieren, wobei es sich hier möglicherweise um skandinavische Vögel handelt. Ein Nestfund mit betreuendem Paar stammt vom 15. Juni 1984 aus dem NSG Ruhraue Syburg. Das Revier wird spätestens Anfang August aufgelöst, letzter Gesang wurde am 9. August 1984 gehört.

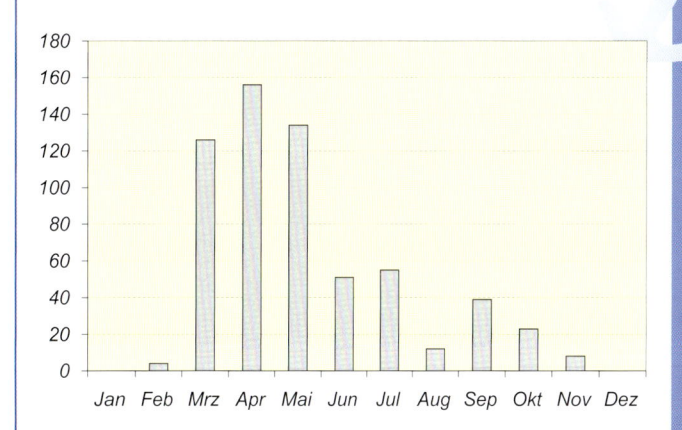

Abb. 4: Monatliche Verteilung von 608 Rohrammern aus 149 Beobachtungen der Jahre 1983 bis 2007 aus den NSG Lenneaue Berchum und Ruhraue Syburg

Die letzten Jahresbeobachtungen liegen im ersten Novemberdrittel (Mittelwert für 1984 bis 1998: 2. November), späteste Jahresbeobachtung der 18. November 1998 (NSG Ruhraue Syburg). Bemerkenswert ist, dass es sich im Gegensatz zur oft massiven Ankunft bei nahezu allen Letztbeobachtungen nur um Einzeltiere handelt.

Weitere Beobachtungen

Nach durchgehenden Frosttagen vom 1. bis 16. März 1996 mit Temperaturen bis zu -7 Grad wurden nahe der Lennemündung einige 100 Rohrammern zusammen mit Wiesenpiepern beobachtet (G. Röttler), hier handelte es sich offensichtlich um einen Zugstau. Am 10. März 1998 waren im NSG Ruhraue Syburg zwei nahrungssuchende Rohrammerweibchen mit zwei Wiesenpiepern vergesellschaftet.

Schutzmaßnahmen

Grund für den heute niedrigen Bestand des ehemals häufigeren Brutvogels ist die intensive Gewerbeansiedlung in den Flusstälern und die Nutzung durch die Landwirtschaft, selbst extensive Viehwirtschaft führt schon zur Zerstörung der Röhrichte. Während aber bei der Nutzung durch Landwirtschaft noch eine Rückführung zum natürlichen Zustand möglich ist (z. B. durch Nutzungsänderung und Vernässung), ging während der letzten zehn Jahre Lebensraum für immer verloren, als im Lennetal Flächen mit hohem Grundwasserstand kostenintensiv für die Gewerbeansiedlung aufgeschüttet wurden. So wurde beispielsweise Mitte der 90er Jahre ein traditioneller Brutplatz der Rohrammer im unteren Lennetal – Lebensraum auch für viele andere seltene Tier- und Pflanzenarten – für die Paketdienstabfertigung der Post AG überbaut, ohne dass ein tatsächlicher Ersatz für den Verlust dieses Lebensraumes geschaffen wurde.

Wichtigste Schutzmaßnahme ist der konsequente Erhalt der wenigen Brutgebiete. Positiv ist hier die Unterschutzstellung der Ruhraue Syburg zu bewerten, mit der nahezu ein Drittel des Hagener Brutbestandes und die einzig zusammenhängende Population Hagens gesichert wurde. Ist ein Eingriff in die Landschaft nicht vermeidbar, muss die gesetzlich festgelegte Ausgleichsregelung auch wirklich Ausgleich schaffen. Eine stereotype Anpflanzung von Bäumen als „Ausgleich", wie in der Vergangenheit oft genug in Hagen praktiziert, kann nicht einmal ansatzweise Aussicht auf Erfolg hinsichtlich der Erhaltung der Natur haben. Allein die Bereit- oder Sicherstellung einer ähnlichen Fläche böte wirklichen Ersatz.

Dass sich eine Fläche mit hohem Grundwasserstand zu einem Brutplatz der Rohrammer entwickeln lassen kann, zeigt das Beispiel des NSG Ruhraue Syburg: durch Ausnahme von jeglicher Nutzung (Einzäunung) entstand ein Klein- und Großröhricht, in dem bis zu neun Paare brüteten. Der seit Jahren sinkende Brutbestand stieg durch Abzäunung des Ruhrufers und die sich dadurch entwickelnde Hochstaudenflur auf das alte Niveau von neun bis zehn Brutpaaren.

Insbesondere bei Neuanlagen und Instandhaltungsmaßnahmen von Kläranlagen, Wassergewinnung und Regenrückhaltebecken sollte darauf geachtet werden, dass Verlandungszonen eingerichtet werden, in denen sich entsprechende Röhrichte ausbilden können.

Abb. 5: Im NSG „Alter Ruhrgraben" brüten mehrere Paare. Die NABU-Fläche im Zugangsbereich, 1.5.2002, Foto S. Sallermann

Abb. 6: Männchen im Herbstkleid. Lenneschotterinsel, Foto N. Lemke

Vogelarten mit Brutverdacht

In diesem Kapitel werden Vogelarten dargestellt und beschrieben, für die im entsprechenden Zeitraum (s. o.) aufgrund ihres Verhaltens und der besonderen Beobachtungen – insbesondere auch während der Brutzeit – kein regelrechter Brutnachweis gelang (Nestfund mit Gelege oder Jungen, fütternde Altvögel usw.). Dies war z. T. artbedingt und lag an den ungewöhnlichen schwierigen Bedingungen, für diese Arten regelrechte Brutnachweise zu führen. So wäre es sicher nicht im Sinne des Natur- und Artenschutzes, eine Nestsuche der letzten bzw. einzigen Wasserrallen- oder Wachtelkönigbrut in Hagen durchzuführen.

Wasserralle, Foto M. THOMA

Haselhuhn *(Tetrastes bonasia)*

Aufenthalt

| J | F | M | A | M | J | J | A | S | O | N | D |

Gefährdung:
RL Deutschland: stark gefährdet
RL NRW: vom Aussterben bedroht
Hagen: extrem selten,
                    Brutverdacht

Brut: 0 bis 1 Brutpaar, 1 Jahresbrut
Häufigkeit in Punktstoppkartierung: *nicht registriert*   Status: *Jahresvogel*

Abb. 1: Foto J. Ferdinand

Verbreitung und Bestand

Offensichtlich bestand ein Vorkommen im Hagener Süden, das kann man aus der Bemerkung „in den 50er Jahren jenseits von Hagen nicht mehr vorkommend" schließen (E. Schröder 1953), offen bleibt, ob damit ein Brutvorkommen gemeint war. Noch am 26. August 1961 wurden Haselhühner in Hagen angetroffen, sie seien „vereinzelt Brutvogel im Stadtwald", im Winter 1962/63 konnten sie an der Futterstelle beim Eugen-Richter-Turm beobachtet werden (Volkssternwarte Hagen e.V. 1964).

Schücking schrieb: „Zu den seltensten Brutvögeln des Hagener Gebietes zählt das Haselhuhn. Forstamtmann Brinkmann (briefl.) hat das Haselwild in den letzten 33 Jahren stets beobachtet. Die Aufenthaltsorte liegen meist in den westlichen und südlichen Waldgebieten. Am 6. November 1962 habe ich ein einzelnes Exemplar in einem jungen Mischwaldbestand ... gesehen" (1964). Schönberger berichtet über eine Mitteilung durch Forstrat Hilker, der seit dem Krieg nahezu jährlich einzelne bis zu zwei Paare beobachten konnte (1998). Seitdem gibt es immer wieder Haselhuhnbeobachtungen vor allem aus den Bereichen der Wälder im Hagener Süden und Westen,

Beispiele:

Frühjahr 1976: mehrere Pfiffe aus einem dichten Fichten- und Stangenholzaufwuchs, Schälker Landstraße (A. Welzel)
2.6.1986:   Henne mit vier Küken, Wald im „hohen Hagener Süden" (H.-J. Thiel, OSB)
22.10.1989:   Haselhuhn (C. Tunk, OSB)
1.6.1997:   Hahn am Eilper Berg (C. Schönberger)
7.6.1997:   Hahn am Eilper Berg (C. Schönberger)
2.11.2000:   zwei am Goldberg (B. Rauer)
6.5.2002:   Hahn bei der Sternwarte (B. Rauer)
13.11.2003:   zwei am Buscher Berg (B. Rauer)
2.6.2007:   zwei am Buscher Berg (B. Jansen)
26.9.2008:   Haselhuhn an der Hinnenwiese (B. Rauer)

Am 3. Oktober 2008 versuchte B. Rauer an der Hinnenwiese per Haselhuhnpfeife einen Nachweis zu führen. Als er nach 15 Minuten Erfolglosigkeit abbrach, war in unmittelbarer Nähe ein burrendes Abfluggeräusch zu hören, wie es für Hühnervögel typisch ist. Es ist unwahrscheinlich, dass es sich um einen Fasan handelte, viel eher ist an ein Haselhuhn zu denken.

Es kann nicht davon ausgegangen werden, dass es sich bei diesen Beobachtungen ausschließlich um Zuwanderer handelt und dass sich eine Population dieser absoluten Standvogelart (Klaus/Bergmann 2004) über eine so lange Zeit ohne Nachkommen hält. Diese vereinzelten, aber kontinuierlichen und im letzten Jahrzehnt häufigeren Beobachtungen einer sehr scheuen und heimlichen Vogelart lassen stark vermuten, dass das Haselhuhn möglicherweise doch noch vereinzelt Brutvogel in Hagen ist, zumal es sich bei der Hälfte der Nachweise um Brutzeitbeobachtungen handelt. Ein regelrechter Brutnachweis, vor allem für die letzten zehn Jahre steht allerdings aus. Auf Grund der Lebensräume, in denen die Nachweise der letzten 11 Jahre erfolgt sind, kann vermutet werden, dass es sich evtl. um zwei oder drei verschiedene Populationen handelt.

Lebensraum

Die letzten Nachweise entstanden in naturnahen jungen bis mittelalten Waldgebieten im südlichen Hagener Stadtwald und dem Eilper Berg. Es handelt sich vor allem um Wälder mit alten Niederwaldstrukturen, um strukturreiche Mischwälder mit Unterholz und guter Krautschicht und Bereiche mit funktionierender Naturverjüngung und in Sukzession.

Haselhuhn

Abb. 2: Im Bereich des Hagener Stadtwaldes hat es immer wieder Beobachtungen gegeben. Auch stimmen hier vielerorts die Lebensraumbedingungen. Naturwaldstück mit Totholz am Andreasberg. Foto B. Rauer

Dieser Waldtyp ist im Hagener Stadtwald gebietsweise noch recht gut vertreten. Stets sind mindestens in Teilbereichen über Quellhorizonte gelagerte Feuchtflächen vorhanden. Der Baumbewuchs ist hier dann stets etwas schwächer ausgebildet. Da Bäume an diesen Standorten keine guten Bedingungen haben, sind kleinere Windbruchflächen hier häufiger als an anderen Stellen im Wald. Die Krautflora ist in diesen Flächen stets vielseitiger ausgebildet. Standorte mit günstigem Vegetationsbild für das Haselhuhn bieten auch die stellenweise in Südexposition anzutreffenden heideartigen Birkenwälder mit humusarmen Böden im Bereich von Kammlagen. Die Krautschicht besteht hier häufig aus dichten Heidelbeerbeständen und der Drahtschmiele.

Im Lebensraum der aktuellsten Nachweise ist neben Fuchs und Habicht auch der Uhu aktiv. Es muss davon ausgegangen werden, dass das Haselhuhn durch diese Prädatoren hier und da Individuen verliert. Auch dies ist ein Indiz dafür, dass die Art für das Überleben erfolgreich weitere Nachkommen produziert haben müsste.

Schutzmaßnahmen

Da die potenziellen Lebensräume gut einzugrenzen sind, sind weitere Untersuchungen der Art notwendig. Gelingen genauere Nachweise, müssen für den Schutz der Populationen umgehend konkrete Konzepte entwickelt werden.

Die Waldstrukturen der oben beschrieben Lebensräume müssen gesichert werden. Nach Möglichkeit sind die Flächen durch die Beseitigung von Intensivforstflächen zu vergrößern. Kleinere Waldlichtungsflächen müssen erhalten und gegebenenfalls neu hergestellt werden. Auch die Schaffung von Niederwaldstrukturen fördert die Art. Hierbei werden Baumbestände durch regelmäßigen Schnitt niedrig gehalten und somit Krautschicht und Unterholz gefördert. Störungen von außen sollten vermieden werden, dazu dann gegebenenfalls problematische Wege schließen.

Abb. 3: Auch aus diesem Gebiet gab es wiederholt Nachweise. Niederwaldstrukturen am Eilper Berg. Lichter trockener Eichen-Birkenwald mit Heidelbeere und Drahtschmiele. 16.11.2008, Foto S. Sallermann

Wasserralle *(Rallus aquaticus)*

Aufenthalt

J	F	M	A	M	J	J	A		O	N	D

Brutzeit

			(A)	M	J	J					

Brut: 0 bis 1 Brutpaar, 1 Jahresbrut
Häufigkeit in Punktstoppkartierung: *nicht registriert*

Gefährdung:
RL Deutschland: *Vorwarnliste*
RL NRW: *gefährdet*
Hagen: *extrem selten, Brutverdacht*

Status: *Sommervogel, Durchzügler, Wintergast*

Abb. 1: Foto H.-J. Fünfstück

sicherer Brutnachweis wie etwa ein Nestfund aufgrund der versteckten Lebensweise und der Gefährdung der Art selten gelingt.

Tab. 1: Nachweise der Wasserralle in Hagen (1961 bis 2008)

Fundort	Anzahl	Prozent
Harkortsee Baukey	2	6
Hengsteysee (1961)	1	3
Volme Emilienplatz (2006)	1	3
Lenne Stennertbrücke Hohenlimburg (1987)	1	3
Lenne NSG Lenneaue Berchum (2001)	1	3
Lenne Lennetal Fley	2	6
Ruhr (NSG Ruhraue Syburg/ NSG Alter Ruhrgraben)	26	76

Verbreitung und Bestand

Während im Dortmunder Raum Brutnachweise aus dem Jahr 1928 bestehen (John 1962), ist über Hagener Bruten aus früheren Jahren nichts bekannt. Aus den Jahren vor 1980 liegt offensichtlich nur eine Beobachtung vor, die G. Röttler am 17. Dezember 1961 am Harkortsee-Südufer gelang und die die Arbeitsgemeinschaft Vogelschutz der Volkssternwarte veranlasste, die Wasserralle als seltenen Wintergast einzustufen (1966).
Über 70 % der Hagener Beobachtungen stammen aus dem NSG Ruhraue Syburg, für Hagen scheint es neben dem NSG Alter Ruhrgraben das einzige potenzielle Brutgebiet für die Wasserralle zu sein. Tatsächlich konnten während der hier seit 1983 andauernden systematischen Beobachtungen die einzigen Brutzeitbeobachtungen Hagens gemacht werden. Für das Jahr 1984 besteht starker Brutverdacht, es waren über die gesamte Brutzeit hinweg regelmäßig bis zu drei rufende Wasserrallen anwesend (Welzel 1987). Dies gilt in abgeschwächter Form auch für das Jahr 1989, in dem ebenfalls Balzrufe registriert wurden. Die Wasserralle war, wenn überhaupt, wohl zu jeder Zeit ein äußerst seltener Brutvogel Hagens und wird heute auch außerhalb der Brutzeit sehr selten beobachtet. Bei dieser Art muss allerdings grundsätzlich berücksichtigt werden, dass ein

Lebensraum

Abgesehen von einer Beobachtung vom Harkortsee-Nordufer im Juni 2001 stammen alle Brutzeitbeobachtungen aus dem NSG Ruhraue Syburg. Das Gebiet ist durch einen hohen Grundwasserstand geprägt, der sowohl vom Wasserstand des Flusses als auch vom Zulauf zweier Bäche abhängt. Die langsam fließenden Bäche wechseln häufig ihr Bett und stauen sich an einigen Stellen zu stehenden Gewässern, die in den Jahren mit Brutverdacht ein dichtes Röhricht aus Rohrglanzgras (*Phalaris arundinacea*) und Wasserschwaden (*Glyceria maxima*) entwickelt hatten.
Die meisten Beobachtungen außerhalb der Brutzeit stammen ebenfalls aus diesem Gebiet, aber die Wasserralle wurde auch an dicht mit Weiden bewachsenen Fluss- und Seeufern festgestellt. J. Kamp beobachtete sie zwei Mal an einem Abwassergraben der Kläranlage Fley.

Jahresrhythmus

Von der Wasserralle gibt es mit Ausnahme des Septembers aus jedem Monat des Jahres Beobachtungen (s. *Abb. 2*). Die wenigen Beobachtungsdaten lassen Durchzug im April und Mai sowie im Oktober vermuten. Obwohl mehrere

Wasserralle

Winternachweise bestehen, ist es fraglich, ob tatsächlich einzelne Individuen überwintern oder ob es sich hier nur um kurz rastende Frostflüchter aus dem Norden oder Osten Europas handelt (DeKroon 1982).

Der typische Ruf der Wasserralle, das „Ferkelquieken", ist das ganze Jahr über hörbar. Der Balztriller dagegen wurde nur einmal, am 25. Mai 1989, im NSG Ruhraue Syburg gehört.

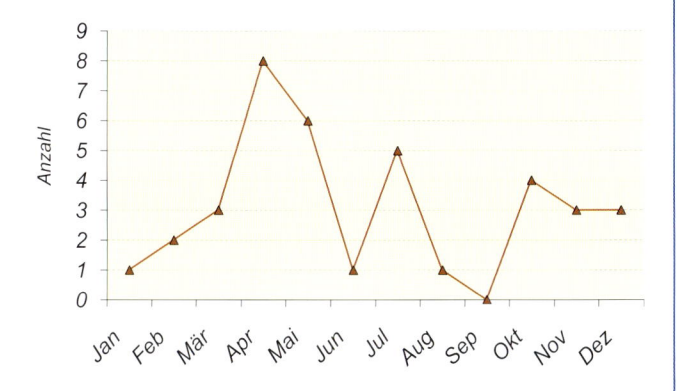

Abb. 2: Jahreszeitliche Verteilung der Beobachtungen der Wasserralle in Hagen (1961 bis 2008)

Weitere Beobachtungen

Am 14. Februar 1986 konnte während eines Fotoansitzes in der „Ruhraue Syburg" eine adulte Wasserralle über mehrere Stunden hinweg beobachtet werden, die in einem nicht zugefrorenen Abschnitt des Bachlaufs Nahrung suchte, badete, sich putzte und ruhte. Auffällig war eine Schnabelanomalie, der Unterschnabel ragte leicht gebogen mehr als einen halben Zentimeter über den Oberschnabel hinaus (s. Abb. 3).

Am 10. November 1987 wurde eine diesjährige Wasserralle auf der Lennebrücke der B7 in Hohenlimburg durch einen Pkw angefahren und ging zwei Tage später ein. Ebenfalls an einer stark befahrenen Straße machte A. Pfeffer einen Totfund beim Emilienplatz/Ecke Finanzamt am 21. September 2006. Diese Funde zeigen, dass sich die Wasserrallen nicht nur im Unteren Lenne- und Ruhrtal aufhalten, obwohl über 80 % der Hagener Beobachtungen dort gemacht wurden.

Schutzmaßnahmen

Eine natürliche Entwicklung der Uferbereiche von Flüssen, Bächen und Stillgewässern kommt der Art zu gute, vor allem wenn sich eine entsprechende Ufervegetation aus dichtem Weidenbewuchs und dichtem Röhricht ausbilden kann. Dass dieses relativ einfach erreicht werden kann, zeigt das Beispiel NSG Ruhraue Syburg, in der es durch eine natürliche Fließdynamik der Bäche möglich war, flache Stillgewässer mit dichter Vegetation entstehen zu lassen, die einen Brutlebensraum für die Wasserralle bieten. Dies könnte sicher auch in anderen Bereichen der Flusstäler realisiert werden.

Abb. 3: Überwinternde Wasserralle mit Schnabelanomalie (verkürzter Oberschnabel) in einem Bach des NSG Ruhraue Syburg, 14. Februar 1986, Foto A. Welzel

STEPHAN SALLERMANN

Wachtelkönig *(Crex crex)*

Aufenthalt

| | | | | M | J | J | A | (S) | | | |

Brutzeit

| | | | | | | | J | A | (S) | | | |

Brut: 0 bis 1 Brutpaar, 1 Jahresbrut
Häufigkeit in Punktstoppkartierung: *nicht registriert*

Gefährdung:
RL Deutschland: *stark gefährdet*
RL NRW: *vom Aussterben bedroht*
Hagen: *extrem selten, Brutverdacht*

Status: *Sommervogel*

Abb. 1: Foto J. SCHNEIDER

Verbreitung und Bestand

Nach dem Zweiten Weltkrieg gab es den Wachtelkönig noch in der Kaisbergaue (H.-J. THIEL). Weitere Nachweise: am 1. Mai 1982 über zwei Tage hinweg rufend an der Schälker Landstraße, ebenfalls rufend am 12. Juli 1985 in einem Gerstenfeld am Steltenberg/Ahm (A. WELZEL).
Dann wird die Art erst wieder seit 1998 nachgewiesen. In diesem Jahr gab es in Deutschland eine allgemeine Bestandszunahme, die Art blieb in Hagen aber trotzdem sehr selten. Brutverdächtige Nachweise konnten nur in der untersten Flussterrasse der Ruhr erbracht werden. So sah H.-J. THIEL am 5. Juli 1998 ein Exemplar mit Jungvogel im NSG „Alter Ruhrgraben", allerdings an der Stadtgrenze zum Kreis Unna. Zwischen dem 4. Juni und dem 27. Juni 1998 wurde die Art hier auch wiederholt von D. BOY, S. SALLERMANN und H.-J. THIEL gehört.
Am 8. Juli 2002 zeigte im NSG Ruhraue Syburg ein Altvogel eindeutig Verleitungsverhalten. Am 13. Juli 2002 konnte hier ein rufendes Männchen nachgewiesen werden.
Drei rufende Männchen hörte C. SCHÖNBERGER am 23. Juni 1998 als Einzelnachweis im Milchenbachtal/Holthausen.

Lebensraum

Die Art bevorzugt offenes Gelände mit großflächigen ungemähten Wiesen auf der untersten Flussterrasse in etwa 100 m ü. NN. Obwohl die Nähe zum Wasser gesucht wird, sollte die Wiese selbst nicht zu nass sein, Staunässebereiche sind aber möglich. Die angrenzenden Bereiche sind oft dauerfeucht. Es gibt nur einen Tagesnachweis aus einer Wiese in etwa 250 m ü. NN.

Jahresrhythmus

Siehe hierzu die bekannten Nachweise, die oben aufgeführt wurden. Es sind konkrete Nachweise zwischen dem 1. Mai und dem 13. Juli bekannt.

Weitere Beobachtungen

Da die Art sich im Zuge einer massiven mitteleuropäischen Invasionsbesiedlung auch in Hagen wieder einstellen konnte, bleibt abzuwarten, ob das Vorkommen von Dauer ist. Da die Art als sehr ortstreu gilt und die Habitate derzeit als NSG gesichert sind, besteht eine berechtigte Hoffnung.

Schutzmaßnahmen

Als reiner Wiesenvogel ist der Wachtelkönig auf diesen Lebensraum angewiesen. Die Wiesen dürfen in seiner potenziellen Brutzeit nicht gemäht werden. Wichtig ist hier vor allem die Zeit ab Mitte Mai. Da die Jungen der Spätbruten noch bis Mitte September geführt werden können, sollte eine Mahd in diesem Fall auch erst zu diesem Zeitpunkt erfolgen. Werden Teilflächen noch vor der eigentlichen Brutzeit gemäht, sollten die Vögel nicht eingekreist werden, also besser streifenweise vorgehen, da sie nur ungern auffliegen. So können sie laufend in die verbleibende Wiese hinein flüchten. Größere Teilflächen sollte man überhaupt erst nach der Brut mähen.

Erlenzeisig *(Carduelis spinus)*

Aufenthalt

J	F	M	A	M	J	(J)		S	O	N	D

Brutzeit

| | (F) | (M) | A | M | J | | | | |

Brut: 0 bis 4 Brutpaare, 1 Jahresbrut
Häufigkeit in Punktstoppkartierung: *nicht registriert*

Gefährdung:
RL Deutschland: *keine*
RL NRW: *keine*
Hagen: *extrem selten, Brutverdacht*

Status: *Sommervogel, Durchzügler, Wintergast*

Abb. 1: Männchen an Erlen, Schälker Landstraße, 15.2.1982, Foto A. Welzel

Verbreitung und Bestand

Für Hagen wird der Erlenzeisig erstmals 1954 und 1956 als regelmäßiger Wintergast und Durchzügler erwähnt (Volkssternwarte Hagen e.V. 1964), jedoch gibt es wenig Erwähnungen von Winter- und Zugbeobachtungen, sie scheinen seinerzeit eher ungewöhnlich gewesen zu sein. So berichtet Schücking noch am 4. Februar 1976 in der WP von mehreren überwinternden Erlenzeisigen am Harkortsee. Winterbeobachtungen sind heute regelmäßig möglich.
Brutnachweise sind aus dem Niederbergischen (1955 und 1956) und dem Oberbergischen Land (Bergneustadt 1981) bekannt (Skiba 1993). In Dortmund hat der Erlenzeisig in den Jahren 1997 und 2002 gebrütet (Kretzschmar 2003), aber für Hagen besteht weder aus früherer Zeit - Schäfer (1948/1996) nennt die Art für Hagen nicht – noch aus den letzten zehn Jahren ein regelrechter Brutnachweis. Auch aus dem südlichen Ennepe-Ruhr-Kreis gibt es keinen Brutnachweis aus früherer Zeit (Müller 1961).
Für Hagen liegen denoch Beobachtungen vor, die ein Nichtbrüten unwahrscheinlich erscheinen lassen. Da ein Brutnachweis für diese Art vergleichsweise schwierig ist, besteht zumindest starker Brutverdacht, der durch folgende Beobachtungen an mehreren Stellen des Stadtgebietes begründet ist (in chronologischer Reihenfolge):

- im Ergebnis einer Kartierung des Funckenhauser Bachtales durch den BUND 1995 findet sich die Art als Brutvogel
- nahe der Volmemündung beobachtet Thiel am 12. Mai zwei singende Erlenzeisige und am 19. Mai 1996 drei balzende (OSB NABU 1996)
- am 28. April 1999 wird bei Selbachs Hammer im Nahmerbachtal über mehr als 15 Minuten hinweg mit intensivem Singflug gebalzt, dabei ist ein weiterer rufender Erlenzeisig
- bei Bölling/Hobräck beobachtet H.-J.Thiel in 2001 Nestbau und am 29. Juli im gleichen Gebiet Adulte mit Jungen (OSB NABU 2001); bereits am 21. Mai 1998 konnte er hier ein singendes Männchen feststellen und am 21. Juli 2003 wiederum ein Paar mit Jungen. Nur 4 km entfernt fliegt am 11. August 2002 ein diesjähriger Erlenzeisig eine Fensterscheibe an. Dies deutet auf Bruten in diesem Bereich hin.
- im April und Mai des Jahres 2002 sind im NSG Holthauser Bachtal ein bis drei Erlenzeisige in vierwöchigem Abstand an gleicher Stelle mit intensivem Singflug zu sehen, hier wurde bereits am 28. Juni 2000 ein Erlenzeisig gesehen
- im Stadtwald nahe Kaiser-Friedrich-Turm können von März bis Mitte April 2004 mit vierwöchigem Abstand bis zu fünf singende und in Verfolgungsflügen kämpfende Erlenzeisige gezählt werden
- am Forsthaus Kurk singt ein Erlenzeisig am 5. und 9. Mai 2006 (mündl. B. Rauer)

Weitere Brutzeitbeobachtungen für den Monat April existieren aus dem Wesselbachtal 1994, vom Kettelberg/Kurk 2002, vom Steltenberg und Bühren 1998 (S. Sallermann), Eilpe 1997, Brunsbecke 1998 und Bredelle 2000 (C. Schönberger).

Lebensraum

Die Lebensräume, in denen das Revierverhalten des Erlenzeisigs in Hagen beobachtet werden konnte, sind Mischwälder mit hohem Fichtenwaldanteil, die wesentlich durch Siepen und Bäche geprägt werden.

Jahresrhythmus

Überwinterung und Durchzug sind spätestens im ersten Aprildrittel abgeschlossen, Nachzügler können aber noch bis Mitte Mai anwesend sein. Bereits im Januar während

Abb. 2: Männchen in einer Douglasie, Foto H. Duty

der Überwinterung singen Erlenzeisige bei Rast und Nahrungssuche im Trupp bis zum Abzug ins Brutgebiet ab März/April. Gesang während dieser Monate kann deshalb beim Erlenzeisig nicht als Beleg für ein Brutvorkommen gelten, erst der Singflug von März bis Mai gilt als revieranzeigendes Verhalten (DDA 2003 unveröff.).

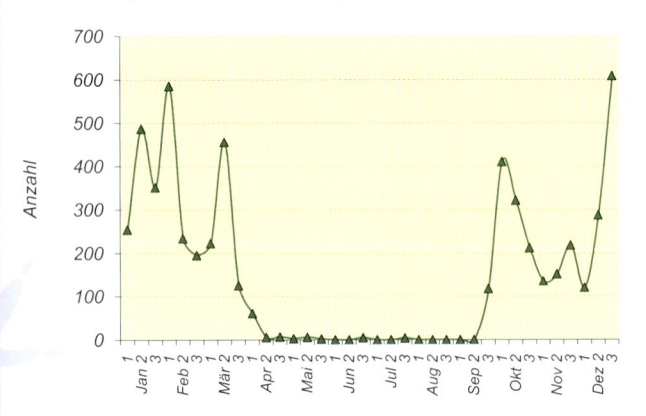

Abb. 3: Beobachtungen im Jahresverlauf in Monatsdritteln für den Raum Hagen von 1972 bis 2008 (n = 5584, Daten A. Welzel/OSB NABU)

Für den Monat Juli gibt es nur zwei Beobachtungen, für August und die ersten beiden Septemberdrittel bestehen keine Nachweise, erst dann erscheinen die ersten Durchzügler. Bei den Beobachtungen über die Zugrichtung (n = 24) sind keine Bevorzugungen zu erkennen, es fällt lediglich auf, dass im Herbst die Richtung West und Nordwest und im Frühjahr die östlichen Richtungen fehlen, entgegengesetzt dem Zugverhalten anderer Vogelarten. Die Nennung großer Trupps in Sammelberichten täuscht darüber hinweg, dass beim Zug nur wenige Trupps aus mehr als 15 Erlenzeisigen bestehen.

Weitere Beobachtungen

Der weit umherwandernde Erlenzeisig kann sein Brutareal je nach Nahrungsverfügbarkeit großräumig verlagern, so dass er regional in einigen Jahren Brutvogel sein kann, um als solcher kurz später wieder zu verschwinden. Als Invasionsjahre werden die Jahre 1985 (NWO 2002) und 1997 (Kretzschmar 2003) genannt.

Ein von G. Bremicker am 2. März 1974 in Volmarstein beringtes Weibchen wurde am 1. November 1975 in Santes/Nordfrankreich wiedergefangen.

Eine NABU-Exkursion beobachtet 1991 gemischte Trupps aus ca. 50 Erlenzeisigen und Stieglitzen (OSB NABU 1991), vom 22. Januar bis Ende Februar 2006 beobachtete H. Baranowsky 20-30 überwinternde Erlenzeisige, darunter einige Birkenzeisige (OSB NABU 2006).

Bei der Nahrungsaufnahme konnte der Erlenzeisig überwiegend an Erle, häufig auch an Birke und Lärche und ein Mal an fruchtendem Mädesüß beobachtet werden. Ferner wurden an Winterfütterungen Sonnenblumenkerne und Meisenknödel angenommen.

Abb. 4: Im Großraum um Bölling und Hobräck gibt es Brutzeitbeobachtungen, oberes Nimmerbachtal, August 2003, Foto R. Blauscheck

Ehemalige Hagener Brutvogelarten

Nachfolgend werden Vogelarten und deren Gefährdungsstatus in NRW und Deutschland aufgelistet, die auf Hagener Stadtgebiet als Brutvögel vorkamen, aber inzwischen durch Zerstörung oder Beeinträchtigung ihres Lebensraumes sowie durch Jagd und Verfolgung im Raum Hagen ausgestorben bzw. ausgerottet sind (Kriterium: seit 1997 kein Brutnachweis mehr). Die Angaben zum Lebensraum und zu den Gefährdungsursachen richten sich insbesondere nach Bauer & Berthold (1996).

Abb. 1: Rebhuhn, Foto M. Schmitz

Wachtel *(Coturnix coturnix)*

RL Deutschland: keine
RL NRW: stark gefährdet

Hagen:
Ob die Wachtel Brutvogel Hagens war, ist nicht ganz sicher. Sie wurde „nur ein einziges Mal gehört im Juli 1947 bei Halden, beobachtet am 10. Juni 1948 im Haßleyer Feld" (A. Schäfer 1948/1996). Für die letzten 20 Jahre gibt es nur einen Nachweis: J. Kamp hört am 29. Mai 1999 um 1:20 Uhr in Helfe zwei rufende Wachteln auf dem Durchzug.

Lebensraum:
offene Feldflur mit hoher Gras- und Krautschicht, Getreidefelder, Brachen, im Sommer auch Hackfrucht-Äcker

Ursachen (historische und rezente):
Klimaschwankungen; Intensivierung der Landwirtschaft: Verlust von Grünland und zu frühe Mahd

Rebhuhn *(Perdix perdix)*

RL Deutschland: stark gefährdet
RL NRW: stark gefährdet

Hagen:
Für 1948 wird das Rebhuhn als Brutvogel Hagens angegeben (A. Schäfer 1948/1996). Mehrere Rebhühner konnten bei einer Wanderung der NWV im Emster Feld festgestellt werden (WP vom 30. Mai 1959). Als Brutgebiet wird das Haßleyer Feld und die Boeler Heide bezeichnet (Volkssternwarte Hagen e.V. 1964). Über eine geringe Bestandserholung berichtete A. Schücking 1972 in einem unveröffentlichten Manuskript, er beobachtete sechs bis acht Ketten westlich vom Kaisberg. Ein letztes Foto dieser Art auf Hagener Stadtgebiet ist vielleicht die Aufnahme von zwei Rebhühnern im Unteren Lennetal, das A. Welzel 1982 bei Hohenlimburg-Reh im Bereich des heutigen Gewerbegebietes gelang. C. Tunk beobachtete noch am 28. Juli 1983 zwei auf dem Böhfeld und ebenfalls zwei am 20. Mai 1984 auf den Wiesen über dem Lennesteilhang Garenfeld. Von Mai 1984 bis Februar 1985 konnten von M. Schlüpmann, C. Tunk und A. Welzel noch mehrfach zwei bis drei Rebhühner auf dem Halbtrockenrasen des NSG Ruhraue Syburg nahe der Lennemündung festgestellt werden, letzter Nachweis in diesem Gebiet war der Fund einer Rupfung am 3. März 1985, wahrscheinlich durch einen Habicht. Ganz in der Nähe gelang der vermutlich letzte Nachweis für das gesamte Hagener Stadtgebiet: am 26. Februar 1997 konnte H. Kokta an der Lennemündung drei Rebhühner beobachten (OSB Cinclus).

Lebensraum:
extensiv bewirtschaftetes Kulturland mit Rainen, Staudenfluren und Hecken

Ursachen (historische und rezente):
Intensivierung und Technisierung der Landwirtschaft, Bejagung

Birkhuhn *(Tetrao tetrix)*

RL Deutschland: stark gefährdet
RL NRW: ausgestorben oder verschollen

Hagen:
Schäfer (1955) berichtet wohl über den Letztnachweis: „Herr Quambusch berichtete mir, dass er noch vor zwei Jahren in der Nähe des Rönsel einen Birkhahn angetroffen hat", die Wälder werden als licht und mit Heidekraut durchsetzt geschildert.
Overkott (1956) erwähnt, dass am 28. April 1930 ein prächtiger Birkhahn auf Gut Bergerhof in Rummenohl geschossen wurde.

Lebensraum:
zwergstrauchreiche Heiden

Ursachen (historische und rezente):
Lebensraumzerstörung, Bejagung

Ehemalige Hagener Brutvogelarten

Auerhuhn (Tetrao urogallus)

RL Deutschland: vom Aussterben bedroht
RL NRW: ausgestorben oder verschollen

Hagen:
Letzte regelmäßige Nachweise um 1900. Der letzte Auerhahn wurde im Jahr 1911 in der Gemeinde Dahl erlegt (MÜLLER 1986).

Lebensraum:
extensiv genutzte, strukturreiche Wälder

Ursachen (historische und rezente):
Intensivierung der Forstwirtschaft, Bejagung, Beunruhigung

Großtrappe (Otis tarda)

RL Deutschland: vom Aussterben bedroht
RL NRW:?

Hagen:?
Trappen und Gänse werden noch in einer Instruktion der Limburger Regenten für Jäger von 1780 erwähnt (nach BLEICHER 1979). Unklar bleibt, ob diese Arten damals noch hier brüteten oder nur als Gäste auftraten. MÜLLER (1986) erwähnt die Grosstrappe als Irrgast und teilt mit, dass 1910 eine Großtrappe in der Bauernschaft Schweflinghausen (Ennepetal) geschossen wurde.
Am 2. März 1890 wurde in Halver eine Trappe gefangen. Sie war gegen einen Draht geflogen und dadurch betäubt (nach OVERKOTT 1956).

Ursachen (historische und rezente):
Verfolgung (Jagd)

Flussuferläufer (Actitis hypoleucos)

RL Deutschland: stark gefährdet
RL NRW: ausgestorben oder verschollen

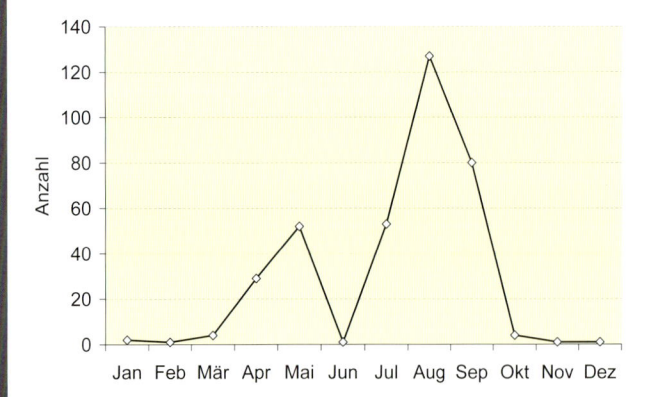

Abb. 2: Jahreszeitliche Verteilung der Anzahl beobachteter Flussuferläufer (Actitis hypoleucos) der Jahre 1982 bis 2007 in Hagen. (n = 355 in 130 Beobachtungen, Daten A. WELZEL/C. TUNK)

Hagen:
Noch Anfang der 60er Jahre wird er als „alljährlicher Brutvogel" an der Lenne bei Fley bezeichnet (VOLKSSTERNWARTE HAGEN E.V. 1964). Am 20. Juli 1964 konnte E. JANZING ein Paar mit wenigstens zwei Dunenjungen im Schotter der Ruhr beim Wasserwerk Volmarstein beobachten. Für Hagen besteht allerdings keine regelrechter Brutnachweis und es existiert nur eine Brutzeitbeobachtung vom 10. Juni 1984 an der Wasserpegelstation der Volme durch C. TUNK. Deshalb ist es letztendlich nicht sicher, ob in Hagen tatsächlich Bruten stattfanden oder ob es sich nicht eher um Übersommerer handelte. Noch bis vor wenigen Jahren war die Art zwar immer seltener, aber doch nahezu ganzjährig als später Durchzügler und vielleicht ausnahmsweise sogar als Übersommerer zu beobachten. In den letzten Jahren sind selbst Durchzugsbeobachtungen selten geworden.

Lebensraum:
naturnahe Flussufer

Ursachen (historische und rezente):
Flussregulierung und –ausbau; Störung

Ziegenmelker (Caprimulgus europaeus)

RL Deutschland: gefährdet
RL NRW: vom Aussterben bedroht

Hagen:
SCHÄFER schreibt über den Ziegenmelker: „Ein Vorkommen am Eilperberg ist bezeugt, LANGHORST beobachtete an vielen Abenden in den Wäldern um den Deerth im Frühling und Sommer 1953 zwei Paare" (1955). In der WR/HR ist vom 20. Januar 1962 von A. SCHÄFER veröffentlicht: „1955 bis 1957 in mehreren Stücken im Stadtwald".

Lebensraum:
Heidegebiete und lichte Wälder

Ursachen (historische und rezente):
Rückgang der Großinsekten aufgrund von geringem Totholzanteil, Einsatz von Pestiziden u. a.; Verlust von Niederwäldern und Heiden

Wendehals (Jynx torquilla)

RL Deutschland: stark gefährdet
RL NRW: vom Aussterben bedroht

Hagen:
In den 50er Jahren war der Wendehals Brutvogel in Hagen (SCHÄFER 1948/1996). Am 20. Juni 1961 wurde er als „Brutvogel im Steinbruch beim Wasserlosen Tal" festgestellt (VOLKSSTERNWARTE HAGEN E. V. 1964). A. VEHLING fotografierte am 4. Juli 1974 einen Wendehals, der seit Jahrzehnten wieder erstmalig eine Brut in einem Nistkasten „Am Kleff" durchführte.
Es gibt nur wenige Beobachtungen für den Zeitraum der letzten 20 Jahre, die nur den Durchzug betreffen:

Abb. 3: Am Deerth, 1.5.1999, Foto: B. Rauer

- am 12. April 1990 rufend aus einem Laubmischwald im Wesselbachtal (A. Welzel)
- am 17. September 2001 über eine halbe Stunde hinweg bei der Ameisensuche in einem Garten in Wiblingwerde (A. Welzel)
- am 26. August 2006 in einer Kiefer rastend, Wiblingwerde (A. Welzel)

B. Rauer konnte am 1. Mai 1999 am Deerth einen Wendehals über sieben Stunden hinweg beobachten und fotografieren (s. *Abb. 3*).

Lebensraum:
halboffene und offene, reich strukturierte Landschaft mit alten Bäumen (Nistplätze) und niedrig bewachsenen, besonnten Flächen zur Nahrungssuche

Ursachen (historische und rezente):
Verlust von Trockenrasen, Brachen, Obstwiesen, altholzreichen Laubwäldern; Verlust von höhlenreichen Laubbäumen; zu häufige oder ausbleibende Mahd; Eutrophierung

Pirol *(Oriolus oriolus)*

RL Deutschland: Vorwarnliste
RL NRW: vom Aussterben bedroht

Hagen:
Der Pirol wurde noch im Juni 1953 an der Lenne bei Halden als Brutvogel angetroffen (Volkssternwarte Hagen e.V. 1964). In der WP vom 3. März 1966 schrieb A. Schücking: „seit 1959 keine Beobachtung mehr". Dagegen berichtete Schäfer im Jahr 1948, er habe den Pirol „nur auf dem Durchzug angetroffen", und zwar „Pfingsten 1931, am 17. Mai 1937, am 30. Mai 1948 gehört in der Donnerkuhle" (1948/1996). Es ist letztendlich nicht mehr eindeutig zu klären, ob der Pirol im 20. Jahrhundert überhaupt Brutvogel in Hagen war.
Beobachtungen in den letzten 20 Jahren betrafen bis auf das Jahr 2004 nur den Durchzug, in diesem Jahr hielt sich offenbar ein Übersommerer nahe Garenfeld auf, möglicherweise gab

Tab. 1: Beobachtungen des Pirols in Hagen

Datum	Fundort	Beobachter
23.05.1986	ein singender am Kaisberg in eingezäuntem Waldstück	C. Tunk
16.05.1989	Kaisberg	G. Schwarzer (OSB Cinclus)
02.05.1993	ein singender, Wannebachtal	C. Schönberger
02.05.1994	Wannebachtal bei Fischteichen	Fam. Schultz
23.05.1995	ein rufender, Eugen-Richter-Turm	E. Janzing (OSB Cinclus)
30.05.1998	Philippshöhe	S. Sallermann
16.05.2004	ein rufender, Garenfeld	Exkursion (OSB NABU)
23.05.2004	ein rufender, Garenfeld Steinbergtal	H.-J. Thiel
01.06.2004	ein rufender, Garenfeld Steinbergtal	H.-J. Thiel
10.07.2004	ein rufender, Garenfeld Steinbergtal	H.-J. Thiel
19.05.2007	mehrfach singend, NSG Lohagen, Wiblingwerde	A. Welzel

es sogar ein Brutrevier, jedoch sind keine Beobachtungen für einen regelrechten Brutverdacht bekannt.

Lebensraum:
lichte und sonnige Auwälder, alte Parkanlagen

Ursachen (historische und rezente):
Verlust oder Beeinträchtigung der Lebensräume (insbesondere Auwälder); Entfernung von Altholz

Haubenlerche *(Galerida cristata)*

RL Deutschland: vom Aussterben bedroht
RL NRW: vom Aussterben bedroht

Hagen:
Im benachbarten Ennepe-Ruhr-Kreis war die Art früher „ziemlich häufig", wurde ab 1926 seltener und war nach dem Krieg fast ganz verschwunden, die letzte Beobachtung betraf zwei Haubenlerchen im Jahr 1960 (Müller 1961).
In einer historischen Rückschau berichtet Becker über die Höfe hinter den Häusern an der Bergstraße, die im Winter durch Haubenlerchen bevölkert wurden, insbesondere in der Umgebung von Pferde- und Hühnerställen (1996). Nach A. Vehling (mündl.) war die Art noch in den 60er/70er Jahren als Brutvogel auf dem Höing zu finden, etwa dort, wo sich heute das Theodor-Heuss-Gymnasium befindet, in dessen Nähe seinerzeit ein Pferdestall war. Die Haubenlerchen fielen durch ihr Herumstochern in den Pferdeäpfeln auf.
Für den Zeitraum der letzten 20 Jahre sind nur zwei Beobachtungen bekannt: „6. Oktober 1993 ziehend Holthausen" (M. Falkenberg, OSB NABU) und mindestens eine rufend und ziehend über Wiblingwerde am 21. September 2008 (A. Welzel).

Lebensraum:
geringbewachsene, trockenwarme Flächen, insbesondere frühe Stadien der Vegetationsentwicklung der Brachen und Ruderalfluren

Ursachen (historische und rezente):
Lebensraumverlust; kaum noch geeignete Sekundärlebensräume in Form von sogenannten Ödlandflächen, Industriebrachen u. a.; Eutrophierung

Braunkehlchen *(Saxicola rubetra)*

RL Deutschland: gefährdet
RL NRW: vom Aussterben bedroht

Hagen:
Nach A. Schücking war das Braunkehlchen noch 1972 mit zwei bis drei Brutpaaren an Lenne und Ruhr vertreten (unveröffentl. Manuskript 1972).
Die Beobachtungen der letzten 20 Jahre betreffen ausschließlich den Durchzug, der ähnlich dem des Steinschmätzers verläuft, oft werden Beobachtungen parallel gemacht. Man trifft dann das Braunkehlchen in offenen Wiesentälern wie z. B. in Tiefendorf, auf Brachflächen etwa des Unteren Lennetals, auf Äckern wie in Boele, auf Maisfeldern wie in Holthausen oder den Erdbeerfeldern Garenfelds.

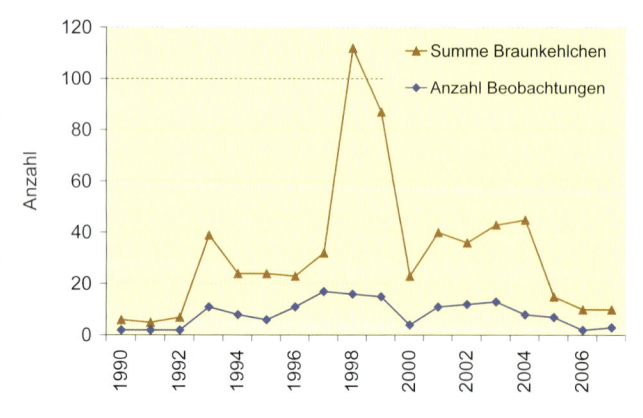

Abb. 4: *Jahressumme der gezählten Braunkehlchen der Jahre 1983 bis 2007 in Hagen. (n = 589 in 155 Beobachtungen, Daten A. Welzel/C. Tunk/J. Kamp/OSB NABU/OSB Cinclus)*

Abb. 5: *Braunkehlchen, Foto C.-O. Mancy*

Lebensraum:
extensiv bewirtschaftete Wiesen und Weiden, Riede, Brachen, Heiden und Randstreifen

Ursachen (historische und rezente):
Lebensraumzerstörung durch Umbruch von Grünland, durch Drainage, Nutzungsintensivierung, Zerstörung von Randstrukturen, verstärkte Düngung, zu frühe Mahd; Eutrophierung

Steinschmätzer *(Oenanthe oenanthe)*

RL Deutschland: vom Aussterben bedroht
RL NRW: vom Aussterben bedroht

Hagen:
Aus dem benachbarten südlichen Ennepe-Ruhr-Kreis sind nur einzelne Bruten Ende der 20er Jahre bekannt (Müller 1961). In Hagen brütete er zuletzt in den 60er/70er Jahren im Unteren Lennetal und bei Hengstey „In der Bleiche" (A. Vehling). A. Schücking fand ein Nest direkt am Schotter der Bahngleise (A. Vehling mündl.).
Die Beobachtungen der letzten 20 Jahre betreffen ausschließlich den Durchzug dieser Art, dabei verläuft der Heimzug im Frühjahr auffälliger als der Wegzug im Herbst. Ähnlich wie beim Braunkehlchen ist in den letzten Jahren ein Rückgang der Anzahl der durchziehenden Steinschmätzer festzustellen.

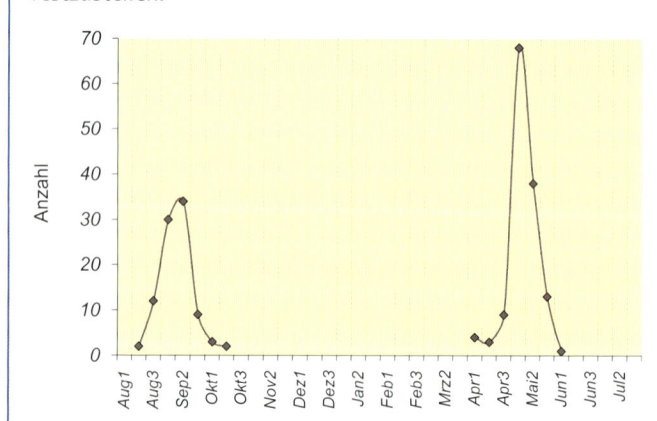

Abb. 6: *Summe der gezählten Steinschmätzer in Monatsdritteln der Jahre 1974 bis 2008 in Hagen. (n = 228 in 126 Beobachtungen, Daten A. Welzel/C. Tunk/J. Kamp/G. Röttler/OSB NABU/OSB Cinclus)*

Lebensraum:
offene, wenig bewachsene Flächen mit Sitzwarten zur Jagd und Spalten, Nischen und Höhlungen zur Brut; insbesondere in sogenannten Ödländereien, an Trockenhängen, Bahndämmen, in Abbaugebieten

Ursachen (historische und rezente):
Umwandlung, Nutzung und Rekultivierung der Ödländereien und Abgrabungen, Verbuschung der offenen Flächen, Beseitigung der Kleinstrukturen (z. B. Trockenmauern); Eutrophierung

Wiesenpieper *(Anthus pratensis)*

RL Deutschland: Vorwarnliste
RL NRW: stark gefährdet

Hagen:
Der Stadtanzeiger berichtet im Zeitraum um 1982 über den Wiesenpieper als einen „häufigen Charaktervogel im Lenne- und Ruhrtal". Ob der Wiesenpieper in Hagen tatsächlich jemals häufig war, sei dahingestellt. Aber bis 1994 war er zumindest im Unteren Lennetal und Ruhrtal regelmäßiger Brutvogel, das letzte Brutgebiet Hagens befand sich im NSG Ruhraue Syburg und war ab 1995 verlassen (A. WELZEL).
Seit 1996 gelingen noch vereinzelte Brutzeitbeobachtungen, aber keine Brutnachweise mehr. Ein seit Jahren bestehender Brutverdacht für das NSG Alter Ruhrgraben konnte nicht bestätigt werden, obwohl hier während einer Kartierung 2008 ein Wiesenpieper bis zum 5. Mai beobachtet werden konnte, danach jedoch wurde die Vegetation zur Aufzucht einer Brut zu hoch.
Am 20. April 2008 konnte H.-J. THIEL einen Wiesenpieper „mit Balzflug" im Barmerfeld beobachten (OSB NABU 2008).

Lebensraum:
offene, gehölzarme, meist feuchte Wiesen, Heiden mit höheren Warten (Weidezäune)

Ursachen (historische und rezente):
Lebensraumverlust durch Drainage, Grünlandumbruch, Bebauung; Beeinträchtigung der Lebensräume durch Intensivierung, Düngung u. a.

Tab. 2: Letztnachweise von Bruten ehemaliger Hagener Brutvogelarten

Letztnachweis	Art	Letzter Fundort	Beobachter
1948	Wachtel	Haßleyer Feld	A. SCHÄFER
1953	Ziegenmelker	Deerth	LANGHORST
1953	Pirol	Halden	VOLKSSTERNWARTE
1953	Birkhuhn	Rönsel	QUAMBUSCH
1960	Flußuferläufer	Lenne bei Fley	VOLKSSTERNWARTE
1961	Haselhuhn	Stadtwald	VOLKSSTERNWARTE
um 1970	Steinschmätzer	Untere Lenntetal, Hengstey	A. SCHÜCKING /A. VEHLING
um 1970	Haubenlerche	Auf dem Höing	A. SCHÜCKING /A. VEHLING
1972	Braunkehlchen	Lenne und Ruhr	A. SCHÜCKING
1974	Wendehals	„Am Kleff"	A. VEHLING
1985	Rebhuhn	NSG Ruhraue Syburg	M. SCHLÜPMANN
1994	Wiesenpieper	NSG Ruhraue Syburg	A. WELZEL

Abb. 7: Historische Aufnahmen der Ruhraue Syburg, September 1977. Zu dieser Zeit wurde das Gebiet in Teilflächen noch mehr oder weniger intensiv landwirtschaftlich genutzt. Dieses Mosaik begünstigte seinerzeit noch Vogelarten, die heute dort nicht mehr vorkommen. Foto S. SALLERMANN

Literaturverzeichnis

Zusammengestellt von Martin Schlüpmann und Andreas Welzel

5.1 Örtliche vogel- und naturkundliche Zeitschriften

Cinclus
seit 1973; Erscheinungsort: Herdecke; Hrsg.: Bund für Vogelschutz und Vogelkunde Herdecke und Hagen e. V.; Erscheinungsweise: 2 Hefte jährlich; ISSN 0342-8923; Bezug: Bund für Vogelschutz und Vogelkunde e. V. Herdecke und Hagen, Timothy C. E. Drane, Siedlerstraße 9, 58097 Hagen; www.bfvherdeckehagen.de

NABU-Info
seit 1983 Jahrgang 1-3 als lose Blätter DIN A4; seit 1986, 4. Jahrgang, in gebundener Form; neben der Jahrgangsnummerierung auch eine unübliche fortlaufende Nummerierung, als Ausgabe bezeichnet; Namen: leider in kurzer Zeit mit wechselnden und sehr umständlichen Namen: bis 1994 (Jahrgang 12): **Informationsblatt über Natur-, Umwelt- und Vogelschutzangelegenheiten für Hagen und Umgebung**; 1995-1997 (Jahrgang 13-15): **Info-Heft NABU Hagen** (Untertitel: Informationsblatt über Natur-, Umwelt- und Vogelschutzangelegenheiten für Hagen und Umgebung); seit 1998 (Jahrgang 16): **NABU-Info** (bis 2007, Jahrgang 25 mit Untertitel: Informationsblatt über Natur-, Umwelt- und Vogelschutzangelegenheiten für Hagen und Umgebung, seit 2009 Jahrgang 26, mit Zusatz „zum Natur-, Umwelt- und Vogelschutz in Hagen und Umgebung); Erscheinungsort: Hagen; Hrsg.: Deutscher Bund für Vogelschutz (DBV), zunächst Ortsverband Hagen und Herdecke e. V., seit 1987 Stadtverband Hagen, seit 1991 Naturschutzbund Deutschland (NABU) Stadtverband Hagen e. V.; Erscheinungsweise: bis 2006 (Jahrgang 24) 2 Hefte jährlich, seit 2007 1 Heft jährlich; ISSN: bis heute ohne ISSN und von daher nur begrenzt recherchierbar; Bezug: durch Mitgliedschaft im NABU: Stadtverband Hagen e. V. im Naturschutzbund Deutschland e. V., Haus Busch 2, 58099 Hagen; www.nabu-hagen.de

5.2 Örtliche heimat- und landeskundliche Zeitschriften

mit gelegentlichen naturkundlichen Beiträgen

Heimatbuch Hagen + Mark
seit 1959; Namen: **Hagener Heimatkalender**; seit 1980 **Heimatbuch Hagen + Mark**. Hrsg.: Hagener Heimatbund e. V.

Hohenlimburger Heimatblätter für den Raum Hagen und Iserlohn
seit 1926; Namen: zunächst **Heimatblätter für Hohenlimburg und Umgegend** später **Heimatblätter für Hohenlimburg und Umgebung** bis Jahrgang 35 (1974), Jahrgang 36-40 (1975-1979): **Heimatblätter für Hohenlimburg. Beiträge zur Landeskunde im Volme-Ruhr-Lennebereich**. Jahrgänge 41-44 (1980-1983): **Hohenlimburger Heimatblätter für den Raum Hagen**, seit 1984: **Hohenlimburger Heimatblätter für den Raum Hagen und Iserlohn**; weitere Namen: die Zeitschrift erschien zeitweilig (Ende der 60er und in den 70er Jahren) auch unter den Titeln **Kreis Iserlohn**, **Raum Hagen** und **Raum Iserlohn** mit dem Untertitel „Beiträge zur Landeskunde" sowie seit 1975 mit jeweils unterschiedlichen Zusätzen „... im Ennepe-Volme-Ruhr-Lennebereich", „... im Lenne-Ruhr-Hönnebereich", in dieser Form zitieren wir sie hier nicht; Hrsg.: Verein für Orts- und Heimatkunde Hohenlimburg e. V., später Hohenlimburger Heimatblätter e. V. im Auftrag des Vereins für Orts- und Heimatkunde Hohenlimburg e. V.

5.3 Hinweise zum nachfolgenden Verzeichnis

[ ] Einige Aufsätze, z. B. im Cinclus, sind unter Namenskürzeln (z. B. wk, ej) veröffentlicht worden. Soweit bekannt oder offensichtlich, werden die Autoren mit vollem Namen zitiert und das verwendete Kürzel dahinter in eckigen Klammern [ ] angeführt.
In eckige Klammern [ ] gesetzte Texte am Ende des Titels geben dagegen Hinweise auf den Inhalt der Veröffentlichung, wenn sich dieser nicht aus dem Titel ableiten lässt, sind aber nicht Bestandteil des Zitates.

5.4 Verzeichnis zitierter Veröffentlichungen

ANONYMUS (1973a): Mitteilungen. – Cinclus 1 (1): 16-21

ANONYMUS (1973b): Mitteilungen B. Besondere Beobachtungen und Untersuchungen an einzelnen und zum Teil seltenen Vogelarten [Haubentaucher, Flußregenpfeifer, Neuntöter, Schwarzkehlchen, Braunkehlchen, Sumpfrohrsänger, Gartenrotschwanz, Rohrammer, Wespenbussard, Mäusebussard, Turmfalke]. – Cinclus 1 (1): 17-20

ANONYMUS (1973c): Mitteilungen C. Übersicht über allgemeine Beobachtungen an verschiedenen anderen Vogelarten. – Cinclus 1 (1): 16-17

ANONYMUS (1989): Name geändert. – Cinclus 17 (2): 8

ANONYMUS (1990): Wir sind Mitglied mit LNU. – Cinclus 18 (2): 15

ANONYMUS (1995): Ein neuer Kapitän führt das Schiff. – Cinclus 23 (2): 13-14

ANONYMUS (1998): Unser Verein im Spiegel der Presse. – Cinclus 26 (1): 17-24

ANONYMUS [vs] (2002): Unser Ehrenvorsitzende[r] ging aus der Zeit. – Cinclus 30 (2): 3-4

ARBEITSGEMEINSCHAFT VOGELSCHUTZ (1964): Aus dem Hagener Vogelleben. – Hrsg. in Verbindung mit der Volkssternwarte Hagen e. V., 16 S.

Arbeitsgemeinschaft Vogelschutz (1966): Vogelwelt am Harkortsee. – Hrsg. in Verbindung mit der Volkssternwarte Hagen e. V.

Baege, L. (1969): Vom ornithologischen Wirken des Wittener Apothekers Friedrich Wilhelm Justus Baedeker (1788-1865). – Journal für Ornithologie 110: 90-100

Bauer, H.-G. & Berthold, P. (1996): Die Brutvögel Mitteleuropas. Bestand und Gefährdung. – Wiesbaden (Aula-Verlag)

Bauer, D., Bethlehem, G., Dahlbüdding, H., Eckhardt, E., Hestermann, H., Janzing, E., Kersberg, H. & Siegel, R. (1981): Hagener Heimatbuch. – Düsseldorf (A. Bagel Verlag)

Becker, G. (1996): Historischer Rückblick auf die Hagener Vogelwelt. – Informationsblatt über Natur-, Umwelt- und Vogelschutzangelegenheiten für Hagen und Umgebung 30 (1): 50-53

Bellebaum, J. (2002): Ringeltaube Columba palumbus. S. 126-127 in Nordrhein-Westfälische Ornithologengesellschaft (Hrsg.): Die Vögel Westfalens. Ein Atlas der Brutvögel von 1989 bis 1994. – Beiträge zur Avifauna Nordrhein-Westfalens 37

Bergmann, H.-H. (1993): Der Buchfink. – Wiesbaden (Aula-Verlag)

Bergmann, H., Heinicke, T., Koffijberg, K., Kowallik, C. & Kruckenberg, H. (2005): Wilde Gänse. Erkennen – Beobachten – Zählen. – Deutsche Ornithologen-Gesellschaft (DO-G) Projektgruppe Gänseökologie (Hrsg.)

Berthold, P., Bezzel, E. & Thielcke, G. (1980): Praktische Vogelkunde. – Greven (Kilda-Verlag)

Bezzel, E. (1985): Kompendium der Vögel Mitteleuropas. Nonpasseriformes Nichtsingvögel. – Wiesbaden (Aula-Verlag)

Bezzel, E. (1993): Kompendium der Vögel Mitteleuropas. Passeres, Singvögel. – Wiesbaden (Aula-Verlag)

Bibby, C. J., Burgess, N. D. & Hill, D. A (1995): Methoden der Feldornithologie: Bestandserfassung in der Praxis. – Radebeul (Neumann Verlag)

Bischoff, W. (2001): XV. Eduard Eversmann (1794-1860). – Mertensiella 12: 442-443

Blauscheck, R. (1983): Naturschutz in Hohenlimburg. – Hohenlimburger Heimatblätter für den Raum Hagen 44: 220-221

Blauscheck, R. (1989): 10 Jahre Arbeitsgemeinschaft Naturschutz im Verein für Orts- und Heimatkunde Hohenlimburg. – Hohenlimburger Heimatblätter für den Raum Hagen und Iserlohn 50: 54-60

Bleicher, W. (1970): In memorian Albert Schäfer. – Heimatblätter für Hohenlimburg und Umgebung 31: 124

Bleicher, W. Hrsg. (1979): 750 Jahre Hohenlimburg. Hagen einst und jetzt Bd. VI. – Hagen (Verlag W. Dorau)

Bornemann, P. (1966): Die klimatische Schutzlage Hohenlimburgs. – Heimatblätter für Hohenlimburg und Umgebung 27: 146-149

Bürgener, M. (1969): Die naturräumlichen Einheiten auf Blatt 110 Arnsberg. Geographische Landesaufnahme 1 : 200.000. Naturräumliche Gliederung Deutschlands; Bundesforschungsanstalt für Landeskunde und Raumordnung, Selbstverlag, 80 S. und Karte, Bad Godesberg

Bundesamt für Naturschutz (2001): Bundesamt für Naturschutz setzt den Rotstift bei der Jagd an. Bundesamt für Naturschutz fordert, Adler, Fischotter und viele andere Tierarten aus dem deutschen Jagdrecht zu entlassen. – Pressemitteilung vom 2. Mai 2001; http://www.bfn.de/07/pm_01_29.htm

Bund für Vogelschutz – Mitglieder und Vorstand (1988): Der Ehrenvorsitzende hatte Geburtstag. – Cinclus 14 (2): 47

Bund für Vogelschutz – Vorstand und Beirat (1986): „Unser" Vorsitzender Anton Schücking wird 70. – Cinclus 14 (2): 47

Bund für Vogelschutz (1984): Anton Schücking – Träger des Bundesverdienstkreuzes. – Cinclus 12 (2): 51-52

Bund für Vogelschutz Herdecke und Hagen (1988): Name geändert. – Cinclus 17 (1): 12

Bund für Vogelschutz Herdecke und Hagen (1990): Wir sind Mitglied im LNU. – Cinclus 18 (2): 15

Conrads, K. (1959): Zur Ökologie der Weidenmeise. – Natur und Heimat 19: 33-37

DeKroon, G. H. J. (1982): Überwintert die Wasserralle (Rallus aquaticus) in Mitteleuropa? – Vogelwarte 31: 460-461

Demandt, C. (1943): Ist der Wanderfalke im Jugendkleid schon brutfähig? – Beiträge zur Fortpflanzungsbiologie der Vögel, Berlin 19: 157

Demandt, C. (o.J.; nach 1950): Aus dem Tierleben unserer Heimat. S. 34-45; Tafel 6-7 in Kulturamt der Stadt Lüdenscheid (Hrsg.): Buch der Bergstadt Lüdenscheid

Demandt, C. (1959): Die Wanderfalken Südwestfalens. – Der Sauerländische Naturbeobachter (Veröffentlichungen der Naturwissenschaftlichen Vereinigung Lüdenscheid) 5: 55-75

Demandt, C. (1970): Die Tragödie der westfälischen Wanderfalken. – Der Sauerländische Naturbeobachter (Veröffentlichungen der Naturwissenschaftlichen Vereinigung Lüdenscheid) 9: 15-22

Detert, H. & Bergmann, H.-H. (1984): Regenrufdialekte von Buchfinken (Fringilla coelebs L.): Untersuchungen an einer Population von Mischrufern. – Ökologie der Vögel 6: 101-118

Deutscher Wetterdienst (1989): Klimaatlas von Nordrhein-Westfalen. – Offenbach a. M. (Hrsg. Minister für Umwelt, Raumordnung und Landwirtschaft Nordrhein-Westfalen, Düsseldorf)

Diekmann, F. J. (1999): Wehre, Teiche, Wasserräder. Ein Atlas der Wasserbauwerke im Hagener Raum. – Hagen (Ardenku-Verl.)

Dittberner, H. & Dittberner, W. (1984): Die Schafstelze. – Neue Brehm-Bücherei, Wittenberg (Lutherstadt Ziemsen Verlag)

Drane, T. C. E. (1998): Unser 25-jähriges Vereinsjubiläum – einige Gedanken dazu. – Cinclus 26 (1). 14

Drane, T. C. E. (2000): E. F. Eversmann, der 1. Hagener Ornithologe. – Cinclus 28 (2): 25-29

Drane, T. C. E. (2004): Ruhrtal und Ardeygebirge – eine Verbreitungsgrenze für manche Vogelarten? – Cinclus 32 (2): 31-36

Ellenberg, H. (1996): Vegetation Mitteleuropas mit den Alpen. 5. Auflage. – Stuttgart (E. Ulmer)

Ensuleit, K. L. (1971): Vogelschutz am Hengsteysee. – Hagener Heimatkalender 1972 13: 175-176

Ensuleit, K. L. (1973): Vogelschutz am Hengsteysee. Kurzer Rückblick auf die Entwicklung von 1927 bis 1973 im Dreistädtedreieck Herdecke, Hagen und Dortmund-Syburg. – Cinclus 1 (1): 1-5

Ensuleit, K. L. (1974): Die Bedeutung der Natur- und Vogelschutzmaßnahmen auf den Ruhrhöhen am Hengsteysee. – Cinclus 2 (1): 9-12

Ensuleit, K. L. (1975a): Das Haus am Fels im Herdecker Kleff. Vogelschutz am Hengsteysee und am Harkortsee. – Westfälischer Heimatkalender 1976 30: 39-44

Ensuleit, K. L. (1975b): Vogelzugbeobachtungen im Herbst 1974 im Raum Herdecke-Hagen. – Cinclus 3 (1): 3

Ensuleit, K. L. (1980): Das Haus am Fels im Herdecker Kleff. – Heimatbuch Hagen + Mark (Hagener Heimatkalender 1981) 22: 145-147

Ensuleit, K. L. (1988): 60 Jahre Vogelschutzbestrebungen in den Waldflächen des östlichen Ardeyausläufers und auf dem Hengsteysee. – Cinclus 16 (2): 24-27

Ensuleit, K. L. & Schücking, A. (1974): Über den Vogelzug im Raum Herdecke-Hagen, Herbst 1973. – Cinclus 2 (1): 16-18

Ensuleit, K. L. & Schücking, A. (1980): Beobachtungen zum Vogelzug im Raum Herdecke-Hagen im Herbst 1979. – Cinclus 8 (1): 3-5

Esser, H. (1928): Zur Geschichte der Limburger Jagd. – Heimatblätter für Hohenlimburg und Umgebung 2: 113-128

Externbrink, F. (1950): Zugvögel und Standvögel der Heimat. 1. Unsere bekanntesten Zugvögel. – Heimatblätter für Hohenlimburg und Umgebung 11: 66-68

Externbrink, F. (1951): Zugvögel und Standvögel der Heimat. 1. Unsere bekanntesten Standvögel. – Heimatblätter für Hohenlimburg und Umgebung 11: 179-181

Falkenberg, M., Herzhoff, T. & Westerbarkey, A. (1987): Vogelbeobachtungen in Hagen-Holthausen in den Jahren 1983-1985. – Cinclus 15 (2): 18-39

Feldmann, R. (1965): Der Kolkrabe in Westfalen. – Decheniana 118: 17-23

Feldmann, R. (1968): Eduard Suffrian und die erste Faunenliste der Wirbeltiere Südwestfalens (1846) – verglichen mit dem gegenwärtigen Stand. – Naturkunde in Westfalen 4: 88-94

Feldmann, R. (1978): Historisch gewordene landschaftliche Vielfalt als Vorausetzung für eine artenreiche Pflanzen- und Tierwelt. – Natur- und Landschaftskunde in Westfalen 14: 3-8

Feldmann, R. (1982): Das Niedersauerland in geographischer und biologischer Sicht. S. 4-7 in: Iserlohn. Heimatbuch zum Kreisheimattag, 82. – Altena

Feldmann, R. (1983): Hundert Jahre „Westfalens Tierleben". – Natur und Heimat 43: 1-11

Feldmann, R. & Stichmann, W. (1986): Verbreitung wildlebender Tierarten. In: Geographische Kommission für Westfalen, Landschaftsverband Westfalen-Lippe (Hrsg.): Geographisch-landeskundlicher Atlas von Westfalen II Lief. 2 Doppelblatt 4 mit Begleitheft, 10 S. – Münster (Aschendorff)

Feldmann, R. (1987): Industriebedingte sekundäre Lebensräume. Ein Beitrag zu ihrer Ökologie. – Habilitationsschrift Universität/Gesamthochschule Wuppertal, 259 S.

Fellenberg, W. (1976): Weitere Stadtbruten der Tannenmeise (Parus ater). – Alcedo 3: 57-58

Fellenberg, W. (1984): Bundesverdienstkreuz für Anton Schücking. – Charadrius 20: 108

Fellenberg, W. (1984): Die Entwicklung der westfälischen Brutpopulation des Birkenzeisigs (Carduelis flammea cabaret) 1981-1983. – Charadrius 20: 246-251

Fellenberg, W. O. & Peitzmeier, J. (1968): Die Ausbreitung der Wacholderdrossel in Westfalen im Jahre 1968. – Natur und Heimat 28: 175-184

Fellenberg, W. O. & Peitzmeier, J. (1971): Der Stand der Wacholderdrossel-Ausbreitung in Westfalen im Jahre 1970. – Natur und Heimat 31: 6-9.

Flade, M. (1994): Die Brutvogelgemeinschaften Mittel- und Norddeutschlands. – IHW-Verlag

Flade, M. & Schwarz, J. (2004): Ergebnisse des DDA-Monitoringprogramms, Teil II: Bestandsentwicklung von Waldvögeln in Deutschland 1989-2003. – Die Vogelwelt 125: 177-213

Flousek, J., Hudec, K. & Glutz von Blotzheim, U. N. (1993): Immissionsbedingte Waldschäden und ihr Einfluß auf die Vogelwelt. S. 11-30 in: Glutz von Blotzheim, U. N. & Bauer K. (Hrsg.): Handbuch der Vögel Mitteleuropas. 13/1. – Wiesbaden (Aula Verlag)

Funke, R.-R. (1974): Temperaturen in Hohenlimburg. – Heimatblätter für Hohenlimburg und Umgebung 35: 9-22

Funke, R.-R. (1975): Das Klima Hohenlimburgs. S. 6-17 in: Bleicher, W. (Hrsg.): Hohenlimburg. – Hohenlimburg (Verein für Orts- und Heimatkunde Hohenlimburg e. V.), 311 S

Funke, R.-R. (1977): Klimatologie von Hohenlimburg. – Heimatblätter für Hohenlimburg. Beiträge zur Landeskunde im Volme-Ruhr-Lennebereich 38: 81-94

Garling, B. (1988): Vom Kuckuck (Cuculus canorus) in der Nord-West-Eifel. – Charadrius 24: 7-9

Gatter, W. (2000): Vogelzug und Vogelbestände in Mitteleuropa. – Wiebelsheim

Gatter, W. & Penski, K. (1978): Der Wegzug der Ringeltaube Columba palumbus nach Planbeobachtungen am Randecker Maar (Schwäbische Alb). – Die Vogelwarte 29: 191-220

GBN: German Bird Net (Internetpräsenz)

Geiter, O. (1998): Untersuchungen an Kanadagans-Brutpopulationen. – Neozoen 2: 3-4

Geologisches Landesamt Nordrhein-Westfalen (1976): Geologie. – Deutscher Planungsatlas Bd. 1 Nordrhein-Westfalen. Lief. 8: 62 S. und Karten. – Hannover (H. Schroedel)

Geologisches Landesamt Nordrhein-Westfalen (1981): Geologische Karte von Nordrhein-Westfalen 1:100000. C 4710 Dortmund. – Karte mit Erläuterungen, 64 S., Krefeld

Giller, F. (1969): Das Sauerland und das Siegerland. S. 64-85. In: Peitzmeier, J. (Hrsg.): Avifauna von Westfalen. – Abhandlungen aus dem Landesmuseum für Naturkunde zu Münster in Westfalen 31: 1-475

Glandt, D. (1991): Die Wiedereinbürgerung des Kolkraben in Nordrhein-Westfalen. – Natur- und Landschaftskunde 27: 5-8

Glowatzki, M., Kokta, R. (1978): Situation und Probleme des Wanderfalken in der BRD. – Cinclus 6 (2): 17

Glutz von Blotzheim, U. N. (Hrsg.) (1966-1997): Handbuch der Vögel Mitteleuropas. 14 Bände. – Wiesbaden (Aula-Verlag)

Glutz von Blotzheim, U. N., Bauer K. M. & Bezzel E. (1994):

Gallinula chloropus (Linné 1758) – Teichhuhn. In: GLUTZ VON BLOTZHEIM, U. N. (Hrsg.): Handbuch der Vögel Mitteleuropas. Band 5: Galliformes und Gruiformes. – Wiesbaden (Akademische Verlagsgesellschaft)

GÖBEL, H. (1992): Haubentaucher auf dem Hengsteysee 1991-92. – Cinclus 20 (1): 12-15

GRIES, B., HÖTKER, H., KNOBLAUCH, G., PEITZMEIER, J., REHAGE, H.-O. & SUDFELDT, C. (1979) (Bearb.): Anhang. S. 477-576 in PEITZMEIER, J. (1969/1979): Avifauna von Westfalen. 2. Aufl. – Abhandlungen Landesmuseum für Naturkunde Münster Westfalen 41: 1-576

GRO (Gesellschaft Rheinischer Ornithologen) & WOG (Westfälische Ornithologen-Gesellschaft) (1997): Rote Liste der gefährdeten Vogelarten Nordrhein-Westfalens. – Charadrius 33: 69-116

HAFFER, J. (1985): *Motacilla flava* – Schafstelze. In: GLUTZ VON BLOTZHEIM, U. N. & BAUER, K. M. (Hrsg.): Handbuch der Vögel Mitteleuropas, Bd.10/II, Passeriformes (1. Teil) Motacillidae - Prunellidae, S. 742-815, – Wiesbaden (Aula-Verlag)

HASSE, H. (1995): Die Goldammer. – Die Neue Brehm-Bücherei, Bd. 316, Magdeburg (Westarp-Wissenschaften)

HEIDMANN, K., Hrsg. (1996): Beschreibung des Kreises Hagen. – Hohenlimburger Heimatblätter für den Raum Hagen und Iserlohn 57: 429-440

HENNING, M. (1988): Die Wasseramsel (*Cinclus cinclus*) – ein bedrohter Tauchvogel unserer Fließgewässer. – Informationsblatt über Natur-, Umwelt- und Vogelschutzangelegenheiten für Hagen und Umgebung 6 (14): 8-11

HENNING, M. (1993): Die Wasseramsel (*Cinclus c. cinclus*) im Raum Hagen. – Informationsblatt über Natur-, Umwelt- und Vogelschutzangelegenheiten für Hagen und Umgebung 11 (25): 4-15

HESSE, M. & M. SELL (1976): Zur Brutverbreitung der Nachtigall (*Lucinia megarhynchos*) in Westfalen. – Alcedo 3 (1/2): 1-13

HOLZ, W. K. B. (1970): Albert Schäfer hinterließ Spuren. – Hagener Heimatkalender 12: 67

HOMMA, S. & GEITER, O. (2005): Das Neozoenberingungsprogramm. – http://www.kanadagans.de

HUBATSCH, H. (1991): Reihercensus. Graureiher haben ihren Bestand von 1980 bis 1990 im Rheinland erweitert. – LÖLF-Mitteilungen 16 (4): 20-23

JANSSEN, J. (1976): Die Erdgeschichte des Hagener Raumes. – Raum Hagen, Beiträge zur Landeskunde 37: 1-17

JANZING, E. (1966): siehe Arbeitsgemeinschaft Vogelschutz der Volkssternwarte (1966)

JANZING, E. (1987): Die Herkunft beringter Höckerschwäne am Harkortsee. – Hohenlimburger Heimatblätter für den Raum Hagen und Iserlohn 48: 149-151

JANZING, E. (1990a): Der Harkortsee: Rast- und Überwinterungsplatz für viele nordische Wasservögel. – Veröffentlichungen der Naturwissenschaftliche Vereinigung Hagen 6: 43-48

JANZING, E. (1990b): Zum Wetter und Klima im Hagener Raum. – Veröffentlichungen der Naturwissenschaftliche Vereinigung Hagen 6: 72-77

JANZING, E. (1996): Gockelhahn und Höckerschwan: Symbolträchtige Windfahnen auf katholischen und evangelischen Kirchen. – Cinclus 24 (2): 8-11

JANZING, E. [ej] (1996): Exoten als Handelsware [Anzeige im Stadtanzeiger für Hagen: Canada-, Hawaii-, Magellan-, Streifengänse und a.]. – Cinclus 24 (1): 28

JANZING, E. (1998): Wanderfalken (*Falco peregrinus*) brüten wieder (?) im Ruhrtal. – Cinclus 26 (2): 3-6

JANZING, E. (2001a): „Wasserpest-Wiesen" locken Scharen Wasservögel zum Harkortsee. – Cinclus 29 (1): 24-30

JANZING, E. (2001b): Algen- und Wasserpest-Wiesen „begrünen" auch jetzt wieder den Harkortsee und schaffen Nahrungsgründe für Wasservögel. – Cinclus 29 (2): 35-38

JANZING, E. (2005): Die Nilgans (*Alopochen aegyptiaca*) jetzt auch Brutvogel am Harkortsee. – Cinclus 33 (2): 34-37

JEDICKE, E. (2000): Stadt- und Dorfökosysteme. – Die Vogelwelt 121: 67-86

JÖBGES, M., PLEINES, S., STICHMANN, W. & HUBATSCH, H. (1998): Brutbestand und Verbreitung des Graureihers (*Ardea cinerea*) in Nordrhein-Westfalen. – LÖBF-Mitt. 1998 (3): 68-74

JOHN, A. (1962): Die Vogelwelt von Groß-Dortmund. – Abhandlungen aus dem Landesmuseum für Naturkunde zu Münster in Westfalen 24 (3): 72-96

JÜRGENSEN, H. (2001): Nachwuchs und Nahrungsangebot. – Ostholsteiner-Anzeiger 14.6.2001

KAMP, H. VON (1972): Geologische Karte von Nordrhein-Westfalen 1:25000: Blatt 4611 Hohenlimburg. – Erläuterungen und Karten- Krefeld

KAMP, J. (2001): in German BirdNet (GBN Oktober 2001): – http://www.birdnet.de/histor/bh_0110.htm

KEIL, P., KRICKE, R., SCHLÜPMANN, M., KOWALLIK, C. & LOOS, G.-H. (2005): Jahresberichte der Biologischen Station Westliches Ruhrgebiet 2004. – Oberhausen

KERSBERG, H. (1982): Die Naturlandschaft des Hagener Raumes. – In: Hagen. Eine Stadt und ihre Bürger, S. 2-10

KERSBERG, H., H. HORSTMANN & H. HESTERMANN (2004): Flora und Vegetation von Hagen und Umgebung. – Nümbrecht-Elsenroth (Martina-Galunder-Verlag), 362 S.

KIRCHHEINER, H. (1998): Neubürger in der heimischen Fauna. – Infoheft NABU Märkischer Kreis 1998: 6-9

KLAUS, S. & BERGMANN, H.-H. (2004): Situation der waldbewohnenden Raufußhuhnarten Haselhuhn *Bonasia bonasia* und Auerhuhn *Tetrao urogallus* in Deutschland – Ökologie, Verbreitung, Gefährdung und Schutz. – Die Vogelwelt 125: 283-295

KLINGER, H. & LUBIENIECKI, B. (1995): Untersuchungen zum Einfluss des Graureihers auf die Bachforellenbestände in drei Mittelgebirgsbächen in NRW. – Schriftenreihe der Landesanstalt für Ökologie, Bodenordnung und Forsten / Landesamt für Agrarordnung NRW Bd. 3

KLISCH, W. (1998): Wir waren nicht die ersten [Geschichte des Vogel- und Naturschutzes]. – Cinclus 26 (1): 4-11

KLISCH, W. [wk] (1999): Wir erinnern an Anton Schücking. – Cinclus 27 (2): 38-39

KLOSINSKY, H. (1976): Unser Archiv im „Haus am Fels". – Cinclus 4 (1): 22

KNOBLAUCH, G. (1968): Die Ammern Westfalens einschließlich der für diesen Raum möglichen Irrgäste. – Abhandlungen aus dem Landesmuseum für Naturkunde zu Münster in Westfalen 30 (2): 1-44

KNÜWER, H. (1984): Anmerkungen zu: A. SCHÜCKING – Die Elster (*Pica pica*) - ein übler Nesträuber in der heimischen Vogelwelt. – Cinclus 12 (1): 17-20

Köpke, G. (1977): Zum Vorkommen der Weidenmeise (*Parus montanus*) in Südniedersachsen und Westfalen. – Alcedo 4: 60

Kolbe, H. (1984): Die Entenvögel der Welt. Ein Handbuch für Liebhaber und Züchter. – 2. Aufl. Leipzig und Radebeul (Neumann Verlag)

Koppmann-Rumpf, B. & Heberer, C. (2003): Klimaverschiebungen bringen Vogelarten in Bedrängnis. – Forschung Frankfurt 21 (2): 46-48

Krämer, H. (1980): Die Vogelwelt im Hasper Stadtwald. – Hagen (Touristenverein die Naturfreunde Ortsgruppe Haspe e. V.)

Kretzschmar, E. (1999): „Exoten" in der Avifauna Nordrhein-Westfalens. – Charadrius 35: 1-15

Kretzschmar, E. & Neugebauer, R. (2003): Dortmunder Brutvogelatlas. – Dortmund (Herausgeber: NABU Stadtverband Dortmund)

Kriedemann, K. (1989): Der Graureiher (*Ardea c. cinerea*). – Egge-Weser 6 (2): 141-158

Krüger, S. (1995): Der Kernbeißer. 3. unveränderte Aufl. – Heidelberg (Spektrum Akademischer Verlag)

Laske, V., Nottmeyer-Linden, K., Conrads, K. (Hrsg.) (1991): Die Vögel Bielefelds. Ein Atlas der Brutvögel 1986 - 1988 und weitere Beiträge zur Avifauna. – Bielefeld

Leisten, A. (2002): Die Vogelwelt der Stadt Düsseldorf. – Düsseldorf

Lippek, W. (1996): Nahrungsangebot und Nestlingsnahrung des Waldlaubsängers *Phylloscopus sibilatrix* in Wäldern des Kreises Lippe, Nordrhein-Westfalen. – Vogelwelt 117: 29-38

LNU (1993): Erste Mitgliederversammlung der LNU in Herdecke. – Cinclus 21 (2): 3-11 [einschließlich Nachdrucken der Presseberichte WP, WR, WK]

Maas, H. & E. Mückenhausen (1971): Böden. In: Deutscher Planungsatlas Bd. I Nordrhein-Westfalen. Lief. 1. – Hannover (Gebr. Jänecke Verlag), 32 S. Erläuterungen und Karte

Mäck, U., Jürgens, M. (1999): Aaskrähe, Elster und Eichelhäher in Deutschland. – Bundesamt für Naturschutz 1999

Märkischer Kreis (1987): Umweltbericht. – Lüdenscheid (Selbstverlag des Märkischen Kreises)

Meinecke, F. (1953): Zur Erdgeschichte des Hagener Raumes. – 1. Veröffentlichung Naturwissenschaftliche Vereinigung Hagen: 12-28

Meinecke, F. (1953): Die Entstehung des Lennetales bei Hohenlimburg. – Heimatblätter für Hohenlimburg und Umgebung 14: 78-88

Meinecke, F. (1962): Geologische Heimatkunde für das Nordwest-Sauerland um Hagen. – Hagen (Naturwissenschaftliche Vereinigung Hagen)

Melde, M. (2005): Raben- und Nebelkrähe. – Neue Brehm-Bücherei Bd. 414, Hohenwarsleben (Westarp Wissenschaften)

Melter, J. (2002): Kanadagans *Branta canadensis*. – S. 38-39 in Nordrhein-Westfälische Ornithologengesellschaft (Hrsg.): Die Vögel Westfalens. Ein Atlas der Brutvögel von 1989 bis 1994. – Beiträge zur Avifauna Nordrhein-Westfalens 37: 1-397 und Folienbeilagen

Meyer, C. F. (1798/99): Versuch einiger Naturbeobachtungen des gebirgigten Süderlandes der Grafschaft Mark Westfalens. – 2 Hefte; Düsseldorf

Montaigne, F. (2004): SOS von der Erde (II). Arten in Not. – National Geographic Deutschland 2004 Heft Oktober

Mückenhausen, E. & Wortmann, H. (1958): Bodenübersichtskarte von Nordrhein-Westfalen 1 : 300 000. – Krefeld (Hrsg. Geologisches Landesamt Nordrhein-Westfalen): Karte und Erläuterungen, 144 S. und Anhang mit 10 Tafeln und 7 Tabellen

Mühlenberg, M. & Slowik, J. (1997): Kulturlandschaft als Lebensraum. – UTB 1947 Wiesbaden (Quelle & Meyer)

Müller, E. (1961): Die Vogelwelt im südwestfälischen Ennepe-Ruhr-Kreis. 1. Bericht – Beiträge zur Heimatkunde der Stadt Schwelm 11: 5-42

Müller, E. (1972): Die Vogelwelt des südlichen Ennepe-Ruhr-Kreises.– Beiträge zur Heimatkunde der Stadt Schwelm NF 22: 104-147

Müller, E. (1986): Vogelleben im südlichen Ennepe-Ruhr-Kreis. – Schriftenreihe des Heimat- und Geschichtsvereins Sprockhövel 4: 1-216

Müller-Wille, W. (1938): Der Feldbau in Westfalen im 19. Jahrhundert. – Westfälische Forschungen 1 (3): 302-325

Müller-Wille, W. (1939): Die Feldsysteme in Westfalen um 1860. – Deutsche Geographische Blätter 42: 119-131

Müller-Wille, W. (1951): Die naturgeographische Struktur des Sauerlandes. – Westfalen 29 (1): 1-8

Müller-Wille, W. (1966): Bodenplastik und Naturräume Westfalens. – Spieker 14: 1-302 und Kartenband

Nicolai, J. (1982): Fotoatlas der Vögel. – München (Gräfe und Unzer)

Niethammer, G. (1963): Die Einbürgerung von Säugetieren und Vögeln in Europa. – Hamburg und Berlin (Verlag Paul Parey)

Nordrhein-Westfälische Ornithologen Gesellschaft (Hrsg.) (2002): Die Vögel Westfalens. Ein Atlas der Brutvögel von 1989 bis 1994. – Beiträge zur Avifauna Nordrhein-Westfalens 37: 1-397

NWO vgl. Nordrhein-Westfälische Ornithologengesellschaft

OAG vgl. Ornithologische Arbeitsgemeinschaft Kreis Unna

Ornithologische Arbeitsgemeinschaft Kreis Unna (2000) Die Brutvögel des Kreises Unna. Ergebnisse der Gitterfeldkartierung 1997-1999. – Unna

OSB: Ornithologische Sammelberichte in der Zeitschrift Cinclus (seit 1972) sowie dem Vereinsblättchen des DBV/NABU: NABU Info (gedruckt seit 1986) siehe Anhang zur Literaturliste

Osswald, H. (1982): Vorkommen des Haselhuhns (*Bonasa bonasia*) in Südwestfalen. – Charadrius 18: 44-51

Overkott, F. (1956): Was da läuft, kriecht, fliegt und schwimmt. Von heimischen Tieren. S. 37-44 in Gevelsberg. Die Kleineisen-Industriestadt an der Ennepe. Ein Heimatbuch. – Gevelsberg (Hrsg. Stadt Gevelsberg)

Peitzmeier, J. (1969/1979): Avifauna von Westfalen. – 1. Aufl. unveränderte 1969, 2. Aufl. mit einem Anhang v. B. Gries et al. – Abhandlungen Landesmuseum für Naturkunde Münster Westfalen 41 (3/4), 1-576

Peitzmeier, J. & Fellenberg, W. O. (1974): Der Stand der Wacholderdrossel-Ausbreitung in Westfalen im Jahre 1973. – Natur und Heimat 34: 74-76.

Pennekamp, A. & Bellebaum, J. (2003): Siedlungsdichte und Bestandsentwicklung der Elster *Pica pica* am Nordrand

des Ruhrgebietes: Ergebnisse einer großflächigen Nestkartierung. – Charadrius 39: 126-137
Petrasch, F. (1982): Landschaft, Natur und Umwelt in Nachrodt. – Der Märker 31: 175-179.
Petrasch, F. (1984): Fünf Jahrzehnte Naturschutz in Nachrodt-Wiblingwerde. Zum Gedenken an Gustav Rosendahl (*10.11.1984 † 5.10.1980). – Der Märker 33: 257-267
Pfennig, H. G. (1974): Siedlungsdichte der Tannenmeise (*Parus ater*) im westlichen Sauerland auf einer Probefläche von 300 ha. – Alcedo 1: 26-30
Pfennig H. G. (1994): Jahreszeitlich extrem frühe Bruten des Graureihers (*Ardea cinerea*) im Stadtgebiet von Werdohl. – Cinclus 22 (2): 3-11
Plachter, H. (1991): Naturschutz. – Stuttgart (G. Fischer)
Pohlmeier, (1890): Ornithologische Beobachtungen. – Jahresbericht der Zoologischen Sektion des Westfälischen Provincial-Vereins für Wissenschaft und Kunst Münster 18: 96-108
Quelle, M. & Lemke, W. (1988): Strukturanalyse von Waldlaubsängerrevieren (*Phylloscopus sibilatrix*) in Westfalen. – Charadrius 24: 196-213
Rade, E. & Landois, H. mit Beiträgen anderer Sektionsmitglieder (1886): Die Vogelwelt Westfalens. In: Landois, H. (Hrsg.): Westfalens Tierleben in Wort und Bild. – Paderborn (Verl. Ferdinand Schöningh) Bd. 2
Rademacher + Partner Ingenieurberatung GmbH (1992a): Planfeststellungsantrag zur Boden- und Bauschuttdeponie in Hagen-Vorhalle. Anlage 4.5 Landschaftspflegerischer Begleitplan. 4.5.1 Erläuterungen Teil 1: Allgemeiner Teil. 61 S. und 4.5.2 Erläuterungen Teil 2: Bioökologische Bestandsaufnahme 174 S. – i. A. der Schütz Edelhoff Abfallentsorgung GmbH & Co. Hagen (Bearbeiter: M. Schlüpmann)
Rademacher + Partner Ingenieurberatung GmbH (1992b): Studie zur Wiederherstellung der Durchwanderbarkeit der Ennepe im Hagener Stadtgebiet für die Aquafauna. – Gutachten erstellt im Auftrag der Stadt Hagen. Erläuterungsbericht: 44 S. und Anh., Wassertechnische Berechnungen, Pläne und Fotodokumentation. Erläuterungen 50 S.
Rademacher + Partner Ingenieurberatung GmbH (1997): Konzept zur naturnahen Entwicklung der Volme im Stadtgebiet von Hagen. Bd. I-IV. – Bearb. i. A. d. Stadtentwässerung Hagen SEH (Bearb.: M. Schlüpmann): Bd. I. Anl. 1 Erläuterungen, 62 S.
Rausch, M. (1900): Die gefiederten Sängerfürsten des europäischen Festlandes. Ein Handbuch für alle Liebhaber der hervorragendsten und beliebtesten einheimischen Singvögel. – Magdeburg (Creutz'sche Verlagsbuchhandlung)
Rehage, H.-O. (1969): Kanadagans – *Branta canadensis*. S. 174-175 in: Peitzmeier (Hrsg.): Avifauna von Westfalen. 1. Aufl. 1969. – Abhandlungen Landesmuseum für Naturkunde Münster Westfalen 41, 476 S.
Reichling, H. J. (2003): Die Kanadagans *Branta canadensis* ist Brutvogel in Hohenlimburg. – Cinclus 31 (2): 30-31
Reichling, H. J. (2005): Wieder Nachwuchs bei den Kanadagänsen in Hohenlimburg. – Cinclus 33 (1): 41-42
Reichholf, J. (2007): Stadtnatur. Eine neue Heimat für Tiere und Pflanzen. – München (Oekom Verlag)
Remmert, O. (1928): Von Pflanzen und Tieren [im Landkreis Schwelm]. S. 54-55 in: Böhme, E. (Hrsg.): Der Landkreis Schwelm. – Deutschlands Städtebau. Berlin-Halensee (Dari)
Remmert, H. (1985): Was geschieht im Klimax-Stadium? Ökologisches Gleichgewicht aus desynchronen Zyklen. – Naturwissenschaften 72: 505-512
Remmert, H. (1987): Sukzession im Klimax-System. – Verhandlungen der Gesellschaft für Ökologie Gießen 16: 27-34
Richarz, K., Bezzel, E. & Hormann, M. (Hrsg.) (2001): Taschenbuch für Vogelschutz. – Wiebelsheim (Aula-Verlag)
Riegel, J. (1988): Kernbeißer (*Coccothraustes coccothraustes*) in samentragenden Hainbuchen. – Charadrius 24: 17-18
Rockenbauch, D. (1998): Der Wanderfalke in Deutschland und umliegenden Gebieten. Band 1: Verbreitung, Bestand, Gefährdung und Schutz. – Ludwigsburg (Hölzinger)
Rocholl D. (1983): Standortkundliche Beschreibung des Wuchsbezirkes „Niedersauerland" (51). In: Landesanstalt für Ökologie, Landschaftsentwicklung und Forsten Nordrhein-Westfalen (Hrsg.): Forstökologische Gliederung Nordrhein-Westfalens Heft 3: 1-87
Röttler, G. (1969a): Der Hengsteysee. Ein Rast- und Überwinterungsplatz für Schwimmvögel. – Heimatblätter für Hohenlimburg und Umgebung 30: 69-71
Röttler, G. (1969b): Ständiger Beobachter am See. Der Hengsteysee. Ein Rast- und Überwinterungsplatz für Schwimmvögel. – Hagener Heimatkalender 1970 11: 147-149
Röttler, G. (1985): Brut von Birkenzeisigen (*Carduelis flammea*) im Stadtgebiet von Hagen. – Ornithologische Mitteilungen 37: 243-244
Röttler, G. (1993): Der Hengsteysee als Überwinterungsplatz. 25 Jahre internationale Schwimmvogelzählung. – Heimatbuch Hagen + Mark (Hagener Heimatkalender) 35: 184-186
Ruge, K. (1993): Europäische Spechte – Ökologie, Verhalten, Bedrohung, Hilfen. In: Landesanstalt für Umweltschutz Baden-Württemberg (Hrsg.): Artenschutzsymposium Spechte. – Beihefte zu den Veröffentlichungen für Naturschutz und Landschaftspflege in Baden-Württemberg, Karlsruhe 67: 13-25
Sallermann, S. (2002): Der NABU gratuliert Hans-Jürgen Thiel zur Verleihung des Bundesverdienstkreuzes. – NABU Info Stadtverband Hagen 20 (1) Ausgabe 41: 20-23
Sallermann, S. (2003): Eine Vogeltragödie. – NABU Info Stadtverband Hagen 21 (2) Ausgabe 44: 13
Sartor, J. (1998): Herbstlicher Vogelzug auf der Lipper Höhe. – Beiträge zur Tier und Pflanzenwelt des Kreises Siegen-Wittgenstein 5: 1-234
Schäfer, A. (1948/1996): Hagener Vogelleben. Bericht für das Hagener Heimatmuseum, Hagen 1. Juni 1948 (1996 mit einem Epilog von E. Janzing veröffentlicht in: Hohenlimburger Heimatblätter für den Raum Hagen und Iserlohn 57: 443-452
Schäfer, A. (1950): Verzeichnis der um Hohenlimburg vorkommenden Vogelarten. – Heimatblätter für Hohenlimburg und Umgebung 11: 93-96
Schäfer, A. (1953): Hagen-Emst. – Hrsg. Schulpflegschaft der Christlichen Gemeinschaftsschule Hagen-Emst anläßlich der Übergabe des neuen Schulgebäudes im April 1953, 144 S.

SCHÄFER, A. (1955): Kipper-Westerbauer. Aus der Natur und Geschichte des westlichen Stadtgebietes von Hagen. – In Verbindung mit der Kipperschule hrsg. von Albert Schäfer

SCHERER, S. & HILSBERG, T. (1982): Hybridisierung innerhalb der Anatidae. – Journal für Ornithologie 123: 357-380

SCHERNER, E. R. (1980): *Columba palumbus* – Ringeltaube. S. 64-97 in GLUTZ VON BLOTZHEIM, U. N. & BAUER, K. M. (Hrsg.): Handbuch der Vögel Mitteleuropas. Bd. 9, Columbiformes-Piciformes. – Wiesbaden

SCHERZINGER, W. (1996): Naturschutz im Wald. Qualitätsziele einer dynamischen Waldentwicklung. – Stuttgart (Ulmer)

SCHIRMER, H. (1966): Klimadaten. In: Deutscher Planungsatlas Bd. 1: Nordrhein-Westfalen, Lieferung 7, 22 S. und Kartenbeilagen. – Hannover (H. Schroedel)

SCHLÜPMANN, M. (1984): Lebensgemeinschaft einer Ruderalfläche bei Hagen-Berchum. – Der Sauerländische Naturbeobachter (Veröffentlichungen der Naturwissenschaftlichen Vereinigung Lüdenscheid) 17: 230-242

SCHLÜPMANN, M. (1986): Beobachtungen zur Phänologie, Truppbildung und Habitatwahl der Ringeltaube (*Columba palumbus*) im Ruhrtal bei Hagen. – Charadrius 22: 143-153

SCHLÜPMANN, M. (1991/92): Natur und Landschaft in Letmathe – eine Situationsanalyse auf historischer Basis. – Der Sauerländische Naturbeobachter (Veröffentlichungen der Naturwissenschaftlichen Vereinigung Lüdenscheid) 22: 37-53

SCHLÜPMANN, M. (1993): Anmerkungen zur Bejagung der Rabenvögel. – Hohenlimburger Heimatblätter für den Raum Hagen und Iserlohn 54: 41-46

SCHLÜPMANN, M. (2000): Zur Neophythen-Flora der Volmeaue im Hagener Stadtgebiet. – Dechemania 153: 37-49

SCHLÜPMANN, M. (2001a): Stehende Kleingewässer im Raum Hagen. Teil II: Typologie, Lage, Trophie. – Hohenlimburger Heimatblätter für den Raum Hagen und Iserlohn 62: 409-415 (1. Teil)

SCHLÜPMANN, M. (2001b): Beobachtungen zur herbstlichen Avifauna der Volme im Hagener Stadtgebiet 1996. – Charadrius 34: 5-10

SCHLÜPMANN, M. (2003a): Stehende Kleingewässer im Raum Hagen. Teil II: Typologie, Lage, Trophie (Fortsetzung). – Hohenlimburger Heimatblätter für den Raum Hagen und Iserlohn 64: 241-248

SCHLÜPMANN, M. (2003b): Entstehung, Nutzung, Typologie, Temperaturverhältnisse und Hydrochemie stehender Kleingewässer im Raum Hagen. – Dortmunder Beiträge zur Landeskunde naturwissenschaftliche Mitteilungen 36/37: 55-112

SCHLÜPMANN, M. (2005): Die Natur- und Kulturlandschaft des Hagener Raumes und ihr Wandel im Spiegel der Avifauna. – Dortmunder Beiträge zur Landeskunde naturwissenschaftliche Mitteilungen 39: 39-90

SCHLÜPMANN, M. (2006a): Feuerfestes contra Natur. Der Dolomitsteinbruch in Hagen soll erweitert werden. – Naturschutz in Nordrhein-Westfalen 17 (1): 6-8

SCHLÜPMANN, M. (2006b): Die Fauna einer bedrohten Kulturlandschaft in Hagen. – Dortmunder Beiträge zur Landeskunde naturwissenschaftliche Mitteilungen 40: 59-96.

SCHLÜPMANN, M. (2007): Kanadagans (*Branta canadensis*) und Zwerg-Kanadagans (*B. hutchinsii*) in Hagen – Beobachtungen bis 2005. – Charadrius, Bonn 43 (4): 155-161.

SCHLÜPMANN, M. & BLAUSCHECK, R. (1991/92): Zu erwartende Auswirkungen einer geplanten Gewerbefläche. – Modellhafte Prognosen und Argumentationshilfen für den Naturschutz am Beispiel einer Ruderalfläche. – Der Sauerländische Naturbeobachter (Veröffentlichungen der Naturwissenschaftlichen Vereinigung Lüdenscheid) 22: 54-64

SCHLÜPMANN, M. & GEIGER A. (1999): Rote Liste der gefährdeten Kriechtiere (Reptilia) und Lurche (Amphibia) in Nordrhein-Westfalen. In Landesanstalt für Ökologie, Bodenordnung und Forsten/Landesamt für Agrarordnung Nordrhein-Westfalen (Hrsg.): Rote Liste der gefährdeten Pflanzen und Tiere in Nordrhein-Westfalen. – LÖBF-Schriftenreihe, Recklinghausen 17: 375-404

SCHLÜPMANN M & KERKHOFF C. (1992): Landschaftspflegerische Begleitplanung. – Dortmunder Verlag für Bau- und Planungsliteratur [2. Aufl. 1993]

SCHLÜPMANN, M., SCHÜCKING, A. & BLAUSCHECK, R. (1981): Der Kalksteinbruch Helmke (Iserlohn-Letmathe) als schützenswerter Lebensraum. – Hohenlimburger Heimatblätter für den Raum Hagen 42: 47-60

SCHLÜPMANN, M., FELDMANN, R. & BELZ A. (2005): Stehende Kleingewässer im Südwestfälischen Bergland – Charakteristik und Fauna am Beispiel der Libellen und der Wirbeltiere. In: PARDEY, A. & TENBERGEN, B. (Hrsg.): Kleingewässer in Nordrhein-Westfalen. Beiträge zur Kulturgeschichte, Ökologie, Flora und Fauna stehender Gewässer. – Abhandlungen aus dem Westfälischen Museum für Naturkunde 67 (3): 201-222

SCHMIDT, K.-H (1979): Begleittext zur Exkursion in die Iserlohner Kalksenke am 19.10.1979. – Führer zu den Exkursionen der 21.Jahrestagung des Verbandes d. deutschen Höhlen- und Karstforscher e.V. vom 19.-21.Oktober 1979 in Ennepetal, Ennepe-Ruhr-Kreis. – Kleine Schriften zur Karst- und Höhlenkunde München 18: 13-19 und Tafeln I-II

SCHÖNBERGER, C. (1997): Beitrag zur Jahresvogelkampagne: Die Spechte in Hagen – Brutbestand 1997. – Info-Heft NABU Hagen 15 (2) Ausgabe 33: 2-9

SCHÖNBERGER, C. (1998): Die Brutvögel von Hagen – eine erste kommentierte Liste als Arbeitsgrundlage für eine Avifauna von Hagen. – NABU Info Stadtverband Hagen 16 (2) Ausgabe 35: 2-20

SCHÖNBERGER, C. (1999): Die Feldlerche in Hagen – Brutbestand 1998. – NABU Info Stadtverband Hagen 17 (1) Ausgabe 36: 15-16

SCHÖNBERGER, C. (2002): 2001 – Ein gutes Vogeljahr in Hagen! – Cinclus 30 (1): 8-16

SCHRÖDER, E. (1953): Zur Tierwelt des westlichen Sauerlandes. In: Der Raum Hagen und das benachbarte Sauerland. – 1. Veröffentlichung der Naturwissenschaftlichen Vereinigung Hagen: 44-48

SCHRÖDER, E. (1957): Landschaft und Vögel des westlichen Sauerlandes. – Der Sauerländische Naturbeobachter (Veröffentlichungen der Naturwissenschaftlichen Vereinigung Lüdenscheid) 4: 23-102

SCHÜCKING, A. (1960): Über die Ansiedlung der Türkentaube (*Streptopelia decaocto*) in Hagen (Westf.). – Ornithologische Mitteilungen 12: 121-122

Schücking, A. (1963): Wo noch der Kiebitz (*Vanellus vanellus*) brütet. – Hagener Heimatkalender 1964 4: 87-89.

Schücking, A. (1964): Über die Vogelwelt des Hagener Gebietes. – 4. Veröffentlichung der Naturwissenschaftlichen Vereinigung Hagen: 20-29

Schücking, A. (1965): Zur Siedlungsdichte und Brutbiologie des Sumpfrohrsängers (*Acrocephalus palustris*). – Natur und Heimat 25: 117-123

Schücking, A. (1966): Spechte – Von den gefiederten Zimmerleuten der heimatlichen Natur. – Hagener Heimatkalender 1967 8: 174-176

Schücking, A. (1969): Wandel im Brutrevier der Elster. Beobachtungen zur Verstädterung einiger Vogelarten. – Hagener Heimatkalender 1970 11: 141-142

Schücking, A. (1972): Die Wasseramsel. Ein Brutvogel unserer Heimat bevorzugt saubere Gebirgsbäche. – Hagener Heimatkalender 1973 14: 147-148

Schücking, A. (1973): Haubentaucher. Seltene Brutvögel auf dem Harkort- und Hengsteysee. – Hagener Heimatkalender 1974 15: 121-122

Schücking, A. (1974): Zur Ansiedlung und Brutbiologie des Haubentauchers auf dem Hengstey- und Harkortsee. – Natur und Heimat 34: 105-112

Schücking, A. (1975a): „Rote Liste" der gefährdeten Vogelarten unseres Landes – Hohe Bruterfolge in heimischen Vogelschutzgebieten. – Cinclus 3 (1): 15-17

Schücking, A. (1975b): Tödliches Wetter für Schwalben. Die Rauch- und Mehlschwalbentragödie im Raum Hagen-Herdecke im Spätherbst 1974. – Hagener Heimatkalender 1976 17: 266-268

Schücking, A. (1976a): Bemerkenswerter Bruterfolg des Haubentauchers (*Podiceps cristatus*) mit künstlichen Nisthilfen. – Die Vogelwelt 97 (1): 21-25

Schücking, A. (1976b): Erfolgreiche Brutperiode der Haubentaucher auf dem Hengstey- und dem Harkortsee im Sommer 1976. – Cinclus 4 (2): 13-16

Schücking, A. (1976c): Der Mensch muß „heile Vogelwelt" wiederherstellen. Seltene Brutvögel an heimischen Gewässern. – Hagener Heimatkalender 1977 18: 246-248

Schücking, A. (1977a): Vogelzugbeobachtungen im Herbst 1976. – Cinclus 5 (1): 10-12

Schücking, A. (1977b): Beobachtungen an einer Bruthöhle des Kleinspechtes (*Dendrocopus minor*). – Natur und Heimat 37: 87-91

Schücking, A. (1977c): Vögel ziehen in die Städte. – Hagener Heimatkalender 1978 19: 106-110

Schücking, A. (1977d): Schwimmendes Nest am Nylonfaden – Hagener Heimatkalender 1978 19: 111-113

Schücking, A. 1978a): Von Nachgelegen, Zweit- und Drittbruten des Haubentauchers (*Podiceps cristatus*) in der Brutperiode 1978. – Cinclus 5 (2): 27-29

Schücking, A. (1978b): Vögel ziehen in die Städte. – Heimatbuch Hagen + Mark (Hagener Heimatkalender 1979) 20: 106-110

Schücking, A. (1978c): Bericht über Bestandsaufnahmen in den ornithologisch wertvollen Gebieten der Stadt Hagen. Unveröff. Bericht, Hagen, 108 S.

Schücking, A. (1978d): Vogelparadies an der Lenne muß erhalten bleiben! – Heimatblätter für Hohenlimburg. Beiträge zur Landeskunde im Volme-Ruhr-Lennebereich 39: 169-173

Schücking, A. (1978e): Vom Kranich- und Krähenzug im Herbst 1977. – Cinclus 6 (1): 15-17

Schücking, A. (1979a): Über den Vogelzug im Raum Hagen-Herdecke im Herbst 1978. – Cinclus 7 (1): 16-19

Schücking, A. (1979b): Die Vogelwelt des Nahmertals. – Heimatblätter für Hohenlimburg. Beiträge zur Landeskunde im Volme-Ruhr-Lennebereich 40: 1-5

Schücking, A. (1979c): Zur Fauna und Flora des Hassel-, Henkhauser- und des Wannebachtals. – Heimatblätter für Hohenlimburg 40: 171-176

Schücking, A. (1979d): Zum Revier- und Brutverhalten des Flussregenpfeifers (*Charadrius dubius*) im Hagener Gebiet. – Natur und Heimat 39: 129-133

Schücking, A. (1979e): Ernste Sorgen um den Natur- und Landschaftsschutz. – Heimatblätter für Hohenlimburg und Umgebung 40 (2): 29-32

Schücking, A. (1980a): Vogelschutztagung 1909 in Hagen – Probleme im Bereich des Vogelschutzes damals ähnlich wie heute ..... – Cinclus 8 (1): 18-19

Schücking, A. (1980b): Brutplätze aus „zweiter Hand". – Heimatbuch Hagen + Mark (Hagener Heimatkalender 1981) 22: 246-248

Schücking, A. (1981a): Wenn der Mensch helfend eingreift. Hoher Bruterfolg der Wasseramsel (*Cinclus cinclus*) in Nistkästen. – Heimatbuch Hagen und Mark (Hagener Heimatkalender 1982) 23: 109-113

Schücking, A. (1981b): Zuflucht an Wegesrändern. – Heimatbuch Hagen + Mark (Hagener Heimatkalender 1982) 23: 192-195

Schücking, A. (1981c): Der Vogelzug über dem Raum Herdecke-Hagen im Herbst 1980. – Cinclus 9 (1): 21-26

Schücking, A. (1981d): Beobachtungen an 2 schneeweißen Mäusebussarden (*Buteo buteo*) – Albinos. – Cinclus 9 (2): 29

Schücking, A. (1982a): 50 Jahre Vogelschutz am Hengsteysee. – Heimatbuch Hagen und Mark. (Hagener Heimatkalender 1983) 24: 109-113

Schücking, A. (1982b): Totalalbinos – schneeweiße Vögel im grünen Revier. – Hohenlimburger Heimatblätter für den Raum Hagen 43: 41-44

Schücking, A. (1983): Die Elster (*Pica pica*) – ein arger Nesträuber unter den heimischen Vögeln. – Heimatbuch Hagen + Mark (Hagener Heimatkalender 1984) 25: 149-152

Schücking, A. (1984a): Noch einige Anmerkungen zum Elsternproblem. – Cinclus 12 (1): 21-24

Schücking, A. (1984b): Gefährdete Brutplätze an Böschungen, Graben- und Wegrändern – Sensen und Mahmaschinen drohen. – Heimatbuch Hagen und Mark (Hagener Heimatkalender 1985) 26: 180-182

Schücking, A. (1985): Dauerwohnrecht für Uferschwalben. – Heimatbuch Hagen + Mark (Hagener Heimatkalender 1986) 27: 184-185

Schücking, A. (1986): Der Buschmühlengraben - ein ökologisch wertvoller Lebensraum. – Cinclus 14 (2): 21-25

Schücking, A. (1987): Das Braunkehlchen (*Saxicola rubetra*). Vogel des Jahres 1987. – Informationsblatt über Natur-, Umwelt- und Vogelschutzangelegenheiten für Hagen und Umgebung 5 (1) Ausgabe 12: 4-5

Schücking, A. (1989): Wer sah noch einen Eisvogel? Die „Rote Liste" der gefährdeten Vogelarten wird immer länger

– ist sie noch zu stoppen? – Heimatbuch Hagen + Mark (Hagener Heimatkalender 1990) 31: 184-186

Schücking, A. (1990): Der Neuntöter vom Eichelnbleck. Brachflächen gehören heute zu seinen letzten Brut- und Lebensräumen. – Heimatbuch Hagen + Mark (Hagener Heimatkalender 1991) 32: 118-120

Schücking, A. (1991a): Jetzt Lebensräume aus zweiter Hand. Die Vogelwelt des unteren Lennetales – früher und heute. – Heimatbuch Hagen + Mark (Hagener Heimatkalender 1992) 33: 200-203

Schücking, A. (1991b): Zunehmende Bevorzugung von Oberleitungsmasten der Bundesbahn als Brutplatz der Elster. – Charadrius 27: 142-144

Schücking, A. (1992a): Ein kleines Jubiläum ... Zehn Jahre Stadtverband Hagen e. V. im Naturschutzbund Deutschland (vormals Deutscher Bund für Vogelschutz). – Informationsblatt über Natur-, Umwelt- und Vogelschutzangelegenheiten für Hagen und Umgebung 10 (2) Ausgabe 23: 4-5

Schücking, A. (1992b): Erfolgreiche Maßnahmen im Arten- und Biotopschutz -verschwundene Vögel kehren zurück. – Heimatbuch Hagen und Mark (Hagener Heimatkalender 1993) 34: 254-257

Schücking, A. (1993a): Der Flußregenpfeifer (*Charadrius dubius*) - Vogel des Jahres 1993. – Informationsblatt über Natur-, Umwelt- und Vogelschutzangelegenheiten für Hagen und Umgebung 11 (1) Ausgabe 24: 4-5

Schücking, A. (1993b): Mein Freund – der Flußregenpfeifer. – Informationsblatt über Natur-, Umwelt- und Vogelschutzangelegenheiten für Hagen und Umgebung 11 (2) Ausgabe 25: 20-22

Schücking, A. (1997): Zur Populationsentwicklung des Flussregenpfeifers (*Charadrius dubius*) im Raum Hagen/Westfalen in den Jahren 1980 bis 1996. – Natur und Heimat 57: 13-18

Schulte, W. (1937): Iserlohn. Geschichte einer Stadt. – Iserlohn (Rudolph Wichelhoven)

Schultz, K.-D. (1994): Eine Zweitbrut des Zaunkönigs ganz in Menschennähe. – Informationsblatt über Natur-, Umwelt- und Vogelschutzangelegenheiten für Hagen und Umgebung 12 (2) Ausgabe 27: 38-39

Schultz, K.-D. (1996): Anton Schücking – mit 80 Jahren noch sehr aktiv. – Info-Heft NABU Hagen 14 (2) Ausgabe 31: 5-6

Schultz, K.-D. (2000): Anton Schücking – ein Blick auf seine Veröffentlichungen. – NABU Info 18 (1) Ausgabe 37: 6-15

Schultz, M. (1994): Kernbeißer am Theodor-Heuss-Gymnasium. – Informationsblatt über Natur-, Umwelt- und Vogelschutzangelegenheiten für Hagen und Umgebung 12 (1) Ausgabe 26: 25

Schwarz, J. & Flade, M. (2000): Bestandsveränderungen von Vogelarten der Siedlungen seit 1989. – Die Vogelwelt 121: 87-106

Sierp, F. (1930): Vogelschutz am Hengsteysee. In: Spetzler, O. & Strobel, H. (Bearb.): Der Hengsteysee im neugestalteten Ruhrtal als Erholungsstätte und Kraftquelle. – Essen (im Selbstverlag der Seegesellschaft m. b. H. Hengstey)

Skiba, R. (1993): Die Vogelwelt des Niederbergischen Landes. – Jahresberichte des Naturwissenschaftlichen Vereins Wuppertal, Beiheft 2. Wuppertal

Sonneborn, D. (1976): Erster Brutnachweis des Birkenzeisigs (*Carduelis flammea ssp.*) in Westfalen. – Alcedo 3: 23

Specht, B. (o. J., nach 1950): Das Klima Lüdenscheids. S. 13-20 in Kulturamt der Stadt Lüdenscheid (Hrsg.): Buch der Bergstadt Lüdenscheid

Sprenger, M. & Müller, M. (2004): NABU Ennepe-Ruhr. Vielfältige Aktivitäten. – Naturschutz in Nordrhein-Westfalen 4/2004: V

Stadt Hagen (2007): Statistisches Jahrbuch 2007. – Herausgeber: Der Oberbürgermeister, Ressort Statistik und Stadtforschung, (Druckerei der Stadt Hagen), 225 S.

Stichmann, W. (1969): Die Gewässer. In: Peitzmeier, J. (Hrsg.): Avifauna von Westfalen. – Abhandlungen Landesmuseum für Naturkunde Münster Westfalen 41, 125-144

Stichmann, W. (1976): Die Vogelwelt der Talsperren. S. 122-134 in Feldmann, R. (Hrsg.): Tierwelt im südwestfälischen Bergland. – Kreuztal (die wielandschmiede), 207 S.

Stock, P. (1979): Spezielle Aspekte des Stadtklimas im Ruhrgebiet. – Landesanstalt für Ökologie, Landschaftsentwicklung und Forstplanung Nordrhein-Westfalen, Landestagungen 1979, 5: 48-54

Stöcker, W.: Das Jahr der Kanadagänse. – http://www.kandagaense.de. Bearbeitungsstand 18.10.2005

Stoldt, H. (1998a): Die Feldlerche (*Alaula arvensis*), der Vogel des Jahres 1998. – Cinclus 26 (1): 25-27

Stoldt, H. (1998b): Auch 1997 waren die Höhlenbrüter sehr erfolgreich [auch Baumfalke, Wespenbussard]. – Cinclus, Herdecke 26 (1): 37-42.

Stratmann, U. (1988): Vegetationskundliche Untersuchungen in bodensauren Traubeneichenhangwäldern im westlichen Süderbergland. – Diplomarb. Ruhr-Univ. Bochum, 119 S. und Anhang

Sudmann, S. et al. (2008): Rote Liste der gefährdeten Brutvogelarten Nordrhein-Westfalens – 5. Fassung. – Charadrius 44 im Druck

Südbeck, P., Bauer, H.-G., Boschert, M., Boye, P. & Knief, W. (2007): Rote Liste der Brutvögel Deutschlands. 4., überarbeitete Fassung, 30.11.2007. – Berichte zum Vogelschutz 44: 23-81

Suffrian, E. (1846): Verzeichnis der innerhalb des Königl. Preußischen Regierungsbezirks Arnsberg bis jetzt beobachteten wild lebenden Wirbelthiere. – Jahrbücher des Nassauischen Vereins für Naturkunde 3: 126-169

Thaler-Kottek E. (1990): Die Goldhähnchen: Winter- und Sommergoldhähnchen, *Regulus regulus*, *Regulus ignicapillus*. – Neue Brehm-Bücherei 597, Wittenberg Lutherstadt (Ziemsen Verlag)

Thiel, H.-J. (1987): Bestandsermittlung der Elster (*Pica pica*) in Hagen/Westfalen. – Informationsblatt über Natur-, Umwelt- und Vogelschutzangelegenheiten für Hagen und Umgebung 5 (2) Ausgabe 11: 8-11

Thiel, H.-J. (1988): Hilfe für die Uferschwalbe (*Riparia riparia*) – Vogel des Jahres 1983. – Informationsblatt über Natur-, Umwelt- und Vogelschutzangelegenheiten für Hagen und Umgebung 6 (2) Ausgabe 15: 4-7

Thiel, H.-J. (1991): 10 Jahre Uferschwalbenschutz in Hagen – Erfahrungen und Ergebnisse. – Informationsblatt über Natur-, Umwelt- und Vogelschutzangelegenheiten für

Hagen und Umgebung 9 (1) Ausgabe 21: 4-9

THIEL, H.-J. (1994): Die Winternächte der Stare. – Informationsblatt über Natur-, Umwelt- und Vogelschutzangelegenheiten für Hagen und Umgebung 12 (2) Ausgabe 27: 15-18

THIEL, H.-J. (1994): Aufruf an alle Naturfreunde. – Informationsblatt über Natur-, Umwelt- und Vogelschutzangelegenheiten für Hagen und Umgebung 12 (2) Ausgabe 27: 45-46

THIEL, H.-J. (1995): Der Wiesenpieper und die Feldlerche – zwei in Hagen vom Aussterben bedrohte Vogelarten. – Info-Heft NABU Hagen 13 (2) Ausgabe 29: 30-31

THIEL, H.-J. (1996): Bestandsermittlung der Elster, *Pica pica*, im Stadtgebiet Hagen. – Info-Heft NABU Hagen 14 (2) Ausgabe 31: 32-37

THIEL, H.-J. (2002): 20 Jahre NABU Hagen. 20 Jahre ehrenamtlicher Einsatz für Mensch und Natur. – NABU Info Stadtverband Hagen 20 (2) Ausgabe 42: 3-6

TOBIAS, D. (2008): Naturwissenschaftler des 19. Jahrhunderts in 139 Porträts. – Online im Internet: http://www.senckenberg.de/zoologenportraits/Eversmann.htm

TOMEC, M. & N. KILIMANN (1998): Zum Grünspechtvorkommen (*Picus viridis*) im Ruhrgebiet am Beispiel zweier Untersuchungsgebiete in Oberhausen/Bottrop und Herne. – Charadrius 34: 144-154

TRAUTMANN, H. (1972): Potentielle natürliche Vegetation. In: Deutscher Planungsatlas Bd. I Nordrhein-Westfalen Lief. 3. – Hannover (Gebr. Jänecke-Verlag), Karte 1 : 500.000 mit Erläuterungen

TUNK, C. (1983): Beobachtungen an einer Habichtsbrut im Gevelsberger Stadtwald. – Cinclus 11 (2): 30-34

TUNK, C. (1984): Die „Rote Liste" der Brutvögel Hagens. – Cinclus 12 (2): 29-31

VERBÜCHELN, G., HINTERLANG, D., PARDEY, A., POTT, R., RAABE, U. & VAN DER WEYER, K. (1999): Rote Liste der gefährdeten Pflanzengesellschaften in Nordrhein-Westfalen. In Landesanstalt für Ökologie, Bodenordnung und Forsten/Landesamt für Agrarordnung Nordrhein-Westfalen (Hrsg.): Rote Liste der gefährdeten Pflanzen und Tiere in Nordrhein-Westfalen. – LÖBF-Schriftenreihe, Recklinghausen 17: 57-74

VOLKSSTERNWARTE HAGEN E. V.: vgl. ARBEITSGEMEINSCHAFT VOGELSCHUTZ

WALTER, H. (1973): Zum anthropogenen Charakter der rheinischen Vogelwelt. – Charadrius 9: 40-51

WELZEL, A. (1983): Der Verein für Orts- und Heimatkunde Hohenlimburg e. V. berichtet von der AG Naturschutz: Nisthilfen für Eulen. – Hohenlimburger Heimatblätter für den Raum Hagen und Iserlohn 44: 44-45

WELZEL, A. (1986a): Brutnachweise und Sommerbeobachtungen des Birkenzeisigs (*Carduelis flammea*) im Hagener Raum. – Hohenlimburger Heimatblätter für den Raum Hagen und Iserlohn 47: 102-107

WELZEL, A. (1986b): Vogelschutz in Hohenlimburg – Aufgabe mit Tradition. – Hohenlimburger Heimatblätter für den Raum Hagen und Iserlohn 47: 42-47

WELZEL, A. (1987): Beobachtungen an der Wasserralle (*Rallus aquaticus*). – Charadrius 23: 169-173

WELZEL, A. (2002): Bestandsentwicklung der Schleiereule in der Hohenlimburger Umgebung. – Hohenlimburger Heimatblätter für den Raum Hagen und Iserlohn 63: 352-355

WELZEL, A. (2003): Bestandsentwicklung des Feldsperlings (*Passer montanus*) in Nistkästen der Naturschutzgebiete „Ruhraue Syburg" und „Lenneaue Berchum". – NABU Info Stadtverband Hagen 21 (1) Ausgabe 43: 7-9

WIRTHMÜLLER, R. (1997): Zur Brutbiologie der Schwanzmeise (*Aegithalos caudatus*) im Rheinland. – Charadrius 33: 16-25

WOLFF-STRAUB, R., BÜSCHER, D., DIEKJOBST, H., FASEL, P., FOERSTER, E., GÖTTE, R., JAGEL, A., KAPLAN, K., KOSLOWSKI, I., KUTZELNIGG, H., RAABE, U., SCHUMACHER, W. & VANBERG, C. mit Beiträgen von GOTTSCHLICH, G., LOOS, G. H., MATZKE-HAJEK, G. & WEBER, H. (1999): Rote Liste der gefährdeten Farn- und Blütenpflanzen (*Pteridophyta et Spermatophyta*) in Nordrhein-Westfalen. 3. Fassung. In Landesanstalt für Ökologie, Bodenordnung und Forsten/Landesamt für Agrarordnung Nordrhein-Westfalen (Hrsg.): Rote Liste der gefährdeten Pflanzen und Tiere in Nordrhein-Westfalen. – LÖBF-Schriftenreihe, Recklinghausen 17: 75-171

WÜNSCH, M. (1994): Holländischer Kuckuck (*Cuculus canorus*) in Hagen. – Informationsblatt über Natur-, Umwelt- und Vogelschutzangelegenheiten für Hagen und Umgebung 12 (1) Ausgabe 26: 49

ZABEL, J. (1964): Die Wintervogelwelt der Ruhr-Stauseen. – Abhandlungen aus dem Landesmuseum für Naturkunde zu Münster in Westfalen 26: 3-24

ZABEL, J. (1969a): Steinkauz – *Athene noctua*. S. 306 in: Peitzmeier, J. (Hrsg.): Avifauna von Westfalen. – Abhandlungen aus dem Landesmuseum für Naturkunde zu Münster in Westfalen 31

ZABEL, J. (1969b): Aaskrähe – *Corvus corne*. S. 433-437 in: Peitzmeier, J. (Hrsg.): Avifauna von Westfalen. – Abhandlungen aus dem Landesmuseum für Naturkunde zu Münster in Westfalen 31

Ornithologische Sammelberichte (OSB) aus Hagen
Nach den Zeitschriften Cinclus und NABU-Info und weiter chronologisch, nicht alphabetisch geordnet:

Cinclus
SCHÜCKING, A. (1974 bis 1983): Ornithologischer Sammelbericht, in zwei Ausgaben jährlich in: Cinclus 2 (2) bis 11 (2)

SCHÜCKING, A. & TUNK, C. (1984): Ornithologischer Sammelbericht [16.3.-31.8.1984]. – Cinclus 12 (2): 39-49

TUNK, C. & SCHÜCKING, A. (1984): Ornithologischer Sammelbericht [1.9.1983-15.3.1984]. – Cinclus 12 (1): 41-51

SCHÜCKING, A. (1985): Ornithologischer Sammelbericht [1.9.1984-28.2.1985]. – Cinclus 13 (1): 42-54

SCHÜCKING, A. & KLISCH W. (1985): Ornithologischer Sammelbericht [1.3.-31.8.1985]. – Cinclus 13 (2): 40-52

SCHÜCKING, A. (1986): Ornithologischer Sammelbericht [1.9.1985-28.2.1986]. – Cinclus 14 (1): 44-54

SCHÜCKING, A. & REUTER, W. (1986): Ornithologischer Sammelbericht [1.3.-30.8.1986]. – Cinclus 14 (2): 35-44

SCHÜCKING, A. (1987): Ornithologischer Sammelbericht. – Cinclus 15 (1): 33-40

SCHÜCKING, A. & FALKENBERG, M. (1987): Ornithologischer Sammelbericht [1.3.-31.8.1987]. – Cinclus 15 (2): 47-51

ALTMAIER, P. & DRANE, T. C. E. (1988): Ornithologischer Sammelbericht [1.9.1987-29.2.1988]. – Cinclus 16 (1): 25-27

ALTMAIER, P. & DRANE, T. C. E. (1988): Ornithologischer Sammelbericht [1.4.1988-31.8.1988]. – Cinclus 16 (2): 45-49

ALTMAIER, P. & DRANE, T. C. E. (1989): Ornithologischer Sammelbericht [1.9.1988-31.12.1988]. – Cinclus 17 (1): 53-55

ANONYMUS (1989): Der Ornithologischer Sammelbericht [Umstellung auf jährliche Berichte]. – Cinclus 17 (2): 9

ALTMAIER, P. & DRANE, T. C. E. (1990): Ornithologischer Sammelbericht [1989]. – Cinclus 18 (1): 47-52

DRANE, T. C. E. (1991 bis 1995): Ornithologischer Sammelbericht, in zwei Ausgaben jährlich in: Cinclus 19 (1) bis 23 (1)

KOKTA, H. & DRANE, T. C. E. (1996 bis 2008): Ornithologischer Sammelbericht, in zwei Ausgaben jährlich in: Cinclus 24 (1) bis 36 (1)

NABU-Info

THIEL, H.-J. & WÜNSCH, M. (1986): Beobachtete Vogelarten der Roten Liste von NRW und sonstige Seltenheiten in Hagen und nähere Umgebung im Jahre 1985. – Informationsblatt über Natur-, Umwelt- und Vogelschutzangelegenheiten für Hagen und Umgebung 4 (1) Ausgabe 10: 12-14

ANONYMUS (1987): Seltene Vogelbeobachtungen in Hagen. Oktober 1986 bis März 1987. – Informationsblatt über Natur-, Umwelt- und Vogelschutzangelegenheiten für Hagen und Umgebung 5 (1) Ausgabe 12: 20

ANONYMUS (1987): Seltene Vogelbeobachtungen in Hagen von März 1987 bis September 1987. – Informationsblatt über Natur-, Umwelt- und Vogelschutzangelegenheiten für Hagen und Umgebung 5 (2) Ausgabe 13: 21-22

ANONYMUS (1988): Seltene Vogelbeobachtungen in Hagen und näherer Umgebung vom 15.09.1987 bis zum 15.03.1988. – Informationsblatt über Natur-, Umwelt- und Vogelschutzangelegenheiten für Hagen und Umgebung 6 (1) Ausgabe 14: 25-26

WÜNSCH, M. (1988 bis 1993): Seltene Vogelbeobachtungen in Hagen und näherer Umgebung. Informationsblatt über Natur-, Umwelt- und Vogelschutzangelegenheiten für Hagen und Umgebung 6 (2) Ausgabe 15 bis 11 (2) Ausgabe 25

WÜNSCH, M. (1994): Beobachtung von Vögeln in Hagen und näherer Umgebung, die nicht besonders häufig oder nur auf dem Zug auftreten. – Informationsblatt über Natur-, Umwelt- und Vogelschutzangelegenheiten für Hagen und Umgebung NABU Hagen 12 (1) Ausgabe 26: 56-61

WÜNSCH, M. (1994): Beobachtung von Vögeln in Hagen und näherer Umgebung, die nicht besonders häufig oder nur auf dem Zug auftreten. – Informationsblatt über Natur-, Umwelt- und Vogelschutzangelegenheiten für Hagen und Umgebung NABU Hagen 12 (2) Ausgabe 27: 53-57

WÜNSCH, M. & SCHÖNBERGER, C. (1995 bis 1997): Vogelbeobachtungen in Hagen und der näheren Umgebung. – Info-Heft NABU Hagen 13 (1) Ausgabe 28 bis 15 (2) Ausgabe 33

WÜNSCH, M. & SCHÖNBERGER, C. (1995 bis 2001): Vogelbeobachtungen in Hagen und der näheren Umgebung. – NABU Info Stadtverband Hagen 16 (1) Ausgabe 34 bis 19 (1) Ausgabe 39

WÜNSCH, M. (2001 bis 2008): Vogelbeobachtungen in Hagen und näherer Umgebung. – NABU Info Stadtverband Hagen 19 (2) Ausgabe 40 bis 25 (1) Ausgabe 52

5.4 Weitere avifaunistische Literatur aus dem Raum Hagen

ANONYMUS (1954): Ausstellung „Praktischer Vogelschutz" im Heimatmuseum Hohenlimburg. – Heimatblätter für Hohenlimburg und Umgebung 15: 195

ANONYMUS (1973): Ein Steinkauz vom Hof Kriener-Voeste in Herdecke-Ende. – Cinclus 1 (1): 22

ANONYMUS (1973): Mitteilungen A. Untersuchungsergebnisse und Bruterfolge bei Höhenbrütern im Herdecker-Hagener Gebiet während der Brutperiode 1973. – Cinclus 1 (1): 16-17

ANONYMUS (1975): Gedanken zum Vogelschutz. – Cinclus 3 (1): 36

ANONYMUS (1990): Voreilige Mutterliebe [Stockentenbruteigenart]. – Cinclus 18 (2): 18

ANONYMUS (1991): Reiherenten bei uns immer häufiger als Jahresvogel. – Cinclus 19 (1): 9. [Brut bei Herdecke-Kemnade]

ANONYMUS (1992): Reiherenten als Jahresvögel. – Cinclus 20 (1): 32

ANONYMUS (1992): Lachmöwen sind keine Standvögel. – Cinclus 20 (1): 32

ANONYMUS (1994): Wanderfalkenbestand entwickelt sich positiv. – Cinclus 22 (1): 42-43

ANONYMUS (2008): Keine Angst vor Kormoranen. – Cinclus 36 (1): 39-40

ANONYMUS (2008): Kuckucksbeobachtungen aus unserem Archiv und bestehenden Meldungen von 1973 bis 2007 – *Cuculus canorus* – Vogel des Jahres 2008. – Cinclus 36 (1): 5-6

ARBEITSGRUPPE GREIFVÖGEL DER GRO UND WOG (1989): Die Bestandsentwicklung des Habichts (*Accipiter gentilis*) in Nordrhein-Westfalen von 1972 bis 1985. – Charadrius 25: 55-69.

ARBEITSGRUPPE GREIFVÖGEL NORDRHEIN-WESTFALEN DER GRO UND WOG (1996): Die Bestandsentwicklung und der Bruterfolg des Baumfalken (*Falco subbuteo*) in Nordrhein-Westfalen von 1972 bis 1994. – Charadrius 32: 8-23.

ARBEITSGRUPPE GREIFVÖGEL NORDRHEIN-WESTFALEN DER GRO UND WOG (1997): Die Bestandsentwicklung und der Bruterfolg des Rotmilans (*Milvus milvus*) in Nordrhein-Westfalen von 1972 bis 1995. – Charadrius 33: 1-15.

ARBEITSGRUPPE GREIFVÖGEL NORDRHEIN-WESTFALEN DER NWO (2000): Die Bestandsentwicklung und der Bruterfolg des Wespenbussards (*Pernis apivorus*) in Nordrhein-Westfalen von 1972 bis 1998 mit Angaben zu Revierverhalten, Mauser und Beringungsergebnissen. – Charadrius 36: 58-79.

ARBEITSGRUPPE GREIFVÖGEL DER NORDRHEIN-WESTFÄLISCHEN ORNITHOLOGENGESELLSCHAFT (NWO) (2002): Ergebnisse einer 30-jährigen Erfassung der Bestandsentwicklung und des Bruterfolges beim Habicht (*Accipiter gentilis*) in Nordrhein-Westfalen von 1972-2001. – Charadrius 38: 139-154.

BAHRIG (1989): Nistmaterial sammelnde Meisen. – Cinclus 17 (1): 28

Brune, J., Guthmann, E., Jöbges, M. & Müller, A. (2002): Zur Verbreitung und Bestandssituation des Rotmilans (*Milvus milvus*) in Nordrhein-Westfalen. – Charadrius 38: 122-138

Conrads, K. (1958): Der Grauspecht (*Picus canus Gmelin*) in Westfalen. – Natur und Heimat 18: 43-52

Demandt, C. (1939): Vogelkundliche Aufzeichnungen aus dem westlichen Sauerland [Steinkauz: Delstern, Merlin: Volmetal, Birkhuhn: Wiblingwerde, Haselhuhn: Niederwälder des Lennegebirges u. a.]. – Natur und Heimat 6: 65-66

Demandt, C. (1959): Untersuchungen über die Siedlungsdichte der Greifvögel im westlichen Sauerland. – Natur und Heimat 19: 82-85

Drane, T. C. E. (1998): Warum brüten so wenig Dohlen in Hagen? – Cinclus 26 (2): 7-12

Drane, T. C. E. (2002): Zaunkönige finden ungewöhnliche Brutplätze. – Cinclus 30 (1): 36-37

Drane, T. C. E. (2003): Mauersegler – Vogel des Jahres 2003. – Cinclus 31 (1): 3-5

Drane, T. C. E. (2007): Die Saga vom Ende unseres Vereinshauses „Haus am Fels" – Herdecker Bürgermeister hilft unserem Verein. – Cinclus 35 (1): 3-6

Drane, T. C. E. (2007): NRW-Atlas – Atlas der Brutvögel von Nordrhein-Westfalen. – Cinclus 35 (2): 33-35

Ensuleit, K. L. (1974): Untersuchungsergebnisse und Bruterfolgsnachweise bei Höhlenbrütern im Sommer 1974. – Cinclus 2 (1): 8-9

Ensuleit, K. L. (1974): Bestandskontrollen bei Rauch- und Mehlschwalben im Sommer 1974. – Cinclus 2 (2): 26-27

Ensuleit, K. L. (1974): Herdecker - Hagener, Syburger Vogelschutzgebiete 1965-1974 – Ein neuer Weg zum Schutz der Vögel. – Cinclus 2 (2): 26-27

Ensuleit, K. L. (1976): Über die Population des Trauerschnäppers in den Jahren 1927 bis 1975. – Cinclus 4 (1): 3-6

Ensuleit, K. L. (1976): Untersuchungsergebnisse und Bruterfolgsnachweise bei Höhlenbrütern im Sommer 1976. – Cinclus 4 (2): 3-5

Ensuleit, K. L. (1976): Rauch- und Mehlschwalben – Bestandskontrollen Sommer 1976. – Cinclus 4 (2): 19-21

Ensuleit, K. L. (1977): Über die Lebensräume der Vögel: Herdecke - Ende - Wittbräuke Schede - Gedern. – Cinclus 5 (1): 3-4

Ensuleit, K. L. (1977): Herdecker - Hagener und Syburger Vogelschutzgebiete. Ein neuer Weg zum Schutze der Vögel „Sperrzonen" – Cinclus 5 (1): 13-16

Ensuleit, K. L. (1980): Bestandskontrolle von Mehl- und Rauchschwalben im Sommer 1980. – Cinclus 8 (2): 3-4

Ensuleit, K. L. & Schücking, A. (1975): Untersuchungen des Rauch- und Mehlschwalbenbestandes im Sommer 1975 im Raum Hagen - Herdecke - Wetter. – Cinclus 3 (1): 18-22

Externbrink, F. (1951/52): Volkstümliche Tiernamen und Ausdrücke im Kreis Iserlohn und seiner Umgebung. – Heimatblätter für Hohenlimburg und Umgebung 12: 157-164

Feldmann, R. (1969): Aus der Tier- und Pflanzenwelt des Kreises Iserlohn. – Lese- und Arbeitshefte zur Landeskunde des Kreises Iserlohn 1: 63 S.

Feldmann, R. (1998): Die biogeographische Bedeutung des Ruhrtales, in: Fey, J. M. & Müller, R. (Hrsg.): Die Ruhr. Elf flußbiologische Exkursionen. 1. Aufl. – Wiehl (M. Galunder Verlag), 10-27

Fellenberg, W. O. & Prünte, W. (1960): Zum Brutvorkommen und Durchzug der Schafstelze (*Motacilla flava*) im Sauerland. – Natur und Heimat 20 (2): 57-59

Friese, H. (1982): Brutbeobachtungen bei Blaumeisen (*Parus caeruleus*). – Cinclus 10 (2): 35

Friese, H. (1983): Unsere Vögel in Wald und Garten – Der Kleiber (*Sitta europaea*). – Cinclus 11 (1): 33-34

Giller, F. (1969): Das Sauerland und das Siegerland. S. 64-85. In: Peitzmeier, J. (Hrsg.): Avifauna von Westfalen. – Abhandlungen aus dem Landesmuseum für Naturkunde zu Münster in Westfalen 31

Glowatzki, M. & Kokta, R. (1978): Situation und Probleme des Wanderfalken in der Bundesrepublik Deutschland. – Cinclus 6 (2): 16-21

Göbel, H. (1978): Die Haubentaucher im Brutjahr 1978 auf dem Hengstey- und Harkortsee. – Cinclus 6 (2): 11-15

Göbel, H. (1979): Die Haubentaucher im Brutjahr 1979 auf dem Hengsteysee. – Cinclus 7 (2): 5

Göbel, H. (1980): Kein Grund zur Reduzierung der Greifvögel. – Cinclus 8 (1): 14-15

Göbel, H. (1981): Die Haubentaucher auf dem Hengsteysee in der Brutperiode 1981. – Cinclus 9 (2): 6-7

Göbel, H. (1983): Der Haubentaucher (*Podiceps cristatus*) auf dem Hengsteysee im Brutjahr 1983. – Cinclus 11 (2): 6-9

Göbel, H. (1984): Über die Brutperiode der Haubentaucher (*Podiceps cristatus*) auf dem Hengsteysee im Jahre 1984. – Cinclus 12 (2): 3-4

Göbel, H. (1985): Die Haubentaucher auf dem Hengsteysee im Brutjahr 1985. – Cinclus 13 (2): 13-15

Göbel, H. (1992): Der Haubentaucher (*Podiceps cristatus*) auf dem Hengsteysee. – Informationsblatt über Natur-, Umwelt- und Vogelschutzangelegenheiten für Hagen und Umgebung 10 (1) Ausgabe 22: 13-15

Göbel, H. & Schücking, A. (1977): Der Haubentaucher auf dem Hengstey- und Harkortsee im Brutjahr 1977. – Cinclus 5 (2): 5-9

Göbel, H. & Schücking, A. (1980): Zur Brutsaison der Haubentaucher im Sommer 1980. – Cinclus 8 (2): 5-9

Grawe, J. (1991): Arbeitsgemeinschaft Hilfe für Höhlenbrüter. Übersichtstabelle der Höhlenbelegung 1990. Erläuterungen zu den vorstehenden Tabellen. – Informationsblatt über Natur-, Umwelt- und Vogelschutzangelegenheiten für Hagen und Umgebung 9 (1) Ausgabe 20: 33-36

Grawe, J. (1992): Nisthilfen für Höhlenbrüter. – Informationsblatt über Natur-, Umwelt- und Vogelschutzangelegenheiten für Hagen und Umgebung 10 (2) Ausgabe 23: 43-44

Grawe, J. (1993): Die Arbeitsgemeinschaft Höhlenbrüter berichtet. Ergebnisse der Brutsaison 1992. – Informationsblatt über Natur-, Umwelt- und Vogelschutzangelegenheiten für Hagen und Umgebung 11 (1) Ausgabe 24: 47

Grawe, J. (1995): Hohltauben nun in Hagen schon häufiger. – Informationsblatt über Natur-, Umwelt- und Vogelschutzangelegenheiten für Hagen und Umgebung 29 (2) 95): 25

Hage, H. J. (1981): Zum Brutverhalten der Wasseramsel im Nahmer- und Nimmertal. – Cinclus 9 (1): 11-12

Hage, H. J. (1981): Zum Brutvorkommen der Gebirgsstelze (*Motacilla cinerea*) im Nahmer- und Nimmertal. – Cinclus 9 (1): 19-20

HAGE, H. J. (1981): Zur Situation der „Bewohner" von Kirchturm und Kirchendach in Hohenlimburg und Berchum. – Heimatblätter für Hohenlimburg und Umgebung 42: 149-153.

HAUPT, H. (2000): Welche Gründe gibt es für eine landesweite Jagd auf Rabenkrähe und Elster? – Charadrius 36: 101-103.

HEINEN, M. (1985): Wieder Kolkraben in Nordrhein-Westfalen. – Cinclus 13 (1): 27-28

HENNEMANN, W. (1957): Über die Spechte des Sauerlandes. – Natur und Heimat 17 (3): 57-59

HENNING, M. (1987): Rettet den Uhu – Aus für die Ringnummer 15467! – Informationsblatt über Natur-, Umwelt- und Vogelschutzangelegenheiten für Hagen und Umgebung 5 (1) Ausgabe 12: 14-15

HENNING, M. (1988): Aktion Eisvogelschutz. – Informationsblatt über Natur-, Umwelt- und Vogelschutzangelegenheiten für Hagen und Umgebung 7 (1) Ausgabe 16: 10-12

HENNING, M. (1988): Die Wasseramsel (*Cinclus cinclus*) – ein bedrohter Tauchvogel unserer Fließgewässer. – Informationsblatt über Natur-, Umwelt- und Vogelschutzangelegenheiten für Hagen und Umgebung 6 (1) Ausgabe 14: 8-11

HENNING, M. (1993): Die Wasseramsel (*Cinclus c. cinclus*) im Raum Hagen. – Informationsblatt über Natur-, Umwelt- und Vogelschutzangelegenheiten für Hagen und Umgebung 11 (2) Ausgabe 25: 4-15

HENNING, M. & THIEL, H.-J. (1989): Artenhilfsprogramm Uferschwalbe (Hirundinidae: *Riparia riparia*). – Naturschutz praktisch. Beiträge zum Artenschutzprogramm NW. Merkblätter zum Biotop- und Artenschutz 85: 1-4

JANZING, E. (1989): Reiherenten (*Aythya foligula*) brüten jetzt auch am Harkortsee. – Cinclus 17 (2): 37

JANZING, E. (1991): Reiherenten – jetzt bei uns häufiger Brutvogel. – Cinclus 19 (1): 9

JANZING, E. (1993): Bemerkenswerte ornithologische Notizen vom Harkortsee im Jahre 1992. – Cinclus 21 (1): 49-51

JANZING, E. (2000): Erst späte Brut bei den Wanderfalken erfolgreich. – Cinclus 28 (2): 3-5

JANZING, E. (2000): Kehrt die Uferschwalbe ins Ruhrtal zurück? – Cinclus 28 (2): 39-41

JANZING, E. (2003): Immer weniger Schwalben – warum? – Cinclus 31 (2): 35

JANZING, E. (2005): Schwimmvogelzählung am Harkortsee. – Cinclus 33 (1): 40

JANZING, E. (2005): Aufwind für Wanderfalke und Weißstorch. – Cinclus 33 (1): 43

KESSLER, L. (1977): Untersuchungsergebnisse und Brutnachweise bei Höhlenbrütern im Sommer 1977. – Cinclus 5 (2): 11-13

KLISCH, W. (1978): Beobachtungen am Nest eines Grauschnäppers. – Cinclus 6 (1): 13-14

KLISCH, W. (1978): Beobachtungen am Nest eines Grauschnäpperpärchens. – Cinclus 6 (2): 26

KLISCH, W. (1981): Die Wasseramsel auf der Futtersuche. – Cinclus 9 (2): 30-31

KLISCH, W. (1990): Straßentauben überall. – Cinclus 18 (2): 11-15

KLISCH, W. (1991): Bestand an Eisvögel nimmt wieder zu. – Cinclus 19 (1): 31-32

KLISCH, W. (1992): Das Ende einer Mehlschwalbenbrut. – Cinclus 20 (1): 34-36

KLISCH, W. (1995): Veränderte Lebensräume für Tiere. – Cinclus 23 (1): 25-29

KLISCH, W. (1997): Turmfalke gesucht – Wohnung vorhanden. – Cinclus 25 (1): 42-44

KLISCH, W. (1999): Vogelschutz am Hengsteysee. – Cinclus 27 (1): 14-16

KLISCH, W. (2000): Der Uhu ist wieder da. – Cinclus 28 (2): 37

KLISCH, W. [wk] (2001): In Hagen geht es den Tauben an den Kragen. – Cinclus 29 (2): 43-44

KLISCH, W. (2003): Wanderfalken auf dem Vormarsch. – Cinclus 31 (1): 17-22

KLOSINSKY, H.; KLOSINSKY, W. & ENSULEIT, K. L. (1979): Siedlungsdichte der Höhenbrüter – Population im Herdecker Höhengebiet Kleff und Waldfriedhof Buchenstraße – in den Jahren 1978 bis 1979. – Cinclus 7 (2): 9-12

KOKTA, H (1975): Das Wassergewinnungsgelände Ergste - Brutbiotop einheimischer und Durchzugsbiotop seltener Vogelarten. – Cinclus 3 (2): 23-25

KOKTA, H. & SCHÜCKING, A. (1982): Das Wassergewinnungsgelände im Ruhrtal – ein bevorzugter Lebensraum unserer Vogelwelt. – Cinclus 10 (2): 14-17

KOWALSKI, H. (1987): Die Verbreitung des Neuntöters (*Lanius collurio*) in Nordrhein-Westfalen. – Charadrius 23: 12-27

KRAFT, G. (2007): Mehlschwalben (*Delichon urbica*) am Hause Raiffeisenstraße 22 in Haßley. – Cinclus 35 (2): 36

KUCZKA, H. (1976): Beobachtungen am Brutplatz der Schleiereule. – Cinclus 4 (2): 28-29

KUNZE, F. (1991): Leserbrief [Vögel am Kuhlerkamp: Eisvogel, Wasseramsel, Bachstelze, Graureiher]. – Cinclus 19 (2): 44 und Antwort von KLISCH, W. – Cinclus 19 (2): 45

LEESCH, K.-F. (1993): „Unsere" Uferschwalben im Lennetal. – Informationsblatt über Natur-, Umwelt- und Vogelschutzangelegenheiten für Hagen und Umgebung 11 (2) Ausgabe 25: 50

LIEDER, U. (2004): Höhlenbrüterergebnisse aus dem Jahre 2003. – Cinclus 32 (1): 38-42

LIEDER, U. (2005): Höhlenbrüterergebnisse aus dem Jahre 2004. – Cinclus 33 (1): 31-36

LOSKE, K.-H. (1986): Zum Vorkommen der Uferschwalbe (*Riparia riparia*) in Westfalen im Jahr 1983. – Charadrius 22: 82-90

MEBS, T. (1980): Greifvogelbestände in Nordrhein-Westfalen wieder rückläufig. – Cinclus 8 (1) 15-17

MELLINGHAUS, A. (1994): Der Eisvogel ist wieder heimisch in der Kemnade. – Cinclus 22 (2): 17-19

MELLINGHAUS, A. (1995): Neues vom Buntspecht. – Cinclus 23 (1): 18-19

MELLINGHAUS, A. (1995): Sind Stockenten Tauchenten? – Cinclus 23 (1): 39

MELLINGHAUS, A. (1999): Bemerkenswerte Beobachtungen im Biotop Kemnade. – Cinclus 27 (1): 27-31

MESTER, H. (1956): Enten- und Sägerbeobachtungen im mittleren Ruhrtal. – Natur und Heimat 16 (2): 54-60.

MÜLLER, O. (1953): Etwas vom Wasserschwätzer. – Heimatblätter für Hohenlimburg und Umgebung 14 (10): 166-169

MÜLLER, O. (1955): Mein Freund, der Neuntöter. – Heimatblätter für Hohenlimburg und Umgebung 16 (7): 103-108

Müller, R. (1990): Vogelmauer soll Uferschwalben schützen. – Cinclus 18 (1): 23-24

Ott, H. (1979): Bachstelzennest im Blumenkasten. – Cinclus 7 (2): 40

Paar, H. (2005): Der Reiher vom Tücking. – Cinclus 33 (1): 29-30

Paar, H. (2006): Meine Amsel Dora. – Cinclus 34 (2): 22-23

Padeck, C. (1975): Eine nicht alltägliche Kinderstube bei Familie „Blaumeise". – Cinclus 3 (2): 10-11

Peitzmeier, J. & Fellenberg, W. O. (1974): Der Stand der Wacholderdrossel-Ausbreitung in Westfalen im Jahre 1973. – Natur und Heimat 34 (3): 74-76

Petz, E. (1999): Vogel- und Fledermausschutz – eine sinnvolle Kombination. [Trauerschnäpper]. – Cinclus 27 (1): 12-13

Pfennig, H. G. (2006): Haubentaucher und Zwergtaucher als regelmäßige Brutvögel im westlichen Sauerland (Märkischer Kreis). – Cinclus 34 (1): 29-34

Reichling, H.-J. (1994): Totfunde des Uhus (*Bubo bubo*) in Hagen-Hohenlimburg und im Märkischen Kreis. – Hohenlimburger Heimatblätter für den Raum Hagen und Iserlohn. 55 (4): 125-126, 135-138

Reichling, H.-J. (1995): Uferschwalben suchten sich in Hagen ein neues Brutrevier. – Informationsblatt über Natur-, Umwelt- und Vogelschutzangelegenheiten für Hagen und Umgebung 29 Jg. 13 (2): 37-39

Reichling, H.-J. (2001): Singdrossel füttert ihr Junges mit Steinfrüchten des Faulbaumes. – NABU Märkischer Kreis Infoheft 2001: 14-15

Reichling, H.-J. (2005): Der Uhu ist Vogel des Jahres 2005. – Cinclus 33 (1): 3-7

Remmert, O. (1959): Erlebnis im Garten. Von Wespen und Wespenbussard. – Heimatblätter für Hohenlimburg und Umgebung 20: 82-84

Remmert, O. (1965): Liquidation übergelieferte Krammetsvögel. – Hagener Heimatkalender 1966 7: 65-66

Remmert, O. (1977): Eichelhäher. – Hagener Heimatkalender 1978 19: 113-115

Reuter, W. (1986): Der Mauersegler (*Apus apus*). – Informationsblatt über Natur-, Umwelt- und Vogelschutzangelegenheiten für Hagen und Umgebung 4 (2) Ausgabe 11: 12-13

Reuter, W. (1986): Die Waldohreule (*Asio otus*). – Informationsblatt über Natur-, Umwelt- und Vogelschutzangelegenheiten für Hagen und Umgebung 4 (1) Ausgabe 10: 6-7

Reuter, W. & A. (1986): Der Steinkauz – eine Eulenart der „Roten Liste". – Cinclus 14 (1): 32-33

Reuter, W. & A. (1986): Der Waldkauz (*Strix aluco*). – Cinclus 14 (1): 36-37

Reuter, W. & A. (1986): Die Schleiereule – eine im Hagener Gebiet fast ausgestorbene Vogelart. – Cinclus 14 (1): 38-39

Reuter, W. & A. (1988): Schleiereule und Steinkauz – Bedrohte Vogelarten der „Roten Liste". – Informationsblatt über Natur-, Umwelt- und Vogelschutzangelegenheiten für Hagen und Umgebung 6 (2) Ausgabe 15: 21

Reuter, A. (1988): Von unserer Arbeitsgemeinschaft Hilfe für Höhlenbrüter. Nistkastenkontrolle 1988. – Informationsblatt über Natur-, Umwelt- und Vogelschutzangelegenheiten für Hagen und Umgebung 6 (2) Ausgabe 15: 22-23

Röttler, G. (1966): Das Geheimnis des Vogelzuges. – Hagener Heimatkalender 7: 77-78

Sallermann, S. (1991): Garten- und Hausrotschwanz – zwei heimische Arten einer interessanten Vogelgattung. – Informationsblatt über Natur-, Umwelt- und Vogelschutzangelegenheiten für Hagen und Umgebung 9 (2) Ausgabe 21: 21-23

Sallermann, S. (1991): Ökologische Bestandsaufnahme in unserem neuen Schutzgebiet „Feuchtwiese Hobräck". – Informationsblatt über Natur-, Umwelt- und Vogelschutzangelegenheiten für Hagen und Umgebung 10 (2) Ausgabe 23: 24-30

Sallermann, S. (1993): Behutsames Vorgehen bei der Erstellung von Bebauungsplänen ist gerade in der heutigen Zeit wichtiger denn je. Beispiele Wannebachtal und Garenfelder Höhe. – Informationsblatt über Natur-, Umwelt- und Vogelschutzangelegenheiten für Hagen und Umgebung 11 (2) Ausgabe 25: 16-18

Sallermann, S. (1993): Eine hoffentlich nicht alltägliche Steinkauzgeschichte. – Informationsblatt über Natur-, Umwelt- und Vogelschutzangelegenheiten für Hagen und Umgebung 11 (2) Ausgabe 25: 37-38

Sallermann, S. (1997): Der Feldschwirl – ein seltener Singvogel. Vorkommen in Hagen. – Informationsblatt über Natur-, Umwelt- und Vogelschutzangelegenheiten für Hagen und Umgebung 15 (2) Ausgabe 33: 28-29

Sallermann, S. (1997): Nachruf auf die Nachtigall. Informationsblatt über Natur-, Umwelt- und Vogelschutzangelegenheiten für Hagen und Umgebung Informationsblatt über Natur-, Umwelt- und Vogelschutzangelegenheiten für Hagen und Umgebung 15 (2) Ausgabe 33: 39

Sallermann, S. (2000): Das Artenschutzprogramm: Steinkauzschutz in Hagen. – Informationsblatt über Natur-, Umwelt- und Vogelschutzangelegenheiten für Hagen und Umgebung NABU-Info 18 (1) Ausgabe 37: 32-33

Schäfer, A. (1950): Heimisches Vogelleben in den Sommermonaten. – Heimatblätter für Hohenlimburg und Umgebung 11 (4): 65-66

Schlüpmann, M. (1984): Säugetiere im Hohenlimburger, Hagener und Iserlohner Raum [Gewöllanalysen u. a.] – Der Märker, Altena 33: 272-279

Schlüpmann, M. (2001): Wichtige Fachbegriffe der Ökologie – Teil I: Grundlegende Begriffe. – Cinclus 29 (2): 15-22

Schlüpmann, M. (2001): Wichtige Fachbegriffe der Ökologie – Teil II: Arten, Populationen und ihre Genetik. – Cinclus 29 (2): 23-30

Schlüpmann, M. (2002): Wichtige Fachbegriffe der Ökologie – Teil III: Ökosysteme. – Cinclus 30 (1): 17-25

Schlüpmann, M. (2002): Wichtige Fachbegriffe der Ökologie – Teil IV: Biogeographie und Geowissenschaften. – Cinclus 30 (2): 27-35

Schönberger, C. (1995): Der Schwarzspecht in Hagen – Kurzdarstellung der Kartierung 1995. – Informationsblatt über Natur-, Umwelt- und Vogelschutzangelegenheiten für Hagen und Umgebung 29 (2/95): 8-9

Schönberger, C. (1996): Der Kiebitz in Hagen, als Brutvogel erheblich gefährdet. – Informationsblatt über Natur-, Umwelt- und Vogelschutzangelegenheiten für Hagen und Umgebung 15 (2) 31: 10 -14

Schönberger, C. (1997): Hagener Naturschutzgebiete und

Landschaften, Folge 2: Die Vögel des Wannebachtales. – Informationsblatt über Natur-, Umwelt- und Vogelschutzangelegenheiten für Hagen und Umgebung 16 (1) 32: 22-29

Schröder, A. (1951): Vom „Weißen Stein" zur Bentheimer Brücke. Ein alter Heimat- und Naturfreund erzählt. – Heimatblätter für Hohenlimburg und Umgebung 12 (1): 1-8.

Schröder, E. (1952): Stelzenbeobachtungen im Sauerland. – Natur und Heimat 12 (1): 15-16

Schücking, A. (1967): Zum Brutvorkommen des Kiebitzes (Vanellus vanellus L.) im Hagener Gebiet. – Natur und Heimat 27 (2): 75-77.

Schücking, A. (1967): Über die Neugründung einer Brutkolonie der Wachholderdrossel im Hagener Gebiet. – Anthus 4: 92-94

Schücking, A. (1968): Lustiges Meisenvolk. Aus dem Familienleben unserer heimischen Meisenarten. – Hagener Heimatkalender 1969 10: 183-186

Schücking, A. (1970): Die weißen Schwäne der freien Wildbahn. – Hagener Heimatkalender 1971 12: 153-154

Schücking, A. (1971): Im Brutrevier des Neuntöters. – Hagener Heimatkalender 1972 13: 173-174

Schücking, A. (1972): Beobachtungen zur Ortstreue und Brutbiologie des Neuntöters. – Natur und Heimat 32 (4): 111-115

Schücking, A. (1973): Unsere Vereinszeitschrift „Cinclus" – ein Symbol der Wasseramsel (Cinclus cinclus aquaticus). – Cinclus 1 (1): 6-9

Schücking, A. (1973): Weißstorch und Graureiher, in Westfalen stark gefährdete Brutvogelarten der „Roten Liste". – Cinclus 1 (1): 12-15

Schücking, A. (1973): Beobachtungen zu den Brutverlusten verschiedener Singvogelarten. – Cinclus 1 (1): 24-25.

Schücking, A. (1973): Zur Verbreitung und Brutbiologie des Flussregenpfeifers im Raum Hagen/Westf. – Natur und Heimat 33 (3): 76-81

Schücking, A. (1974): Bemerkenswerte Bruterfolge des Haubentauchers (Podiceps cristatus) durch „Nisthilfen" auf dem Hengsteysee während der Brutperiode 1974. – Alcedo 1: 91-92

Schücking, A. (1974): Zur Verbreitung und Brutbiologie des Flussregenpfeifers im Raum Hagen/Westf. – Cinclus 2 (1): 3-8

Schücking, A. (1974): Der Wendehals (Jynx torquilla torquilla L.) - ein äußerst seltener Brutvogel unseres Landes. – Cinclus 2 (2): 14-15

Schücking, A. (1974): Die lautlosen „Ritter der Nacht". Heimische Eulenarten vom Aussterben bedroht. – Hagener Heimatkalender 1974 16: 155-156

Schücking, A. (1975): Zur Rauch- und Mehlschwalben-Tragödie im Raum Hagen-Herdecke Im Spätherbst 1974. – Cinclus 3 (1): 4-8

Schücking, A. (1975): Zum Problem „Mehr Schutz den Wasservögeln auf dem Hengstey- und Harkortsee". – Cinclus 3 (1): 18-21

Schücking, A. (1975): Über den Bruterfolg der Haubentaucher auf dem Hengstey- und Harkortsee während der Brutperiode 1975. – Cinclus 3 (2): 26-29

Schücking, A. (1976): Wichtige Bestimmungen des Landschaftsgesetzes zum Schutze freilebender Vogelarten. – Cinclus 4 (1): 7-11

Schücking, A. (1978): Seltsame Beobachtungen an einer Bruthöhle des Trauerschnäppers. – Cinclus 6 (2): 9-10

Schücking, A. (1978): Heimische Vogelwelt im Schatten der Hochhäuser. S. 56-59 in: Althaus, R. unter Mitarbeit Kersberg, H.; Hesse-Frielinghaus, H.; Schücking, A. & Funk, A.-C.: Eppenhausen – Emst – Bissingheim – Haßley. Landschaft – Geschichte – Menschen. – Hagen (Hagener Heimatbund in Verbindung mit d. Kulturgemeinschaft d. Eppenhauser Vereine und d. Vereinsgemeinschaft Emst-Bissingheim)

Schücking, A. (1978): Vogelfluglinien über Hagen. – Hagener Heimatkalender 1979 20: 187-190

Schücking, A. (1979): Beobachtungen und Bestandermittlungen der Wasservögel auf dem Hengstey-, Harkort- und Geiseckesee im Winter 1978/79. – Cinclus 7 (1): 3-5

Schücking, A. (1979): Über den Mißerfolg der Haubentaucherbruten während der Brutsaison 1979 im Hagener Gebiet. – Cinclus 7 (2): 6-8

Schücking, A. (1980): Rotkehlchen- und Grauschnäpperpärchen brüteten in künstlichen Nisthöhlen. – Cinclus 8 (2): 21-22

Schücking, A. (1980): Bevorzugte und doch stark gefährdete Brutplätze an Böschungen, Graben- und Wegrändern. – Cinclus 8 (2): 25-29

Schücking, A. (1980): Erfolgreiche Brutperiode der Wasseramsel (Cinclus c. aquaticus) in künstlichen Nisthöhlen im Raum Hagen - Herdecke. – Cinclus 8 (2): 30-32

Schücking, A. (1981): Neue Lebensräume für Vogelarten im unteren Lennetal - Brutplätze aus „zweiter Hand". – Cinclus 9 (1): 7-10

Schücking, A. (1981): Erfolgreiche Brut eines Albino-Sumpfrohrsängerweibchen mit einem normal gefiederten Partner (Acrocephalus palustris). – Cinclus 9 (2): 25-28

Schücking, A. (1981): Die Vogelwelt im Hagener Stadtgebiet. S. 34-35 in Rehkopp, A., (Red.): Hagen. Eine Stadt und ihre Bürger. Hagen einst und jetzt. Bd. VIII. – Hagen (Verlag W. Dorau)

Schücking, A. (1983): Zum Arten- und Biotopschutz im Wassergewinnungsgelände Hengstey. – Cinclus 11 (1): 3-5

Schücking, A. (1983): Gefährdete heimische Vogelarten auf der „Roten Liste". Arten- und Biotopschutzmaßnahmen sind dringend erforderlich. – Cinclus 11 (2): 10-13

Schücking, A. (1983): Gefährdete heimische Vogelarten auf der Roten Liste - manchmal nutzen kleine Hilfen. – Heimatbuch Hagen und Mark (Hagener Heimatkalender 1984) 25: 152-154

Schücking, A. (1984): Der ehemalige Bootshafen am Harkortsee – heute ein schützenswertes Brutgebiet. – Cinclus 12 (2): 5-7

Schücking, A. (1984): Im Frühjahr und Sommer keinesfalls mehr füttern. – Cinclus 12 (2): 37-38

Schücking, A. (1985): Viele Vogelarten im Hagener Gebiet stehen auf der „Roten Liste". Eingriffe in die Natur gefährden Vogelwelt. – Cinclus 13 (2): 3-5

Schücking, A. (1985): Vom Zug der Kraniche und Wildgänse im Raum Hagen und Herdecke im Spätherbst und Winter 1984/85. – Heimatbuch Hagen + Mark (Hagener Heimatkalender 1986) 27: 177-183

Schücking, A. (1985): Die Waldohreule (Asio otus) –

Brutvogel und häufiger Wintergast im heimischen Raum. – Heimatbuch Hagen + Mark (Hagener Heimatkalender 1986) 27: 245-246

Schücking, A. (1987): Wie Graureiher (*Ardea cinerea*) im Hagener Gebiet die eisigen Wintermonate überlebten. – Cinclus 15 (1): 9-11

Schücking, A. (1987): Die Nachtwächter des Fleyer Waldes – Vogelkundler A. Schücking über die Waldohreule. – Ha-Gazin 1987 (1): 10-11

Schücking, A. (1987): Haubentaucher-Brutvögel auf dem Hengstey- und Harkortsee. – Ha-Gazin 1987, 5: 16-17

Schücking, A. (1987): Der Wendehals (*Jynx torquilla*) – Vogel des Jahres 1988. – Heimatbuch Hagen + Mark (Hagener Heimatkalender 1988) 29: 240-241

Schücking, A. (1988): Lebensraum aus zweiter Hand – das Wassergewinnungsgelände in Hengstey. – Heimatbuch Hagen und Mark (Hagener Heimatkalender 1989) 30: 212-214

Schücking, A. (1989): Der Teichrohrsänger, Vogel des Jahres 1989. – Informationsblatt über Natur-, Umwelt- und Vogelschutzangelegenheiten für Hagen und Umgebung 7 (1) Ausgabe 16: 4-5

Schücking, A. (1989): Der Flußregenpfeifer (*Charadrius dubius*). – Informationsblatt über Natur-, Umwelt- und Vogelschutzangelegenheiten für Hagen und Umgebung 7 (2) Ausgabe 17: 6

Schücking, A. (1989): Jämmerlich piepste es im Karton. – Informationsblatt über Natur-, Umwelt- und Vogelschutzangelegenheiten für Hagen und Umgebung 7 (2) Ausgabe 17: 11-12

Schücking, A. (1990): Der Pirol (*Oriolus oriulus*) – Vogel des Jahres 1990. – Informationsblatt über Natur-, Umwelt- und Vogelschutzangelegenheiten für Hagen und Umgebung 8 (1) Ausgabe 18: 6-7

Schücking, A. (1991): Das Rebhuhn (*Perdix perdix*) – Vogel des Jahres 1991. – Informationsblatt über Natur-, Umwelt- und Vogelschutzangelegenheiten für Hagen und Umgebung 9 (1) Ausgabe 20: 4-5

Schücking, A. (1991): Über das ungewöhnliche Verhalten eines Stockentenpaares. Hoch über den Dächern der Stadt Hagen erblicken putzmuntere Entenküken das Licht der Welt. – Informationsblatt über Natur-, Umwelt- und Vogelschutzangelegenheiten für Hagen und Umgebung 9 (2) Ausgabe 21: 30-31

Schücking, A. (1992): Das Rotkehlchen (*Erithacus rubecula*) – Vogel des Jahres 1992. – Informationsblatt über Natur-, Umwelt- und Vogelschutzangelegenheiten für Hagen und Umgebung 10 (1) Ausgabe 22: 4-5

Schucking, A. (1992): Zehn Jahre Verbandsbeteiligung im Natur- und Landschaftsschutz mit dem Landesbüro der Naturschutzverbände NRW in Essen – Prüfungen und Stellungnahmen d. Stadtverbandes Hagen im Naturschutzbund Deutschland nach § 29 d. Bundesnaturschutzgesetzes bei Planverfahren. – Informationsblatt über Natur-, Umwelt- und Vogelschutzangelegenheiten für Hagen und Umgebung 10 (2) Ausgabe 23: 7-10

Schücking, A. (1992): Ein ungewöhnlich hoher und gefahrvoller Neststand der Stockente (*Anas platyrhynchos*). – Charadrius 28: 108-109

Schücking, A. (1993): Zur Vogelwelt vom Möhne- bis zum Baldeneysee – Artenreiche Rastplätze und Biotope im Verbundsystem der Stauseen und Ruhrauen. – Heimatbuch Hagen und Mark (Hagener Heimatkalender 1994) 35: 181-183

Schücking, A. (1994): Der Kormoran (*Phalacrocorax carbo*) – eine immer häufigere Vogelart an heimischen Gewässern. – Informationsblatt über Natur-, Umwelt- und Vogelschutzangelegenheiten für Hagen und Umgebung 12 (1) Ausgabe 26: 10-12

Schücking, A. (1994): Zur Vogelwelt vom Möhne- bis zum Baldeneysee – artenreiche Rastplätze und Biotope im Verbundsystem der Stauseen und Ruhrauen. – Informationsblatt über Natur-, Umwelt- und Vogelschutzangelegenheiten für Hagen und Umgebung 12 (1) Ausgabe 27: 5-8

Schücking, A. (1994): Zuflucht auch für den Mauersegler – der Landschaftsplan der Stadt Hagen. – Heimatbuch Hagen und Mark (Hagener Heimatkalender 1995) 36: 137-140

Schücking, A. (1995): Die Nachtigall – Vogel des Jahres 1995. – Informationsblatt über Natur-, Umwelt- und Vogelschutzangelegenheiten für Hagen und Umgebung 13 (1) Ausgabe 28: 4-6

Schücking, A. (1995): Zwei weitere wertvolle Zeugen der Natur – die Naturschutzgebiete „Lenneaue Kabel mit dem Steilhang Garenfeld" und „Lenneaue Berchum". – Heimatbuch Hagen und Mark (Hagener Heimatkalender 1996) 37: 269-272

Schücking, A. (1996): Das Obere und Untere Wannebachtal – zwei neue Naturschutzgebiete sind zur Wahrung von Schönheit und Artenvielfalt der Tallandschaft verpflichtet. – Heimatbuch Hagen und Mark (Hagener Heimatkalender 1997) 38: 202-205

Schücking, A. (1997): Aus drei Tallandschaften werden zwei Naturschutzgebiete – das Henkhauser, Hassel- und Holthauser Bachtal erfüllen wichtige Kriterien für die höchste Schutzkategorie „Naturschutzgebiete". – Heimatbuch Hagen und Mark (Hagener Heimatkalender 1998) 39: 216-222

Schütz, K.-E. (1985): Die Wasseramsel (*Cinclus cinclus*) in Hagen. Mit jedem begradigten Bach verliert sie ein Stück Heimat. – Cinclus 13 (2): 11-12

Sell, H. (1974): Sicherung von Brutplätzen für Dohlen und Turmfalken. – Cinclus 2 (2): 21

Sell, H. (1974): Graureiherzählung. – Cinclus 2 (2): 24

Sell, H. (1975): Ergebnisse der im vergangenen Jahr durchgeführten Graureiherzählung im mittleren Ruhrtal von Blankenstein bis Geisecke. – Cinclus 3 (1): 11-12

Sonnenschein, F. (1977): Informationsbericht über das Natur- und Vogelschutzgebiet Mäckingerbachtal. – Cinclus 5 (2): 3

Staedler, K.; Bremshey, K. & Heynen, I. (2003): Bestandsentwicklung der Wasseramsel (*Cinclus cinclus*) im Raum Schwerte zwischen 1981 und 2002 in Abhängigkeit vom Angebot unterschiedlicher Nisthilfen. – Charadrius 39: 95-98

Stahl, W. (1978): Unsere Rauch- und Mehlschwalben – Bestandskontrolle 1978. – Cinclus 6 (2): 6-8

Stahl, W. (1979): Schwalbenstatistik 1979. – Cinclus 7 (2): 10-12

Stahl, W., Ensuleit, K. L., Stoldt, H., Schücking, A., Zimmermann, W. & Jäckel, D. (1977): Unsere Rauch- und Mehlschwalben - Bestandskontrollen 1977. – Cinclus 5 (2): 19-21

Steinbach, U. (1992): Der Sperber in unserem Garten. – Cinclus 20 (1): 36-39
Steinbach, U. (1993): Ein neues Schutzgebiet in Volmarstein. – Cinclus 21 (1): 14-16
Steinbach, U. (1993): Nisthöhlen-Betreuung. – Cinclus 21 (2): 41-43
Steinbach, U. (1994): „Gute" Vögel – „schlechte" Vögel. – Cinclus 22 (2): 11-12
Steinbach, U. (1996): Nur ein Spatz. Haus- und Feldsperlingsbeobachtungen. – Cinclus 24 (2): 15-17
Steinbach, U. (1997): Hilfe für Mehlschwalben. – Cinclus 25 (2): 14-15
Steinbach, U. (1999): Der Zilpzalp. – Cinclus 27 (1): 10-11
Steinbach, U. (2000): Naturbeobachtungen vor der Haustür: Hagen-Garenfeld. – Cinclus 28 (1): 27-28
Steinbach, U. (2002): Steinkauz-Beobachtungen. – Cinclus 30 (1): 30-31
Steinbach, U. (2003): Trauerschnäpper-Beobachtungen. – Cinclus 31 (1): 23-24
Steinbach, U. (2004): Der Kleiberkasten. – Cinclus 31 (1): 23-24
Steinbach, U. (2004): Die Feldsperlinge in unserem Garten. – Cinclus 32 (2): 35-36
Steinbach, U. (2007): Grünspechte in unseren Gärten. – Cinclus 35 (1): 38-39
Steinbach, U. (2008): Mehlschwalben-Bruten in künstlichen Nisthilfen. – Cinclus 36 (1): 42-43
Stoldt, H. (1977): Beobachtungen am Nest der Weidenmeise. – Cinclus 5 (2): 16-17
Stoldt, H. (1978): Fürsorge um Jungvögel auf Haus Falkland. – Cinclus 6 (2): 25
Stoldt, H. (1978-2002): Untersuchungsergebnisse und Brutnachweise bei Höhlenbrütern [jährliche Höhlenbrüterstatistik jeweils unter anderem Titel erschienen]. – Cinclus 6 (2): 3-5; 7 (2): 3-5; 9 (2): 3-6; 10 (1): 3-8; 11 (1): 6-9; 12 (1): 3-6; 13 (1): 12-15; 14 (1): 3-6; 15 (1): 3-8; 16 (1): 7-10; 17 (1): 31-33; 18 (1): 31-34; 19 (1): 26-31; 20 (1): 36-39; 21 (1): 40-42; 22 (1): 23-26; 23 (1): 33-36; 24 (1): 30-35; 25 (1): 29-34; 26 (1): 37-42; 27 (1): 32-36; 28 (2): 33-37; 29 (1): 36-38; 30 (1): 38-41
Stoldt, H. (1981): Man hat einen Vogel gefunden – Was ist zu tun? – Cinclus 9 (2): 32-34
Stoldt, H. (1985): Unsere kleinen Paradiese in Herdecke und Hagen. – Cinclus 13 (1): 31-33
Stoldt, H. (1988): Der Wendehals (Jynx torquilla), der Vogel des Jahres 1988. – Cinclus 16 (1): 2-3
Stoldt, H. (1988): Nistkasten-Kontrolle [1973-87]. – Cinclus 16 (2): 28-31
Stoldt, H. (1988): Unsere Schwalben haben es schwer. – Cinclus 16 (2): 38-40
Stoldt, H. (1988): Wintergoldhähnchen (Regulus regulus) und Sommergoldhähnchen (Regulus ignicapillus) gibt's die eigentlich noch? – Cinclus 16 (2): 21-23
Stoldt, H. (1989): Ein Bericht über die Arbeit in einem Vogelschutzgebiet während eines Sommerhalbjahres. – Cinclus 17 (1): 13-21
Stoldt, H. (1990): Der Pirol (Oriolus oriolus), Vogel des Jahres 1990. – Cinclus 18 (1): 3-4
Stoldt, H. (1992): Einige Gedanken zum Rotkehlchen – Vogel des Jahres 1992. – Cinclus 20 (1): 9-11
Stoldt, H. (1992): Einiges zum bemerkenswerten Sommer 1992. – Cinclus 20 (2): 42-45
Stoldt, H. (1992): Schwalben in Not. – Cinclus 20 (2): 11-12
Stoldt, H. (1993): Der Flussregenpfeifer (Charadrius dubius) – Vogel des Jahres 1993. – Cinclus 21 (1): 3-6
Stoldt, H. (1994): Etwas zur Schwalbenentwicklung von 1975 bis 1994. – Cinclus 22 (2): 31-33
Stoldt, H. (1995): Ein Rendezvous wie auf Bestellung. Unsere Begegnung mit dem Vogel des Jahres 1995 [Nachtigall]. – Cinclus 23 (2): 20
Stoldt, H. (1996): Der Kiebitz – Vanellus vanellus – Vogel des Jahres 1996. – Cinclus 24 (1): 3-7
Stoldt, H. (1997): Einige Anmerkungen zum Buntspecht (Dendrocopus major) – Vogel des Jahres 1997. – Cinclus 25 (1): 14-17
Stoldt, H. (1999): Die Goldammer – Vogel des Jahres 1999. – Cinclus 27 (1): 3-5
Stoldt, H. (2000): Der Rotmilan (Milvus milvus) – Vogel der Jahres 2000. – Cinclus 28 (1): 3-7
Stoldt, H. (2001): Der Haubentaucher – Podiceps cristatus – Vogel der Jahres 2000. – Cinclus 29 (1): 9-13
Stoldt, H. (2002): Die naturkundliche Wanderung Berchum/Wannebachtal/Reher Weg am 22. Juni 2002. – Cinclus 30 (1): 38-41
Stoldt, H. (2002): Vogel der Jahres 2002: Der Haussperling Passer domesticus. – Cinclus 30 (1): 3-6
Stoldt, H. (2002): Was haben die Betreuer über die Höhlenbrüter im Jahre 2002 alles zu Papier gebracht? – Cinclus 31 (1): 32-35
Stoldt, H. (2003): Ein Versuch der scheiterte – Der Grünspecht von Herdecke. – Cinclus 31 (2): 28-29
Stoldt, H. (2004): Der Vogel der Jahres 2004: Der Zaunkönig – Troglodytes troglodytes. – Cinclus 32 (1): 3-7
Stoldt, H. (2005): Ist der Hengsteysee voll? Großer Andrang vieler Wasservögel. – Cinclus 33 (1): 37-39
Stoldt, H. (2006): Der Vogel des Jahres 2006: Der Kleiber Sitta europaea. – Cinclus 34 (1): 3-4
Stoldt, H. (2007): Der Turmfalke – Falco tinnunculus – Vogel des Jahres 2007. – Cinclus 35 (1): 7-11
Sudmann, S. R. & Jöbges, M. (2002): Brutbestand und Verbreitung von Zwergtaucher (Tachybaptus ruficollis), Haubentaucher (Podiceps cristatus), Höckerschwan (Cygnus olor), Teichhuhn (Gallinula chloropus) und Blässhuhn (Fulica atra) in Nordrhein-Westfalen 2001. – Charadrius 38: 99-121
Sudmann, S. R. & Hustings, F. (2003): Parallele Entwicklungen der Brutvogelbestände in den Niederlanden und in Nordrhein-Westfalen in den letzten 25 Jahren. – Charadrius 39: 145-166
Tegen, R. (1997): Übersicht über die Kiebitzbruten in Hagen 1997. – Informationsblatt über Natur-, Umwelt- und Vogelschutzangelegenheiten für Hagen und Umgebung 33 (2) 97: 44
Thiel, H.-J. (1980): Das fiel mir auf! Eine kritische Betrachtung zum Thema „Vogelschutz – Angelsport". – Cinclus 8 (1): 20-22
Thiel, H.-J. (1980): Beobachtungen zur Siedlungsdichte und zum Brutverhalten des Neuntöters (Lanius collurio) im Hagener Raum. – Cinclus 8 (2): 33-39
Thiel, H.-J. (1981): Zum Brutverhalten des Neuntöters (Lanius

collurio) im Sommer 1981. – Cinclus 9 (2): 3-5

Thiel, H.-J. (1982): Etwas über Mehlschwalben und dem Problem der Fassadenverschmutzung. – Cinclus 10 (1): 18-19

Thiel, H.-J. (1982): Das fiel mir auf! – Ein teils kritischer Rückblick zum Thema Natur- und Vogelschutz – Cinclus 10 (2): 18-21

Thiel, H.-J. (1982): Neue Beobachtungen zum Neuntöter (*Lanius collurio*). – Cinclus 10 (2): 3-4

Thiel, H.-J. (1983): Das fiel mir auf! – Eine kritische Bemerkung zum Thema Natur- und Umweltschutz. – Cinclus 11 (1): 15-16

Thiel, H.-J. (1983): Noch brütet das Schwarzkehlchen (*Saxicola torquata*) in Hagen und Umgebung. – Cinclus 11 (2): 3-5

Thiel, H.-J. (1984): Die Elster (*Pica pica*) ein Problemvogel? – Cinclus 12 (2): 18-20

Thiel, H.-J. (1985): Der Neuntöter (*Lanius collurio*) - Vogel des Jahres 1985. – Cinclus 13 (1): 3-4

Thiel, H.-J. (1985): Die Uferschwalbe (*Riparia riparia*) – können wir sie als Brutvogel in unserer Heimat erhalten? – Cinclus 13 (1): 20-23

Thiel, H.-J. (1987-1993): Naturschutz praktisch. Maßnahmen zum Arten- und Lebensraumschutz. – Informationsblatt über Natur-, Umwelt- und Vogelschutzangelegenheiten für Hagen und Umgebung 5 (1) Ausgabe 12: 20; 5 (2) Ausgabe 13: 20; 6 (1) Ausgabe 14: 19-20; 7 (1) Ausgabe 16: 26-28; 8 (1) Ausgabe 18: 18-19; 8 (2) Ausgabe 19: 4-6; 9 (1) Ausgabe 20: 29-32; 9 (2) Ausgabe 21: 37-38; 10 (1) Ausgabe 22: 37-41; 10 (2) Ausgabe 23: 31-35; 11 (1) Ausgabe 24: 40-42; 11 (2) Ausgabe 25: 40-42;

Thiel, H.-J. (1987): „Bitte Abstand halten! Ich bremse auch für Tiere!" – Informationsblatt über Natur-, Umwelt- und Vogelschutzangelegenheiten für Hagen und Umgebung 5 (2) Ausgabe 13: 4-6

Thiel, H.-J. (1989): Bejagung der Rabenvögel! – Informationsblatt über Natur-, Umwelt- und Vogelschutzangelegenheiten für Hagen und Umgebung 7 (2) Ausgabe 17: 19

Thiel, H.-J. (1989): Das fiel uns auf. – Informationsblatt über Natur-, Umwelt- und Vogelschutzangelegenheiten für Hagen und Umgebung 7 (2) Ausgabe 17: 24-26

Thiel, H.-J. (1989): Der Feldsperling (*Passer montanus*) – eine wohl nicht nur in Hagen vom Aussterben bedrohte Vogelart. – Informationsblatt über Natur-, Umwelt- und Vogelschutzangelegenheiten für Hagen und Umgebung 7 (2) Ausgabe 17: 4-5

Thiel, H.-J. (1989): Hilfe für den Neuntöter (*Lanius collurio*) – Vogel des Jahres 1985. – Informationsblatt über Natur-, Umwelt- und Vogelschutzangelegenheiten für Hagen und Umgebung 7 (1) Ausgabe 16: 6-8

Thiel, H.-J. (1990): Bestandsermittlung der Elster (*Pica pica*) in Hagen. – Informationsblatt über Natur-, Umwelt- und Vogelschutzangelegenheiten für Hagen und Umgebung 8 (2) Ausgabe 19: 14-16

Thiel, H.-J. (1990): Das fiel uns auf. Wasserschloß Werdringen. – Informationsblatt über Natur-, Umwelt- und Vogelschutzangelegenheiten für Hagen und Umgebung 8 (1) Ausgabe 18: 20-21

Thiel, H.-J. (1990): Die Schafstelze (*Motacilla flava*) – eine vom Aussterben stark bedrohte Art. – Informationsblatt über Natur-, Umwelt- und Vogelschutzangelegenheiten für Hagen und Umgebung 8 (2) Ausgabe 19: 4-6

Thiel, H.-J. (1991): Graureiherkolonie im Volmetal. – Informationsblatt über Natur-, Umwelt- und Vogelschutzangelegenheiten für Hagen und Umgebung 9 (2) Ausgabe 21: 32

Thiel, H.-J. (1991): Schlafplatz der Bachstelzen. – Informationsblatt über Natur-, Umwelt- und Vogelschutzangelegenheiten für Hagen und Umgebung 9 (2) Ausgabe 21: 32-33

Thiel, H.-J. (1992): Beantwortung des vorstehenden Leserbriefes zum Thema Uferschwalbenschutz in Heft 21 2/91. – Informationsblatt über Natur-, Umwelt- und Vogelschutzangelegenheiten für Hagen und Umgebung 10 (1) Ausgabe 22: 29-30

Thiel, H.-J. (1992): Kurz berichtet ... Schafstelze in Hagen ausgestorben. – Informationsblatt über Natur-, Umwelt- und Vogelschutzangelegenheiten für Hagen und Umgebung 10 (2) Ausgabe 23: 48

Thiel, H.-J. (1993): Kurz berichtet ... (Haubentaucher, Nachtigallen). – Informationsblatt über Natur-, Umwelt- und Vogelschutzangelegenheiten für Hagen und Umgebung 11 (1) Ausgabe 25: 36

Thiel, H.-J. (1998): Die Feldlerche – Vogel des Jahres 1998. – Informationsblatt über Natur-, Umwelt- und Vogelschutzangelegenheiten für Hagen und Umgebung 34 (1) 98: 2-5

Thiel, H.-J. & Wünsch, M. (1986): Naturschutz praktisch. Maßnahmen zum Arten- und Lebensraumschutz. – Informationsblatt über Natur-, Umwelt- und Vogelschutzangelegenheiten für Hagen und Umgebung 4 (1) Ausgabe 10: 15-16; 4 (2) Ausgabe 11: 20-21

Thiel, H.-J. & Wünsch, M. (1991): Das fiel uns auf. – Informationsblatt über Natur-, Umwelt- und Vogelschutzangelegenheiten für Hagen und Umgebung 9 (2) Ausgabe 21: 34-36

Tunk, C. (1983): Zum Brutbestand des Gartenrotschwanzes im Hagener Raum. – Cinclus 11 (2): 40-41

Tunk, C. (1984): Das Regenrückhaltebecken im Lennetal und seine Vogelwelt. – Cinclus 12 (2): 35-35

Van Acken (1992): Leserbrief zum Thema Uferschwalbenschutz von Herrn Dr. van Acken c/o RP Arnsberg. – Informationsblatt über Natur-, Umwelt- und Vogelschutzangelegenheiten für Hagen und Umgebung 10 (1) Ausgabe 22: 28

Wetzke, W. (1970): Stirbt das Haselhuhn in unseren Wäldern aus? Fichtensteppe vernichtet d. Biotope. Unterschutzstellungsvorschlag d. Aktionsgemeinschaft. – Heimatblätter für Hohenlimburg und Umgebung 31: 262-263

Winkler, R. (1982): Begegnung mit Nachtigallen. – Heimatbuch Hagen + Mark (Hagener Heimatkalender 1983) 24: 181-182

Witt, G. (1976): Beringungsergebnisse an Sumpfrohrsängern und Trauerschnäppern in der Brutperiode 1976. – Cinclus 4 (2): 9

Wünsch, M. (1984): Der Turmfalke im Raum Hagen (*Falco tinnunculus*). – Cinclus 12 (2): 32-34

Wünsch, M. (1987): „Gewölle" – Was ist das? Auswertung von Gewöllen der Waldohreule. – Informationsblatt über

Natur-, Umwelt- und Vogelschutzangelegenheiten für Hagen und Umgebung 5 (1) Ausgabe 12: 6-10

Wünsch, M. (1988): Vorgestellt: Arbeitsgruppe Greifvögel. – Informationsblatt über Natur-, Umwelt- und Vogelschutzangelegenheiten für Hagen und Umgebung 6 (1) Ausgabe 14: 12-14

Wünsch, M. (1991): Zwei Amseln ... fern vom Beringungsort. – Informationsblatt über Natur-, Umwelt- und Vogelschutzangelegenheiten für Hagen und Umgebung 9 (1) Ausgabe 20: 15

Wünsch, M. (1991): Rotmilan ... wieder Brutvogel in Hagen. – Informationsblatt über Natur-, Umwelt- und Vogelschutzangelegenheiten für Hagen und Umgebung 9 (2) Ausgabe 21: 19-20

Wünsch, M. (1991): Uhu ... wurde nicht alt. – Informationsblatt über Natur-, Umwelt- und Vogelschutzangelegenheiten für Hagen und Umgebung 9 (2) Ausgabe 21: 29

Wünsch, M. (1992): AG Greifvögel berichtet ... Wespenbussard (*Pernis apivorus*) gleich mit 2 Paaren nachgewiesen. – Informationsblatt über Natur-, Umwelt- und Vogelschutzangelegenheiten für Hagen und Umgebung 10 (2) Ausgabe 23: 48

Wünsch, M. (1993): Der Wespenbussard. – Informationsblatt über Natur-, Umwelt- und Vogelschutzangelegenheiten für Hagen und Umgebung 11 (1) Ausgabe 24: 6-9

Wünsch, M. (1994): Baumfalke ... brütet auch wieder in Hagen! – Informationsblatt über Natur-, Umwelt- und Vogelschutzangelegenheiten für Hagen und Umgebung 27 (2) 94: 9-13

Wünsch, M. (1996): Baumfalkenbruten auf Hochspannungsmasten in Hagen. – Informationsblatt über Natur-, Umwelt- und Vogelschutzangelegenheiten für Hagen und Umgebung Nr. 31 (2) 96: 19-22

Zabel, J. (1954): Zur Verbreitung der Nachtigall in Westfalen. – Natur und Heimat 14 (Beih.): 120-124

Zimmermann, H. W. (1978): Übersicht der jährlichen Bruterfolge im Mäckinger-Bachtal. – Cinclus 6 (2): 24-25

Zimmermann, H. W. (1982): Der Rauch- und Mehlschwalbenbestand im Freilichtmuseum technischer Kulturdenkmale Mäckingerbach. – Cinclus 10 (2): 22-26

Zimmermann, H. W. (1983): Der Mauersegler. – Cinclus 11 (1): 17-19

Zimmermann, H. W. (1984): Am Bach. – Cinclus 12 (1): 32-37

Zimmermann, H. W. (1986): Im Jagd- und Brutrevier des Eisvogels. – Cinclus 14 (2): 14-18

Zimmermann, H. W. (1987): Tausend Jahre Handwerk – Zehn Jahre Vogelschutz. – Cinclus 15 (2): 9-17

Zimmermann, H. W. (1989): Der Museumskauz [Waldkauz]. – Cinclus 17 (1): 24-28

Zimmermann, H. W. (1990): Judith oder Philipp? „Schwattdöenenwinter" [Singdrosseln]. – Cinclus 18 (1): 15-18

Zimmermann, H. W. (1990): Wie lange noch? [zwei Bachtäler] – Cinclus 18 (2): 16-18

Zimmermann, H. W. (2000): Nur ein kleiner Spatz. – Cinclus 28 (1): 29-30

Zimmermann, H. W. (2001): Der Rauch- und Mehlschwalbenbestand im Freilichtmuseum technischer Kulturdenkmale „Mäckingerbach". – Cinclus 29 (2): 11-14

Zittlau, L. (1986): Ein Heringstopf als Ersatzbrutplatz für junge Rauchschwalben. – Cinclus 14 (1): 7-10

Hinweis:
Die Bibliographie erhebt keinen Anspruch auf Vollständigkeit. Eine ausführliche Bibliographie ist in Bearbeitung und kann bei martin.schluepmann@t-online.de angefordert werden.

Mitarbeiter

Initiator und Autor

Schönberger, Dr. med. Christoph

Hauptkoordination, Redaktion, Kartierungen, Autor

Welzel, Andreas

Koordination, Kartierungen, Fotodokumentation, Autor

Sallermann, Dipl.- Ing. Stephan

Weitere Autoren

Boy, Detlef
Drane, Timothy
Henning, Dr. Meinolf
Janzing, Erich
Oriwall, Matthias
Rauer, Bernd
Röttler, Günter
Schlüpmann, Dipl. - Biol. Martin
Schmidt, Ute
Stoldt, Hans
Vehling, Adolf
Wünsch, Michael

Weitere Mitarbeiter

Kohl, Werner

Punktstoppkartierer

Kamp, Johannes
Kohlmann, Tobias
Lindemann, Johannes
Markus, Anja

Fotografen

Blauscheck, Ralf
Mancy, Cosmin-Orividiu
Duty, Holger
Ebert, Andreas
Ferdinand, Johannes
Fünfstück, Hans-Joachim
Henning, Dr. Meinolf
Klein, Andreas
Lemke, Norbert
Lietzow, Eckhard
Pfeffer, Anneli
Rauer, Bernd
Richter, Oliver
Sacher, Thomas
Sallermann, Stephan
Sandmann, Ilka
Sandmann, Karl
Schlüpmann, Martin
Schmidt, Ute
Schmitz, Michael
Schneider, Jürgen
Thoma, Martin
Thomas, T.
Vehling, Adolf
Wajs, Karl-Heinrich
Wajs, Kerstin
Welzel, Andreas
Winterhoff, Karl-Dietmar
Winterhoff, Kevin
Wisniewski, Rolf
Wünsch, Michael

Förderer

Ohne die finanzielle Unterstützung folgender Sponsoren durch Beträge unterschiedlicher Höhe hätte dieses Buch für die Hagener Bürger in dieser Form nicht realisiert werden können. Ihnen sei an dieser Stelle recht herzlich gedankt.

Förderer in alphabetischer Reihenfolge:

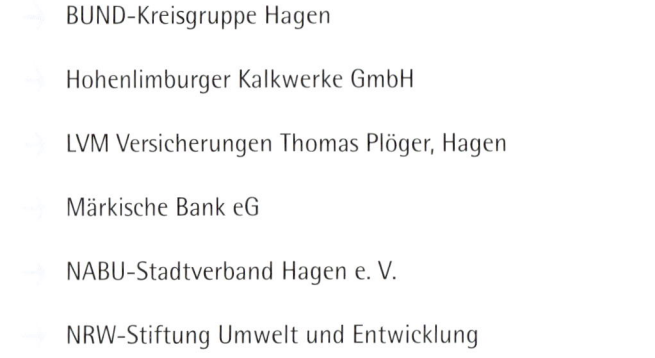

- BUND-Kreisgruppe Hagen
- Hohenlimburger Kalkwerke GmbH
- LVM Versicherungen Thomas Plöger, Hagen
- Märkische Bank eG
- NABU-Stadtverband Hagen e. V.
- NRW-Stiftung Umwelt und Entwicklung
- Umweltamt der Stadt Hagen
- Verein für Orts- und Heimatkunde Hohenlimburg e. V.

Danksagung

Vielen Dank an Kirsten Stratmann, ohne sie wäre dieses Buch sicher nicht erschienen.

Dank an Martin Schlüpmann für hilfreiche Hinweise, auch an Thomas Bleicher und Widbert Felka für ihr spontanes Engagement und Unterstützung. Stefan Sudmann hat uns in unkomplizierter Weise die zum Zeitpunkt der Drucklegung dieses Buches noch nicht erschienene Rote Liste NRW zur Verfügung gestellt. Friedrich Ritz danken wir für die Bereitschaft, uns Formalitäten abgenommen und das Projekt damit ganz entscheidend gefördert zu haben. Vielen Dank Torsten Mühlhoff für die Erstellung der Internetseite zu diesem Buch.